O₆³
/7

BENOÎT DE MAILLET Gentilhomme Lorrain, Consul Général du Roi en Egypte et en Toscane, depuis Visiteur général des Echelles du Levant et de Barbarie: et nommé par Sa Majesté en qualité de son Envoyé vers le Roi d'Ethiopie: Auteur des Mémoires sur l'Egypte, et sur l'Ethiopie.

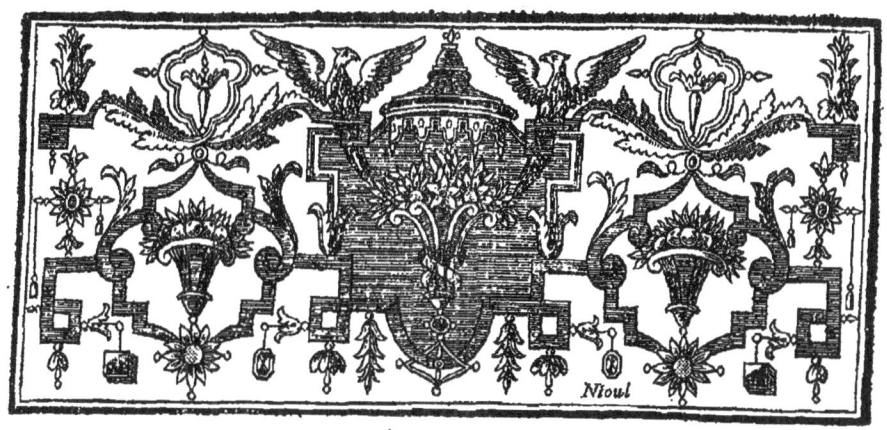

PREFACE.

E tous les pays du monde l'Egypte est sans contredit celui sur lequel nous avons des connoissances plus anciennes ; & c'est peut-être aujourd'hui le plus ignoré. Il n'y a point d'homme de Lettres qui ne sçache par cœur ce qu'en ont écrit les Plines, les Strabons, les Diodores, les Hérodotes. Ceux même qui par goût, par fantaisie, ou par incapacité, que sçai-je ? par principe de religion peut-être, n'ont jamais eu aucun commerce avec ces Historiens profanes, ont pû puiser dans la lecture des livres saints de grandes connoissances sur l'état ancien de cette contrée.

A l'égard de sa situation presente, tant de relations en ont parlé, qu'il semble inutile de retoucher cette matiere. Nos Provenceaux commercent au Caire & à Alexandrie, comme la plûpart de nos négocians trafiquent à Lyon & à Marseille. On ne parle que des anciennes villes de Thebes & de Memphis, des deserts

DESCRIPTION DE L'EGYPTE,

CONTENANT

PLUSIEURS REMARQUES CURIEUSES
SUR LA GEOGRAPHIE ANCIENNE ET MODERNE
DE CE PAÏS,

Sur ſes Monumens anciens, ſur les Mœurs, les Coutumes,
& la Religion des Habitans, ſur le Gouvernement & le
Commerce, ſur les Animaux, les Arbres, les Plantes, &c.

Compoſée ſur les Mémoires de M. DE MAILLET,
ancien Conſul de France au Caire,

Par M. l'Abbé LE MASCRIER.

Ouvrage enrichi de Cartes & de Figures.

A PARIS, QUAY DES AUGUSTINS,

Chez { LOUIS GENNEAU, à S. Pierre aux Liens;
ET
JACQUES ROLLIN, Fils, à Saint Athanaſe.

M. DCC. XXXV.
AVEC PRIVILEGE DU ROI.

PREFACE.

de la Libye, des grottes de la Thebaïde. Le Nil est aussi familier à beaucoup de gens, que la Seine. Les enfans même ont les oreilles rebattues de ses cataractes & de ses embouchures. Tout le monde a vû, ou entendu parler des Momies. En un mot le Puits de Joseph, la Colomne de Pompée, le Phare d'Alexandrie, les Pyramides d'Egypte, font des objets dont on a été si souvent entretenu, qu'entreprendre d'ajouter aux connoissances que l'on en a deja, ce seroit vouloir apprendre à un Parisien ce que c'est que S. Denys, ou faire connoître le tombeau de S. Martin à un habitant de la Touraine.

Il s'en faut pourtant beaucoup que sur ce pays, d'ailleurs peu éloigné de nous, on ait des connoissances aussi étendues, des idées aussi nettes & aussi exactes, qu'on se l'imagineroit d'abord, à ne consulter que ces apparences trompeuses. Qu'on demande en effet à nos François des nouvelles de ces anciens Egyptiens, que les Sciences & les Arts rendirent autrefois le peuple le plus célebre de l'univers; Qu'on les interroge sur l'origine & le cours du Nil, sur la cause de ses accroissemens, sur ses sept embouchures aujourd'hui absolument inconnuës; Qu'on veuille s'instruire à fond d'un pays autrefois si vanté, de son climat & de ses productions, des mœurs anciennes & modernes de ses habitans, de leur genie & de leur religion, de leur commerce & de leurs usages; Qu'on entreprenne de découvrir les vûes particulieres qui firent élever ces monumens fameux, ces masses prodigieuses, que l'antiquité mit au nombre des sept merveilles de l'univers; Qu'on cherche à pénétrer dans leur interieur,

PRÉFACE.

& à mettre au grand jour les secrets mystérieux qu'il renferme; combien peu de personnes seront en état de penser & de parler juste sur chacun de ces differens articles! De tous ceux qui lisent les Anciens, il n'y en a presque aucun qui ne se propose un but au de-là duquel il pousse rarement ses recherches. Le Géographe triomphe, lorsqu'il a fixé la position d'une ancienne ville. Le Géomettre s'arrête à calculer les dimensions d'une pyramide, d'un obelisque, ou d'une colomne. Le Naturaliste croit ses travaux bien emploiés lorsqu'il peut se flatter d'avoir découvert les differentes propriétés d'un simple, ou de quelque autre plante. Le *Lotus* ou le *Papyrus*, sont le *non plus ultra* de son étude. Les cent portes de Thébes, le Temple de Jupiter Ammon, la Bibliotheque d'Alexandrie occupent toute l'attention d'un Sçavant. Hors de ces objets l'Egypte n'offre à ses regards rien qui mérite l'attention d'un homme de Lettres.

Les secours que l'on peut tirer des Grecs & des Latins, pour parvenir à la connoissance de cette contrée, ne sont pas même à beaucoup près aussi réels qu'on le pense. Soit défaut de lumiéres, ou d'exactitude & de précision, leurs récits chargés de fables puériles & de conjectures hasardées, leurs descriptions souvent manquées ou obscures n'offrent ordinairement au lecteur que des ténebres impénetrables. A peine peut-on venir à bout d'appercevoir dans ces Auteurs quelque forme imparfaite de l'ancien état dans lequel ce florissant Royaume subsista pendant tant de siécles.

On n'est guéres mieux au fait de sa situation presente. Nos Commerçans plus attentifs à menager leurs in-

PRÉFACE.

térêts, qu'à perfectionner nos connoissances, se piquent rarement de curiosité, encore moins du vain honneur qu'on s'imagine trouver à grossir le nombre peu fortuné des membres qui composent la République des Lettres. On croiroit sans doute trouver plus de ressource dans nos Voyageurs. Plusieurs en effet ont donné au Public diverses relations de l'Egypte. C'est dommage que ces Auteurs modernes ayent moins pensé à nous instruire qu'à nous plaire. Ils ont visité en courant une vaste region, dont la moindre contrée offre à la curiosité d'un Etranger les monumens les plus respectables. Ils ont traversé de grandes villes, plusieurs bourgades. Ils ont eu en passant des entretiens legers avec quelques habitans grossiers du pays. Ils ont vû quelques ruines anciennes, des Temples & des Palais détruits, des obélisques renversés, des colomnes encore de bout. Peut-être se sont-ils donné la peine de prendre les dimensions de quelques-unes; souvent ils se sont contentés des mesures qu'on en avoit prises avant eux. Quelques-uns ont eu le courage de s'exposer aux risques de pénétrer jusques dans l'interieur des Pyramides. Ils ont même retenu avec soin les routes embarrassées & ténébreuses qui y conduisent. De ces recherches superficielles ils ont compilé un ouvrage; & au lieu d'un portrait naturel & fidèle, ils ont donné au public un tissu informe de contes ridicules, ou d'avantures personnelles, capables peut-être d'amuser un instant quiconque ne lit que pour l'amusement, mais peu propres en effet à orner l'esprit & à l'éclairer. De tous les modernes qui ont écrit sur l'Egypte, je ne connois guéres que Dapper, qui nous ait laissé une espece de description de ce pays. Je dis une espéce de descrip-

PREFACE.

tion ; car son ouvrage n'est guéres que l'abregé d'un plus grand. Pour porter ce dessein à sa perfection, cet Auteur d'ailleurs très-versé dans la connoissance des Anciens, manquoit des secours même les plus nécessaires.

En effet puisque les lumieres que l'on peut tirer sur l'Egypte des Historiens de l'antiquité ne suffisent pas, on conçoit sans peine, que pour avoir une connoissance parfaite de ce pays, il est encore nécessaire d'y joindre la lecture des Auteurs Arabes. Ces peuples ont été pendant plusieurs siécles les maîtres de l'Egypte ; il est donc naturel de les consulter sur ce qui la regarde, sur la position de ses anciennes villes & de ses monumens les plus renommés. Il ne suffit pas même de parcourir cette vaste contrée le livre à la main ; d'éclaircir aux dépens d'une application constante les doutes ou les obscurités, dont les narrations des Anciens se trouvent souvent embarrassées, & de corriger par des lumieres sures les erreurs dans lesquelles ces Auteurs sont quelquefois tombés. Il faut aussi entretenir correspondance avec les personnes les plus éclairées du pays ; avoir avec elles des entretiens frequens ; peser leur récits à la balance de la critique la plus févere, & les épurer de tout ce qu'une crédulité grossiere, ou une exageration outrée peuvent y mêler de fabuleux. Que de lumiéres acquises, que de tems, que de soins, que de dépense même & de credit ne suppose pas une si penible recherche au milieu d'un pays étranger, ou un curieux a peut-être plus besoin de protection que dans tout autre ! Cependant par tout ce que j'ai dit on comprend aifément que sans tout cela il n'est pas possible d'avoir soi-même une connoissance exacte de l'Egypte, ni d'en donner par con-

PREFACE.

dignement de cette commission aussi honorable qu'importante, qu'à son retour S. M. crut devoir récompenser ses travaux par une pension considerable, qu'elle lui accorda.

Ce fut pendant le long séjour qu'il fit en Egypte que M. de Maillet entreprit de mettre par écrit toutes les découvertes que ses occupations lui permettoient de faire dans cette region autrefois si celebre. Il est certain que personne ne fut plus en état de nous en donner une idée exacte & fidelle. A une étude constante des Anciens il joignoit une connoissance parfaite de la Langue Arabe, qu'il apprit à fond. Par là il eut la facilité de converser avec les habitans du pays & de lire les Historiens Arabes, qui s'y trouvent en assez grand nombre. Les liaisons qu'il entretint avec les Chrétiens d'Egypte, les correspondances qu'il eut avec le Patriarche des Grecs & celui des Coptes, avec l'Abbé du Mont Sinaï, & les différens Missionnaires, qui dans cette contrée travaillent à la conversion des schismatiques, le crédit enfin que lui donnoit son Emploi, lui procurerent outre cela des moyens de s'instruire, que ne peut avoir un simple voyageur, dans un pays surtout où un étranger a tout à craindre. C'est sur ces lumieres certaines que M. de Maillet hasarda de faire part à ses amis de ses découvertes. Le public jugera par la suite de l'Ouvrage, du mérite des lettres qu'il leur écrivit à ce sujet, & des Mémoires qu'il leur envoya.

Le dessein que je me suis proposé de conduire les lecteurs de proche en proche, & de connoissances en connoissances, m'a engagé naturellement dans une espece de méthode Géometrique, qui m'a fait choisir le

PREFACE.

sequent au public une description nette, suivie, fidee & complette.

On n'ose se promettre que celle qu'on lui presente aujourd'hui posséde au souverain degré ces qualités si estimables dans un ouvrage de cette nature. On croit pouvoir se flater du moins qu'elle n'en est pas absolument dépourvûe. Le public, juge souverain des écrits, en décidera ; mais la bonté des Mémoires sur lesquels j'ai travaillé semble m'authoriser à lui parler avec autant de confiance. Ils viennent de M. de Maillet Gentilhomme de Lorraine, déja connu dans la République des Lettres par son traité de la Diminution de la Mer, & par sa Relation d'Ethiopie, inserée dans la Relation historique d'Abyssinie du R. P. Jérome de Lobo Jésuite, imprimée à Paris en 1728.

Je n'insisterai point sur les talens que fit paroître cet Auteur dans les emplois divers, dont S. M. l'honora. Cette partie de son mérite est étrangere à cet ouvrage ; & M. de Maillet me sçauroit mauvais gré sans doute si dans une Préface j'entreprenois son panegyrique. Nommé en 1692. par M. le Chancellier de Ponchartrain au Consulat général de l'Egypte, quoiqu'il n'eût que trente trois ans, il gouverna si habilement cette grande Echelle pendant plus de seize années, que le feu Roi le choisit ensuite pour passer en Abyssinie en qualité de son Envoié. Au sortir du Consulat du Caire il fut nommé à celui de Livourne, ou pendant six ans il soutint avec fermeté contre les Ministres du Grand Duc, les droits de sa Charge & les prérogatives de la Nation. Enfin choisi depuis pour faire la visite des Echelles de Barbarie & du Levant, il s'acquitta si dignement

PREFACE.

genre épistolaire préférablement à tout autre. Peut-être me sçaura-t-on gré d'avoir donné cette forme à l'ouvrage. L'Auteur & le Lecteur y trouvent également leur compte. Elle procure à l'un plus de liberté, & cause moins d'ennui à l'autre.

<small>Lettre sur Egypte en général.</small>

La premiere Lettre traite de l'Egypte en général, & peut être regardée comme un préliminaire nécessaire à l'intelligence de toutes celles qui la suivent. Non seulement elle fixe la situation de l'Egypte, ses bornes & son étenduë; la qualité de son climat, la pureté de son air, l'excellence de son eau, y sont encore marquées avec des traits, qui ne laissent rien à désirer sur ces articles. L'idée générale qu'elle donne ensuite du nombre des villes que renferme ce vaste pays, de l'origine, du nombre, & de la qualité de ses habitans, n'est pas moins exacte ni moins digne de fixer l'attention. C'est-là que commence le paralelle que l'Auteur entreprend de l'Egypte ancienne avec la moderne. Quelque Critique trouvera peut-être mauvais de voir à la tête de cette description générale la relation que l'on a donnée de l'arrivée de l'Auteur dans ce pays. On doit imputer cet écart à l'envie d'égayer une matiere, qui d'elle-même paroissoit assez séche. Du reste on est bien aise d'avertir d'avance, qu'à peine fera-t-on arrêté dans toute la suite de l'Ouvrage par deux ou trois avantures personnelles de cette espéce.

<small>Lettre sur Nil.</small>

Ce qui suit sur le Nil est plus interessant. On ose se persuader que cette Lettre renferme en même tems l'agréable joint à l'utile, & qu'elle merite également l'attention des personnes du monde & l'application des sçavans. L'origine jusqu'ici peu connuë

PRÉFACE.

d'un fleuve si connu lui-même, fixée d'une maniere à ne plus laisser aucun doute, celle de sa fertilité & de ses accroissemens, puisée des sources mêmes de la nature, sont autant de dissertations dignes des reflexions de nos Naturalistes les plus habiles. Ce que l'Auteur ajoute de ses cataractes, de ces fameux aqueducs construits dans les siécles de la florissante Egypte, pour conduire les eaux du fleuve jusques dans les deserts arides de la Libye, des inventions subtiles, dont se servirent dans tous les tems les Prêtres Egyptiens, pour predire à un peuple ignorant & credule la hauteur future de son accroissement, n'est ni moins curieux, ni moins instructif. L'article qui traite des pelerinages sur le Nil est surtout un morceau unique. L'Auteur l'a tiré des Historiens Arabes. Eussent-ils outré en cette matiere, on ne pourroit s'empêcher de leur faire grace en faveur du charmant spectacle, que ce magnifique portrait offre naturellement aux regards.

Après avoir donné une idée confuse & générale de l'Egypte, l'Auteur entre insensiblement dans une division exacte de ce pays. Cette lettre où il est parlé de plusieurs villes de la basse Egypte, ne paroitra peut-être pas au Public aussi interressante que beaucoup d'autres. Elle renferme pourtant plusieurs traits curieux, également propres à instruire, & capables d'amuser. On ose même se flater que l'article qui regarde l'origine du Delta, ceux où il est parlé du Lac Sirbon, & des ruines de l'ancienne Heliopolis, ne seront pas des moins bien reçus par les gens de Lettres. *Division de l'Egypte, & description du Delta.*

Tant de Relations ont parlé de la ville du Caire & de la célébre Alexandrie d'Egypte, qu'il y a ce semble, *Lettres sur les villes d'Alexan-*

de la témérité à un Auteur à vouloir retoucher cette matiere. C'eſt ce qui fait cependant le ſujet de la quatriéme & de la cinquiéme Lettre. L'engagement que l'on avoit pris de ne rien omettre de tout ce que l'Egypte renferme de remarquable, ne permettoit pas de paſſer ſous ſilence deux villes, qui dans ce pays ont tenu ſucceſſivement le rang de Capitale. Je crois même avoir lieu d'eſperer que le Public me ſçaura quelque gré de ne l'avoir pas fruſtré de cette partie de mes Mémoires. J'oſe lui prédire qu'il y trouvera peu de choſe de commun avec tout ce que nos Modernes ont écrit juſqu'à préſent ſur ce ſujet. C'eſt-là qu'on voit Alexandrie dans toute ſa grandeur. On la ſuit dans ſon origine, dans ſes progrès, & dans ſa décadence. L'Auteur la fait enſuite renaître de ſes cendres. Elle fleurit encore pendant quelques ſiécles, & diſparoît enfin totalement, pour ne plus laiſſer à ſa place que de triſtes débris de ſa premiere gloire. Le Public jugera de ce paralelle, auſſi bien que de l'Hiſtoire de la Conquête de l'Egypte par les Califes d'Afrique, qui fait partie de la Lettre ſur le Caire. On aura atteint le but que l'on s'eſt propoſé, s'il trouve ce morceau digne de l'amuſer & de lui plaire.

Cette matiere conduit naturellement le Lecteur à des objets plus propres encore à l'intereſſer. Je parle des fameuſes Pyramides d'Egypte. L'antiquité n'a rien tant celebré que ces illuſtres monumens de ſa grandeur, qu'elle admira comme des miracles de l'art. Tous nos Voyageurs parlent de même de ces ouvrages prodigieux, que nous ne regardons plus gueres que comme des maſſes énormes, dignes tout au plus de notre étonnement. D'où vient cette diverſité de ſentimens ſur un objet qui n'a point ceſſé d'être le même ? Le goût de notre ſiécle ſeroit-il different de celui qui regnoit dans ces tems reculés, où les Pyramides paſſoient pour une des ſept merveilles de l'univers ? Non ſans doute. Le vrai beau eſt de tous les ſiécles. Mais les Pyramides auſſi vieilles que le monde ne ſont qu'une montre vaine, à n'en conſiderer que l'écorce ; & c'eſt uniquement à quoi tous nos Auteurs modernes ſe ſont bornés. L'utile & le ſatisfaiſant conſiſte à reconnoître les ſecrets que renferme leur interieur, l'objet qu'on s'eſt propoſé dans leur conſtruction, le deſſein de l'Architecte qui y préſida, & ſon habileté à l'executer. Or c'eſt ce que M. de Maillet a pretendu developper. Son eſprit patient & curieux étoit ſeul capable de venir à bout d'un ſi grand projet. Il eſt entré plus de quarante fois dans l'interieur de la grande Pyramide. Il a medité ſur la conſtruction des differens ouvrages que renferme cet immenſe monument ; il en a étudié l'uſage, & nous en a donné une explication ſi juſte, qu'en la concevant il eſt impoſſible de ne pas ſe rendre à la vérité démontrée de leur deſtination. Cette Lettre n'eſt donc pas ſeulement une ſimple deſcription des Pyramides. Ce ſont des réflexions ſenſées & inſtructives ; c'eſt un ſyſtême ſuivi & raiſonné ſur le deſſein, l'uſage, & la conſtruction de ces anciens monumens. On traitera peut-être tous ces raiſonnemens de conjectures ; mais conjectures, tant qu'on voudra, on ne pourra du moins s'empêcher d'avoüer que ces conjectures ingenieuſes ſont frappées au coin de la verité.

PREFACE.

<small>Lettre sur s Momies.</small>

La Dissertation qui suit sur les Momies ne mérite pas moins l'attention des Lecteurs. Elle est travaillée & pleine de recherches des plus curieuses. Le lieu où se trouvent les Momies y est parfaitement bien representé. L'Auteur sur ce sujet, comme dans tout autre, a rejetté tout ce qu'il n'a pas vû par lui-même. Sans prétendre critiquer personne en particulier, on peut dire que jusqu'à lui on n'a rien donné de supportable sur cette matiere. Le morceau qui regarde l'ancienne Memphis est de même des plus neufs. On ne refusera pas du moins à l'Auteur le juste éloge d'avoir jetté une grande lumiere sur l'histoire, en fixant la position certaine de cette ville.

<small>Description de la haute Egypte.</small>

Enfin après avoir parcouru le Delta, M. de Maillet passe à la haute Egypte. S'il n'en a pas donné une description plus détaillée & plus étenduë, on doit s'en prendre à la sterilité du sujet. Il est difficile d'amuser long-tems un Lecteur au milieu des ruines, des deserts & des montagnes.

<small>Histoire naturelle de l'Egypte.</small>

Ces huit premieres Lettres, qu'on peut regarder comme la premiere partie de cet Ouvrage, forment une description complette & détaillée de toute l'Egypte. Elles sont suivies de six autres, qui achevent de donner une idée exacte de ce pays. La neuviéme est une espece d'Histoire naturelle de l'Egypte. Il est vrai que l'Auteur n'a point prétendu y faire entrer tout ce qui regarde absolument cette matiere. Mais s'il s'est crû dispensé de cette exactitude scrupuleuse, il n'a pourtant pas negligé tout ce qui lui a paru curieux en ce genre, & propre à aider nos connoissances. Telles sont les conjectures qu'il nous donne sur le *Lotus* & le *Pa-*

PREFACE.

pyrus des Anciens, fur *l'Ibis* & fur *l'Ichneumon*. Peutêtre ne fera-t-on pas moins fatisfait de fa differtation fur le marbre granite.

Il eft difficile de connoître parfaitement l'Egypte, fi l'on n'a quelque connoiffance de la Religion ancienne de ce pays, qui tranfmit fon culte & fes Divinités à prefque toutes les autres régions de la terre. C'eft la partie la plus négligée par nos Auteurs modernes, & celle au contraire à laquelle M. de Maillet s'eft le plus attaché. On fe flatte que le Public lui tiendra compte de fes foins & de fes recherches fur cet article. Tout ce qu'il rapporte de la Religion des premiers Egyptiens, de l'efpece de Metempfycofe qu'ils avoient imaginée, de leur culte, de leurs temples, & de leurs facrifices, il l'a tiré des anciens Auteurs, & des livres des Hiftoriens Arabes. C'eft encore ici un de ces morceaux tout neufs, qui ne peut manquer de plaire, furtout à ceux qui ont quelque goût pour l'antiquité. Ce que l'Auteur dit enfuite de l'état prefent de la Religion en Egypte n'eft pas moins interreffant. La defcription qu'il donne des cérémonies obfervées à la circoncifion d'Ibrahim Bey fils d'Ifmaël Vifir Bacha du Cair, eft également curieufe & inftructive. On y voit le goût des Turcs pour les Fêtes, leur refpect & leur magnificence dans les cérémonies religieufes. On y remarque fur tout l'affection des peuples pour ce Gouverneur, dont ils avoient fujet de fe louer. La vertu & la juftice font de tous les pays; & partout où elles fe rencontrent, elles ont des droits naturels fur tous les cœurs. La relation qui finit cette Lettre paroîtra peut-être trop férieufe pour une defcription de l'Egypte. Elle fervira du moins à faire

Lettre fur la Religion.

PREFACE.

connoître le zèle de l'Auteur pour la Religion. Pendant son Consulat du Caire, il en donna des preuves, qui le firent regarder comme le seul homme capable de remplir les vûës de religion qui avoient déterminé le Roi Louis XIV. à choisir un sujet pour envoyer à la Cour d'Ethiopie. C'est ce dont M. le Comte de Pontchartrain lui rendit témoignage par une lettre qu'il lui adressa le 26 Juillet 1723. en réponse à celle par laquelle M. de Maillet s'excusoit sur la foiblesse de sa santé, d'accepter la Commission, dont S. M. l'avoit honoré. Ce zele éclata principalement dans ce qu'il fit pour ramener le P. Clement Recollet à la foi, qu'il avoit eu le malheur d'abandonner. La lettre qu'il lui écrivit à ce sujet est pleine de sentimens de piété & de persuasion. Aussi produisit-elle son effet.

Lettre sur les mœurs les Coutumes.

La connoissance des mœurs & des coutumes d'une Nation sert à faire connoître son génie & son caractere, & doit encore entrer dans l'idée qu'on se propose de donner du pays même qu'elle habite. C'est dans cette vuë que l'Auteur a cru devoir s'étendre sur ce qui regarde les coutumes & les usages des peuples de l'Egypte. Il a donc étudié leur penchant ; il s'est instruit de leurs inclinations & de leurs manieres. Non seulement il a vû ; il a encore pensé & réflechi ; & rapprochant de ce qui se passoit sous ses yeux ce que la lecture des Anciens lui avoit donné de lumieres, il s'est mis en état de peindre au naturel le genie de cette Nation. Le Public jugera par la lecture de la Lettre qui traite de cette matiere s'il peut se flatter d'avoir réussi. Je ne sçai si nos Dames seront également satisfaites du portrait peu avantageux qu'il trace en cet endroit de la galanterie

PREFACE.

terie Egyptienne. En tout cas je puis les assurer d'avance qu'elles liront avec plaisir l'histoire de Hassan & de Fatime.

La douziéme & la treiziéme lettre traitent du gouvernement & du commerce de l'Egypte. Le gouvernement present de ce pays est assez connu ; & ce qui regarde son gouvernement ancien est moins du ressort d'une simple relation, que de l'Histoire. L'Auteur s'est donc contenté de quelques remarques sur la magnificence des anciens Rois, qui dans des siécles reculés gouvernerent cette contrée de la terre, sur le pouvoir & le revenu des Bachas que la Porte y envoye aujourd'hui, sur les milices qu'elle y entretient, &c. Ce sont encore autant de morceaux curieux & nouveaux, dont nous sommes redevables à l'étude & aux soins de M. de Maillet. Le caractere qu'il nous donne de quelques-uns des Gouverneurs, qui de son tems passerent de Constantinople au Caire, est ici à sa place, & ne peut manquer de même d'être bien reçu. Ce qu'il dit dans l'article des Esclaves, de la bonté des Turcs envers ceux qu'ils ont à leur service, contribuera peut-être à faire revenir quelques personnes peu instruites des faux préjugés qu'elles se sont formés au désavantage de cette nation. En lisant cet endroit elles avoueront sans doute que ces peuples ne sont pas toujours, ni en tout aussi barbares qu'elles se le sont imaginé.

A l'égard du commerce, M. de Maillet n'avoit point entrepris d'écrire pour des Négocians ; aussi n'a-t-il pas prétendu traiter à fond cette matiere. Son but principal a été de donner une idée de l'état où les Sciences & les Arts se trouvent aujourd'hui en Egy-

Lettres sur le gouvernement & le commerce de l'Egypte.

PRÉFACE.

pte. Dans cette vûe il remonte jufqu'à leur naiffance dans ce pays ; & après avoir marqué leurs progrès fucceffifs au milieu d'une nation la plus éclairée & la plus polie de l'univers, il les conduit jufqu'à leur décadence. Alors ces lumiéres anciennes s'évanouiffent, & ne laiffent appercevoir au travers de leurs rayons éteints ou obfcurcis, que le peuple le plus ignorant & le plus groffier de toute la terre. Ce morceau n'eft certainement pas un des moins interreffans de tout l'Ouvrage. Le projet que l'Auteur donne enfuite pour la jonction du commerce des deux mers, caracterife parfaitement fon génie capable de conduire habilement à leur fin les entreprifes les plus difficiles. C'eft auffi une nouvelle preuve de fon zéle pour tout ce qui peut favorifer les interêts de la nation.

Lettre fur Carava-

On auroit pû fe difpenfer fans doute d'ajouter une derniere lettre fur les Caravanes. Le portrait de l'Egypte étoit fini ; le deffein rempli. Dans la crainte de fatiguer le public par des redites, devois-je facrifier cette partie de mes Mémoires ? Plus d'un Critique fera de cet avis. Mais n'en déplaife à la critique, fi les Auteurs n'avoient jamais rifqué, de combien d'excellens ouvrages la Republique des Lettres ne feroit-elle pas aujourd'hui privée ! Les Caravannes, je le fçai, ne font plus un fujet nouveau ; mais tout Auteur n'a-t-il pas fa façon de penfer, comme chaque Peintre a fa maniere ? Quoiqu'il en foit, je ne défefpere pas que le Public ne trouve encore dans cette Lettre des morceaux affez neufs pour mériter fon attention. De ce nombre eft l'article qui traite des Caravannes de Nubie.

En général, quoique ce livre porte en beaucoup d'en-

PREFACE.

droits des titres très-connus, il n'en est pas moins nouveau, par les nouvelles découvertes, par les reflexions neuves & frappantes, par les traits d'histoires inconnues qu'il renferme. M. de Maillet a fait revivre des faits importans, que la longueur des ans avoit presque effacés. Il a reveillé les cendres des morts, & est allé tirer de l'obscurité de leurs tombeaux l'idée des grands desseins dont l'execution rendit autrefois leurs noms si celebres. C'est ainsi qu'on fait tous les jours des livres nouveaux sur des sujets rebattus, mais manqués par tous ceux qui auparavant avoient traité les mêmes matieres.

On pourroit ajouter, que les Lecteurs trouveront dans cette description de l'Egypte tout ce qui dans un ouvrage de cette nature a coutume de piquer la curiosité; Dissertations sçavantes & profondes; Découvertes importantes & curieuses; Réflexions ingenieuses; Descriptions agréables; Histoires amusantes. Tout livre tel que celui-ci doit renfermer de tout cela. Heureux! si avec tout cela il peut encore parvenir à plaire. Le sort de cet ouvrage n'est point indifferent à la république des Lettres. Outre sa Description de l'Egypte, M. de Maillet a composé encore plusieurs Memoires importans sur l'Ethiopie. Il est à souhaiter, que par le favorable accueil que son livre recevra du Public, cet Auteur se voye forcé de nous faire part d'un trésor, qui ne peut demeurer caché sans ensevelir avec lui une infinité de belles connoissances.

Plusieurs personnes souhaiteroient peut-être qu'on eût joint des notes à cet ouvrage. C'étoit en effet ce qu'on s'étoit proposé d'abord. Ces notes devoient servir à mettre un Lecteur au fait de tout ce qu'on lit sur l'E-

PREFACE.

gypte dans les Anciens & dans les Modernes ; à éclaircir leurs obscurités, à rectifier leurs erreurs, quelquefois à redresser l'Auteur lui-même. Quel vaste champ d'érudition un pareil dessein n'ouvroit-il pas à nos recherches ! Que de remarques curieuses, que de réflexions utiles sur l'origine des Egyptiens, & sur l'époque de leur commencement, sur l'antiquité de leurs Dynasties, sur le nombre & l'ordre de leurs premiers Rois, sur les évenemens divers qui ont rendu ces Princes mémorables, sur l'origine de la religion de ces peuples, de leur culte, de leurs Dieux, en un mot sur tout ce qui en cette matiere peut piquer la curiosité, & ajouter à nos connoissances ! Dans l'execution de cette entreprise, le sçavant Ouvrage, que M. Fourmont l'aîné vient de publier sous le titre de *Reflexions critiques sur les Histoires des anciens peuples*, nous auroit fourni sans doute les materiaux les plus précieux & les lumieres les plus sures. Le Public auroit pu se flater alors d'avoir sur l'Egypte l'ouvrage le plus complet qu'il puisse désirer. Des circonstances qui l'interessent fort peu, ont fait abandonner ce projet. Des conjonctures plus favorables peuvent engager à le reprendre. Il ne tiendra qu'à ce même Public de les faire naître.

Il ne me reste rien à dire du stile, du plan que je me suis proposé, & de la methode que j'ai suivie. Ces Memoires ont été long-tems entre les mains de M. Liébaux Géographe ordinaire du Roi & de S. A. S. Monseigneur le Comte de Clermont. Il seroit à souhaiter pour toutes les personnes de goût, que ses occupations & sa santé lui eussent permis de continuer un travail, dont il n'a donné qu'une ébauche. Je suis convaincu

PREFACE.

qu'elles y auroient trouvé leur compte. C'est-là tout ce qu'on doit attendre de moi sur cet article. J'ai pû avec confiance rendre aux talens & aux lumieres de M. de Maillet la justice que tous les gens d'esprit ne manqueront pas de lui rendre après moi. Louer dignement un sujet qui le mérite, c'est s'assurer à soi-même un juste éloge. Mais dans ce qui me regarde il me conviendroit peu de le prendre sur le même ton. Je ne respecte pas assez peu le Public, pour prétendre prévenir son jugement en ma faveur par une témérité ridicule. Je le connois trop bien de même, pour esperer d'obtenir son approbation par des soumissions mal placées. Il est beau de mériter son suffrage; il est inutile de le mandier.

TABLE
DES LETTRES
Contenuës dans ce Volume.

LETTRE PRE- **S**UR *l'Egypte en géneral; où l'on traite*
MIERE *de l'arrivée de l'Auteur dans ce pays,
de son étendue & de ses bornes, de son climat, du nombre de ses villes, & de celui de ses habitans.* Page 1

LETTRE SECONDE. *Du Fleuve du Nil, de son origine, de son cours, de ses embouchures, des causes & des suites de son accroissement.* p. 37

LETTRE TROISIE'ME. *Division de l'Egypte en haute & basse, où il est parlé du Delta & de ses côtes, des Villes de Damiette & de Rosette, du Lac Sirbon, & de quelques autres endroits remarquables, qui se rencontrent dans cette partie de l'Egypte.* p. 85

LETTRE QUATRIE'ME. *Description de la ville d'Alexandrie ancienne & moderne, des monumens qu'elle renferme, & en particulier de la colomne de Pompée.* p. 118

LETTRE CINQUIE'ME. *De la Ville du Caire, de son origine & de son climat, de ses antiquités, sur tout des greniers & du puits de Joseph.* p. 153

TABLE DES LETTRES.

LETTRE SIXIE'ME. *Description des fameuses Pyramides d'Egypte, & en particulier de la plus grande, de son interieur, & des secrets qu'elle renferme.* p. 215

LETTRE SEPTIE'ME. *Du lieu des Momies & de la célebre ville de Memphis.* p. 261

LETTRE HUITIE'ME. *De la haute Egypte, de son climat, de ses Villes, de ses richesses, & de ses antiquités, des Deserts de Saint Macaire & de la Thebaïde, du fameux monastere de Saint Antoine, &c.* p. 291

LETTRE NEUVIE'ME. *Histoire naturelle de l'Egypte, où l'Auteur traite de la fertilité de ce pays, des Arbres, des Plantes, des Fleurs, & des Fruits qu'il produit, & des Animaux qui s'y rencontrent.* p. 1 *

LETTRE DIXIE'ME. *De la religion des Egyptiens, tant anciens que modernes, & de leurs principales Cérémonies.* p. 43 *

LETTRE ONZIE'ME. *Des mœurs des habitans de l'Egypte, avec un parallele de leurs Coutumes anciennes & modernes.* p. 104 *

LETTRE DOUZIE'ME, *Qui traite du gouvernement de l'Egypte, & des differens Corps de Milices préposés à la garde de ce Royaume.* p. 146 *

LETTRE TREIZIE'ME. *De l'état present des Arts & du Commerce en Egypte, avec un projet pour la jonction du commerce de l'Europe avec celui d'Asie, par le moyen de la Mer Rouge.* p. 179 *

TABLE DES LETTRES.

LETTRE DERNIERE. *Description des Caravanes, & en particulier de celle qui part tous les ans de l'Egypte pour le pélerinage de la Mecque; avec des remarques sur cette Ville & sur celle de Médine, sur le Tombeau de Mahomet, sur la maison d'Abraham, &c.*
p. 212 *

Fin de la Table des Lettres.

DESCRIPTION

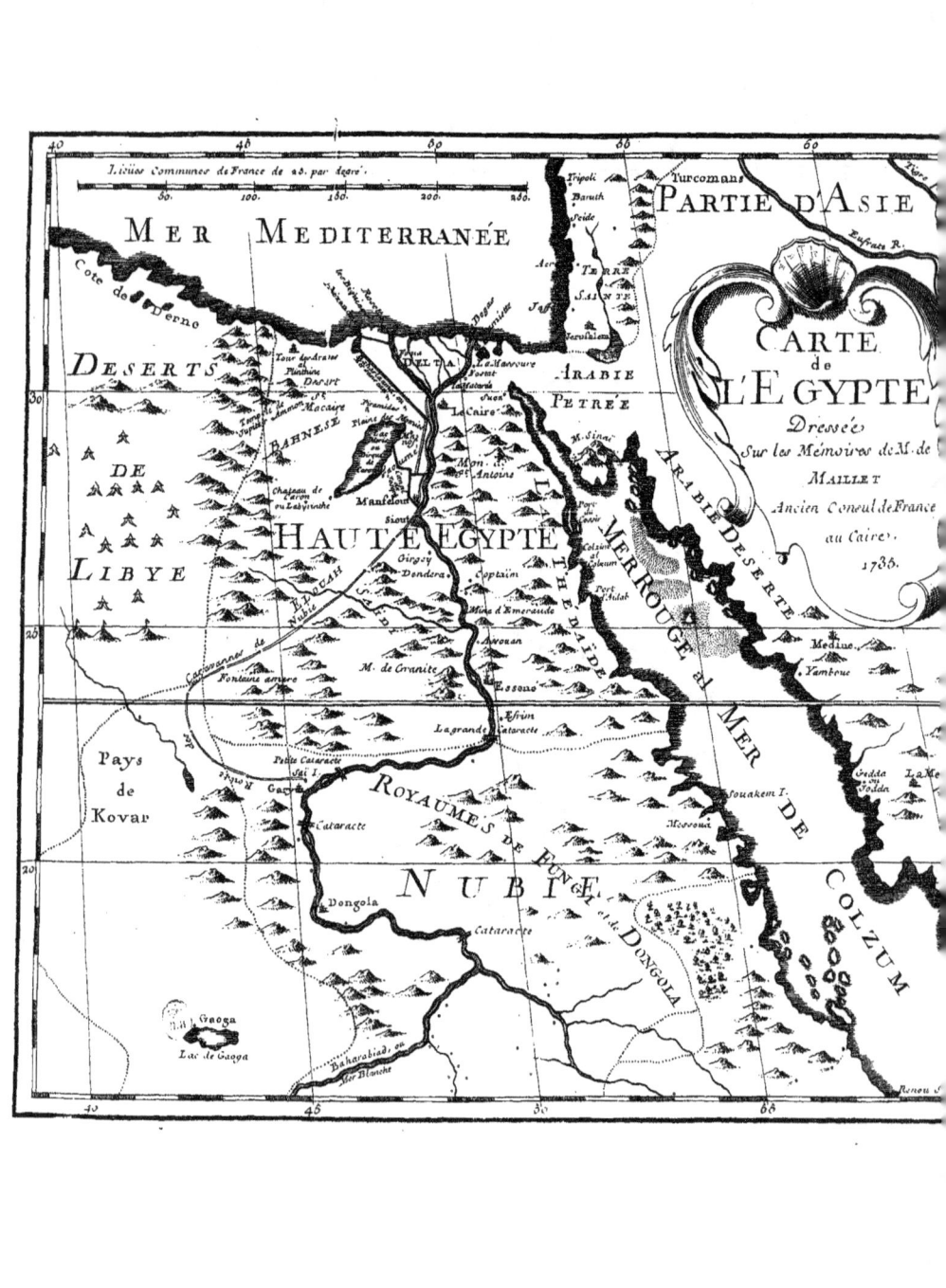

DESCRIPTION DE L'EGYPTE.

LETTRE PREMIERE
SUR L'EGYPTE EN GENERAL;

Où l'on traite de l'arrivée de l'Auteur dans ce pays, de son étendue, & de ses bornes, de son climat, du nombre de ses villes, & de celui de ses Habitans.

IL faut avoir autant d'empire sur moi, que vous en avez, Monsieur, pour m'engager malgré ma paresse naturelle à répondre aux questions que vous me faites sur l'Egypte. Peut-être vous figurez-vous qu'il est aussi facile de s'instruire ici de l'état du pays, qu'il le seroit en France, ou dans quelque autre endroit policé de l'Europe ; qu'on y voyage avec le même agrément & autant de sécurité ; que comme là on est libre d'observer avec admiration ces miracles que la nature ou l'art ont consacrés à l'immortalité dans ces régions étrangéres & éloignées, & qu'avec un peu de curiosité & de dépense il n'est pas impossible de se mettre au fait de toutes les raretés

A

qu'elles renferment. Si cela eft, je fuis bien aife de vous avertir en ami que vous êtes fort loin de compte, & que vous faites aux Arabes mille fois plus d'honneur qu'ils ne méritent. De quelque côté qu'on fe tourne, dès qu'on eft parmi eux, on ne rencontre que barbarie. Jamais Nation n'a été plus ennemie de quiconque cherche à voir & à s'inftruire. La plus innocente curiofité les jette dans le foupçon. L'intérêt eft leur paffion dominante; c'eft le feul objet qui les occupe, l'unique mobile qui les fait agir; & comme ils s'imaginent que les Francs, (c'eft ainfi que tous les Orientaux nous appellent) y font également fenfibles, ils font perfuadés qu'ils ne font des recherches dans ces vaftes Provinces que pour y découvrir des tréfors, & les leur enlever. Cette imagination, toute infenfée qu'elle eft, a obtenu dans leur efprit le privilége de ne pouvoir en être déracinée. Non feulement ils nous regardent comme des Magiciens infignes, au fçavoir defquels rien n'eft caché; ils font encore affez ridicules pour fe figurer que nous voyons auffi clairement & auffi diftinctement dans le fein de la terre ces dépôts précieux qu'on lui a confiés, que s'ils n'étoient couverts que d'un fimple criftal. Cet impertinent préjugé les tient en garde contre nos moindres démarches, & les engage à mettre tout en ufage pour traverfer les mefures les plus fures que pourroit faire prendre le jufte défir d'acquérir une connoiffance exacte du pays qu'ils habitent, & des monumens qu'il renferme.

 Ma Charge de Conful de France me donne à la vérité des facilités que n'auroit pas un fimple voyageur. Je puis en cette qualité paroitre où il n'oferoit fe montrer; mais elle me foumet en même tems à de plus grandes libéralités dans tous les lieux où je me tranfporte. Ajoutez à ces dépenfes, qui paffent fans contredit la fortune d'un particulier, les dangers inféparables de ces fortes de voyages, joints à la contrainte où me retient néceffairement un emploi, qui exige une efpece de réfidence; fur ce pied-là vous conviendrez fans peine qu'il me feroit très-difficile de vous donner une connoiffance entiére & parfaite d'un pays affez étendu, & auffi fertile en monumens anciens & modernes que l'eft l'Egypte. Auffi avourai-je franchement qu'il ne m'a pas été poffible de voir tout par moi-même, & que fouvent j'ai été obligé de

DE L'EGYPTE. 3

m'en rapporter aux vifites & aux recherches que j'ai fait faire par d'autres. Jugez fi de ces foibles lumiéres je puis tirer pour votre fatisfaction tout l'avantage que vous pourriez naturellement fouhaiter.

Vous ne devez cependant pas, Monfieur, défefpérer abfolument de voir fatisfaire le défir inquiet que vous avez de connoitre un pays fi fécond en merveilles. Sans entreprendre de vous donner une idée parfaite de l'Egypte, je me crois en état de vous en faire un portrait affez fidele & affez nouveau, pour mériter votre attention. J'ai vû votre lettre à la main, & avec une exactitude fcrupuleufe, les ruines de la fameufe Alexandrie, & de ces autres Villes, que dans différens fiécles le Nil vit élever & fleurir fur fes bords. J'ai parcouru avec des regards curieux tous les environs du Caire & des Pyramides jufqu'à la diftance d'une journée; & fur ces monumens fi célébres dans l'antiquité j'ofe me flatter d'avoir fait des obfervations plus exactes & plus nouvelles que tout ce que nos Voyageurs ont publié jufqu'ici. A l'égard des lieux plus éloignés, j'en fuis en quelque forte auffi inftruit que fi je les avois vus par moi-même. Ce n'eft point fur des relations inventées à plaifir par des Charlatans, qui à leur retour d'un pays étranger croiroient leur honneur intéreffé s'ils n'en rapportoient du merveilleux; ce ne fera pas même fur les rapports des gens du pays, ordinairement affez imparfaits, fouvent très-confus, & prefque toûjours mêlés de toutes les Fables, dont il plait à leur ignorance ou à leurs préjugés de les orner, que je prétens fonder ce que je vous écrirai fur cette matiére. C'eft fur le temoignage de perfonnes éclairées & dignes de foi, qui par des vues particuliéres, ou à la faveur de leurs emplois, fouvent par mes propres ordres, ont parcouru ces vaftes pays; c'eft fur des recherches fures & infaillibles que j'ai faites dans le cours d'une réfidence en Egypte auffi longue que l'a été la mienne, que j'entreprens de vous tracer un portrait de tous ces endroits différens. Vous pouvez compter que je ne vous avancerai rien dont je ne fois affuré de cette forte. Après cette proteftation je commence par vous faire en peu de mots le récit de mon paffage de France en Egypte. Comme vous vous intéreffez à tout ce qui me regarde, j'ofe me flatter que cette courte relation de mon

A ij

DESCRIPTION

voyage & de mon arrivée à Alexandrie, ne vous fera pas indifférente.

Départ de l'Auteur pour l'Egypte.

Je partis de Marseille le 9. Juin de l'année 1692. & le 15. j'allai mouiller à la rade de l'Isle de Malthe, où je pris terre pour quelques jours. Le 19. du même mois je me rembarquai sur le vaisseau, qui m'avoit apporté de Provence, & qui dès le matin m'attendoit à la voile à l'entrée du port. Quatre autres vaisseaux François se joignirent au notre sur la priére que j'en avois envoyé faire aux Capitaines, qui les commandoient. L'un devoit faire aussi le voyage d'Alexandrie; un autre étoit destiné pour Smirne, le troisiéme pour la Morée, & le dernier pour Alexandrette. Dès que je fus monté sur mon bord, ces quatre vaisseaux vinrent passer sous le vent, & me saluerent chacun de sept coups de canon. Je leur rendis le salut; & nous fimes tous voile vers la Morée, que nous découvrimes le 22. à quatre heures après midi. Ce fut là qu'il fallut se séparer. Le vaisseau qui devoit se rendre à la Morée, & celui qui alloit à Smirne continuerent leur route vers les lieux de leur destination. Pour nous sur le soir nous primes celle de Candie, & le lendemain nous allames reconnoitre le Cap de saint Ange, que nous doublames sur les deux heures après midi. Le vent s'étant alors fort affoibli, nous avançames peu la nuit suivante. Le 24. le vaisseau destiné pour Alexandrette nous abandonna, & nous continuames notre route vers la Barbarie avec un vent très-médiocre. Le 25. au matin nous appercevions encore dans l'éloignement les hautes montagnes de Candie toutes couvertes de neige. Le calme dura pendant tout ce jour là. Les 26. 27. & 28. il fit si peu de vent qu'à peine pouvions-nous faire usage de nos voiles; nous étions seulement entrainés par les courans. Cependant sur les quatre heures du soir nous découvrimes les côtes de Barbarie, & le vent ayant alors fraichi, nous allames à l'entrée de la nuit reconnoitre le Cap Blanc, qui n'est éloigné d'Alexandrie que de cent milles. L'équipage comptoit arriver le lendemain à dix heures du matin dans cette Ville; mais le vent cessa tout à coup, & nous nous apperçûmes pour la premiére fois que nous étions en mer par le roulis du vaisseau, qui ne se trouvant plus soutenu du vent étoit bercé par les vagues. Jusques-là notre navigation avoit é si douce, qu'on auroit cru voguer sur le fleuve le plus tranquille. Heureusement ce contraste dura peu, & le 29. le vent ayant repris à neuf heures du matin, nous courumes de fort près les terres de Barbarie, qui sont aussi basses que la mer. A six heures du soir nous doublames la Tour des Arabes, & nous apperçumes aussi-tôt le Phare d'Alexandrie. Enfin à une demi heure de nuit nous entrames heureusement dans le port conduits par des Pilotes du Pays qu'on nous dépecha dès qu'on nous découvrit en mer.

Aussi tôt que la Nation Françoise fut instruite de mon arrivée, le Chancelier accompagné de trois Marchands se rendit à bord du vaisseau, qui m'avoit apporté, & me félicita tant de sa part que de celle de tous les Commerçans François sur mon heureuse navigation. Il me demanda en même tems à quelle heure je prétendois prendre terre le lendemain afin d'en avertir les Puissances du Pays & les Janissaires, qui devoient se trouver à mon débarquement, & me conduire à la Maison Consulaire. Le lendemain à sept heures du matin, qui étoit l'heure que j'avois choisie, le Chancelier de la Nation, plusieurs Marchands, & tous les Drogmans vinrent à mon bord, d'où un moment après ils retournerent à terre, afin de donner les derniers ordres pour ma réception. Un quart d'heure après je m'embarquai moi-même sur une chaloupe. Mon Vice-Consul d'Alexandrie, qui étoit passé de France en même tems que moi, le Capitaine de mon vaisseau, & quelques Drogmans, qui étoient restés sur mon bord, en firent autant pour me suivre. Six Capitaines de vaisseaux, qui se trouverent dans le port m'accompagnerent aussi chacun avec leur chaloupe. Ce fut en cet ordre que nous nous éloignames du vaisseau sur lequel j'étois venu. Il avoit mis ce jour-là pavillon d'Amiral, & étoit paré de toutes les autres marques d'honneur qu'on accorde aux bâtimens qui portent des Consuls. A mon départ il me salua de dix-neuf coups de canon ; & il n'eut pas plûtôt cessé, que tous les autres vaisseaux François étant dans le port commencerent à tirer par ordre ; ensorte que pendant un quart d'heure qu'on mit à aborder au rivage, la mer retentit d'une décharge continuelle d'artillerie. Cependant la foule grossissoit à la marine, & le terrain se couvroit de peuple à mesure que j'approchois.

Son entrée à Alexandrie.

En mettant pied à terre je fus reçu d'abord par toute la Nation ayant à fa tête le Chancelier, qui me félicita fur mon débarquement. Le Chéléby, ou Douannier du G. S. fe préfenta enfuite, pour me recevoir au même endroit de la part de l'Aga, qui réfide à Alexandrie pour le Bacha d'Egypte, & pour me conduire delà à fon Divan, où il m'attendoit accompagné du Soûbachy, ou Commandant des Janniffaires, du Kiaïa, ou Commandant du Chateau, & du Cadi, ou Chef de la Loi. Les Janniffaires formant une double haye depuis le bord de la mer jufqu'au Divan, me tenoient un chemin libre au milieu de la foule du peuple, qui s'étoit attroupé fur mon paffage. Je fus conduit de cette maniére jufqu'au haut de l'efcalier du Divan de l'Aga, fuivi de toute la Nation, & foutenu fous les bras par deux Officiers de l'Aga, qui m'aidoient à monter, fuivant l'ufage pratiqué en Turquie envers les Grands.

Dès que je parus dans la Salle, les quatre Puiffances fe leverent du Sopha où elles étoient affifes, & s'avancerent vers moi à mefure que je marchois vers elles; enforte que nous nous trouvames en même tems à l'extrémité du Sopha. Alors l'Aga vint me donner la main, & me conduifit luimême à la place la plus honorable, où je m'affis fur de riches couffins, qui avoient été préparés. Après les complîmens ordinaires on m'apporta l'eau noire, & enfuite l'eau blanche, c'eft-à-dire le caffé & le forbet, aufquelles fuccéderent les confitures. On me préfenta enfuite un baffin fur lequel je me lavai les mains avec des eaux odoriférantes, qui me furent verfées par un Officier de l'Aga. Enfin on apporta le parfum, & on me couvrit d'une étoffe précieufe, pour me le faire mieux recevoir. Cependant l'Aga me fit faire beaucoup d'excufes fur le peu de tems qu'il avoit eu pour fe préparer à me rendre les honneurs qui m'étoient dûs. Je reçus auffi quelques complimens de la part des autres Puiffances, & m'étant levé enfuite, je fus reconduit de la même maniére qu'on m'étoit venu prendre. Le Chéléby m'accompagna jufqu'au pied de l'efcalier, où je trouvai un cheval prêt pour me porter à la Maifon Confulaire; mais comme elle n'étoit pas fort éloignée, je m'y rendis toujours à pied accompagné de la Nation au milieu d'un double rang de Janniffaires.

Quelque court que soit ce récit de mon voyage & de mon entrée dans la Ville d'Alexandrie, peut-être trouverez-vous, Monsieur, que je me suis encore trop étendu sur quelques légeres circonstances que des personnes moins prévenues en ma faveur ne manqueroient pas sans doute de traiter de minuties. Mais comme vous m'avez ordonné de ne vous laisser ignorer aucune particularité de tout ce qui me regarde, j'ai cru devoir entrer avec vous sur cet article jusques dans les moindres détails. Celui-ci ne fut il d'aucune autre utilité, il servira du moins à vous donner d'avance une légére teinture des usages de ce pays, & de l'idée qu'on y a d'un Consul de France.

Tout le reste de la journée fut employé à recevoir les complimens des principaux du Pays, qui vinrent me voir. Le Chéléby me fit une longue visite, & je le régalai à mon tour de l'eau blanche & de l'eau noire. J'en fis servir de même aux plus considérables, qui vinrent me faire civilité, & même aux Juifs qui s'étoient rendus chez moi en corps. Je reçus toutes les visites assis sur le Sopha & couvert; car il y a peu de personnes en Egypte pour lesquelles un Consul de France se léve & se découvre. On distribua ce jour-là sept à huit cens livres, tant aux Janniffaires qu'aux Puissances pour des droits qui leur sont dûs à l'arrivée des nouveaux Consuls. Le lendemain je traitai toute la Nation à dîner, & la joye générale qui régna dans ce repas, jointe à l'abondance & à la diversité des meilleurs vins qu'on y servit, fut un assaisonnement très-agréable aux mets nombreux dont ce régal fut composé. Sur le soir j'allai me promener dans la vieille ville d'Alexandrie ; ce que je fis encore plusieurs fois depuis, en attendant que les députés de la Nation du Caire, à laquelle j'avois donné avis par un exprès de mon arrivée à Alexandrie, vinssent me prendre en cette ville. Comme on n'a gueres de commerce en ce Pays avec les Arabes de la campagne, & que la confiance qu'on a en eux n'est pas fort grande, je n'entreprenois point mes promenades curieuses sans me faire escorter par plusieurs Janniffaires, & par une bonne partie de la Nation bien armée. Je montois le cheval du Soûbachy, qui avoit l'honnêteté de me l'envoyer tous les jours. Ma troupe suivoit montée sur des mules ou sur des ânes; car il n'est permis qu'au feul Conful de France de paroitre à cheval dans ce pays. Il eſt vrai que les ânes d'Egypte valent bien les chevaux ordinaires, ils s'y vendent même à proportion plus cher. Vous ne fçauriez croire, Monſieur, combien j'eus de ſatisfaction à confidérer les reſtes encore ſurprenans de l'ancienne magnificence d'Alexandrie, malgré l'état déplorable où cette ville eſt aujourd'hui réduite. Cet amas précieux de monumens détruits & renverſés, ces ruines entaſſées de Temples & de Palais, ces triſtes débris de la grandeur des Grecs & des Romains foudroyés & anéantis par le tems, m'inſpiroient encore une vénération mêlée d'horreur, à la vue de ce qu'ils étoient, & au ſouvenir de ce qu'ils avoient été.

Ce feroit peut-être ici le lieu, Monſieur, de vous faire une defcription détaillée de cette ville autrefois ſi fameuſe, & de ce que j'ai pû obſerver de plus remarquable dans ſes ruines. Vous attendez fans doute ce détail de mon inclination à fatisfaire votre curiofité. Mais outre que ce ſujet me paroit affez important pour mériter d'être traité dans une Lettre particuliére, il feroit contre l'ordre, ce me ſemble, de vous faire le portrait d'une Ville avant que de vous avoir donné une idée générale du célébre pays où elle eſt fituée. Je commencerai donc par vous parler de l'Egypte en général; & comme vous exigez de moi que je vous donne une connoiſſance exacte de l'état où ſe trouve aujourd'hui cette Région jadis ſi vantée, je vais d'abord vous tracer un plan racourci de ce qui dans la ſuite fera la matiére de toutes mes lettres.

De l'Egypte en géneral. Il n'y a point de pays au monde plus renommé que l'Egypte dans l'Hiſtoire des tems reculés. Hérodote le plus ancien Hiſtorien, qui nous reſte, en fait une defcription que je ne rapporterai point ici, parce que tous ceux qui ont quelque connoiſſance de l'Hiſtoire ont commencé par la lecture de la ſienne. On ſçait que les Sciences & les Arts y ont fleuri tandis que le reſte de la terre étoit encore enſeveli dans les ténébres de l'ignorance, & que ce fut là que la Grece alla puifer les connoiſſances, qui dans la ſuite la rendirent ſi célebre. Delà le Mercure des Egyptiens fut divinifé par les Grecs. Ce fut de cette région favoriſée des Dieux qu'ils tirerent leurs loix, leur religion, & une grande partie de leurs coutumes. Perſonne n'ignore qu'il eſt forti de l'Egypte des

Conquérans,

DE L'EGYPTE.

Conquérans, qui ont fubjugué une partie du monde. Elle a fourni un Hercule à la Fable, & à l'Hiftoire facrée des Rois formidables par leur puiffance & par leurs exploits. On fçait encore qu'elle a été fubjuguée elle-même par différens Princes de l'Afie; que fes peuples ont été menés en captivité, & fes Villes abandonnées fi généralement, qu'un Auteur Arabe a dit que le Nil, ce fleuve fi fertile, coula pendant quarante ans au travers de fes terres, fans qu'un feul homme en profitât. Ce fut en Egypte que Jofeph, un des fils de Jacob, vendu par fes freres à des Marchands Egyptiens, fut conduit en efclavage, & fe rendit enfuite fi puiffant & fi celebre, que fa mémoire fera à jamais en vénération parmi les peuples qui l'habitent. Ce fut là que Jacob fe retira lui-même avec le refte de fa famille après la fortune de ce fils bien aimé, & que fa poftérité fe multiplia fi prodigieufement, comme nous l'apprend l'hiftoire fainte. Enfin ce fut dans cette région que pour délivrer fon peuple de l'efclavage, où le retenoit un Roi injufte & cruel, & le conduire au travers des deferts dans cette terre délicieufe, qui devoit être le partage de la poftérité d'Abraham, Dieu par le miniftére de Moïfe opéra toutes ces merveilles que les livres facrés nous racontent.

C'eft de l'Egypte, ce pays fi fameux par tant d'endroits, dont les anciens habitans fe difoient fortis du limon du Nil, & fe vantoient d'être le premier peuple de la terre, c'eft de ce pays différent de tous les autres pays du monde que j'ai entrepris de vous entretenir, en vous traçant une image de ce qu'elle eft aujourd'hui, & vous rappellant la mémoire des anciens monumens que différens fiécles y virent élever, & dont il ne nous refte à préfent que des idées très légéres & fort confufes. Car comme plus les objets font éloignés de nos yeux, moins il nous eft poffible de les appercevoir & de diftinguer nettement toutes leurs parties différentes ; c'eft toujours auffi avec obfcurité que les anciennes Monarchies fe répréfentent à notre efprit. Eft-il étonnant que nous ne puiffions voir qu'avec confufion ce que le monde a produit de plus ancien dans fa naiffance, quoique ce foit en même tems ce qu'il a eu de plus grand ? Je vous parlerai donc de l'Egypte & de fon étendue, de fon climat & de fa fécondité caufée par ce fleuve admirable, dont l'origine, le cours, & les accroiffemens ont

B

été de tout tems pour les sçavans une matiére inépuisable des recherches les plus curieuses, des différents pays qu'elle renferme, des lieux célébres qu'on y rencontre, & des êtres vivans ou inanimés que la nature y enfante, de ses Villes & de ses habitans, de leur religion, de leurs coutumes & de leurs mœurs, de leur commerce & de leurs richesses. Je rapporterai avec exactitude & sincerité ce qui subsiste de ses premiers monumens, ce qui s'est conservé de ses anciens usages ; & l'état présent où elle se trouve aujourd'hui comparé à sa gloire passée sera l'occasion de cette réflexion bien naturelle, que l'homme ne doit point se plaindre de sa condition, qui l'assujettit à la mort, puisque les Villes elles-mêmes & les Empires y sont soumis.

Muoiono le Città, Muoiono i Regni. (a)

Il ne seroit pas naturel, en parlant de l'Egypte d'omettre ce que les Auteurs Arabes nous en ont transmis. Il est raisonnable de les consulter sur un pays qu'ils ont habité tant d'années. Cependant comme ils sont grands exagérateurs, je ne les citerai qu'avec retenue, & sans prétendre captiver votre jugement, en me servant de tems en tems de leur témoignage. Je laisse à votre discernement à décider dans l'occasion combien on doit déférer à leur autorité.

Au reste vous ne devez pas être surpris si vous trouvez tant de différence entre ce que les anciens rapportent de l'Egypte & ce que je vous en dirai. Les grands changemens & les révolutions fréquentes arrivées dans ce Royaume suffiroient pour le rendre méconnoissable, quand le tems, qui ronge tout, n'auroit aucune part à la destruction de ses anciens monumens. D'ailleurs la persécution que souffrent depuis plusieurs siécles les naturels du pays, qui sont les Coptes, leur esclavage & leur misére, l'intrusion de tant d'étrangers, qui habitent presque seuls aujourd'hui cette région fortunée, toutes ces causes ont vrai-semblablement si fort affoibli les usages & les manieres, qu'il est étonnant qu'il se soit encore conservé quelques légéres traces des mœurs & des coutumes anciennes. J'ajoute que vous ne devez pas non plus être étonné de trouver quelque diffé-

(a) Petrarque.

DE L'EGYPTE.

...nce entre ma maniére de mesurer les distances, & celle que
...s anciens ont pratiquée, aussi bien que quelque changement
...ans les lieux, dont ils ont parlé. Les guerres & les siécles
...yant ruiné certaines Villes on en a souvent élevé de nouvelles
...r les ruines des premieres; souvent on a abandonné un ancien
...eu ruiné, pour en habiter un nouveau dans le voisinage.
...'ailleurs les anciens eux-mêmes sont irréguliers dans le nom-
...re des Stades & des Schenes qu'ils comptent d'un lieu à un
...tre. Strabon qui avoit beaucoup voyagé en Egypte, trou-
...oit aussi-bien que Diodore des différences notables sur cet
...ticle. Ces Auteurs disent que les Schenes, ou les Stades,
...nt des mesures plus ou moins longues dans des distances très
...u considérables. Ils observent même que ces mesures n'é-
...ient pas uniformes d'Alexandrie à Memphis, quoique ces
...ux Villes ne fussent qu'à trente lieues l'une de l'autre. Apres
...s courtes observations; je viens, Monsieur, à mon sujet, &
...ntre naturellement dans ma narration.

Sa situation, ses bornes, & son étendue.

On sera sans doute étonné de voir qu'un pays, dont l'histoire
...us donne les idées les plus magnifiques, soit par rapport au
...ombre de ses Villes & de ses habitans, soit par rapport à la
...issance prodigieuse de ses Roys, soit enfin qu'on ait égard à ses
...chesses immenses, & aux somptueux édifices, dont les restes,
...i se présentent, pour ainsi dire, à chaque pas, tout défigurés
...'ils sont par les injures du tems & par les efforts des barbares,
...citent encore aujourd'hui l'admiration la plus forte; qu'une
...ntrée, à qui les Auteurs Arabes n'ont pas craint de donner
... nom de *Masr*, c'est-à-dire de lieu par excellence, on sera,
...-je surpris de voir qu'une région si fameuse n'est cependant
...'une vallée assez étroite, dont le lit du Nil occupe le fond,
...qui à droite & à gauche n'a que de vastes solitudes également
...abitées & inhabitables. En effet l'Egypte a tres peu de lar-
...ur; en récompense sa longueur est considérable. Elle s'étend
... un espace d'environ 250 lieues depuis les Royaumes de
...ngi & de Dongola dans la Nubie, dont elle est bornée au Midi,
...qu'à la mer Méditerrannée, qui la baigne au Nord. Sa plus
...ande largeur se prend ordinairement d'Alexandrie à Da-
...ette, & est au moins de 60. lieues. Elle se rétrécit ensuite
...ensiblement en remontant vers le Caire, & depuis cette
...lle jusqu'à l'Ethiopie, elle est toujours resserrée entre deux

B ij

chaînes de montagnes, qui ne sont séparées que par une plaine. Cet espace n'a pas plus d'une journée de traverse, excepté vers le Saïdi, où la plaine peut contenir en largeur deux ou trois journées. Mais je m'apperçois que cette description est trop générale pour pouvoir vous donner une idée assez exacte de la situation & de l'étenduë d'un pays autrefois si célébre. Il faut m'expliquer d'une façon plus détaillée, & qui réponde mieux à ce que vous attendez de moi.

Le Nil, qui dans son inondation couvre toute la face de l'Egypte habitable, après avoir traversé l'Abissinie & la Nubie, entre en Egypte du côté du Midi un peu au dessus du passage difficile de ce fleuve qu'on appelle la grande Cataracte, & à peu près sous le Tropique du Cancer. De-là il coule vers le Nord pendant l'espace de 250. lieues, & rencontre enfin la Méditerrannée, à laquelle il porte ses eaux & son limon. Dès que le Nil est entré en Egypte, deux chaines de montagnes le resserrent sans jamais l'abandonner. Celle qui le borne à sa gauche, ou au Couchant, du côté de la Nubie, l'accompagne jusqu'à ce qu'il se soit rendu à la mer par l'embouchure de Rosette distante d'Alexandrie de 15. lieues. L'autre chaine qu'il a à sa droite, ou à l'Orient, & qui occupe une largeur de trois ou quatre journées entre le lit de ce fleuve & la mer Rouge, le suit seulement jusqu'au Caire. Là elle lui laisse la liberté de se partager en deux bras, & de former ce fameux Delta, qui se termine du côté de l'Orient à la Ville de Damiette & à celle de Rosette à l'Occident. Au reste ces deux chaines de montagnes ne sont éloignées l'une de l'autre, comme je l'ai déja dit, que d'une grande journée depuis le Tropique jusqu'au Saïdi ; mais en cet endroit elles s'écartent considérablement, & laissent entr'elles des plaines fort vastes. Elles se rapprochent ensuite de nouveau, & viennent enfin presque se joindre aux environs du Caire & des Pyramides. C'est toute cette étendue qu'on appelle la haute Egypte. Le reste en tirant vers la mer Méditerrannée compose la basse, & renferme le Delta. Ainsi l'Egypte ressemble assez à un Y, ou, si vous voulez, à un baton fourchu, dont les deux pointes se terminent, l'une à Diamette, & l'autre à Rosette. L'endroit où elles se réunissent est la Ville du Caire ; & l'espace qu'elles renferment comprend la basse Egypte. La queue de l'Y ou du baton fourchu compofe la haute depuis le Caire jufqu'à la grande Cataracte.

Il faut à préfent obferver que la Ville du Caire, qui fépare l'Egypte inférieure de la fupérieure, eft fituée au 28.ᵈ 58. de latitude Nord ; que celle de Rofette eft au 30.ᵈ 58. celle d'Alexandrie au 31.ᵈ ; qu'enfin Effené que les anciens appelloient Syénne, *Syennen in extremo Ægypto*, dit un Auteur Romain, & au de-là de laquelle l'Egypte s'étend encore durant quatre journées vers la Nubie, eft à peu près fous le Tropique du Cancer. Par-là il eft très facile de vérifier l'étendue que je donne à la longueur de l'Egypte. En effet en prenant 25. lieues pour la grandeur d'un degré de latitude, comme les Aftronomes & les Géographes ont coutume de faire en France, on trouvera 50. lieues pour les deux degrés, dont différent en latitude le Caire & Alexandrie ; on en trouvera 163. ou environ, pour la même différence entre le Caire & Effené ; & ajoutant enfuite quatre journées que s'étend l'Egypte au Midi de cette derniere Ville, à les prendre chacune pour dix lieues, fuivant l'ufage du pays, on aura au moins les 250. lieues que j'ai données de longueur à cette région. Enfin fi on confidere qu'au de-là de Damiette vers l'Orient, & d'Alexandrie au Couchant, il y avoit encore fans doute autrefois plufieurs habitations, qui pouvoient mériter le nom de Villes ; que le Lac Sirbon baignoit vrai-femblablement les murs de quelqu'une, & que le Fauxbourg de Necropolis, dont je parlerai dans la fuite, n'étoit pas le dernier lieu à l'Oueft, qui pût être appellé de ce nom, on conviendra peut-être que l'Egypte n'eft pas abfolument auffi petite qu'on la figure.

D'un autre côté on eft obligé d'avouer, que ce Royaume fi renommé dans l'hiftoire pour le nombre de fes peuples, & pour fa puiffance, n'a pas une étendue proportionnée à fa célébrité. Qui pourroit fe perfuader en effet qu'un pays fi ferré ait eu autrefois vingt mille Villes ; que le nombre de fes habitans foit monté jufqu'à vingt millions ; que fes Rois enfin ayent entretenu des armées de trois cens mille hommes, ayent fait ces guerres, & exécuté toutes ces autres chofes dignes d'admiration, que nous lifons dans les Auteurs, & que nous ne lifons qu'avec furprife ? Cependant fi on fait attention à la bonté du climat, à la fertilité furprenante de la terre, qui ne repofe jamais, au nombre presque innombrable de peuples que ce pays entretient encore actuellement, à la richesse présente de ce Royaume, à l'abondance de l'Or & de l'Argent qui y entrent, aux marchandises précieuses qu'on y apporte de toutes les parties du monde, aux revenus du Prince, & à ceux des Puissances du pays; si on observe que ces montagnes aujourd'hui stériles & désertes furent dans des siécles plus heureux la demeure d'un peuple infini d'habitans; que ces vastes solitudes de la mer Rouge & de la Libye furent alors embellies de Villes considérables, d'habitations nombreuses, qui rendoient à l'Egypte le tribut des richesses qu'elles en recevoient, on commencera à convenir qu'il peut n'y avoir rien de fabuleux ni d'exagéré dans l'idée que l'histoire nous donne de ce pays, & on sera plus disposé à croire ce que l'antiquité nous rapporte de la puissance de ces anciens Rois si fameux, dont la magnificence éclatte encore aujourd'hui d'une maniére si surprenante dans ces monumens éternels qu'ils élevérent en divers lieux de leur Empire.

 L'Egypte comme je l'ai dit plus haut, est donc bornée au Midi par les Royaumes de Fungi & de Dongola, qui font partie de la Nubie. Elle a au Nord la Méditerrannée, qui baigne ses bords depuis Alexandrie jusques par de-là Damiette, & à l'Orient une chaine de montagnes trés hautes, qui s'étend jusqu'à la mer Rouge, & finit au Suès. Depuis Suès jusqu'à Jaffa, où finit la ligne Orientale de l'Egypte, elle est terminée par d'autres montagnes de l'Arabie & de la Judée, auxquelles aboutit une plaine, ou desert aride de trois à quatre journées, qui s'étend jusqu'au Nil, & qu'il faut nécessairement traverser pour aller par terre d'Egypte en Palestine. Enfin à l'Occident l'Egypte a pour bornes une autre chaine de montagnes, ou plutôt de monticules sablonneux, qui commençant dès l'Abissinie, continuent jusqu'à la Ville d'Alexandrie, où ils cessent enfin d'accompagner le Nil. Au de-là de ces montagnes, qui ne sont pas à beaucoup près si hautes que celle de l'Est, ce ne sont que des plaines de sable, de vastes solitudes, & des terres presque absolument inconnues.

Climat de l'Egypte.
 C'est de ce pays, qui semble avoir été regardé par la nature d'un œil favori que les Dieux ont fait une espéce de paradis terrestre. L'air y est plus pur & plus excellent que dans aucun au-

tre endroit du monde. Cette bonté de l'air se communique à tous les êtres vivans ou inanimés, qui habitent cette région fortunée. Les femmes & les femelles des animaux y sont plus fécondes que par tout ailleurs ; les terres y rapportent davantage. Comme les hommes y jouissent ordinairement d'une parfaite santé, les arbres & les plantes n'y perdent jamais leur verdure, & les fruits y sont toujours, ou délicieux, ou du moins salutaires. Il est vrai que cet air, tout bon qu'il est, ne laisse pas d'être sujet à des corruptions à proportion comme dans tous les autres climats. J'avoue même qu'il est mauvais dans les endroits, ou lorsque les innondations du Nil ont été très grandes, ce fleuve en se retirant laisse des marécages, qui infectent les environs. Le serain est d'ailleurs très dangereux en Egypte. Comme le Soleil y est très fort, il ne manque pas d'élever une grande quantité de vapeurs, dont l'air est chargé vers la nuit ; ce qui cause beaucoup de fluxions sur les yeux. De-là vient qu'on voit ici tant d'aveugles. Le Nitre même qui est mêlé dans cet air, contribue encore à ces fluxions indépendamment du serain. Enfin comme l'air de ce pays est fort vif, il y cause une incommodité très fréquente. Lorsqu'on en est attaqué, on croit avoir tous les os brisés, & l'usage des bains ou des sudorifiques est le seul remede qu'on ait trouvé à ce mal, & même aux fiévres, qui ne se guérissent ici que par les sueurs.

L'eau d'Egypte n'est pas moins vantée que l'air qu'on respire dans cet agréable climat. Elle est si délicieuse, que ce seroit dommage qu'il n'y fît point de chaleur, & qu'on n'y ressentît point d'altération. Les Turcs la trouvent si charmante, qu'ils s'excitent à en boire en mangeant du sel. Un mot assez commun parmi eux, c'est que si Mahomet en eût bu, il eût demandé à Dieu la grace de ne point mourir, afin d'en pouvoir toujours boire. Ils ajoutent que quiconque en a bu une fois doit en boire une seconde. C'est ce que me disoient les gens du pays, lorsqu'ils me revirent après dix ans d'absence. Quand les Egyptiens vont à la Mecque, ou sortent de leur pays pour quelque autre raison, ils ne parlent que du plaisir qu'ils auront à leur retour de boire de l'eau du Nil. Il n'y a rien qui soit comparable à cette satisfaction ; elle passe dans leur esprit celle de revoir ses parens & de se retrouver dans sa famille. Aussi tous ceux qui ont gouté de cette eau s'accordent à dire que nulle part on n'en rencontre de pareille. En effet quand on en boit pour la premiere fois, il semble d'abord que ce soit une eau préparée. Elle a un je ne sçai quoi d'agréable & de flateur ; qui ne peut s'exprimer, & peut-être devroit-on lui donner entre les eaux le même rang que le vin de Champagne tient entre nos autres vins. Il faut pourtant avouer qu'à mon goût elle a un peu trop de douceur, Ce qu'elle a de très estimable, c'est qu'elle est infiniment saine. Quelque quantité que l'on en boive, elle n'incommode jamais. Cela est si vrai, qu'il n'est pas rare de voir des personnes en boire jusqu'à trois sceaux dans un jour, sans qu'il en résulte le moindre inconvénient. Quand on la boit en Eté, lorsque tous les pores sont ouverts par la chaleur, elle se dissipe en sueur dans le moment même ; mais c'est une sueur douce, qui ne fatigue & n'affoiblit point comme en France ; à peine s'en apperçoit-on. En Hiver, où le corps est autrement disposé elle prend la route ordinaire à la nature, & n'incommode pas davantage.

Quand je vante si fort l'eau de l'Egypte, il est bon d'observer que je parle uniquement de l'eau du Nil, puisque c'est la seule en effet qui soit potable. L'eau des puits y est détestable & très malsaine ; les Fontaines y sont si rares, que c'est une espéce de prodige d'y en rencontrer quelqu'une dans toute son étendue ; & à l'égard de l'eau de pluie il seroit impossible d'y en conserver, puisqu'il n'y pleut presque jamais. Telle est en effet la situation de l'Egypte, qu'il est très difficile qu'il y pleuve. Elle est couverte à l'Orient, d'où soufle le vent qui amene ordinairement la pluie, d'une haute chaine de montagnes. Du côté du Couchant, au contraire les montagnes se trouvent fort basses ; ensorte que si le vent d'Est amenoit de la pluie, elle seroit arrêtée infailliblement par cette premiere chaine de montagnes, & tomberoit dans la mer Rouge. C'est ce qui arrive assez souvent, & ce secours n'est pas inutile aux batimens qui navigent sur cette Mer. Que si ces nuages n'étoient pas arrêtés dans cet endroit, ils seroient nécessairement portés dans la Libye par le même vent, qui ne trouveroit aucun obstacle à son passage. Il est donc

DE L'EGYPTE. 17

donc presque impossible qu'il pleuve en Egypte par le vent d'Est. À l'égard du Sud-Ouest, comme il passe dans les plaines arides de la Libye, avant que d'arriver en Egypte, il n'est pas possible qu'il y contracte aucune humidité capable de former des nuages. Aussi de ce vent & du Sud-Est, il ne pleut dans ce pays que de la poussière. Il tombe quelques pluies à la marine par le Sud-Ouest, par l'Ouest, & même par le vent du Nord, mais ces pluies n'arrivent guéres jusqu'au Caire, & moins encore dans l'Egypte supérieure, où elles sont extrémement rares, & fort peu considérables. Encore remarque t'on qu'il n'y pleut presque jamais que vers le coucher du Soleil, parce que le vent étant alors plus foible, ou la chaleur moins considérable, les nuages ne peuvent être soutenus ou dissipés comme auparavant. Mais ces pluies d'ailleurs arrivent si rarement & sont si foibles, que la plupart des voyageurs ne s'en étant point apperçus, ont assuré comme une merveille qu'il ne pleuvoit jamais en Egypte. Pour moi j'y ay vu pleuvoir aux années 1692. 1693. & 1694. cinq à six soirs depuis Novembre jusqu'en Avril l'espace d'une demie heure, ou d'un quart d'heure au plus chaque fois ; ce qui pris ensemble ne pouvoit pas égaler une pluie de deux heures, telle qu'il en tombe en Europe. La pluie est quelque chose de si extraordinaire, & de si agréable en même tems aux habitans du pays, que les enfans, dès qu'il en tombe quelque peu, courent dans les rues, en criant de joye que c'est un effet de la bénédiction du Prophete. On m'a assuré qu'il s'est passé des trois & quatre années sans qu'il soit tombé une goutte d'eau au Caire, ni dans la haute Egypte.

Après vous avoir fixé, Monsieur, la position de l'Egypte, après ce que je viens de vous dire de la rareté des pluies, qui pourroient en rafraichir l'air, vous concevrez aisément que son climat doit être infiniment chaud. En cela vous ne devez pas craindre de vous tromper. Croiriez vous cependant que les Auteurs Arabes vantent sur tout ce pays de ce que les plus grandes chaleurs y sont tout-à-fait tolérables ? C'est un effet du vent de Nord, ou de Nord-Ouest, qui y régne presque continuellement. Ils ajoutent qu'à la faveur des vases de terre à demi cuite, dont on s'y sert pour laisser transpirer l'eau, elle se rafraichit de telle sorte, qu'elle devient

C

très peu inférieure à l'eau glacée. J'obferverai à cette occafion, qu'on lit dans le Macrifi que du tems des Mamelucs par le moyen de quelques relais de chameaux qu'on faifoit à la vérité marcher jour & nuit, on apportoit de la neige du Mont-Liban au Caire, & qu'on en diftribuoit tous les jours une certaine quantité à tous les Officiers de la maifon du Roi, & aux grands Seigneurs de cette Ville. C'eft dommage que cet Auteur ne nous ait pas appris la préparation de cette neige, & de quelle maniére on pouvoit la conferver pendant cinq à fix jours au moins que ces chameaux devoient employer dans cette route de cent vingt lieues. Ces mêmes Auteurs Arabes difent que le froid d'Egypte, quoique très pénétrant ne laiffe point de pouvoir être fupporté avec une feule chemife ; & cela eft vrai, puifque la plupart des artifans du Caire n'ont jamais d'autre habillement Hiver & Eté qu'un fimple caleçon de toille. Le froid, qui vient en Egypte par un vent de Nord-Eft & même d'Eft, ne s'y fait jamais fentir que demie heure avant le jour, & une heure après. Hors ce tems-là on ne connoit point le froid dans ce pays ; ainfi il fuffit de fe tenir alors dans la maifon pour ne jamais s'en appercevoir. On trouve dans certaines maifons du Caire des Salles fi exhauffées, qu'on n'y fent jamais la chaleur, même au plus fort de l'Eté. Pour cela on pratique au deffus de ces appartemens un Ciel ouvert, & à coté une élévation de planches enduite de platre, qui tourne au Nord, & qui eft fabriquée de forte qu'elle fait tomber ce vent dans la Salle. Là il fe rafraichit fi fort, qu'il faut fouvent porter la peliffe pour le trouver fupportable.

Il eft aifé de conclure de tout ce que je viens de dire ; que fi le climat de l'Egypte eft fort peu fujet à la pluie, quelque chaud qu'il foit, il n'eft pas plus expofé aux tonnerres. Les tremblemens de terre n'y font pas moins rares. Il en arriva cependant un au Caire le 2. d'Octobre 1698. entre huit & neuf heures du matin, le tems étant fort calme. Ce tremblement fe fit fentir à Rofette & à Alexandrie, & je ne doute point que fi nous avions eu des correfpondans dans la haute Egypte, nous n'en euffions reçu les mêmes avis. L'Egypte, à parler proprement, n'eft qu'un vafte & folide rocher, fur lequel la nature a ménagé un canal

DE L'EGYPTE.

par où le Nil se rend à la mer. Dès qu'on creuse un peu la terre, ou qu'on veut fouiller dans le sable, on rencontre la pierre vive, excepté cependant dans le Delta, qui selon toutes les apparences s'est formé du limon du Nil. Cela supposé, il est aisé de concevoir que lorsqu'il tremble dans un canton de l'Egypte, il doit naturellement trembler par tout. C'est ainsi qu'en remuant le bout d'un baton, on le fait nécessairement mouvoir dans toutes ses parties. Il s'ensuit encore de cette solidité que les tremblemens, qui arrivent dans ce pays, ne peuvent y être dangereux. La terre n'y étant pas caverneuse comme en Sicile, à Smirne, & dans quelques autres endroits, l'air n'y trouve aucune ouverture pour pouvoir être poussé avec violence d'un lieu en un autre, & causer ces tristes accidens, ces bouleversemens de Villes, qui rendent les tremblemens si redoutables dans quelques autres pays de la terre. Car vous sçavez, Monsieur, & la Physique nous l'apprend, que ces mouvemens violens, ces espéces de convulsions, dont la terre est quelque-fois attaquée, sont uniquement l'effet d'un air agité qui se trouve renfermé dans ses entrailles, & qui cherchant à se faire jour, bouleverse par son impétuosité les terres sous lesquelles il est poussé, & par lesquelles il éclatte. Ainsi l'air renfermé dans une bombe, raréfié par le nitre & le salpêtre, qui l'agitent, & cherchant à se faire un passage, brise & romt les obstacles, qui concourent à le retenir prisonnier, & ne perd sa violence que lorsque s'étant mis en liberté, il rentre dans sa sphére & sa fluidité naturelles. C'est sans doute du peu de dommage que reçoit l'Egypte de ces tremblemens, autant que de leur rareté, que * Pline a dit en parlant de ce pays, *non tremit*, puisqu'en 1694. le jour même de Saint Thomas il arriva de même ici un tremblement de terre à pareille heure que celui, dont je viens de parler. C'est ainsi qu'il a dit, *non pluit, non tonat*, vrai-semblablement pour marquer qu'il y tonnoit & pleuvoit très rarement ; ce qui est vrai, excepté vers la marine, où les pluies & les tonnerres se font souvent sentir avec violence. Il ajoute au même endroit, *Septentriones non videt* ; ce qui n'est encore vrai que pour l'Egypte supérieure, où l'étoile polaire peut bien n'être pas apperçue ; Car à l'égard du Caire elle a encore une élévation assez considérable.

* Dans son Histoire naturelle, L. 2. C. 82.

Ce qu'il y a de singulier, & ce qui sans doute ne vous surprendra pas après ce que je vous ai dit de la longueur de ce pays ; c'est que les saisons sont plus avancées de près de deux mois dans les premiers terrains que cotoïe le Nil à son entrée en Egypte, que dans ceux par lesquels il va se terminer à la mer. Les habitans de ces différens pays sont eux-mêmes différens en couleur. Ceux qui approchent des Cataractes sont à demi noirs, au contraire des habitans de la basse Egypte, qui sont seulement bazannés. Cette différence se trouve peinte jusques dans les moissons, qu'on voit dans une parfaite maturité au dessus d'Essené, & déja de couleur d'or, quand elles ne sont encore que verdoyantes vers Rosette & Damiette. Il faut avouer que cette diversité de nuances n'est pas un petit agrément pour ceux qui voyagent sur le Nil, parce que passant fort vite, soit qu'ils montent, soit qu'ils descendent, ils ont le plaisir d'observer de leurs yeux d'un jour à l'autre le progrès sensible des travaux de la nature.

Du nombre de ses Villes. Un pays si charmant ne peut manquer d'être infiniment peuplé, & de renfermer un nombre de Villes très considérable. Aussi les Auteurs anciens, qui ont écrit de l'Egypte, triomphent-ils sur cet article. Les histoires des tems les plus reculés assurent qu'il y avoit autrefois dans ce pays jusqu'à dix-huit mille Villes. Eusebe rapporte même que du tems d'Amasis on y en comptoit jusqu'à vingt mille. Il est vrai que les guerres des Perses en ruinerent une grande partie; le tems en détruisit d'autres ; & sous le régne de Ptolomée Lagus on ne comptoit plus en Egypte que 3000. Villes. Cette diminution est considérable sans doute ; cependant si le fait est vrai, on pourra bien dire encore en comparant l'Egypte moderne à l'ancienne.

Ludit in humanis divina potentia rebus.

Mais aussi ne seroit-il pas permis, Monsieur, de penser de ce nombre étonnant de Villes, ce qu'on a lieu de juger de celui des Rois dont les Egyptiens composent leurs dinasties, & de la multitude d'années que leur Chronologie renferme? Il y a eu sans doute en Egypte des Villes puissantes, & en très grand nombre. Ces ruines presque continuelles

DE L'EGYPTE. 21

que l'on y rencontre à chaque pas, ces débris confus de colomnes, de temples, de murs, & de palais, en font une preuve inconteſtable. Mais d'ailleurs de même que l'eſpace des ſiécles que l'on donne ordinairement à la durée du monde n'eſt pas aſſez étendu, pour contenir ſeulement le quart des regnes de ces Princes que l'Egypte compte au nombre de ſes ſouverains, elle eſt auſſi trop reſſerrée, ſur tout en ſuppoſant que le Delta n'eſt que l'ouvrage du Nil, pour avoir contenu dans ces anciens tems un nombre de Villes auſſi prodigieux. Quoiqu'il en ſoit, ſi l'on a plus d'égard à la beauté des batimens & à la défenſe des places, qu'au peuple nombreux dont elles ſont habitées, ſi par le nom de Villes on n'entend que les lieux environnés de murs, il y en a aujourd'hui très peu en Egypte, qui méritent cette dénomination. Il n'y a preſque pas dans tout le pays un ſeul endroit fermé de murailles. Le Caire ne l'eſt pas abſolument. La nouvelle Ville d'Alexandrie, Roſette, Damiette, & Mentoube, qui ſont les Villes les plus célèbres de l'Egypte, & qui renferment une infinité d'habitans, ne ſont proprement que de gros villages, dont on ſe contente de tenir les avenues fermées pendant la nuit de crainte des voleurs. En un mot je ne connois dans toute l'Egypte que la Maſſoure, qui ſoit environnée de murs.

Cependant ſi l'on vouloit ſauver la contradiction, où les Auteurs anciens ſemblent être tombés ſur ce point, ne pourroit on pas dire que ſous cette dénomination générale ils ont compris indifféremment les bourgs, les villages, en un mot tous les lieux habités, ſans aucune diſtinction de grandeur? Comme dans ces premiers tems les villages étoient fort gros & très peuplés, ſeroit-il impoſſible qu'on les eût alors regardés comme des villes ? ſeroit-il même fort extraordinaire que les Grecs toujours amis de l'emphaſe euſſent honoré de ce nom des lieux, où l'on comptoit tant d'habitans? Dans ce dernier cas il ne ſeroit pas ſi ſurprenant qu'ils euſſent pu compter des dix huit & vingt mille Villes en Egypte. Ce pays, qui dans ces tems reculés étendoit ſa domination juſques dans les déſerts de la Libye alors peuplés & floriſſans, renfermoit vrai-ſemblablement beaucoup plus d'habitations, qu'on n'y en compte de nos jours. Ce que l'Egypte moderne offre à nos regards fuffiroit d'ailleurs pour nous rendre cette exagération tolérable, puifqu'on peut dire en général que depuis les embouchures du Nil jufqu'au Tropique du Cancer dans l'efpace de plus de deux cens lieues, les bords de ce fleuve font couverts d'habitations fi voifines les unes des autres, que fouvent il n'y a pas un quart d'heure de diftance entre elles. De Rofette au Caire & du Caire à Damiette les villages fe touchent prefque aujourd'hui le long du Nil. Combien y en a-t'il dans le cœur du Delta; Combien dans l'éloignement des bords du fleuve à l'Occident & à l'Orient? L'opinion commune eft qu'on en compte plus de vingt mille dans toute l'Egypte. Depuis les bords du Nil jufqu'aux montagnes, qui terminent de part & d'autre les fertiles plaines de l'Egypte, on trouve fouvent des journées entieres de verdure. Ces plaines font femées par tout de gros bourgs & de villages; mais quels villages! Il ne faut pas fe figurer que ce foient de fimples hameaux. La plupart font décorés d'édifices publics à l'ufage du pays; il y en a où l'on compte des deux & trois mille perfonnes, & en général, plufieurs contiennent plus d'habitans que nos grandes Villes.

Origine des habitans de l'Egypte. C'eft ce peuple fi célébre & fi nombreux, dont la fource jufqu'ici plus inconnue, que celle de ce fleuve fameux, qui le nourrit, n'a pu encore percer l'obfcurité des nuages épais, qui l'enveloppent, & qui fe vantant d'être auffi ancien que le monde, a cru pouvoir faire remonter fon origine jufqu'au de-là même de l'origine des tems & des chofes. Je n'entreprendrai point ici ni d'en fixer l'époque, ni de donner crédit à toutes les rêveries des Egyptiens fur leur antiquité, ou de vous préfenter les fables des Auteurs Arabes comme des faits hiftoriques. On fçait que les nations ne font pas moins jaloufes de leur antiquité que les particuliers de leur nobleffe, & que fur ce point la vanité rend les uns & les autres fort ridicules. Les Ethiopiens, les Egyptiens, les Chinois, les Syriens réclament également la préférence. Je n'entrerai point dans ces difputes hiftoriques, qui font remonter la naiffance du monde jufqu'à l'éternité des tems, & qui comme l'a dit un de nos Auteurs fous un mafque étranger, rendent les années de fa durée auffi innombrables, que les grains de fable de la mer. Je n'examinerai pas non plus fi les Dinafties des

Egyptiens, qui renferment l'histoire de seize à dix-sept mille ans, comme l'a écrit un historien il y en a déja près de deux mille, sont réelles ou fabuleuses. Vous sçavez, Monsieur, qu'un très habile homme de ce siécle les a voulu justifier sur cet article; qu'il a prouvé que Jesus-Christ n'avoit paru sur la terre que vers la fin du sixiéme millénaire, & que quoiqu'on ait écrit contre son ouvrage, il reste toujours de très grands & de très forts argumens en faveur de la Chronologie Egyptienne, & de celle des Indiens & des Chinois. Pour moi je me contenterai d'observer qu'il n'y a rien de si ancien sur la terre que ce qui nous reste de ces monumens fameux qui ont été élevés en Egypte, surtout ces Pyramides, dont un Poëte Arabe a dit fort ingénieusement, qu'elles étoient venues à bout du tems, qui vient lui-même à bout de tout.

Ceux qui anciennement habiterent l'Egypte furent les Egyptiens naturels, à qui on a donné depuis le nom de Coptes. Les Persans, les Grecs, les Romains, les Arabes & les Turcs s'y sont ensuite introduits tour à tour & successivement. Ceux qui l'habitent présentement sont les Coptes, les Mores, les Arabes, les Turcs, les Grecs, les Juifs, les Armeniens, Syriens, Maronites, & les Francs. Cette idée générale suffira, je pense, pour vous faire comprendre combien ces Egyptiens d'aujourd'hui sont différens de cet ancien peuple, dont on raconte tant de merveilles. Elle servira en même tems à vous faire admirer les secrets ressorts de la providence, qui pour l'exécution de ses desseins impénétrables transplante les nations à son gré, arrache & réédifie suivant l'ordre immuable de ses decrets éternels avec une justice & une sagesse toujours égales.

Leur division.

De ces différens peuples, dont l'Egypte est aujourd'hui habitée, il n'y a que les Coptes qui soient les naturels du pays; & ceux-ci ont été réduits presque à rien. D'abord les Empereurs payens ennemis jurés de la religion Chrétienne, dont ce peuple fait profession, les Empereurs Catholiques ensuite en haine de l'hérésie de Dioscore Patriarche de cette nation, qui a embrassé, & suit encore aujourd'hui sa doctrine, enfin les Princes Arabes souvent obligés de prendre les armes pour chatier les soulévemens & les révoltes fréquentes de ces esprits mutins & inquiets, les ont successivement détruits. Aujourd'hui la langue Copte n'y est plus entendue par les Coptes mêmes;

le dernier qui l'entendoit eſt mort en ce ſiécle.

Outre ces habitans naturels à l'Egypte qui ont des demeures fixes, & compoſent ces villages nombreux & peuplés, dont je vous ai parlé plus haut, il y a encore dans les campagnes les plus voiſines des deſerts, ſouvent même dans celles, qui bordent les rivages du Nil, une autre eſpéce de peuple errant, qui campe ſous des tentes, & change d'habitation à meſure que le deffaut de paturages, ou la variété des ſaiſons l'y oblige. C'eſt ce qu'on appelle Arabes Bedouins; & on peut dire qu'il s'en trouve plus de deux millions en Egypte. Les uns ſe tiennent dans les montagnes, & dans l'éloignement des Villes & des villages, mais toujours dans des endroits, où il leur eſt aiſé d'avoir de l'eau. Les autres dreſſent leurs tentes, qui ſont très baſſes & fort pauvres, dans le voiſinage des lieux habités, où on leur permet moyennant une petite rétribution de faire paitre leurs troupeaux. On leur y abandonne même quelques terres pour les cultiver à leur profit, ſeulement dans la vue de n'avoir rien à démêler avec des gens, qui peuvent faire beaucoup de mal, ſans qu'on puiſſe leur en faire aucun. En effet pour ſe mettre à l'abri de tout reſſentiment, ils n'ont qu'à pénétrer une journée dans les déſerts, où il ne leur eſt pas difficile de ſubſiſter pluſieurs mois de ſuite à la faveur de leur extreme frugalité, & par la connoiſſance qu'ils ont des puits qui s'y rencontrent. Il n'y a pas de ſpéctacle plus agréable que de conſidérer dans les mois de Novembre, Décembre, & Janvier, ces vaſtes prairies, où l'herbe preſque de la hauteur d'un homme eſt ſi épaiſſe, qu'un bœuf couché dedans a autour de lui de quoi paitre une journée entiére ſans ſe lever, toutes couvertes d'habitations & de tentes, de peuples & de troupeaux. C'eſt en effet dans cette ſaiſon que ces Bedouins accourrent en Egypte de trois à quatre cens lieues de diſtance, pour y faire paitre leurs chameaux & leurs chevaux. Le tribut qu'on exige d'eux pour leur accorder cette permiſſion, ils le payent du produit de quelques ouvrages faits de la laine de leurs brebis, qu'ils débitent dans le pays, ou de quelques brebis même qu'ils vendent auſſi-bien que leurs agneaux, ou de quelques petits chameaux dont ils ſe défont. Du reſte accoutumés qu'ils ſont à une extreme frugalité, ils vivent de peu, & peu de

choſe

chose suffit à leur entretien. Après avoir passé un certain tems aux environs du Nil, ils s'enfoncent dans les deserts, d'où par des routes, qui leur sont connues, ils passent en d'autres régions pour y habiter de même pendant quelques mois de l'année, jusqu'à ce que la saison les rappelle en Egypte.

Les naturels du pays & les Bedouins fixes sont tous compris ici sous le terme générique de *Félaques*, c'est à-dire paysan, ou villageois, Aussi n'habitent-ils guéres que les campagnes. Dans la bouche des Turcs ce terme est si injurieux, que s'ils veulent marquer pour quelqu'un le dernier mépris, ils se contenteront de dire d'un air dédaigneux, *c'est un Félaque*. Aussi traitent-ils ces malheureux en vrais esclaves, c'est-à-dire toujours le baton à la main. La servitude, où ces pauvres gens sont réduits, est véritablement bien intolérable Quelque injustes que soient les mauvais traitemens qu'ils reçoivent de la part de ces maîtres impitoyables, il ne leur est pas permis de penser à s'en venger La moindre marque de ressentiment qu'ils pourroient donner seroit suivie de la perte de leur vie. Du moins ne pourroient - ils s'exempter d'avoir le poing coupé, s'ils portoient la main à quelques armes, ou levoient seulement le baton sur ces injustes tyrans. C'est par une politique si dure, mais cependant très-nécessaire, que les Turcs, qui sont en fort petit nombre en comparaison de ces paysans, d'ailleurs forts & vigoureux, les ont tenus en bride jusqu'à présent, & ont soutenu l'autorité du Grand Seigneur contre leur grand nombre. Ces Félaques, ou paysans Egyptiens naturels & fixes, sont quatre fois plus nombreux que les Arabes ou Bedouins errans; mais ils n'ont ni leur franchise, ni leur fidélité: tant il est vrai que ce n'est pas toujours la société, qui inspire aux hommes les vertus, qui en font l'ame.

On peut encore considerer en Egypte une autre espéce de peuple, que j'appellerois volontiers mixte, parcequ'il est composé de tous les étrangers Musulmans, Turcs & Arabes, qui s'y sont établis depuis longtems, ou qui viennent encore chaque jour y fixer leur demeure. Il en vint beaucoup de la Morée, lorsque les Venitiens s'en rendirent les maîtres, & de la Hongrie lorsque les Allemans s'en emparerent. Il en arrive encore de jour en jour d'Alger, de Tunis, de Tripoli, de Fez, de Maroc, de Syrie, d'Arménie, & même des frontieres de la Perse. Comme l'Egypte eſt renommée dans tout l'Orient pour ſon abondance, & que les Bachas n'y ſont point ſi abſolus qu'ailleurs, tous ceux qui dans l'étendüe du Mahométiſme quittent leur patrie, ſoit qu'ils ſoient mécontens de leur fortune, & aſpirent après un meilleur ſort, ſoit que le dégout ou quelqu'autre raiſon les porte à changer de demeure, ne manquent point de ſe retirer dans ce pays, où ils trouvent plus de protéction que dans tout autre. Il n'y a pas de Grand Seigneur à Conſtantinople, point de fils de Viſirs, ou d'Officiers à la Porte, qui pendant qu'eux-mêmes, ou leurs protécteurs, ſont en faveur à la Cour, ne cherche à ſe ménager en Egypte un azile en cas de diſgrace. Les premiers Eunuques du Sérail, qui ſont en charge, ne manquent pas ſurtout de profiter de la faveur de leurs maîtreſſes, pour y acquerir, ou s'y faire donner des terres par les Bachas d'Egypte, qui ſont ordinairement leurs créatures. En un mot tous ceux qui cherchent à ſe dérober aux pourſuites & aux recherches qu'on pourroit faire au ſujet des maniemens qu'ils ont eus, & des emplois qu'ils ont exercés, ou bien qui après être échapés de la tempête, ne penſent qu'à trouver une retraite tranquile & délicieuſe, pour achever doucement leurs jours à la faveur de ce qui leur eſt reſté, viennent la chercher dans cette région charmante, qu'ils regardent comme le paradis de ce monde. Le nombre de ces habitans réfugiés qui étoit déja très-conſidérable, s'eſt encore augmenté depuis la levée du Siége de Vienne, & devient encore plus grand de jour en jour. Ces fugitifs ont fait paſſer en Egypte des richeſſes immenſes. Le Kiſleragazy * du Sultan Mehemet IV. qui avoit tant fait de bien aux ſiens, celui de ſon ſucceſſeur, & grand nombre d'Eunuques & de Seigneurs puiſſans de la Cour de ces Empereurs, s'y ſont retirés après la diſgrace, ou la mort de ces Princes, & y ont apporté avec eux en perles, en diamans, en or, en étoffes précieuſes, & en porcelaines, des tréſors conſidérables, qui y ſubſiſtent encore après leur mort entre les mains de la jeuneſſe floriſſante, qu'ils amenerent à leur ſuite, & qu'ils placerent dans les divers corps de milices que le Grand Seigneur entretient en Egypte. C'eſt en effet des maiſons de ces Seigneurs réfugiés que ces troupes ſont compoſées & ſoûte-

---

* C'eſt l'Intendant du Sérail du Grand Seigneur ou le chef des Eunuques noirs.

DE L'EGYPTE. 27

ïíes. Plufieurs de ceux, à qui ils y avoient procuré de l'emploi, s'y font avancés, & font parvenus à la tête de ces différens corps, dont le commandement n'eft point inférieur parmi eux au rang de Maréchal de France parmi nous. Prefque tous les Beys, ou Princes du pays, font auffi tirés de ces familles.

Enfin puifque je dois vous parler de tous les peuples, dont l'Egypte eft habitée, il y a quelques familles du rit Grec à Damiette & à Rofette. On y trouve auffi quelques Armeniens & quelques Catholiques Romains en très-petit nombre. A l'égard des Juifs on en compte dans ce pays 25. à 30. mille, les uns naturels, les autres étrangers, mais tous auffi haïs & auffi malheureux ici, qu'ils le font dans tout le refte de la terre. Voilà, Monfieur, de quelle maniere eft compofé ce peuple prodigieux que l'Egypte entretient; de forte que les naturels du pays, ou Coptes, les Arabes, & les Grecs, font 25. à 30. fois plus nombreux que les Turcs & tous les Chrétiens étrangers joints enfemble.

Vous fouhaiteriez fans doute que je puffe de même vous fixer ici le nombre de ces habitans differens. Il eft certainement très-confiderable, & paffe l'idée qu'on pourroit en avoir eu égard à la petiteffe de l'Egypte; mais il feroit difficile de déterminer au jufte jufqu'où il fe monte. Ce que les hiftoriens nous racontent de l'état, où ce pays étoit à cet égard dans les anciens tems, tient du merveilleux. Alors, dit Eufébe, on y comptoit jufqu'à fept millions cinq cens mille hommes. Les Auteurs Arabes vont encore plus loin, & en mettent jufqu'à vingt millions. Ce nombre eft prodigieux fans doute; cependant il ne paroitra pas incroyable, fi on fait attention que l'Egypte n'étoit pas alors refferrée & bornée aux feuls terrains aujourd'hui cultivés & habités; que dans ces fiécles heureux cette région étoit, dit un Auteur Arabe, fi remplie d'arbres fruitiers, qu'à l'ombre de leurs branches on pouvoit la parcourir d'un bout à l'autre à couvert des rayons du foleil, & qu'il étoit aifé de fe nourrir des fruits, qui en tomboient, fans être obligé à aucune dépenfe; qu'enfin de tout tems les Egyptiens ont été fi fobres, qu'on peut regarder la frugalité comme leur étant naturelle.

Aujourd'hui les chofes ont beaucoup changé de face. J'ai

De leur nombre.

D ij

cru, je l'avoüe, pendant un tems que l'Egypte étoit encore de nos jours auſſi peuplée qu'elle le fut pendant le régne de ſes premiers Rois, ou ſous celui des Grecs & des Romains. Mais ſi je l'ai dit, ou écrit, je ne crains pas de me rétracter. Les manuſcrits & les Auteurs Arabes que j'ai lus depuis, le ſoin que j'ai apporté à me faire inſtruire des monumens, qui avoient été élevés par les anciens Egyptiens, pour étendre la fertilité de leur pays au-delà des terres que le Nil arroſe, à méditer ſur les veſtiges, qui nous en reſtent, ſur ce que les Auteurs les plus reculés nous apprennent du nombre des Villes qu'on voioit autrefois en Egypte, des temples où l'on ſacrifioit, des foires qui s'y tenoient en ſi grand nombre, qu'elles ſurpaſſoient conſidérablement celui des jours, dont l'année eſt compoſée, & dans la plûpart deſquelles il n'étoit pas ſurprenant de voir deux & trois cens mille perſonnes aſſemblées pendant des ſemaines entieres, cent autres particularités, qui rendent très-croyable ce nombre prodigieux d'habitans, dont je viens de vous entretenir, la deſtruction d'Alexandrie, & de toutes les habitations qu'on rencontroit autour de cette grande Ville, qui ſeules devoient contenir avec elle au moins trois millions de perſonnes, tout cela, dis-je, m'a fort détrompé de l'opinion que j'avois d'abord, qu'il ſe trouvoit encore en Egypte à peu près autant de peuple, qu'il y en avoit autrefois. Il y en a certainement beaucoup; mais ſi l'on en faiſoit un dénombrement exact, je ſuis perſuadé que le nombre n'en monteroit pas au-deſſus de quatre millions. La Ville du Caire, qui fait au-moins la huitiéme partie du peuple d'Egypte, ne contient peut-être pas cinq cens mille ames Je m'y ſuis trouvé dans quatre années différentes, où elle fut attaquée de la peſte. Il y en eut une ſurtout, où la mortalité fut très-conſidérable. Si j'en euſſe cru les rélations que quelques Miſſionnaires zélés, qui expoſoient généreuſement leur vie pour la conſervation de celle du peuple chrétien, & pour le ſalut des ames, faiſoient chaque jour du nombre de ceux que la contagion avoit enlevés la veille, il en ſeroit mort plus d'un million Il n'y avoit point de jour qu'ils ne tuaſſent trente, quarante, & même cinquante mille perſonnes La crainte & l'exagération donnoient cours à ces rapports, tandis que j'étois bien informé d'ailleurs, que la journée la plus périlleuſe & la plus cruelle n'en avoit emporté que quatorze ou quinze cens, & que pendant toute la durée de cette peste il ne périt pas dans cette Ville plus de quarante mille habitans. D'ailleurs on fçait que dans les Villes la plus grande communication caufe une mortalité beaucoup plus grande que dans les villages. Auffi ne mourut-il pas alors autant d'ames dans tout le reste de l'Egypte, que la contagion en enleva au Caire.

Les Egyptiens ne font cependant pas aujourd'hui moins fobres, qu'ils l'étoient dans les tems les plus reculés; le terrain de l'Egypte n'est pas moins fertile, & ce n'est pas à cette caufe qu'on doit imputer la diminution du peuple immenfe, qui habitoit autrefois ce charmant pays. A quoi donc l'attribuerons-nous? Vous concevez d'abord aifément, Monfieur, comme je vous l'ai déja infinué, que tant de révolutions arrivées dans la religion de cette contrée de la terre, comme dans fon gouvernement, tant de guerres qu'elle a foutenües, & qui ont porté la défolation dans le fein de fes Villes les plus floriffantes, en un mot l'efclavage affreux, où vivent depuis tant d'années ceux qui doivent être regardés comme fes habitans naturels, ont beaucop contribué à en diminuer le nombre. Mais pour vous en donner une raifon encore plus palpable, il est bon de vous rappeller ici ce que je vous ai déja dit plus haut, que l'ancienne fertilité du Nil a eu des bornes beaucoup plus étendües, que celles qu'elle a aujourd'hui. C'est ce dont vous conviendrez fans contredit, lorfque dans mes lettres l'occafion fe préfentera de vous parler de ces ouvrages furprenans que ces anciens Rois, qui gouvernerent autrefois l'Egypte, avoient élevés, non feulement pour la rendre perpétuellement & également fertile dans les années de la trop grande croiffance du Nil, ou d'une croiffance trop médiocre, qui ne lui étoit pas moins préjudiciable, mais pour porter encore la fécondité naturelle aux eaux de ce fleuve dans des endroits reculés, des plaines arides, où il ne pouvoit naturellement s'étendre. C'est à la faveur de ces grands ouvrages également dignes de leur puiffance & de leur génie, comme de l'induftrie de leurs fujets, & de leur perfévérance à y travailler, qu'ils avoient étendu cette fertilité dans une grande partie des deferts, dont l'Egypte est environnée à fon Couchant, en y faifant porter les eaux trop abondantes, dont l'Egypte étoit souvent incommodée. Ces eaux en deux ou trois années laiſſoient ſur les ſables, où elles ſe répandoient, un limon gras de l'épaiſſeur de plus d'un pied, qui portoit enſuite de riches moiſſons, & nourriſſoit un nouveau peuple aſſemblé autour de ces terres toutes neuves, pour profiter de leurs productions. C'eſt de là qu'on rencontre aujourd'hui juſqu'à deux & trois journées dans les deſerts, dont ce pays eſt borné du côté de la Libye, des ruines de Villes qui paroiſſent avoir été très-conſidérables. On ne peut douter qu'elles n'euſſent leurs palais, leurs temples, leurs monumens, & par conſéquent leurs prêtres, & leurs revenus; d'où l'on doit conclure qu'elles n'auroient point été baties dans ces lieux, ſi l'eau du Nil n'y fût parvenüe, & n'eût entretenu dans le voiſinage une fertilité, qui eût ſuffi à la ſubſiſtance du grand nombre d'habitans qu'elles contenoient néceſſairement.

C'étoit de cette ſorte que le terrain cultivé de l'Egypte s'étoit doublé, & le peuple à proportion. Mais depuis qu'un Roi d'Aſſyrie, après avoir ſubjugué l'Egypte, en emmena tous les habitans en captivité, juſques là, diſent les Auteurs, qu'il n'y reſta pas un ſeul homme, tous ces fameux ouvrages tomberent en ruines; ces canaux conſtruits avec tant de dépenſe pour porter au loin l'eau du Nil, ayant ceſſé d'être entretenus, & les terres qu'ils arroſoient étant bientôt après devenues ſtériles, ces Villes, dont j'ai parlé, devinrent déſertes, & furent même enſévelies ſous les ſables. Ainſi cette fécondité ſi étendüe ſe trouva d'abord reſtrainte aux anciennes bornes qu'elle avoit eües. Ces bornes ſe trouvent même aujourd'hui encore plus reſſerrées qu'elles ne l'étoient il y a deux mille ans, lorſque les Grecs enleverent ce pays aux Rois Egyptiens, qui y avoient relevé leur domination, ou du tems que les Romains le conquirent ſur les Grecs. Alors Alexandrie fleuriſſoit encore; mais par la ruine de cette puiſſante Ville cent ſortes d'endroits cultivés ceſſerent de l'être; & ſurtout depuis l'invaſion des Mahometans l'Egypte habitable & habitée n'a plus fait qu'une très-petite partie de cette ancienne région ſi renommée pour ſa fertilité. Comme par une politique aveugle les Turcs ſe ſont toujours conſtamment oppoſés à ce qu'on tirât des bleds de ce pays pour en fournir au-dehors, ce qui ſe pratiquoit auparavant, les propriétaires des terres n'étant plus attirés par l'espoir du gain, n'ont plus eu aussi le même soin de les faire toutes labourer, & se sont réduits à ne cultiver que les meilleures. Dégoutés d'ailleurs par la tyrannie, que ces mauvais maîtres exercent contr'eux, d'amasser des biens, qui sont la source des vexations ausquelles ils se voient exposés, & des coups de baton dont on les assomme, ils se contentent de cultiver autant de terre qu'il leur en faut pour leur subsistance, & pour payer les droits, ou Carages, auxquels ils sont soumis. Il arrive delà qu'ils négligent de défendre leurs terres des inondations des sables, ce qu'ils pratiquoient autrefois, en plantant dans les sables à quelque distance des terres cultivées de petites clayes faites de cannes. C'étoient autant d'espéces de barriéres, ausquelles ces sables s'arrêtoient, & où formant des élévations considérables, ils empêchoient les autres sables, dont ils étoient suivis, de passer plus avant, & d'inonder les terres. De-là vient encore que ne bâtissant que des cabanes de terre, dans lesquelles ils étouffent de chaleur en Eté, & souffrent autant de l'humidité en hiver, ils sont exposés eux & leurs enfans à une infinité de maladies, qui en emportent un très-grand nombre. Aussi est-il étonnant que depuis deux mille ans de domination en domination, ou plutôt d'une génération à une autre, le nombre des habitans de l'Egypte diminue, & que cependant elle soit encore si peuplée, quoique, eu égard à sa fécondité naturelle, elle dût l'être beaucoup davantage. C'est ainsi que la diminution du nombre des habitans de ce pays fertile a resserré les bornes de sa fécondité, comme il est vrai de dire que les bornes étroites, dans lesquelles elle s'est trouvé resserrée, ont contribué plus que toute autre cause à diminuer le nombre de ses habitans.

Il ne me resteroit, Monsieur, qu'à vous donner ici une idée des mœurs & du génie de ces différens peuples, qui habitent aujourd'hui l'Egypte, ainsi que de leurs coutumes & de leurs usages. Mais comme cette matiére est assez étendüe, je me reserve à vous en parler dans une autre lettre. En attendant, je veux vous faire part de la traduction de deux piéces, dans lesquelles vous trouverez peut-être quelque chose d'instructif. Au-moins y verrez-vous un échantillon du faste ridicule des Orientaux, & de l'enflure outrée de leur stile.

La premiere de ces piéces est le Barat, ou Commandement Impérial, qu'obtint Monsieur le Baron de Châteauneuf Ambassadeur du Roi à la Porte pour mon installation au Consulat du Caire. L'autre est aussi un Commandement Impérial, pour tirer raison des vexations qu'un Juif du Caire avoit faites à la nation Françoise, & même pour le faire punir des paroles insolentes, qu'il avoit osé laisser échapper contre la gloire du Roi. Le premier vous apprendra les titres que le Grand Seigneur se donne; & le second ceux qu'il accorde à ses Visirs, & aux autres grands Officiers de la domination Ottomanne.

BARAT.

Ou Commandement Impérial pour l'installation du sieur de Maillet dans la charge de Consul de France au Caire.

Moi, qui suis par les graces sublimes & infinies du Dieu tout-puissant, & par la multitude des miracles du chef des Prophétes, (sur qui soient les bénédiction divines, ainsi que sur sa postérité,) Empereur des plus valeureux Empereurs du siécle, Distributeur des Couronnes aux plus grands Monarques de la terre de présent assis sur le trône de ce monde, Serviteur des deux très-nobles, augustes, & sacrées Villes de la Mecque & de Médine, Protecteur & gouverneur de la sainte Jérusalem, Seigneur de tous les pays conquis & subjugués, sçavoir des pays & royaumes de Gréce, de Temeswar, de la forte citadelle d'Agria, de la Natolie, de la Caramanie, de l'Arabie, & de tout le pays des Parthes, de Candie, de Rhodes, de Chypre, du Diarbekir, d'Alep, des diverses Villes d'Erzerom, de Damas, & de Babylone, (paradis continuel de délices, trône des Apôtres du saint Prophète, consistoire des Saints,) de l'Arabie heureuse, de l'Abyssinie, de l'incomparable Egypte, de toutes les belles Villes d'Afrique, Alger, Tunis, & Tripoli, & de plusieurs autres Royaumes & Villes, entr'autres cette belle, agréable, & fameuse Cité, séjour de paix & de tranquillité, la célebre Ville de Constantinople, le désir & l'envie des Rois, prise d'entre les mains des guerriers, & réduite sous notre obéissance par notre force impériale imperiale & redoutable avec l'aide de Dieu diftributeur des victoires, enfemble de plufieurs Forts, Fortereffes, & Chateaux confidérables par leur force, gouvernés par la juftice Royale de l'invincible Empereur Sultan Hamet fils de Sultan Ibrahim, & par les amples & entiéres graces du Roi des Rois, dont la miféricorde eft indubitable, étant le réfuge des grands & très nobles Princes, & le recours des plus majeftueux Empereurs, qui prennent pour leur azile affuré le feuil de la très honorable porte de notre Hauteffe.

Voici ce qu'ordonne ce noble & admirable figne, fameux & magnifique, qui fort de la maifon des Rois; dont la forme eft femblable à celle du Croiffant, le conquérant du monde; ce figne dis-je, qui eft vraiment Impérial & majeftueux par le fecours divin, la protection d'enhaut, & les graces du Dieu libéral.

Monfieur le Baron de Chateau-neuf l'exemplaire des Grands Seigneurs de la religion du Meffie, Ambaffadeur de l'Empereur de France réfident à notre heureufe Porte, (fa fin fe termine en bien) nous a repréfenté que Nicolas Marlot ci-devant Conful au Caire auroit été dépofé dudit Confulat, & qu'en fa place on auroit admis par Lettres Patentes du fufdit Empereur, le fieur de Maillet Gentilhomme, modéle des perfonnes illuftres & apparentes de la religion Chrétienne, gardien de ce préfent figne roïal, pour régir & gouverner, tant la nation Frnçoife du Caire, que celle qui eft établie dans les Villes d'Alexandrie, Damiette, Rozette, & autres dépendantes de la premiere; fur quoi ledit fieur Ambaffadeur m'a fupplié d'accorder, felon la coutume & l'ancienne pratique, audit fieur de Maillet Conful mon Impérial Barat qu'il n'avoit pas encore reçu; & ayant égard à fa fupplication, nous avons bien voulu le lui donner, Ainfi par icelui j'ordonne, que les François & autres nations dépendantes d'eux réfidentes dans les Villes ci-deffus mentionnées ayent à reconnoitre, conformément aux bénites Capitulations, ledit fieur de Maillet pour leur Conful, & recourir à lui dans toutes les affaires, qui leur furviendront tant petites que de conféquence, fans pouvoir aller ailleurs, lefquelles ledit fieur Conful terminera & décidera felon les loix & coutumes, fans que perfonne de nos fujets y puiffe contrevenir.

E

Voulons qu'il ait auſſi la preſſéance ſur tous les Conſuls des Princes Chrétiens, de même que les Ambaſſadeurs de l'Empereur de France l'ont à notre Porte ſur les autres Ambaſſadeurs, lorſqu'ils paroiſſent en préſence de nos puiſſants Miniſtres, ainſi qu'il en eſt fait mention dans nos capitulations. Que les mêmes honneurs, qui ſe rendent aux Beys lui ſoient auſſi déférés.

Que les Soubachy, & autres Officiers de ce rang, ne puiſſent entrer dans ſa maiſon pour l'inquiéter ; que tous les Marchands François, & autres dépendans de laditte nation, arrivant aux ſuſdites Villes & Echelles avec vaiſſeaux ayent à lui produire, ſelon la régle & l'uſage, l'état de leurs marchandiſes ; de même quand ils voudront partir, qu'ils ayent à ſatisfaire, ſuivant la coutume ancienne, aux droits de Conſulat & d'avarie, ſans qu'on puiſſe y contrevenir, & que les Douanniers auſſi ne puiſſent leur donner permiſſion de partir, ſans avoir un billet de conſentement dudit Conſul.

Que s'il arrivoit des différens entre des François & d'autres nations dépendantes, que ledit Conſul aye à les terminer ſelon leurs loix & ſtatuts ; défenſes à nos Officiers & ſujets de s'en mêler.

Que ſi parmi leſdits François il s'en trouvoit quelqu'un d'eſprit de trouble & de ſédition, que ledit ſieur Conſul voulût envoyer en France, nous défendons qu'aucun de nos Officiers s'y oppoſe.

Que l'on ne prenne au Caire, ni dans les autres Villes dépendantes de celle-ci, ni douanne, ni impôt, des effets que ledit Conſul fera venir, pour employer aux préſens des droits & uſages, qui ſe donnent aux changemens des Officiers; qu'il ne ſoit pas pris pareillement douannes ni taxes, ſelon l'uſage ancien, des vêtemens, des étoffes de ménage, & des proviſions de bouche, qui ſeront pour l'utilité de ſa perſonne propre.

En cas de quelques affaires, qui demanderont ſa préſence, ledit Conſul pourra, en mettant une perſonne en ſa place, aller, s'il veut à ſon pays, à Conſtantinople, & partout ailleurs, où ſes affaires l'appelleront. Allant & venant par mon empire, tant par terre que par mer, qu'on ſe garde bien de l'inquiéter en aucune ſorte lui & ſes gens dans les auberges & hôtelleries, où il logera ; mais qu'au contraire on lui faſſe avoir pour ſon argent

DE L'EGYPTE.

toutes les provifions, qui lui feront néceffaires, fans que perfonne y contrevienne.

Vous, Juges & Magiftrats des Villes, ne négligez donc point d'apporter tout le foin & toute la diligence, qu'il vous fera poffible, à l'exécution des articles de ce préfent Impérial commandement,& de tous ceux qui fe trouvent écrits dans les bénites capitulations accordées à l'Empereur de France, fans en omettre aucun d'iceux, reconnoiffant, & faifant reconnoitre ledit fieur de Maillet Gentilhomme pour Conful dudit Empereur,le protégeant & fecourant contre ceux qui voudront le molefter en quelque forte, conformement aux commandemens & capitulations qu'il tient entre fes mains, fuivant le contenu defquelles vous agirez toujours en toutes chofes avec toute l'éxactitude poffible. Croyez le ainfi, & ajoutez foi à fon noble figne. Ecrit l'an 1104. fur la fin de la Lune d'Avilt y demarie.

A ANDRINOPLE.

COMMANDEMENT IMPERIAL

Envoyé aux Puiffances du Caire, pour faire tranfporter à Conftantinople le Juif Jofeph fils de Leon Zaphyr.

Honoré Vifir, Glorifié Confeiller, l'ornement du monde; celui qui difpofe de toutes fortes d'affaires par fes pénétrantes penfées, qui termine par la juftefle de fes avis les affaires les plus importantes du genre humain, fondateur du fondement de profpérité & de fplendeur, celui qui affermit les foutiens de la félicité & de la grandeur, le confervé par les amples miféricordes du Roi fuprême, Gouverneur d'Egypte, mon Vifir Ifmaël Bacha, que Dieu perpetue vos grandeurs !

Juge des Juges, & le meilleur des fidéles,qui proteftent l'unité de Dieu, Miniére de vertu & de doctrine, inftrument véridique,Jufte contract fur les peuples de l'univers, Héritier des fciences des Nonces & Prophetes, doué des avantageufes faveurs du Roi,Seigneur Cadi du Caire,que tes vertus foient augmentées!

Et vous choifi parmi vos égaux & vos pareils, Aga des fept milices, que vos valeurs foient augmentées !

Arrivant cette marque Impériale, il vous fera notifié que

DESCRIPTION

le Baron de Chateauneuf, l'exemplaire des Grands Seigneurs de la religion du Meſſie, Ambaſſadeur de l'Empereur de France réſident à notre Porte de félicité, (que ſes fins ſoient connues) nous a porté ſes plaintes ſur ce que le nommé Joſeph fils de Leon Zaphir, Juif réſident au Caire, & ci-devant Douannier d'Alexandrie, s'étoit emparé de pluſieurs marchandiſes appartenantes à des Marchands François, de la valeur d'environ cinquante bourſes, & leur auroit fait injuſ-tice; & comme ſuivant toutes les capitulations, tous les différens, qui excédent 4000 Apres, doivent être envoyés à mon Divan, j'avois ordonné que ledit Joſeph Zaphyr eût à comparoitre. Mais cet ordre n'a pas été executé, & les Marchands François l'ayant fait apeller au Divan du Caire, pour l'exécution dudit ordre, non-ſeulement il a déſobéi au commandement; mais encore il a prononcé de ſa propre bouche des paroles indignes & mépriſantes de la perſonne de l'Empereur de France. Ainſi m'ayant demandé mon com-mandement pour que ledit Joſeph Zaphyr ſoit amené, pour être juſtement jugé, & afin qu'il en ſoit fait juſtice, j'ordonne qu'arrivant mon noble commandement vous agiſſiez ſuivant le contenu de mon ordre expedié ſur ce ſujet. Donc vous mondit Viſir, Cadi, & Aga des ſept milices, vous ferez com-paroitre ledit Joſeph Zaphyr à mon noble Divan, afin que leurs affaires ſoient examinées en préſence de mes Viſirs & Cadileſquers, pour être fait droit; & ceux qui voudront faire différer, ou apporter empêchement à la ſuſditte affaire, ſeront certainement punis. Faites vos réflexions là-deſſus. Vous exécuterez le contenu en mon commandement, & ajou-terez foi à mon noble ſigne. Ecrit au milieu de la Lune de Chatan l'année 1107.

A Conſtantinople la bien gardée.

Adieu, Monſieur. J'eſpére que vous ne vous plaindrez point du peu d'étendue de cette lettre. Peut-être auſſi y déſireriez-vous bien des choſes que vous n'y trouverez pas malgré ſa lon-gueur. En ce cas je vous prie de me permettre que la bonne vo-lonté ſupplée à l'effet, & de croire que ſi j'oſe me flatter de quel-que exactitude & de quelque attention, c'eſt ſur tout lorſqu'il s'agit de vous ſatisfaire. Je ſuis &c.

Au Caire ce.

LETTRE SECONDE.

DU FLEUVE DU NIL,

De son origine, de son cours, de ses embouchures, des causes & des suites de son accroissement.

Ous n'auriez, Monsieur, qu'une idée fort imparfaite de l'Egypte, si je vous laissois ignorer ce qui regarde ce fleuve fameux, qui la rend elle-même si renommée & si célébre. En vain ce pays charmant vante-t'il la fertilité de ses terres, & la bonté de son climat, l'excellence de son air & de ses eaux ; En vain se glorifie-t'il du nombre & de la richesse de ses habitans, de la puissance de ses anciens Rois, de la grandeur de ces monumens qu'on regarde encore de nos jours comme des miracles de l'art, & qui seront pour toute la postérité des témoignages éternels du pouvoir immense de ces Monarques fameux, qui les éleverent ; En vain se flatte t'il d'avoir été jadis la demeure des Dieux, & de pouvoir être encore aujourd'hui regardé comme un second Paradis terrestre. Otez le Nil à l'Egypte, vous lui oterez en même tems tous ces avantages. Sans lui cette région si peuplée seroit plus déserte, comme vous pouvez le comprendre par ce que je vous ai déja insinué, que les plaines sabloneuses de la Libye. C'est aux eaux fertiles de ce fleuve que l'Egypte doit toutes ses richesses & toute sa fécondité. C'est le Nil qui la nourrit, & qui l'entretient, qui pare ses campagnes de plantes & de verdure, qui peuple ses Villes & ses Provinces d'habitans nombreux ; ou plutôt c'est ce fleuve admirable, qui a augmenté le nombre & l'étendue de ses provinces, & dont le limon fécond a produit en quelque sorte tant de Villes

floriſſantes, tant d'ouvrages ſurprenans, qui immortaliſeront à jamais la mémoire de la monarchie la plus puiſſante, dont on faſſe mention dans l'hiſtoire des tems reculés. Après cela eſt-il étonnant que les anciens Egyptiens adoraſſent ce fleuve ſous le nom d'Iſis & d'Oſiris ? Pour avoir donc une idée juſte de l'Egypte, remontons juſqu'à l'origine du Nil; paſſons ces Cataractes ſi vantées, l'effroi de tous ceux qui navigent ſur ce fleuve, ou qui habitent ſur ſes bords; accompagnons le au travers des rochers eſcarpés de la Nubie juſqu'à ſon arrivée en Egypte, & le ſuivant dans ſon cours juſqu'à la mer, parcourons ſes différentes embouchures, étudions la cauſe & la ſource de ſa fertilité & de ſes accroiſſemens, & tachons de vous donner une idée exacte de toutes les circonſtances, qui les ſuivent, ou les accompagnent.

Origine du Nil. Comme il ne pleut point en Egypte, ſurtout dans la partie ſupérieure, la ſource du Nil en eſt néceſſairement fort éloignée. D'un autre côté comme on ne peut parvenir que très difficilement au lieu de ſon origine à cauſe de la barbarie qui régne dans les pays qu'il faudroit traverſer pour s'y rendre, & que le commerce n'enhardit perſonne au péril, qui accompagneroit infailliblement un voyage entrepris dans ces climats ſauvages, d'où l'on ne tire aucunes marchandiſes, il n'eſt pas ſurprenant que peu inſtruits de ce qui ſe paſſe dans une région ſi peu fréquentée, les Auteurs ayent penſé & écrit ſi diverſement ſur la ſource du Nil. Auſſi à lire ce que les hiſtoriens Grecs & Romains nous ont dit de l'origine de ce fleuve, qui ne croiroit que l'Egypte étoit de leur tems un pays inconnu & impénétrable ? Les Romains ſurtout, après avoir conquis l'Egypte, avoient porté la guerre juſques dans la Nubie, qui ſépare cette contrée de l'Ethiopie, & il leur étoit facile de s'informer de ce qui ſe paſſoit dans un Royaume, dont ils étoient ſi voiſins. Je leur pardonne cependant d'avoir ignoré l'origine du Nil, & à Ovide d'avoir dit en parlant de ce fleuve,

Nec contigit ulli
Hoc vidiſſe caput.

Qui pourroit en effet deviner ſa véritable ſource, & aſſigner pour ainſi dire, le lieu fixe de ſa naiſſance entre cent mille fontaines, ou ruiſſeaux, que forment les pluies, qui tombent en Ethiopie avec une abondance étonnante durant tout le tems qu'elle eſt parcourue à plomb du Soleil, c'eſt-à-dire lorſqu'il revient vers nous depuis l'Equinoxe du Printems juſqu'au Solſtice d'Eté, & qu'il s'en éloigne, en retournant de ce point vers ſon Equinoxe d'Automne ? Dans l'étendüe de ce vaſte pays qu'il parcourt durant ces ſix mois, en y verſant des torrens d'eau depuis ſon lever juſqu'à ſon coucher, d'un pays où dans cette ſaiſon tout eſt lacs, fontaines, ruiſſeaux, & riviéres, qui pourroit démêler quelle eſt la véritable ſource, à laquelle privativement à un million d'autres pareilles, on doit attribuer l'origine d'un fleuve, qui à Sannar eſt à peine navigable ?

Malgré ces difficultés de découvrir le point Géographique de la ſource du Nil, nos voyageurs n'ont pas laiſſé d'avancer ſur la foi des Ethiopiens, que ſous la Ligne, & proche d'un lac nommé Gambea, dont un cheval ne ſçauroit faire le tour en moins de deux jours, du ſein de deux montagnes voiſines, ſur leſquelles on voyoit deux Chateaux élevés, deſcendoient deux gros ruiſſeaux, qui tombant dans la plaine, venoient ſe réunir dans ce lac, d'où ſortoit enſuite ce fleuve fameux, n'étant encore alors qu'une petite riviére. Ce rapport m'a même été confirmé par un Evêque Arménien, qui ayant été conduit à la Cour d'Ethiopie, avoit obtenu du Roi que nous appellons le Prete-Jean, autrement le Grand Negus, ou Roi des Abyſſins, la permiſſion de voir les ſources du Nil. D'autres placent l'origine de ce fleuve ſur un tertre tremblant environné de diverſes montagnes, ajoutant que l'ouverture, par où il ſort à gros bouillons & avec quelque bruit, a huit ou dix pieds de diamettre. Enfin les Jéſuites Portugais parlent de la ſource du Nil d'une maniére différente à la vérité de ce qu'en diſent les uns & les autres, mais qui y a beaucoup de rapport. Ils la fixent à un monticule couvert de verdure, d'où ſortent deux puiſſantes ſources, dont on ignore la profondeur, & qu'ils nomment les yeux du Nil ; Car les yeux & les ſources dans la langue Arabe ſe déſignent par le même terme.

Vous dirai-je naturellement, Monſieur, ce que je penſe

de ces différentes manières d'expliquer l'origine du Nil ? Je vous avoue que je les crois toutes également imaginaires; & je suis persuadé que l'envie seule de fixer ce qui ne peut l'être, peut-être même d'embellir une relation de quelque description topographique, a produit ces Chateaux dont je viens de parler, ces tertres tremblans, ces monticules toujours verds, & ces ouvertures bruyantes & prodigieuses. Ce qu'on sçait en général, c'est que vers le milieu de ce vaste pays que renferme l'Ethiopie, du sein de différentes montagnes sourdent des fontaines sans nombre formées par ces pluies abondantes, qui tombent dans cette contrée, & que cette multitude de ruisseaux va se rendre également dans le lac Gambea, dont je vous ai parlé; que de ce même lac sort une rivière, qui coulant d'abord vers l'Orient, ensuite se recourbant vers le Midi, du Midi au Couchant, & du Couchant au Nord, enferme par un cercle parfait, les montagnes, d'où la plus grande partie de ses eaux provient; que cette rivière traversant ensuite diverses Provinces du Royaume d'Ethiopie, grossit à chaque pas qu'elle fait vers le Royaume de Sannar, recevant dans son cours à droite & à gauche grand nombre d'autres rivières aussi considérables qu'elle, qui s'y précipitent par des cascades, & sont également formées par une infinité de ruisseaux & de torrens descendans de quelques autres montagnes, que cette premiere rivière cotoye; qu'enfin parvenu à Sannar, & s'avançant vers Gary & Dongola, qui sont les deux principalles Villes de la Nubie situées sur ce fleuve, il est joint par d'autres rivières considérables venant du Couchant, surtout par un grand fleuve nommé par les habitans du pays *Baharabiad*, c'est-à-dire *mer blanche*, à cause de la blancheur de ses eaux procédant sans doute de la couleur des terres qu'elles entrainent. Par là il est aisé de voir que la source du Nil n'est pas unique, & que son origine n'est point au-delà de la Ligne.

Je ne puis m'empêcher de rapporter à cette occasion ce que me dit un jour sur ce sujet un Turc Ethiopien, nommé Agi Ali, alors agent du Roi d'Abyssinie en Egypte. J'étois assis avec lui sur les bords du Nil au pied du vieux Caire, & je contemplois avec admiration combien ses eaux se trouvoient resserrées; car en hiver son lit dans cet endroit n'a pas plus d'un quart de lieue d'étendue ; lorſque l'Ethiopien remarquant mon étonnement. Vois tu ce fleuve, me dit-il ? Il eſt ſurprenant ſans doute que les eaux immenſes, dont il eſt compoſé dès ſon origine, & qui groſſiſſent encore ſi conſiderablement dans leur cours, ſe trouvent réduites ici à ſi peu de choſe. Pour moi, je te proteſte devant Dieu qu'il y a en Ethiopie cent riviéres au moins auſſi grandes, & auſſi pleines que celle que tu as ici ſous tes yeux, qui toutes contribuent à groſſir le Nil, indépendamment du fleuve blanc qu'il reçoit à ſa gauche à deux ou trois journées au deſſous de Sannar. Il eſt vrai que toutes ces riviéres ſe réduiſent infiniment, & ſe deſſéchent même quelquefois dans les plaines arides, les ſables brulans & les abîmes qu'elles traverſent depuis l'Ethiopie juſqu'aux montagnes de la Nubie.

Il eſt bon d'obſerver ici que la riviére blanche, dont j'ai parlé, qui eſt au moins auſſi conſidérable que le Nil, quoiqu'elle vienne perdre ſon nom dans ſes eaux, cotoye ce fleuve dès ſa ſource, qu'elle l'accompagne dans ſa route à la diſtance de douze, quinze, & vingt journées, & que groſſie elle même des pluyes continuelles, qui, comme je l'ai dit plus haut, tombent depuis la Ligne juſqu'au 20ᵉ. degré pendant l'eſpace de près de ſix mois elle compoſe enfin avec lui ces quantités d'eaux prodigieuſes, qui ont fait le ſujet de tant de raiſonnemens. C'eſt après cette jonction, que le Nil ayant réuni tant de force, & plus ſemblable à une mer qu'à un ſimple fleuve, s'avance toujours vers l'Egypte avec impétuoſité, ſubjuguant les terrains qui lui font obſtacle, & vient enfin ſe preſenter aux paſſages des montagnes, qui par une eſpace de dix huit à vingt journées de chemin ſéparent l'Egypte de la Nubie. Là aſſaillant avec fureur les rochers, qui s'oppoſent à la liberté de ſon cours, il leur livre chaque jour cent combats différens, dont il ſort toujours victorieux, & par ſa violence ſe fraye une route au travers de ces montagnes impénétrables. Enfin arrivé ſur les frontiéres de l'Egypte, fier de tant d'aſſauts qu'il a livrés, mais fatigué de ſes propres victoires, & encore écumant au ſortir de tant de travaux, il trouve enfin un lit plus égal, où il ſemble ſe délaſſer de ſes fatigues, s'étendant à ſon aiſe, toujours accompagné à droite & à gauche des mêmes montagnes qu'il a ſubjuguées, & qui paroiſſent s'être diviſées pour lui laiſſer un libre paſſage.

Des Cataractes.

Par tout ce que je viens d'avancer il est aisé de comprendre que le Nil n'est pas navigable au dessus de l'Egypte. Il ne l'est pas sans doute, au moins pour des bateaux, jusqu'au dessous des derniéres Cataractes éloignées de huit ou dix journées d'Essené, première ville considérable qu'on rencontre en entrant en Egypte de ce côté-là. Jusques là son cours se trouve presque continuellement rompu par des rochers, d'où ses eaux ne se précipitent que par sauts & par cascades. Ce sont ces chutes d'eaux, à qui les Arabes ont donné le nom de *Chellal*, que nous appellons Cataractes. Je sçai de divers Nubiens, qui prennent souvent cette route comme la plus courte pour se rendre dans ce pays, qu'il s'en trouve sept ou huit de remarquables depuis l'Isle de Saï au dessous de Dongola jusqu'à Assouan. On rencontre encore une ou deux de ces chutes d'eaux dans la Nubie entre Gary & Dongola. Je ne doute pas même qu'il n'y en ait plusieurs autres, qui ne nous sont inconnues, que faute d'être mieux instruits de la disposition des pays que le Nil traverse avant que d'arriver en Egypte.

Les Cataractes du Nil ne sont donc autre chose que des passages étroits entre des montagnes serrées, & embarassées de rochers escarpés, par où ce fleuve semble s'être ouvert une route en dépit de la nature, & où par son impétuosité naturelle il se précipite de roche en roche avec beaucoup plus de bruit dans sa bassesse que dans le tems de son augmentation, parce qu'alors ses eaux immenses surmontent sans difficulté tous ces obstacles. Il y a de ces rochers, d'où le Nil tombe dans la plaine avec tant de rapidité par des cascades épouvantables, que surtout en hiver que ses eaux sont fort diminuées, le bruit de leur chute refléchi par les échos de ces différentes montagnes s'entend de sept lieues, & que les bêtes féroces n'osent alors en approcher. Les Oiseaux euxmêmes épouvantés n'osent traverser ce fleuve dans ces endroits ; mais lorsqu'il est dans sa plénitude, il couvre ces passages d'une si grande quantité d'eaux, que le bruit ne s'entend plus. Il se trouve de ces passages si serrés, qu'un Chevreuil, dit-on, pourroit les franchir d'un saut, & que les Rois d'Ethiopie y font jetter des ponts pour passer leurs armées. Ce qu'il y a de certain, c'est qu'il s'en rencontre un si étroit, qu'on pourroit bâtir un pont d'une seule Arche d'un rocher à l'autre, le Nil n'arrivant jamais jusqu'au fommet de ces montagnes, comme il eſt aiſé de s'en convaincre par les marques de ſes inondations. Quelle profondeur doit avoir ce précipice, pour contenir les eaux immenſes qu'on voit couler en Egypte au mois de Septembre!

C'eſt dans cette ſaiſon de l'accroiſſement de ce fleuve, qu'à la faveur de quelques radeaux les peuples de la Nubie ſe haſardent de le deſcendre, & de traverſer ces dangereux paſſages. Ces radeaux ſont compoſés d'un bois qu'ils viennent vendre en Egypte, & qui y eſt fort cher. Ils en lient enſemble pluſieurs piéces avec des cordes, & quoi qu'ils ayent pluſieurs Cataractes à paſſer, à la faveur de ces machines fragiles ils n'apprehendent point de faire naufrage. Arrivés à la derniére Cataracte ils ſe laiſſent précipiter. Alors ils ferment les yeux, & ſe bouchent les oreilles avec leurs mains, pour n'être point effrayés par la grandeur du péril, ni aſſourdis par le bruit que l'eau fait en tombant dans cet affreux précipice; & un inſtant après ils ſe trouvent à un quart d'heure de ce ſaut. Si dans le paſſage il arrive que leur radeau frape contre quelque rocher, & qu'il ſe briſe, ou ſe delie, ils s'attachent fortement à quelqu'une des piéces de bois, qui le compoſent. C'eſt alors toute leur reſſource, & ſouvent leur ſalut. A la faveur de ce foible ſecours ils raſſemblent dans des lieux, où le Nil coule plus tranquillement, les débris de leur naufrage. Au reſte ces radeaux, dont ils ſe ſervent, ſont auſſi très ſouvent compoſés en partie de pots de terre, ou vaſes qui ſe fabriquent en Nubie, & que ces peuples vont vendre en Egypte. Si dans la route il s'en briſe une partie par la rencontre de quelques pierres, la vente de ce qui leur en reſte les dédommage de cette perte. Les conducteurs de ces radeaux ſont ſouvent attaqués pendant la nuit par les Crocodiles. C'eſt ce qui les oblige de veiller alors, de faire du feu ſur quelques pierres plattes, qu'ils embarquent ſur leurs radeaux pour cet uſage, & de jetter quelques cris de tems en tems, afin d'éloigner ces impitoyables raviſſeurs.

Cours du Nil.

Quoi qu'en diſent quelques uns, ce ne ſont point certainement les neiges de l'Éthiopie, qui fourniſſent des eaux au Nil pendant l'hiver. Il ne tombe jamais de neige dans cette contrée; elle y eſt même tellement inconnue, que les Abyſſins n'ont pas de terme pour l'exprimer. Ainſi il faut néceſſairement convenir, que dans cette ſaiſon le cours de ce fleuve eſt entretenu des écoulemens de divers lacs que les pluies ont formés pendant l'Eté, & de ces fontaines sans nombre, qui sortent, comme je l'ai dit, des différentes montagnes de ce vaste Royaume. Après avoir ainsi surmonté les obstacles terribles que la nature sembloit avoir voulu opposer à son passage, le premier lieu habité de l'Egypte, que rencontre le Nil, est Efrim, petite place située sur sa rive droite, & deffendue d'un mauvais Chateau, où l'on entretient une garnison de vingt cinq à trente hommes pour la garde des personnes que l'on y relégue assez souvent. De là devenu moins impetueux & plus tranquile, il s'étend à son aise tantôt d'un côté, tantôt de l'autre, mais surtout à sa rive gauche où portant plus librement ses eaux, il prolonge un de ses bras jusqu'à la vallée des Elouah, & un autre dans la Province du Fioum.

Il faut cependant avoüer que le lit de ce fleuve se trouve extremement resserré par ces deux chaines de montagnes, qui à son entrée en Egypte semblent sortir elles mêmes des rochers de la Nubie pour ne jamais l'abandonner. Les plus hautes restent à sa droite. Celles-ci sont tellement serrées qu'elles ne paroissent former qu'une seule montagne continuée, & si escarpées, qu'excepté dans un seul endroit, elles sont absolument impénétrables. Les autres beaucoup plus basses, & séparées entr'elles par quelques vallons, sont sur la gauche, & lui laissent plus de facilité d'étendre ses eaux du côté de la Libye, où il porte avec elles la fertilité & l'abondance. Escorté de cette garde fidéle, dont il est accompagné durant l'espace d'onze ou douze cens lieues, le Nil arrive enfin aux environs du Caire & des Pyramides, sans avoir eu dans toute la haute Egypte plus de deux ou trois lieues de terrain, où il pût s'étendre, quelquefois cinq ou six, mais rarement, excépté aux environs de Siout & de Manfelout, où il en a beaucoup davantage. Mais au voisinage du Caire le terrain sur lequel il coule devient encore plus étroit. Là ces deux chaines de montagnes prêtes à l'abandonner semblent vouloir se dire un éternel adieu, en se rapprochant l'une de l'autre, & laissant à peine à ce fleuve dans cet endroit une lieue & demie d'étendue. En effet c'est de là qu'après s'être séparées, la chaine Orientale se recourbe, & s'éloigne tirant du côté de la mer Rouge, & que la chaine Occidentale se repliant de même vers la Libye laisse au Nil un champ libre pour s'étendre. De son côté ce fleuve affranchi pour ainsi dire, des liens qui jusqu'alors l'avoient retenu enchaîné, se divise lui même en deux branches, trois lieues au dessous de ce détroit. Un de ses bras suivant encore vers l'Orient la route de la montagne, qui l'a abandonné, va se rendre à la mer du côté de Damiette, tandis que l'autre coulant du côté de l'Occident, sans jamais se séparer des montagnes de la Libye, va à son tour porter ses eaux à la mer au pied de la ville de Rosette. C'est ainsi que l'un & l'autre forment ce fameux Delta, dont je vous entretiendrai dans la suite.

Cette courte description suffiroit peut être pour donner une idée assez exacte du cours du Nil. J'ajoûterai cependant que les eaux de ce fleuve encore immenses, lorsqu'il entre en Egypte, sont infiniment diminuées avant qu'il arrive à la mer. Ces deux canaux, dont je vous ai parlé, construits dans les anciens tems à sa rive gauche, & qui s'étendent, l'un dans la Province des Elouah, l'autre dans celle du Fioum, toutes deux éloignées de deux ou trois journées des bords du fleuve, lui en dérobent sans doute beaucoup. Il en perd encore considérablement par une grande quantité d'autres, qu'on a ouverts des deux côtés, principalement sur sa gauche, & qui servent à introduire ses eaux dans les campagnes, où par une infinité de petits ruisseaux elles sont distribuées, d'abord aux terrains les plus élevés, & ensuite aux terres, qui sont plus basses.

Les anciens Rois d'Egypte n'avoient rien exécuté de plus grand, rien de plus magnifique & de plus digne d'admiration, que certains ouvrages qu'ils avoient imaginés pour la répartition des eaux de ce fleuve dans toute l'étendue de ce Royaume. Pour y maintenir une fertilité constante & annuelle, il s'agissoit de prévenir les inégalités, qui se trouvent d'une année à une autre dans l'augmentation du Nil, tantôt insuffisante, ce qui donnoit lieu à des stérilités ruineuses, quelquefois trop abondante, ce qui causoit des inondations, qui entrainoient souvent les bestiaux, les hommes, & même les villages entiers. Pour remédier à ces deux extrémités également préjudiciables, ces Princes vigilans & attentifs au bonheur de leurs sujets avoient fait élever divers Aquéducs, à commencer dès l'entrée du Nil en Egypte jusqu'à son arrivée à la mer. Ces aquéducs, dont la rive gauche de ce fleuve étoit coupée, recevoient les eaux,

& les conduisoient au travers des campagnes jusqu'au sommet des montagnes de la Libye.

Pour bien comprendre l'effet de ces canaux différens, il faut observer que dès l'entrée du Nil en Egypte, allant directement du Sud au Nord, il y a une pente assez considérable de l'une à l'autre de ses extrémités. De là il est aisé de conclure qu'en construisant ces aquéducs en demi cercle, dont un bout touchoit au fleuve, tandis que l'autre descendoit vers les montagnes, ils pouvoient être, comme ils l'etoient en effet, par une ligne presque parallele à l'horison très élevés du côté de-là Libye, & cependant au niveau du Nil dans l'endroit, qui y aboutissoit. Ainsi en prenant l'eau de ce fleuve dans un fond égal à son lit, sans autre secours de l'art, on pouvoit à la faveur de l'exhaussement insensible de ces aquéducs, à mesure qu'ils s'éloignoient du Nil, la porter au sommet des montagnes, qui bordent les deserts de la Libye, & verser au de là dans les plaines sablonneuses & arides, qui s'y rencontrent, les eaux superflues à l'arrosage de l'Egypte. Par là quelque médiocre que fût la croissance du Nil, le terrain de l'Egypte avoit un arrosage toujours égal, qui y entretenoit une fertilité non interrompue, tandis que d'un autre côté il n'avoit rien à craindre des trop grandes augmentations de ce fleuve. En effet par le moyen de ces canaux le superflu étoit versé dans la Libye, où ces eaux destinées à bonifier toutes les terres portoient encore la fertilité.

Ces aquéducs magnifiques, dont quelques uns avoient cent pieds de largeur sur vingt de hauteur, étoient encore autant de riviéres, qui servoient au commerce du pays par le transport des marchandises & des denrées, qu'à la faveur de cette voye on faisoit aisément passer sur des barques jusques dans la Libye. C'étoit assez pour la grandeur d'un Roi d'Egypte d'avoir achevé dans le cours de sa vie un de ces canaux. Un Auteur Arabe, qui en fait la description, en compte dix huit depuis l'entrée du Nil en Egypte jusqu'à la ville de Memphis dans l'espace de 180. lieues, sans y comprendre deux autres aquéducs élevés entre Memphis & la mer, dont l'un portoit ses eaux jusques dans les deserts, où le temple de Jupiter Ammon étoit bâti, & l'autre au lac Mareotis situé derriére la ville d'Alexandrie. La Libye fertilisée par le moyen de ces aquéducs

DE L'EGYPTE.

avoit produit dans ses contrées les plus commodes de petites provinces, qui en tirant leurs colonies de l'Egypte l'avoient soulagée d'un peuple trop nombreux, des villes fameuses, qui faisoient fleurir les deserts, & comptoient des milliers d'habitans au mileu de ces solitudes. Les Conquérans de l'Asie, en subjuguant l'Egypte, abolirent la mémoire de ces fameux aquéducs qui devinrent alors inutiles, & tomberent en ruines bientôt après par le peu de soin qu'on apporta à les entretenir. De tant de grands ouvrages deux seuls canaux, dont l'un, comme je l'ai déja dit, conduit les eaux du Nil aux Elouah, & l'autre les porte dans la petite province du Fioum, subsistent encore de nos jours, parce qu'au lieu d'être élevés comme les autres, ils ont été taillés dans les montagnes. Ces villes bâties dans des tems plus heureux furent de même ensévelies dans les sables & dans l'oubli, & ces vastes plaines retournées dans leur premier état n'offrent plus aujourd hui que des ruines & des décombres. Ces vestiges, dont l'origine nous est devenue inconnue par la succession des tems, ont donné lieu aux Contes des Ecrivains Arabes, qui disent que les Fées habiterent jadis ces deserts, & y batirent des villes par enchantement. C'est ainsi que ces célébres ouvrages ont été détruits, & qu'après le dépeuplement de l'Egypte, ses nouveaux habitans se sont servis de ces aquéducs comme de carriéres, d'ou ils ont tiré les pierres nécessaires pour la construction de leurs batimens. Ils en ont enlevé jusqu'aux fondemens, pour profiter du terrain fertile qu'ils occupoient.

Peut être serez vous bien aise de sçavoir si dans cette vaste étendue de pays que le Nil parcourt depuis son entrée en Egypte, il y a quelques ponts sur ce fleuve. Monsieur Paul Lucas, dont j'ai vû le journal, semble y en marquer un; mais vous pouvez être assuré, Monsieur, qu'il n'y en a aucun, ni de pierre, ni de bois. Aussi seroit ce un entreprise plus difficile, qu'on ne pense, de vouloir y en construire. Comment en effet élever des arches assez hautes, pour laisser écouler les eaux de ce fleuve, qui montent quelquefois jusqu'à 28. coudées ? Supposons même la possibilité du fait; comment des ponts, qui devroient avoir communément trois quarts de lieue de longueur, seroient-ils capables de resister long tems au poids immense d'eaux qu'ils auroient à soutenir ? Ne seroit ce pas comme autant de digues, qui en s'opposant à l'écoulement de

Nil, irriteroient son impétuosité, & ne pourroient tenir long tems contre elle ?

Il est vrai cependant que l'Egypte a des ponts. Elle en compte même plusieurs grands & magnifiques; mais ils ne sont pas sur le Nil; c'est sur les canaux qu'on les trouve. On en voit un de cette espéce au dessous de Chebra à une grande lieue du Caire sur le canal appellé *Abou menaggé*, ou *Menaggem*, c'est-à-dire *pére de l'Astrologue*. Ce Pont fut bati il y a environ trois cens ans par un Roi d'Egypte, dont la devise étoit un Lion. Aussi cet édifice est il semé d'un bout à l'autre de la figure de cet animal. Ce même Prince en avoit aussi fait construire un dans le Caire même sur le canal, qui traverse cette ville. On le nommoit de même le pont des Lions, sans doute parceque ce Prince y avoit fait representer, comme sur le premier, plusieurs figures de ces mêmes animaux. Ce pont étoit fort exhaussé, d'une structure admirable, & d'une seule arche. Un des successeurs de ce Roi, jaloux de la beauté de cet ouvrage, le fit abattre sous prétexte qu'il se fatiguoit trop à le passer, & le fit rebatir ensuite moins élevé. Mais malgré cette basse jalousie le pont a toujours conservé depuis son ancien nom, & on l'appelle encore aujourd'hui le Pont des Lions. Il est certain que sans le secours des ponts & des chaussées, qui la plûpart sont percées en arcades, l'Egypte ne seroit pas pratiquable pendant quatre à cinq mois de l'année. Aussi l'entretien de ces ouvrages publics est-il une des plus grandes dépenses que le pays soit obligé de faire.

Quelques Auteurs avancent hardiment qu'aucun vent ne se fait sentir sur le Nil. Seroit ce dans la vue de nous convaincre qu'ils n'ont jamais passé en Egypte, & qu'ils n'ont pas même pris la peine de consulter ceux, qui étoient en état de les mieux instruire ? Si cela est, ils ont parfaitement réüssi, puisque, quoi qu'ils en disent, on y en trouve souvent de très violens. C'est une vérité, dont plusieurs voyageurs n'ont fait qu'une expérience trop funeste. Aussi puis-je assurer que les vents d'Ouest Nord Ouest, qui deviennent véritablement Nord sur ce fleuve, s'y font sentir presque continuellement avec violence durant son accroissement, & que s'ils cessent quelquefois de souffler, ce n'est que pendant des intervalles très peu considérables. En effet comment seroit-il possible sans un pareil secours de remonter er de Rosette au Caire en deux journées, & de faire en cet espace de tems plus de quarante lieues contre le courant du fleuve?

Après vous avoir conduit depuis l'origine du Nil jusqu'à la mer, il me resteroit, Monsieur, à vous entretenir de ses embouchures. On comptoit autrefois environ cinquante lieues depuis le port d'Alexandrie jusqu'à Peluse. Dans cet espace étoient les sept embouchures du Nil si vantées du tems des Romains, & sur lesquelles on avoit alors bati autant de Villes. Quelques Géographes en ont compté plus ou moins; & cela n'est pas surprenant, chacun s'étant attaché à décrire ce qui existoit de son tems, & le Nil dans ses inondations ayant souvent changé ou multiplié le lit qu'il se formoit lui-même par le poids immense de ses eaux. Ce qu'il y a de certain, c'est que ce fleuve n'a jamais eu que deux embouchures principales, répondantes aux deux branches qu'il forme en se divisant au dessous de la Ville du Caire. A l'égard des autres, il est sur qu'elles étoient faites de main d'homme, de même que celle d'Alexandrie, dont je vous parlerai dans la description de cette fameuse Ville, & qu'au nombre des embouchures du Nil les Auteurs ont surement compris les canaux artificiels qu'on avoit pratiqués pour l'utilité du pays. Par la succession des tems & la négligence des différens peuples, qui tour à tour se sont rendus maitres de l'Egypte, ces canaux se sont remplis. Ils ont été comblés par les sables & par le limon du Nil, qui ont enseveli de même ces anciennes Villes qu'on avoit élevées sur chacune de ces embouchures prétendues. Il ne reste plus que quelques villages sur la côte entre Rosette & Damiette, & ces anciens noms d'embouchures Bolbitique, Sebennytique, Phatmitique, Mendesienne, & Tanitique, qu'on rencontroit autrefois depuis Canope jusqu'à Peluse, sont des êtres inconnus à nos Géographes modernes, chez lesquels on ne les trouve plus.

De ses embouchures.

L'occasion se présentera peut-être de vous entretenir encore une fois des embouchures du Nil, en vous parlant de cette célèbre partie de l'Egypte, à qui sa figure a fait donner le nom de Delta. Je viens à une matiére plus intéressante, & qui sans doute ne vous paroitra pas moins curieuse. Je parle de cette fertilité particuliére aux eaux du Nil, qui se

Origine de la fertilité du Nil.

G

communique, non-feulement au terrain qu'il arrofe, mais encore à tous les êtres animés, qui en boivent, & de la manière, dont fe fait cette communication, c'eft-à-dire des accroiffemens & des inondations de ce fleuve. Il eft certain d'abord que cette fécondité naturelle à fes eaux doit s'attribuer uniquement au limon qu'elles apportent en Egypte, & dont elles fe chargent depuis l'Ethiopie même en parcourant un terrain d'une fi longue étendue. Elles en charient une fi grande quantité, qu'en entrant en Egypte, la dixiéme partie de leur volume eft d'un limon gras & nitreux, qui répand en tous lieux avec lui la fertilité & l'abondance. Par tout où ce limon eft porté par les eaux du Nil les campagnes reverdiffent, & fe couvrent de riches moiffons, les arbres fe chargent de feuilles & de fruits, les plantes croiffent à vue d'œil, les hommes eux-mêmes auffi-bien que les animaux font plus nourris, plus robuftes, & plus féconds; par tout où il ne peut parvenir on ne voit que déferts affreux, que fables arides, que fantômes d'êtres vivans, pour qui la nature femble n'être qu'une marâtre. On diroit volontiers que ce limon eft le germe univerfel, à qui toutes chofes doivent la naiffance dans cette partie du monde; & en le difant on ne s'éloigneroit point de la vérité.

Mais votre curiofité naturelle ne fe borne pas là, Monfieur, & vous attendez fans doute que je vous rende compte de la véritable caufe, qui communique elle-même au limon du Nil cette fécondité admirable par qui font produits continuellement de fi furprenans effets. Sur cette matiére je me contenterai de vous faire part d'une conjecture que je tire du rapport des Abyffins que j'ai vus en différens tems en Egypte. Tous m'ont affuré unanimement que dans le tems de ces pluies prodigieufes, qui en certaine faifon inondent l'Ethiopie, il s'éleve dans les marécages formés par ces torrens d'eau dans la vafte étendue des plaines, qui féparent ce Royaume de la Nubie, des rofeaux en fi grande abondance & d'une telle hauteur, qu'après même que le Soleil a defféché ces lieux, les chemins d'une des capitales à l'autre ne font pas moins impraticables, que pendant ces longues & fortes pluies, qui ont produit ces cannes. Pour rétablir donc la communication entre les deux Etats, & mettre en même

DE L'EGYPTE.

ems à profit les campagnes qui les séparent, il n'y a point d'autre moyen que de porter le feu dans ces forêts de roseaux, qui répandent alors dans tout le pays une lumiére aussi considérable que celle du jour même. Après cet incendie prodigieux les terres entiéres paroissent brulées, & restent couvertes de cendres jusqu'à ce que les pluies recommencent. Or ne pourroit-on pas dire que c'est principallement à ces cendres que le Nil entraine avec lui en Egypte, que ce fleuve doit la fécondité de ses eaux & de son limon. La raison ni l'expérience n'ont certainement rien, qui combatte cette opinion, & ce que la Physique nous apprend de la vertu des sels, dont les eaux du Nil se trouvent par là chargées, doit encore contribuer à nous la rendre plus probable.

A l'égard de l'accroissement du Nil, vous sçavez, Monsieur, que réguliérement tous les ans depuis le commencement du Printems jusqu'aux derniers jours de l'Eté ce fleuve s'enflant jusqu'à une hauteur plus ou moins grande, franchit les bornes que ses rivages voudroient envain opposer au poids immense des eaux, dont il est grossi, inondant les campagnes, & se répandant dans les plaines voisines, dont dans cette saison il fait une espéce d'Océan. Il me reste donc à vous apprendre quelle est la cause de ce phénoméne, toujours si régulier, & en même tems si extraordinaire. Mais, j'espére, Monsieur, que vous conviendrez aisément avec moi qu'il a toujours été plus facile de connoitre les avantages que le Nil procure à l'Egypte, que de rendre raison de ses accroissemens. Il en est de cet évenement annuel, comme de l'origine de ce fleuve. On sçait qu'Alexandre envoya inutilement des hommes exprès pour en apprendre des nouvelles; & quelque exactes que soient sur ce sujet les relations des Portugais, il est encore resté depuis, comme je l'ai montré, beaucoup d'obscurité à cet égard.

Origine de ses accroissemens.

La cause des accroissemens du Nil n'a pas été jusqu'ici mieux connue. Celui qui a traduit l'Egypte de Murtadi attribue ce débordement aux pluies, qui pendant notre Hiver tombent au de-là de la Ligne. Pour appuyer cette opinion il suppose que les eaux ne faisant que quatre lieuës de chemin par jour, elles ne peuvent arriver en Egypte que dans les mois de Juillet, d'Août, & de Septembre. Je ne m'amuserai point à combattre ce rafinement, qui n'a pour fondement que la fauſſe idée que l'Auteur s'eſt faite, que les pluies ne tomboient en Éthiopie que pendant notre Hiver, au lieu qu'il n'y pleut, comme je l'ai dit plus haut, que durant l'Eté, lorſque le Soleil donne à plomb ſur cette contrée. En effet il eſt clair que les pays méridionnaux ſitués au de-là de la Ligne ſont exempts de pluie auſſi-tôt que le Soleil eſt en de-çà, comme les pays Septentrionnaux n'y ſont plus ſi expoſés, dès que le Soleil a repaſſé cette même Ligne du côté du Midi.

Une autre raiſon qu'on a prétendu donner du débordement du Nil, c'eſt que les terres qu'il parcourt étant fort nitreuſes, il ſe fait à l'approche du Soleil dans les eaux de ce fleuve une fermentation, qui aidée par le vent groſſit extraordinairement leur maſſe, & les oblige de ſe déborder. Ce raiſonnement eſt ſpécieux ſans doute. Cependant ſi cette raiſon avoit lieu, il faudroit que par cette fermentation le Nil s'emflât de maniére qu'une goutte d'eau occupât alors la place de plus de vingt. Cette augmentation d'ailleurs ne pourroit être générale, les terres n'ayant pas toutes abſolument la même qualité. Enfin en ſuppoſant le principe de l'hipothéſe comme inconteſtable, il ſeroit toujours vrai de dire, que les eaux retourneroient néceſſairement à leur premier volume, dès qu'elles ſeroient refroidies par l'abſence du Soleil. En un mot cette opinion me paroit ſi inſoutenable, que je ne la crois pas digne d'être réfutée ſérieuſement.

On dit auſſi que les vents du Nord, qui régnent en Egypte pendant l'accroiſſement du Nil, ſur tout depuis la Saint Jean juſqu'à la fin d'Août, ſont la cauſe du débordement de ce fleuve par l'obſtacle qu'ils font à ſon cours, auquel il eſt ſur qu'ils ſont oppoſés. J'avoue que ce ſentiment a quelque eſpéce de vrai-ſemblance, & que ſi le Nil étoit une riviére, qui eût très peu de pente, qu'on n'y rencontrât point de ces cataractes, dont je vous ai parlé, que ſes eaux enflées par les torrens ne conſervaſſent pas encore l'impétuoſité qui leur a été communiquée, on pourroit peut-être ſe laiſſer prévenir par de ſi foibles raiſons. Mais quel poids pourroit ſoutenir le vent le plus violent? Le Nil croît au Caire de 23. à 24. pics: le pic eſt de deux pieds; ainſi la hauteur des

DE L'EGYPTE.

eaux de ce fleuve est d'environ quarante huit pieds. Peut-on comprendre qu'un poids si prodigieux puisse être soutenu par le vent ? J'ajoute que la croissance du Nil est beaucoup plus considérable dans la haute Egypte que dans la basse ; qu'elle est plus grande encore à son entrée dans ce pays, & qu'enfin dans le Royaume de Sannar sa hauteur l'emporte sur toutes celles qu'on lui trouve depuis cette contrée jusqu'à la mer. Nous voyons d'ailleurs que ce vent, qu'on veut être la cause des accroissemens du Nil, manque assez souvent, sans que cependant les eaux de ce fleuve perdent rien de leur hauteur accoutumée ; ce qui seul suffiroit pour démontrer que les vents & l'air ne sont point la vraie cause de l'augmentation, dont il s'agit. Enfin pour ruiner de fond en comble tous les raisonnemens de ceux, qui attribuent la croissance du Nil au vent du Nord, j'ajoute que si ce vent soutenoit les eaux par la violence de son cours opposé à celui du fleuve, comme ils le prétendent, ce fleuve devroit nécessairement diminuer alors à son entrée dans la mer, & y porter moins d'eau qu'en tout autre tems. Cependant il arrive absolument le contraire, puisque dans cette saison il lui paie chaque jour un plus gros tribut, & que ses eaux bourbeuses repoussent plus vivement & plus loin celles de la Méditerrannée, qui à leur ordinaire sont fort claires & fort transparentes.

De ce que je viens de vous dire peut-être serez vous tenté de conclure qu'il est inutile de rechercher la cause d'un phénomène, dont il n'a pas plu à la Providence de nous révéler le secret ; peut-être desespérez vous d'en sçavoir jamais davantage sur cet article. Cependant vous ne devez pas vous imaginer, Monsieur, que la cause de l'augmentation du Nil soit une Enigme inexplicable. Il n'est pas surprenant d'abord que les anciens ayent varié sur les explications qu'il nous en ont données ; ils étoient, on le sçait, très peu informés de ce qui se passoit en Ethiopie. A l'égard des modernes, qui ont écrit sur cette matière, où bien ils se sont contentés de copier les Auteurs, qui les avoient précédés, sans avoir jamais fait aucun séjour en Egypte, ou s'ils y ont été eux-mêmes, ils n'y ont pas fait une demeure assez longue, pour pouvoir s'instruire à fond de ce qui auroit pu leur donner quelques lumiéres fur cet article. Cependant la réflexion feule auroit pu leur dévoiler d'avance un miftére, qui ne l'a plus été depuis, & les conduire naturellement à une découverte, qui fuivoit néceffairement des connoiffances que nous avions déja acquifes. En effet depuis la découverte du nouveau monde nous fçavons, à n'en point douter, que dans les Indes Orientales & dans l'Amérique Efpagnole il pleut continuellement, lorfque le Soleil eft dans leur Zénith, & qu'alors les riviéres fréquentes & confidérables, qui fe trouvent fous ces climats, s'enflent & fe débordent comme le Nil. Cette connoiffance devoit naturellement faire conjecturer que la même chofe arrivoit dans tous les pays, qui ont la même pofition fur notre globe, & qui occupent les parties voifines de la Ligne ; d'où il étoit aifé de conclure que depuis le mois de Mars jufqu'au mois de Septembre il pleut continuellement en Ethiopie.

C'eft ce dont je me fuis convaincu par moi même pendant un féjour de plus de feize années conféçutives que j'ai fait en Egypte. Pendant une fi longue réfidence j'ai interrogé à diverfes fois, & féparément plufieurs perfonnes, qui avoient été en Ethiopie, des Ethiopiens même, deux Envoyés du Négus, plufieurs Miffionnaires Italiens, qui étoient paffés dans ce pays, le fieur Charles Poncet, Médecin François que j'avois envoyé au Roi d'Ethiopie, & qui avoit féjourné un an, ou dixhuit mois, auprès de ce Prince. Leur rapport a été uniforme, & tous unanimement m'ont rendu témoignage des pluies, qui tombent continuellement dans ce Royaume entre les deux Equinoxes. Ces pluies commencent vers la Ligne, & s'étendent environ jufqu'au vingtiéme degré de latitude Nord. Ainfi la partie la plus Septentrionale du Royaume de Sannar eft exempte de pluies, tandis que la Méridionale en eft noyée.

Or de-là je conclus, & j'efpére que vous en conviendrez avec moi, que la croiffance, ou la décroiffance du Nil, n'a inconteftablement aucune autre caufe, que l'abondance des pluies, qui dans la même faifon tombent en Ethiopie, & la ceffation de ces mêmes pluies, lorfque le Soleil a repaffé la Ligne. Il ne pleut point en Egypte, il eft vrai ; & c'eft cependant là que l'augmentation fe fait fentir. L'éloignement des lieux, où ces eaux tombent, de ceux où il n'en tombe point, & où cet accroissement se manifeste à un peuple ignorant, a donné lieu sans doute aux imaginations ridicules qu'on trouve à ce sujet dans les relations de quelques voyageurs. Quoiqu'il en soit, il ne faut point chercher d'autre raison de ce phénoméne. Feu Monsieur le Noir du Roule, nommé par le Roi pour passer en ma place à la Cour d'Ethiopie, sçauroit bien qu'en dire, s'il vivoit encore, puisqu'il ne fut assassiné à Sannar par ordre du roitelet de ce pays, que parce que le Nil manqua cette année faute de pluies, qui ne tombérent en Ethiopie, & même à Sannar jusqu'où elles s'étendent, qu'en très petite quantité. Accusé devant ce Prince foible & barbare d'avoir causé cet effet par l'art de Magie que ces peuples grossiers croyent nous être très familier, Monsieur du Roule paya de sa tête une faute qu'on devoit attribuer uniquement à la nature.

Ce qu'il y a de remarquable, c'est que dans les mois de Mai, de Juillet, & d'Août, lorsque les pluies sont si abondantes en Ethiopie, les vents du Nord, autrement dits vents Etéfiens, c'est-à-dire Ouest-Nord-Ouest, y régnent continuellement, non pas sans variation, comme quelques Auteurs l'ont avancé, mais avec plus de véhémence en certains jours & à certaines heures. En effet ils calment ordinairement pendant la nuit ; vers les huit heures du matin ils se réveillent & augmentent ; ils calment une seconde fois vers les dix heures, & leur violence recommence à deux heures après midi jusqu'à cinq ou six heures du soir, qu'ils mollissent. Cependant ils n'observent pas toujours exactement cette régle. Ainsi il y a des nuits qu'ils veillent, pour m'exprimer en termes du pays, comme il y a réciproquement des jours où ils ne se reposent point. Dans la même saison les mêmes vents régnent en Egypte, comme je l'ai remarqué plus haut, pendant la croissance du Nil. Surquoi permettez-moi, Monsieur, de hazarder une conjécture. Ne pourroit-on pas dire que le degré de vent, qui souffle alors en Egypte est dans un équilibre équivalent avec le degré de pluie, qui tombe en même tems en Ethiopie, & que la violence du vent augmente dans la première contrée à proportion de l'abondance des pluies, dont l'autre est arrosée ? En effet il est vrai-semblable que ce vent n'est attiré que par l'écoulement des eaux, qui tombant vers la mer, laissent dans les lieux qu'elles quittent, un espace vuide, où l'air pressé d'ailleurs du côté de la marine accourt pour les remplacer. Ce qui paroîtroit confirmer mon opinion, c'est qu'en l'année 1694. où le Nil augmenta si peu, qu'à peine couvrit-il la sixiéme partie des terres qu'il inonde ordinairement, les vents furent très foibles durant les mois de Juillet & d'Aout; ce qui nous donna lieu de juger de la médiocrité des pluies, qui tomboient alors en Ethiopie. D'ailleurs ces vents n'entraînoient pas avec eux, comme dans les années précédentes, de ces nuages épais, dont le Nil a coutume d'être couvert depuis le lever du Soleil jusqu'à huit heures du matin, qu'ils sont dissipés par la force de cet astre. Ces nuages, qui ordinairement sont portés en Ethiopie par ce vent, s'y résolvent en pluies, dont les eaux retournent ensuite vers la mer, d'où sans doute elles ont été tirées; En quoi on ne peut s'empêcher de reconnoître un jeu admirable de la nature, qui a trouvé le secret de rendre ainsi le plus fertile & le plus délicieux de l'univers un pays, qui sans un secours si merveilleux & si digne de cette sagesse éternelle, qui a arrangé toutes choses pour le bien de l'homme, n'auroit pas été capable de produire un seul brin d'herbe.

Tems de l'augmentation du Nil. Le Nil commence presque toujours à s'enfler réguliérement dans un certain tems de l'année. Cependant les Anciens & les modernes ne parlent pas uniformément de cette inondation réguliére. Tous conviennent à la vérité qu'elle dure depuis le Solstice d'Eté jusqu'a l'Equinoxe d'Automne; mais ils ne sont pas de même d'accord sur son commencement. Les uns disent que le Nil ne commence à croître qu'après que les vents Etésiens, ou Ouest-Nord-Ouest ont commencé eux-mêmes à souffler. D'autres prétendent au contraire que cette croissance arrive avant qu'ils soufflent. Pline la fixe même à la nouvelle Lune, qui suit le Sostice d'Eté*; *Incipit crescere*, dit-il, *novâ lunâ quæcumque est post Solstitium;* ce qui pourroit peut être s'entendre d'un accroissement sensible. Enfin il y en a qui soutiennent que ce fleuve commence à grossir dès que le Soleil est en de-çà de la Ligne. Mais cette premiére augmentation n'est point sensible; & on peut dire qu'en général & ordinairement l'accroissement des eaux du Nil ne commence que dans les

* Dans son Histoire naturelle, Livre 5. Chapitre 10.

derniers

derniers jours du mois d'Avril, & au commencement de Mai. Je dis en général & ordinairement, parce qu'il est quelquefois arrivé que ce fleuve n'a commencé à croître qu'en Septembre.

L'augmentation des eaux du Nil commence par la cessation de sa diminution, & les Arabes expriment ces premiéres marques de l'accroissement par le mot *yetouhahem*, qui en leur langue signifie *émotion*, ou *mal de cœur*, tel qu'il en arrive aux femmes au commencement de leurs grossesses. En effet ce terme désigne parfaitement l'état, où ce fleuve se trouve alors. Ses eaux, qui depuis l'Equinoxe d'Automne avoient toujours continué à diminuer, se troublent d'abord, & s'entretiennent dans le même état ; ce qu'on peut regarder en quelque sorte comme le premier accroissement. Elles grossissent ensuite d'une maniére presque insensible, & continuent de même pendant une grande partie du mois de Juin ; ensorte qu'alors on n'y trouvera pas souvent une coudée d'augmentation. Enfin au Solstice d'Eté elle est déja considérable.

Il y a des années, où dès le premier accroissement du Nil les eaux de ce fleuve se corrompent. Alors elles paroissent verdâtres, quelquefois rougeâtres, & pour peu qu'on les garde dans un vase, il s'y engendre de petits vers. Je ne doute point qu'on ne puisse avec assez de raison attribuer ce changement aux premiéres eaux, qui se mêlent à celles du Nil, & qui lavant au commencement d'Avril les forêts & les campagnes de l'Abyssinie, entrainent & charient avec elles des saletés & des terres séches, qui les colorent. Peut être pourroit-on aussi, sans trop se tromper, charger les vents du Midi, qui regnent alors en Egypte, d'une partie de cette corruption. Je sçai que * Pline assure qu'ils ne s'y font jamais sentir, *Non sentit auftros*; mais il étoit mal informé, & l'authorité de l'expérience doit l'emporter sur la sienne. Ces vents, qui causent tant de maux & de langueurs en Europe, ne sont pas moins dangereux dans la saison qu'ils soufflent ici. C'est le tems des maladies ; c'est alors que régnent les fiévres, & que la peste fait en Egypte tous ses ravages. Mais les vents du Nord n'ont pas plûtot commencé à souffler, que toutes ces maladies disparoissent. Comme ce vent porte avec lui une humidité, dont il se charge dans sa route, & ne manque jamais de se faire sentir

* Dans son Histoire naturelle, Livre 2. Chapitre 46.

ici le 12. de Juin suivant le ~~Calendrier des Coptes~~ *notre manière de compter* ; ou le 2. jour de ce mois suivant ~~notre manière de compter~~ *le Calendrier des Coptes*, le changement subit qu'il apporte avec lui dans l'air a fondé parmi les Egyptiens d'aujourd'hui une tradition, dont on ne trouve aucunes traces chez les anciens ; mais qui n'en passe pas pour moins constante. Ils disent que ce jour là il tombe une espece de rosée qu'ils nomment *Goutte*, dont la vertu purifie l'air, & dissipe la corruption.

De la Goutte · Je ne puis m'empêcher de louer à cette occasion la sagesse de ceux, qui en écrivant de l'Egypte, n'ont rien dit de cette goutte, & se sont épargné la peine de rechercher la cause d'un phénoméne aussi frivole & aussi peu fondé que celui là. En effet cette goutte prétendue, dont les personnes éclairées & exemtes de préjugés ne découvrent aucun vestige, n'est certainement autre chose que ce changement causé dans l'air par les vents du Nord, qui font cesser alors tous les désordres des vents du Sud. Le reste qu'on en conte n'est qu'une pure chimére, qui n'a d'existence que dans l'imagination trop vive des gens du pays. Cependant ce préjugé tout ridicule qu'il est a tellement pris racine dans leur esprit, qu'il n'est pas possible de les en détacher. Ils sont persuadés que cette merveilleuse, mais impalpable rosée, ne manque jamais de tomber un certain jour fixe, tel que je viens de vous le déterminer, & ce jour là les femmes, aussi superstitieuses en Egypte que partout ailleurs, ont entr'autres la folie de croire que cette goutte a la vertu de servir de levain à la pâte qu'elles exposent à l'air la nuit précédente. De cette pâte elles composent ensuite des gateaux, dont elles font un régal à leurs amies, & en conservent avec soin dans leurs maisons, persuadées que c'est une médecine très salutaire. On croit encore communément ici, que les grains & les légumes que cette goutte a touchés ne se corrompent point ; ou du moins se conservent beaucoup plus long tems que les autres. Aussi bien des gens ne font leurs provisions qu'après qu'elle est tombée. Mais les personnes sensées se mocquent de cette précaution, & avec raison, puisqu'on éprouve tous les jours, que le grain qu'on croit en sureté sous les hospices de la goutte ne laisse pas de se gâter aussi facilement, que celui qui n'a pas eu cet avantage imaginaire.

DE L'EGYPTE.

Au-reste le tems de l'accroissement du Nil est encore aujourd'hui, comme autrefois, un tems de réjouissance dans tout le pays, quoiqu'on ne fasse plus les mêmes préparatifs qu'on voyoit encore il n'y a que vingt ans. Aussi ce changement cause-t-il tant de douleur au peuple, qu'il ne cesse de dire que l'Egypte n'est plus que l'ombre de ce qu'elle a été ; comme si toute la gloire de cette région dépendoit de la conservation de cette coutume. Mais chaque nation est jalouse de ses usages, surtout lorsqu'ils font régner le plaisir & la liberté.

Il ne seroit pas aussi aisé, Monsieur, de vous parler juste sur la hauteur de l'accroissement du Nil, que sur le tems auquel il arrive. Hérodote assure que de son tems il se répandoit des deux côtés de ses rivages jusqu'à la distance de deux journées; & si en cet endroit de son histoire cet Auteur n'a parlé que de la basse Egypte, il faut avouer qu'il ne s'est pas éloigné de la vérité. Comme depuis le Caire jusqu'à la mer les deux chaines de montagnes qui jusques là avoient accompagné le Nil depuis son entrée en Egypte, s'élargissent insensiblement, l'une vers l'Orient & l'autre vers le Couchant, il est certain que de Rosette & de Damiette remontant vers Memphis, on trouve des campagnes d'une prodigieuse étendue. Le Delta si grand & si vaste peut être considéré comme une seule plaine. Il n'y a aucune montagne ; on n'y rencontre aucun terrain qui ne soit, & ne puisse être cultivé ; & si l'on considère l'inondation du Nil par ce seul endroit, Hérodote aura parlé juste. Il n'en est pas de même si on parle de la hauteur de ce fleuve dans ses accroissemens par rapport à la haute Egypte. Resserré dans cette partie entre les montagnes àpeine couvre-t'il souvent deux à trois lieues de terrain, quelquefois cinq ou six, & rarement davantage. Ces montagnes, il est vrai, se trouvent dans des endroits plus ou moins éloignées les unes des autres. Il y en a où la plaine s'enfonce dans de larges vallées, d'autres où elle est infiniment resserrée par l'approche de ces mêmes montagnes. On ne doit rien attendre de régulier de l'irrégularité de la nature. Mais on peut dire qu'en général la distance d'une de ces chaines de montagnes à l'autre n'emporte pas plus de deux journées d'étendue. Si l'on ajoute à cela que le cours du Nil n'est pas également éloigné des montagnes qu'il cotoye, qu'il coule beaucoup plus près de celles, dont

Hauteur de l'accroissement.

H ij

il est borné à l'Orient que des autres, qui l'accompagnent du côté de la Libye; on conviendra aisément que ce fleuve ne s'étend pas autant qu'Hérodote l'a prétendu.

    D'autres Auteurs indiquent l'accroissement du Nil par un certain nombre de coudées; mais ils auroient dû spécifier exactement ce qu'ils entendent par cette mesure, s'ils vouloient être entendus eux-mêmes. Celle dont on se sert au Caire, pour connoître l'élévation de l'eau, contient vingt quatre pouces, ou deux pieds de Roi, & s'appelle *Draa*, ce que nos François rendent par les termes de bras ou de pic. A l'égard de ce qu'ajoutent ces mêmes Auteurs, que le Nil ne monte ordinairement que jusqu'à douze ou seize coudées, & que s'il s'éleve davantage le pays est absolument ruiné, l'expérience prouve le contraire puisque tous les ans au dix de Septembre on publie dans les rues du Caire, que l'accroissement est de vingt deux Draas. D'ailleurs pour être capable de couvrir toutes les terres, il faut qu'il monte jusqu'à vingt quatre Draas, c'est-à-dire quarante huit pieds, au lieu que seize coudées n'en valent que vingt quatre. Pour moi je serois tenté de croire, qu'afin d'être d'accord sur ce point avec les Anciens, il faudroit doubler leurs mesures, puisqu'il n'y a pas lieu de penser que le Nil croisse plus en ce siécle que dans le leur. Peut être pourroit-on aussi sauver cette contradiction, en disant que le Nil semble croître plus ou moins dans l'étendue de son cours, suivant le plus ou le moins de pente qu'ont les terrains, où on le mesure. Je suis certain, par exemple, qu'il croît moins dans la basse Egypte qu'il ne fait au Caire, & moins au Caire qu'en certains endroits de la haute Egypte, où son lit resserré par l'approche des montagnes, ou par l'élévation du terrain, oblige aussi ses eaux à s'élever davantage. On peut ajoûter qu'aucontraire de toutes les autres riviéres, le Nil est beaucoup plus considérable plus on remonte vers sa source, que dans le voisinage de la mer. La raison de cette différence est très sensible. Depuis les extrémités les plus méridionales de la haute Egypte jusqu'au Caire on tire du lit de ce fleuve une infinité de petites riviéres & de ruisseaux, dont on inonde les plaines, & même les gorges des montagnes, où il se forme des lacs & des étangs d'une fort grande étendue. Or il est évident que ces saignées détournent nécessairement un volume d'eau très confidérable. En effet ces petites riviéres, dont je parle, ne font pas tellement, qu'elles ne puiffent porter de très gros batteaux, & que la moindre n'emporte autant d'eau que la Seine. Si on obferve d'ailleurs que depuis le Caire jufqu'à Effené on compte plus de fix mille canaux femblables, on comprendra aifément fans doute pourquoi le Nil eft moins enflé du côté de la mer que vers fa fource. Enfin pour fe convaincre parfaitement que les accroiffemens du Nil n'ont rien le fixe, & qu'il n'eft pas poffible de déterminer à quelle hauteur ce fleuve doit arriver, il fuffit de fe rappeller ce que j'ai dit de la caufe, qui produit les augmentations annuelles & réguliéres de ce fleuve. On concevra fans difficulté que les pluies de l'Ethiopie & du Royaume de Sannar, qui y confine, plus ou moins abondantes dans une année que dans une autre doivent néceffairement caufer dans les eaux du Nil une augmentation plus ou moins confidérable.

Cependant comme il n'y a rien de plus intéreffant pour les habitans de l'Egypte, que de connoître furement & de bonne heure l'abondance, ou la ftérilité future de l'année fuivante, afin de fe prévaloir de l'une & de fe garantir des effets de l'autre, il n'y a rien auffi que de tout tems ils n'ayent mis en ufage, pour juger par avance de la plus grande ou plus foible augmentation du fleuve. On lit dans divers Auteurs Arabes, que du tems des anciens Rois d'Egypte il y avoit des temples, où il fe trouvoit des puits, des obélifques, ou des Coloffes, par le moyen defquels après quelques priéres & certains facrifices, qui dans certains jours de l'année fe faifoient en prefence de tout le peuple, on apprenoit infailliblement quelle devoit être l'augmentation du Nil. Dans quelques uns de ces puits, dont les côtés étoient gradués, l'eau montoit jufqu'à une ceraine élévation pendant le tems du facrifice, & l'on jugeoit par cette augmentation quelle devoit être celle du fleuve. On fe contentoit dans d'autres de fufpendre dans le puits une corde, qui touchoit juftement à la furface de l'eau; cette corde étoit partagée d'efpace en efpace par quelques fils de coton blanc & bleu, & felon qu'elle fe trouvoit plus ou moins mouillée on croyoit pouvoir conjecturer feurement jufqu'à quel nombre de coudées les eaux du Nil devoient monter.

Pronoftics de l'accroiffement futur

On s'y prenoit autrement lorfqu'il s'agiffoit de deviner le

futur accroissement du fleuve par les Colosses ou les Obélisques. D'un bassin, dont leur extrémité étoit couverte, il tomboit pendant le tems du sacrifice un certain nombre de gouttes d'eau, qui désignoient les coudées, dont les eaux du Nil devoient être augmentées. A chaque goutte, qui tomboit, le peuple attentif à en reconnoître le nombre sur un bassin destiné à les recevoir jettoit de grands cris de joye à mesure qu'il excedoit celui de seize. Ces applaudissemens se renouvelloient à chaque nouvelle goutte, qui suivoit, jusqu'à la vingt quatriéme, après laquelle s'il en tomboit quelques autres, on n'entendoit plus que des plaintes & des soupirs. On jugeoit encore de la plus prompte, ou de la plus lente augmentation du Nil, selon que les gouttes tomboient plus vite, ou plus lentement. Si le nombre étoit favorable, c'est-à-dire s'il passoit vingt gouttes & approchoit de vingt quatre, ce qui étoit le présage le plus heureux qu'on pût souhaiter, les particuliers riches en fonds de terre ne manquoient pas de faire des sacrifices à la divinité adorée dans ce temple, en reconnoissance du futur bienfait qu'ils devoient recevoir de sa main. Au contraire si on étoit menacé d'une stérilité par un nombre de gouttes, qui fût au dessous de vingt, où au dessus de vingt quatre, il s'en faisoit de même pour fléchir le Dieu qu'on supposoit être irrité contre la nation, & obtenir de lui une année plus abondante. Ainsi que le pronostic fût favorable, ou non, les sacrifices publics étoient toujours infailliblement suivis de plusieurs autres sacrifices particuliers, dont les ministres qui desservoient ces temples sçavoient habilement profiter.

 Un usage si avantageux aux ministres des temples nombreux répandus dans toutes les Provinces de l'Egypte, pour aller s'asseurer de cet avenir si désiré, passa des Egyptiens aux Grecs, & des Grecs aux Romains. Il ne fut pas même particulier à ces nations idolâtres. Les Prêtres de la primitive Eglise l'adopterent, & c'est d'eux que les Coptes l'ont hérité. Il se trouve encore dans trois ou quatre de leurs Eglises des puits, où ils asseurent que chaque année on reconnoît miraculeusement en un certain jour quelle doit être l'augmentation du Nil. Ce qu'il y a de singulier, c'est que les Mahometans, qui habitent en Egypte, ne croient pas moins à ces

DE L'EGYPTE.

superstitions grossiéres, quoique faites dans une Eglise Chrétienne, que les Chrétiens même, & qu'après y avoir été cent fois trompés, les uns & les autres restent cependant toujours également prévenus de la certitude de ces prestiges. Le fait est si singulier, que vous ne serez peut être pas fâché que je vous en amuse un moment.

A *Bahnesé* province de l'Egypte supérieure située à deux journées, ou environ, au dessus du Caire, il y a un village que nos François appellent *Argenous*, & qui dans la langue du pays porte le nom de *Bir el Gernous*, c'est-à-dire *le puits du Pronostic*. Dans cet endroit les Coptes ont une Eglise, où se voit un puits, dont l'eau, suivant leur tradition, servit à désaltérer le Sauveur durant le séjour qu'il fit en Egypte; ce qui, disent-ils, lui a communiqué la vertu d'annoncer la hauteur future du Nil. D'autres attribuent cet effet miraculeux à l'art magique d'un certain Behenés, dont le nom fut donné à la province. Quoiqu'il en soit, tous les ans la nuit de la goutte le Cheic, ou Gouverneur de la province, se rend à cette Eglise accompagné d'une foule innombrable de peuple. Sur ce puits miraculeux on a eu soin d'élever auparavant une grande tente; & c'est dans ce Sanctuaire que l'Evêque du lieu doit dire la messe cette nuit là. On commence la cérémonie par descendre dans le puits à fleur d'eau une corde de fil de coton divisée d'espace en espace par quelques autres fils bleux & blancs, afin de mieux s'assurer du prodige. Après avoir descendu la corde dans le puits, on le couvre d'une table, sur laquelle l'Evêque célébre la messe, & dès qu'elle est finie, on retire la corde, qui cependant a eu le tems de s'imbiber plus ou moins, suivant qu'elle est plus lâche, ou plus serrée. On compte ensuite le nombre des espaces que l'eau a parcourus sur la corde, & on juge sur cet indice du nombre de pieds jusqu'où le Nil doit s'élever dans son accroissement. Le peuple est si infatué de l'infaillibilité de ce pronostic, que quoiqu'il puisse arriver de capable de le désabuser, *comme* il arrive assez souvent que l'évenement dément la prédiction, ce n'est jamais le puits ni la corde qui ont tort; c'est toujours qu'on n'a pas bien examiné, qu'on n'a pas bien mesuré, qu'on n'a pas observé toutes les cérémonies requises. Quoiqu'il en arrive, le puits & la corde ont toujours raison, & s'il se trouve

de la différence entre la hauteur réelle de l'accroissement & celle qui avoit été prédite, l'erreur est toujours toute entiére du coté de ceux, qui ont été préposés à l'observation. Au-contraire que le pronostic se confirme par l'évenement, ce qui n'est pas rare par les précautions que prennent les religieux Coptes & par l'habitude, où ils sont, de faire de pareilles épreuves, tout le monde crie au miracle, & il n'est plus permis de douter du prodige. C'est ainsi qu'idolâtres de leurs préjugés, les hommes contribuent eux-mêmes à se laisser tromper, & n'oublient rien de ce qui peut les rendre la dupe de ceux, dont l'unique interêt est de leur en imposer. Une seule occasion, qui les y confirme, suffit pour leur fermer les yeux sur une infinité d'autres capables de les en guérir. Car vous ne doutez pas un moment, Monsieur, que tout ce manége ne soit une adresse des prêtres Coptes pour s'attirer les libéralités du peuple. Rien n'est si naturel en effet que de voir une corde, dont un bout touche à l'eau, devenir une espéce de Syphon, & s'imbiber jusqu'à une hauteur proportionnée au tems qu'elle reste ainsi suspendue. Or ces prêtres, qui sçavent de quelle hauteur doit être le Nil pour donner une récolte abondante ne manquent pas de régler le tems de leur cérémonie sur celui qu'ils jugent nécessaire, pour que l'eau puisse s'insinuer dans la corde jusqu'à l'endroit, qui indique cette hauteur. Par cette pieuse fraude tout le monde est satisfait ; les prêtres reçoivent beaucoup d'offrandes, & le peuple remporte toujours des espérances flatteuses, qui le contentent. Vous comprenez aussi sans doute, qu'il n'y avoit pas plus de bonne foi dans les pronostics que les anciens prêtres Egyptiens tiroient des puits, des Colosses, & des Obélisques. Une seule fois que par hazard, ou par adresse, ces pronostics auront réussi, suffit pour rendre inutiles cent expériences contraires qu'on aura faites de la vanité de ces prestiges ; & il sera toujours vrai de dire, que ces sortes de pratiques ne sont que des inventions purement humaines, mises en vogue pour tirer des présens du peuple toujours crédule, & toujours curieux de pénétrer dans l'avenir Ces pronostics répondent assez aux Oracles, qui se rendoient dans les temples des divinités payennes, & dont on a démontré de nos jours avec autant de solidité que
d'esprit

DE L'EGYPTE.

esprit la vanité & la fausseté, en dévoilant les moyens secrets & frauduleux que les prêtres employoient pour les rendre croyables, & pour se prévaloir de la sotte crédulité des hommes. Car il seroit superflu de s'arrêter à vous démontrer, comment il pouvoit se faire que de l'intérieur d'un chaudron renversé appliqué sur la pointe d'un Obélisque, ou sur la tête d'un Colosse, qui l'un & l'autre pouvoient être également percés du bas en haut, il tombât une certaine quantité de gouttes d'eau qu'on avoit l'art de faire porter en haut par des machines destinées à cet usage, & qui n'en laissoient découler à la suite qu'un nombre précisément plus ou moins grand, selon qu'on en avoit besoin pour accomplir le mystere. La fraude est trop facile à imaginer, pour mériter que je m'amuse à la recherche des moyens, dont on se servoit pour la concerter.

On dit que dans une autre Eglise des Coptes située au dessus de celle dont je viens de vous parler, & à quelques milles de distance, les prêtres pratiquent les mêmes cérémonies, & se vantent d'avoir un puits, où le même miracle se manifeste chaque année par la vertu que le Sauveur lui a communiquée, de même qu'à celui d'*Argenous*, en buvant de son eau. Je vous avoue que je n'ai point de peine à croire ce rapport. Une invention utile que la crédulité favorise ne manque guéres d'exciter à l'imitation; c'est semer dans le terroir le plus vaste & le plus fertile. Tout ce qu'il y auroit à craindre, c'est qu'à force de multiplier les merveilles, elles ne vinssent enfin à perdre de leur crédit, ou du moins à se nuire les unes aux autres.

Le mesurage de l'état actuel du Nil est aussi certain & facile à prendre, que les pronostics de son état futur sont faux & pleins d'incertitude. On voyoit autrefois dans divers endroits de l'Egypte des Colomnes & des Obélisques destinés à reconnoître chaque jour l'accroissement ou la diminution des eaux de ce fleuve; & cet usage n'étoit pas moins nécessaire qu'utile à toutes les provinces de cette vaste contrée, aussi-bien qu'aux Villes & aux villages qu'elles contiennent. Ces endroits, où dans toute l'Egypte on alloit mesurer la hauteur du Nil, s'appelloient *Mikias*, terme Arabe, qui signifie *le lieu du mesurage*. Ces hydrometres faisoient seulement

Manière de mesurer la hauteur actuelle du Nil.

I

connoître jufqu'où l'eau du fleuve s'étoit élevée, & non pas, comme quelques écrivains l'ont avancé, qu'elle devoit être fa hauteur future. Plufieurs de ces endroits fe font depuis abolis, ou par l'éloignement du Nil, qui ne coule plus au pied comme autrefois, ou par la négligence des Turcs, qui les ont laiffé tomber en ruines. Il y en a eu plufieurs dans ce que nous appellons le vieux Caire, dont il ne refte plus aucunes traces; dans la nouvelle Ville, il y en a eu quelques uns, dont on voit encore les veftiges, mais qui ne fervent plus aujourd'hui. Le feul qui fubfifte à préfent dans toute l'Egypte eft fitué entre ces deux Villes du coté du Midi, faifant face aux eaux du Nil.

Cet édifice, qui comme les anciens, porte auffi le nom du *Mikias*, n'eft autre chofe qu'un puits ou tour de figure octogone, batie à la pointe d'une ifle appellée La Rode, c'eft-à-dire *Jardin*. Du milieu de cette tour, qui a environ vingt pieds en quarré, & dont le fond parfaitement bien pavé paffe pour être de niveau avec le lit du Nil, s'éléve une colonne marquée de diverfes lignes de pouce en pouce, & de coudée en coudée, c'eft-à-dire de deux pieds en deux pieds, jufqu'à trente, & chargée de caractéres très anciens. Enfin au coté de ce puits, qui regarde le Nil on voit plufieurs trous deftinés à introduire dans la tour les eaux de ce fleuve. Il y en a un furtout par où elles doivent entrer, fans quoi les Fermiers du Grand Seigneur, & en général tous les rentiers d'Egypte ne font point obligés de rien payer pour l'année fuivante. Dans les années communes, au tems que l'eau eft la plus baffe, elle ne s'éléve fur cette colonne que jufqu'à cinq Draas, c'eft-à-dire dix pieds; fouvent même elle ne monte qu'à deux & à trois. J'ai lu dans un hiftorien Arabe que le Nil fécha une fois jufqu'à la derniére goutte; du moins arrive-t'il affez fouvent qu'il n'y refte qu'une ou deux coudées d'eau. L'ufage eft que tous les ans avant l'accroiffement du Nil on commence par mefurer la quantité d'eau, qui lui refte. On fe tranfporte pour cela au *Mikias*, où il fe dreffe un acte de cette reconnoiffance. Celui qui eft aujourd'hui chargé de ce mefurage exerce cet emploi de pere en fils depuis près de onze cens ans, qu'il fut donné à fes ancêtres par *Amrou fils d'Aas*, qui fit la conquête de l'Egypte fur les Grecs * l'an 21. ou 23. de l'Hegire.

---

* De l'Ere chrétienne 633. ou 35.

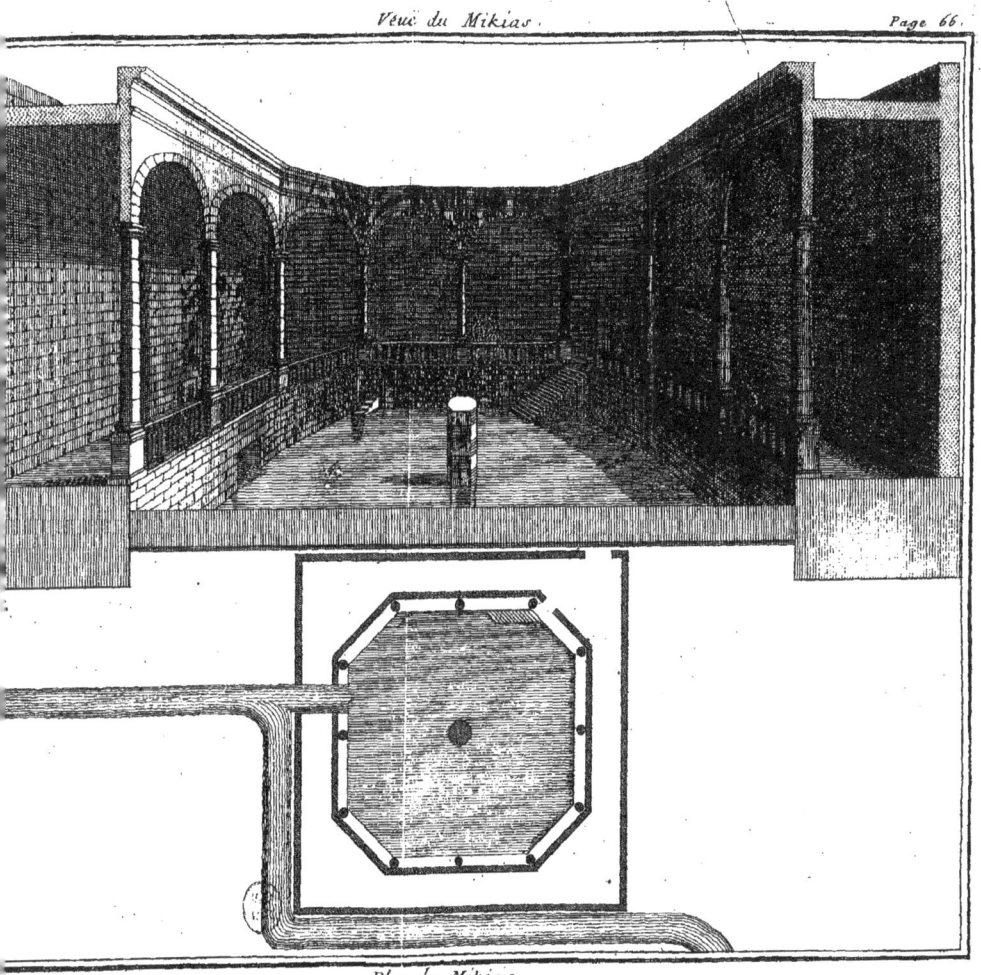

Veuë du Mikias.

Plan du Mikias.

DE L'EGYPTE.

Outre cette première reconnoissance, dont le tems est marqué à la fin du mois d'Avril, on en fait encore une autre, dont on dresse pareillement un acte autentique. Celle-ci arrive le 29. de Juin Fête de Saint Pierre, ou si l'on veut le 19. de ce mois suivant le calendrier Copte, qui est de dix à onze jours plus tardif que le notre. Le Nil se trouve ordinairement alors cru de huit à neuf coudées, c'est-à-dire de la moitié à peu près de l'eau qu'il avoit à la fin d'Avril; & c'est aussi de ce jour là que l'on commence à publier la croissance du Nil dans le Divan & dans la Ville du Caire. Ce n'est pas qu'il n'augmente ordinairement dès le mois d'Avril, comme je l'ai marqué plus haut; mais comme il est impossible que la véritable augmentation arrive précisément le même jour sans jamais varier, on a sagement placé cette publication dans une saison un peu avancée, afin de laisser aux eaux du fleuve le tems de monter jusqu'à une certaine hauteur, & d'épargner au peuple les inquiétudes que le moindre retardement lui causeroit à coup sûr. C'est pour la même raison, que comme il y a des jours & des nuits, où le Nil ne croît point, on a la précaution en annonçant chaque jour son augmentation de réserver quelques doigts de sa véritable hauteur, afin que dans ces jours qu'il croît peu, ou même qu'il ne croît point du tout, on puisse être en état de suppléer à cette espèce d'inaction du fleuve, qui allarmeroit certainement le peuple, & pourroit donner lieu aux marchands de bled & d'autres denrées d'en augmenter le prix.

C'est comme je viens de le dire, le jour de la Saint Pierre qu'on commence à annoncer au Caire la hauteur du Nil, en joignant à celle qu'il avoit, lorsqu'on l'a mesuré dans sa plus grande diminution, ce que la croissance des derniers jours d'Avril & celle des mois de Mai & de Juin y ont ajouté.

Publication de l'accroissement.

C'est donc au jour de la Saint Pierre qu'est fixée l'époque civile de l'accroissement des eaux de ce fleuve, ce qui revient assez au sentiment de Pline tel que je l'ai rapporté plus haut. Depuis ce jour là on ne cesse tous les autres jours suivans d'annoncer le matin, d'abord au Bacha, & ensuite au peuple l'augmentation survenue pendant la nuit précédente. La même chose se pratique aussi le jour, où l'on publie de même la croissance de la journée. Celui qui est chargé de cette fonction commence par se transporter au Chateau, où sous les fenêtres, & quelquefois même dans le Divan du Bacha, il annonce l'augmentation. De-là il parcourt toutes les rues du Caire suivi d'un nombre infini d'enfans, qui répetent cent fois ce qu'il dit ; ensorte que personne ne peut l'ignorer. Ce que cette publication a de singulier, c'est que comme la coudée est composée de 24. pouces, si le Nil est à la hauteur de 12. coudées & 13. pouces, ou du moins si l'on veut le publier de la sorte, on dit 13. pouces de 13. coudées, en supprimant les mots de pouces & de coudées, & que ce langage, tout laconique qu'il est, est cependant également entendu de tout le monde. Ainsi on dit 12. de 13. 20. de 13. 23. de 13. ensuite 4. de 14. & ainsi en augmentant toujours le nombre des pouces & des coudées. Il y a tel jour, où le fleuve augmentera de trois coudées ; ensorte qu'on se trouve quelquefois surpris au milieu des préparatifs qui se font pour l'ouverture du canal, qui passe au travers du Caire, & qu'on est obligé de la faire avec précipitation. Car il n'est pas permis de la différer, dès que le Nil est arrivé à la hauteur de seize coudées. Enfin lorsque l'augmentation monte jusqu'à 24. coudées, supposé que le fleuve s'éléve jusques là, on publie qu'il s'étend d'une montagne à l'autre. Mais s'il passe cette hauteur, ce qui est aussi funeste à l'Egypte, que celle de 22. coudées lui est avantageuse, on cesse la publication, parce qu'elle ne serviroit alors qu'à détruire de plus en plus les espérances publiques, & à augmenter la consternation.

    L'augmentation du Nil est d'une si grande importance pour l'Egypte qu'on ne doit point être surpris de voir qu'elle occupe absolument toute l'attention de ses habitans, & que ses variations fassent naitre leurs espérances, ou leurs inquiétudes. Pour peu que la croissance paroisse lente & paresseuse, on voit un peuple infini sortir du Caire, & se transporter sur ses bords ; passer sur ce rivage les journées entiéres examinant avec une attention mêlée d'effroi jusqu'à ses mouvemens les moins sensibles. S'il arrive alors la moindre diminution dans ses eaux, on voit une consternation générale s'emparer de toute cette multitude. Si on remarque au contraire la plus légére augmentation, le Ciel retentit de cris de joye, qui annoncent sur le champ au Caire & dans tous les environs une si agréable nouvelle. C'est à cette occasion que les historiens Arabes rapportent un trait qui tout fabuleux qu'il doit vous paroître, mérite par sa singularité d'avoir place dans cette lettre.

Ils racontent que du tems des anciens Rois d'Egypte, & après eux sous les Grecs jusqu'à la conquête de ce Royaume par Omar l'an 21. ou 23. de l'Hegire, car ils varient sur cette époque, la coutume étoit de parer extraordinairement une jeune fille, qu'on sacrifioit ensuite au Nil, en la précipitant dans ses eaux, comme si on eût eu dessein de lui en abandonner la jouissance. Omar, disent-ils, eut horreur d'un usage si barbare, & négligea cette cérémonie, mais le Nil sembla vouloir l'en punir en refusant à l'Egypte son secours accoutumé. Ce fleuve ne crut point cette année là ; & le Gouverneur étonné d'un prodige si extraordinaire se crut obligé d'en écrire à Omar fils de Cattab 2e. successeur de Mahomet, puisque c'étoit sous ses ordres qu'il commandoit en Egypte, pour lui faire part de cet évenement, & prendre là-dessus ses avis. Ce Calife moins embarrassé que son Lieutenant sur un accident, qui sembloit tenir du miracle, prit en cette occasion le parti qu'il crut convenable au rang qu'il tenoit de successeur du Prophete. Il envoya au Gouverneur d'Egypte une lettre adressée au Nil même, par laquelle il marquoit à ce fleuve, que s'il ne devoit croître que par la continuation d'un sacrifice si inhumain, il lui remettoit volontiers, & pour toujours, l'abondance dont on lui étoit redevable ; qu'il feroit abandonner ses bords, & le réduiroit à couler dans une affreuse solitude ; mais que si la volonté divine étoit qu'il répandît ses eaux sur l'Egypte, il lui ordonnoit de remplir ses devoirs, & de continuer à porter la fécondité dans cette heureuse contrée. Ces auteurs ajoutent, que cette lettre n'eut pas plutôt été jettée dans le Nil, qu'il obéit avec tant de promtitude qu'en seize jours il crut de seize coudées, & inonda toutes les campagnes. Je ne m'arrête point à vous faire sentir la vanité de cette narration. Je remarquerai seulement, que nous avons dans les annales d'Egypte plusieurs exemples de ces retardemens & de ces croissances subites. Rien n'y est marqué plus exactement, parce qu'il n'y a pas d'évenement, qui interesse plus universellement ses habitans.

DESCRIPTION

L'inondation dure ordinairement depuis le 20. de Juillet jufqu'au commencement de Novembre, que les terres commencent à fe découvrir. A l'égard de l'accroiffement, il ne paffe pas communément le 24. de Septembre. En l'année 1702. on regarda comme un prodige que le Nil fe fût foutenu jufqu'au 25. d'Octobre. Il eft vrai que je l'avois vû croître autrefois jufqu'à la Saint Denis ; mais on ne fe fouvenoit pas qu'il eût jamais confervé fa hauteur jufqu'à une faifon fi avancée. Auffi commençoit-on à craindre qu'on n'eût pas le loifir de femer. Mais le mois de Novembre diffipa toutes ces inquiétudes, & l'on eut le tems de confier au limon du Nil toutes les femences. Quoiqu'il en foit, le 24. de Septembre, jour auquel l'Eglife Copte célébre la fête de la Croix, les Prêtres d'une certaine Eglife du vieux Caire, après avoir célébré la Meffe, fe rendent en cérémonie fur les bords du Nil. Là ils commencent par rendre graces à Dieu de l'inondation ; après quoi ils jettent une Croix de bois au milieu du fleuve, comme s'ils vouloient lui marquer le dernier terme de fon accroiffement. Les Turcs eux mêmes affiftent à cette cérémonie.

La vue de l'Egypte dans le tems de l'inondation eft fans contredit un fpectacle des plus charmants du monde. C'eft alors que du haut des montagnes on découvre une vafte mer, d'où s'élévent des villes & des bourgades fans nombre, qui n'ont de communication entr'elles que par des chauffées élevées à ce deffein. Les eaux quelquefois font fi abondantes qu'elles inondent les chauffées même. Alors la communication fe fait par batteaux, & ce n'eft pas un médiocre agrément de voir tout le pays couvert d'un nombre infini de ces maifons flottantes. Telle eft la fituation de l'Egypte dans les mois de Septembre & d'Octobre. La Scéne change à la fin de Novembre. Alors les yeux fe promenent fur une prairie univerfelle, qui au mois d'Avril fait place aux moiffons jauniffantes & aux épics dorés. Les Auteurs Arabes n'ont pas manqué de relever cette variété, & d'en parler felon leur génie. Ainfi dans leurs récits la furface de l'Egypte eft argentée en Septembre & en Octobre; en Novembre elle prend la couleur des Emeraudes, & elle devient toute d'or en Avril, moins encore par fa couleur, que par les richeffes qu'elle prodigue.

DE L'EGYPTE.

Il me reste à vous parler, Monsieur, de l'ouverture des canaux, soit de ceux qui partent directement du Nil, soit des autres petits canaux qu'on a coupés le long des grands pour l'avantage du pays. C'est par là que l'Egypte profite des accroissemens du Nil; c'est par là que ses eaux sont répandues dans toute cette contrée, & y portent la fertilité. Aucun objet ne méritoit mieux l'attention de ces anciens souverains, qui gouvernerent autrefois l'Egypte, & qui ayant travaillé aussi glorieusement que vous l'avez vû, & que j'espére encore vous le faire voir, à éternifer leur mémoire, n'eurent pas moins d'attention pour ce qui pouvoit faire le bonheur de leurs sujets. Aussi avez vous compris par tout ce que je vous en ai écrit jusqu'ici, qu'ils n'avoient eu rien plus à cœur que de procurer à tout le pays une distribution salutaire des eaux du Nil. Ce que je vous en dirai achévera de vous en convaincre.

Comme l'expérience avoit fait connoître, que pour le bien du pays il étoit nécessaire de fixer par rapport à la hauteur du fleuve un tems certain & limité, auquel tous les canaux, tant ceux qui étoient tirés du Nil, que les autres qui aboutissoient à ceux-ci, devoient être ouverts, ces sages Princes avoient fait sur ce point un réglement général, qui fixoit le jour & l'heure, où dans chaque canton devoit se faire l'ouverture. Il n'y eut qu'après le 15. de Septembre dans la haute Egypte, & après le 24. dans la basse, qu'il fut permis à tout le monde de faire ce qui lui conviendroit le mieux à cet égard. En effet alors il n'est plus à craindre que l'avantage des uns puisse devenir préjudiciable aux autres. Jusques là chacun étoit obligé de suivre une loi fixe & certaine. Jamais réglement ne fut plus utile & plus nécessaire. Si on eût ouvert trop tôt les grands canaux qui partoient du Nil, il étoit à craindre qu'on ne diminuât les forces de l'accroissement; au contraire en différant trop cette ouverture, on pouvoit s'exposer à des inondations trop tardives, ou trop abondantes. De même si chacun étoit le maître de profiter des premiers accroissemens, à combien d'abus cette licence ne seroit-elle pas sujette? Combien de Provinces chercheroient à procurer leur utilité particuliére au désavantage des autres! Le premier soin des particuliers, surtout dans les années d'une croissance médiocre, ou insuffisante, ne seroit-il pas d'attirer à eux tout le proffit, qu'ils sont

Ouverture des Canaux

naturellement obligés de partager avec leurs voisins.

C'est pour prévenir ces abus qu'on a fait ce réglement, qui se trouve inféré dans tous les régistres publics, & dont toutes les Provinces de l'Egypte ont des copies autentiques, qui leur servent de titres pour l'ouverture de tous les canaux, qui se trouvent dans leur étendue, aussi bien qu'aux particuliers, qui y possédent quelques terres. L'intérêt général & particulier étant attaché à l'observation de ce réglement, il n'y a personne qui ne travaille chacun pour soi à la maintenir avec toute l'exactitude possible. On y est moins attentif, il est vrai, dans les années d'une grande augmentation du Nil; mais il n'en est pas de même, lorsque les eaux de ce fleuve ne montent qu'à une hauteur médiocre. Alors pour l'observation de la loi, on veille les armes à la main de province en province, de village en village. De là naissent souvent des disputes, des guerres même, qui deviennent générales, où il se livre quelquefois des combats, pour prévenir le tems de l'ouverture d'un canal, ou pour l'empêcher.

Quoiqu'il en soit dès que le Nil est arrivé à la hauteur de seize coudées, on en dresse un acte en presence du Bacha & des plus considérables du pays, & dès lors les rentiers du Grand Seigneur, ou des autres Seigneurs particuliers, qui possédent des terres en son nom, sont tenus de payer pour l'année courante les redevances, aux quelles ils sont obligés. Dès-lors les receveurs vont lever le tiers du payement, qu'ils sont en droit d'exiger de force, si on refusoit d'y satisfaire. Il n'en est pas de même lorsque les eaux du fleuve ne montent pas jusques là. Dans ce cas les rentiers ont l'année franche. De là il est quelquefois arrivé, que le fleuve étant parvenu à cette hauteur sur les six à sept heures du soir, il se trouvoit avoir baissé le matin, avant que l'acte de sa hauteur arrivée à seize coudées eût été dressé, & qu'on eût ouvert le canal, dont je vais vous parler incessamment. Par là les Bachas & les Seigneurs se trouvoient privés de toucher leurs redevances; ce qui souvent a attiré à ces premiers de sévéres reprimandes du côté de la Porte, pour avoir différé de faire cette ouverture.

Cérémonies observées en cette occasion.

C'est donc après la célébration de cet acte, dont je viens de parler, que le Bacha accompagné de toute sa suite va se rendre entre le vieux Caire & le nouveau, où se fait l'ouverture
du

du Canal, qui traverſe cette derniére ville. Ce canal porte ſes eaux dans une vaſte plaine de plus de vingt lieues d'étendue du Midi au Nord. Eſt après avoir rempli dans le Caire pluſieurs petits lacs, auſſi bien que les citernes nombreuſes des Moſquées & des maiſons particuliéres.

Une infinité de relations parlent de cette cérémonie. Les hiſtoriens Arabes ſurtout triomphent ſur cette matiére, & ce qu'ils nous apprennent des fêtes, qui ſe faiſoient du tems des anciens Rois d'Egypte dans cette occaſion ; de leur magnificence ; & de leur libéralité, a quelque choſe d'incroyable. Ces Princes ne manquoient preſque jamais d'aſſiſter en perſonne à cette ouverture ; ou ſi quelque raiſon importante les empêchoit de s'y trouver eux mêmes, ils y envoyoient en leur place l'heritier préſomptif de la Couronne, ou du moins leur premier Miniſtre. Dans ces occaſions ils avoient accoutumé de faire diſtribuer des vivres en abondance à un peuple infini, qui ne manquoit pas de ſe rendre alors ſur les bords du Nil, pour participer aux réjouiſſances publiques, & pour profiter de la libéralité de ces Monarques, qui ne dépenſoient pas moins de cent mille écus à quelques unes de ces fêtes. Les Grands de l'Etat contribuoient auſſi de leur côté à les rendre plus brillantes & plus magnifiques. Non ſeulement on expoſoit ſur le fleuve un navire ſuperbement orné, & paré de banderolles ; depuis *Boulak*, qui eſt le port du Caire, juſqu'au *Mikias* éloigné de là de plus d'un mille de diſtance, le Nil paroiſſoit tout couvert de petites galiottes pareilles. Il ſe faiſoit dans cet endroit des Cavalcades pendant le jour, & des feux d'artifice pendant la nuit ; & ces fêtes duroient pluſieurs jours. C'étoit la ſaiſon de l'année la plus favorable aux femmes, à qui on laiſſoit alors la liberté de ſortir. Auſſi ſous prétexte d'aller voir la fête, pluſieurs profitoient-elles admirablement de cette indulgence. Les Prêtres Egyptiens achevoient de rendre le ſpéctacle charmant par leurs proceſſions nombreuſes & diverſifiées. On trouve encore des Momies ſur les bandelettes deſquelles ces ſortes de proceſſions ſont dépeintes. On y portoit avec ſolemnité pluſieurs repreſentations du Dieu Oſiris & de la Déeſſe Iſis, qu'on adoroit alors dans ce pays, & dont les images réunies étoient le ſymbole du mariage de la terre d'Egypte avec le Nil, d'où procédoit toute l'abondance, dont jouit cette heureuſe contrée. On y portoit de même une lampe allumée dans un grand vaſe, une cruche dont les anſes étoient deux ſerpens, un vaſe d'or de la figure d'une mammelle, une boëtte ronde avec un goulot, & un coffre courbé en croiſſant & entouré de banderolles, toutes choſes myſtérieuſes, qui renfermoient un ſymbole parfait des differentes utilités qu'on retire du débordement du Nil. Ce fleuve produit en effet de l'huile en abondance, il fournit de l'eau à l'Egypte, fait retirer les ſerpens des plaines, rend les femmes fécondes, nourrit le peuple, & le déſaltére. Or il y a beaucoup d'apparence que la lampe allumée & tout le reſte vouloit déſigner tout cela. Je ne doute pas de même que le coffre courbé & orné de banderolles ne repreſentât ces batteaux, ou gondoles, dont on ſe ſert ſur le Nil; & la boëtte ronde avec le long goulot étoit probablement une maniére de bardaque, telle que ſont celles dans leſquelles l'eau du Nil ſe boit encore aujourd'hui ſi délicieuſement. Enfin lorſqu'on introduiſoit l'eau dans le canal, on y jettoit de l'orge, du bled, du ſucre, & d'autres fruits, comme ſi on eût voulu offrir d'avance au fleuve les prémices de la récolte future, & lui faire honneur de l'abondance, dont ſes eaux étoient véritablement la ſource. Ce qui ſe pratiquoit au Caire à l'ouverture du Canal s'exécutoit de même à proportion dans les provinces, & l'on peut dire que la ſaiſon de couper le Nil, pour m'exprimer ſelon l'uſage du pays, étoit pour toute l'Egypte le tems d'une fête générale.

Il ſe fait encore aujourd'hui beaucoup de réjouiſſances au taillement du Calige, & on y a même conſervé quelques unes des anciennes coutumes. Les enfans portent encore aujourd'hui en cette occaſion de petits vaiſſeaux ornés de banderolles, qu'ils ſuſpendent enſuite à l'entrée des maiſons, & de nos jours, comme autrefois, on jette encore de l'orge, du bled, & du pain dans les canaux, lorſque l'eau du Nil y eſt introduite. Ainſi on peut dire que naturellement, & ſans y penſer, on continue en Egypte de faire hommage à ce fleuve d'une petite portion des fruits qu'il produit avec abondance. Mais il faut avouer d'ailleurs que tout ce qui ſe fait ici aujourd'hui ne mérite pas d'entrer en comparaiſon avec ces fêtes brillantes & magnifiques, qui dans les tems éloignés accompagnoient cette cérémonie. La joye & la dépenſe ont diminué à proportion des richesses & de la magnificence, qui régnoient en Egypte du tems des anciens Rois, & de génération en génération, ou pour mieux dire, de domination en domination, ces usages autrefois si respéctés se sont abolis. La tyrannie des Bachas, qui se mettent peu en peine de ruiner le pays, pourvû qu'ils amassent des Bourses pendant le tems de leur gouvernement, a beaucoup contribué à un changement si sensible au peuple d'Egypte. Les Bachas, qui dans l'occasion, dont je parle, representent le Grand Seigneur, & reçoivent tous les ans de la Porte dix mille écus pour les frais de cette cérémonie, n'y en dépensent pas aujourd'hui cinq cens, & gardent le reste pour eux. Aussi les choses sont-elles bien différentes de ce qu'elles ont été. La joye qu'on voit encore éclatter dans ce tems de fête n'est plus guéres excitée que par l'espérance.

Je ne puis, Monsieur, abandonner le Nil, sans vous tracer une légére idée des pelerinages, qui se faisoient autrefois, & qui se font encore aujourd'hui sur ce fleuve toujours admirable, & toujours fécond en merveilles, des fêtes, & des spéctacles, qui s'y donnoient en ces occasions, & des plaisirs qui venoient alors s'y offrir en foule. Quoique cette matiére semble regarder la religion, & pût par conséquent être traitée ailleurs, comme ces voyages étoient plutôt des usages de plaisir, que des pratiques de dévotion, j'espére qu'il me sera permis d'anticiper la description que j'ai résolu de vous en faire. Cette matiére a d'ailleurs tant de rapport à celle que je traite, que je ne puis mieux finir cette lettre que par cet article.

Voyages & Pelerinages sur le Nil.

Le Nil est sans contredit celui de tous les fleuves du monde sur lequel la navigation soit plus fréquente. Elle l'étoit encore infiniment davantage dans les anciens tems, lorsque ses bords se trouvoient parsemés d'un bout à l'autre de temples & de monumens célébres, & qu'en certains jours de l'année on avoit établi dans tous ces lieux des fêtes & des foires, dont la fréquentation faisoit la principale passion, ou même l'occupation la plus agréable de tous les habitans de l'Egypte. Alors les plaisirs, les spéctacles, l'utilité que l'on trouvoit dans les pelerinages, la commodité avec laquelle on les faisoit dans des batteaux communs pour le peuple, & dans des gondoles particuliéres pour les gens riches ou distingués, le prix très médiocre du loüage de ces batteaux, la vitesse avec laquelle ils remontoient le Nil, surtout dans le tems de son augmentation, & celle avec laquelle ils le descendoient, la fraicheur de l'air qu'ils y respiroient bien différent de celui de leurs maisons échauffées pendant le jour par les chaleurs du Soleil, l'envie même de remplir les devoirs de leur religion, qui leur imposoit des pélerinages & des sacrifices, tout cela étoit de puissans motifs pour les inviter à entreprendre ces sortes de voyages. D'ailleurs ils avoient l'agrément d'y rencontrer plusieurs personnes de leur connoissance, & d'y en faire chaque jour de nouvelles. Il se trouvoit, selon le rapport d'un Auteur, des gens en Egypte, qui étoient parvenus par le moyen de ces voyages à en connoître presque tous les habitans. C'étoit surtout dans le tems des accroissemens du Nil, & dans les mois de Juin, Juillet, Août, & Septembre, que l'on entreprenoit ces sortes de pélerinages. Les Rois d'Egypte & tous les Seigneurs de leur Cour étoient eux-mêmes sur le fleuve dans cette saison ; ainsi c'étoit celle de toute l'année, où l'on y rencontroit plus d'agrément. Plusieurs Auteurs nous ont laissé des descriptions enchantées des fêtes & des plaisirs qu'on trouvoit alors sur le Nil. Ce qui se pratique encore aujourd'hui dans la même saison suffit pour nous persuader, que ce qu'ils en rapportent, tout exagéré qu'il paroît, n'a cependant rien de fabuleux.

Ils nous representent d'abord ce fleuve dans le tems de la florissante Egypte bordé d'un bout à l'autre sur ses deux rivages c'est-à-dire pendant l'espace de deux cens lieues, de temples, de palais, de maisons particuliéres, de tombeaux, & d'autres monumens célébres, surtout d'auberges fréquentes, de Villes, de villages, & de hameaux mélés d'arbres toujours verds, comme ils le sont encore en Egypte pendant tout le cours de l'année, n'y ayant d'interruption entre ces lieux habités & ceux qui étoient plantés, qu'autant qu'il étoit nécessaire pour laisser à la vue des échapées vers les plaines, qui bornent les deux rives du Nil. Ces campagnes n'etoient pas moins diversifiées par d'autres pareils ouvrages, que l'art avoit joints sur les bords d'une infinité de canaux de traverse aux beautés que la nature étalloit dans ces prairies enchantées. Elles se terminoient, à la vérité, à des montagnes arides, qui par elles mêmes ne pouvoient offrir aux yeux un spéctacle fort agréable. Mais fur ces rochers eux-mêmes ſtériles & brûlés, on voyoit s'élever cent autres ſortes d'édifices, qui paroiſſoient n'y avoir été batis que pour la ſatisfaction de ceux, qui voyageoient ſur le fleuve.

Les Rois d'Egypte avoient des palais dans toutes les diverſes provinces qui partageoient ce pays, & ces palais aboutiſſoient tous aux rivages du Nil. A leur exemple, & pour leur faire leur Cour, il n'y avoit point de Seigneur, qui n'eut de même une maiſon de plaiſance dans chaque province. Ces palais étoient tous les plus voiſins qu'il étoit poſſible des maiſons Royales; ce qui procuroit aux Grands l'honneur de recevoir quelquefois chez eux le Roi & toute la famille Royale, qui ne voyageoit pas moins que les particuliers. Car ces Princes zélés pour le bonheur de leur Empire ne manquoient jamais pendant l'augmentation du fleuve de le parcourir d'un bout à l'autre ſuivis de toute leur Cour, viſitant ainſi tous les ans les différentes provinces de leur Etat, reconnoiſſant par eux-mêmes les ordres qu'il convenoit de donner pour le bien de leurs ſujets, & leur adminiſtrant la juſtice en perſonne une fois l'année. Ces divers palais des Rois, & des Grands Officiers ou Seigneurs de leur Cour, étoient toujours meublés & en état de recevoir les maîtres. Outre cela il n'y en avoit aucun, qui n'eût pluſieurs maiſons ambulantes faites de bois & poſées ſur des barques dans leſquelles ils voyageoient ſur le fleuve avec autant de commodité, quoique plus à l'étroit, que dans leurs palais même, & ſans augmenter leur dépenſe. Ces chateaux ambulans étoient ſuivis de pluſieurs autres barques communes, qui portoient les domeſtiques, & tous les meubles, dont on pouvoit avoir beſoin dans le voyage. A l'égard des proviſions de bouche, la quantité en étoit réglée par les Officiers du Roi, & s'apportoit tous les matins à la pointe du jour à la vue de ces palais, en quelque lieu que la Cour ſe trouvât. Auſſi avoit-on ſoin de donner avis aux chefs des villes ou bourgades par où elle devoit paſſer, du tems & du jour qu'elle arriveroit, afin qu'ils ne manquaſſent point de fournir à heure marquée ce qui étoit néceſſaire à l'entretien de cette nombreuſe ſuite.

Les palais flottans du Roi avoient ſeuls quatre étages de dix pieds de hauteur chacun. Ils avoient auſſi ſeuls le privilége de pouvoir être entiérement dorés, tant au dehors qu'au dedans, & ornés de toutes les figures, dont la coutume étoit alors de décorer ces habitations de plaifir. Les Hieroglyphes, les deffeins admirables de ce tems là, tous les ordres de l'architecture y étoient employés. On y voyoit même des ftatues & des figures qui répréfentoient leurs Idoles, les Planettes, les fignes du Zodiaque, & les principales conftellations. Les grands Officiers de la Cour, les chefs des prêtres & de la juftice, les Gouverneurs des provinces, les Généraux d'armée, les Princes ou Emirs, pouvoient en avoir de trois étages de neuf pieds de hauteur chacun. Mais ils n'avoient pas droit de les faire entiérement dorer comme ceux du Roi ; il falloit qu'il s'y trouvât de la peinture mêlée à l'or. Il leur étoit déffendu de même d'y faire répréfenter le Dieu Sérapis, dont le Prince feul pouvoit mettre la figure dans fes palais. Les batteaux des Officiers de juftice, des Prêtres, des Gentils-hommes, & de tous ceux qui étoient de ce rang, pouvoient avoir des maifons à deux étages de huit pieds de hauteur chacune, décorées feulement de peintures Il ne leur étoit cependant pas permis d'y faire entrer la répréfentation d'Ifis & d'Ofiris, qui étoit réfervée pour les palais des Grands. Enfin la quatriéme efpéce de batteaux, qui fervoient uniquement à porter les marchandifes, n'avoient qu'un feul étage, & ne pouvoient recevoir aucun autre ornement que celui d'une fimple couleur.

Le nombre de ces quatre efpéces de batteaux étoit prodigieux. Il montoit quelquefois, difent les Auteurs, jufqu'à quatre-vingt mille, qui fervoient pendant tout le tems que duroit l'accroiffement du Nil, fans parler des coches publics, qui étoient encore très nombreux, & fur lefquels la lie du peuple s'embarquoit pêle mêle, hommes & femmes, jufqu'au nombre de deux cens perfonnes fur un feul. C'étoit en ceux-ci que fe paffoit ce que nous lifons à cette occafion dans les Anciens. Les femmes y jouoient des caftagnettes, les hommes de la flûte, pendant que d'autres chantoient & battoient des mains, danfant au fon de cette cadence, & prenant différentes autres fortes de paffetems. C'étoit au paffage de ces batteaux les uns auprès des autres, qu'on s'égayoit à fe dire des injures. Il y avoit le long des canaux traverfiers une

DE L'EGYPTE. 79
infinité de cabarêts; il y en avoit fur les bords du fleuve, & plufieurs fur le fleuve même dans des batteaux uniquement deftinés à cet ufage. Les voyageurs trouvoient dans ces auberges tout ce qui leur étoit néceffaire, & ils y faifoient la plus grande chére fans qu'il leur en coutât beaucoup, parce que tout étoit alors à bon marché en Egypte, & que le prix des vivres étoit réglé pendant tout le cours de ces voyages.

Les batteaux à un feul étage, qui étoient ceux des négocians, & des artifans ou bourgeois, étoient partagés en trois appartemens faits de planches legéres, tels à peu près qu'on en voit dans nos coches d'eau, ou dans ceux qui font établis en Flandres & en Hollande pour paffer d'une Ville à l'autre. On n'entroit des uns aux autres que par des portes bien fermées, & chacun avoit fes fenêtres. Celles de l'appartement des femmes étoient grillées. Les balcons de ces fenêtres étoient garnis de ces beaux tapis, qui fe fabriquoient alors en Egypte, & les rideaux, qui les fermoient, étoient de ces riches étoffes qui s'y fabriquent encore aujourd'hui. Les hommes logeoient dans le premier appartement vers la proue; les femmes occupoient le milieu du batteau, & le troifiéme appartement étoit deftiné pour les domeftiques & pour faire la cuifine. Au devant du logement des hommes on ménageoit un efpace vuide couvert d'une tente pour placer les chanteurs, ou joueurs d'inftrumens. Car de tout tems les Egyptiens ont été paffionnés pour la mufique. Les batteaux à deux étages en avoient tous; mais ils la plaçoient dans des barques particuliéres, qui étoient à leur fuite, & qui étoient deftinées pour les domeftiques, pour la cuifine, & pour remorquer dans l'occafion le batteau du Maitre. Ceux de trois étages étoient fuivis d'un grand nombre de ces fortes de barques. Ils fe fervoient auffi de certaines petites galiottes à rames, qui couroient inceffamment le fleuve, pour aller porter de leurs nouvelles à d'autres batteaux, ou pour en recevoir. On peut juger par là du nombre prodigieux de batteaux qui devoient être à la fuite des palais du Roi. Il en avoit plufieurs pour fa feule perfonne; il en avoit de particuliers pour fes femmes. Tous ces petits palais ou chateaux flottans étoient terminés par un balcon, qui environnoit le fommet abfolument plat, & couvert d'une grande tente de quelque

belle étoffe, fous laquelle on alloit le foir prendre l'air, &
jouir de la vue des campagnes. C'étoit fur cette efpéce de
terraffe qu'on alloit dormir la nuit à l'abri des moucherons,
que le vent en éloignoit plus aifément que des logemens inférieurs. Pour fe déffendre de leur perfécution, on tendoit
même fur ces terraffes des pavillons particuliers, fous lefquels
les Maîtres repofoient.

Ces nuits avoient auffi leurs agrémens & leurs plaifirs par
le nombre infini de lumiéres, qui les éclairoient, & les rendoient en quelque forte auffi brillantes que le jour. Car il
n'y a point de réjouiffance, point de fête un peu confidérable
en Egypte, qui ne foit accompagnée d'illuminations. On s'y
fert pour cela de lampions qu'on met dans un gobelet de
verre très long, enforte que l'huile ne montant jamais qu'à
la moitié ou au tiers de ce gobelet, fes bords plus élevés
préfervent la lumiére, & l'empêchent d'être éteinte par le vent.
Les Egyptiens ont, je crois, porté cet art au fouverain degré de perfection. Il n'y a rien qu'ils ne figurent avec des
lampes, des tours, des palais, des batailles mêmes. Rien certainement ne produit un effet plus charmant. Les illuminations de toutes les mofquées du Caire pendant toutes les
nuits de la Lune du Ramadan, & celles qui précédent les
principales fêtes des Mahométans, regardées du haut des terraffes de la Ville, font un des plus beaux afpects du monde.
Elles ne le cédent en rien à celles qui fe font à Conftantinople, que quelques voyageurs ont tant vantées, & qu'on
découvre de fi loin.

Un ufage, pour lequel le peuple de l'Egypte a toujours
eu tant de paffion, ne pouvoit donc manquer d'être mis en
pratique dans ces voyages de dévotion ou de plaifir qu'on
entreprenoit fur le Nil; alors tous ces batteaux, dont j'ai parlé,
étoient illuminés pendant la nuit, & fe donnoient les uns
aux autres un fpectacle magnifique, joint au bruit d'une infinité d'inftrumens, qui fe faifoient entendre de toutes parts.
Le nom du Maître y étoit écrit alors en lettres de feu; il fe
connoiffoit pendant le jour par la forme de la banniére, qu'il
portoit, & par les couleurs qui y étoient employées. Car
comme chaque perfonne devoit être faluée d'une façon
prefcritte fuivant fa qualité, chacun avoit foin de fe faire
connoitre

connoître de loin, afin qu'on ne manquât pas à lui rendre ce devoir. Les Palais du quartier du Roi étoient tous illuminés de même à quatre ou cinq lieues à la ronde ; enforte que cette fête n'avoit pas moins de dix lieues d'étendue. C'étoit dans cet espace, qu'au rapport des historiens Arabes, qui sont exacts dans ces récits, parce qu'ils y peignent leur propre passion, il se trouvoit en toute saison, & surtout dans le tems de l'accroissement du Nil, cinq à six cens mille personnes, & plus de vingt mille batteaux assemblés. Car il y en venoit de tous les quartiers de l'Egypte, attirés par cette fête perpetuelle, qui accompagnoit la Cour, & donnoit lieu à une espéce de foire, qui se tenoit la nuit comme le jour; puisqu'entre l'un & l'autre il n'y avoit aucune différence pour la clarté, à cause des illuminations si voisines les unes des autres. Comme il y avoit un très grand nombre de ces batteaux, où l'on vendoit des vivres, de toutes sortes de fruits & de marchandises, comme à une foire, on peut dire qu'il s'en tenoit une éternelle au tour de l'habitation du Roi, où une partie des habitans de l'Egypte se trouvoit toujours réunie.

Je ne dois pas oublier ici un usage assez singulier, qui se pratiquoit réguliérement dans ces sortes de voyages. Dans tous les lieux, où il y avoit des fêtes, & où les pellerins abordoient toujours par eau, puisqu'on ne pouvoit y arriver autrement, c'étoit la coutume qu'il se livrât une espéce de combat entre ceux qui vouloient y débarquer & ceux du lieu, ou les mariniers, qui avoient déja pris terre. Là on se mouilloit de part & d'autre sur le rivage ; on se renversoit les uns & les autres dans la riviére, d'où l'on sortoit ensuite tout baigné ; on se disoit cependant cent injures, jusqu'à ce qu'enfin après une lutte assez longue, où les chemises & les caleçons étoient mis en piéces, les derniers venus restoient victorieux, comme il arrivoit toujours, de ceux qui s'étoient opposés à leur débarquement. Cette pratique généralement observée dans tous les endroits de l'Egypte, où il se célébroit quelque fête, étoit encore plus particuliérement usitée à Canope, où on alloit tous les ans visiter un temple fameux dédié à Serapis. Il se trouvoit des troupes entiéres de mariniers, qui s'y rendoient exprès, pour combattre les habitans de cette Ville, & mériter qu'après leur victoire les spec-

L

tateurs leur fissent quelques libéralités. Les historiens assurent que de tous les spéctacles, qui se donnoient à cette fête, ces combats étoient ceux qui faisoient le plus de plaisir. Les combattans les plus fameux étoient ordinairement en simple caleçon de toile, & sans chemise; ensorte que lorsqu'ils se prenoient au corps, ils se le déchiroient aisément les uns aux autres, & restoient nuds. Ce spéctacle ne manquoit pas d'exciter des huées, qui ne finissoient point. Cependant ceux qui étoient demeurés en cet état se réfugioient dans l'eau, pour se cacher, tandis que leurs adversaires mettoient de leur côté tout en usage, pour les obliger d'en sortir. C'étoit ainsi qu'après des combats assez longs ils se présentoient indistinctement à tous les assistans un bassin à la main. Les femmes y mettoient d'une main une pièce de monnoye, & étoient censées se boucher les yeux de l'autre. Les hommes en leur donnant d'une main étoient en droit suivant la coutume de leur sangler de l'autre un grand coup de nerf de bœuf, qu'ils avoient exprès pour cet usage. Ces misérables en essuyoient souvent une centaine, pour attraper la valeur de quelques sols, qu'ils payoient ainsi chérement.

 A ces fêtes ont succédé depuis celles de Sidy Ibrahim, de Sidy Hamet Bedouin, & de plusieurs autres santons Turcs, dont les tombeaux sont encores visités tous les ans avec le même concours, & à peu près les mêmes cérémonies. Les Oquelles de nos jours ont pris la place des auberges des anciens tems, & à présent, comme alors, les femmes, qui y dansent, avec les hommes, sont de la plus basse condition. Ainsi on a toujours conservé l'usage de passer une partie du tems sur le Nil durant l'augmentation de ses eaux, & d'y dormir la nuit. Les personnes riches ont pour cela des Galiottes, sur lesquelles ils vont jouir de la fraicheur de l'air & du vent, qui regnent alors sur le fleuve, & se mettre à l'abri des chaleurs de leurs maisons, que le Soleil a tellement échauffées pendant le jour, qu'il n'est pas possible d'y reposer tranquillement.

 Pour comprendre la passion naturelle qu'on a toujours eue en Egypte de passer les nuits sur le fleuve durant les chaleurs brulantes de l'Eté, representons nous le plaisir qu'on trouve dans la même saison dans quelques places maritimes de l'Europe à respirer sur la mer, & loin du port, une fraicheur qu'on ne rencontre point dans les villes. Figurons nous encore que lorsqu'on est sur le Nil, les vents, qui y regnent en cette saison, donnent aux batteaux un mouvement si vif, qu'à la faveur d'une seule voile, on peut en remontant le fleuve faire en une heure de tems deux grandes lieues, & que si on tient la voile serrée, & qu'on suive le courant, on est emporté vers la mer avec la même vitesse. Ainsi en cinq ou six jours on pourroit aisément remonter de l'embouchure du Nil à ses cataractes, ou descendre des cataractes jusqu'à la mer, & parcourir ainsi des yeux dans ce court espace de tems toutes les campagnes que ce fleuve cotoye dans l'étendue de deux cens lieues ; c'est-à-dire l'Egypte entiére. Or il est aisé de concevoir combien cette rapidité contribue au plaisir des voyageurs, surtout si l'on se rappelle ce que j'ai déja dit de la varieté des saisons, qui se remarque entre les pays différens que renferme l'Egypte. Les yeux sont réjouis sans cesse par de nouveaux objets, & sans sortir du même pays on change de climat à toute heure. Cette facilité de pouvoir à la faveur de ces maisons ambulantes se transporter d'un lieu à un autre avec une extrême promtitude, sans fatigue, sans dépense, & avec une commodité entiére, est sans doute ce qui a contribué dans tous les tems à nourrir dans les habitans de l'Egypte la passion qu'ils ont pour voyager sur le Nil. Ils trouvent dans ces voyages l'agréable joint à l'utile. C'est là qu'ils font presque tout leur commerce, & remplissent en même tems un des devoirs les plus essentiels de leur religion. On sçait que la religion & l'intérêt ont été de tout tems les deux grands mobiles de la plûpart des actions & des inclinations des hommes. Est-il donc surprenant que dans ces anciens tems, dont j'ai parlé, l'Egypte ait été presque entiérement ambulante pendant les différentes saisons de l'année, les peuples naturellement superstitieux & adonnés au commerce trouvant dans ces voyages l'occasion de satisfaire en même tems à leur dévotion & de s'enrichir, en se divertissant agréablement au milieu de leurs familles ? Doit on s'étonner que les Grands fussent ravis d'y étaler leur magnificence aux yeux de tout un peuple, dont ils se flattoient de s'attirer l'estime & la vénération par cet endroit ; que leurs femmes fussent charmées d'y respirer un air de fraicheur qu'elles ne trouvoient point dans leurs Palais ; & de jouir de la vue de cette multitude prodigieuse de bâtimens, dont le Nil se trouvoit couvert ? qu'enfin les grands &

les petits, les hommes & les femmes, se rendant visite les uns aux autres dans cette saison, suivant la coutume, & trouvant dans ces voyages sur le fleuve tant d'agrément & de commodité, se transportassent dans ces maisons ambulantes avec toute leur famille d'un bout de l'Egypte à l'autre aussi facilement, que s'ils n'eussent entrepris qu'une partie de plaisir de quelques lieues, ou que s'il n'eût été question que de monter en carrosse, pour aller coucher le soir même dans une maison de campagne d'un de ses voisins?

En effet cette commodité n'eût-elle produit aucun autre avantage, elle contribuoit du moins à resserrer entre les habitans de ce charmant pays les nœuds, qui dans la société lient les hommes les uns aux autres. Par ce moyen pour peu que l'on fût parent ou ami, eût on été éloigné de cent cinquante lieues les uns des autres, on se rendoit visite deux fois l'année avec la même exactitude, que si on eût habité porte à porte. S'embarquer sur un de ces chateaux flottans pour se transporter d'un bout à l'autre de l'Egypte, ou entrer le matin dans une voiture de terre pour aller diner à la campagne chez un de ses amis, c'étoit la même chose pour ces peuples. Ils portoient avec eux dans ces voyages ce que la province, où ils habitoient, avoit de rare, ou de bon, & qui ne se trouvoit point dans celle où ils devoient se rendre. Ces visites duroient sept à huit jours, & au bout de trois mois ils recevoient surement la contrevisite avec les mêmes présens. C'est ainsi que sans être à charge les uns aux autres, sans peine & sans embarras, les parens & les amis, quelque éloignés qu'ils fussent, pouvoient jouir souvent du plaisir de se voir & de s'embrasser. Ce n'étoient pas, dit un Auteur Arabe, les personnes, qui s'approchoient; c'étoient les maisons mêmes qui s'unissoient les unes aux autres. Aussi peut on dire, continue le même Auteur, qu'on ne comptoit point alors plusieurs villes en Egypte. Toutes n'en composoient qu'une seule parsemée de temples fameux, de monumens célèbres, de Palais somptueux & de maisons particuliéres, accompagnées de jardins immenses, & dont les peuples, qui l'habitoient, rapprochés les uns des autres malgré leur éloignement par un vaste canal, qui les réunissoit, pouvoient se visiter avec la même facilité que s'ils eussent tous été renfermés dans une enceinte d'une assez médiocre étendue. Je suis, &c. *Au Caire ce...*

LETTRE TROISIEME.

DIVISION
DE L'EGYPTE EN HAUTE ET BASSE,

Où il est parlé du Delta & de ses côtes, des Villes de Damiette & de Rosette, du lac Sirbon, & de quelques autres endroits remarquables, qui se rencontrent dans cette partie de l'Egypte.

E ne vous ai donné jusqu'ici de l'Egypte qu'une idée confuse & générale. Il est tems, Monsieur, que je vous montre ce pays autrefois si célébre en détail & par parties, & que vous conduisant de Province en Province & de Ville en Ville, je vous fasse observer dans chacune ce qu'elle contient de plus digne de votre attention & de votre curiosité. Dans une matiére si vaste & si étendue vous ne trouverez pas mauvais sans doute, que je suive quelque méthode. On sçait ce qu'il en coute à un voyageur peu habile, ou peu sensé. Faute de s'être formé d'abord un plan fixe des lieux qu'il a dessein de parcourir, & des particularités remarquables, qui peuvent mériter ses regards, il est obligé de revenir souvent sur ses pas, perdant en courses inutiles un tems précieux, qui ne doit être employé qu'en recherches curieuses & instructives, & après avoir beaucoup vû, se trouvant à peu près aussi avancé, que s'il n'eût voyagé de sa vie. Une conduite pareille ne seroit capable de produire dans votre esprit qu'un chaos, & un amas confus d'idées mal liées & peu suivies. L'ordre & l'arrangement est l'ame des détails, & surtout de cette exac-

titude scrupuleuse, avec laquelle je me suis engagé de vous communiquer mes observations sur l'Egypte. Permettez moi donc, Monsieur, avant que d'entrer dans une description particuliére de tous les lieux connus que renferme cette région charmante, de me former d'abord à moi même un plan régulier de tous les différens sujets, dont je me propose de vous entretenir. En le suivant pied à pied j'ose me flatter de ne vous laisser rien à désirer sur chaque matiére, & de jetter en même tems sur toutes les idées que je vous donnerai une lumiere, dont vous me sçaurez gré dans la suite.

Division de l'Egypte.

L'Egypte peut être considérée sous deux points de vue différens; & eu égard à ces différents aspects, on peut la diviser de deux maniéres différentes. On peut en effet regarder ce vaste pays comme une region faisant partie de ce grand univers, composée de certaines provinces, renfermant dans son étendue des lacs, des rivieres, des plaines, ou des montagnes, des Villes peuplées, ou des deserts, & ayant pour limites certaines bornes imaginées par l'art, ou bien formées par la nature même, pour la séparer de tous les autres Etats voisins. On peut aussi considérer ce Royaume comme un corps politique, composé d'un Chef & de plusieurs membres, dont les emplois, les devoirs, & les interêts sont différens, mais qui tous réunis par le même lien qui est le nœud de la société, doivent tous tendre également au même but, c'est-à-dire à procurer le bien public, autant que le rang qu'ils tiennent dans la société le demande, & de la maniére qu'il l'exige. Considérée sous le premier point de vue l'Egypte se divise naturellement selon la position naturelle des différentes parties, dont elle est composée; sous le second la division de ce pays renferme tous les divers partages, qui en ont été faits sous les différentes Puissances qui l'ont possedé, & gouverné successivement.

Division de l'Egypte ancienne & moderne.

Les Auteurs varient sur le nombre des provinces, qui partageoient l'Egypte sous le regne de ses premiers souverains. Les uns, comme Ptolomée, en comptent jusqu'à quarante, d'autres jusqu'à quarante quatre; au contraire quelques uns, du nombre desquels est Hérodote, les réduisent à vingt huit. Du reste il est certain que dans ces tems reculés ce Royaume étoit divisé en trente gouvernemens, ayant tous à leur tête un Officier nommé par le Prince pour y commander, & portant tous le nom de leur principale Ville. C'étoit en quelque sorte autant de petits Etats particuliers, indépendans les uns des autres, mais relevant tous de la Puissance souveraine, & subordonnés à ses ordres.

Plusieurs raisons avoient introduit dans le gouvernement ce partage des différentes provinces de ce Royaume. La religion y avoit beaucoup de part. Les anciens Egyptiens, comme je le dirai en traitant de la religion de ces peuples, quoique tous réunis dans la même croiance, étoient d'ailleurs fort partagés au sujet du culte qu'ils rendoient à l'Etre suprême. Cette nation, qui croyoit se distinguer, & qui se distinguoit en effet par la multiplicité de ses Dieux, avoit porté si loin la superstition, qu'elle comptoit autant de divinités, que l'Egypte renfermoit de villes, ou même de bourgs & de villages. Tout ce que le Ciel & la terre offrent de plus beau & de plus parfait étoit devenu l'objet de l'idolatrie de ces peuples, qui prodiguoient également leur culte aux êtres les plus vils que la nature semble n'avoir produits, que pour être le rebut, ou même l'effroi du genre humain. De là il arrivoit souvent, que les uns estimoient souverainement ce qui étoit un objet d'horreur & d'abomination pour les autres. Non seulement toutes les divinités du Ciel partageoient les différentes provinces, les différentes villes de ce Royaume. Les unes adoroient le Soleil, d'autres Mercure ; Diane étoit en grande vénération dans la haute Egypte, Jupiter à Thébes, Serapis à Canope ; les animaux divers que la nature produit dans cette région étoient aussi devenus autant d'objets différens de leur culte. Ainsi dans quelques unes le Crocodile passoit pour un animal sacré, tandis qu'à deux pas de là on rendoit des honneurs divins à l'Ichneumon l'ennemi mortel de ce monstre. L'oiseau Ibis, le bœuf, les chiens, les chats, les rats, avoient de même leurs partisans dans ce pays. Je n'entre point ici dans un plus grand détail. Cette multiplicité de Dieux se remarquera assez par la suite de mes Lettres.

On conçoit sans peine que cette diversité de culte ne pouvoit que causer beaucoup de division dans une nation surtout qui n'a jamais été bien unie. Ceux qui étoient à la tête du gouvernement cherchèrent à y apporter remede. Ce fut dit-on, sous le Roi Sesostris, que les ministres songérent à prévenir les schismes, les guerres civiles, & les autres suites funestes, dont cette inclination différente des peuples pour certaines divinités pouvoit être le principe. Le Conseil de ce Prince, comme de tous les anciens Rois d'Egypte, n'étoit guéres composé que des prêtres de la nation. Ce furent ces prêtres qui divisérent le royaume en trente gouvernemens, à chacun desquels ils attribuerent leur divinité particuliére. En même tems pour présenter à leurs compatriotes cette innovation sous une idée flatteuse, capable de la leur faire recevoir agréablement, ils leur firent entendre que dans ce partage on avoit eu uniquement en vue d'imiter les anciens Dieux, qui avoient ainsi partagé entr'eux le gouvernement de la terre. Par cette adresse on vint à bout de faire recevoir cette nouveauté de toute la nation avec applaudissement. Les Egyptiens persuadés que par ce nouveau partage de leur pays on avoit voulu répréfenter le soin que prenoient les Dieux de la conduite de l'univers, s'accoutumérent insensiblement à regarder l'Egypte comme le temple & l'abregé de toute la terre. Cependant chaque province commença à révérer ses Dieux, sans méprifer ceux des autres. Ce principe d'aversion & de division cessa, & chaque Ville, chaque contrée contente de rendre certains honneurs aux divinités qu'elle adoroit vit sans indignation, & même avec plaisir, le culte que ses voisins rendoient à d'autres. C'est ainsi que la politique se servit habilement de la religion, pour exécuter des vues utiles au gouvernement. Tant il est vrai que pour l'ordinaire la réussite de quelque projet que ce soit dépend infiniment de l'opinion.

Le gouvernement Egyptien trouvoit encore une autre utilité dans ce partage. Le Nil dans ses accroissemens causoit beaucoup de confusion dans la possession des terrains fertiles, dont l'Egypte étoit composée, emportant par ses inondations les bornes des terres, & augmentant les unes de ce qu'il enlevoit aux autres. Chaque particulier étoit obligé d'avoir sans cesse la toise à la main, pour pouvoir distinguer ce qui lui appartenoit, de ce qui étoit à ses voisins. De-là naissoient des contestations sans fin également préjudiciables aux particuliers & à l'Etat par la difficulté que cette confusion apportoit

portoit à lever les tributs imposés sur chaque terrain à proportion de son étendue. Le nouveau partage remédioit à cet inconvénient autant qu'il étoit possible d'y apporter remede. En multipliant le nombre des provinces, & fixant le terrain qui devoit être compris dans le ressort de chacune, il prévenoit déja beaucoup de maux, & coupoit pied à une infinité de querelles. La multiplication des gouverneurs, dont un des principaux devoirs étoit de veiller au maintien de ce réglement, achevoit d'arrêter le désordre.

Cette division de l'Egypte introduite par Sesostris dura, disent les Auteurs, jusqu'à l'invasion des Grecs, qui se rendirent maîtres de ce Royaume. Alors les Princes de cette nation qui faisoient leur résidence à Alexandrie, trouvant le siége de leur empire trop éloigné du reste de leurs Etats pour pouvoir les gouverner commodément sans l'aide de plusieurs Officiers subalternes, qui les représentassent & qui veillassent à la tranquilité publique dans ces provinces éloignées, jugérent à propos de multiplier encore l'ancien nombre des gouverneurs & des gouvernemens, qui partageoient auparavant ce vaste pays. Ils crurent aussi sans doute cette multiplication nécessaire pour le maintien de leur autorité dans une nouvelle conquête, où les peuples inquiets & peu soumis, pouvoient aisément se porter à des soulévemens, sur-tout loin de la capitale. Quoiqu'il en soit l'Egypte, sous les Ptolomées fut divisée en quarante gouvernemens. Elle passa depuis en d'autres mains. Enfin devenue la proie des Mahométans elle fut partagée en vingt quatre provinces, ou *Cassifs*, à la tête desquels les Princes de cette secte mirent vingt quatre Beys, & qu'ils subdiviférent encore en quarante huit sous gouvernemens, dont quarante huit demi Beys eurent la conduite. Cette division subsiste encore aujourd'hui, & c'est ce que j'appelle la division civile, ou politique de l'Egypte.

A l'égard de la division naturelle de cette région, sa situation les bornes que la nature lui a données, nous offrent deux maniéres de faire le partage de ce pays, toutes deux également faciles & exactes. Comme le Nil partage en quelque sorte toute l'Egypte en deux portions égales, on peut la diviser en Orientale & en Occidentale ; l'Egypte Orientale contenue entre le Nil & les montagnes de la mer Rouge, & l'Occiden-

Division naturelle de l'Egypte.

tale renfermée entre ce même fleuve & les monts Libyens. Dans cette premiére divifion le terrain de l'Egypte le plus Septentrional, compris entre les deux bras du Nil, doit être regardé comme faifant la troifiéme partie de ce floriffant Royaume. D'autres divifent l'Egypte en haute & baffe. L'Egypte fupérieure comprend felon eux tout le cours du Nil & les terres qu'il arrofe depuis les rochers de la Nubie jufqu'au Caire entre les deux chaines de montagnes, qui bornent ce pays au couchant & au levant. La baffe commence au Caire, où ce fleuve fe divifant en deux branches, va porter fes eaux à la mer proche de Damiette & de Rofette, & renferme cet efpace contenu entre les deux bras du Nil. C'eft ce que l'on appelle le Delta. C'eft cette derniére divifion de l'Egypte que j'ai refolu de fuivre, comme me paroiffant la plus fimple & la plus naturelle. Je parlerai donc d'abord du Delta, de fes côtes & de fon étendue, des villes, des lieux, & des monumens les plus remarquables qu'il renferme. De là paffant à la haute Egypte, je tacherai de donner une idée fidéle & exacte de cette région, qui renferma autrefois des villes fi puiffantes, un peuple fi nombreux, & des monumens fi célébres.

Du Delta de fes côtes.

Le rivage du Delta s'étend par un efpace d'environ foixante lieues depuis les Biquiers jufqu'à la Tour des Arabes, qui fous le nom de Plinthine étoit autrefois une ville affez confidérable. Il eft étonnant que dans toute cette côte il ne fe rencontre aucun port, qui foit parfaitement bon, & dont on ne trouve l'entrée difficile & très dangereufe. Auffi les embouchures du Nil ne font-elles plus aujourd'hui pratiquables, que dans certaines faifons de l'année, & pour d'affez petits vaiffeaux. Ce fleuve y porte avec fes eaux bourbeufes un amas de limon & de fables, que la force des vagues de la Méditerrannée repouffe, & foutient fans ceffe. C'eft de ce combat continuel des eaux limoneufes du Nil & des flots de la mer, que s'eft formée aux embouchures de ce fleuve une efpéce de chaine, ou de digue, qui leur fert en quelque forte de féparation & de barriére. Lorfque la mer brife fur ces bancs de fable, elle eft affreufe. Ces barres fe rencontrent ordinairement à l'entrée de toutes les riviéres confidérables ; ce qui les rend néceffairement difficiles & dangereufes pour les grands batimens. Ce

DE L'EGYPTE.

font ces élévations, qui fe trouvent aux embouchures du Nil, & qui égalent prefque la hauteur des flots, qu'on appelle *Bogas*. On dit, le Bogas eft bon, il eft mauvais. On eft quelquefois deux mois fans le pouvoir paffer, & il n'y a pas d'année qu'il ne périffe divers batimens fur les barres de Rofette & de Damiette. Ces barres changent d'une année à l'autre ; fouvent même elles varient du jour au lendemain, comme je l'ai plufieurs fois obfervé. Le Bogas eft tantôt plus avancé dans la mer, quelquefois il fe trouve plus voifin de l'embouchure du fleuve. Aujourd'hui il eft bas dans un endroit, & demain dans un autre. La diverfité des vents augmente quelquefois la barre d'un côté tandis que de l'autre elle la diminue. Auffi tient-on toujours des batteaux aux environs, pour en reconnoître les endroits les plus bas, & guider les batimens, qui fortent de la riviére, ou qui fe préfentent pour y entrer. Ces précautions n'empêchent cependant point ces paffages d'être fort dangereux. Les Turcs les trouvent fi redoutables, qu'ils ont coutume de dire, que qui ne craint pas le Bogas, ne craint pas Dieu. Ce n'étoit pas fans doute autrefois la même chofe, puifqu'on découvre encore les veftiges de certaines digues, qui s'avançoient dans la mer, & fervoient à entretenir en tous tems un paffage libre. Elles ont été tellement abandonnées, qu'elles font à préfent abfolument engagées dans le terrain. Auffi le Bogas refte t'il fermé à Damiette pendant trois mois de l'hiver ; & on attend quelquefois trente & quarante jours, avant que d'ofer hazarder de le paffer à Rofette. Ce retardement eft d'autant plus incommode & defavantageux, que les canaux du Nil, qui voituroient autrefois toutes les marchandifes de la haute Egypte à Alexandrie, & qui fe rendoient dans le lac Mareotis, font aujourd'hui, comme je le dirai dans la fuite, devenus inutiles à la navigation, & ne fervent plus que dans la hauteur du Nil à conduire de l'eau dans les citernes de cette ville.

De là il eft aifé de conclure, que le lit du Nil doit néceffairement devenir de jour en jour moins profond vers fon embouchure. C'eft ce que l'expérience démontre tous les jours. Un vieux Capitaine de Saïque difoit, que de quinze braffes d'eau qu'il avoit mefurées il y avoit quinze ans entre le Bogas & Damiette, à peine en trouvoit-on quinze pieds dans le tems qu'il parloit; d'où il concluoit, qu'il étoit à craindre qu'un jour la riviére ne fût plus navigable en cet endroit, que pour de fimples barques. La même chofe eft arrivée à Rofette. Le Nil depuis fon embouchure voifine de cette ville jufqu'à Foua étoit autrefois fort profond. C'eft pour cela que la douane étoit alors établie en ce dernier lieu; & elle n'a depuis été tranfportée à Rofette, que parceque les * Saïques ne pouvoient plus monter jufqu'à Foua avec leurs chargemens.

Cette obfervation & quelques autres portent naturellement à croire, que le Delta n'étoit d'abord qu'un grand golphe, dont le fond pouvoit baigner les murs de l'ancienne Memphis, & qui s'étendoit à droite & à gauche du côté de fon entrée jufqu'aux lieux, où font placées aujourd'hui les villes de Damiette & de Rofette. En effet il ne feroit pas impoffible que par une longue fucceffion d'années le limon que charie continuellement le Nil eût comblé cet efpace, & eût enfuite rendu ce terrain fertile. En ce cas rien ne feroit plus jufte que l'ingénieufe fiction, qui fait naître l'Egypte des Amours du Nil & de la belle Memphis.

Un Auteur Copte, dont je ne me rends point le garand, attribue à Jofeph le defféchement du Delta. Ce faint Patriarche, dit-il, fameux par les connoiffances fingulières que Dieu lui avoit communiquées, illuftre par fa fageffe & par fes lumiéres, célébre par les ouvrages immenfes qu'il avoit exécutés pour le bonheur de l'Egypte, avoit excité contre lui l'envie des courtifans par cela même, qui devoit le leur rendre plus cher & plus eftimable. Jaloux de fon crédit & de fa grandeur les Seigneurs & les Prêtres du pays, miniftres nés de tous les Rois d'Egypte, ne voyoient qu'à regret un étranger fans titre & fans nom, vendu pour efclave à un des premiers Officiers de la Cour, faifant profeffion d'une religion différente de la leur, méprifant leurs coutumes, deteftant leurs Dieux, occuper dans l'efprit du Prince & de la nation un rang qu'ils croyoient leur appartenir, préfider à tous les Confeils, conduire toutes les entreprifes, gouverner l'Etat auffi abfolument que le

---

* Efpéce de vaiffeau Turc propre à porter des marchandifes. Il a des voiles quarrées au mât du milieu. Les Saïques n'ont ni mifainne, ni peroquet, ni haubans, mais feulement un grand mât avec fon hunier fort haut, un beaupré, & un artimon. Ces vaiffeaux font fi légers, que lorfqu'ils ont le vent arriére, il n'eft pas poffible de les atteindre.

Souverain, & s'attirer par son habileté, sa prudence, & son zéle l'estime & la vénération des peuples. L'état florissant, où étoit parvenue cette nombreuse famille qu'il avoit fait venir en Egypte, & que les bénédictions du Ciel sembloient multiplier à vue d'œil, redoubloit encore leur jalousie. Non seulement ils redoutoient le gouverneur de l'Egypte; ils croyoient même voir dans tous ces étrangers autant de Josephs, prêts d'occuper le rang du premier, & de leur ravir une place qu'ils espéroient du moins reprendre après sa mort. Tout enfant de Jacob leur paroissoit un favori né, un esprit supérieur capable d'en imposer aux peuples & aux Rois, un maître fait pour leur commander.

Tant que Joseph fut dans la fleur de l'âge, actif, vigilant, laborieux, infatiguable pour tout ce qui intéressoit la gloire de son Prince & le bonheur de ses sujets, l'envie rongea son frein, & dévora ses murmures dans le silence. Il n'y avoit aucun Grand à la Cour, qui fût assez hardi pour se déclarer l'ennemi d'un homme estimé du souverain, chéri des peuples, qui passoit pour pénétrer d'un coup d'œil les projets les plus cachés, les intentions des cœurs les plus secrétes. Mais dès que l'âge commença à faire sur lui quelque progrès ses ennemis songerent à le supplanter, & à le perdre. Ils ne l'attaquerent cependant pas ouvertement; la partie auroit été mal faite & trop désavantageuse. Ce grand homme ne donnoit aucune prise. Sa fidélité pour son Prince, son zéle pour le bien de la nation, éclatoient dans toute sa conduite passée. Pour le décrier on se servit du prétexte de son grand âge. On fit entendre au Pharaon, qui régnoit alors, que Joseph étoit déja vieux, & avoit besoin de repos, après tant de travaux & de fatigues qu'il avoit essuyées; qu'il n'étoit plus propre au gouvernement; que ses lumiéres s'obscurcissoient, & que ce seroit ménager les intérêts de sa gloire que de le retirer du maniment des affaires, avant que leur mauvaise situation fît connoître plus ouvertement la foiblesse du Ministre, & ternît la réputation qu'il s'étoit acquise. Dequoi la jalousie n'est elle pas capable ! Ne sembloit-il pas, à l'entendre, que Joseph dût encore être redevable à ses ennemis de la perte de son honneur & du renversement de sa fortune.

Ce grand homme pénétra cette intrigue; il comprit toute

la malice de ſes envieux, & réſolut de la confondre. La baſſe Egypte n'étoit encore alors qu'un pays marécageux & preſque noyé ſous l'eau. Joſeph entreprit de le deſſécher, de le rendre habitable, & capable même d'un grand revenu. Ce furent là les ſeules armes que ce Miniſtre habile & zélé crut devoir oppoſer à la calomnie. Son projet réuſſit comme il avoit eſpéré. A la faveur des ſaignées, des digues & des canaux qu'il fit faire, on gagna inſenſiblement du terrain; les eaux s'écoulerent. Joſeph n'employa que deux ans à ce prodigieux travail; & dans ce court eſpace de tems la baſſe Egypte auparavant couverte des flots ſe trouva dans l'état, où on l'a toujours vue depuis.

J'ai déja déclaré que je ne prétendois point être garand de cette hiſtoire, quoique le ſçavant pere Kircher Jéſuite ne craigne point de la donner pour indubitable, & cite pour appuyer ſon ſentiment le Rabin *Ben Abed Hakem*. Ce qu'il y a de certain, c'eſt que ſi l'Egypte étoit tout autrement cultivée du tems de ſes anciens Rois qu'elle ne l'eſt aujourd'hui, ſi elle ne renfermoit alors aucun terrain inculte, ſi on avoit dans ces tems reculés étendu la fertilité du Nil juſqu'aux deſerts de la Libye, ce pays d'ailleurs ne contenoit point alors tous les terrains fertiles, dont le Delta s'eſt accru depuis. C'eſt un fait dont le témoignage de tous les anciens, & l'expérience de ceux qui ont fait quelque ſejour en Egypte, ne permet nullement de douter. Selon Diodore les premiers habitans de cette partie de l'Egypte l'appelloient un don de Mercure, parceque ce Dieu préſidant au commerce, qui rend cette région la plus floriſſante de tout le pays, ils ne croyoient pas pouvoir attribuer à aucune autre divinité les avantages qu'ils tiroient de cette nouvelle contrée. Le fameux pére Kircher, que j'ai déja cité, ajoute que ces mêmes peuples lui donnoient le nom de *Phium*, terme qui dans l'ancienne langue du pays ſignifie *mer*, & exprime parfaitement ſon origine. On lit d'ailleurs dans le Timée de Platon, dans Pline, & dans Séneque, qu'il falloit aux vaiſſeaux un jour & une nuit, pour arriver de Pharos en Egypte. Cependant cette Iſle communique preſentement à Aléxandrie par un pont. Enfin Hérodote nous aſſure, que dans le voyage qu'il fit en Egypte il vit encore aux murs de Memphis des anneaux, auxquels quelques ſiécles auparavant on attachoit les vaiſſeaux, qui abordoient juſqu'au pied des murailles de cette capitale, dont la mer s'étoit déja éloignée de son tems de quelque distance. Il ajoute que dans les montagnes voisines de cette ville il découvrit encore des coquillages de mer attachés aux rochers, d'où il conclud que tout le reste de la basse Egypte est un ouvrage tout nouveau de la nature, & un terrain nouvellement ajouté à l'ancien. Il le prouve parceque ce terrain n'a aucune ressemblance avec celui de toutes les autres provinces voisines, & paroît parconséquent avoir été transporté de plus loin. En effet celui de la Libye est rougeâtre & sablonneux; celui de l'Arabie & de la Syrie se trouve plein d'argile & de pierres; au lieu que celui du Delta est noirâtre. Je suis donc persuadé, que c'est là le fondement & la raison de ce que nous lisons dans les anciens, que sous le régne de Meris, qui vivoit neuf cens ans avant Hérodote, c'est-à-dire environ 1350 ans avant Jesus-Christ, lorsque le Nil croissoit de huit coudées il inondoit toute l'Egypte, au lieu que du tems de cet Auteur il falloit pour cela qu'il crût de quinze coudées.

Pour moi, s'il m'est permis de joindre mon témoignage à celui des Anciens, je puis assurer que ces coquillages qu'Hérodote dit avoir remarqués dans les rochers voisins de Memphis, je les y ai vus de même en 1692 lorsque j'allai en Egypte; que je les y retrouvai en 1718. lorsque je repassai dans ce pays, & que sans doute ils y seront encore dans plusieurs milliers d'années. On trouve aussi au Midi du Sphinx, qui se voit à l'Orient & à trois cens pas de distance de la seconde des piramides, un monticule, dont le sommet est tout rempli de ces coquillages; ce qui justifie que cette élévation a été autrefois couverte des flots de la mer, qui a baissé depuis de cette hauteur jusqu'à sa superficie présente. Cette différence est au moins de cinquante toises. J'ai lu dans le Macrisi, qu'en creusant un de ces puits, dont je parlerai dans la suite, & qu'on trouve taillés dans le roc au pied du Chateau du Caire, on rencontra en arrivant à l'eau une poutre traversée dans le rocher. C'est un exemple entre cent autres qu'on pourroit rapporter pour prouver, que depuis que cette poutre tomba au fond de la mer en cet endroit, tout le sable, dont la pierre qui la couvroit a été surmontée, s'étoit amassé sur cette poutre dans les eaux de la mer même; qu'ainsi la mer, qui a furmonté le monticule dont je viens de parler ; & y a attaché des coquillages, couvroit auffi cet efpace dont la profondeur étoit de plus de cent cinquante pieds ; d'où il réfulte en même tems, que tout ce qu'on voit aujourd'hui de terrain découvert depuis cet endroit jufqu'à la mer, eft une augmentation, qui eft furvenue à l'Egypte.

Il eft certain que depuis Alexandrie jufqu'au de-là de-Damiette, la mer a très peu de fond pendant l'efpace de quinze ou vingt milles en s'éloignant de la côte ; & comme ce fond eft d'ailleurs marécageux & plein de vafe, on ne peut douter que cela ne procéde des terres & des fables, que le Nil bourbeux emporte avec lui tous les ans dans la mer. D'où il s'enfuit néceffairement qu'elle s'éloigne chaque jour infenfiblement de fes côtes. C'eft ce qu'on apperçoit fans peine dans l'efpace feulement de cinquante années. On fçait par exemple, que Foua étoit encore il n'y a que trois à quatre cens ans à l'embouchure du fleuve du côté de Rofette, aulieu que cette Ville s'en trouve à préfent éloignée de fept à huit milles. Damiette, dont la mer mouilloit le pied des murailles du tems de Saint Louis, s'en trouve aujourd'hui à dix milles de diftance. Enfin la fortereffe de Rofette, qui il n'y a que quatre vingt ans étoit vis-à-vis de la barre du Nil, en eft à préfent éloignée de près de trois cens pas. J'ai vu moi même qu'en 1692. à mon arrivée en Egypte la mer n'étoit qu'à une demi lieue de cette Ville, aulieu qu'en 1718. je l'en ai trouvée diftante d'une grande lieue. Par cette viteffe avec laquelle s'accroit le terrain du Delta, on peut juger de la différence & du changement arrivés dans cette contrée depuis Herodote jufqu'à nous. Je fuis perfuadé que dans cet efpace de tems elle s'eft accrue au moins de la moitié.

De fon train.

Ce terrain à qui les Grecs ont donné le nom de Delta ; parce qu'il eft triangulaire, & reffemble à la quatriéme lettre de leur alphabet, eft compris, comme je l'ai dit, entre les deux principaux bras du Nil, & n'a pas moins de cent cinquante lieues de tour. Cette étendue eft coupée par une infinité de lacs & de canaux ; rien n'y eft inculte, & on pourroit dire fans trop outrer l'expreffion, que ce n'eft qu'une feule Ville qui a de très grands jardins, & des terres attachées aux maifons qu'elle renferme. En effet depuis Rofette

jufqu'au

jufqu'au Caire, & depuis le Caire jufqu'à Damiette, les bords du Nil font couverts de villages, qui fe touchent prefque les uns les autres, & qui font habités de maniére à ne pouvoir le comprendre que par l'expérience. Cependant d'Alexandrie & de Damiette à la pointe du Delta, c'eft-à-dire à l'endroit où le Nil fe fépare en deux branches, on peut compter environ cinquante lieues Françoifes, quoiqu'il ne dût y en avoir que trente, à fuivre les mefures que les Anciens nous ont laiffées. Mais leur maniére de mefurer ces diftances ne doit point nous arrêter. On fçait qu'ils ne comptoient que cinq à fix lieues d'Alexandrie à Canope, aujourd'hui Rofette; tandis qu'il faut une grande journée entiére pour faire ce chemin. Du Caire à Damiette il y avoit au moins quarante lieues, & de Damiette à Rofette le long de la mer plus de foixante. Si à cela on ajoute, que le cœur du Delta eft de même couvert d'habitations, on trouvera que c'eft avec affez de raifon que j'ai repréfenté ce fameux triangle fous l'idée d'une Ville immenfe, qui comprend dans fon enceinte de grands jardins, & de vaftes campagnes en labour. Tout le terrain du Delta eft plat & fans montagnes. Les élévations qu'on y rencontre font des ruines des Villes anciennes, ou des ouvrages conftruits en différens tems pour l'utilité, foit publique, foit particuliére. Tous ceux qui ont voyagé dans cette partie de l'Egypte avec quelque attention en demeurent d'accord.

Le Delta comme je l'ai dit, eft coupé par un grand nombre de canaux, entre lefquels il y en a de fi confidérables, qu'ils portent les eaux du Nil jufqu'à la mer, & pourroient être comptés au nombre des embouchures de ce fleuve. Les Anciens l'ont fait fans doute; mais aujourd'hui on ne regarde comme vraies bouches du Nil, que celles de Damiette & de Rofette. De ces grands canaux il s'en détache une infinité de petits qui leur fervent de communication, & croifent en quelque forte de toutes parts les terres du Delta. Par là il n'y en a aucune, qui ne puiffe être arrofée, & qui ne le foit en effet; ce qui eft la fource de leur grande fécondité. Outre l'arrofement des terres, la plûpart de ces canaux, comme je le dirai dans la fuite, ont encore un autre utilité. En effet ils fervent à tranfporter les marchandifes & les denrées d'un lieu en un autre. Il eft vrai qu'ils ne peuvent être d'usage pour cela, que dans le tems de l'accroissement du Nil. Du reste ils ont aussi un troisiéme avantage, qui n'est guéres moins considérable, c'est qu'ils servent à garantir les habitans des effets de l'inimitié qui régne entre eux, & que rien au monde n'est capable d'éteindre. Ce sont autant de remparts, qui mettent réciproquement les villages à l'abri des insultes de leurs voisins, & qui les préservent des courses & des brigandages des Arabes, en rendant leur cavalerie inutile. Une partie de l'eau de ces canaux par la communication qu'ils ont les uns avec les autres, retombe enfin dans le Nil; ce qui facilite le desséchement des terres & leur culture. Quelque fois aussi elle est retenue à dessein, pour servir à les arroser pendant l'Eté.

<small>Des
s.</small> Comme le Delta est un terrain tout nouveau, on conçoit d'abord que ses Villes ne sçauroient être aussi anciennes, que celles qu'on pourroit rencontrer dans l'Egypte supérieure. On peut dire en récompense qu'il renferme aujourd'hui les plus riches, les plus florissantes, & les plus connues, comme les plus entiéres de tout le pays. J'entre dans le détail, & je commence d'abord par les premieres Villes qu'on trouve sur la côte, je veux dire par Rosette & Damiette.

<small>Rosette.</small> De ce que j'ai dit ci-devant de la maniére, dont s'étoit formé & accru le Delta, & dont il s'augmente encore tous les jours, on peut conclure que la côte se prolongeant insensiblement, l'ancien Canope seroit aujourd'hui fort éloigné de la mer, s'il subsistoit encore; & il y a beaucoup d'apparence que l'endroit, où il étoit situé, en est présentement distant de plusieurs milles. Aussi quelques uns prétendent-ils, qu'il étoit bati dans l'endroit, où se trouve à présent un village, que les gens du pays appellent *Etkou*. Pour moi j'avoue que je suis plus porté à croire que Canope étoit situé, où sont aujourd'hui les Biquiers, ou la Madie. En effet quoique nous ne retrouvions plus de nos jours cette Ville fameuse par sa propre grandeur, par la magnificence de ce temple si vanté qu'on y avoit élevé à Serapis, & par le concours prodigieux des pélerins, qui venoient y sacrifier, & assister aux fêtes qui s'y célébroient, nous sçavons cependant à peu près par la précision avec laquelle les anciens Auteurs ont marqué la distance de Canope à Alexandrie, où cette premiere Ville

DE L'EGYPTE.

devoit être située. Selon eux on comptoit cinq ou six lieues de Canope au Phare. Ainsi puisque les deux endroits, dont je viens de parler se trouvent précisément à la même distance, il est très probable que cette Vile étoit batie dans le terrain qu'occupent aujourd'hui l'un ou l'autre.

De-là il s'ensuivroit nécessairement que Rosette n'est point aujourd'hui située à l'endroit qu'occupoit autrefois l'ancien Canope, puisqu'on compte dix à douze lieues de Rosette à Alexandrie. Cependant comme j'ai déja averti, qu'on ne doit pas beaucoup s'arrêter aux mesures des Anciens, dont nous n'avons pas une connoissance assez exacte, il se pourroit encore faire que Rosette fût dans la même position que Canope, ou du moins qu'elle n'en fût pas fort éloignée. Le terrain des environs de cette Ville moderne, qui est fort élevé, qui ne paroit point avoir été formé du limon du Nil & qui semble aussi ancien que le monde ; la situation du lit du Nil, qui vraisemblablement n'a pas changé, peuvent contribuer à fortifier ce sentiment. *Situation de cette Ville.*

Il est aumoins certain que Rosette est une Ville toute nouvelle, & dont la fondation remonte à peine jusqu'à cent ans. Il est même probable qu'elle n'a été batie que pour remplacer Foua, parce que cette derniere Ville étoit devenue trop distante du Nil, pour que les bâtimens pussent y aborder. Comme le canal qui và du Nil à Alexandrie, & qui autrefois étoit compté pour une de ses embouchures, ne sert plus aujourd'hui qu'à conduire les eaux du fleuve dans cette Ville & dans le lac Mareotis ; que depuis vingt cinq ou trente ans il est à sec durant l'Hiver, & qu'il ne porte plus même de batteaux en aucun tems ; la nécessité de charger dans des magazins les marchandises qu'on envoye du Caire à Alexandrie, & celles qui passent de cette derniere Ville au Caire, a vraisemblablement beaucoup contribué à l'agrandissement de Rosette, & peut-être même à la construction de toute la Ville. En effet il arrive souvent que les marchandises, qui sont en deçà de la barre, attendent pendant des mois entiers l'occasion de la pouvoir passer, pour se rendre à Alexandrie. D'un autre côté celles qui viennent de cette Ville, après avoir surmonté les difficultés de ce passage, ne peuvent être transportées au Caire sur les mêmes bâtimens. Ainsi il a été abso- *Son origine.*

lument néceffaire de batir en cet endroit des lieux propres à les mettre à couvert, & d'y tenir des correfpondans & des facteurs.

L'expérience fait voir que Rofette n'a véritablement point eu d'autre origine. Le commerce s'y eft tellement augmenté, furtout depuis trente ans, que cette Ville eft aujourd'hui une des plus puiffantes de l'Egypte. Il s'y fait un trafic affez confidérable de marchandifes, qui fe tirent des environs même, de celles qu'on y tranfporte du Caire, & de celles qui viennent des Ifles de l'Archipel, d'où les Grecs les amenent fur des Saïques. Plufieurs marchands François y font établis, & le Roi y tient un Vice-conful pour la nation.

On a lieu d'être furpris, que les Turcs ayent négligé l'ufage du canal, qui paffe à Alexandrie, puifqu'il étoit d'une fi grande utilité, tant pour les étrangers, que pour les Alexandrins mêmes. En effet à la faveur de ce canal on tranfportoit en tout tems en cette Ville les chofes néceffaires à la fubfiftance du peuple, qui ne peut les tirer que par le Nil ; aulieu qu'à préfent on eft quelque fois deux mois, & davantage fans y pouvoir porter aucunes provifions. D'ailleurs ce canal fervoit à l'expédition des bâtimens, qui abordoient à Alexandrie, & qui aujourd'hui font fouvent obligés d'attendre un tems fort confidérable avant qu'ils puiffent recevoir leur marchandifes, & de s'expofer aux dangers de la barre, qui ne font pas médiocres. Comme ce canal eft encore fort entier, il feroit facile de le nétoyer, & d'en rétablir l'ufage.

Ce travail ne demanderoit que très peu de dépenfe ; & fi jamais l'Egypte retournoit fous le gouvernement d'une Puiffance moins barbare, ce feroit là fans doute un des premiers objets de fon attention.

J'ai parcouru les environs de Rofette avec la derniere exactitude, pour reconnoître fi je n'y trouverois pas quelques veftiges de bâtimens anciens ; mais je me fuis donné pour cela beaucoup de peine inutilement. Les montagnes qu'on rencontre au tour de cette Ville, ne font compofées que de fables mouvants ; s'il y a jamais eu quelques édifices dans le voifinage, ou le tems les a abfolument détruits ou bien ils font aujourd'hui enfévelis fous les fables. Cependant à quelque diftance au deffus de Rofette en remontant le Nil, on apperçoit une montagne, fur laquelle fe voit encore une ancienne tour, & diverfes ruines. Les cimetiéres de la Ville font de ce côté là. Cette tour fert à découvrir les bâtimens, qui abordent à la côte. Lorfqu'on eft fur la hauteur, à la pointe de laquelle la tour eft fituée du coté de Rofette, on apperçoit que cette élévation, qui forme un demi cercle parfait, renferme un enfoncement, qu'on ne peut guére regarder comme l'effet du hazard. Pour moi je trouve affez naturel de penfer, que c'eft un ouvrage que l'art a ménagé avec un grand travail, pour fervir d'azile aux vaiffeaux, qui étoient introduits dans ce demi cercle. Peut-être étoit-ce le port de l'ancien Canope, & l'endroit où mouilloient du tems des Romains les bâtimens, qui entroient dans le Nil. Je croirois encore affez volontiers que cet ouvrage, qui forme une demi lune, répondoit alors par celle de fes extrémités, qui regarde la mer, à la barre du fleuve aujourd'hui éloignée de cet endroit de plus de trois milles. La Ville pouvoit être bâtie en amphitheâtre autour de cet enfoncement, & fur la montagne qu'on voit en deçà du Nil qui paffe encore aujourd'hui proche de ce demi cercle, fans cependant le cotoyer abfolument. A l'égard du fond, il s'eft rempli infenfiblement faute d'entretien, & il n'eft refté que le feul lit du fleuve. Cette demi lune, qui d'une de fes pointes à l'autre a environ fept à huit cens pas d'étendue, couvroit précifément les vaiffeaux du vent le plus dangereux qui fouffle fur cette côte, & ils devoient être dans cet enfoncement comme dans un baffin tranquile. L'opinion des habitans de Rofette femble fortifier le fentiment de ceux qui croyent, qu'autrefois il y avoit eu une Ville bâtie dans cet endroit. En effet ils difent, que de la tour, dont j'ai parlé, on trouve des conduits fouterrains, qui menent jufqu'à Alexandrie. Peut-être qu'en creufant dans divers endroits de ce petit golphe, on pourroit trouver encore quelques reftes, quelques veftiges d'anciens édifices, & s'affurer ainfi de la verité de cette opinion. Durefte j'avourai naturellement, que fuperficiellement il n'en paroit aucune trace

La ville de Damiette, qui eft le fecond port de l'Egypte, eft fituée à l'extrémité du Delta oppofée à Rofette, fur le bras Oriental du Nil, & répond à l'ancienne Pélufe, qui s'avançoit dans la mer l'efpace d'une demi lieue. La barre eft beaucoup

De Damiette & de fa fituation.

plus éloignée de cette ville qu'à Rosette, d'où l'on pourroit conclure qu'elle est beaucoup plus ancienne. En effet on y voit un chateau assez vieux, & qui paroît avoir huit cens ans d'antiquité. Il est certain que du tems de Saint Louis cette ville étoit proche de la barre du fleuve, quoique, comme je l'ai dit, elle s'en trouve aujourd'hui fort éloignée.

Le nom de Peluse, que les anciens dérivent de *Palus*, conviendroit encore parfaitement à Damiette, puisqu'elle se trouve située dans un terrain des plus bourbeux du monde. Aussi est-elle de toutes parts environnée de marais, ainsi que presque toutes les autres villes d'Egypte, qui sont baties à dessein dans des cantons que la riviére inonde, & qui après avoir été marais pendant une partie de l'Hiver, deviennent des campagnes de bled au Printems. Ce que Damiette a de particulier, aussi bien que Rosette, c'est que les chaleurs y sont très médiocres en Eté. Au contraire il y pleut abondamment en Hiver, & dès que ce terrain naturellement gras est une fois détrempé par la pluie, il devient boueux à ne pouvoir s'en tirer. Ces deux villes sont environnées de jardinages & de verdure. La Casse de Damiette est des plus estimées.

Cette ville est marchande aussi bien que Rosette. Il ne se passe pas d'année qu'on n'y charge près de cent vaisseaux, la plûpart en ris. Aussi les Corsaires Chrétiens ne manquent jamais de roder dans cette mer pour profiter de l'occasion, soit à l'entrée, soit à la sortie des batimens. Les François & les autres Nations ont eu jusqu'ici peu de commerce en cette derniére échelle. Cependant les marchands commencent à s'y établir, & il y a quelque apparence que les choses vont changer.

J'ai déja dit que le limon & les sables, que charie le Nil, remplissent insensiblement son canal, ensorte que d'année en année son lit devient moins profond à mesure qu'il s'éloigne de ses embouchures. Aussi je mets en fait que par la même raison, qui a fait abandonner Foua, les Saïques & gros batimens ne pouvant plus remonter le fleuve jusqu'à cet endroit, on sera de même obligé avant deux cens ans de bâtir une autre ville que Damiette plus voisine de l'embouchure du Nil, & que dans six ou sept cens ans il faudra de même en construire une nouvelle au dessous de Rosette, qui alors sera éloignée de la bouche du fleuve de dix à douze milles. Il semble en effet que dans ces derniers siécles le Delta s'accroît à proportion plus considérablement, que dans les précédens. Il a fallu six cens ans, pour éloigner la ville de Damiette de la mer de huit ou dix milles ; & dans l'espace de vingt six ans Rosette s'en est éloignée d'une demi lieue. La vitesse de cet accroissement est aisée àcomprendre, lorsqu'on se represénte, que les eaux du Nil sont si troubles & si bourbeuses dans le tems de l'augmentation de ce fleuve, que les boues & les sables font au moins la dixiéme partie de son volume. C'est ce que j'ai déja remarqué ailleurs. On peut ajouter, que ce limon, dont elles sont chargées, ne s'étend point à plus de douze ou quinze milles de la côte. C'est ce qu'on observe, lorsque l'on est à la mer, où l'on distingue parfaitement la qualité des flots, qui conservent leur pureté jusqu'à cette distance des terres, d'avec les eaux du Nil, qui de là au rivage sont très troubles. Enfin il est certain que sur toute la côte du Delta la mer est si peu profonde, qu'à un mille du rivage on trouve à peine une brasse d'eau, deux brasses à deux milles, & ainsi jusqu'à dix ou douze milles des côtes de l'Egypte. Par là on conçoit facilement que le terrain doit s'augmenter en quelque sorte à vue d'œil par le rapport continuel que font les vagues de la mer à ses bords du limon & des sables, dont elles sont chargeés.

Avant que de m'éloigner des rivages du Delta, & d'abandonner les environs de Damiette, peut être ne serez vous pas fâché, Monsieur, que je vous dise un mot du lac Sirbon, dont il est tant parlé dans les anciens Auteurs. Ce lac tout fameux qu'il est dans l'histoire par ce bitume, qu'on recueilloit sur ses eaux dans le tems de ses ébullitions, qui étoient toujours réglées, & qu'on sçavoit prévoir, n'est pas plus connu en Egypte, que le lieu où il étoit situé. Hérodote le place proche du mont Casius, dont il ne nous reste aucune connoissance. D'autres semblent nous donner une notion plus exacte de sa position. Selon eux il étoit situé proche de Damiette, & bornoit l'Egypte en partie du côté de l'Est. Cependant ces lumiéres ne nous éclaircissent pas davantage sur un lieu, dont il ne paroît pas qu'il nous reste aucun vestige. Est-ce que ce lac seroit desséché, & que l'espace qu'il occupoit

Du lac Sirbon.

auroit été comblé par les fables ? Eſt-ce que nous n'aurions pas une connoiſſance aſſez exacte de la côte qui s'étend depuis Damiette juſqu'à la Paleſtine ? Je ne décide point, quoique j'aye beaucoup de diſpoſition à pencher vers le dernier ſentiment. A l'égard du nom, il eſt abſolument effacé ; c'eſt une choſe hors de doute. Parler du lac Sirbon, c'eſt parler Allemand aux Arabes. Peut être n'en eſt-il pas de même de ce lac. On ſçait que les ouvrages de la nature ne périſſent pas auſſi facilement, que ceux de l'art. Cette maxime généralement vraie l'eſt ſurtout dans l'eſpéce, dont il s'agit. Il eſt vrai que Pline * nous aſſure, que de ſon tems ce lac n'avoit plus qu'une étendue peu conſidérable ; d'où je conclus que puiſqu'au ſiécle de cet Auteur il avoit déja ſouffert une ſi grande diminution, il ne ſeroit pas impoſſible que pendant l'eſpace, qui s'eſt écoulé depuis Pline juſqu'à nous, il eût été abſolument comblé.

 Cependant aux environs, & à l'Orient de Damiette, on trouve deux lacs, ou marais, ſur l'un deſquels on pourroit haſarder quelques conjectures. Pour moi il me ſembleroit que celui de ces lacs, qui eſt le plus voiſin de cette ville, auroit aſſez de rapport avec l'ancien lac Sirbon. Deux raiſons me confirment dans cette penſée. Premiérement l'étendue de ce lac eſt fort médiocre ; & par là une partie de la deſcription de Pline lui convient parfaitement. Outre cela un Auteur Arabe, que j'ai lû, place dans cet endroit là même un petit lac, d'où autre fois, dit-il, on tiroit du bitume, qui ſervoit à l'embaumement des morts ; & cette circonſtance a encore beaucoup de rapport à ce que les Anciens nous apprennent du lac Sirbon. Je ne ſuis pas ſur, à la vérité, qu'on trouve du bitume dans le marais de Damiette. Ce qu'il y a de certain, c'eſt qu'on en tire beaucoup de Natron, qui ſert en Egypte à faire lever le pain, & à blanchir le linge. J'avourai encore que ce lac n'a aucune communication avec la mer, quoiqu'il en ſoit très proche, au lieu que le lac Sirbon y étoit joint ; mais après ce que j'ai dit des changemens arrivés dans le Delta, & de la maniére dont le terrain s'eſt prolongé & s'eſt éloigné de la mer dans cette partie de l'Egypte, je ne penſe pas que cette difficulté doive me faire abandonner ma conjecture.

* Dans ſon Hiſtoire naturelle, L. 5. Chap. 14.

On conçoit sans peine que dans le cours de tant de siécles cette jonction, par laquelle le lac Sirbon communiquoit avec la mer, a pû être comblée par les sables. Cette supposition n'est pas sans fondement, & expliqueroit fort naturellement la cause du déperissement de ce lac.

A l'égard de cet autre petit lac qu'on rencontre dans le voisinage de celui-ci, quoiqu'il se décharge dans la mer, il n'a point selon moi les mêmes caractéres de ressemblance avec le lac Sirbon. En effet je ne sçache point que ce marais porte ni bitume, ni aucune autre matiére semblable. D'ailleurs il reçoit les eaux du Nil, & elles y sont conduites par un canal qui de nos jours porte encore le nom de Tanis ; ce qui prouve que ce marais n'est autre chose que l'ancienne bouche du Nil appellée Tanitique de la ville de Tanis bâtie sur ses bords. Enfin on pêche dans ce lac une si prodigieuse quantité de poisson, que toute la basse Egypte en subsiste pendant les grandes chaleurs. On y trouve jusqu'à du harang fort gros & très bon, qui commence à paroître en Janvier, & dure tout le mois de Février suivant, quoi qu'on n'en rencontre en nul autre endroit de la Méditerranée. Ce sont là selon moi des particularités, que les anciens n'auroient eu garde de passer sous silence, en parlant du lac Sirbon, dont ils ont tant vanté l'utilité & les avantages. Ainsi puisqu'ils n'en disent mot, je crois être en droit de conclure, ou que ce lac ne subsiste plus de nos jours, ou qu'on ne doit point le chercher ailleurs que dans ce premier marais voisin de Damiette, qui a avec lui tant de ressemblance.

En s'éloignant de la côte, & remontant le Nil, la premiére ville que l'on rencontre après Damiette & Rosette est Foua, connue anciennement sous le nom, de *Nici*. Cette ville bâtie sur les bords du Nil à quelques lieues au dessus de Rosette a été autrefois très florissante. C'étoit l'abord de tous les vaisseaux d'Europe ; c'étoit en ce lieu que se payoient les douanes & les entrées de presque toutes les marchandises, qui abordoient en Egypte de ce côté-là. Mais depuis que le lit du Nil s'en est éloigné, & que les gros vaisseaux n'ont pû remonter jusqu'à cette ville, Foua est beaucoup déchue de sa premiére grandeur. Rosette, comme je l'ai dit, s'est accrue & enrichie de ses dépouilles. Cette ville est cependant encore aujourd'hui

De Foua.

assez peuplée. Du reste ses rues sont fort étroites, comme dans toutes les villes bâties dans les pays chauds. Ce que celle ci a de singulier est un grand fauxbourg, qui est la retraite de toutes les jolies femmes. Ces belles y ont le privilége de sortir le jour comme il leur plaît, & de rentrer la nuit quand bon leur semble, sans que leurs maris y trouvent à redire. Je ne sçai si le commerce avec les Européens n'auroit pas beaucoup contribué à y introduire une coutume si contraire à l'usage établi dans tout le Levant. Ce qu'il y a de certain, c'est que les Dames sçavent admirablement profiter de ce droit, sans que dans ce lieu il arrive cependant à cet égard autant de désordres, que dans plusieurs autres villes de l'Egypte, où les femmes sont gardées beaucoup plus étroitement. Tant il est vrai, quoi qu'en disent les Orientaux, quoique pensent au contraire quelques nations de notre Europe, que les grilles & les verroux ne sont ni les uniques, ni les plus seurs gardiens de la vertu.

La Massoure est après Foua une des principales villes de la basse Egypte; peut être même est-ce la seule place du Delta, qui mérite véritablement ce nom. Au moins est-ce, comme je l'ai dit ailleurs, le seul endroit muré qu'on y rencontre. Du reste ce lieu n'est remarquable que par sa situation, qui est une des plus belles de toute l'Egypte. Le peuple même y est très different de celui, qui habite les villes & les campagnes circonvoisines, plus doux, plus affable, plus poli. Tant il est vrai, que le Ciel & nos habitations font infiniment à nos mœurs! Le nom de Massoure, ou de *Mansoura*, est Arabe, & signifie *victoire*. On prétend qu'il a été donné à cette ville, parceque ce fut en cet endroit, que vaincu par la disette & la nécessité plutôt que par les armes de ses ennemis, * le plus saint, & sans contredit le plus grand de nos Rois, tomba entre les mains des Sarrasins avec tous les Grands & tous les Seigneurs de sa suite. Le Ciel qui dans ce Héros Chrétien vouloit donner aux Princes de la terre un exemple sublime de toutes les vertus, ne lui avoit ménagé cette disgrace, que pour faire éclater d'autant mieux sa résignation aux ordres de l'Eternel, & la grandeur de son courage. Captif, chargé de fers, ce Prince parut au milieu de ces barbares aussi grand, aussi ferme, aussi intrepide, qu'un Roi triomphant a coutume de se montrer à des sujets soumis

* S. Louis.

& fidéles. L'Egypte admira dans son prisonnier une grandeur d'ame qu'elle n'étoit point accoutumée à reconnoître dans ses Monarques ; & ses fiers Mamelucs envierent au premier trône du monde la possession d'un Prince, dont les vertus sçavoient le rendre respectable à ses propres ennemis, & lui faire autant d'esclaves de ses vainqueurs.

De la Massoure on va à Fostat, ou *Fustato*. C'est une petite ville située sur les bords du Nil, & bâtie, dit-on, par un des généraux d'Omar, qui fit la conquête de l'Egypte. Cet Officier s'étoit déja rendu maître de toute la côte, & il se disposoit à pousser plus loin ses succès. Cependant son armée campoit dans l'endroit même, où Fostat est placé aujourd'hui, pour y prendre quelque repos, & se préparer à soumettre le reste de ce florissant Royaume. Le général Arabe résolut de s'y fortifier à tout événement, afin d'avoir une retraite sure en cas de disgrace. Dans cette vue il fit élever un mur autour de cet espace que toutes ses troupes occupoient ; & par ce qu'elles y avoient habité sous des tentes, il donna à ce lieu le nom de Fostat, qui en Arabe signifie *Pavillon*.

De Fost

De là en remontant toujours le Nil, on trouve à deux cens cinquante pas, ou environ, de la Matarée les traces de l'ancienne Héliopolis, ou ville du Soleil, à qui ce lieu étoit particuliéremnnt consacré. C'est pour cette raison qu'on l'appelloit encore l'œil, ou la fontaine du Soleil. Aujourd'hui cette ville est absolument ruinée ; & au travers des tristes débris qu'elle offre à la curiosité des voyageurs, à peine est-il possible de reconnoître les moindres vestiges de tant de monumens célébres, de tant d'édifices fameux qu'elle contenoit. Ainsi en vain y chercheroit-on presentement des traces de ces vastes & superbes bâtimens, destinés à loger les Prêtres nombreux que cette ville entretenoit, & où sans cesse occupés à l'étude ces sages de l'Egypte employoient utilement leur loisir à pénétrer les secrets les plus cachés de la Philosophie & de l'Astronomie. Les nouvelles découvertes qu'ils avoient faites dans l'une ou l'autre de ces deux Sciences étoient inférées dans les régistres publics, pour servir dans la suite à l'instruction & à l'avantage de leurs compatriotes. A l'égard des étrangers au contraire ces sçavans gardoient un profond secret surtout ce que l'étude & l'application leur avoient pû apprendre de

Des ruines de l'ancienne Héliopolis.

O ij

nouveau. Bien loin de chercher à faire parade à leurs yeux de leur doctrine, & à leur communiquer les connoiffances qu'ils avoient acquifes, ils regardoient comme un point de religion de leur en faire myftére. Ce ne fut qu'après un long féjour parmi ces Prêtres, & par beaucoup de complaifance & d'affiduité, que dans fon voyage en Egypte Platon mérita qu'ils lui fiffent quelque part de leurs lumiéres. Hors de l'enceinte des murs on avoit élevé pour ces hommes fçavans un Obfervatoire fameux fourni de tout ce qui leur étoit néceffaire. C'étoit là qu'occupés nuit & jour à découvrir les diverfes révolutions, qui pouvoient arriver dans le Ciel, ils obfervoient le cours des Aftres, l'extinction de certaines étoilles, l'apparition de quelques autres, l'immerfion ou l'émerfion des planétes, & que fur leurs découvertes ils régloient les tems & les faifons, calculoient l'arrivée & la durée des Eclipfes; & enrichiffoient le public des fruits de leurs veilles & de leurs recherches. Ce feroit inutilement, comme je l'ai dit, qu'on croiroit rencontrer aujourd'hui quelques veftiges de ces fuperbes édifices. Ce que les fiécles avoient épargné a été detruit par l'effort des barbares, & dans tout l'efpace que cette ancienne ville occupoit on ne trouve prefentement que cendre & poufliere.

 Au milieu de ces ruines informes j'ai découvert cependant une figure de Sphinx affez femblable à celle qui fe voit à l'Orient de la feconde des Pyramides, dont je parlerai dans la fuite. Elle eft placée au pied d'une haute aiguille, qui feule de tous ces Anciens monumens fubfifte encore aujourd'hui en fon entier. Cette idole eft d'une feule pierre & d'une groffeur extraordinaire. Comme c'eft ici affez la coutume de croire qu'il y a partout des tréfors cachés, on s'eft imaginé fans doute qu'on en trouveroit fous cette figure, & on l'a renverfée avec des machines. Ce Sphynx eft donc à prefent fur le côté prefque entiérement enféveli fous le fable. Une partie de la tête eft tombée, ou a été caffée avec violence. On en voit encore les débris fur la place. Comme le Nil baigne toute cette pierre dans fa hauteur, ce qui n'arrivoit point lorfqu'elle étoit encore de bout, elle a été minée infenfiblement par les eaux. Auffi a-t-on befoin d'application pour la reconnoître. Elle ne paroît d'abord qu'une maffe informe; mais pour peu qu'on s'attache à l'examiner, on fe convainc d'abord de ce qu'elle eft véritablement. Elle eſt placée au Nord de l'aiguille, & chargée de caractéres hieroglyphiques, qui ſont encore fort entiers. Aux environs de ce Sphinx on trouve pluſieurs autres pierres d'une ſi prodigieuſe grandeur, qu'on les prendroit pour des rochers ſortant de la terre. Cette circonſtance jointe à la figure du Sphinx, qu'on rencontre au même endroit, me porteroit volontiers à croire, que c'étoit en ce lieu qu'étoit bati le temple conſacré au Soleil. La deſcription que les hiſtoriens nous ont laiſſée de cet ancien édifice ſemble devoir me confirmer dans cette opinion. On en jugera par cette deſcription même. Comme tous les autres temples de l'Egypte étoient à peu près bâtis ſur le plan de celui-ci, on ne ſera pas faché ſans doute de ſçavoir ce que les Auteurs anciens nous en apprennent.

A l'entrée de ce temple on rencontroit d'abord un grand quarré long de la largeur d'environ deux cens pieds, ſur une longueur de ſept à huit cens. Cette eſpéce de cour étoit accompagnée de part & d'autre de deux rangs de Sphinx d'une grandeur proportionnée éloignés entre eux d'environ vingt pieds de diſtance. Ces Sphinx régnoient dans toute la longueur du quarré long, qui dans les autres édifices de cette nature étoit plus ou moins grand ſelon la grandeur du temple même auquel ils ſervoient d'avantcour. L'eſpace vuide que ces figures de Sphinx laiſſoient entre elles étoit rempli par des Obéliſques & des colomnes, qui ſe ſuccédoient réciproquement; en ſorte que cette entrée ne pouvoit manquer de donner d'abord une grande idée du temple qu'elle précédoit. De là on paſſoit dans un grand veſtibule élevé de dix pieds au deſſus du quarré long, & ſoûtenu par des colomnes de marbre de différente eſpéce. Ce veſtibule étoit ſuivi d'un autre, & même d'un troiſiéme; car le nombre n'en étoit point fixé. Il y avoit tel de ces édifices, où l'on en comptoit juſqu'à quatre. Enfin on arrivoit au temple élevé lui même de quelques pieds au deſſus des veſtibules. Ce bâtiment conſiſtoit d'abord en une nef fort longue & fort vaſte, ornée de colomnes de marbre & de porphyre d'une hauteur prodigieuſe. Ces colomnes étoient deſtinées à ſoutenir une voute fort exhauſſée, où l'or, l'aſur, & les peintures brilloient également de toutes parts. Les Auteurs anciens vantent beaucoup la beauté & la magnificence de ces nefs, dont ils font mille éloges; & il eſt certain que les débris, qui dans certains endroits, surtout dans quelques villes de la haute Egypte, subsistent encore aujourd'hui de ces anciens monumens, suffisent pour prouver que les louanges de ces historiens ne sont point outrées. Enfin de cette nef on entroit dans l'intérieur du temple, composé d'un superbe Dôme élevé sur plusieurs colonnades. C'étoit précisément sous ce Dôme qu'étoit placé l'Autel, sur lequel présidoit la divinité que l'on adoroit en ce lieu. Elle consistoit ordinairement, disent les Auteurs, dans la représentation de quelque animal ; car rarement, ou plutôt jamais on n'y voyoit paroître de figure humaine. Il y avoit même quelques uns de ces temples, où l'on ne rencontroit aucune idole, & dont les murs étoient seulement chargés de ces caractéres hieroglyphiques, par le moyen desquels les Egyptiens s'imaginoient pouvoir éterniser la mémoire des évenemens considérables arrivés dans leur pays. Ce que celui d'Heliopolis avoit de particulier, c'étoit un miroir placé de telle façon, qu'il réflechissoit les rayons du Soleil, & illuminoit tout le temple. Le vulgaire ignorant regardoit cet évenement purement naturel, comme un effet de la présence sensible de la divinité qu'il adoroit en ce lieu ; & les Prêtres seuls dépositaires du secret profitoient habilement de la crédulité du peuple.

De la Matarée.

Nous approchons du Caire, Monsieur, puisque nous sommes enfin arrivés à la Matarée. Ce lieu, que quelques uns croyent être l'Hermopolis des anciens, est un gros bourg éloigné de cette capitale de l'Egypte d'environ deux lieues. Le nom de Matarée signifie *Eau fraische, Eau nouvelle*. La fontaine, qui le porte, l'a communiqué au jardin dans lequel elle se trouve, & ensuite à tout le bourg. C'est peut être la seule source de cette espéce, c'est-à-dire d'eau courante, qui se rencontre dans toute l'étendue de l'Egypte. Il est vraisemblable qu'elle vient d'un lac assez voisin, qui tous les ans est inondé par les eaux du canal, dont le Caire est traversé. Quoiqu'il en soit, la tradition constante du pays est que ce lieu servit de demeure au Sauveur, lorsque pour éviter la fureur d'Hérode il vint se réfugier en Egypte. On voit encore dans ce jardin un mur & une petite fenêtre, qui, dit-on, faisoient partie du bâtiment, où logeoit la sainte famille. Les Chrétiens du pays ont bâti sur ce mur une Eglise, où les Prêtres Coptes disent la Messe,

& à côté les Turcs aussi remplis de vénération pour ce lieu que les Chrétiens mêmes, ont élevé une Mosquée, où ils vont faire leurs prieres. On ajoute, que c'étoit à cette fontaine dont j'ai parlé, que la Sainte Vierge alloit laver les langes de l'enfant Jesus pendant le séjour qu'elle fit en Egypte. Cette tradition rend cette petite source également recommandable aux Chrétiens & aux Mahométans.

L'envie d'entasser merveilles sur merveilles n'a peut-être pas peu contribué à rendre célébre un Sycomore, qui se trouve de même dans ce jardin, & que les habitans croyent avoir servi d'asile à la Sainte famille à son arrivée dans ce pays. Poursuivis, disent-ils, par leurs ennemis, & parvenus en ce lieu, Jesus, Marie, & Joseph, accablés de fatigue & de lassitude, ne trouvant aucun endroit où ils pussent se cacher, alloient devenir la victime de leurs persécuteurs ; lorsque le Sycomore s'entrouvrit, & leur offrit dans son sein une retraite asseurée & inconnue. A peine y furent-ils entrés, que l'arbre se referma, pour les dérober aux recherches de ceux, qui les poursuivoient dans le dessein de les faire mourir ; & il ne s'ouvrit que lorsqu'après beaucoup de perquisitions inutiles les Ministres de la cruauté d'Hérode eurent pris le parti de s'éloigner. C'est sur ce principe que ce Sycomore est également en vénération aux Turcs comme aux Chrétiens. Il est renfermé dans une enceinte de gazon pour la commodité des dévots. Sa cime est encore verte & couverte de feuilles ; mais son tronc est fort dégradé, surtout par le bas, d'où on a enlevé toute l'écorce pour en faire des Reliques. Ce qu'il y a de fort singulier, & ce que je n'oserois asseurer sans bonne preuve, c'est qu'un bâtard, dit-on, ne peut passer sous cet arbre.

C'étoit dans le jardin de la Matarée que croissoit le fameux beaume, qui entroit dans la composition du Chréme, dont l'Eglise Copte se servoit dans le baptême des enfans, & dont l'espece est aujourd'hui absolument perdue. Il n'y a cependant pas deux cens ans, qu'on en voyoit encore quelques tiges dans un petit enclos de ce jardin, où un Bacha d'Egypte les avoit fait renfermer, persuadé que ce précieux arbrisseau méritoit une attention particuliére. Ces tiges n'avoient pas alors plus d'un pied de hauteur, & étoient à peu près de la grosseur du pouce. Aussi dit-on que par tout ailleurs les beaumes ne sont jamais plus gros, & que leur hauteur ne paſſe point deux ou trois coudées. De ce foible tronc ſortoient pluſieurs petits rameaux fort grêles, garnis de feuilles d'un très beau verd, à peu près ſemblables à celles de la rue, & qui ſur chaque branche croiſſent toujours en nombre impair. A l'égard du tronc il étoit revêtu d'une double écorce. La premiére étoit d'une couleur rougeâtre, & en couvroit une ſeconde beaucoup plus mince, & parfaitement verte. Ces deux écorces ſembloient au goût tenir beaucoup de l'encens & de la Térébinthe; broyées entre les doigts, elles avoient une odeur preſque ſemblable à celle du Cardamome. Le bois caché ſous ces deux écorces étoit blanc, & n'avoit non plus de goût, ni d'odeur, que celui d'un arbre ordinaire. Ce que cet arbriſſeau avoit de particulier, c'eſt que tous les ans il falloit le tailler comme la vigne. Peut être étoit-ce dans cette ſaiſon qu'on en recueilloit ce ſuc précieux, qui autrefois a été ſi célébre

On voit encore aujourd'hui à la Matarée un ancien Obéliſque planté ſur ſon pied d'eſtal. Cette aiguille n'étoit pas la ſeule, qu'on rencontrât autrefois dans le même endroit. Elle étoit accompagnée d'une ſeconde, qui ſubſiſtoit encore dans le tems que les Arabes firent la conquête de l'Egypte. Ces deux aiguilles étoient de celles, dont on ſe ſervoit pour connoître d'avance la hauteur future de l'accroiſſement du Nil, & qui, comme je l'ai dit, étoient ſurmontées d'une eſpéce de chapiteau d'airain, d'où on avoit le ſecret de faire couler autant de goutes d'eau qu'il étoit néceſſaire, pour entretenir la ſuperſtition du peuple. Elles étoient placées dans une enceinte, qui formoit un quarré long orné d'un grand nombre de ſtatues. Peut être étoit ce l'entrée de quelque ancien temple, qui avoit autrefois ſubſiſté dans cet endroit. Quoiqu'il en ſoit les hiſtoriens Arabes rapportent, que *Mohamed Ebn Toulon*, c'eſt-à-dire fils de Toulon, fit abatre une de ces ſtatues après l'avoir regardée, afin de ſe mocquer d'une tradition, qui étoit alors en vogue parmi les Egyptiens. Elle portoit que jamais Roi d'Egypte n'avoit vû cette figure, ſans perdre enſuite la Couronne. Auſſi, ajoutent ils, Mohamed eut à peine exécuté ſon deſſein qu'il tomba dans une maladie de langueur, qui le conduiſit au tombeau. Je n'ai garde de me rendre le garand de ce fait. On ſçait juſqu'où l'on doit ajouter foi aux Auteurs Arabes; & ſur ce

pied

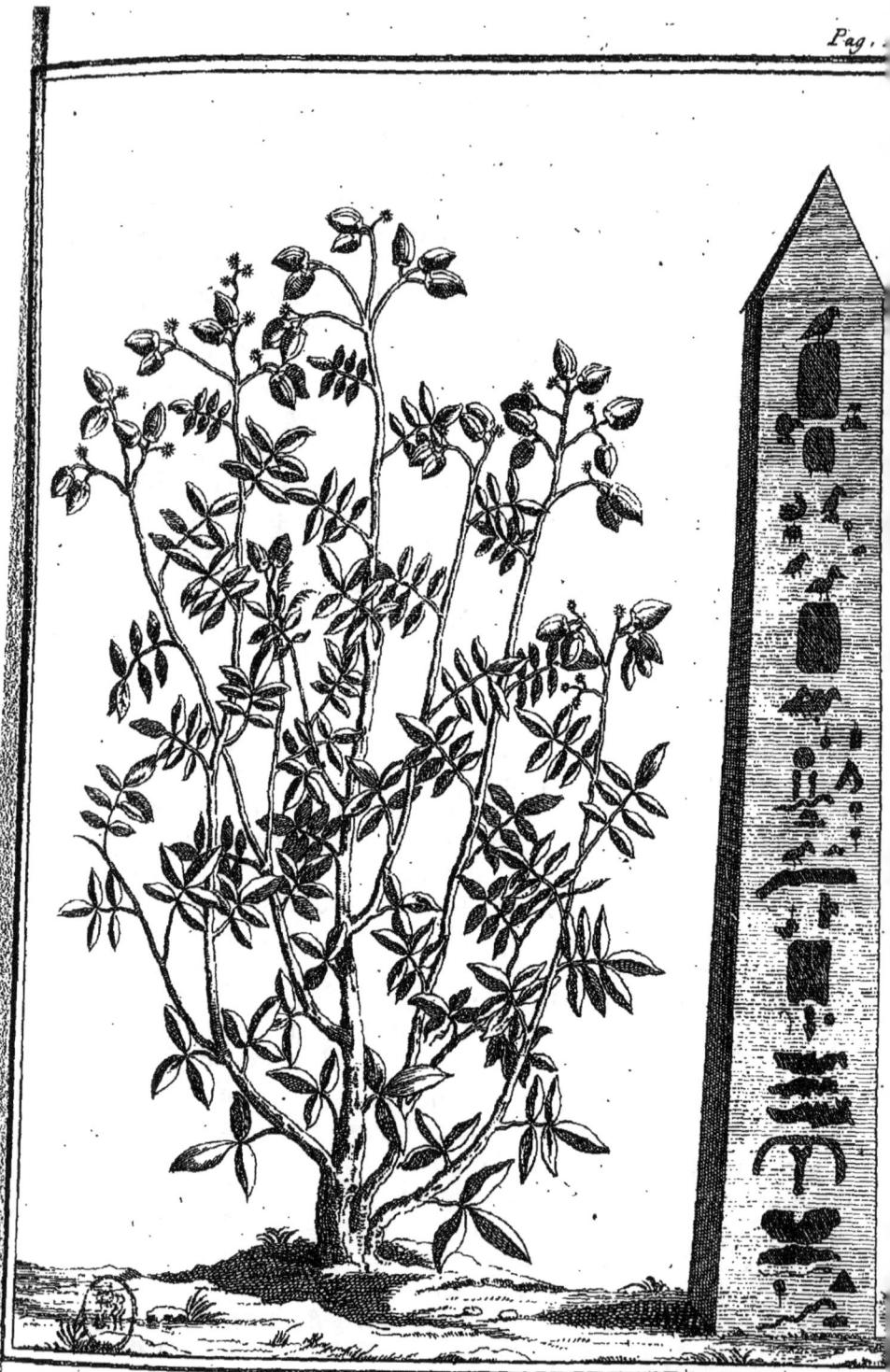

Beaume de la Matareé.   Aiguille de la Mataree.

pied-là on croira de ce prodige tout ce que l'on voudra.

Ce qu'il y a de certain, c'eft que Mohamed, qui régnoit en Egypte vers * l'an 200. de l'Hegyre, fut le premier des Princes Arabes, qui introduifit le luxe parmi les peuples de fa nation. Ce que les Auteurs racontent du nombre de fes Officiers, ou domeftiques, de la magnificence de fa table, du grand nombre d'édifices fuperbes qu'il fit élever, égale au moins ce que l'Europe fournit de plus furprenant à cet égard. Au refte il eft à propos d'obferver, que ce Roi Mahométan, qui vivoit dans un fiécle peu éloigné de la naiffance de cette fécte n'avoit ni pour le vin, ni pour les reprefentations humaines, cette religieufe averfion que témoignent aujourd'hui pour ces mêmes objets tous les Mufulmans du monde. Au contraire ce Prince avoit fait peindre dans un de fes Palais fous mille figures différentes fa femme la plus chérie, & fes efclaves les plus belles. Il buvoit auffi du vin fans fcrupule. Or de là ne pourroit-on point conjecturer que ces deux points de la loi Mahometane n'ont pas toujours obligé fes Sectateurs comme ils le font aujourd'hui ? Peut être n'eft ce qu'un rafinement, qui s'eft infenfiblement introduit, & que l'ufage a fait paffer en précepte.

Ce que les mêmes hiftoriens Arabes nous racontent du fils de ce *Mohamed Ebn Toulon*, qui après la mort de fon pere monta fur le trône de l'Egypte, ne tient pas feulement du prodige. Il n'y a perfonne qui en le lifant ne foit tenté de le regarder comme une fable. En héritant des Etats du Roi fon pére, ce Prince avoit hérité, difent-ils, de fa magnificence, & de fa générofité. Outre les quatorze mille perfonnes nourries du fuperflu des tables, qui fe fervoient chaque jour dans le Palais de Mohamed, fon fils entretenoit encore deux mille Officiers de plus, & huit mille domeftiques deftinés à les fervir, dont il avoit augmenté fa maifon depuis fon avenement à la Couronne. Ce Prince ne portoit jamais un habit qu'un feul jour ; il ne montoit jamais deux fois le même cheval, & il n'habitoit un Palais que pendant la première année qu'il avoit été bâti. Un habit qu'il avoit porté, ne fût ce que pendant une heure, un cheval de prix qu'il avoit monté pour fe rendre à la Mofquée, ou pour aller à la promenade, une

* De l'Ere Chrétienne, 812.

maison où il avoit logé pendant un an, devenoient aussi-tôt le partage de ses Officiers, de ses favoris, des Grands & des Seigneurs de sa Cour, auxquels ce Monarque libéral & magnifique en faisoit présent. Cependant ces habits, ces maisons n'étoient pas des objets peu considérables. Dix mille hommes étoient occupés sans cesse à travailler les étoffes précieuses destinées à habiller le Prince & les femmes de son sérail. On peut juger par là du nombre prodigieux de ceux, qui étoient employés à la construction de ces superbes & nombreux édifices nécessaires pour loger un si grand Prince. C'étoient autant de vastes & somptueux Palais, où les marbres les plus recherchés, les dorures les plus brillantes, les peintures les plus exquises, les meubles les plus précieux, les pierreries même étoient mises en œuvre, pour répondre à la magnificence du maître, qui devoit y habiter. Tant de richesses ne coutoient rien à donner à ce Prince; & de quelque prix que fût un bijou, il ne le regardoit plus comme étant à lui, dès qu'il en avoit eu la première fleur.

Le Sultan d'Egypte ne possédoit en propre que deux choses, dont il n'auroit pas cédé la possession pour tous les trônes & pour tous les trésors du monde. La première étoit un Lion, par qui, disent ces mêmes Auteurs, il étoit gardé nuit & jour. Il avoit les yeux bleus, & tandis que son maître reposoit, il ne permettoit à qui que ce fût d'approcher de sa personne. Ce gardien vigilant & fidéle étoit, ajoutent ils, un present d'un fameux magicien, qui l'avoit donné à ce Prince, en l'avertissant qu'il étoit menacé d'être un jour assassiné, & que le seul moyen qu'il eût d'éviter ce malheur étoit de n'être jamais sans cet animal. La seconde chose que ce Prince estimoit plus que la possession de ses vastes Etats, étoit une épouse qu'il aimoit tendrement, & qui méritoit en effet toute sa tendresse. Outre les agrémens de l'esprit & du corps capables de gagner un cœur & de le captiver, elle avoit pour le Roi son époux un attachement si parfait, que dans les premières années de son mariage la crainte de n'en être point aimée, ou de lui voir partager ailleurs une tendresse qu'elle croyoit mériter toute entiére, lui avoit fait perdre la raison. Ce fut à cette occasion sans doute que fut bâti au Caire ce fameux hôpital des fous, dont je parlerai dans la suite. Cependant cette Princesse étoit revenue en son bon sens, & avoit trouvé dans le Prince tout le retour que pouvoit mériter une preuve si marquée de sa tendresse. Quoique le Sultan eût un sérail nombreux & choisi, aucune des beautés qu'il renfermoit ne fut plus capable de le toucher, ni de partager une inclination sur laquelle la Princesse avoit acquis un droit entier & légitime.

La jalousie est naturelle à toutes les femmes, lorsqu'elles tendent au même but. Cette passion n'est point particuliére à une nation, ni à un pays. Chez tous les peuples, dans tous les climats du monde, le séxe est né jaloux des droits de la beauté; mais on peut dire que dans le Levant surtout il porte cette jalousie à un point, qu'elle y produit souvent les effets les plus funestes. Là comme le cœur obligé de s'attacher à un seul objet ne trouve point à se dédommager d'ailleurs, ni à partager des désirs qui ne peuvent trouver leur repos & leur satisfaction que dans un tendre retour, la moindre marque de préférence est capable de causer dans l'enceinte mystérieuse & impénétrable d'un sérail les Scénes les plus tragiques. Le fils de Mohamed ne l'éprouva que trop malheureusement pour lui. Son attachement pour son épouse, son insensibilité pour toute autre que cette Princesse, révolterent contre lui toutes ses femmes. Ce Prince ne songeoit pas qu'en faisant le bonheur d'une seule, il réduisoit peut-être au désespoir deux mille autres que la douleur de se voir négligées pouvoit porter aux plus grands excès; qu'animée par la jalousie une femme est capable de ce que dans une situation plus tranquile elle n'oseroit sans doute imaginer qu'avec effroi; & que rien n'est plus redoutable que ce séxe timide & craintif, lorsqu'il a une fois à venger les charmes impuissans de sa beauté, & les soins inutiles de ses avances. Aussi ce Monarque fut-il la victime de sa tendresse, de sa fidélité, & de son peu de prévoyance.

Damas obéissoit encore aux Sultans d'Egypte; & par ses révoltes fréquentes cette superbe ville ne leur faisoit que trop souvent connoître, que ce n'étoit qu'à regret qu'elle se voyoit soumise à leur empire. Elle venoit de le témoigner par un nouveau soulévement, où le déchainement des mutins contre le gouvernement avoit éclaté d'une maniére plus marquée que jamais. L'Officier, qui commandoit dans la place pour le Sultan, avoit été inhumainement maſſacré; on avoit taillé en piéces les troupes qui l'accompagnoient. Le fils de Mohamed fut inſtruit de cette révolte; & il jugea ſagement que ſa preſence ſeule étoit capable de faire rentrer les mutins dans le devoir. Il partit à la tête de ſes troupes, & voulut ſe faire ſuivre par tout ſon ſérail, perſuadé que les rebelles n'oſeroient ſoutenir ſa vue, & regardant ce voyage plutôt comme une partie de plaiſir, que comme une expédition ſanglante & périlleuſe. En effet à ſon arrivée à Damas ſes troupes ne ſe virent point réduites à la néceſſité de tirer l'épée. Tout ſe ſoumit d'abord; tout plia. Au ſeul bruit de la marche du Sultan les Chefs de la révolte intimidés & déja défaits avoient pris le parti de prévenir ſa venue, les uns par la fuite, d'autres en ſe puniſſant eux-mêmes d'une entrepriſe coupable & téméraire, dont ils ne pouvoient éviter le châtiment. L'entrée du Prince dans Damas ne reſſembla point à celle d'un vainqueur furieux, ou d'un Roi irrité, que la terreur & la mort accompagnent. Il fut reçu dans cette ville comme un ſouverain plein de clemence & de bonté pour ſes ſujets aux cris redoublés d'un peuple coupable, mais repentant, qui ſe ſoumettoit aux châtimens qu'il avoit merités, & imploroit la miſéricorde de ſon Prince. La vengeance de cet attentat ſe borna au ſupplice de deux ou trois des plus mutins, qui furent punis pour l'exemple; & après cette exécution Damas fut plus ſoumis & plus tranquile qu'il ne l'étoit avant la révolte.

Cependant pour rétablir parfaitement l'ordre dans cette ville, & prévenir quelque ſoulevement ſemblable, le Sultan jugea à propos de prendre avant ſon départ certains arrangemens, qui lui parurent néceſſaires. Helas, ce Prince ſongeoit à ſe tranquiliſer ſur l'avenir, & il ne ſçavoit pas combien ſon ſéjour à Damas devoit lui être funeſte. Tous les plaiſirs avoient ſuivi ce Prince dans ce voyage. Son ſérail même, comme je l'ai dit, l'avoit accompagné. On n'avoit rien oublié de tout ce qui pouvoit hâter ſa perte; on n'avoit négligé que ce qui ſeul auroit pû aſſeurer ſa perſonne. Je parle de ce Lion, qui lui avoit été donné pour veiller ſans ceſſe à ſa garde, & qui étoit reſté au Caire. Les femmes du Sultan profiterent de l'abſence de ce gardien fidéle, pour exécuter le coupable deſſein qu'elles méditoient contre lui. Elles l'attaquerent au milieu de ſon sommeil, & le massacrerent dans son lit. L'histoire ne dit point, ni ce que devint le Lion, qui jusqu'à ce moment fatal avoit tenu si utilement compagnie à son maître, ni de quelle maniére les femmes du Sultan furent punies de cet attentat. A l'égard de la Princesse son épouse, elle fut si touchée de cette mort, qu'elle retomba dans ses premiéres erreurs. La perte qu'elle fit de ce Prince fut suivie de la perte de sa raison.

Je finirai, Monsieur, par cette histoire ce que j'avois dessein de vous dire de la basse Egypte, ou du Delta; aussi bien cette contrée ne m'offre t'elle plus d'objets dignes d'amuser vos regards. Il est vrai que pour vous en donner une idée parfaite il me resteroit à vous entretenir de la fameuse Aléxandrie & de ses antiquités, de la Ville du Caire, & des monumens célébres qu'elle renferme. Ces Pyramides si vantées, ces Momies, dont tant de relations ont parlé, & dont vous avez pû même voir plusieurs en Europe, vous paroissent aussi sans doute faire partie de mes engagemens. J'avoue la dette, Monsieur, & sur ces différens sujets j'ose me flatter d'être en état de vous communiquer des recherches assez curieuses & assez neuves. Mais à la fin d'une lettre que pourrois-je faire dans un champ si vaste ? A peine cueillir quelques fleurs. Permettez-moi donc de remettre la partie à une autre fois. Je crois pouvoir me répondre d'avance que vous me sçaurez gré d'avoir donné à ces différentes matiéres leur juste étendue. Je suis, &c.

Au Caire ce . . . .

LETTRE QUATRIEME.

DESCRIPTION

De la Ville d'Aléxandrie ancienne & moderne, des monumens qu'elle renferme, & en particulier de la Colomne de Pompée.

JE m'acquitte de ma parole, Monsieur. Après vous avoir promis plus d'une fois de vous donner une idée de la fameuse Aléxandrie d'Egypte, j'entreprens enfin dans cette lettre de vous faire une description la plus exacte qu'il me sera possible de cette célèbre & florissante Ville. Peut-être vous plaindrez vous de ce que je vous l'ai fait si long tems attendre. Mais je vous prie de vous souvenir, qu'un plaisir différé n'en est que plus piquant & plus sensible. Que si après la lecture de ma lettre vous trouvez que la chose ne valoit pas la peine de mettre, comme je l'ai fait, votre curiosité à la torture, avant que de la contenter sur ce sujet, je m'en consolerai par l'exemple de mille honnêtes gens, à qui le même malheur est arrivé, & qui après s'être fait souhaiter long tems, n'ont pas toujours répondu à la haute opinion qu'on avoit conçue de leur mérite.

Vous vous êtes fait sans doute une idée d'Aléxandrie comme d'une des premiéres Villes du monde, célèbre par les grands hommes qu'elle a produits, riche par son commerce, superbe par la magnificence de ses bâtimens, digne enfin de picquer votre curiosité par l'étendue du terrain qu'elle occupoit, par le peuple nombreux dont elle étoit habitée ; & plus encore par ces monumens fameux qu'on mit autrefois au nombre de ce peu de merveilles dont l'Univers étoit enrichi. Que penserez vous, Monfieur, lorfque vous verrez cette montagne n'enfanter qu'une fouris, & que cette figure gigantesque, que votre imagination prevenue par la lecture des Anciens vous peignoit fi belle & fi digne de votre admiration, fe trouvera réduite fur ce papier à une petite reprefentation de Pigmée, qui à peine méritera d'arrêter un moment vos regards ? Car je fuis bien aife de vous prévenir d'abord fur cet article. Non, l'Aléxandrie de nos jours n'eft plus cette belle, cette floriffante Ville d'Aléxandrie fondée par un Conquérant fameux, & qui non feulement fut regardée à jufte titre comme la premiére Ville d'Afrique après la ruine de Carthage, mais qui, comme le dit Hérodien, pouvoit même fe vanter d'être la premiére Ville du monde après Rome. De toutes fes grandeurs paffées il ne lui refte plus que fon ancien nom, qu'elle foutient encore à peine, femblable à un vieux chêne, qui courbé fous le poids des illuftres trophées, dont de fameux guerriers ont enrichi fon tronc, femble gémir d'un honneur, qui commence à lui être à charge, après avoir fait la gloire & l'ornement de fa jeuneffe. Un amas confus de ruines informes & fans nom, des colomnes fans nombre, les unes encore debout & confervant quelques traces imperceptibles de leur ancienne deftination, quelques autres réduites à des ufages bien différens de ceux auxquels leurs premiers maitres les avoient employées, la plûpart éparfes, & renverfées, enfévelies dans le fable & dans l'oubli, enfin des reftes de Palais foudroyés par le tems, telle eft, Monfieur, l'image la plus exacte que vous puiffiez vous former de cette ancienne Ville, dont vous demandez des nouvelles. Un portrait fi affreux feroit capable fans doute de vous rebuter. Cependant au milieu de ces triftes débris, & malgré l'état déplorable où fe trouve aujourd'hui cette fuperbe Ville, combien n'y ai-je pas encore démêlé de reftes furprénants de fon ancienne magnificence ! C'eft de ces recherches que j'ai faites moi même au travers de ces ruines autrefois fi vantées, que j'entreprens de vous entretenir. J'ofe vous affeurer d'avance que vous y trouverez peu de chofe de commun avec ce qui en a été dit jufqu'ici. Un plan, je l'avoue, feroit feul capable de vous donner une jufte idée de la fituation prefente de cette Ville. Vous n'en ferez pas même abfolument privé. Ce que je vous dirai de l'ancienne Aléxandrie fupplera à ce deffaut, & servira à vous donner une connoissance plus exacte de l'Aléxandrie moderne. Ne fût ce qu'en faveur de ce seul avantage, vous devriez, Monsieur, me passer le parallelle. Je me flatte même que vous me sçaurez gré de vous avoir rappellé le souvenir de ce que fut jadis cette puissante Ville, & de vous avoir donné lieu par là d'admirer encore les vestiges de son ancienne splendeur;

Et campos ubi Troja fuit.

Origine de l'ancienne Ville d'Aléxandrie.
Aléxandrie est sans contredit la plus ancienne Ville, qui subsiste aujourd'hui en Egypte. Personne n'ignore qu'elle doit son origine à Aléxandre le Grand. Après ce passage du Granique si célébré par les anciens Auteurs, & dont [*] un passage encore plus fameux fera à jamais oublier la mémoire, après avoir déja foudroyé une fois dans les campagnes de la Cilicie ces Perses redoutés, qui depuis si long tems faisoient trembler la Gréce, maître de Tyr & de Sidon, ce Conquérant célébre, qui venoit d'ajouter l'Egypte à ses victoires, comptant peu sur les asseurances d'une divinité qu'il étoit allé chercher jusqu'au fond des deserts de la Lybie, songea encore à prendre des mesures plus puissantes & plus certaines, pour ne pas laisser échaper la possession d'un si florissant Royaume. Lorsque ce Prince fit la conquête de l'Egypte sur les Rois du pays, qui l'avoient gouverné jusqu'alors, leur résidence & le siége de leur empire étoit à Memphis. Cette Ville, comme je le ferai voir dans la suite, étoit située sur la rive gauche du Nil à la distance de trente lieues de la mer, & au dessus des Piramides, lieu de la sépulture des Rois & des Grands du pays. Par cette position cette Capitale partageoit en quelque sorte tout le terrain de l'Egypte. Elle dominoit également, tant sur la partie supérieure, qui sur une largeur fort resserrée avoit une longueur très considérable, que sur la partie inférieure, qui n'étoit que de trente lieues de longueur depuis Memphis jusqu'à la mer, où elle avoit une largeur assez étendue.

Mon dessein n'est point de vous entretenir ici de cette ancienne Capitale de l'Egypte si célébre dans les histoires des tems reculés. Un autre sujet me fournira naturellement l'occa-

[*] Le passage du Rhin par l'armée de France ayant à sa tête son Roi Louis XIV.

fion de vous en parler plus en détail dans mes lettres fuivantes. Je me contenterai d'obferver, qu'après qu'Aléxandre eut foumis ce puiffant Royaume, dont les habitans, alors tous Egyptiens naturels, étoient innombrables, ce Prince ne crut pouvoir en conferver la domination fous un gouverneur, qu'il avoit réfolu d'y laiffer avec une très petite partie de fon armée compofée feulement de trente mille hommes, s'il n'établiffoit la réfidence de ce gouverneur fur les bords de la mer même. En effet c'étoit l'unique moyen, au cas que l'Egypte vint à fe révolter, de mettre fes troupes en état de recevoir par mer de la Macédoine les fecours, dont elles auroient befoin pour réfifter aux rebelles, & maintenir l'empire des Grecs en Afrique. Ce fut dans ces vues politiques, que ce grand Conquérant auffi prudent, qu'il étoit brave, choifit vers la marine un lieu convenable à l'abord des vaiffeaux étrangers, pour en faire le féjour des gouverneurs, ou même des Souverains, qui pourroient lui fuccéder dans la fuite au gouvernement de cette nouvelle conquête. Il n'en trouva point de plus propre à favorifer fon deffein, que cette partie du rivage de la Méditerranée fituée à trente, ou trente cinq milles de l'embouchure Occidentale du Nil, qui eft une des deux principales par où ce fleuve va fe rendre à la mer. Ce fut donc dans cet endroit que dans la 112. Olympiade, & environ 330. ans avant la naiffance de Jefus-Chrift ce Prince fit bâtir la Ville, qui dès lors prit le nom de ce Conquérant, qu'elle a toujours confervé depuis, puifque le terme de *Scandaria* ou *Scandarani*, qu'emploient les Arabes pour la défigner, & celui d'Aléxandrie, dont nous nous fervons, ont abfolument la même fignification. Il eft vrai qu'en vain chercheroit-on aujourd'hui le tombeau de fon fondateur fous le nom que lui donnent les anciens Auteurs. S'il eft vrai que ce tombeau ait jamais exifté dans ce pays-ci, il n'eft pas moins certain, que l'endroit où il étoit fitué, auffi bien que le tombeau même, reftent également enfévelis fous les ruines inconnues de cette floriffante Ville. Le fameux Dinocrates en fut l'architécte, & l'acheva, dit-on, dans l'efpace de foixante & douze jours. Aléxandre la fit furtout fortifier du côté de la terre. Par cette précaution, & par la communication qu'elle avoit toujours libre avec les Etats héréditaires de ce Prince, puifqu'elle ne pouvoit être interrompue par les Egyptiens, qui

Q

n'avoient alors aucunes forces maritimes, il la mit en état de soutenir un siége assez long, pour attendre les secours qui pourroient lui être nécessaires. Il lui ménagea même une ressource toujours présente dans les équipages des vaisseaux Grecs & Macédoniens, que la facilité & les avantages du commerce ne pouvoient manquer d'y attirer.

De sa situation & de son étendue.
Il faut avouer, que le Conquérant de l'Asie ne pouvoit guéres choisir de lieu plus convenable pour le projet qu'il avoit formé. Aussi cette Ville devenue dans la suite la résidence des Rois successeurs de ce Prince, qui de Memphis transférerent le siége de leur empire dans cette habitation nouvelle, se rendit si considérable en peu de siécles qu'eu égard à la grandeur de son étendue, & au nombre de ses habitans, Aléxandrie pouvoit le disputer à Rome même. Apeine quatre à cinq cens ans s'étoient écoulés depuis qu'Aléxandre en avoit jetté les fondemens, lorsque les Romains enleverent aux Grecs cette Capitale de leur empire en Egypte. Dès lors ses fauxbourgs, & les petites Villes aux quelles elle étoit unie, s'étendoient d'un côté vers la Libye jusqu'à la Tour des Arabes, éloignée de son fanal de dix milles d'Italie, tandis que du côté opposé, & tirant vers l'Orient, elle s'avançoit jusqu'aux Biquiers, qui, comme je l'ai dit, en sont encore à une distance de plus de quinze milles. Ainsi Aléxandrie avec ses fauxbourgs, les Amphithéâtres, les temples, & autres édifices publics, où particuliers, dont la mer étoit entiérement bordée des Biquiers jusqu'à la Tour des Arabes, & dont cette superbe ville occupoit à peu près le milieu, devoit avoir alors sept à huit lieues au moins d'étendue. Les Auteurs anciens nous apprennent que la Ville seule contenoit une lieue de longueur sur une largeur à peu près égale ; qu'elle avoit la forme d'une chemise de femme, dont les manches seroient fort longues & fort larges; que par le bas de la chemise elle aboutissoit à la mer le long des ports, que nous appellons aujourd'hui le vieux port & le nouveau; que de ce côté-là ce fameux fanal, dont il est tant parlé dans les histoires, séparoit en quelque sorte la Ville en deux parties égales; que c'étoit de ce fanal, & non pas des extrémités de la Ville même, qu'on commençoit à compter les distances de tous les lieux, dont elle étoit environnée ; qu'enfin le haut de la chemise, c'est-à-dire la partie la plus considérable de

DE L'EGYPTE.

ette Ville s'étendoit le long du lac Mareotis, à la distance 'une lieue des bords de la mer, à laquelle elle alloit se ter- iner.

A l'égard du nombre de ses habitans, Diodore nous assure e de son tems on comptoit dans la seule enceinte de la ille d'Aléxandrie jusqu'à trois cens mille personnes libres ; e qui joint aux esclaves & aux affranchis dépendans de chaque aison quelque peu considérable, supposoit plus d'un million ames. Cependant la splendeur d'Aléxandrie étoit alors déja r son déclin. Un autre historien nous apprend, que dans un ulévement arrivé dans cette Ville à peu près vers le même ms au sujet des Juifs, qui y étoient établis, il périt quarante ille personnes de cette nation. Si les Juifs y étoient alors si ombreux, que doit-on penser des autres peuples de la terre r qui elle étoit habitée ! Enfin Sénéque écrivant à son ami ucilius originaire de la Ville de Lyon déja très vaste & rissante, qui venoit d'être entiérement consumée par un cendie, & cherchant à le consoler de la douleur que lui usoit la vue de ce grand nombre de ses concitoyens, qui voient se trouver sans habitation après la destruction de leur trie, ces habitans, lui dit ce Philosophe, sont ils en plus and nombre que ceux d'Aléxandrie, ou de la Ville d'Ephése ? pression, d'où l'on peut raisonnablement conclure, qu'au oins après Rome ces deux Villes étoient les plus peuplées l'Univers. Cependant il est à propos de remarquer, que s habitans d'Aléxandrie ne faisoient pas naturellement plus tiers de ce nombre prodigieux d'ames, dont toute la côte la Méditerranée étoit peuplée, depuis Canope situé vis-à s des Biquiers, jusqu'à la Tour des Arabes. En effet par les mensions que je viens de vous donner de cette Ville il est nstant, qu'elle n'occupoit pas plus du tiers du terrain ren- rmé autour d'elle à droite & à gauche dans toute cette éten- e de pays, qui lui appartenoit, & lui étoit propre.

C'est ce dont il sera encore plus aisé de convenir après la scription que j'ai entrepris de donner de ces différens endroits fameux dans l'antiquité, dont Aléxandrie étoit environnée. ais avant que d'entrer dans ce détail, il me paroît nécessaire tracer d'abord un plan de la disposition des canaux divers, r où la subsistance étoit fournie à tous ces peuples, qui

Du nombre de ses habi- tans.

De son cli- mat.

habitoient un si long terrain, le plus aride & le plus stérile, que la nature eût formé, contigu d'ailleurs à d'autres provinces également incapables de subvenir à ses besoins, & très éloigné de toutes celles que leur climat rendoit plus fertiles. Le Ciel, qui sembloit être de bronze pour cette petite contrée, lui avoit refusé jusqu'à l'usage des eaux. Dans toute l'étendue de cette longue côte on ne trouvoit, ni puits, ni fontaines capables de désaltérer la soif des hommes & des animaux, qui l'habitoient. Cependant c'étoit dans ce terrain ingrat, que la nature avoit placé les plus beaux ports de tout le pays, que la stérilité de leurs environs rendoit inutiles.

J'ai parlé ailleurs de ces ouvrages immenses, qu'avant la naissance d'Aléxandrie les anciens Rois de l'Egypte avoient fait élever, pour rendre fertile le dedans de leurs Etats, & leur assurer une abondance perpétuelle, soit en prévenant les ravages que pouvoient causer les trop grandes inondations du Nil, soit pour répartir ses eaux à tous les terrains cultivés dans les années même où ses accroissemens étoient le moins considérables. L'attention de ces premiers Monarques, dont la puissance égaloit la politique & la sagesse, ne s'en tint pas uniquement à ces soins. Après s'être occupés pendant plusieurs siécles à fertiliser l'intérieur de ce Royaume, ils crurent devoir s'appliquer aussi à procurer les commodités de la vie, tant aux étrangers qui viendroient aborder dans ces ports, dont leurs Etats étoient bornés du côté du Nord, qu'à ceux de leur sujets qui voudroient s'y établir pour les y recevoir, & échanger avec eux les productions superflues à l'Egypte contre les marchandises que les autres contrées de la terre pouvoient fournir.

Du lac Mareotis. Comme cet échange mutuel est le lien le plus capable d'unir d'amitié les nations les plus éloignées, en leur procurant reciproquement les commodités, dont elles manquent dans leur propre pays, ces anciens Monarques zélés pour le bonheur des peuples, qui leur étoient soumis, jugerent qu'ils ne pouvoient employer plus utilement les richesses immenses, dont leurs trésors étoient remplis, qu'à quelques nouveaux travaux propres à favoriser ce commerce. Dans cette vue ils se proposerent de former au dessus de cette contrée maritime, & au milieu même de cette plaine aride de sables & de cailloux, dont elle étoit environnée, un vaste étang qu'on pût remplir des eaux du Nil, & qui servît en quelque sorte de troisiéme port à ceux qui viendroient s'établir sur ce rivage. On examina par leur ordre le terrain le plus favorable pour creuser ce lac ; on nivela tous les environs, afin de choisir les endroits les plus propres pour y conduire facilement de la haute & de la basse Egypte les eaux du Nil, & avec elles tout ce que produit ce pays abondant & fertile, & on travailla ensuite en même tems, tant à l'approfondissement de ce vaste réservoir, qu'à creuser deux canaux par où les eaux devoient y être amenées.

Rien n'étoit impossible à des Princes, dont les revenus étoient innombrables comme les sujets soumis à leur obéissance. Aussi parvinrent-ils en peu d'années à perfectionner ce grand ouvrage. Le lieu choisi pour ce grand réservoir à la distance d'une lieue des ports de la Méditerranée fut appellé du nom, qu'il porte encore aujourd'hui, le lac Mareotis. On mit en même tems la derniére main à deux canaux, destinés à y conduire les eaux du Nil ; l'un de la haute Egypte, & l'autre de la basse. Le premier avoit sa source dans le lac Meris, situé au Midi de la Ville de Memphis, alors capitale de tout le Royaume. Ce lac lui même empruntoit ses eaux du fleuve à trois ou quatre journées plus haut par un canal, qui y aboutissoit, & rendoit ce lac intarissable, comme il l'est encore aujourd'hui à cause de l'élévation de sa source. A l'égard du canal, qui du lac Meris, ou de la haute Egypte, conduisoit les eaux du Nil vers la mer, & au lac Mareotis, il s'avançoit d'abord au Couchant dans la petite province du Fioum, autrement appellée la province Sébennytique, la plus abondante & la plus fertile de tout ce charmant pays. De là se recourbant vers le Midi, il traversoit une plaine inégale de sables & de rochers, que l'on avoit cependant égalée pour la perfection du canal, soit en creusant dans les rochers lorsqu'on s'y trouvoit obligé, ou en élevant au milieu des sables lorsque le terrain le demandoit, un lit profond de vingt pieds & de trente de largeur. A la faveur de ces travaux immenses dignes de la puissance des Rois, qui les avoient entrepris, ce canal fut conduit jusqu'à la mer, à laquelle il alloit se rendre entre le port nommé *Cibotus* le plus Occidental de l'Egypte, & celui *d'Eunoste*, qui en étoit fort peu éloigné. Ce canal s'appelloit la bouche Tanitique du Nil d'un petit village, où l'on bâtit depuis à cette embouchure cette ancienne Ville, dont il est parlé dans les Auteurs sous le nom de *Tanis*.

Cependant avant que d'arriver à la mer, ce canal distribuoit ses eaux à deux autres qu'on avoit tirés à sa droite & à sa gauche. Celui qu'il avoit sur sa gauche, & dont je parlerai dans la suite, alloit porter la fertilité du Nil jusques dans les deserts arides de la Libye. A l'égard de l'autre canal qu'on avoit creusé sur sa droite, il servoit à voiturer avec ses eaux dans le lac Mareotis toutes les denrées & les marchandises que la haute Egypte pouvoit fournir, & ce que la province du Fioum avoit de superflu, après que la Ville de Memphis, au devant de laquelle toutes ces provisions passoient sur le lac Meris, s'étoit pourvue de ce qui lui étoit nécessaire. Dans la suite ce canal devint inutile au lac Mareotis par le comblement de la bouche Tanitique; mais il fut remplacé par un autre qu'on tira en même tems de la basse Egypte, & d'un autre embouchure du Nil à la mer, depuis la Ville de *Foua* jusqu'au même lac. Ce canal subsiste encore aujourd'hui, quoiqu'il ne serve plus au même usage, auquel il étoit employé dans ces premiers tems. C'étoit par là qu'on transportoit alors au lac Mareotis toutes les denrées & les marchandises, qui venoient de la basse Egypte, comme par le moyen de celui, dont j'ai parlé, on y voituroit auparavant tout ce que produisoit la haute. Les eaux de ce dernier canal n'eurent point d'abord d'autre destination ; dans la suite on les fit servir à un autre usage. En effet ce fut de là que par des canaux visibles, ou soûterrains, on tira celles que l'on conduisit depuis à Canope, & dans tous les autres endroits habités, qui se trouvoient en grand nombre depuis cette Ville jusqu'à celle d'Aléxandrie. Les canaux visibles servoient à voiturer d'un lieu à un autre les voyageurs, les marchandises, les comestibles, en un mot tout ce qui dans ces anciens tems entroit dans l'usage de la vie & du commerce. Les souterrains au contraire étoient destinés à conduire les eaux dans les citernes nombreuses, qu'on avoit bâties dans ces lieux différens, & principalement celles d'Aléxandrie. De là se remplissoient divers petits lacs creusés, ou dans ces lieux mêmes, ou aux environs. Au tour de ces nombreux réservoirs on avoit formé du limon même du grand canal, ou de celui qui fe tiroit tous les ans de ces canaux inférieurs que l'on nettoyoit, des jardins embellis d'arbres & de verdure, des champs fertiles, qui portoient des grains & des fruits en abondance. C'eſt ainſi qu'à la faveur de ce limon on avoit trouvé le ſecret de rendre fécond au bout de pluſieurs ſiécles le terrain le plus ſtérile de l'Univers. Enfin du lac Mareotis au port *Eunoſte* on tira encore un nouveau canal, qu'on deſtina de même à deux uſages. Le premier but qu'on ſe propoſa dans cette entrepriſe fut de s'aſſurer une voye toujours ouverte, pour ſoulager ce lac de la trop grande abondance des eaux qui pourroient y être portées par les autres canaux. En même tems on crut par là ſe procurer un moyen ſur pour voiturer commodément à la mer les denrées, qui venoient de la haute & de la baſſe Egypte, & pour en faire venir de même toutes les marchandiſes, qui dans différentes ſaiſons de l'année arrivoient dans les ports de toutes les parties de la Méditerranée.

Il n'eſt pas difficile de comprendre de quel avantage étoient ces différens canaux pour les habitans d'Aléxandrie, & ceux des lieux circonvoiſins. Rien en effet n'étoit plus utile pour eux, que d'approcher de leurs habitations toutes fort éloignées les unes des autres, les choſes, dont ils avoient journellement beſoin, ſans être obligés d'aller au loin les chercher par terre avec des voitures toujours beaucoup plus couteuſes. N'eſt-ce pas par la même raiſon, que dans un certain tems on a ſongé en France à faire paſſer la Marne, ou un bras de la Seine, autour de la Ville de Paris vers le rempart, dont elle eſt environnée du côté des portes Saint Martin & Saint Denis, quoi qu'elles ne ſoient éloignées que d'environ un quart de lieue du cours de la riviére, qui traverſe cette capitale ? A combien plus forte raiſon étoit il favorable pour les habitans d'Aléxandrie & des environs de pouvoir ſe fournir par eau, & à leurs portes, de tout ce dont ils avoient beſoin, ſans être obligés de le faire venir par terre par le moyen des voitures toujours lentes, & d'une dépenſe conſidérable, ou de l'aller chercher à la mer, c'eſt-à-dire à une grande lieue de là pour ceux, qui demeuroient aux extrémités de cette Ville, & beaucoup plus loin à proportion pour ceux, qui étoient établis dans le voiſinage ? C'eſt pour cette raiſon que le canal du lac Meris au lac Mareotis, & celui du lac Mareotis au port *Eunoſte*, avoient été creufés, afin de faciliter le tranfport des denrées & des marchandifes de la haute Egypte à ce lac, de ce lac aux différens ports, dont Aléxandrie étoit bordée, & réciproquement de ces ports en ce lac fitué au deffus de cette Ville.

Ce projet eut un fi grand fuccès, qu'en peu de tems le commerce devint beaucoup plus confidérable au port du lac Mareotis, qu'à celui d'Aléxandrie même. C'étoit là que toute l'Egypte alloit fe fournir de ce qui lui étoit néceffaire. Cependant par la fucceffion des tems le canal Tanitique s'abolit; comme je l'ai dit plus haut. Il n'en refte aujourd'hui aucunes traces; & à peine pourrions nous nous affurer de fa fituation, fi nous n'apprenions des Anciens, qu'il portoit fes eaux à la mer entre le port *Cibotus* & celui *d'Eunofte*, qui font contigus. L'autre canal fubfifte encore de nos jours par la néceffité qui oblige de l'entretenir, fi on ne veut rendre inutiles les deux ports d'Aléxandrie, & certains terrains adjacens, qui payent tribut au Grand Seigneur. Mais comme il refte prefque toujours à fec à caufe de la dépenfe confidérable qu'il faudroit faire pour le nétoyer à fond, à peine fert-il à conduire les eaux du Nil à Aléxandrie pendant deux ou trois mois de l'année, c'eft-à-dire pendant le tems de l'augmentation de ce fleuve. Le peu qu'il en voiture fuffit du moins pour remplir les citernes de cette Ville, & pour entretenir le lac Mareotis. Ce vafte réfervoir s'eft de même affez confervé jufqu'à prefent; mais outre qu'il commence à fe remplir, au lieu de cette efpéce de Ville, de ces temples, & de ces Palais, dont il étoit autrefois environné, il n'a pas même aujourd'hui une feule maifon fur fes bords. Son commerce jadis fi floriffant eft abfolument détruit, & il ne fert plus qu'à abbreuver les chameaux de quelques Arabes, qui campent dans les environs, ou à arrofer quelques terres voifines, du produit defquelles ils fubfiftent.

Après cette idée générale que je viens de donner de la fituation de l'ancienne Ville d'Aléxandrie, on attend fans doute que j'entre dans un plus grand détail, & que parcourant fucceffivement chacune des parties, qui la compofoient, j'y faffe remarquer en paffant la pofition de ces monumens fi vantés, qui la rendirent autrefois fi célébre. Je commence par la partie de cette Ville, qui s'offroit d'abord, lorfqu'on y arrivoit par

la

Méditerranée. Voici ce que nous en apprenons des anciens auteurs, qui en ont parlé.

Le premier port que l'on rencontroit, en abordant en Egypte du côté du Nord & du Ponant, se nommoit *Cibotus*. Il étoit situé au Levant de la Tour des Arabes dont il n'étoit éloigné que de quatre ou cinq lieues, & précédoit de deux à trois milles au plus le port *Eunoste*, que nous appellons aujourd'hui le vieux port. C'étoit entre ces deux ports, ainsi que je ai déja observé, qu'étoit située la petite Ville de Tanis, qui donna son nom à cette embouchure du Nil appellée la bouche Tanitique. Ce mot *Cibotus* dérive, à ce que je pense, du terme Arabe *Sabek*, qui signifie précédent, parceque ce port précedoit éffectivement celui d'Eunoste, comme il étoit aussi antérieur à un troisiéme que l'on forma depuis au Levant de celui-ci par un retranchement, dont je parlerai dans la suite. Ce premier port, qui subsiste encore aujourd'hui, n'est nullement bon, parce qu'il est exposé aux vents de Nord & de Nord-Ouest, qui sont les traversiers de la côte. Aussi n'y mouille t'on que dans une très grande nécessité, & dans une impossibilité absolue de gagner le port Eunoste qui est à couvert de ces vents par l'Isle *Antirhodus*.

[marginal: Du port *Cibotus*.]

Cette Isle, qui s'appelle encore aujourd'hui *Rondettin*, terme Arabe, qui signifie le *jardin des figues*, & qui sur une lieue de largeur, ou environ, a une longueur un peu plus considérable, avoit sans doute son ancien nom, ou du mot grec *Rhodos*, qui veut dire *une rose*, ou de l'Arabe *Roda*, qui signifie *jardin*, l'un & l'autre marquant également qu'elle étoit comme l'avant jardin de l'Egypte, ou le premier jardin qu'on y rencontroit, en abordant du côté de l'Europe. Aussi étoit ce alors un lieu des plus charmans. Les Aléxandrins y avoient bâti un nombre infini de maisons de plaisance, dont les unes avoient leur principale façade tournée vers le Nord, pour jouir en Eté de la fraicheur du vent, qui souffle de ce côté-là, les autres du côté du port vieux, & vers le Midi, afin de pouvoir y respirer en Hiver un air moins piquant & plus doux. Les jardins, dont cette Isle étoit ornée & embellie d'un bout à l'autre, étoient renouvellés chaque année par le limon que le Nil dans le tems de son accroissement laissoit dans les canaux & les citernes de toute la côte, & portoient les meilleurs fruits de l'Egypte. Les

[marginal: De l'Isle *Antirhodus*]

R

figues surtout y étoient admirables, & n'y sont pas encore aujourd'hui moins délicieuses. C'eft dans cette Ifle plus avancée à la mer, que la terre ferme d'Egypte, qu'abordent tous les ans les oifeaux, qui dans l'Automne viennent des pays froids fe réfugier en celui-ci, pour y paffer l'Hiver à l'abri des glaces de l'Europe. Il s'y en prend une fi grande quantité tous d'efpéces différentes, qu'après que ces petits oifeaux ont été dépouillés de leurs plumes, & enfévelis dans des fables brulans pendant environ un demi quart d'heure, ils ne fe vendent que deux fols la livre. On ne nourrit pas alors d'autre viande les équipages des bâtimens, qui dans cette faifon viennent mouiller à Aléxandrie. C'eft dans ce délicieux féjour, que fuyant de la bataille d'Actium, vaincu par un rival, dont il redoutoit moins la valeur que la clémence, à charge à foi même, l'infortuné Marc Antoine victime d'un amour malheureux avoit bâti ce fameux Palais, qu'il nomma *Timonium* du nom de Timon le mifantrope, parce qu'à l'imitation de ce Philofophe il avoit réfolu d'y paffer le refte de fes jours avec la belle Cléopatre, féparé pour jamais d'un monde ingrat, qui l'avoit abandonné. Augufte ne lui donna pas le loifir de jouir d'un projet flatteur que le dépit & l'amour lui avoient fait imaginer. Il le pourfuivit jufqu'en Egypte, & ce malheureux Triumvir vaincu une feconde fois par fon redoutable ennemi, toujours trahi & toujours trop fenfible, fut obligé de chercher dans fon propre défefpoir la fin de fa paffion, de fes infortunes, & de fa vie.

Des autres ports d'Aléxandrie.

C'eft entre la pointe Occidentale de cette Ifle & la terre ferme, que fe trouve l'entrée du port *Eunofte*, appellé aujourd'hui le vieux port. Cette embouchure eft affez difficile, comme elle l'étoit dès le tems des Romains, parce qu'elle eft étroite & embaraffée de rochers; mais dès qu'on l'a paffée on rencontre un beau & vafte mouillage de plus d'une lieue de longueur, capable de contenir mille vaiffeaux. Ce port eft très fur, & fi profond, que les plus gros vaiffeaux peuvent y aborder la poupe à terre. Il ne faifoit autrefois qu'un même port avec celui qu'on appelle aujourd'hui le port neuf, qui en étoit alors une fuite; mais il en fut féparé du tems des Grecs par une digue qu'on éleva depuis la terre ferme jufqu'à la pointe Orientale de l'Ifle Antirhodus, laiffant cependant à cette digue une ouverture pour communiquer d'un port à l'autre.

Ce fut au bout de cette digue, qu'on avança dans la mer le plus qu'il fut possible, que fut élevé ce Phare si fameux, dont il ne reste plus que quelques débris, qu'on apperçoit encore sous les eaux, lors que la mer est parfaitement calme, mais dont la mémoire vivra à jamais dans les descriptions magnifiques que les historiens nous en ont laissées. Ce superbe édifice que les Anciens comptoient entre les sept merveilles du monde fut l'ouvrage de Sostrate Gnidien, & fut bâti sous le régne de Ptolomée Philadelphe, qui y employa, dit-on, des sommes immenses. Le premier étage étoit un vaste corps de logis de marbre blanc agréablement ouvert, & dont toutes les vues, soit du côté de la mer, soit du côté de la Ville, ou des deux ports, faisoient un aspect également amusant & agréable. Au dessus de ce Palais s'élevoit une Tour quarrée toute bâtie du même marbre, & d'une hauteur extraordinaire. C'étoit un composé de plusieurs galeries balustrées, élevées les unes au dessus des autres, & soutenues par de riches colomnes. C'étoit au haut de ce superbe édifice, que tous les soirs on allumoit un fanal, pour guider dans les ténébres de la nuit les vaisseaux, qui arrivoient dans le port. On prétend que dans les plus élevées de ces galleries on avoit placé grand nombre de miroirs disposés avec tant d'art, qu'on y voyoit representés tous les bâtimens, qui abordoient à cette rade. On ajoute que cette Tour magnifique étoit d'une hauteur si prodigieuse, que de son sommet on découvroit les vaisseaux, qui entroient dans le port de Rhodes éloigné de là de près de deux cens lieues. Cependant on n'avoit point encore alors l'usage des lunettes d'approche ; mais comme le Phare étoit fort élevé, & au contraire la terre d'Aléxandrie très basse, comme elle l'est encore aujourd'hui, il arrivoit que ceux qui faisoient le guet au haut de cette Tour découvrant sur la mer des bâtimens passant dans le canal, & tirant vers l'Egypte, & annonçant leur arrivée beaucoup avant qu'on pût les distinguer du port, on s'imaginoit que leur vue portoit beaucoup plus loin, qu'elle ne s'étendoit en effet. La digue, au bout de laquelle le Phare avoit été élevé, y étoit jointe par quatre ou cinq arcades, qui faisoient la communication du port neuf avec le port Eunoste. Aujourd'hui ce superbe ouvrage ne subsiste plus, comme je l'ai déja dit. L'ancien Phare est enseveli sous les eaux. Le tems

Du Phare & du Pharillon.

l'a tellement détruit qu'apéine en reste-t-il les moindres traces. On voit seulement à l'entrée du port neuf une petite forteresse bâtie à la moderne, à laquelle on communique encore par des arcades, & qui s'avance moins dans la mer. C'est sur cette espéce de château, qu'on a élevé une Tour, d'où l'on fait encore fanal pendant la nuit. Cet ouvrage est incontestablement du tems des Rois Mahométans, qui après la ruine de l'ancien Phare n'étant pas assez puissans pour en rebâtir un pareil, firent élever à sa place cette nouvelle forteresse plus voisine de la terre ferme. C'est ce qu'on appelle aujourd'hui le Pharillon.

A la pointe Orientale de l'Isle Antirhodus finissoit le port Eunoste, ou le vieux port, & commençoit, comme je l'ai dit, celui que nous appellons le port neuf. Celui-ci avoit deux entrées. La premiére & la plus considérable rangeoit le Phare, & se terminoit à des rochers, sur lesquels on avoit bâti une petite forteresse, & sur cette forteresse une Tour, qui servoit de second fanal. La seconde entrée du port neuf commençoit à cette forteresse même, & finissoit à une autre pointe de rochers nommés *Lochias*, sur lesquels on avoit élevé de même un troisiéme fanal qui ne subsiste plus de nos jours. Les vaisseaux passoient entre ce second & ce troisiéme fanal ; mais comme cette bouche étoit plus étroite, & qu'on y trouvoit moins de fonds que dans la premiére, on ne se servoit de ce passage, comme on le fait encore aujourd'hui, que pour les galéres, & pour d'autres bâtimens de moindre grandeur, ou dans les occasions où il n'étoit pas possible de se prévaloir de la premiére entrée. Toutes deux avoient leur bouche tournée vers le Nord, que j'ai dit être le traversier de cette côte ; ce qui rendoit ce port beaucoup moins sûr que le vieux. Cependant comme en y entrant la mer alloit se briser contre les rochers, qui formoient ces deux ouvertures, & qu'après avoir passé le Lochias, on rencontroit une ance fort vaste, ce port ne laissoit pas d'être assez bon, surtout pour les vaisseaux qui mouilloient dans l'enfoncement.

C'étoit à la pointe du Lochias qu'étoient bâtis les Palais de ces anciens Rois d'Egypte si fameux par leurs richesses & par leur puissance. Au milieu de ces édifices superbes on distinguoit surtout le Palais de la Reine Cléopatre, dont les historiens

DE L'EGYPTE. 133

ous ont laiffé des defcriptions fi exactes. Cette Princeffe également galante & magnifique n'avoit rien oublié pour en faire le plus fomptueux & le plus délicieux féjour. De là jufqu'à cet endroit d'Aléxandrie, qui lui étoit oppofé, on avoit pratiqué au travers du port un pont, qui communiquoit à la Ville. Ce pont bati entiérement de pierres de taille étoit élevé fur deux rangs de colomnes, qui lui fervoient de pilotis, & qu'on avoit plantées dans le fond de la mer, qui dans ce port n'étoit pas fort profonde. Elles étoient fi élevées, qu'elles furpaffoient de plufieurs coudées la fuperficie des flots. Auffi les galéres pouvoient elles paffer fous ces arcades & entre ces colomnes, lorfqu'elles étoient démâtées; les petits bâtimens franchiffoient même ce paffage à la voile. On apperçoit encore quelques unes de ces colomnes renverfées & couchées fous les eaux dans l'endroit même, où elles avoient été placées; enforte qu'on peut encore aujourd'hui s'affurer de leur fuite, & de la diftance qu'il y avoit des unes aux autres. On voit auffi proche de la grande entrée du port une colomne très grande renverfée fur un rocher, qui fe trouve dans cet endroit. Par là il eft aifé de reconnoître quelle étoit l'attention des Grecs & des Romains pour la fureté des vaiffeaux, qui entroient dans leurs ports, puifque cette colomne n'avoit été fans doute élevée dans cet endroit, que pour avertir les pilotes du danger qu'ils devoient éviter. C'eft dans ce port, qui, comme je l'ai dit, eft appellé le port neuf, & dont l'entrée n'eft pas encore aujourd'hui moins difficile, qu'elle le fut autrefois, que tous les vaiffeaux Chrétiens font obligés de mouiller. Les Turcs ne leur permettent point l'accès du premier, que nous nommons le vieux port, & que les anciens appelloient *Eunofte*, parceque les appartemens de leurs femmes font prefque tous tournés de ce côté-là. Cependant comme le port neuf eft d'un fond très mauvais, & prefque tout comblé par le limon que le Nil y charie, & par les fables que les vents de Nord & de Nord-Oueft y pouffent avec violence pendant l'Eté, il eft certain qu'avant peu d'années il fera abfolument impraticable. Alors il faudra néceffairement que les Turcs permettent à nos bâtimens d'aller mouiller dans le vieux port, ou qu'ils renoncent à notre commerce.

Cette Ville, dont l'abord étoit fi magnifique & fi charmant, n'étoit pas moins célébre par les propres beautés qu'elle conte- *De la Ville même d'Aléxandrie.*

noit, par celles de ses fauxbourgs & de plusieurs petites Villes, dont elle étoit accompagnée. Aléxandre, disent les Auteurs anciens, avoit fait tirer au cordeau toutes les rues de sa nouvelle Ville. Entr'autres on en remarquoit deux, qui se coupoient à Angles droits, & qui avoient chacune cent vingt pieds de large. Elles aboutissoient aux quatre extrémités de la Ville, qui se trouvoit par là ouverte à tous les vents, & jouissoit par conséquent d'un air fort pur. On y comptoit, ajoutent-ils, cent Palais divers, outre ceux des Rois, & un grand nombre de temples consacrés à toutes les divinités du Paganisme. On y rencontroit à chaque pas des monumens sans nombre également superbes. Tels étoient la colomne de Pompée, les Aiguilles de Cléopatre, le Sérapium, & plusieurs autres, de quelques uns desquels il reste encore aujourd'hui des vestiges.

C'est par là, & par la succession des tems que la fameuse Aléxandrie parvint à être regardée comme une des premiéres & des plus célébres Villes de l'Univers. Il est vrai, que soit que l'on considére l'avantage de sa situation & de ses ports ; les richesses de son commerce, & la magnificence de ses bâtimens, soit qu'on ait égard à l'état florissant où elle sçut porter les Sciences & les arts, il semble qu'elle l'emportoit sans contredit sur toutes les autres Villes du monde. Elle fut le second siége de la véritable religion sur la terre, & les anciens Péres l'appelloient le *Paradis*, parceque la Sainteté y étoit comme sur son trône. Du reste aucun pays ne fut plus fécond en hommes de lettres. On sçait que parmi les Astronomes & les Médecins on ne consuidéroit guéres que ceux qui étoient sortis de l'Ecole d'Aléxandrie. Pour l'histoire elle a produit un Appien & un Hérodien ; elle a été la patrie d'Euclides & d'Origénes. C'est là que Philon le Juif s'est rendu célébre par ses écrits ; c'est-là qu'environ trois cens ans avant la naissance de Jesus-Christ les soixante & douze interprétes envoyés par le grand Prêtre Eleazar au Roi Ptolomée Philadelphe fils de Lagus firent cette fameuse version Grecque de la Bible ; ce fut dans cette même Ville, que les Clémens Aléxandrins, les Jéromes, les Basiles, les Grégoires, firent leurs études dans les Saintes lettres. Enfin l'histoire fera vivre à jamais dans la mémoire des hommes le souvenir de cette célébre Bibliotheque rassemblée à Aléxandrie sous le régne du même Ptolomée par les soins de Démétrius de haléré, & composée de près de cinq cens mille volumes. Les Romains après la conquête de l'Egypte avoient conservé tant de vénération pour cette Ville, que les Empereurs accordoient la qualité de citoyen d'Aléxandrie avec beaucoup plus de précaution & de réserve que celle de citoyen Romain.

Mais si cette Ville étoit illustre par elle même, si elle étoit la plus noble de toutes celles de l'Univers, comme on le lit sur un * cachet de bronze large de deux doigts, & long de quatre pouces, qui lui servit autrefois de Sceau, & dont l'antiquité & la vérité ne peuvent être contestées ; les fauxbourgs divers & les petites Villes, ainsi que les monumens superbes, dont elle étoit accompagnée à sa droite jusqu'à la Ville de Canope du côté de l'Orient, & à sa gauche vers l'Occident jusqu'à la Tour des Arabes, n'étoient pas moins dignes d'admiration.

Le premier endroit digne de remarque qu'on rencontroit à la gauche d'Aléxandrie, étoit le fauxbourg de Necropolis, c'est à dire *la Ville*, ou *l'habitation des morts*, qui s'étendoit par l'espace d'une grande lieue entre la mer & le lac Mareotis, tirant vers la Tour des Arabes, sur une largeur à peu près égale. C'étoit en ce lieu que par une louable coutume les Grecs & les Romains avoient soin d'enterrer leurs morts. Mais il ne faut pas s'imaginer que cet endroit n'eût rien que de triste & de lugubre, comme nos cimetieres, dont le seul aspect fait horreur. Mille superbes tombeaux y étoient élevés accompagnés de Chapelles magnifiques, où l'or & le marbre brilloient de toutes parts. De ces Chapelles il n'y en avoit point de considérable, à laquelle on n'eût attaché des revenus proportionnés pour l'entretien des Prêtres chargés d'y faire chaque jour certaines prieres, & de tems en tems même des sacrifices & des aumônes pour l'expiation des fautes de ceux qui y étoient inhumés. Ces Prêtres, qui par le moyen de ces fondations se trouvoient en état de vivre à leur aise, avoient à côté de ces Chapelles des maisons accompagnées de jardins, qui répondoient à la magnificence des tombeaux qu'ils desservoient. Enfin comme ce grand terrain aboutissoit d'un côté à la mer, & du côté opposé au lac Mareotis, qui formoient l'une & l'autre des vues

Du Fauxbourg de Necropolis.

* On trouve sur ce cachet ces caracteres bien marqués *Alexandreæ*. V. G. N. c'est-à-dire, *Alexanrie Ville la plus noble de la terre*. L'auteur acheta en Egypte cette antique, qui se conserve dans le cabinet d'un curieux.

charmantes, comme pendant l'Eté on y jouissoit du côté de la mer de la fraîcheur des vents du Nord, & de l'autre de celle des eaux du lac, à l'exemple de ces Prêtres, divers particuliers d'Alexandrie s'y étoient bâti des maisons de plaisance, qui rendoient ce quartier très agréable d'affreux qu'il auroit été, s'il ne s'y fût trouvé que des sepultures ordinaires.

Du faux-bourg de Nicopolis. De l'extrémité de ce fauxbourg jusqu'à la Tour des Arabes on rencontroit presque sans interruption de gros bourgs, tels que celui de Tanis à l'embouchure de la branche Tanitique du Nil, & divers autres, entre lesquels presque sans aucun intervalle se trouvoient des maisons de plaisance, que la vue & l'air de la mer, qu'on y respiroit, y avoit fait bâtir. Quoi que ces habitations fussent considérablement éloignées du Phare, cependant on s'y rendoit de la Ville d'Alexandrie en batteau, ou par les voitures de terre, en si peu de tems, que cette distance étoit comptée presque pour rien. A l'extrémité du fauxbourg de Necropolis tirant vers l'Orient étoit l'Hyppodrome si vanté dans l'histoire, situé derriere la Ville; & immédiatement après ce superbe monument, on trouvoit un autre fauxbourg, nommé Nicopolis, c'est-à-dire la *Ville de la victoire*, bâti par Auguste après que dans cet endroit il eut défait les troupes de Marc Antoine. C'étoit principalement en ce lieu que se voyoient les plus beaux Palais des Grands, & leurs maisons de plaisance, qui avec leurs jardins, & autres dépendances, formoient une seconde Ville presque aussi vaste & beaucoup plus gaye, que celle d'Alexandrie.

Du quartier appellé Rhacotis. Au bout de ce fauxbourg étoit un quartier, appellé Rhacotis, assez considérable par son étendue, & qui avoit été assigné aux Grecs pour faire leur commerce. Ce lieu étoit fort marchand, & renfermoit plusieurs rues couvertes & très longues, dans lesquelles on pouvoit se promener à l'abri des vents & du Soleil. Ces rues, qui ne reçoivent la lumiére que par des fenêtres pratiquées dans la couverture, sont encore aujourd'hui fort communes à Constantinople, & dans diverses autres grandes Villes de l'Orient. On pouvoit se rendre dans ce quartier par un canal, qui partant d'Alexandrie, traversoit le fauxbourg de Nicopolis, & venoit aboutir dans ce lieu. C'étoit la promenade ordinaire des Dames de la Ville.

De là tirant toujours vers l'Orient, on entroit dans un autre fauxbourg

DE L'EGYPTE.

fauxbourg, nommé Bucolis, qui s'étendoit jufqu'à la mer. Ce quartier n'étoit guéres rempli que de maifons de plaifance & de cabarets, & comme on pouvoit également s'y rendre, foit par mer, ou par le canal, dont je viens de parler, on y trouvoit en tout tems un concours prodigieux de différentes perfonnes, qui d'Aléxandrie venoient fe réjouir dans ce lieu charmant, & ouir de la vue de la mer & des jardins fans nombre, dont toutes les maifons de ce fauxbourg étoient accompagnées. Ce délicieux féjour étoit fuivi d'un autre, qui ne l'étoit pas moins & qui par fa vafte étendue ne reffembloit pas mal à une petite Ville. On l'appelloit Eleufine. Cette bourgade étoit auffi fort marchande ; & il s'y tenoit pendant l'année plufieurs foires, qui y attiroient les habitans de tous les lieux circonvoifins. Quelque nombreux qu'ils fuffent, ils y trouvoient des logemens commodes, & tous les agrémens de la vie.

Du bourg d'Eleufine on paffoit dans un autre fauxbourg, nommé Schedis. C'étoit dans cet endroit que fe payoit la douanne des marchandifes & des denrées, qui de toute l'Egypte étoient apportées à Aléxandrie. De ce quartier on entroit dans un autre, appellé Tapofiris, où fe fabriquoient différentes fortes d'étoffes, qu'on tranfportoit de là à Aléxandrie, ou ailleurs. On rencontroit enfuite le temple de Venus Arfinoé élevé fur un Cap, dont la mer baignoit le pied en cet endroit. Ce temple étoit environné d'un bourg affez confidérable. On y trouvoit plufieurs boutiques, où fe vendoient des reprefentations de la Déeffe, & d'autres figures lafcives qu'on employoit dans les facrifices, qui fe faifoient en ce lieu. Les autres habitations étoient deftinées à loger les pelerins, que la dévotion y conduifoit. A une diftance très peu confidérable on voyoit les ruines de la petite Ville de Thonis, bâtie anciennement fur le bord de la mer en un lieu, où il y avoit un port pour les petits bâtimens, & où le raviffeur d'Heleine aborda, dit-on, avec fa conquête. Cette Ville étoit déja détruite lorfque les Romains fe rendirent maîtres de l'Egypte. Enfin après tant de différens endroits contigus, qui formoient une fuite d'habitations d'environ cinq lieues d'étendue, on arrivoit à la Ville de Canope. Après cette defcription ne conviendra-t'on pas, que fi fur le témoignage de l'antiquité on accorde que tous les lieux, dont je viens de parler, formoient véritablement une

Du fauxbourg Bucolis, & du bourg d'Eleufine.

Des Fauxbourgs nommés Schedis & Tapofiris, & du temple de Venus Arfinoé.

S

même Ville, je n'ai rien exagéré, en donnant une si longue étendue au terrain qu'occupoit l'ancienne Aléxandrie dans les beaux jours de sa splendeur.

Origine de Aléxandrie moderne.

Telle fut pendant plusieurs siécles la fameuse & célébre Aléxandrie. Tant que les Grecs & les Romains resterent les maîtres de l'Egypte, elle soutint toujours son ancienne splendeur; & elle ne commença à déchoir de son premier éclat, que lorsque les Arabes s'emparerent de ce beau Royaume. Comme ces peuples accoutumés à vivre sous des tentes à la campagne n'avoient aucun goût pour les Villes, qu'ils méprisoient & regardoient comme des prisons, pour les Palais, & les anciens monumens, dont toute l'Egypte étoit remplie, non seulement ils négligerent de les entretenir; ils les détruisirent même pour en employer les matériaux à élever des Mosquées, & à bâtir de mauvaises maisons, ou plutôt de misérables cabanes qu'ils préférerent à ces magnifiques Palais. Aléxandrie se trouva enveloppée dans le commun naufrage, que causa dans ce célébre pays la barbarie de cette nation. Cette grande Ville se dépeupla insensiblement, & se remplit de ruines. Cependant l'étendue de ses murs étoit si grande, qu'il eût fallu des armées entières pour les garder. Le peuple qu'elle renfermoit s'étoit déja révolté plusieurs fois, & il s'en étoit fait des massacres prodigieux. Les Princes Mahométans, qui régnoient en Egypte fatigués de ces révoltes réiterées, & des soins que leur donnoit la garde de cette grande Ville remplie de cent ruines différentes, songerent à se mettre à l'abri de ces craintes & de ces soulévemens. Dans cette vue ils résolurent de reduire son enceinte au peuple, qui restoit, & qu'elle pouvoit contenir.

De ses murs & de ses Tours.

Ce fut vers l'an * 600. de l'Hegire que ce dessein s'executa par un des Rois successeurs de Saladin, qui, comme on le voit dans son histoire, venoit d'enlever l'Egypte aux Califes de la famille des Fatimiens. On se servit pour bâtir cette enceinte, qui n'a pas de circuit plus de dix milles d'Italie, ou deux grandes lieues de France, des débris de l'ancienne que l'on abandonnoit. Aussi les murailles de cette Aléxandrie nouvelle, & les cent tours dont elles sont flanquées, sont elles baties d'une infinité de marbres & de colomnes brisées entrelacées avec les pierres ; ce qui justifie parfaitement, que cette Ville

* De l'Ere Chrétienne, 1212.

a été bâtie des ruines de l'ancienne, & que ses murs ne sont pas de la haute antiquité. Cette nouvelle enceinte est double. Un mur extérieur ferme d'abord les avenues, & à environ trente pas de distance de celui-ci un second fait face au dedans de la Ville. C'est entre ces deux enceintes, que par des voutes, ou arcades, pratiquées au pied des Tours, dont elles sont accompagnées, les troupes commises à la garde de cette Ville pouvoient en faire le tour à couvert des insultes du dedans & du dehors, dont ce double mur les deffendoit. Ces Tours, dont la moindre est une espéce de citadelle, débordent considérablement en dehors, & ne sortent pas moins en dedans. Aussi contiendroient elles aisément quatre ou cinq cens hommes; ensorte qu'on pourroit y loger une armée de cinquante mille hommes, sans qu'elle fût à charge aux habitans. Tout y est vouté, & on compte dans chacune plus de cent chambres. Au reste je suis assez du sentiment de ceux qui pensent que ces Tours, dont la hauteur est prodigieuse, ont été bâties à deux fois. On distingue encore aujourd'hui l'ouvrage du Prince, qui les a fait élever plus qu'elles ne l'étoient d'abord, par le soin qu'il a eu de le faire crépir. On remarque aussi dans le premier fossé au flanc de chaque Tour des portes par où les troupes pouvoient faire des sorties. On ne peut nier que cette Ville ne fût très forte en ce tems-là.

Il n'en faut pas, je crois, davantage pour réfuter ceux, qui ont prétendu que ces murs étoient la véritable enceinte de l'ancienne & superbe Aléxandrie. Cette Ville auroit certes été bien petite, & n'auroit pas eu la vingtiéme partie de l'étendue que nous sçavons qu'elle contenoit, si elle eût été resserrée dans un espace aussi médiocre. Pour se convaincre du contraire, il suffit de considérer ces murs & ces tours, dont la plus grande partie subsiste encore aujourd'hui en son entier. Le moindre connoisseur s'apperçoit du premier coup d'œil qu'elles ne sont dignes de la magnificence ni des Grecs, ni des Romains. Les portes même dont le bois est encore entier, après que les lames de fer qui les couvroient ont été consumées par le tems, prouvent seules la fausseté de cette opinion, & les inscriptions Arabes qu'on lit encore aujourd'hui sur ces portes, achevent de lever tous les doutes sur l'époque de l'origine de cette Ville.

Cependant toute moderne qu'elle est, elle ne laisse pas de renfermer encore des morceaux respectables de la plus belle antiquité. Telle est cette superbe colomnade, qu'on trouve vers le milieu de cette enceinte. Elle consiste en un rang de colomnes encore de bout d'une grosseur & d'une hauteur extraordinaires, entre lesquelles il s'en remarque une, qui conserve encore son chapiteau. Ces colomnes, qui sont élevées sur une même ligne, s'étendent près de cinq cens pas, & ne sont plus aujourd'hui dans une distance égale les unes des autres, parce que la plus grande partie en a été enlevée. Il s'en trouve même plusieurs de renversées entre celles qui subsistent encore aujourd'hui & restent debout. De celles ci on en voit quelques unes, qui ne sont éloignées des autres que de dix à douze pieds ; d'où je juge que sur ce seul rang il y avoit près de cent cinquante colomnes. Pour les réduire même à ce nombre, il faut supposer que la première & la dernière des colomnes, qui se trouvent sur cette ligne, en occupoient réellement autrefois, comme elles font aujourd'hui, les deux extrémités. Vis-à-vis de ce rang de colomnes on en voit d'autres semblables, qui leur sont opposées ; & quoi qu'il n'en reste aujourd'hui sur pied que trois ou quatre, il est visible cependant par la disposition & par la conformité de l'ordre, de la grosseur, & de la hauteur des colomnes de ce second rang avec celles, qui composent le premier, que ce lieu étoit autrefois une place, dont la figure formoit un quarré long de deux cens pas de large sur une longueur de cinq cens ; ce qui devoit être sans contredit d'une beauté & d'une magnificence achevée. Un édifice de briques, qu'on voit au milieu de cet espace, avec des réservoirs au dessus & des bassins destinés à recevoir l'eau, fait connoître qu'il y avoit dans cet endroit une fontaine assez superbe, pour répondre à la beauté du lieu qu'elle occupoit. Il est naturel de croire, que les plus beaux Palais d'Aléxandrie faisoient face à cette place, puisqu'immédiatement derrière les colomnes, surtout du premier côté, on voit quantité de murs de briques, les uns renversés, les autres entiers, qui font encore juger de la grandeur & de la beauté des bâtimens élevés en cet endroit. Peut être même ces Palais s'avançoient-ils jusqu'à ces colomnes, sur lesquelles les murs antérieurs reposoient, & qui formoient ainsi des

DE L'EGYPTE. 141

portiques sous lesquels on alloit se promener. Je ne doute point que ces édifices superbes ne fussent l'ouvrage des Romains. Au milieu de ces ruines, qui sont sans contredit un des plus beaux restes de l'ancienne Aléxandrie, on trouve des bains encore presque entiers. J'y en ai remarqué un surtout, dont les murs n'étoient uniquement composés que de mortier, mais si ferme & si dur, qu'il auroit disputé cette qualité à la pierre même. Les Mores vont chaque jour en détacher quelques morceaux, pour composer leurs nouveaux bâtimens, mais comme ces ruines sont déja presque entiérement ensévelies sous le sable, ils ne se donnent pas la peine de creuser jusqu'au dernier fondement. Il est certain, que si on risquoit la dépense d'y faire fouiller, on y découvriroit mille belles antiquités. La plûpart des gens croyent ici, que le Palais du Pere de Sainte Catherine étoit autrefois bâti dans l'endroit, où ces murs de briques paroissent le plus élevés ; mais comme cette tradition n'a rien de certain, & qu'on n'est pas fort scrupuleux ici sur ces sortes de matiéres, d'autres assurent que c'étoient des bains publics. Ceux-ci pourroient bien avoir raison ; car on y voit encore clairement plusieurs appartemens voutés, qui semblent n'avoir été destinés qu'à cet usage.

Vers le milieu de cette grande colomnade, & du côté où les colomnes sont plus entiéres, subsiste encore aujourd'hui une Mosquée, qui fut autrefois une Eglise consacrée à Saint Athanase. C'est sans contredit l'Eglise la plus belle, comme la plus ancienne, qu'on voye aujourd'hui en Egypte. Au travers des fentes de plusieurs portes, dont elle est percée, on apperçoit que le quarré long, qui la compose, est environné de quatre rangs de colomnes de porphire parfaitement belles. Ces colomnes soutiennent des arcades, que je crois modernes, & faites, ou du moins rebâties par les Turcs. Le milieu de ce vaste édifice n'est qu'une grande cour pavée de marbre ; en sorte que si c'étoit là toute l'Eglise, car on pourroit croire avec fondement, que ce n'en étoit seulement que l'entrée, ou le parvis, elle n'étoit composée que de collatéraux, à moins qu'elle ne fût couverte d'un dôme, qui ne subsiste plus. Ce qui pourroit confirmer cette opinion, c'est que la plûpart des anciennes Eglises, ainsi que toutes les Mosquées des Turcs, sont bâties sur ce modele. On peut dire que cet usage est très salutaire pour ceux, qui vont y faire leurs priéres. L'air qu'on y respire y est sans cesse renouvellé par le vent, au lieu que celui de nos Eglises couvertes de voutes & fermées par des portes se charge d'une infinité d'exhalaisons mauvaises, surtout dans les plus fréquentées, & produit souvent plus de maladies qu'on ne s'imagine. Il est vrai, que la nature de notre climat ne permettroit pas souvent de prier à l'air, même dans les plus belles saisons de l'année. Quoiqu'il en soit, l'extérieur de ce bâtiment n'a rien de beau, ni de prévenant. Ce ne sont que de simples murailles ; mais s'il étoit permis d'y entrer, je ne doute point qu'on n'y remarquât de belles antiquités, & qu'on ne jugeât beaucoup mieux de ce que ce lieu étoit autrefois. Je ne fis même, alors que je visitai cet endroit, le peu d'observations, que je viens de communiquer, qu'avec beaucoup d'inquiétude, & après avoir disposé mes Janissaires & la Nation, qui m'accompagnoit, de maniére à ne pouvoir être surpris. Les Turcs plus superstitieux ici qu'ailleurs ne pardonneroient point une pareille curiosité. On peut dire qu'ils sont aussi jaloux de leurs Mosquées que de leurs femmes. Cette Eglise n'est pas la seule, qui se trouve dans cette enceinte. Quelques Religieux Coptes y ont aussi une Chapelle, qu'ils prétendent bâtie sur le lieu, ou étoit élevé le Palais du Pere de Sainte Catherine ; & les Religieux de Terre Sainte y en occupent une autre située auprès d'une maison où le Consul Vénitien logeoit autrefois.

Aiguilles de Cleopatre.

Après ce fameux monument ce qu'il y a de plus ancien & de plus curieux dans l'Aléxandrie moderne, ce sont ces deux Aiguilles, ou Obélisques, que l'on attribue à Cleopatre, sans qu'on sçache trop bien sur quel fondement. L'une est aujourd'hui renversée, & presque ensévelie sous les sables ; l'autre reste encore debout, & quoi qu'on ne voye point le piedestal sur lequel elle est posée, à cause des sables, qui l'environnent & le couvrent absolument, il est aisé de connoître en mesurant un des côtés de la base de celle, qui est renversée, que ce qu'on ne voit point de celle, qui est debout, n'est pas fort considérable. Les quatre côtés de ces Aiguilles sont couverts de figures hiéroglyphiques, dont malheureusement nous avons perdu la connoissance, & qui sans doute renfermoient des mystéres, qui resteront toujours ignorés. Du reste elles sont

e marbre granite, comme la plûpart de celles qu'on trouve
Aléxandrie, & dans le reste de l'Egypte.

L'Aléxandrie souterraine n'est pas à beaucoup près si mal-traitée, que celle que je viens de décrire. De ces citernes, dont j'ai déja parlé, destinées à fournir pendant toute l'année de l'eau aux habitans de cette Ville, si quelques unes ont été enfoncées, s'il s'en trouve de gâtées, de remplies, de bouchées, enfin si celles qui restent ne sont point entretenues avec la même propreté qu'autrefois, il est certain du moins par ce qu'on en voit encore aujourd'hui, & par le témoignage de ceux qui y descendent tous les jours, qu'il n'y a rien de plus beau, ni de plus entier que leurs voutes, rien de mieux bâti que les ouvertures, par où elles communiquent les unes avec les autres. La plûpart de ces voutes, toutes fort exhauffées, sont soutenues par des colomnes ; ensorte qu'après que les eaux en ont été épuisées, on peut se promener spatieusement dans ces citernes, comme au milieu de plusieurs superbes colomnades. Les eaux y sont introduites par ces ouvertures, qui aboutissent aux canaux, dont cette enceinte est traversée en differentes façons. Plusieurs de ces citernes sont revêtuës de marbre ; & si elles le sont seulement de ciment, il est si entier, soit dans le fond de la citerne, soit au mur dont elle est environnée, qu'on ne peut se lasser d'admirer sa composition, & l'art avec lequel il a été employé. Ces citernes ont encore une étenduë surprenante. Des gens, qui y sont entrés par un bout de la Ville, en sont sortis par l'autre. Cependant cette étendue, quelque considérable qu'elle soit, est encore bien différente de celle que ces vastes réservoirs ont effectivement, & de celle qu'ils avoient autrefois. On trouve une continuation de ces citernes depuis Aléxandrie, en suivant le rivage de la mer vers l'Orient jusqu'aux Biquiers, qui en sont éloignés de cinq grandes lieuës ; de semblables s'étendent jusqu'à deux lieuës vers l'Occident. Parmi ces canaux souterrains, qui servent à porter l'eau dans les citernes, & qui sont assez élevés pour qu'un homme puisse s'y promener debout, on en voit encore un presque entier, qui régne jusqu'aux Biquiers. Il étoit destiné à fournir l'eau aux citernes, qui s'avançoient de ce côté là, & il la recevoit comme tous les autres par ce grand canal, dont j'ai parlé plus haut, & qui, comme je l'ai dit,

Des Citernes

subsiste encore aujourd'hui en partie. Il n'y a que vingt cinq ou trente ans, qu'il étoit encore en assez bon état, & il se trouve d'anciens négocians François, qui par ce canal ont fait voiturer des marchandises de leurs maisons jusqu'au Caire. On m'a assuré que ce canal qui a aumoins quinze lieues de longueur, est entiérement pavé, & que ses côtés sont revêtus & soutenus par des murs de briques aussi entiers qu'ils l'étoient du tems des Romains.

Colomne de pompée.

Il ne me reste plus qu'à parler d'un des plus beaux morceaux d'antiquité, qui nous ayent été conservés en Egypte, je veux dire de la colomne de Pompée. De toutes les anciennes magnificences d'Aléxandrie & de ses environs, dont la grandeur a été ensévelie dans l'enceinte des murailles de l'Aléxandrie moderne, il ne nous reste guéres de débris aussi entiers, que cette colomne. Je ne prétens point décider si c'est avec fondement, ou non, qu'on lui a donné le nom de Pompée. Ce qu'il y a de certain, c'est qu'au bas de son fût du côté de l'Ouest on trouve une inscription Grecque, dont je ne crois pas qu'on ait encore tiré de copie. Aussi est il impossible de la lire à cause de la couleur variée du marbre, qui compose cette piéce. Le seul moyen de l'avoir, seroit, à mon avis, d'en prendre l'empreinte sur de la cire molle. Quoi qu'il en soit, cette colomne, qui autrefois étoit incontestablement dans l'enceinte d'Aléxandrie, se trouve aujourd'hui à un grand quart de lieue des murs de la nouvelle Ville tirant vers le lac Mareotis, élevée sur un tertre naturel de pierre solide escarpé de toutes parts, & de la hauteur de vingt cinq à trente coudées. Il est vrai, que si ce monument subsiste encore de nos jours, nous en sommes redevables à l'énormité de son poids, qui n'a pas permis aux Arabes d'arracher les pierres, sur lesquelles sa base est posée. Cependant à force d'attaquer ses fondemens, dans l'espérance sans doute d'y trouver quelque trésor, ils sont parvenus à tirer une pierre d'un coin. Par là ils nous ont donné lieu d'appercevoir sur celle, qui la suit immédiatement, des lettres hiéroglyphiques parfaitement entiéres, & de voir que précisément au milieu des grosses pierres, sur lesquelles s'appuie la base de cette colomne énorme, il y a aussi une espéce de colomne, sur laquelle repose toute la pesanteur de l'ouvrage. On découvre de même sur cette

derniére,

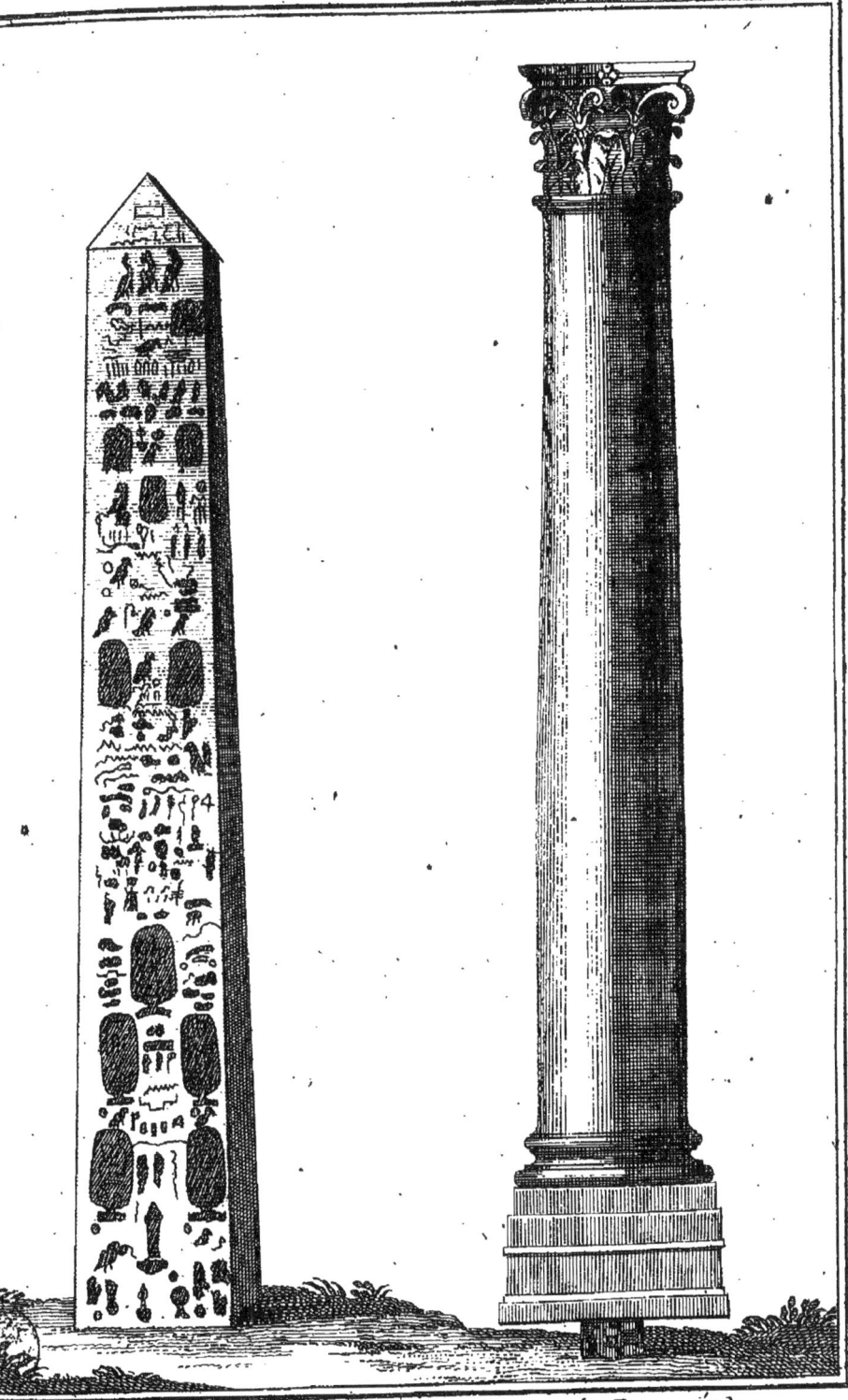

Aiguille de Cleopatre.   Colomne de Pompée.

derniére, qui fert en quelque forte de point d'appui, plufieurs caractéres hieroglyphiques, qui vraifemblablement doivent regner à l'entour.

Il feroit difficile de dire de quel ordre eft cette colomne. Pour en parler avec affurance, il faudroit au moins en avoir mefuré le fût par le bas. Or on doit s'imaginer que ce n'eft pas une entreprife auffi facile qu'on pourroit le croire que de porter une Echelle jufques là, & de faire cette opération. Ce que je puis affurer, c'eft que cette colomne n'eft point Gothique; qu'elle a de très belles proportions ; qu'on y obferve une diminution par les deux bouts, & un renflement dans le milieu, qu'enfin l'œil le plus difficile n'y peut rien trouver à redire. La colomne eft de trois morceaux. Le Chapiteau en fait un ; Le fût & trois pieds de la bafe, qui y font joints, fans doute pour appuyer d'autant mieux la pofition de cet ouvrage prodigieux fur fon piédeftal, forme le fecond ; enfin la bafe même compofe la troifiéme piéce. Chacune des faces de cette bafe a quinze pieds au moins de largeur, & autant de hauteur, d'où l'on peut juger du poids énorme de ce quartier de marbre. La colomne pofée fur ce piédeftal eft fans contredit la plus groffe & la plus haute, qui foit dans l'Univers. Suivant l'eftime de plufieurs perfonnes, qui en ont pris les dimenfions avec des inftrumens de Mathématique, elle a quatre vingt huit pieds entre la bafe & le chapiteau ; enforte que fans craindre de fe tromper, on peut lui donner hardiment cent dix pieds d'élévation. Sa groffeur eft proportionnée à fa hauteur, & quatre hommes pourroient à peine l'embraffer. En un mot il eft impoffible de rien voir de plus parfait en ce genre. La bafe eft auffi entiére que le premier jour. Le Chapiteau eft, à la vérité, un peu écaillé, ou plutôt dépoli ; mais outre qu'on trouveroit en Egypte deux cens morceaux pareils propres à en faire un nouveau, ce léger défaut n'empêche point qu'on ne voye très diftinctement les feuillages, dont il eft orné. Il eft vrai auffi, que le cordon & le fût même fe trouvent endommagés du côté expofé au Midi, le vent humide, qui fouffle de ce côté-là, ayant vraifemblablement produit cet effet ; mais ce dommage eft très léger, puifque ce qu'il y a de gâté ne s'étend pas à plus de vingt cinq pieds de longueur fur un pied & demi de large, & ne pénétre pas plus de quatre doigts

T.

dans le vif de la colomne ; défaut peu confidérable, & qui doit être compté pour rien dans une piéce auffi prodigieufe & auffi antique. D'ailleurs rien ne feroit plus facile que de reparer cette entamure, ou fi l'on veut, cette excoriation, d'une maniére même à n'en pas laiffer le foupçon le plus léger, par le moyen d'un maftic compofé du même marbre. Tout le monde fçait que le marbre n'eft qu'un affemblage de petits cailloux, que la nature réunit par un ciment imperceptible, & qu'en maniant un peu fortement les écailles de cette pierre, que le tems a detachées, elles fe réduifent facilement en pouffiére, qui découvre la compófition. On trouveroit fans peine de cette même efpéce de marbre, c'eft-à-dire de la même couleur, & de la même fineffe. Elle n'eft pas abfolument rare dans ce pays ci. On broyeroit ce marbre, dont on feroit une pâte ; & lorfqu'il s'agiroit de rétablir la colomne, après avoir nétoyé d'abord jufqu'au vif l'endroit dégradé, on le rempliroit d'un bon maftic mêlé de grains naturels, qu'on auroit féparés auparavant ; on appliqueroit enfuite la pâte compofée de ce même marbre broyé, & on en rempliroit tout l'efpace gâté en plus grande quantité, que le vuide ne l'exigeroit, afin qu'en poliffant l'ouvrage, on pût rendre cette addition égale au refte du corps de la colomne. Je fuis perfuadé que cette compofition tiendroit autant que le marbre même ; & qu'il ne feroit pas poffible de s'appercevoir de cette matiére artificielle entée de la forte fur la nature. Peut être auffi feroit il plus à propos de laiffer au marbre cette difformité, qui ne ferviroit qu'à mieux prouver l'antiquité de cette piéce. Ce font de ces deffauts légers, qui bien loin de défigurer, contribuent au contraire à relever le mérite d'un bel ouvrage.

 Le Chapiteau répond au refte de la piéce, & eft creufé par deffus. Peut être foutenoit-il la reprefentation, ou de Pompée même, dont ce monument porte le nom, ou de quelqu'autre Empereur, ou Héros, dont on avoit placé la ftatue au haut de cette maffe prodigieufe. C'eft ce dont on ne peut être éclairci que par l'infcription, dont j'ai parlé, & qui fe trouve au bas du fût. Si ce foupçon eft fondé, il falloit que cette figure fût d'une grandeur extraordinaire, pour répondre à la hauteur de la colomne, & pour être apperçue d'en bas dans une proportion naturelle. Quelques uns font d'un autre fentiment. Comme on apperçoit cette colomne de la mer long tems avant que de découvrir la terre d'Aléxandrie, ils pensent que ce monument peut avoir été destiné à servir de fanal aux vaisseaux, qui y abordoient. Mais comment auroit on porté du feu au haut, puisque la colomne n'est point creuse, qu'elle a au moins cent dix pieds d'élévation, & qu'on ne fait point d'Echelle de cette hauteur ? Il y a quelque tems qu'un danseur de corde, Arabe de nation, entreprit de monter sur cette colomne, & en vint à bout. Il attacha une ficelle à une fléche qu'il eut l'adresse de faire passer dans les jours de la corniche, dont le Chapiteau est accompagné. Ensuite par le moyen de la ficelle il y éleva une corde, à la faveur de laquelle il monta réellement sur le haut de la colomne, portant un ânon sur ses épaules. Cela se passa à la vue de tout le peuple d'Aléxandrie, qui étoit accouru pour jouir de cette nouveauté. C'est de cet Arabe que l'on a sçu, que le Chapiteau étoit creusé considérablement.

Après l'idée que je viens de donner de ce monument, peut on s'empêcher d'avouer, que c'est le plus grand dommage du monde, qu'il soit entre les mains de gens, qui en connoissent si peu le mérite ? Pour moi je ne puis me détacher d'une idée, qui m'est venue naturellement en le considérant. Cette magnifique colomne m'a paru digne de soutenir une statue du Roi. S'il est vrai qu'elle ait porté celle de Pompée, comme la tradition le veut, à quel Héros pourroit-elle être mieux consacrée ? Par où pourroit on mieux conserver, & même augmenter la gloire de sa première destination ?

Il ne seroit pas aussi difficile, qu'on le pense, d'obtenir cette colomne de la Porte. Je suis persuadé même qu'on en viendroit aisément à bout, en s'y prenant avec adresse. La Cour pourroit d'abord la faire demander au Grand Seigneur par l'Ambassadeur de France, à qui certainement on ne refuseroit pas cette grace. On obtiendroit ensuite de S. H. qu'elle chargeât un Capigi Bachi d'un ordre adressé au Bacha & aux autres Puissances de l'Egypte, par lequel elle déclareroit, qu'étant résolue de faire venir cette piéce à Constantinople, & l'Ambassadeur de France ayant bien voulu se charger de la faire abattre, & de fournir des vaisseaux pour la transporter, sa volonté seroit qu'à cette occasion il fût donné toute sorte de secours & de protection au Conful de cette nation réfident au Caire, fans pouvoir pour ce fujet rien exiger de lui fous quelque prétexte que ce fût. Pour prévenir jufqu'au plus léger foupçon, il feroit encore à propos qu'il fût ordonné au Bacha de faire délivrer au Conful les fommes, dont on auroit befoin pour fatisfaire aux dépenfes abfolument néceffaires. On auroit foin que ces fommes fuffent enfuite remifes fecrétement au tréfor de S. H. par l'Ambaffadeur. Comme il eft très rare que les ordres du Grand Seigneur trouvent de la réfiftance, comme d'ailleurs les Turcs & les Arabes font trop groffiers, pour eftimer de pareilles curiofités, je ne doute point, fi on s'y conduifoit de cette forte, qu'ils ne s'empreffaffent à faciliter eux mêmes l'exécution d'un deffein, auquel ils ne manqueroient pas de s'oppofer de toutes leurs forces, s'ils fçavoient qu'on deftinât cette piéce à une Puiffance étrangere. Je fçai qu'il feroit toujours néceffaire de faire ici quelques libéralités; mais je fuis en même tems très convaincu, qu'elles n'égaleroient pas à beaucoup près ce qu'il en couteroit, fi l'on étoit obligé d'obtenir leur confentement au prix qu'y mettroit infailliblement leur avarice infatiable. Toute la dépenfe confifteroit dans les frais du bâtiment deftiné pour ce tranfport, & de l'entretien des matelots, qui le monteroient. Du refte je mets en fait que l'exécution de ce projet ne couteroit pas plus de vingt mille écus au Royaume. La France pourroit fe vanter alors de poffeder le plus rare morceau d'antiquité de cette efpéce, qui fubfifte aujourd'hui dans le monde, & le concours d'étrangers, que ce monument fameux y attireroit de toutes les parties de l'Europe, la dédommageroit avec ufure de tout ce qu'il en couteroit.

On prétend que cette colomne, comme toutes les autres qu'on voit dans la baffe Egypte, ont été tirées des carriéres de la haute, d'où on les amenoit par le Nil. Cette opinion a beaucoup de fondement, comme je le ferai voir en parlant du marbre granite. Mais ce que quelques Auteurs Arabes ajoutent à ce fujet eft de la derniére extravagance. Ils difent que dans ces tems reculés, où l'Egypte fe vit peuplée de ces monumens célèbres, ce pays étoit habité par des hommes d'une taille & d'une force fi extraordinaires, qu'ils prenoient une de ces colomnes fous leur bras, & faifoient gaillardement avec ce fardeau cent cinquante & deux cens lieues, en passant seulement de tems en tems cette masse énorme d'un côté à l'autre, C'est ainsi, continuent-ils, que toutes ces colomnes ont été transportées de si loin. Pour mieux établir le merveilleux de ce récit ils ajoutent, que le Géant qui se chargea de la colomne de Pompée, la plus pesante de toutes, se rompit une côte en chemin, peut être en voulant la passer de la droite à la gauche; mais que cet accident ne l'empêcha point de continuer sa route, & d'arriver à Aléxandrie son paquet sous le bras, comme tous les autres. Quel dommage, qu'une race si vigoureuse soit manquée! Que de travaux, que de machines n'épargneroit on pas avec un tel secours. Il nous faudroit à nous autres foibles Pygmées des années entières pour déplacer seulement cette colomne.

Je finis par une observation, qui surprendra peut être, mais qui n'en est pas moins nécessaire; C'est qu'on ne doit pas croire que cette nouvelle enceinte, dont j'ai parlé, élevée il y a environ six cens ans sur les ruines de l'ancienne Aléxandrie, & que j'ai appellée l'Aléxandrie moderne, soit véritablement la Ville d'Aléxandrie, telle qu'elle subsiste aujourd'hui. Je ne crois pas qu'à bien compter tous les Chrétiens, les Turcs, & les Arabes, qui habitent encore cette Aléxandrie prétendue, on trouvât une centaine d'hommes parmi les ruines qu'elle renferme. Elle est devenue si déserte, qu'on n'y peut même aller vers le soir, ni de grand matin, sans s'exposer à un danger manifeste d'être volé. Ce qui dans cette enceinte subsistoit de l'Aléxandrie ancienne, étant encore trop étendu pour le peuple, qui l'habitoit, & les ruines des maisons inhabitées augmentant encore tous les jours, quelques uns ennuiés de demeurer parmi ces ruines songerent à se procurer un plus agréable séjour. Les dehors de cette moderne Aléxandrie leur en offrirent un tel qu'ils pouvoient le souhaiter. Au fond du port neuf, ou comme je l'ai déja dit, la terre se prolonge tous les jours dans la mer aux dépens de l'étendue qu'il devroit avoir, les sables que le tems y avoit rassemblés insensiblement avoient éloigné de beaucoup la mer des anciens murs, & formé un terrain assez considérable. Ce fut là que quelques uns de ceux qui avoient leurs maisons dans l'enceinte de l'Aléxandrie moderne transporterent leurs habitations. Dans peu ils furent suivis par

De l'état présent d'Aléxandrie.

DESCRIPTION

d'autres, & bientôt pour s'approcher de la marine ; on abandonna abſolument la ſeconde Aléxandrie, où l'on n'a guéres conſervé que quelques Moſquées, qu'on entretient encore à cauſe de leur beauté, & des revenus qui y ſont attachés.

Ce nouveau terrain, ou ſi l'on veut, cette troiſiéme Aléxandrie, qu'on doit regarder comme l'Aléxandrie de nos jours, s'eſt ſi fort accru, que la maiſon, où je débarquai en 1692. qui faiſoit alors face à la mer, & n'en étoit pas éloignée de trente pas, s'en trouvoit diſtante en 1718. de plus de ſoixante & dix; enſorte que de là au rivage on avoit bâti pluſieurs habitations nouvelles. C'eſt un fait, dont j'ai été témoin ; & je ne doute pas que depuis ce tems-là il ne ſoit arrivé encore quelque pareil changement. C'eſt ainſi que la Ville, qui porte aujourd'hui le nom d'ancienne, a ſans doute été conſtruite des ruines de la premiére Aléxandrie, & que la nouvelle s'eſt bâtie, & ſe bâtit encore tous les jours des débris de la ſeconde, autant & mille fois plus inférieure à la véritable Aléxandrie, que celle qui ſubſiſte aujourd'hui l'eſt elle même à celle-là. Il viendra peut être un tems, où les colomnes qui ont été tranſportées dans ce nouveau terrain, confondues avec la pouſſiére des maiſons, feront croire à ceux qui ne l'auront pas vû bâtir comme nous, que la Ville fondée par Aléxandre étoit réellement ſituée dans cet eſpace qu'il occupe, comme quelques uns oſent encore ſoutenir aujourd'hui, que les murs & les tours, dont j'ai parlé plus haut, l'enfermoient autrefois véritablement.

Tel eſt, Monſieur, l'état déplorable, où ſe trouve aujourd'hui cette grande, cette fameuſe Ville d'Aléxandrie, autrefois ſi célébre par toute la terre, & dont l'hiſtoire vous avoit donné ſans doute l'idée la plus haute & la plus magnifique. Au lieu de ce peuple immenſe qui l'habitoit, à peine y compte t'on de nos jours trois ou quatre mille perſonnes réfugiées de différentes provinces de la Turquie. C'eſt à ces maſures, dont elle eſt à preſent compoſée, que ſe ſont réduits ſes grands fauxbourgs, ſes Palais, ſes Amphitéâtres. De tous ces endroits autrefois ſi fameux, de tant de monumens ſi célébres, dont étoit enrichi ce long terrain depuis Canope juſqu'à la Tour des Arabes, il ne reſte plus que quelques monticules, qui par leur élévation, & par les ruines dont ils sont couverts, marquent encore jusqu'où Aléxandrie portoit son étendue. Car il est certain, qu'avec un peu d'attention rien n'est plus facile que de distinguer les endroits, qui ont été bâtis, de ceux qui ne l'ont point été. A l'excéption de ces tristes débris, & à quelques monumens près que le tems a respectés, & qui ont échappé à la fureur des Arabes, tout est cendre & poussiére aux environs de cette Ville. On ne rencontre de tous côtés que des monceaux de pierres & de sables. On trouve dans l'enceinte des murs, dont j'ai parlé, deux montagnes assez élevées, qui ne sont composées que de ces débris. C'est dans ces ruines informes, surtout dans celles qui s'étendent à l'Orient & aux Couchant au dehors d'Aléxandrie, qu'on trouve une infinité de médailles, & de ces pierres gravées, qui étoient si communes chez les Romains. On sçait qu'ils les portoient au doigt en maniére de bagues ; peut être pour leur servir de cachet ; peut être aussi comme des representations de leurs divinités, des personnes célébres par leur vertu, ou de celles qu'ils estimoient. Les colomnes répandues, dans tout ce vaste terrain sont sans nombre. Il s'en rencontre quantité dans l'ancienne Ville, les unes debout, d'autres renversées, la plûpart très grosses, & qui n'ont pû être enlevées à cause de leur pesanteur. Car il est certain que les Turcs se sont emparés de toutes celles qu'ils ont pû emporter, soit pour bâtir ici leurs maisons, ou leurs Mosquées, où il s'en trouve un nombre prodigieux, soit pour enrichir la Ville de Rosette, où l'on en a de même transporté beaucoup. On en voit aussi plusieurs à l'entrée de ces arcades pratiquées, comme je l'ai dit, au pied des tours, qui sont entre les deux murs de la Ville. Il y en a encore en grand nombre au pied de ces mêmes murs dans l'endroit, où ils sont encore aujourd'hui battus des flots de la mer, sans parler de celles qu'on a entre-lacées dans l'épaisseur de toutes les murailles, & qui y ont été mises, pour affermir & mieux lier tout l'ouvrage. Enfin de quelque côté qu'on porte ses regards, on n'apperçoit que colomnes de toutes grandeurs & de toute espéce de marbre. Il seroit difficile d'imaginer le nombre des monumens illustres que l'avarice des Arabes a anéantis dans ces environs. On les a vûs encore de nos jours abattre à la campagne des colomnes superbes, dans la seule espérance de trouver sous la base quelques monnoyes d'or, ou d'argent, qu'ils croyoient y être cachées. Il y a quelques années, que dans un tems de peste la superstition leur fit briser dans ces mêmes campagnes une figure de Lion aussi belle qu'elle étoit ancienne. Combien d'autres ouvrages, qui méritoient d'être respectés, ont péri de la même maniere !

Au reste quand je parle de montagnes de ruines, je ne prétens point entendre par là ces ruines récentes, parmi lesquelles on rencontre encore de grosses pierres. Je parle de ces ruines de douze ou quinze cens ans, où la poudre des briques & celle des pierres se distingue seulement par quelques petites parties, qui en restent. Je suis persuadé, que si on se donnoit la peine d'approfondir le terrain, on trouveroit des murs, & d'autres ouvrages entiers, qui ont été ensévelis sous cette poussiére, & sous le sable que le vent y a mêlé. Je ne doute point encore, qu'en examinant les digues, & les divers autres endroits du port, où il paroît des rochers, on ne découvrît beaucoup d'antiquités, qui y sont cachées. Le vieux port, par exemple, en est certainement environné; mais comme il n'est pas permis aux Chrétiens d'en approcher, il seroit impossible d'en rien dire d'assuré. Quoiqu'il en soit, il est difficile de ne pas convenir, qu'il y a très peu de Villes dans l'Univers, qui après tant de révolutions, puisse encore, comme celle-ci, au bout de dix sept siécles laisser entrevoir autant de traces de sa magnificence. Que seroit Paris lui même, malgré sa grandeur presente, s'il étoit seulement abandonné pendant une aussi longue suite d'années ? Quels ouvrages y connoissons nous capables après un si long intervalle de conserver encore quelques traits de leur grandeur ? Avouons le, Monsieur ; Nous ne faisons rien aujourd'hui en édifices publics ni en solidité de bâtimens, qui soit aussi grand & aussi durable que l'étoient les ouvrages des Anciens.

Cependant à force d'admirer l'antiquité je m'apperçois que j'éloigne la fin de ma lettre. Or comme le tems ne me permet pas actuellement de la faire plus longue, peut être aussi n'auriez vous pas le loisir d'en lire davantage. Je finis donc en vous assurant à mon ordinaire que je suis, &c.

Au Caire ce....

LETTRE CINQUIEME.

DE LA VILLE DU CAIRE

De son origine & de son climat, de ses antiquités, surtout des greniers & du puits de Joseph.

PRES vous avoir entretenu de cette célébre Aléxandrie, qui sous le régne des Grecs & des Romains devint tour à tour le siege de l'Empire de ces fameux Conquérans en Egypte, il est juste de vous donner une idée d'une autre Ville, qui sans avoir la même réputation, tient cependant ici le même rang depuis onze cens ans, ou environ, que les Princes Mahométans se sont rendus maîtres de ce Royaume. Je parle, Monsieur, du grand Caire, de cette Ville aujourd'hui aussi fameuse en Europe qu'Aléxandrie l'étoit autrefois par toute la terre; de cette capitale du Royaume de l'Egypte, où les Princes successeurs de Mahomet firent éclater leur pouvoir & leur magnificence, tant que ce pays eut ses Souverains; qui depuis l'invasion des Turcs est encore aujourd'hui le séjour de ces fiers Ministres de la Porte Ottomane, qui sans avoir toute l'authorité de ces anciens monarques, en conservent encore, autant qu'il est en eux, toute la grandeur & tout le faste, & dont tant de relations nous font les descriptions les plus magnifiques. Presque tous les anciens Auteurs ont vanté Aléxandrie comme une des Villes des plus florissantes de son tems; Aujourd'hui combien de voyageurs n'ont pas parlé du Caire, de ses richesses, de ses beautés, de tout ce que cette grande Ville peut renfermer de rare & de merveilleux! Après tant de traits tirés sur le même tableau n'y aura t'il point de l'imprudence ou de la témérité à

V

moi de prétendre encore retoucher cette peinture ? Je fens, Monfieur, tout ce que je rifque en formant un pareil deffein. Le hazard de vous ennuyer eft le moindre danger que je cours dans cette entreprife. Peut être auffi ma lettre aura t'elle un meilleur fort. Peut être y remarquerez vous des particularités inconnues à nos voyageurs, des traits qui leur ont échapé, des découvertes dont ils ont négligé de s'inftruire. Peut être y trouverez vous dequoi réformer plufieurs de ceux qui avant moi ont traité la même matiére.

Origine de la Ville du Caire.

L'origine du Caire n'eft prefque pas moins ancienne que celle d'Aléxandrie. A mefure que cette derniere Ville devenoit celebre, l'autre commençoit à fe former; & comme Aléxandrie s'embellit des débris de tout ce qu'il y avoit de plus riche & de plus puiffant dans Memphis, le Caire s'accrut & fe fortifia de fes reftes. En effet à peine le fiege de l'empire Egyptien eut il été tranferé de l'ancienne Memphis à Aléxandrie, que tous les Grands & les Seigneurs du pays abandonnerent cette Capitale, pour aller s'établir dans le nouveau féjour de leurs Rois, & auprès de leur perfonne. Bientôt les fuperbes Palais qu'ils avoient habités, ceux de ces anciens Rois, dont la magnificence eft fi célébre dans l'hiftoire, tant d'autres monumens, dont cette premiére Ville de l'Egypte étoit ornée & enrichie, ceffant d'être entretenus, tomberent fous le poids de leur propre grandeur, & devinrent la proïe des injures du tems & des années. Alors les peuples de Memphis ennuyés d'habiter parmi des ruines, qui ne fervoient qu'à leur rappeller le fouvenir douloureux de la grandeur paffée, où ils avoient vû leur patrie, abandonnerent ce trifte féjour, pour aller chercher loin de fes murs des objets moins chagrinans & plus agréables. Ce fut fur les rives du Nil à quelques lieues de leur premiére habitation en tirant vers le Nord, & dans l'endroit même où le vieux Caire eft aujourd'hui fitué, que la plûpart fe retirerent auprès du Gouverneur que les Princes Grecs tenoient dans cette partie de leur Royaume. Ce lieu déja peuplé par lui même s'accrut fenfiblement par le concours de ces nouveaux habitans, & devint floriffant dans la fuite à mefure que d'un autre côté Aléxandrie commençoit à déchoir de fon ancienne fplendeur. C'étoit dans cette Ville, que nous appellons le vieux Caire, que faifoit fa réfidence le Gouverneur de l'Egypte pour

DE L'EGYPTE.

les Empereurs de Conftantinople, à qui ce pays obéïffoit alors, lorfque * l'an 21. ou 23. de l'Hegire Amrou fils d'Aas l'emporta après un long fiege. Les Auteurs Arabes difent qu'elle portoit alors le nom de *Masr*, c'eft-à-dire *lieu* par excellence, comme Médine eft appellée Ville par excellence, ou la Ville des Villes. Ce fut, dit-on, la première conquête qu'Amrou fit en Egypte. On ajoute que lorfque ce Prince voulut décamper, on trouva qu'une tourterelle avoit fait fon nid au haut de fa tente. Amrou averti de cette avanture ordonna que fa tente refteroit dans le même lieu ; ce qui donna occafion d'ajouter au nom de *Masr* celui de *Foftat*, qui en langue Arabe fignifie *Tente*. Ainfi la Ville s'appella depuis, & s'appelle même encore aujourd'hui parmi les gens du pays *Masr Foftat*, c'eft-à-dire, *le lieu des tentes*. D'autres prétendent que ce nom lui fut donné, parceque les foldats d'Amrou accoutumés à vivre en pleine campagne aimerent mieux demeurer dans les cabanes, qu'ils avoient élevées autour de la Ville pendant le fiege, que d'aller habiter les Palais & les maifons magnifiques, qu'elle renfermoit.

Quoiqu'il en foit, bien loin que cette conquête fît rien perdre à cette Ville dés avantages qu'elle poffédoit auparavant, elle n'en devint au contraire que plus riche & plus floriffante. Depuis cette époque l'Egypte foumife au joug de l'Alcoran commença à regarder la Ville de *Masr* comme fa capitale. Ce fut le féjour des Gouverneurs que les Califes fuccefleurs de Mahomet tenoient en Egypte ; & elle conferva cette prérogative jufqu'à ** l'an 358. de l'Hegire, que le Calife *Méez ledin allah* de la famille des Fatimiens, qui régnoit alors en Afrique, fit paffer en Egypte *El Kaïed Giauher* Général de fes armées pour conquérir ce Royaume. Peut être ne fera t'on pas faché de fçavoir furquoi ce Prince fondoit l'efpoir de cette conquête.

HISTOIRE
De la conquête de l'Egypte par les Califes d'Afrique.

Du tems que Méez-ledin-allah régnoit en Afrique, l'Egypte étoit gouvernée par une Reine, dont l'hiftoire ne rapporte

* De l'Ere Chrétienne, 633. ou 635.
** De l'Ere Chrétienne, 970.

point le nom, & qui à l'âge de dix huit à vingt ans comptoit au nombre de ses adorateurs tout ce qu'il y avoit de sujets soumis à ses ordres, ou de Princes voisins de ses Etats. La réputation de sa beauté traversant les deserts arides de la Libye étoit parvenue jusqu'aux rivages de l'Océan Occidental, & Méez-lédin au milieu de sa puissance & de sa grandeur n'avoit pû rester insensible à ce qu'on lui avoit rapporté de tant d'appas. Ce Prince, qui, outre les Etats qu'il possédoit en Afrique se voyoit encore le maître de la Sicile & de la Sardaigne ne trouvoit plus, ni dans les respects d'une Cour brillante & superbe, dont il étoit adoré, ni dans les délices d'un férail nombreux & florissant, dont il étoit l'ame, ce plaisir piquant, qui résulte naturellement du témoignage secret que l'on se rend à soi même d'être devenu un objet de vénération & de tendresse pour tout ce dont on est environné. Depuis le portrait charmant qu'on lui avoit fait de la jeune Reine d'Egypte, tout autre plaisir que celui de s'en occuper lui étoit devenu insipide. Il en avoit oublié jusqu'aux projets flatteurs d'ambition, que son grand cœur ne pouvoit manquer de lui inspirer. Au milieu des empressemens que tous ceux qui l'approchoient faisoient paroître pour le servir & pour lui plaire, uniquement occupé de sa passion naissante, le Calife ne songeoit qu'aux moyens capables de la satisfaire, ou de l'irriter.

Depuis que la Loi de Mahomet avoit proscrit parmi ses sectateurs l'usage des figures humaines, on ignoroit dans Tremecen l'effet de ces toiles ingénieuses, qui par des couleurs appliquées avec art & habilement-assorties sçavent tracer aux yeux les traits les plus déliés & les plus charmans d'un beau visage. A peine le pinceau le plus adroit osoit il même y allier ensemble des roses & des lys, parceque par leur union ils servent à former un beau teint; & ce ne fut qu'avec une admiration mêlée de la surprise la plus vive, que dans le grand appartement du Palais, dans le Divan même, on vit paroître un matin le portrait de la Reine d'Egypte. Méez-lédin, dont la magnificence égaloit le pouvoir, avoit sçu par ses libéralités attirer dans sa capitale tout ce qu'il y avoit en Europe d'ouvriers les plus excellens en tout genre. Mais les peintres surtout avoient la préférence dans son estime. Il en avoit logé un certain nombre dans son Palais, où ils étoient entretenus, & où il les occupoit

DE L'EGYPTE.

à ces superbes mosaïques, dans lesquelles l'or & l'azur, qui y entroient, étoient beaucoup moins estimables, que l'art de l'ouvrier, qui sçavoit les mettre si richement en œuvre sur des colomnes, ou des lambris. C'étoit par le moyen d'un de ces peintres Européens, qui sous l'habit d'un marchand Africain avoit sçû s'introduire à la Cour d'Egypte, que Méez-lédin avoit obtenu le portrait, dont je viens de parler ; & à peine s'en vit il possesseur, qu'il en fit tirer plusieurs copies. Bientôt on vit le portrait de la jeune Princesse exposé en toutes sortes de grandeurs dans tous les appartemens du Palais, faire l'ornement de ces lieux, où quelque tems auparavant le Prophete même n'auroit pû paroître impunément en peinture. Le Calife lui même portoit cette prétieuse image representée en petit dans un cartouche de vélin enchassée dans une bordure d'émail ornée de Diamans, & pendue à son col avec un cordon d'or & de soye. Ce ne fut principalement qu'avec la derniére surprise, qu'on la lui vit porter à la Mosquée, lorsqu'à certains jours de la semaine ce Prince, qui se piquoit surtout de paroître zélé pour sa religion, y alloit faire sa priére. C'étoit là l'unique divinité à laquelle s'adressoient tous ses vœux. Mahomet lui même lui eût il abandonné la jouissance de ces jardins enchantés, dont il a flatté l'espoir de ses séctateurs, ne pouvoit lui procurer un bonheur qu'il n'imaginoit pas pouvoir trouver ailleurs que dans les bonnes graces de sa Princesse.

Des remédes si lents au lieu de calmer l'impatience de ce Prince amoureux, ne servoient cependant qu'à l'enflammer de plus en plus, & à l'inquiéter davantage. Méez-lédin songea à en employer de plus efficaces. Le mal du Calife sembloit être contagieux, & s'être communiqué à ce Peintre Européen, dont il s'étoit servi pour obtenir le portrait de la Reine d'Egypte. Il étoit devenu éperdument épris des charmes d'une des esclaves de cette Princesse, & en rendant compte au Calife de sa commission, il ne put lui faire un mystere, ni de sa passion, ni des espérances que cette belle personne lui avoit données. Ce fut à cet étranger, que Méez-lédin communiqua d'abord le dessein qu'il avoit formé d'envoyer en Egypte une célèbre Ambassade, pour offrir à la Reine sa personne & ses Etats ; & il lui fit entendre en même tems que pour en assurer le succès, il souhaitoit qu'il fût du voyage. Le Peintre étoit bienfait de sa figure, & d'un âge à pouvoir encore cacher son sexe sous un autre habit. Avec des talens si conformes à l'usage que le Calife en vouloit faire, il avoit encore le bonheur d'être François & amoureux. Ne l'eût-il pas été, le caractére seul de la nation auroit suppléé dans l'occasion qu'on lui préparoit à une passion moins réelle. Méez-lédin concerta avec lui toute la conduite qu'il devoit tenir dans le voyage ; & l'amoureux peintre ravi de trouver le moyen de servir en même tems sa tendresse & un Prince pour lequel il avoit un véritable attachement, promit tout ce que l'on voulut.

Tout ce que nous lisons dans les historiens de plus magnifique, au sujet de ce qui s'est pratiqué par quelques Souverains dans des occasions pareilles, n'approche pas de la superbe Ambassade que le Monarque Africain fit alors passer en Egypte, pour offrir à la belle Reine de ce pays son cœur & son Empire. Quarante Seigneurs tous Princes de son sang, ou issus des familles les plus distinguées de ses Etats, furent nommés pour ce voyage ; & afin de rendre cette députation plus agréable à la jeune Princesse, il les choisit tous parmi ce qu'il y avoit de plus leste & de plus galant dans la brillante jeunesse, qui composoit alors la Cour de Trémecen. A la tête de ces jeunes Seigneurs il étoit nécessaire de mettre un personnage d'authorité capable par son expérience & par sa sagesse de régler toutes leurs démarches, & de conduire cette négotiation avec cette habileté, qui est l'ame de toutes les affaires, & qui décide ordinairement du succès. Méez-lédin jetta les yeux pour un emploi si important sur le fameux Visir *El kaïed Gianher*, dont l'habileté & l'attachement lui étoient également connus. Le Calife s'ouvrit à ce Ministre sur le choix qu'il avoit fait de sa personne pour une négociation de cette conséquence. Il lui fit entendre, qu'en le chargeant de cette commission, il remettoit entre ses mains le bonheur de ses jours & la tranquillité de sa vie ; il l'instruisit des avantages qu'il pourroit tirer du jeune peintre François destiné à l'accompagner, des mesures qu'il avoit prises avec lui, & des espérances qu'il avoit fondées sur cette intrigue ; il lui recommanda les intérêts de sa gloire, & plus encore ceux de son cœur ; & que ne lui dit-il pas pour l'attendrir, & l'engager à le servir dans une occasion si importante ! Enfin tous les préparatifs étant faits pour le départ, cette brillante compagnie ayant à sa tête le général des armées du Calife, traversa les rues de Trémecen le premier jour de la Lune de Chatan, accompagnée des vœux & des bénédictions de tous les habitans de cette Ville, qui s'étoient rassemblés sur son passage, tandis que d'une des fenêtres de son Palais le Calife lui même la conduisoit des yeux & du cœur. De là elle alla camper à une petite lieue de cette capitale dans une plaine, où elle fut jointe par dix mille hommes des troupes de l'Etat nommés pour l'escorter dans sa route. Elle ne se ressentit en rien des fatigues & des incommodités, qui ont coutume d'accompagner ces sortes de voyages, où l'on est obligé de traverser une mer de sables arides brulés par les ardeurs du Soleil. Chaque jour quelques heures avant le départ une espéce d'avant garde composée de tous les Officiers de ces Seigneurs, & de deux mille hommes destinés à escorter les équipages, décampoit du lieu où cette petite armée avoit fait alte, & alloit reconnoître au loin les cantons moins stériles & les situations les plus avantageuses. Là chaque Seigneur trouvoit à son arrivée ses tentes & ses pavillons dressés dans l'aspect le plus favorable, pour jouir du repos, & gouter la fraicheur après les chaleurs qu'ils avoient essuyées pendant quelques heures. Méez-lédin leur avoit même ménagé à chaque campement tous les agrémens, qu'ils auroient pû trouver dans leurs propres Palais & à la Cour, par les convois nombreux chargés de toutes sortes de rafraîchissemens, dont il les avoit fait précéder. Ce fut de cette sorte qu'après avoir traversé les deserts de l'Afrique, les Ambassadeurs du Calife arriverent à la vue du Caire, & vinrent camper à une petite lieue de cette Ville.

Méezlédin avoit toutes les raisons imaginables de se promettre un heureux succès de cette Ambassade. Ce Prince, qui se voyoit alors à la fleur de l'âge, joignoit à une puissance fort étendue une magnificence proportionnée. Il avoit de l'esprit, de la politesse & de l'enjouement, de la bravoure, de la prudence, & peut être un peu trop de penchant à la tendresse. Il étoit d'ailleurs beau, bienfait, galant, & libéral, adoré de ses sujets, redouté de tous ses voisins, & en état de n'appréhender lui même aucune des Puissances, dont ses vastes Etats étoient environnés. Avec de telles qualités un cœur, qui s'offre accompagné d'une couronne, se trouve rarement exposé à essuyer un refus. Mais l'entreprise de Méez-lédin étoit de la nature de celles, à qui un obstacle invincible ne permettra jamais de réussir. Giauher s'en apperçut dès le premier pas qu'il fit dans cette négociation. A peine fut il arrivé sur les frontiéres de l'Egypte, qu'on commença par le chicaner sur la qualité de son escorte. On lui fit même entendre assez clairement, qu'on ne lui permettroit jamais de passer plus avant avec des troupes si nombreuses. Il est vrai, qu'on colora ce refus d'un prétexte assez spécieux en apparence. On lui dit qu'un parti de mécontens cabaloit à la Cour & dans les provinces, & qu'il étoit à craindre qu'à l'approche de ces troupes étrangéres ils ne prissent cette occasion pour éclater. Le général Africain sentit d'abord l'affront qu'on faisoit à son maître dans la personne de ses Ambassadeurs ; mais il aima mieux le dissimuler, & paroître prendre en payement la mauvaise défaite qu'on lui donnoit, que de rendre l'outrage plus sanglant, en éclatant hors de saison. Dès lors il commença à tirer mauvais augure du succès de sa négociation. Cependant il passa par dessus ce pressentiment secret dans l'espérance de vaincre par sa patience & son habileté des obstacles, qui n'étoient peut être pas aussi insurmontables que cette premiere démarche sembloit le promettre. Il laissa la plus grande partie de son escorte sur la frontiere, & s'avança vers la capitale suivi seulement de deux mille hommes. Mais au lieu d'y faire son entrée, aussi tôt après qu'il y fut arrivé, il alla camper, comme je l'ai dit, à quelque distance de ses murailles, & demanda huit jours de repos pour se remettre des fatigues du voyage, avant que de paroître à la Cour. Ce motif, dont le Ministre Africain se servoit pour colorer ce retardement, n'étoit qu'un prétexte, & une adresse de ce Visir pour cacher son véritable dessein. Le désir de servir la passion de son maître, & la crainte de n'en pas venir à bout, lui firent imaginer que pour y réussir, il devoit d'abord travailler à gagner l'inclination des peuples. Il n'ignoroit pas que les Souverains, tout independans qu'ils sont, se voyent souvent engagés par leurs sujets dans des démarches, qu'ils n'auroient jamais faites, si la liberté du choix leur eût été absolument permise ; que naturellement on ne se porte pas

à

à choquer de front le penchant général de toute une nation, & que pour amener un Prince à ce qu'on defire de lui le moyen le plus feur eft fouvent de prévenir en faveur du projet, qui lui eft propofé, ces mêmes peuples que la nature & le devoir foumettent à fon obéiffance. Cette maxime parut furtout d'ufage à Giauher dans l'occafion préfente, où le foible gouvernement d'une femme lui donnoit beaucoup davantage de ce côté-là. Il refolut donc de commencer par prévenir les Egyptiens en fa faveur ; & comme rien n'eft plus capable de frapper le peuple, toujours admirateur d'une pompe extérieure, que le brillant & l'éclat, il crut pouvoir venir about de fon deffein par ce délai qu'il fit demander à la Cour de la jeune Reine.

En effet il feroit difficile de bien exprimer toutes les magnificences, qui pendant ce court intervalle éclaterent dans le camp des Africains, & dans l'entrée qu'ils firent enfuite. Au milieu de cette vafte enceinte, qu'ils occupoient au pied des murs du Caire, quarante tentes deftinées à loger les Ambaffadeurs, & toutes couvertes de brocard, ou d'autres étoffes de prix, formoient un croiffant, & par la richeffe de leurs ameublemens offroient un fpectacle également furprenant & agréable. Ces tentes étoient accompagnées de côté & d'autre par celles qu'occupoient les Officiers, les domeftiques, & les équipages de ces Seigneurs. Ces dernieres formoient des rues tirées au cordeau, où plufieurs boutiques ouvertes offroient gratuitement aux paffans des rafraichiffemens de toutes les fortes, des fruits, des liqueurs, fouvent même des marchandifes de prix. Enfin les troupes, qui avoient fuivi les Ambaffadeurs, difpofées fur les aîles fermoient le camp, & fembloient en deffendre les avenues.

Au centre de ce demi cercle, dont je viens de parler, paroiffoient trois pavillons beaucoup plus élevés & plus riches que tous les autres. Celui qu'on voyoit à la droite fervoit de demeure à Giauher, & étoit couvert de brocard d'or. Celui de la gauche étoit de même parure. C'étoit dans ce dernier, que le peintre François deftiné par le Calife à pénétrer les fecrettes difpofitions de la Cour d'Egypte, & à en profiter pour l'accompliffement des defirs de ce Prince, jouoit fous l'habit d'une efclave la premiére Scene du nouveau role, dont il avoit

X

été chargé. C'étoit, disoit-on, une jeune Européenne de condition qui avoit couté au Calife une somme considérable, & que ce Prince envoyoit en present à la Reine d'Egypte. Sous cet habit emprunté le jeune François jouoit parfaitement son personnage. Un air de jeunesse répandu sur tout son visage ne laissoit pas à l'œil le plus perçant le moindre lieu de soupçonner la vérité du déguisement; & si quelquefois il lui échapoit quelques petites libertés dans ses manieres capables de trahir le secret de son sexe, il étoit aisé d'attribuer ces écarts peu fréquens aux défauts d'un pays, où les femmes plus sages réellement que toutes celles du Levant croyent par là être en droit d'être moins circonspectes sur certaines formalités, qu'elles regardent comme de pures bagatelles. Cent femmes que le Calife lui avoit données, & qui ignoroient parfaitement le secret de son état, étoient sans cesse occupées à le servir, & à lui tenir compagnie; & à l'exception de l'amour & de la jalousie, qui étoient bannies de ce lieu, on peut dire que ce petit sérail étoit un abregé de toutes les autres passions frivoles dont ceux des grands font leur occupation la plus ordinaire.

Cependant la richesse de ces deux Pavillons n'approchoit point encore de la magnificence de celui, qui occupoit le milieu. Ce troisiéme Pavillon plus haut & plus vaste encore que les deux autres étoit couvert en dehors d'un velours cramoisi rehaussé d'une broderie d'or enrichie de perles & de pierreries, & portoit l'étendart du Calife. Le dedans étoit paré de même d'un velours blanc plus riche encore que celui, qui couvroit le dehors; & les rideaux de brocard d'or, qui fermoient l'entrée de ce Pavillon, relevés par des agraffes de Diamans, laissoient appercevoir au milieu un trône d'argent massif, au haut duquel le portrait de la Reine étoit placé. C'étoit au pied de ce trône, que tous les matins le Visir Giauher, accompagné des autres Ambassadeurs assis autour de lui sur de riches coussins de brocard tout brillans de pierreries, tenoit grand Divan, & se donnoit en spectacle à un peuple innombrable, que la nouveauté du spectacle attiroit, & qui voyoit déja avec plaisir ces superbes étrangers reconnoître dans sa Reine leur maitresse & leur souveraine. Le reste de la journée se passoit dans ces agréables divertissemens, qui sont propres à cette nation, & dans lesquels elle excelle plus que toute autre. Ce n'étoient que Carroufels, que courfes de bague. On voyoit les Ambaffadeurs, & leur Chef lui même, à la tête des troupes Africaines s'attaquer, fe charger, fe féparer, fe rejoindre & fe mêler enfuite en mille figures différentes, & repréfenter au milieu de la paix l'image la plus vive de la guerre. Les habitans du Caire fortis de leurs murailles pour jouir de ces fêtes & de ces divertiffemens, regardoient avec furprife ces hommes, qui demandoient du tems pour fe remettre de leurs fatigues, paroître plus difpofés au combat qu'au repos, & fembloient par leur admiration refpecter déja ceux, qui devoient un jour être leurs maîtres.

A ces plaifirs de la journée fuccedoient ceux de la nuit, qu'une infinité de lumiéres rendoient mille fois plus brillante que le jour même. Outre les courfes de flambeaux, qui fuccedoient aux courfes de bagues, & étoient un fpectacle abfolument nouveau en Egypte, tous les Pavillons, toutes les tentes, toutes les rues du camp étoient illuminées en mille manieres différentes. Cependant des joueurs d'inftrumens, des danfeurs, des troupes de Comédiens, occupoient dans différens quartiers un peuple infini, tandis que dans plufieurs boutiques répandues dans cette vafte enceinte, d'autres alloient faire emplette de fruits, de liqueurs, de parfums, & d'autres marchandifes de toute efpece, dont les acheteurs n'étoient point obligés de demander le prix, comme les vendeurs n'en demandoient de leur côté d'autre payement que celui de la reconnoiffance. On fe retiroit vers la pointe du jour charmé de la générofité de ces étrangers, & on ne pouvoit s'empêcher d'envier le fort des peuples, qui avoient le bonheur de vivre fous la domination d'un Prince, dont la magnificence éclatoit fi fenfiblement jufques dans la perfonne de fes Miniftres.

Enfin le jour deftiné à l'entrée des Ambaffadeurs arriva; & on ne peut exprimer avec quelle ardeur le peuple déja prévenu en faveur du maître qu'ils reprefentoient s'empreffa à leur marquer fon zele dans ce jour de cérémonie. Dès le grand matin toutes les rues, par où la cavalcade devoit paffer, furent couvertes de tapis, & jonchées de fleurs, & les fenêtres de la Ville ornées des étoffes les plus magnifiques embaumoient l'air par l'odeur des parfums précieux qu'on y brûloit. Cependant tout le camp Africain à cheval n'attendoit que le moment du départ, lorsqu'à l'arrivée de douze Seigneurs de la Cour, nommés par la Reine pour accompagner les Ambassadeurs, tout le monde se mit en marche.

Douze cens esclaves à pied tous habillés de neuf, & portant chacun les livrées de leurs maîtres, ouvroient cette superbe entrée. Ils étoient suivis de trois cens autres des mieux faits, tous habillés de brocard. Ceux ci étoient de la maison de Giauher, & sembloient marquer par leur contenance fiére, qu'ils se sentoient de la supériorité du maître auquel ils appartenoient. Après eux venoient les Officiers de la maison des Ambassadeurs au nombre de plus de quatre cens, tous montés superbement, & suivis d'environ huit cens chameaux portans les équipages de leurs maîtres, & conduits par autant d'esclaves. On voyoit paroître ensuite les pages du Visir Giauher au nombre de deux cens, ayant à leur tête le Surintendant de la maison de ce Général. Cet Officier, dont la bonne mine étoit encore rehaussée par un habillement des plus magnifiques, montoit un cheval Arabe, dont la housse trainante jusqu'à terre étoit toute brodée de perles. Les pages, qui le suivoient n'étoient pas montés moins avantageusement, & étoient tous habillés de brocard d'or. Il n'étoit pas possible d'arracher ses regards de dessus cette troupe brillante & leste. Deux cens joueurs d'instrumens marchoient ensuite, & annonçoient par leurs concerts l'arrivée des presens du Calife. Ils étoient portés par deux cens chameaux escortés de huit cens hommes des troupes Africaines, & chargés de tout ce que l'Europe, l'Asie, & l'Afrique, peuvent produire de plus précieux & de plus rare. Les parfums les plus exquis, les étoffes les plus riches & les plus superbes, l'or même & les pierreries, étoient ce qu'ils renfermoient de moins estimable. Une infinité de miracles de l'art, des bijoux sans nombre & de toute espéce, tous plus précieux les uns que les autres, avoient été rassemblés par l'amoureux Méez-lédin avec des dépenses immenses dans le seul espoir d'en faire un present agréable à l'objet, auquel il avoit déja sacrifié le plus précieux de tous les trésors, qui étoit sa liberté. Chacun de ces chameaux couvert d'une housse de velours verd rehaussée d'une broderie d'or & de perles, & portant une aigrette de la même couleur, étoit conduit par deux esclaves noirs habillés de la même étoffe, & portant un collier d'argent garni de turquoises & d'émeraudes. Enfin paroiſſoient les quarante Ambaſſadeurs Africains conduits par les douze Seigneurs de la Cour d'Egypte, qui étoient allé les recevoir hors des murs de la Ville par ordre de la Princeſſe. L'or & les Diamans étoient ce qui brilloit le moins dans cette ſuperbe troupe. La jeuneſſe de ces Seigneurs, leur bonne mine jointe à certain air de fierté, qui leur étoit inſpiré par leur naiſſance & par la grandeur du maître qu'ils ſervoient, attiroient tous les regards. Il n'y en avoit aucun qu'on ne jugeât digne de gouverner l'Egypte, & mille cris d'allégreſſe pouſſés ſur leur paſſage étoient autant de témoignages non ſuſpects des vœux ſincéres, que faiſoient les peuples pour l'heureux ſuccès de leur voyage. Après eux un nouvel objet attiroit les yeux & l'admiration de tout le monde. C'étoit un char d'argent doré, dont la magnificence ne peut être décrite aſſez dignement. Au haut du char étoit élevé ce trône d'argent maſſif, dont j'ai parlé, ſurmonté du riche Pavillon. Deſſous, & ſur le haut du trône, paroiſſoit le portrait de la Reine enchaſſé dans une bordure de nacre de perles garnie de Diamans, & ſur les divers dégrés du trône brûloient dans des caſſolettes d'or les parfums les plus délicieux de l'Arabie. Au bas du trône étoit aſſis le peintre François ſous l'habit d'une fille eſclave, tout brillant de pierreries, & à ſes pieds les cent femmes deſtinées à le ſervir, habillées de même ſuperbement, ſembloient attendre ſes ordres dans le ſilence. Cent Eunuques noirs couverts de drap d'or environnoient le char le Cimeterre à la main, prêts à donner la mort à tous les téméraires, qui auroient oſé en approcher. Ce ſuperbe équipage étoit traîné par vingt quatre chevaux blancs comme neige, que conduiſoient autant de jeunes eſclaves auſſi beaux que l'Amour, & immédiatement devant le char marchoit ſeul le Viſir Giauher à la ſuite des Ambaſſadeurs ſes collégues. Ce grand homme montoit ce jour là un cheval barbe, dont la ſelle couverte de lames d'or, & la houſſe de velours rouge relevée auſſi en broderie d'or, étoient toutes ſemées de pierreries. Pour lui il ſembloit avoir négligé à deſſein tous les agrémens que ſa perſonne eût pû tirer de la parure. Son habillement étoit à la vérité d'une étoffe précieuſe, mais très ſimple, & ſans ornement. Il portoit ſeulement à ſon bonnet une plume de Héron attachée avec une rose de Diamans, & à son côté le Cimeterre garni de pierreries, qui étoit un présent de son maître. Mais à l'âge de près de soixante ans ce Général fameux par tant d'exploits avoit un air de majesté & de grandeur, qui le distinguoit beaucoup plus, que tous les ornemens extérieurs, dont il eût pû se parer. Sa vue rappelloit le souvenir de toutes ses victoires, & jusques dans le sein des fêtes & des plaisirs on n'osoit le regarder qu'avec le même respect qu'il inspiroit au milieu des batailles. Deux esclaves mis superbement marchoient à ses côtés, & tenoient les rênes de son cheval. Le reste des troupes Africaines fermoit la marche.

Ce fut en cet ordre que les Ambassadeurs Africains traversant les rues de la Capitale de l'Egypte, arriverent dans la grande Cour du Palais, où quatre mille hommes des gardes de la Reine rangés en haye les attendoient sous les armes. Là ils mirent pied à terre, & furent receus par les principaux Ministres de cette Cour, qui après les avoir fait passer au travers de plusieurs appartemens richement meublés, les introduisirent enfin à l'audience de la Reine. Je ne m'amuserai point à décrire toutes les magnificences de cette superbe salle, où cette Princesse tenoit son Divan. Quoiqu'on n'eût épargné pour l'enrichir, ni l'or, ni les marbres les plus précieux, il est certain que la Souveraine, qui l'habitoit, n'y voyoit rien de plus beau qu'elle. Aussi n'y eut il aucun des jeunes Ambassadeurs, qui quoique prévenu des charmes de cette Princesse, ne se fût vû dans ce moment réduit à la tentation délicate de devenir le rival de son maître, si le respect & le devoir ne les eussent forcés de baisser leurs regards, & d'étouffer dans eux mêmes une flamme, que la présence de tant d'appas cherchoit à allumer dans leur cœur, & à laquelle toutes les loix imposoient un éternel silence. A l'égard de Giauher, au lieu de ces sentimens d'admiration, soit pressentiment, soit que des lumiéres plus perçantes lui fissent pénétrer ce qu'il y avoit de plus caché dans les physionomies, il se trouva à la vue de la Reine saisi d'un certain trouble mêlé d'horreur; qui sembla lui donner dès-lors les présages les plus funestes pour la réussite de son entreprise. Cette premiére audience se passa toute entiére en cérémonies & en complimens. Les présens du Calife passerent tous en revue sous les yeux de la Princesse, & ne furent pas reçus aussi bien qu'ils le méritoient. L'esclave Européenne fut le seul, dont la Reine parût un peu contente. Un certain air mâle, que sa physionomie offroit nécessairement, fut pour cette Princesse un agrément nouveau qu'elle ne trouvoit point dans toutes les filles, qui étoient à son service. Peut être s'imaginera-t-on que cette sympathie étoit un ouvrage de la nature; point du tout. La nature n'inspire point de tels sentimens, & ne sçait point se prêter à ce qui la détruit & la deshonore. Quoi qu'il en soit, l'esclave du Calife fut reçue de la Reine d'Egypte avec toutes les caresses que l'on peut imaginer. Non seulement elle la prit à son service; elle lui fit encore donner un appartement séparé dans son Palais tout voisin de celui qu'elle même habitoit, & outre les femmes, qui l'avoient suivie, cette Princesse lui en assigna encore cent autres, qui eurent ordre de lui obéïr comme à elle même. On offrit aussi à Giauher & à sa suite des logemens dans le Palais; mais ils s'excuserent de les accepter sous prétexte de leur grand nombre, & se retirerent dans le camp qu'ils avoient d'abord occupé sous les murailles de la Ville.

Cette premiére audience fut suivie de plusieurs autres, dans lesquelles sans s'expliquer ouvertement sur les prétentions de son maître, pour ne pas mettre sa gloire en compromis, & sans sortir des termes généraux d'affection & d'attachement que ce Prince avoit, disoit-il, pour les intérêts de la Reine, Giauher cherchoit à pénétrer les dispositions secretes de cette Princesse au sujet du mariage qu'il avoit ordre de lui proposer. Mais ces offres de service & ces témoignages d'amitié étoient toujours reçus avec tant de froideur & d'indifférence, que le prudent Vifir n'osa jamais hazarder une déclaration plus précise. Tant de réserve rompoit toutes ses mesures, & mettoit about tous les expédiens, que son expérience & son zele pouvoient lui faire imaginer pour tenter le cœur d'une femme. Envain vantoit-il la puissance formidable du Calife, sa bravoure reconnue, sa prudence éprouvée en mille occasions différentes. Quelques Seigneurs de la Cour, quelques unes des femmes favorites de la jeune Reine, que ce Ministre avoit déja sçû mettre dans ses intérêts par ses maniéres généreuses & engageantes, entretenoient sans cesse la Princesse des bonnes qualités & du mérite du Monarque Africain, de sa bonne mine, de son esprit, des charmes de sa personne, & des magnificences de sa Cour, dont il donnoit actuellement des témoignages si sensibles à l'Egypte. Tous ces traits s'émoussoient contre la dureté d'un cœur, qu'un mur d'airain, ou de Diamant sembloit mettre à couvert de toutes ces attaques.

Deux mois s'étoient déja écoulés, sans que les Ambassadeurs du Calife se vissent plus avancés dans leur négociation, que le premier jour de leur arrivée. Giauher peu accoutumé à voir traîner en longueur une affaire, dont il étoit chargé, & convaincu que ces retardemens ne pouvoient manquer de causer les plus vives inquiétudes à son maître, travailloit inutilement à pénétrer un mystére, qu'il trouvoit chaque jour enveloppé des ténébres les plus épaisses. On l'avoit déja assuré qu'aucune aversion pour le Calife n'avoit part aux obstacles qu'il rencontroit à l'exécution de son dessein. Tout ce qu'il apprehendoit, c'étoit qu'un heureux rival n'eût prévenu dans le cœur de la Reine les démarches qu'il avoit faites pour la gagner. Il mit tout en œuvre pour s'en éclaicir, & toutes ses recherches n'aboutirent qu'à le jetter dans de nouveaux doutes. Toutes les apparences sembloient condamner ses soupçons. La jeune Reine renfermée dans son sérail, où elle n'avoit d'autre compagnie que ses femmes, vivoit dans une retraite, qui paroissoit devoir fermer la bouche à la médisance la plus maligne. Sa Cour n'étoit point composée d'une jeunesse brillante, telle qu'on auroit pû se flatter de la trouver auprès d'une Princesse, qui se voyoit dans la saison de l'âge la plus charmante & la plus capable de plaire. La Cour d'Egypte n'étoit rien moins que le séjour des jeux & des plaisirs; ou s'ils y paroissoient quelque fois, ils étoient renfermés dans le secret du Sérail, d'où ils éclatoient rarement au dehors. Tous les Ministres & les principaux Officiers de la jeune Reine étoient des gens d'un âge mûr & avancé; encore n'approchoient-ils que rarement de sa personne. Heureuse, si elle les eût du moins quelquefois écoutés pour prendre leurs conseils sur le gouvernement de ses peuples. Mais ces hommes sages n'avoient pas plus de pouvoir auprès de leur Souveraine, que les derniers de ses Sujets. Toutes les graces passoient par le canal de certaines esclaves favorites, qui avoient seules l'oreille de la Princesse, & disposoient de tous les emplois. Les charges de l'Etat les plus importantes, les

gouvernemens

gouvernemens du Royaume les plus considérables étoient le prix des services honteux, que des hommes inconnus & sans talens rendoient à ces esclaves dominantes. Cependant les personnes de mérite, que leur naissance sembloit appeller au gouvernement, vivoient éloignées de la Cour, tandis qu'une jeunesse toujours bouillante, qu'on laissoit languir dans l'inaction, se livroit sans remords à la mollesse & à la débauche. Giauher fut témoin d'une partie de ces particularités; & ce qu'il ne put appercevoir par lui même, il en fut instruit par les principaux de cette Cour, dont son génie magnifique & généreux lui avoit déja gagné le cœur. Il vit un pays riche & abondant habité par des peuples sans nombre, mais fort indifférens pour ceux dont ils étoient gouvernés, parce qu'ils ne recevoient aucunes marques de leur attention à faire leur bonheur; une jeunesse florissante, mais sans occupation, & énervée par la débauche & les plaisirs outrés, auxquels elle se livroit sans mesure; des Ministres sans pouvoir & sans emploi; des Seigneurs mécontens; des Grands dégoutés d'un gouvernement, qui les retenoit dans l'oubli, confondus avec la multitude; & à la tête de tout cela une jeune Reine, qui dans le feu de l'âge, dans un rang capable d'allumer les passions les plus endormies, paroissoit n'avoir aucune inclination pour aucun homme, comme elle pouvoit compter de même de trouver un parfait retour dans le cœur de ses Sujets, qui n'avoient aucun attachement pour sa personne. Ces lumiéres jetterent le Visir dans un nouvel embarras. Sur ces connoissances il eût plus volontiers entrepris la conquête de l'Egypte, que celle du cœur de la Princesse. Mais toutes ses démarches dépendoient du tems, de l'intrigue, & des ordres de son maître.

Cependant depuis l'arrivée de l'esclave Européenne, le sérail de la Reine d'Egypte sembloit avoir pris une toute autre face. Aux plaisirs qu'il renfermoit auparavant s'étoit joint certain air de vivacité, qui ne contribuoit pas peu à les rendre plus piquans & plus sensibles. Les vastes & nombreux appartemens qu'il contenoit, les magnifiques & superbes jardins, dont on avoit orné son enceinte, étoient marqués chaque jour par quelque nouvelle fête. Au milieu de ces divertissemens le peintre François logé, servi, honoré comme la Reine même, ne jouissoit point de cette félicité, qui a coutume d'être le fruit d'une satisfaction parfaite. Aussi n'avoit-il ni l'esprit tranquile, ni le cœur content. Huit jours s'étoient déja écoulés depuis son entrée dans ce séjour, sans qu'il lui eût encore été possible de joindre l'aimable esclave, qui étoit l'objet principal de son déguisement. Il l'avoit vue, à la vérité, mais toujours confondue avec les autres femmes, que la Reine trainoit à sa suite dans deux ou trois visites que cette Princesse lui avoit déja rendues. Il s'imaginoit même avoir remarqué à sa vue dans les yeux & sur le visage de cette belle fille certain air de tristesse; qu'il ne lui sembloit pas pouvoir allier avec le plaisir qu'elle devoit ressentir naturellement de le sçavoir si proche d'elle. Cette observation le jettoit dans des craintes, des soupçons, des incertitudes, qui lui causoient les inquiétudes les plus mortelles. Tout ce qu'il pouvoit découvrir des secrets de ce lieu mystérieux, où jamais autre homme que lui n'avoit pénetré, ne lui permettoit pas d'appréhender un rival. Il craignoit un malheur mille fois encore plus affreux; c'étoit l'oubli de cette belle personne; c'étoit l'inconstance naturelle à son sexe. Elle ne m'aime plus, disoit-il; à peine m'a t'elle vû éloigné, qu'elle m'a crû comme elle capable de changement. Sans cela comment au travers de ce léger déguisement auroit-elle pû ne me pas reconnoître! Ces voiles, qui me cachent à tout le reste du monde, peuvent ils dérober à son cœur la connoissance de ce que je suis? Ne nous flattons point, ajoutoit-il; mon idée est absolument bannie de son esprit; son cœur ne lui parle plus en ma faveur je ne le reconnois que trop à ses froideurs & à son indifférence.

Rempli de ces idées le triste Abdelméleck, c'étoit le nom Arabe que Méez-lédin avoit donné au jeune peintre, fut tenté mille fois d'aller découvrir son sexe à la Reine; de ruiner par cette démarche toutes les espérances du Calife, que cette Princesse ne manqueroit pas d'accuser d'avoir voulu deshonorer son Palais par cette indigne supposition, & de s'exposer lui même par son aveu à toute la vengeance de l'un & de l'autre. Il n'imaginoit point de moïen plus infaillible pour mettre fin promtement à une passion infortunée, dont les suites ne lui promettoient rien que de funeste. Du reste il s'étonnoit peu des tourmens auxquels il pourroit par là s'exposer. Il n'en connoissoit point de plus grand que celui d'aimer un objet aimable sans aucun espoir de retour. Quelque lueur d'espérance, un reste

DE L'EGYPTE. 171
d'attachement pour les intérêts du Calife, peut être même pour la vie, l'empêcherent d'exécuter ce téméraire deſſein. Cependant il erroit ſans ceſſe dans ces divers appartemens, dans ces vaſtes jardins du ſérail, quelquefois ſuivi de quelques unes des femmes que la Princeſſe lui avoit données pour le ſervir, ſouvent ſeul, & n'ayant pour toute compagnie que ſes chagrins, portant partout avec lui le trait empoiſonné qui l'avoit bleſſé.

Un jour ſes rêveries l'avoient conduit dans un cabinet de verdure ſitué au milieu d'une petite Iſle, que l'art & la nature ſembloient avoir ménagée exprès dans ces ſuperbes jardins pour le ſoulagement des Amans malheureux. On l'appelloit l'Iſle des Amours. Deux ruiſſeaux argentés ſortis de la même ſource baignoient ſes bords, & ſe réuniſſant à ſon extrémité, formoient une eſpéce de caſcade naturelle, où leurs eaux par leur ſombre murmure ſembloient ſe plaindre d'être obligées d'abandonner ſitôt ce lieu enchanté. Pluſieurs ponts pratiqués ſur ces deux canaux, & accompagnés de baluſtrades dorées, conduiſoient dans ce délicieux ſéjour, où jamais le Soleil ne troubla par ſes rayons importuns l'agréable ramage d'un nombre prodigieux d'Oiſeaux différens, qui ne ſe laſſoient point de chanter leurs amours à l'ombre du feuillage épais, dont toute l'Iſle étoit couverte. Quelques allées d'un ſable ferme & uni ornées de ſtatues du plus beau marbre, & rafraichies par des jets d'eau ſans nombre, invitoient à la promenade; tandis que pluſieurs ſieges des plus propres & des mieux entendus offroient aux perſonnes fatiguées la commodité de goûter en ce lieu l'air le plus pur & le plus frais. Au milieu de l'Iſle s'élevoit un grand pavillon quarré formé de treillages, & tapiſſé du bas en haut de la plus aimable verdure. Un lit de gazon parſemé de fleurs, & préparé par les mains mêmes de la nature, occupoit une partie de ce délicieux réduit; & un petit ruiſſeau, dont il étoit traverſé, ſortant à gros bouillons d'une ſource pure, ſembloit deſtiné à endormir les ſoins les plus cuiſans, & les plus cruelles inquiétudes.

Uniquement occupé des ſoins de ſa paſſion Abdelméleck entroit, ſans y penſer, dans ce lieu charmant & tranquile, lorſqu'il apperçeut à une de ſes extrémités une jeune perſonne aſſiſe ſur le gazon, qui lui parut plongée dans la mélancholie la plus profonde. Cette vue lui cauſa un trouble inconnu,

Y ij

dont il ne fe fentit pas le maître. Une main plus blanche que l'albâtre & négligemment étendue s'occupoit à cueillir quelques fleurs, tandis que la tête appuyée nonchalamment fur l'autre, cette belle perfonne fembloit ne faire ufage de fes yeux que pour laiffer couler quelques larmes. Abdelméleck qui ne la voyoit que de côté, ne put d'abord deviner qui elle étoit. Un foupir que le fouvenir de fes peines lui arracha malgré lui à la vue de ce que fouffroit cette charmante perfonne, lui ayant fait tourner la tête de fon côté, il la reconnut pour Datéjan; c'étoit le nom de l'efclave Géorgienne, à laquelle il avoit facrifié fa liberté. Quelle fut la furprife de ces deux Amans à une rencontre fi peu attendue! Le jeune François revint le premier de la fienne; & fe jettant aux genoux de fa maitreffe, dont il prit la main, qu'il baifoit tendrement. Je vous rencontre enfin, lui dit-il; & l'amour par ce feul préfent qu'il me fait, femble vouloir me dédommager de toutes les peines qu'il m'a caufées. Depuis huit jours que j'erre dans ce Palais, je vous cherche, charmante Datéjan, d'appartemens en appartemens, de bofquets en bofquets, fans que vous ayez daigné faire un pas pour avoir avec moi un tête à tête. Je vous ai vue tous les jours; & vos yeux ont femblé vouloir fe dérober à mes regards. Expliquez enfin ce myftére, charmante perfonne, ajouta-t-il en lui ferrant tendrement la main. Aurois-je perdu par mon éloignement les droits que je croyois avoir fur ce cœur autrefois fi fenfible? ou fi vous confervez encore pour l'infortuné Abdelméleck la tendreffe que vous lui avez jurée, ces voiles ont ils pû le cacher à vos yeux? Auriez vous méconnu cet Amant tendre & paffionné fous les habits d'une efclave du Calife? Ah, Abdelméleck, repartit affez vivement cette belle fille, en le regardant tendrement, plût au Ciel que vous m'euffiez toujours été inconnu, ou que vous le fuffiez encore dans ces murs déteftés, qui nous renferment.

    Ces paroles furent un coup de foudre pour le jeune François, qui tout rempli des idées funeftes, dont il s'occupoit nuit & jour depuis qu'il commençoit à défefpérer de joindre l'efclave Géorgienne, ne put s'empêcher à ce difcours qu'elle lui tint de fe regarder comme fur le point de perdre en même jour fa maitreffe, fon honneur, & fa vie. Il étoit trop de fon intérêt d'éclaicir cette intrigue, pour n'en pas preffer le dénoument.

Auſſi mit il en œuvre les priéres & les inſtances les plus tendres, afin d'en venir about. Quoi, ma belle maitreſſe, s'écria-t-il, en reprenant les mains de Datéjan qu'il avoit quittées, quoi, ſerois-je bien aſſez malheureux, pour que mon ſéjour auprès de vous pût vous cauſer quelque peine & quelque inquiétude? Vous même ſeriez vous aſſez inſenſible pour me voir à regret dans des lieux, où je puis enfin vous dire en liberté que je vous aime & vous adore? Ce retour en Egypte, dont vous ſemblez vous plaindre, & que j'ai ſouhaité avec tant d'ardeur, ce déguiſement qui me parut ſi favorable pour vous convaincre de la vivacité de ma paſſion, & dont vous ſemblez tout apprehender, les ordres du Calife & le ſoin de ſes intérêts y ont eu peu de part; l'amour ſeul que je ſens pour vous en a été le principe. Seroit-il poſſible que je vous euſſe déplu par cet endroit même, qui me paroiſſoit devoir ſervir plus que tout autre à vous prouver mon attachement? Vous repentiriez vous déja des tendres ſentimens que l'amour vous avoit inſpirez en ma faveur? Ou quelque ennemi de notre bonheur en découvrant le ſecret de mon déguiſement, chercheroit-il à y mettre obſtacle? Parlez, charmante Datéjan. Les momens ſont précieux dans une conjonĉture, qui doit décider des intérêts de mon cœur, & peut être de celui d'un Monarque puiſſant, qui ſur le ſeul rapport que je lui ai fait de vous, commence déja à s'intéreſſer lui même à votre ſatisfaction. Parlez; expliquez moi l'affreux myſtére que vos paroles ſemblent me laiſſer entrevoir. Pour qui dois je trembler? Que dois je craindre? De qui faut il que je me défie dans les murs de cet impénétrable ſérail, ſi mon ſecret n'y a été pénétré que de vous? Eſt-ce de ma maitreſſe? Eſt-ce de la Reine? Ah, ce ne ſont pas ſes mauvais traitemens qui ſont le plus à apprehender, reprit avec vivacité la belle eſclave Géorgienne. Jouiſſez Abdelméleck, jouiſſez, ſi la nature & l'amour le permettent, du ſort heureux qui vous eſt ici préparé. Souvenez vous ſeulement quelquefois dans ces lieux de l'infortunée Datéjan; il eſt plus de votre intérêt, que vous ne penſez, de n'y être connu que d'elle.

Cette belle fille crut en avoir trop dit; elle ſortit bruſquement du cabinet, & allant rejoindre à grands pas ſes compagnes, qu'elle retrouva dans une des allées de ce lieu enchanté, elle laissa son Amant dans la situation du monde la plus cruelle. Dans le peu de paroles que sa maîtresse lui avoit dites il croyoit remarquer une secrette jalousie, dont il ne pouvoit pénétrer la cause. Quelquefois une idée flatteuse lui laissoit imaginer pour un moment qu'il n'étoit peut être pas absolument indifférent à la Reine. Mais comment se persuader qu'une grande Princesse recherchée par un puissant Monarque, qui lui faisoit offrir son cœur & sa main, eût daigné abaisser ses regards jusqu'à lui ? Comment d'ailleurs se seroit-il imaginé qu'elle eût pû seule pénétrer le secret de son séxe, qui étoit encore jusques-là un mystére pour tout le reste des femmes du sérail ? Mille idées confuses de crainte & d'espérance se croïsoient dans son esprit, & y formoient un chaos qu'il ne lui étoit pas possible de débrouiller. Il revint enfin de son étonnement & de sa surprise; il courut après Datéjan résolu d'éclaircir des doutes, qui lui paroissoient plus insupportables que la mort même. Quelle douleur pour lui de ne pouvoir la rejoindre ! Il retourna s'enfermer dans son appartement, plus triste & plus inquiet qu'il ne l'étoit avant cette entrevue. Son chagrin dégénéra bientôt en une noire mélancholie, qui fit tout appréhender pour ses jours. La Reine qui en fut informée en parut aussi inquiéte, que si de la vie de l'esclave Européenne eût dépendu la conservation de sa couronne. Ses femmes étoient sans cesse occupées par son ordre à inventer de nouveaux plaisirs capables de dissiper l'esprit, & d'égayer l'imagination la plus sombre. Ce n'étoient tous les jours dans le sérail que concerts charmans propres à exciter à la gayeté, que spectacles divertissans, que bals, que comédies, que déguisemens les plus risibles & les plus grotesques. La jeune Princesse assistoit elle même à toutes ces fêtes, & tachoit par son enjouement & par ses caresses de dissiper cette humeur sombre, dont elle ignoroit le principe. Il ne se passoit point de jour, qu'elle ne donnât à l'esclave favorite quelque nouvelle marque de son attention par des présens tous plus magnifiques les uns que les autres. Tantôt c'étoit un habillement superbe & d'un goût nouveau; tantôt c'étoient des bijoux rares & précieux; quelquefois elle lui envoyoit un assortiment de pierreries, dont cette Princesse prenoit plaisir à la parer, jusqu'à vouloir les arranger elle même sur ses habits & dans sa coëffure. Cependant au

DE L'EGYPTE. 175
milieu de ces empreſſemens la ſanté du triſte Abdelméleck dépériſſoit de jour en jour à vue d œil ; ſa beauté ſe paſſoit, comme celle d'une tendre fleur qu'un vent de Midi a touchée de ſon ſouffle empoiſonné. Uniquement occupé de ſes inquiétudes & de ſes chagrins, inſenſible à tous les plaiſirs qu'on cherchoit à lui procurer, à peine paroiſſoit-il faire la moindre attention à l'ardeur que la Reine & toute ſa Cour témoignoient à l'envi pour lui plaire.

D'un autre côté le Viſir Giauher toujours attentif aux intérêts de ſon maître, & ennuyé de ne point recevoir de nouvelles du jeune François, le faiſoit preſſer tous les jours de plus en plus de lui fournir des lumiéres, ſur leſquelles il pût regler ſes demarches. Il ſe ſervoit pour ce miniſtére d'une des femmes que le Calife avoit données au jeune peintre pour l'accompagner. Ce Prince ſans découvrir à cette femme le ſecret du déguiſement, lui avoit fortement recommandé ſes intérêts. Elle étoit même ſœur d'un des Seigneurs Africains, qui compoſoient l'Ambaſſade. Cette qualité lui procuroit des diſtinctions dans le ſérail de la Reine d'Egypte, où elle n'étoit point regardée ſur le même pied que les autres femmes. D'ailleurs comme elle n'étoit venue, diſoit-on, que pour tenir compagnie à l'eſclave Européenne juſqu'au départ des Ambaſſadeurs, elle avoit la liberté de ſortir du Palais, & d'aller voir ſon frere au camp toutes les fois qu'elle le ſouhaitoit. C'étoit dans ces entrevues que le Viſir l'avoit chargée d'inſtruire le jeune François du peu de progrès qu'il faiſoit dans ſa négociation, & de le ſolliciter de lui fournir les moyens d'en ſortir à ſon honneur, & à la ſatisfaction de ſon maître.

Au milieu de ſes inquiétudes & de ſes chagrins, devenu inſenſible à tout autre ſoin qu'à celui de ſon amour, Abdelméleck n'avoit point encore perdu le ſouvenir des marques de bonté qu'il avoit reçues du Calife. Il réſolut de ſervir ce Prince; mais Datéjan ſeule lui paroiſſoit propre à l'aider dans l'exécution de ſon deſſein, & il déſeſpéroit preſque de pouvoir la joindre. Depuis leur derniére entrevue cette belle fille étoit tombée elle même dans un état à faire compaſſion; la vue des malheurs, dont elle voyoit menacé en même tems ſon Amant & ſon amour, l'avoit jettée dans une langueur, qui lui permettoit à peine de ſortir de la chambre. Abdelméleck ne la voyoit plus que rarement, & n'imaginoit aucun prétexte pour obtenir de la Reine la permission d'aller lui même lui rendre visite. Il découvrit son embarras à l'Africaine, à qui il marqua en même tems la nécessité qu'il avoit d'entretenir l'esclave Géorgienne pour travailler à la satisfaction du Visir; & elle le tira sur le champ d'inquiétude, en s'offrant elle même à lui ménager un rendez-vous avec cette fille. Elle l'exécuta comme elle l'avoit promis. Elle vit Datéjan, & n'eut pas de peine à l'engager à une entrevue que cette belle fille commençoit elle même à souhaiter autant que le jeune François. La triste situation, où elle se trouvoit réduite lui avoit fait faire des réflexions, qui l'avoient enfin déterminée à cette démarche. Elle avoit consideré que par son silence elle trahissoit également ses intérêts, ceux de son Amant, & les espérances que le Monarque Africain avoit conçues ; que ce Prince méritoit par lui même, par sa magnificence & sa libéralité, par l'estime qu'il avoit déja conçue pour elle sur le rapport du jeune François, qu'on ne le laissât pas plus long tems dans l'ignorance d'un mystere, dont la connoissance étoit si nécessaire à sa gloire & à son repos; que si elle s'obstinoit davantage à se taire, elle risquoit également les jours de son Amant, qui mourroit bientôt d'inquiétude ou de douleur, ou qui depuis les nouveaux sentimens que la Reine avoit conçus pour lui, ne pourroit cacher encore long tems son déguisement, & se verroit bientôt exposé par là à des traitemens mille fois plus cruels que la mort même. Ces considérations lui firent juger qu'elle étoit en droit de trahir le secret de sa maitresse. Elle ne se crut pas obligée de ménager les intérêts de la gloire de cette Princesse aux dépens de son propre bonheur & des jours de son Amant; & elle ne cherchoit plus qu'une occasion favorable d'instruire Abdelméleck de tout ce qu'il devoit sçavoir, lorsqu'elle la trouva dans la proposition que la Dame Africaine vint lui faire de sa part. Elle accepta donc sans difficulté l'entrevue qu'on lui demandoit. On convint que le lendemain à certaine heure la belle Géorgienne se trouveroit dans un certain réduit du * labyrinthe ; qu'Abdelméleck s'y rendroit à la même heure, & que cependant pour leur ménager un plus long entretien, cet Amant

---

* Il sera parlé ailleurs de cette partie de l'appartement des femmes, & des raisons qui lui avoient fait donner ce nom.

avant

avant que de partir pour le rendez-vous feindroit quelque indifpofition, qui ne lui permettroit pas de voir perfonne.

On s'imagine facilement que l'heure de cette entrevue fut également attendue de part & d'autre avec impatience. Elle arriva enfin cette heure fi défirée, qui devoit mettre fin à tant de peines. Quelques inftans auparavant le jeune François avoit feint une violente migraine, qui l'obligeoit, difoit-il, à fe mettre au lit. On donna ordre auffitôt à toutes fes femmes de fe retirer, & il ne garda auprès de lui que la Dame Africaine, qui refta pour le fervir. La Reine fut bientôt inftruite de ce nouvel accident. Sur le champ elle envoya en fçavoir des nouvelles, & elle ne fe tranquilifa que lorfqu'elle apprit que cette attaque avoit dégénéré en un affoupiffement profond, qui donnoit des efpérances favorables pour les fuites. Elle vouloit aller elle même voir comment fe portoit la malade; & elle n'en fut retenue que par ce qu'on lui dit, qu'elle repofoit, & que quelque fatisfaction que pût lui apporter la vifite de S. M. il feroit dangereux de troubler un fommeil, qui dans les circonftances pouvoit lui être très falutaire.

Cependant par quelques iffues dérobées le jeune François s'étoit rendu au Labyrinthe, où quelques inftans après il vit arriver fa charmante maîtreffe. Elle étoit fi foible qu'à peine pouvoit elle fe foutenir. Dès qu'il l'apperçut il fe jetta à fes genoux, où il lui marquoit par fon trouble & par quelques larmes la joye qu'il reffentoit de la revoir, lorfque cette belle fille le prenant par la main, & le faifant affeoir auprès d'elle: Levez vous, cher Abdelméleck, lui dit elle; il n'eft plus tems de chercher à nous affliger l'un & l'autre; il s'agit de fonger à affurer votre repos & le mien. Il eft vrai qu'une jaloufie mal entendue, à laquelle j'ai eu la foibleffe de me livrer, vous a couté quelques foins & quelques peines. Que n'ai-je pas fouffert moi même dans cet intervalle! Croyez vous que je n'aye pas aumoins partagé vos déplaifirs? Quand je voudrois vous le cacher, la trifte fituation, où vous me voyez réduite, fuffiroit feule pour vous en convaincre. Mais vous m'aimez, Abdelméleck. Cette affurance me dédommage de refte de tous les chagrins que je me fuis caufés à moi même par l'aveuglement funefte, auquel je me fuis abandonnée. Oublions le paffé, & fongeons à nous mettre en état l'un & l'autre de ne plus

Z

redouter de pareilles traverses. Songeons à servir le Prince généreux, pour lequel vous vous intéressez, & à nous procurer à nous mêmes un repos que nous gouterons mieux auprès de lui, que dans l'infâme sérail de la Reine d'Egypte. Alors elle lui déclara qu'il étoit aimé de cette Princesse, & que les sentimens favorables qu'elle avoit pour lui, étoient le fruit de sa premiere vue. J'étois à la suite de la Reine, ajouta cette belle fille, lorsque le Visir Giauher vous presenta à cette Princesse. Je ne sçai si je dois me flatter que la joye de vous trouver dans des lieux, où vous comptiez de me revoir, rehaussât l'éclat de votre bonne mine. Peut être étoit ce uniquement l'effet de votre déguisement. Quoiqu'il en soit, j'en fus aussi frappée, que si je ne vous avois jamais vû. Ma maitresse elle même n'y fut que trop sensible. Comme je connois parfaitement ses inclinations, l'attachement que j'avois à vous regarder ne m'empêchoit point d'observer avec soin toutes ses maniéres. Je tremblai à la vue d'un coup d'œil qu'elle vous porta. Dès-lors je prédis sa défaite, & je prévis dans le même moment tous les malheurs, dont nous allions être menacés l'un & l'autre. La suite a dû vous faire connoître si j'avois tort d'en juger de la sorte.

En même tems cette belle fille rappella à son Amant une infinité de circonstances, auxquelles jusqu'alors il n'avoit fait aucune attention, & qui toutes rapprochées ne lui laissoient aucun lieu de douter de la vérité de ce qu'on lui apprenoit. Il trembla à la vue du précipice qui s'ouvroit sous ses pas, & qu'il n'avoit point encore apperçu ; & ce qui acheva de le déconcerter, c'est que Datéjan lui déclara, que cet amour n'étoit plus un mystere ; qu'il étoit déja connu de tout le sérail, & qu'il ne tarderoit pas à l'être bientôt de toute la Ville. Vous vous troublez à ce récit, continua la belle Georgienne ; Attendez, Abdelméleck, attendez à frémir, que vous soyez instruit jusqu'où vont vos malheurs & les miens. Je l'avoue ; je vis avec douleur cette passion naissante, & une secrete jalousie me fit imaginer avec chagrin qu'une autre prétendît à la possession d'un cœur que je croyois m'appartenir. Cependant je sçus me rendre justice. Je reconnus tout l'avantage que donnoit à la Reine la supériorité d'une Couronne, & plus encore celle de ses charmes. Si la Reine d'Egypte vous eût regardé avec les mêmes yeux que l'infortunée Datéjan, si elle n'eût eu pour vous que des sentimens que la nature ne condamne point, & qui semblent authorisés par la foiblesse de notre séxe, je lui aurois cédé, sinon sans peine, du moins sans me plaindre que de mon malheur, une conquête qu'elle me sembloit mériter mieux que moi. Mais le croirez vous, Abdelméleck, & oserai-je vous le dire ? Ce n'est pas vous qu'aime cette malheureuse Princesse ; c'est dans vous l'esclave du Calife d'Afrique qu'elle adore.

Datéjan éclaircit ensuite cette Enigme. Elle dit à son Amant que sa maitresse avoit eu toute sa vie une aversion extrême pour les hommes ; que c'étoit ce qui jusques-là lui avoit fait rejetter les offres de plusieurs puissans Princes, qui l'avoient déja fait demander en mariage ; que c'étoit par la même raison, que jusqu'alors elle avoit paru recevoir avec tant d'indifférence les avances du Calife, & que s'il en venoit à une déclaration dans les formes, elle ne doutoit point qu'il ne dût s'attendre, comme tous les autres, à essuyer un refus ; qu'au reste cette aversion n'étoit fondée sur aucune raison particuliére qu'eût cette Princesse de haïr ce séxe ; qu'un penchant opposé qu'on avoit remarqué en elle dès sa jeunesse en étoit l'unique principe ; que c'étoit par ce motif qu'on la voyoit entretenir un sérail aussi nombreux, & aussi choisi, que pourroit l'avoir le plus voluptueux de tous les Princes ; que cette malheureuse inclination n'avoit déja que trop de fois éclatté aux yeux de toute la Cour, à la honte de cette Princesse, qui par là s'étoit attiré la haine & le mépris de tous ses peuples ; que la passion qu'elle avoit conçue pour lui étoit de la même nature ; qu'elle paroissoit même plus violente que toutes celles qu'elle avoit ressenties jusqu'alors pour quelques esclaves qu'elle avoit aimées de même ; qu'elle lui en donneroit bientôt des marques ; & qu'elle ne doutoit point, pour peu qu'il fût d'humeur à flatter son inclination, que ce nouvel amour n'éclatât d'une maniére à achever de rendre cette Princesse odieuse. Elle ajouta, que c'étoit ce dont elle avoit voulu l'avertir, lorsque dans le pavillon de l'Isle des Amours elle lui avoit dit, qu'il étoit de son intérêt que le secret de son déguisement ne fût connu que d'elle seule, puisque si la Reine en étoit instruite, il devoit s'attendre à tous les traitemens les plus cruels & les plus indignes ; qu'elle n'avoit pas voulu alors s'expliquer d'avantage dans l'espérance que cette passion n'auroit peut-être aucunes suites ; que depuis elle avoit eu la douleur de s'appercevoir du contraire ; que le chagrin qu'elle en avoit eu l'avoit réduite dans l'état déplorable, où il la voyoit ; qu'au reste son parti étoit déja pris ; que la mort ne l'effrayoit point ; qu'elle l'attendoit avec patience & sans inquiétude ; qu'elle le prioit seulement de prendre ses mesures sur les avis qu'elle lui donnoit ; & qu'elle mourroit satisfaite, pourvû qu'en expirant elle eût le plaisir de voir l'honneur & les jours de son Amant à couvert.

 Cette belle fille finit ce discours par un torrent de larmes, qu'Abdelméleck mit toutes les peines du monde à essuyer. Ce jeune homme avoit écouté tout ce récit avec des mouvemens fort différens. Ce que sa maitresse lui avoit dit d'abord des sentimens avantageux, que la Reine avoit pour lui, l'avoit flatté agréablement. Abdelméleck ne songeoit point à être infidele ; mais il n'étoit pas exempt de la vanité naturelle à un séxe aussi bien qu'à l'autre ; & sans cesser d'aimer sa maitresse, il n'auroit point été fâché de se voir aimé d'une belle Reine. Mais il frémit d'horreur au seul récit que lui fit Datéjan de la nature de cette passion. La vue des dangers auxquels elle ne pouvoit manquer de l'exposer le fit trembler ; & il prit dèslors la résolution de mettre tout en œuvre, pour sortir d'un lieu funeste qu'il commençoit à détester. Il la communiqua à sa maitresse, après l'avoir rassurée de ses craintes, & lui avoir juré cent fois de ne jamais l'abandonner ; & ils convinrent entr'eux de donner incessamment avis au Visir de ce qui se passoit dans le sérail. Ils conclurent aussi qu'en attendant les mesures que ce Ministre pourroit prendre sur ces nouvelles, Abdelméleck pour mieux cacher son déguisement se conduiroit avec plus de réserve & de précaution que jamais, sans cependant rebuter la Princesse. Cet Amant, à qui cette entrevue avoit rendu une partie de son enjoument, pria même la belle Géorgienne de lui permettre d'avoir quelques complaisances pour la Reine. Il lui promit en revanche qu'elles ne serviroient qu'à faire faire à cette jeune Princesse quelque extravagance, dont ils ne manqueroient pas de se réjouir. Ces deux Amans se séparerent de la sorte, après avoir pris des mesures pour se revoir souvent dans le même lieu, & après s'être juré cent fois de s'aimer toujours. Abdelméleck rentra de là dans son appartement, d'où il envoya au Visir un détail de toute cette conversation.

Giauher ne fut pas frappé de cette nouvelle autant que tout autre l'auroit été. Prévenu qu'il etoit déja contre cette Cour par les observations qu'il avoit faites, il ne regarda ce récit, que comme l'explication d'une Enigme, qu'il devinoit confusément, sans en appercevoir le véritable sens, & comme une confirmation d'un sentiment secret, qu'il portoit déja dans lui même, & que cette lettre ne faisoit que développer. Ce n'étoit pas d'ailleurs la première fois qu'il avoit entendu parler des inclinations extraordinaires de la Reine d'Egypte. Il est vrai, qu'il avoit ajouté peu de foi à tout ce qu'on lui en avoit dit. Il sçavoit qu'accoutumés à critiquer la conduite de leurs Souverains, les peuples croyent se faire un mérite de leur indocilité, en noircissant souvent sans sujet les moindres démarches de ceux, qui les gouvernent. Ce qu'on lui mandoit du sérail lui parut plus sérieux, & mériter plus d'attention. Cependant plus l'accusation étoit grave, plus il crut devoir prendre de précautions avant que d'éclater. Au lieu d'écrire d'abord à son maître, il jugea à propos de s'éclaircir auparavant par lui même de la vérité. Il conçut sagement qu'une passion telle, qu'on disoit être celle, dont la jeune Princesse étoit attaquée, ne pouvoit long tems demeurer secrette ; qu'elle éclateroit bientôt au dehors ; & il attendit cet éclat comme une preuve convainquante sur laquelle il vouloit fonder la vengeance qu'il méditoit.

La Reine ne le laissa pas long tems languir dans l'impatience. Cette Princesse que la feinte indisposition de l'esclave Européenne avoit tenue fort inquiéte, ne fut pas plutôt avertie que son réveil permettoit de la voir, qu'elle se rendit à son appartement. La situation dans laquelle elle la trouva surprit si agréablement la jeune Princesse, qu'elle ne put s'empêcher de lui en faire compliment. La conversation que le jeune François venoit d'avoir avec sa maitresse avoit rendu en un instant à son teint cet éclat que depuis deux mois le chagrin avoit effacé. Ses yeux étoient plus vifs qu'à l'ordinaire, sa conversation plus enjouée. La Reine ne pouvoit se lasser de le féliciter fur un mal de tête qui fembloit être venu exprès pour lui ramener la joye & la fanté. Elle refta jufqu'au foir dans l'appartement d'Abdelméleck, & ne fe retira qu'après lui avoir propofé pour le lendemain une promenade fur le Nil, que le jeune François accepta avec toutes les marques poffibles de reconnoiffance. Ce fut en cette occafion, que la Princeffe donna pour la premiére fois à ce jeune homme des marques publiques de fon attention, & des fentimens favorables qu'elle avoit pour lui. Non feulement elle voulut qu'il fût dans le même batteau, qui la portoit, & auprès de fa perfonne; elle le fit même manger feul à fa table, & au retour, qui fut fort avant dans la nuit, fous prétexte qu'il étoit tard, elle ne voulut pas permettre qu'il retournât dans fon appartement, & le fit coucher dans le fien.

Quoi qu'on parlât déja beaucoup de ce voyage, dont on racontoit plufieurs particularités, vraies, ou non, qui n'étoient pas à l'avantage de la Reine, ce ne fut rien en comparaifon des murmures, qu'excita une partie de chaffe qu'elle fit quelques jours après, & où elle voulut encore que le jeune François l'accompagnât. Elle fe conduifit dans cette occafion avec fi peu de réferve, elle y donna à ce jeune homme des témoignages fi marqués de fa paffion, qu'on ne parloit plus d'autre chofe à la Ville, comme à la Cour. L'hiftoire des Amours de la Reine & de l'efclave Européenne faifoit le fujet de toutes les converfations. Déja dans toutes les maifons de la Ville on voyoit courir leur Epithalame compofé par quelques Poëtes de la nation, qui n'avoient pas manqué de profiter du privilege accordé à la poëfie, pour peindre cette union de toutes les couleurs que leur imagination avoit pû leur fournir. Abdelméleck lui même, que les tendreffes de la Princeffe commençoient à allarmer, avoit écrit au Vifir qu'il n'y avoit plus de tems à perdre. Ce Miniftre bien informé d'ailleurs de toutes les circonftances de cette intrigue crut qu'il étoit tems enfin d'avoir recours au dernier remede. Il écrivit au Calife Méez-lédin-allah un détail exact & circonftancié de fa négociation, & de ce qui fe paffoit à la Cour d'Egypte. Il y joignit toutes les lettres que le peintre François lui écrivoit du férail, & après avoir fait fouvenir ce Prince des intérêts de fa gloire, plus encore que de ceux de fon amour outragé, il finiffoit en lui demandant ses derniers ordres. Un homme de confiance fut chargé du paquet, & eut ordre de rapporter la réponse du Calife avec toute la diligence possible.

Ce Prince renfermé dans son Palais de Trémecen, & uniquement occupé du plaisir qu'il trouvoit à considérer le portrait de la Reine d'Egypte, attendoit avec une tranquilité mêlée d'inquiétude les nouvelles du succès de son Ambassade. Les premieres qu'il avoit reçues de son Visir ne lui étoient pas à la vérité, favorables ; mais elles étoient si peu circonstanciées, qu'il ne désespéroit pas encore de réussir dans son dessein. Si l'amour ne pouvoit fléchir en sa faveur le cœur de la jeune Princesse, il se flattoit que du moins la vue de ses intérêts ne lui permettroit pas de refuser son alliance. Cependant l'impatience qu'il avoit d'apprendre des nouvelles de cette Cour lui avoit fait donner ordre d'arrêter sur la frontiére tous ceux, qui viendroient de ce côté-là, & de les lui amener. C'est ainsi qu'en cherchant à avancer son bonheur, on travaille bien souvent à le détruire. Un jour ce Prince se promenoit dans les jardins de son Palais, lorsque ses Officiers amenerent devant lui un homme, qu'on venoit d'arrêter au port, & qui, disoit-on, arrivoit d'Egypte. C'étoit un marchand de Trémecen déja âgé, à qui un motif de religion & d'intérêt avoit fait entreprendre le voyage de la Mecque. A son retour en Egypte il s'étoit embarqué à Aléxandrie, pour éviter les incommodités inséparables de la route de terre, & il revoyoit à peine sa patrie que les Officiers du Calife lui signifierent l'ordre de paroître en sa presence. A peine Méez-lédin eut jetté les yeux sur ce veillard, qu'il sentit un trouble secret, dont la cause lui étoit inconnue. Il l'interrogea d'abord avec bonté sur les différentes particularités de son pélerinage, sur les incommodités de la route, sur les Saints lieux qu'il avoit visités à la Mecque & à Médine ; enfin il lui demanda si dans son voyage il n'avoit appris aucunes nouvelles de ce qui se passoit en Egypte ? J'ai fait si peu de séjour dans ce Royaume, Seigneur, lui répondit le marchand avec ingénuité, qu'il seroit difficile que je pûsse satisfaire votre curiosité sur cet article. Ce que j'y ai appris, & ce que je n'oserois avancer, si plusieurs marchands de cette nation ne me l'avoient attesté comme un fait certain, c'est que depuis quelques mois la Reine de ce pays est devenue, dit-on, amoureuſe d'une fille arrivée depuis peu dans ſon ſérail, qu'on appelle, je penſe, l'eſclave Européenne. Il ne me conviendroit pas, Seigneur, de vouloir vous faire le portrait d'une perſonne que je n'ai jamais vue. Je ne vous fatiguerai point non plus du détail d'une infinité de circonſtances qu'on rapporte de cette nouvelle paſſion, & qui pourroient n'être pas exactement vraies. Ce que je puis vous aſſurer, c'eſt que je n'ai appris cette nouvelle qu'avec horreur; & que c'eſt avec toute la ſatisfaction poſſible que je revois aujourd'hui une terre, où j'ai le bonheur de vivre ſous un Prince, qui ne ſouffre point dans ſes Etats de pareils monſtres.

Le vieillard finit ſa relation en cet endroit; & l'on peut imaginer ſans peine l'impreſſion que ce récit dut faire ſur le cœur amoureux du Calife. Il congédia ſur le champ le marchand, après lui avoir fait délivrer cent ſequins, pour récompenſe de ſa nouvelle. Pour lui il ſe retira dans ſon appartement accablé de mille paſſions différentes, que la confuſion, où il ſe trouvoit, ne lui permettoit pas de développer. Son amour mépriſé, ſa gloire outragée, la nature qui ſembloit lui demander vengeance d'un ſi déteſtable attentat, livroient tour à tour mille combats différens à un reſte de tendreſſe, qui ſoutenue du ſilence du Viſir, travailloit encore à deffendre dans le cœur de ce Prince les intérêts de la Reine d'Egypte. La ſanté du Calife ne put réſiſter long tems à tant d'aſſauts. Il tomba dans un délire ſuivi d'un aſſoupiſſement léthargique, d'où il ne ſe réveilla qu'à l'arrivée du Courrier que lui dépêchoit le Viſir. Je ſçai ce qui vous ameine, lui dit ce Prince d'un air tranquile & aſſuré, dès qu'il le vit entrer dans ſa chambre; Préparez vous à repartir ſur le champ; je ne vous donne que le reſte du jour, pour attendre mes derniers ordres. En même tems il fit ouvrir ces lettres, dans leſquelles il trouva les preuves & la conviction du crime; & il ne crut pas devoir différer plus long tems à ſatisfaire à ce que ſembloient exiger de lui la gloire & la vengeance. Il fit appeller l'envoyé de Giauher; & lui remettant les ordres qu'il adreſſoit à ce Miniſtre: Portez à mon Viſir, lui dit-il, les ordres émanés du trône Souverain du Roi des Rois. Partez, fidéle envoyé. Que la garde, qui veille nuit & jour ſur le tombeau du Chef des Prophetes, accompagne vos pas, & qu'à votre arrivée tout obéiſſe à mon noble ſigne,

Dans la lettre que le Calife écrivoit à Giauher, ce Prince après lui avoir donné les éloges que méritoit la prudence, avec laquelle il s'étoit conduit dans cette négociation, lui marquoit, qu'après l'avoir choisi pour être l'Ambassadeur de son amour, il le faisoit l'exécuteur de ses vengeances; qu'auparavant il avoit été sous ses ordres un Nonce de paix; qu'il lui ordonnoit à presént de devenir pour l'Egypte un foudre de guerre. Je vous mets le fer à la main, disoit il à ce Ministre en finissant; La terre & la mer vont se couvrir d'hommes soumis aux ordres glorieux qu'ils recevront de votre bouche. Purgez la terre des monstres, dont elle est infestée. Combattez, honoré Visir, le bras redouté de l'invincible Empereur, qui commande à tous les Empereurs du monde. L'épée du glorieux Chef des Saints Prophetes marchera devant vous, & le souffle du Roi des Rois dissipera vos ennemis comme la paille. En même tems Méez-lédin ordonna à toutes ses troupes de se tenir prêtes à partir dans trois jours. Au bout de ce terme cent mille hommes embarqués sur différens vaisseaux de toutes grandeurs couvrirent la mer d'Afrique, & firent voiles vers les côtes d'Egypte.

Je ne m'arreterai point à faire un détail ennuyeux de cette fameuse expédition. Dès que Giauher parut à la tête de cette redoutable armée, & qu'il eut fait entendre le nom du Calife Méez-lédin-allah, tout se soumit; tout plia; tout baissa la tête sous le joug du vainqueur. Les peuples vinrent à l'envi recevoir les ordres du Général Africain; les Villes lui ouvrirent leurs portes. Après avoir conquis toute la basse Egypte sans avoir perdu un seul homme, il alla se presenter devant la Capitale, & campa avec ses troupes dans le lieu même qu'il avoit occupé peu de mois auparavant avec les Ambassadeurs de son maître. Cette Ville la plus riche & la plus forte de tout le Royaume ne fit pas plus de résistance que toutes les autres. L'Histoire ne dit point de quelle maniére elle se soumit, ni ce que devint dans ce renversement de fortune cette malheureuse Princesse, qui avoit donné lieu à cette révolution. On sçait seulement que maître de la capitale & du Palais Giauher y fit proclamer publiquement Méez-lédin-allah Calife d'Egypte; que le reste du pays suivit bientôt l'exemple de cette Ville; & que pour dédommager le peintre François des chagrins & des inquiétudes auxquelles son déguisement l'avoit exposé, ce Général lui permit avec l'agrément du Calife d'épouser la charmante Datéjan, à qui le Monarque Africain étoit en quelque sorte redevable de sa conquête.

<small>Origine du nom du Caire.</small>

Cependant comme Giauher connoissoit l'aversion naturelle de son maître pour le séjour des Villes, ce Général en attendant l'arrivée du Calife en Egypte, s'occupa à faire travailler à un mur épais & élevé, qui environnoit cette vaste plaine où toute son armée campoit ; afin que ce Prince pût y habiter seurement avec tous ses Généraux, ou sous des tentes, s'ils le jugeoient à propos, ou dans des maisons, qu'ils feroient bâtir à leur fantaisie. Cette enceinte se remplit ensuite de Palais, de Mosquées, & forma une grande Ville, qui s'enrichissant insensiblement des dépouilles de la Ville de Masr, qu'on abandonnoit pour venir habiter ce nouveau séjour, devint elle même la Capitale de l'Egypte. Giauher en mémoire de sa conquête donna à cette nouvelle Ville le nom d'*el Cahera*, terme Arabe, qui signifie *la victorieuse*. C'est de là que les Vénitiens & les Florentins, qui ont été les premiers négocians Chrétiens, à qui on a accordé un établissement dans cette Capitale, formerent par corruption le nom de *Cairo*, auquel ils ajouterent le terme de grand, à cause de sa beauté & du nombre de ses habitans ; terme que nous avons adopté, en appellant cette Ville le grand Caire. Je sçai que quelques Auteurs rapportent différemment l'origine de cette Capitale, & du nom qu'elle porte aujourd'hui. Ils disent que du tems d'un Roi d'Egypte, nommé Mohez, un Seigneur, qui commandoit pour ce Prince dans la Ville de *Masr*, fit bâtir un Château proche de cette Ville, pour la mettre de ce côté-là à couvert de toute insulte, & qu'il appella cette forteresse avancée *Cairet*, du nom de son épouse ; que cette petite place s'accrut insensiblement, & qu'en devenant dans la suite plus considérable, elle ne laissa pas de conserver toujours l'ancien nom de *Cairet*, qui lui avoit été donné.

<small>Situation de cette ville.</small>

Quoi qu'il en soit, la Ville du Caire est située au 28°. degré 58. de Latitude Septentrionale. Elle se divise, comme on le conçoit aisément par tout ce que j'ai dit, en vieille & en nouvelle Ville. La vieille, qu'on appelle communément le vieux Caire, est sur le bord Oriental du Nil, c'est-à-dire à la rive

DE L'EGYPTE.

droite de ce fleuve. Ce lieu, qui est aujourd'hui presque désert & inhabité, n'a rien de remarquable que les greniers de Joseph, dont je parlerai dans la suite. La nouvelle, qu'on nomme absolument le Caire, est assise dans une plaine de sables située à une petite lieue vers le Nord de la vieille Ville, & n'est éloignée du Nil, qu'elle a au Couchant, que d'environ un quart de lieue, s'étendant le long de la montagne, sur laquelle est bâti le Château. Il n'y a point de doute, que l'ancienne situation ne soit infiniment plus belle, plus riante, & plus avantageuse, que la nouvelle. Le voisinage de l'eau, la fraicheur de l'air, le plaisir de la vue, sont des agrémens que l'on n'a point au Caire, & qui cependant sont fort à désirer, principalement dans un pays, où plus de la moitié de l'année le Soleil donne avec tant de force.

Il faut cependant avouer, quoi qu'en dise Monsieur le Vayer, que le Caire n'est pas la Capitale du monde la plus chaude. Je sçais que cette Ville est de tous côtés environnée de sables; que l'air n'y est point tempéré par les pluies, puisqu'il n'y en tombe point; que les maisons des particuliers ne sont pas capables de les deffendre des ardeurs du Soleil; que les montagnes augmentent encore, & qu'on les y sent quelquefois très vivement. Mais si l'on considére d'un autre côté, que pendant les mois de Juin, de Juillet & d'Août, c'est-à-dire dans la saison de l'année, où le Soleil a le plus de force, il régne au Caire presque sans interruption un vent de Nord assez violent, qui rafraichit l'air à un point, que les Grands du pays ne peuvent demeurer dans leurs sales sans vestes fourées; que pendant ces mêmes mois, & même durant une partie de celui de Septembre, la croissance du Nil attire des nuages, qui se conservent depuis cinq heures du matin jusqu'à huit, qu'ils sont entièrement dissipés; on reconnoîtra, qu'il n'est pas si difficile d'y supporter les chaleurs, que quelques écrivains l'ont avancé. Pour moi, qui n'y suis pas moins sensible qu'un autre, j'avoue qu'elles ne me paroissent pas extrêmes, quoiqu'on m'assure qu'il en a plus fait depuis mon arrivée en cette Ville, qu'on n'y en avoit éprouvé depuis dix huit ans. Monsieur le Vayer pouvoit dire avec plus de justesse, que le Caire est la Capitale du monde, où l'Hiver se fait le moins sentir, puisque ceux qui ont voyagé aux Indes, en Ethiopie, en Amérique, & en différentes autres régions de la terre, conviennent unanimement, que cette Ville & ſes environs ſont le lieu le plus charmant, qui ſe rencontre dans tout le reſte de l'Univers. Non ſeulement on n'y a jamais ſenti la gelée, ni vû tomber de neige ; il eſt même rare qu'il y pleuve une demie heure en un an. Il y a à preſent trois ans entiers, qu'il n'y eſt pas tombé une goutte d'eau. Auſſi les maiſons n'y ſont elles pas ordinairement couvertes ; ou ſi elles le ſont, c'eſt d'une maniére incapable de réſiſter le moins du monde à la pluie.

Ce que je trouve de plus charmant dans le climat de ce pays, c'eſt qu'on n'y eſt point aſſujetti, comme ailleurs, à l'incommode alternative de la pluie & du beau tems ; que les jours y ſont toujours ſemblables ; & qu'on peut être ſeur, que le Soleil, qui y luit aujourd'hui, y brillera encore demain. Ajoutez à cet avantage, que les arbres y conſervent toujours leur verdure ; qu'au mois de Novembre ſurtout, lorſque le Nil s'eſt retiré dans ſon lit, la campagne n'eſt plus qu'une prairie continuelle, dont la vue enchante, & dont l'odeur embaume. Les fleurs & les fruits y ſont en abondance ; en un mot on peut dire que le Printems & l'Automne s'y trouvent parfaitement réunis. Ce qu'il y a d'aſſez ſingulier, c'eſt qu'alors on n'y ſent pas même de vent, tant la nature ſemble s'être efforcée de rendre cette ſaiſon de l'année auſſi agréable que riante en ce pays. Auſſi puis-je aſſurer que rien ne manque pour la rendre charmante, non pas même le gibier, dont la terre ſemble alors toute couverte. A la vue de tant d'avantages n'eſt-on pas forcé de convenir, que ſi l'on a quelque incommodité à ſouffrir des chaleurs brulantes de l'Eté, on en eſt dédommagé de reſte par la ſaiſon, qui lui eſt oppoſée ? A l'égard de l'air de cette Ville, il eſt ſans contredit le plus pur & le plus ſain, qu'on puiſſe reſpirer en aucun autre lieu du monde. On n'y voit point de maladies, point de rhumes, point de fluxions, ni aucune autre de ces incommodités ſi ordinaires en Europe. Si pendant l'Eté on s'eſt trop expoſé aux ardeurs du Soleil, & que par là on ait contracté quelque fiévre, on n'y eſt point expoſé aux loix impitoyables de la Saignée & de la Médecine. La diette ſeule au pain & à l'eau chaſſe le mal en moins de rien. Pourroit-on ſouhaiter un reméde plus ſimple, moins dégoutant, & plus ami de la nature ?

Le Caire est habité par les originaires du pays, c'est-à-dire les Coptes, par les Mores, par les Turcs qui s'y sont retirés de diverses provinces de l'Empire Ottoman, surtout depuis quelques années, qu'on fait état que le nombre s'en est accru d'environ trois cens mille personnes; enfin par les milices du Grand Seigneur, qui montent encore à un nombre très considérable. Je ne suis cependant pas de ceux, qui comptent trois à quatre millions d'ames au Caire; & je crois encore moins ce qui se dit, que durant le tems de la dernière peste il mourut six cens quarante mille personnes dans cette Ville. Le Caire, quoique quelques uns lui donnent jusqu'à vingt deux milles de circuit, n'est cependant pas réellement à beaucoup près si grand que Paris. Il y a dans la Ville plusieurs grands lacs, des jardins très fréquens & fort vastes, des Mosquées d'une étendue considérable. Les maisons n'y ont que deux ou trois étages; plusieurs même n'en ont qu'un. Il est vrai que les maisons ordinaires y sont fort serrées, & que même chez les Grands, vingt ou trente personnes couchent souvent dans une même salle. D'ailleurs on ne voit que la moindre partie du monde que renferme le Caire, parce que les femmes ne sortent que fort rarement, & moins encore les femmes de considération que les autres. Je sçais aussi qu'il y a telle maison, qui renferme jusqu'à trois cens personnes, tant hommes que femmes; que toutes les maisons un peu distinguées ont ordinairement vingt ou trente esclaves; que les moindres en ont trois ou quatre, & que toutes les rues de la Ville sont fort étroites. Mais tout cela bien apprécié ne peut pas encore, à mon avis, égaler le peuple de Paris, qu'on sçait être beaucoup inférieur au nombre de trois ou quatre millions de personnes. J'avoue que l'ancienne Ville avec Boulac, qui autrefois lui servoit de port, que le lieu des tombeaux des Sultans d'Egypte, & les ruines qu'on trouve entre le vieux Caire & la montagne jusqu'où cette Ville s'étendoit autrefois, j'avoue, dis-je, que tout ce terrain est encore fort habité, & contient sans doute beaucoup de monde. Cependant j'estime que le tout pris ensemble ne surpasse point le peuple de Paris; peut être même ne l'égale t'il pas.

Le Caire est aujourd'hui, comme je l'ai dit, la Capitale de l'Egypte, & le lieu de la résidence des Bachas, qui y sont

Du nombre de ses habitans.

Du Château du Caire.

envoyés par la Porte. Leur demeure est dans le Château, qui fut bâti par Saladin il y a six à sept cens ans. Il est situé à l'Orient de la Ville, & à mi côte de la fameuse montagne de Mokatan qui se termine en cet endroit, après avoir constamment suivi le Nil de fort près, & la mer Rouge de fort loin, depuis l'Ethiopie jusques-là. La situation du Château n'est rien moins qu'avantageuse. En effet il est tellement commandé par la montagne, dont le sommet le domine, que de là on pourroit facilement y jetter des pierres avec la fronde, & incommoder considérablement la garnison. D'ailleurs il y a dans le Caire une ancienne Mosquée très vaste & très haute, & qui n'est séparée du pied de la montagne, sur le penchant de laquelle le Château est bâti, que par une place sablée, dont la largeur peut être de cent cinquante pas sur environ mille de longueur. Cette Mosquée peut encore beaucoup nuire dans les soulévemens, parceque de là une partie des mécontens empêchera aisément à coups de fléches, que les deux quartiers opposés du Château ayent entr'eux aucune communication, tandis que du sommet de la montagne, d'où l'on découvre toute la place, l'autre peut y faire pleuvoir une grêle de pierres. Aussi a t'on vû plus d'une fois la milice bien armée, & ne manquant point de munitions, être forcée de la sorte par une troupe de mutins sans discipline, qui souvent même lui étoient fort inférieurs pour le nombre. Le Château du Caire est la seule place de deffense, qui soit en Egypte. Cependant comme les Turcs n'y font aucune réparation, il est presque indubitable, que dans deux ou trois siecles, si les choses vont toujours le même train, ce ne sera plus qu'un amas de ruines. En effet quoique les pierres, dont ses murs sont bâtis, soient d'une qualité excellente, l'air humide & salin de la nuit joint aux ardeurs excessives du Soleil pendant le jour les a tellement calcinées, qu'à voir cette forteresse, on diroit qu'il y a deux ou trois mille ans qu'elle subsiste.

Ce fut aussi Saladin, qui dans ce Château fit construire le Palais, où se voit ce magnifique Salon environné de douze colonnes de marbre granite d'une hauteur & d'une grosseur prodigieuses, soutenant un dôme ouvert, sous lequel ce Prince assembloit son Conseil, & rendoit la justice à ses Sujets. Une inscription, qui régne autour de ce dôme, & dont les caractéres en relief font de bois doré, fixe trop bien l'époque de la conſtruction de ces édifices, pour qu'on puiſſe les attribuer à un autre qu'à ce Conquérant. Elle contient même le récit de quelques unes de ſes belles actions. Ce bel endroit, d'où l'on découvre toute la Ville du Caire, & plus de douze lieues du cours du Nil, avec les plaines fécondes qu'il baigne de ſes eaux, les Pyramides, les Moſquées, les villages, & les jardins, dont ces campagnes ſont en quelque ſorte toutes couvertes, cet édifice ſuperbe n'a pas toujours été la demeure des deſcendans de Saladin, ni de ceux de ſon frére Sirocoë. Pluſieurs de ces Princes aimerent mieux habiter dans le Caire même, & y bâtirent des Palais, dont quelques uns ſubſiſtent encore. Il eſt vrai, que la plûpart tombent en ruines, ou ſont du moins fort dégradés, parcequ'on en a enlevé tous les ornemens, ſurtout les colomnes, qui décoroient les ſales, où s'aſſembloit la Cour, & où ces Souverains tenoient leur Divan avec tant de magnificence.

On voit dans ce même Château un autre Divan, ou ſale des anciens Rois d'Egypte, dont le dôme eſt ſoutenu par trente quatre colomnes de marbre, d'une hauteur & d'une groſſeur extraordinaires. Elles ont au moins quarante cinq pieds entre la baſe & le Chapiteau. Comme il s'en trouve une, dont on n'apperçoit point la baſe, & qui eſt même beaucoup plus haute & plus groſſe que toutes les autres, on juge que ces colomnes ont ſervi ailleurs, & qu'on les a tirées du lieu, où elles étoient, pour les employer à cet édifice. En effet ce Divan eſt un ouvrage conſtruit du tems que les Arabes commandoient en Egypte, & dont par conſéquent l'antiquité ne paſſe pas ſix à ſept cens ans. On remarque au bout de cette ſale, & autour du Dôme, qui eſt ouvert ſelon l'uſage du pays, diverſes inſcriptions Arabes, dont les lettres ſont formées de piéces de bois, ſouvent de la groſſeur du bras, & de la hauteur d'un homme. Il ſeroit aſſez difficile que de tels caractéres ne ſe conſervaſſent pas long tems. Auſſi ſont ils encore aujourd'hui fort entiers; mais on en a preſque perdu l'intelligence, parceque ces lettres ſont entre-lacées d'une maniére ſi biſarre, qu'il eſt très difficile de les déchiffrer. Cette ſale, qui comme toutes celles que l'on voit au Caire, eſt ouverte du côté du Nord, afin de mieux recevoir la fraicheur, ſert preſentement de paſſage, & l'on a bâti à l'entour des boutiques & des maiſons dans lefquelles quelques unes des colomnes fe trouvent enfermées. On voit fur une ou deux des infcriptions Arabes ; mais elles y ont été mifes après coup, & font fort poftérieures au tems, où l'on tiroit de ces énormes maffes de pierre des carriéres de la haute Egypte.

Il eft certain, que depuis la chute de la grandeur & de l'opulence d'Aléxandrie, cet ufage s'eft abfolument perdu, & que les ruines de cette fuperbe Ville ont feules fourni toutes les colomnes, qu'on voit employées aujourd'hui dans toutes les Mofquées, & dans toutes les maifons confidérables du pays. Peut être y en trouveroit-on plus de quarante mille. Il y en a de grands magafins au Caire, où l'on en voit de toutes les efpéces à très grand marché. Il y en a de même à Rofette & à Aléxandrie, fans parler de celles, qui reftent encore enfévelies dans la terre, ou fous le fable. Un Janiffaire ayant acheté il y a quelque tems un terrain dans le deffein d'en faire un jardin, trouva dans un monticule qu'il vouloit faire applanir cinq colomnes femblables à celles du Divan, dont je viens de parler, & qu'on nomme communément le Divan de Jofeph. Comme elles étoient trop groffes pour être tranfportées, l'Egypte manquant aujourd'hui de machines propres à mouvoir de grands fardeaux, on les coupa par rouelles pour fervir de meules de moulin. On ne fçauroit croire combien on en a brifé pour le même ufage. Tous les moulins du Caire, & même de l'Egypte entiére, ne fe fervent point d'autres meules. Or il n'y a point de maifon confidérable qui n'ait le fien. Je fuis certain que les cinq colomnes qu'on coupa de la forte n'ont pas vallu plus de deux cens écus à leur maître, tandis qu'il n'y a point de Prince curieux en Europe, qui ne les eût payées volontiers plus de deux mille. En effet après la colomne de Pompée, qui fans contredit eft en ce genre le plus grand & le plus merveilleux ouvrage de l'Univers, on n'en voit nulle part ni de fi hautes, ni de fi groffes, que l'étoient celles-là. C'eft ainfi que la barbarie gâte & détruit aujourd'hui fi tranquilement ce que la politeffe des fiécles paffés avoit produit avec tant de foin, de peine, & de dépenfe. Que ne coutoient point ces magnifiques ouvrages ! Quelle devoit être cette Aléxandrie, d'où l'on a tiré trente à quarante milliers de colomnes, & d'où l'on en tire encore tous les jours !

On

On trouve encore dans le Château divers autres appartemens anciens. Il y en a quelques uns, dont la voute est soutenue par deux rangs de colomnes élevés les uns sur les autres ; principalement du côté du Nord & de l'Occident. La plûpart de ces bâtimens malgré leur magnificence ne servent aujourd'hui que d'écuries. A l'égard de ce qui est habité, il est moderne, & suivant le goût dominant des Turcs bâti, pour ainsi dire, de boue & de crachat.

On voit aussi dans la même enceinte un très bel appartement & des Divans admirables, qui font face à la grande place appellée le Meydan. Ce bâtiment qui n'a pas moins de six cens ans d'antiquité, & dont la beauté est surprenante, aboutit sur une terrasse d'une hauteur prodigieuse, qu'on a élevée avec un mur terrible contre l'escarpement de la roche, qui est fort droite & fort haute en cet endroit. Vers le milieu du mur est un avancement porté par des arcades à perte de vue, que soutiennent des piliers quarrés de trente à quarante pieds de Diametre. Sur cet avancement s'éleve un salon percé de tous côtés, surtout du côté du Nord, & dont le plafond est appuyé sur des colomnes. De là on découvre tout le Caire ; ce qui forme sans contredit une des plus belles vues du monde. C'étoit dans cet appartement que logeoient autrefois les Bachas ; mais depuis qu'un d'entre eux eut le malheur d'y être étranglé, ils l'ont abandonné. Aujourd'hui il n'est occupé que par les ouvriers, qu'on employe à broder le magnifique Pavillon, que le Grand Seigneur envoye tous les ans à la Mecque, pour couvrir le *Beït-allah*, ou *Maison de Dieu*, dont je parlerai en traitant des Caravanes.

Les Bachas ont aujourd'hui leur logement dans un autre quartier du Château tourné vers le Midi. Il se trouve dans cet appartement de très beaux morceaux, mais entre-mêlés de ruines & de misérables huttes, où logent les Officiers du Gouverneur. Ismaël Bacha, qui gouvernoit l'Egypte, lorsque j'arrivai dans ce pays, a fait bâtir un appartement fort joli sur un angle, dont un côté regarde le Midi, & l'autre le Couchant, tirant vers le Nord. Au milieu de ce petit appartement, qui est bâti sur la même ligne que le grand, dont je viens de parler, est un jardin, dont l'entretien coute des sommes considérables, & des peines extraordinaires. En effet il faut aller chercher

B b

jusqu'au Nil l'eau, dont on l'arrose ; & plusieurs chameaux sont continuellement employés à ce travail. Ce bâtiment, qui a coûté plus de quarante mille écus, est aujourd'hui presque tout ce qu'il y a d'habitable dans le Château ; mais on peut présumer que dans la suite il ne le sera pas plus que le reste, parce qu'il est extrêmement rare que les Bachas s'avisent d'y faire les moindres réparations. Comme ils ne restent jamais en Egypte que quatre années au plus, & souvent beaucoup moins, ils se regardent comme des passagers, à qui le soin de ces embellissemens doit être fort indifférent, & ne songent qu'à conserver pour eux l'argent qu'ils ont le talent d'amasser, sans s'amuser à le dépenser pour la commodité de leurs successeurs. Ils n'ont garde d'oublier chaque année de passer dans leurs comptes les sommes destinées par le Grand Seigneur pour l'entretien de cette forteresse, qui cependant n'en est pas dans un état moins pitoyable, mais en récompense leur bourse s'en porte beaucoup mieux ; & c'est là leur unique objet.

Il faut avouer cependant que le quartier des Janissaires, & celui des Asaphs ne sont pas absolument négligés ; mais ils sont les seuls, & tout le reste du Château est dans un délabrement à faire pitié. Le quartier des Asaphs est plutôt au dessous du Château, que dans son enceinte, étant placé immédiatement sous l'élévation du grand appartement, où comme je l'ai dit, on travaille le Pavillon de la Mecque. Celui des Janissaires est une espèce de citadelle bâtie dans le Château même. C'est un réduit flanqué de grosses tours de pierre très fortes. On y trouve quelques mauvaises pièces de canon, que ce corps ne manque pas de tourner contre l'appartement du Bacha, ou contre le quartier des Asaphs, lorsqu'il lui prend fantaisie de leur faire peur. Les Asaphs n'ont pas au reste toujours habité le lieu, où ils logent aujourd'hui. Ils occupoient auparavant un vieux Château situé environ à cinq cens pas vers le Nord de celui ci. Ce Château étoit posé sur une roche, & pourroit bien être le lieu, qui du tems des Romains portoit le nom de *Babilon*. Il ne faut que des yeux pour convenir, que ce Château est incontestablement plus ancien que celui d'aujourd'hui. On y remarque encore des murs assez entiers ; mais il n'est plus habité que par des malheureux, qui y ont bâti quelques cabanes. Son étendue & son élévation n'approchent pas de celles du Château du Caire, d'où à peine peut-on le diſtinguer des autres édifices, lorſque de là on conſidére la Ville, dans laquelle il eſt renfermé.

Au pied de ce vieux Château eſt une fontaine publique, ou comme en beaucoup d'autres endroits, on donne de l'eau gratuitement. La pierre dans laquelle elle tombe étoit autrefois un cerceuil, ou tombeau, ſemblable à quelques autres qu'on trouve encore en divers quartiers de l'Egypte. Cette pierre, qui eſt d'un noir parfait, & d'une extrême dureté, eſt chargée de tous côtés de hieroglyphes très bien travaillés, & encore fort entiers. Sa longueur eſt au moins de huit pieds, & ſa forme eſt celle d'une caiſſe de Momie ; c'eſt-à-dire qu'elle a plus de largeur à un bout qu'à l'autre, ſuivant la proportion qui ſe trouve entre les pieds & les épaules. On ne ſçauroit douter, qu'elle n'ait ſervi à renfermer une de ces caiſſes, & il y a beaucoup d'apparence qu'elle a été trouvée dans quelque Pyramide, d'où on l'a tranſportée enſuite dans le lieu, où on la voit aujourd'hui. Ses bords ont plus d'un pied d'épaiſſeur, & c'eſt ſur leur largeur, comme ſurtout le tour de la pierre, que ſont gravés les hyerogliphes, dont j'ai parlé. C'eſt certainement un fort beau morceau d'antiquité. On appelle cet endroit la fontaine des Amoureux ; & le peuple débite à ce ſujet divers contes ridicules, qui n'ont pas même l'ombre du vrai ſemblable.

Fontaine des amoureux.

Le Caire renferme auſſi un très grand nombre de ces anciens Palais, qui furent bâtis & habités par des Rois d'Egypte, ou par les principaux Seigneurs de leur Cour, & qui juſques dans leurs ruines conſervent encore les plus beaux reſtes de leur première magnificence. Les dorures des lambris en ſont encore ſi éclatantes, qu'on croiroit qu'elles ne viennent que d'y être appliquées. Le grand nombre de colomnes & de pièces de marbre, qu'on y trouve, ne mérite pas moins l'attention d'un voyageur curieux. On remarque à l'entrée d'une ſale, qui répond à la contre-cour d'une de ces maiſons voiſine de celle du Cadileſker, deux colomnes extrémement ſinguliéres. Elles ſont compoſées chacune de trois autres colomnes torſes, qui aux deux extrémités ſe réuniſſent en une ſeule. La hauteur de ces colomnes, jointe à la beauté & à la hardieſſe du travail, rend, à mon gré, ce monument de l'anti-

De quelques antiquités du Caire.

quité auſſi précieux, qu'il eſt rare. On trouve dans une autre de ces anciennes maiſons peu éloignée de celle-ci une colomne, ou aiguille quarrée de marbre granite, ſur laquelle on meſuroit autrefois la hauteur de l'accroiſſement du Nil. Elle eſt chargée de figures hieroglyphiques; mais comme elle ſe trouve preſentement engagée dans un mur, on n'en découvre qu'une partie. La poſition de cette colomne juſtifie l'antiquité du Caire, puiſque depuis un tems immémorial le canal du Nil ne paſſe plus dans cet endroit.

Des Moſ-
quées.

Cependant ce que cette Ville & ſes environs offrent de plus eſtimable, & de plus digne d'attention, ce ſont les Moſquées qu'on y trouve en grand nombre, & dont il n'y a preſqu'aucune qui ne méritât une deſcription particuliére. La plûpart ont été bâties & fondées par les anciens Rois d'Egypte, & portent encore aujourd'hui les noms de leurs fondateurs.

Celles du dehors de la Ville étoient conſtruites dans les fauxbourgs, ſurtout du côté de cet étang d'eau douce, autour duquel s'aſſemble la caravane de la Mecque, c'eſt-à-dire au Nord-Eſt du Caire. Elles ſont aujourd'hui preſque toutes ruinées, auſſi bien que les maiſons, qui les environnoient. C'étoient des édifices ſuperbes, comme leurs ruines le témoignent encore; mais de la maniére dont vont les choſes, je ſuis preſque ſûr, que dans cent ans on ſera bien habile, ſi on s'aviſe de ſoupçonner qu'il y ait eu dans ces lieux des monumens auſſi magnifiques. Il n'y a plus que la Moſquée bâtie par Amrou fils d'Aas, qui au milieu de ces ruines ſubſiſte encore en ſon entier. Quand je dis qu'elle ſubſiſte en ſon entier, je n'entens pas que ce ſoit préciſément le même édifice, que ce Prince fit conſtruire après avoir conquis l'Egypte. Je ſçais qu'elle a été rebâtie depuis beaucoup plus magnifiquement, qu'elle ne l'étoit d'abord, & telle qu'on la voit de nos jours. Elle eſt aſſiſe ſur le bord Oriental du Nil, entre le vieux-Caire & le nouveau; & on peut dire, qu'à la réſerve de la Moſquée d'Ashar, il n'y en a point qui ſoit plus riche, ni mieux entretenue. Auſſi la regarde-t-on comme la premiére qui ait été élevée, non ſeulement en Egypte, mais même dans toutes l'étendue du Mahométiſme. Elle fut remplie, comme toutes celles qu'on a bâties depuis, d'un grand nombre de colomnes entaſſées les unes ſur les autres ſans choix & ſans proportion, les unes étant plus hautes, ou plus groffes que les autres, souvent de marbres de différente efpéce, & furtout de granite. On y en remarque auffi quelques unes de Porphyre, & même de Jafpe. En un mot on les a placées, fans y faire trop d'attention, comme elles fe font trouvées fous la main, après les avoir enlevées des Eglifes Chrétiennes, & des Temples du Paganifme, où elles étoient certainement difpofées avec beaucoup plus d'ordre.

La Mofquée d'Afhar eft la plus belle, la plus opulente, & la plus ancienne, qu'on voie dans la Ville du Caire. Cet édifice, dont le fondateur eft inconnu, mérite d'être confidéré par rapport à fes Dômes & à fes minarets. Ce font des efpéces de tourelles fort hautes, dont les Mofquées font toujours accompagnées. C'eft du haut de ces petites tours, que réguliérement cinq fois par jour le peuple eft averti de l'heure de la priére par des hommes prépofés pour cette fonction. Ils s'en acquittent en tournant autour des galeries hors d'œuvre, dont ces minarets font ornés, & en criant d'une voix tonnante qu'on ait à fe rendre à la Mofquée. Ces galeries, qui ont leur entrée tournée vers la Mecque, font ordinairement au nombre de trois à chaque minaret, où les jours folemnels il monte autant de crieurs, qui font en même tems l'invitation à la priére. Comme on compte aumoins trois cens Mofquées au Caire, dont plufieurs ont jufqu'à fix minarets, il eft aifé d'imaginer le bruit que tant de voix aigües, & les plus fortes qu'on puiffe trouver, partant toutes en même tems, doivent produire, furtout une heure avant la pointe du jour, où tout eft ordinairement enféveli dans le fommeil & le filence. A ne fuppofer que deux crieurs par Mofquée les jours ordinaires, & quatre dans les grandes fêtes, ce feroient toujours fix cens hommes que l'on entendroit à la fois dans le premier cas, & douze cens dans le fecond, nombre certainement plus que fuffifant pour produire un bruit prodigieux.

Il y avoit dans une Mofquée voifine de la maifon Confulaire un de ces crieurs, dont la voix étoit fi forte, & fi fonore, qu'on pouvoit, je crois, l'entendre de tous les quartiers de la Ville, quoi qu'elle ait plus d'une lieue de Diametre. Il me paroiffoit être dans ma chambre; & bien loin que je fuffe fâché d'en être éveillé, j'y prenois tant de plaifir, qu'à mon gré il finissoit toujours trop tôt. La priére, qui devance l'Aurore, s'annonce en ces termes ; *vrais croyans , qui penfez au falut , la priére est préférable au fommeil*, &c. N'avoura-t'on pas que cette invitation est beaucoup plus expreffive, que le fon de nos cloches, & bien plus capable d'exciter à la piété? On dira fans doute, que prefque tout le monde étant alors enféveli dans un profond fommeil, c'eft une belle maxime, dont prefque perfonne n'eft en état de profiter ; outre que le mélange confus de tant de voix ne permet pas d'en pouvoir diftinguer une feule parole. Pour moi, je ne conviens pas abfolument de l'objection ; mais fût elle bien fondée, il refteroit toujours conftant, que perfonne n'ignorant cette formule édifiante, on croit l'entendre, parce qu'on la fçait, & qu'ainfi elle ne produit pas moins fon effet, quoi qu'on ne l'entende point réellement.

La Mofquée d'Ashar auroit autant de revenu que l'Egypte en rend au Grand Seigneur, fi tous les legs qu'on lui a faits n'avoient point été diffipés par les adminiftrateurs, qui dans tous les tems s'en font approprié les fonds par mille moiens différens, que la cupidité fçait toujours fournir, lorfque rien ne lui fait obftacle, & que l'impunité la met à fon aife. Dans le tems que l'Egypte avoit fes propres Rois, cette Mofquée étoit une efpéce d'Univerfité, où l'on enfeignoit toutes les Sciences. Ces Princes y attiroient de tous les pays foumis au Mahométifme les hommes les plus profonds en Théologie, en Jurifprudence, en Médecine, en Aftronomie, en Mathématique, en Hiftoire, & les y retenoient par des penfions confidérables, & par des diftinctions encore plus flatteufes. Pour exciter d'autant plus à l'étude, & pour mettre tout le monde en état de s'y livrer avec facilité, tous les jours à la fortie des claffes on diftribuoit à chaque étudiant certaine quantité de pain, de ris, de viande, & de légumes, plus que fuffifantes pour fa fubfiftance. Ainfi la miféré n'éloignoit perfonne des connoiffances utiles, & ne fourniffoit point un prétexte pour vivre dans l'ignorance. En un mot l'injuftice de la fortune ne privoit point l'Etat des fujets, que la nature avoit formés pour le fervir. Quatorze mille perfonnes étoient entretenues de ces fondations ; la plûpart même étoient logées. Car à la différence des autres Mofquées, celle-ci a des bâtimens confidérables, qui répondent aux diverfes rues, dont elle eft environnée. Que ces tems sont changés à tout égard! On n'enseigne plus dans cette Mosquée qu'à lire, à écrire, & les premiers élémens de la religion. Toutes les autres disciplines y sont absolument abandonnées; & au lieu de quatorze mille personnes, qu'elle nourrissoit autrefois, à peine en entretient elle aujourd'hui quatorze cens. A l'égard de ce qui concerne la Grammaire, il faut avouer qu'on l'y enseigne encore dans la plus haute perfection, & qu'il n'y a point de lieu au monde, où l'Arabe soit si pur, ni où l'on s'attache davantage à déterminer la juste valeur des mots, & à en pénétrer toute la force. Comme c'est un crime parmi les Mahométans de prononcer mal un mot de l'Alcoran, ou de le mal écrire, de là vient qu'un des premiers soins que prennent ceux, qui dans cet endroit sont préposés à l'instruction de la jeunesse, est d'apprendre à prononcer & à orthographier l'Arabe avec la plus scrupuleuse exactitude. Par là ils conservent nécessairement la prononciation primitive dans toute sa pureté, & se préservent de l'altération si ordinaire aux autres langues. Tout le monde convient que l'Arabe de l'Alcoran est le plus pur qu'on puisse trouver. Ainsi l'attention que par un principe de religion on apporte à le lire & à l'écrire correctement, ne peut manquer de maintenir long tems cette langue. Aussi voit on que malgré les efforts de plusieurs siécles, celle qu'on parle vulgairement au Caire est très peu différente de la littérale.

Les Mosquées sont presque toutes bâties sur le même plan, & ne différent guéres que dans l'étendue. En entrant par la principale porte, on trouve d'abord un grand quarré, ordinairement plus long que large, & toujours à Ciel découvert. Autour de ce quarré bien pavé, qui forme une espéce de Cour, régne une gallerie couverte soutenue par des colomnes. C'est sous cette gallerie, que se fait ordinairement la priére, afin d'être à l'ombre. Il se trouve cependant des dévôts, qui par un excès de zele font leurs oraisons en plein midi au beau milieu de la Mosquée; c'est-à-dire sous un Soleil insupportable, & qui, je crois, pourroit fondre la cire d'Espagne. On trouve quelquefois au bout de la grande Cour un autre quarré couvert d'un Dôme; mais cela est rare, & l'on n'entre pas aisément dans ce lieu, parceque c'est presque toujours la sépulture du fondateur, où dans ce cas il n'est pas permis au peuple d'aller prier. A côté, & hors de la Cour, qui forme le milieu de la Mosquée, on a pratiqué des lieux particuliers, avec des bassins pleins d'eau, pour la commodité des ablutions si étroitement ordonnées par l'Alcoran. Car on sçait que la loi des Mahométans leur deffend de faire leurs priéres, avant que de s'être lavé les mains, les bras jusqu'au dessus du coude, les oreilles, les pieds, & certaines autres parties du corps.

Comme ces endroits sont les plus sujets à la mal propreté, il n'est pas difficile de s'appercevoir, que pour engager d'une maniére plus forte à en prendre soin, Mahomet a fait habilement un précepte de religion d'une chose si nécessaire à la santé & à la propreté, surtout dans les climats ardens qu'habitoient les peuples, qu'il avoit projetté de soumettre par le moien de sa doctrine. Cependant comme il se rencontre certaines occasions, où il est quelquefois impossible d'avoir de l'eau, par exemple lorsqu'on est obligé de traverser des deserts, & que rien malgré cela ne peut dispenser de la priére, quelques Casuistes Mahométans permettent alors, au lieu d'eau de se frotter de sable, pour satisfaire au précepte; ce qui produit le même effet, parceque réellement le sable netoye également les mêmes parties, & les préserve de la mauvaise odeur partout si insupportable, mais plus encore dans les pays chauds.

Ce que les Mosquées ont de plus curieux, ce sont les Dômes, & les minarets, dont ils sont accompagnés. Il est vrai, qu'on ne peut assez admirer la beauté de ces Dômes, leur grace, leur proportion, leur hardiesse, & surtout la grandeur étonnante de quelques uns. Les ornemens intérieurs, qui les embellissent, ne sont pas moins dignes d'être consideres. Les uns sont travaillés en maniére de dentelle; d'autres en compartimens de fleurs; d'autres en forme de parquet; quelques uns enfin en côtes de melon; & ce sont les plus ordinaires. Tous ces ornemens sont pris dans les pierres mêmes, qui composent le Dôme; & ces pierres sont si bien jointes & si bien liées, qu'on n'en voit aucune se séparer. Quoique l'épaisseur de ces Dômes ne soit que d'un pied & demi au plus, il n'y en a cependant aucun entre-ouvert, & leur construction est si parfaite, qu'au bout de six ou sept cens ans ils sont encore aussi entiers, que lorsqu'on y mit la derniere main. On en trouve quelques uns revêtus de

plâtre

plâtre en dehors, & dont les filigranes font faits de la même matiére ; mais ils font modernes, & leur forme decide affez de leur âge, pour qu'on ne puiffe s'y méprendre. Ils n'ont rien de l'élégance que les Anciens fçavoient donner à leurs ouvrages. On voit en relief fur la plûpart de ces Dômes de grandes infcriptions Arabes, qui régnent fur la circonférence extérieure, & qu'on peut facilement lire d'en bas, auffi bien que celles du dedans, qui font ou fimplement peintes, ou faites en caractéres de bois doré. C'eft ordinairement aux coins des Mofquées, que les Dômes font conftruits, & qu'ils forment des efpéces de Chapelles d'un exhauffement, qui étonne. Quelquefois il n'y en a qu'un feul dans une Mofquée ; fouvent il y en a deux, & même davantage. Lorfqu'il y en a deux, l'un couvre ordinairement la fépulture du mari, & l'autre celle de la femme. Ils font égaux, & placés réguliérement pour la Symétrie. Outre les deux grands Dômes, on en trouve quelquefois deux autres plus petits, qui occupent les autres angles de la Mofquée ; quelquesfois auffi il n'y en a point du tout.

Comme ces Dômes fervent, ainfi que je viens de le dire, à couvrir la fépulture de ceux qui ont fait bâtir la Mofquée, leur corps repofe ordinairement dans un petit caveau, au deffus duquel fur le pavé du Dôme eft une élévation d'environ un pied & demi de hauteur, & d'une longueur convenable à la grandeur de la perfonne inhumée. Si c'eft un homme fait, l'élévation a plus de longueur ; fi ce n'eft qu'un enfant, elle en a moins. Ces élévations font couvertes d'une efpéce de cercueil à jour à peu près femblable à ces reprefentations mortuaires, dont on fe fert dans nos Eglifes ; fur ce cercueil eft une efpéce de drap verd qu'on renouvelle de tems en tems, & fur lequel on écrit en lettres faites de drap rouge & blanc le nom du Prince, ou du Seigneur, dont le corps repofe fous cette reprefentation. Celle-ci eft quelquefois accompagnée de douze ou quinze autres, qui font celles de la femme, des enfans, & même des favoris du deffunt. Ces Chapelles, ou tombeaux pavés de très beau marbre en font ordinairement revêtus à huit ou dix pieds de hauteur en forme de lambris, & ornés de diverfes lampes, de quelques Alcorans, & d'autres livres de dévotion, que des gens de Loi gagés pour cet exercice lifent régulierement à certaines heures de la journée. On y trouve auffi quelquefois l'Hiſtoire de la fondation de la Moſquée, & même celle du fondateur, dont les inſcriptions des Dômes contiennent très ſouvent l'abregé. Ces Chapelles ſont fermées, & comme je l'ai dit, il n'eſt pas permis à tout le monde d'y aller faire la priére. Cependant je n'ai pas laiſſé d'entrer dans preſque toutes celles, qui ſont hors du Caire. A l'égard des minarets, dont les Moſquées ſont ornées, ce ſont des eſpéces de petits clochers ordinairement travaillés à jour, & dont les dehors ſont accompagnés de deux, ou trois galleries. Il y en a de fort curieux au Caire; & lorſqu'ils ſont tous illuminés pendant les nuits de la Lune du Rhamadan, on peut dire qu'ils produiſent un ſpectacle auſſi ſingulier, qu'agréable.

l'Hopital. Un des plus célébres monumens qu'on voye au Caire en matiere de Moſquées, c'eſt l'Hopital général, qui cependant n'étoit autrefois deſtiné qu'à renfermer les fous. L'évenement, qui donna lieu à ſa fondation, eſt aſſez ſingulier. On dit qu'entre les femmes d'un certain Roi d'Egypte, qui, comme je l'ai dit, étoit fils de *Mohamed Ebn Toulon*, il s'en trouva une, qui avoit pour lui une paſſion ſi violente & ſi jalouſe, que ne pouvant ſupporter qu'il partageât ſa tendreſſe à ſes rivales, elle en perdit enfin l'eſprit; que ce Prince touché du malheur de cette femme qu'il aimoit véritablement, lui fit bâtir un Palais ſéparé du ſien, où elle reſta long tems enfermée avec des perſonnes pour la ſervir ſuivant ſa qualité, & l'état facheux où elle ſe trouvoit réduite. On ajoute, qu'ayant enfin recouvert ſon bon ſens, ſoit par le ſecours des remédes, ſoit par celui du tems, le Roi la fit revenir auprès de lui, & qu'ayant ſa diſgrace toujours preſente, cette Princeſſe convertit ce Palais en un Hopital, qu'elle dota de revenus conſidérables, en faveur de ceux qui ſeroient affligés de la même maladie, dont elle avoit été attaquée; qu'enfin la mort ayant emporté le Roi ſon époux, la douleur exceſſive qu'elle conçut de cette perte la fit retomber dans ſes premiers égaremens; enſorte qu'on fut obligé de la renfermer une ſeconde fois dans ce lieu, où elle finit ſes jours.

Au reſte cet Hopital, qui ſuivant cette tradition n'étoit deſtiné d'abord que pour les perſonnes malades de l'eſprit, eſt devenu commun dans la ſuite aux malades de toute eſpéce; & il ſeroit d'une richeſſe immenſe, ſi tous les legs qui lui ont été faits, ou ceux qu'on y fait encore tous les jours, tournoient entierement à son profit. Mais la coutume veut ici, que de tous les soins, celui de gouverner les pauvres soit le plus propre à faire vivre dans l'opulence ceux qui en sont chargés.

Cette maison située dans une des plus belles rues du Caire a deux Mosquées magnifiques bâties vis-à-vis l'une de l'autre, & séparées seulement par cette rue. A tenant chacune de ces Mosquées on voit de vastes bâtimens destinés à loger les malades de toute condition. Autrefois ces malades étoient rangés dans différentes sales, suivant la nature de leur maladie. On y trouvoit une Apoticairerie recommandable par l'excellence des remédes qu'on y faisoit, & la quantité surprenante de drogues précieuses, qui entroient dans leur composition. Chaque genre de maladie étoit traité par un medecin particulier, qui avoit passé sa vie à l'étudier, & qui par un grand nombre de cures heureuses s'étoit acquis la réputation de tirer ordinairement ses malades d'affaire. Les Medecins de cette espéce étoient recherchés avec soin de tous côtés, & attirés au Caire, non seulement par de grosses pensions, mais encore par tout ce qui peut rendre la vie commode & agréable. Leur table étoit aussi délicatement qu'abondamment servie ; & celle des autres Officiers l'étoit à proportion. La dépense de chaque malade étoit fixée à un ducat d'or par jour ; & afin qu'ils fussent mieux soignés, & servis plus ponctuellement, ils avoient chacun deux personnes préposées pour leur fournir tous leurs besoins. Il y avoit aussi des Cuisiniers, des Confiseurs, & d'autres personnes semblables, occupées uniquement à leur préparer des ragoûts flatteurs & des boissons délicates propres à leur réveiller l'appetit. Ceux qui ne pouvoient jouir des douceurs du sommeil pendant la nuit étoient placés dans un lieu séparé, où ils entendoient une musique aussi douce qu'harmonieuse, qui les amusoit depuis deux heures du matin jusqu'à trois. Il y avoit des faiseurs de contes gagés pour le même exercice & comme les malades soupirent ordinairement après le retour de l'Aurore, on avoit la précaution, pour les en flatter, d'annoncer de l'une & de l'autre Mosquée le tems de la priére du matin deux heures plutôt que par tout ailleurs. Lorsqu'ils étoient convalescens, on les faisoit passer dans un appartement séparé, afin qu'ils ne respirassent plus le même air, & pour hâter davantage le retour de leur santé. On faisoit jouer devant eux des Comédies; on y dansoit au son des instrumens ; en un mot on n'oublioit rien de tout ce qui pouvoit aider la nature à se rétablir promptement. Lorsqu'ils étoient en état de sortir, on leur donnoit cinq ducats d'or, afin qu'ils ne fussent pas obligés de reprendre sur le champ leur profession, & qu'ils eussent le tems de menager leurs forces. De tant d'attention, de pieté, & de magnificence, il ne subsiste aujourd'hui dans cet Hopital que la seule coutume d'annoncer la premiere priére deux heures plutôt que dans les autres Mosquées. Du reste les malades guerissent comme ils peuvent, sans qu'on s'en mette fort en peine.

Des Tombaux.

Outre les Mosquées on trouve encore dans la Ville du Caire & aux environs certains lieux de dévotion assez considérables par leur beauté. Ce sont divers tombeaux de quelques Docteurs, ou Santons Mahométans, qui se font le plus distingués ou par l'excellence de leur doctrine, ou par la mortification extraordinaire de leur vie. Celui de leur fameux Docteur Chafaï mérite entr'autres d'être remarqué. Il est hors de la Ville, situé au pied de la montagne de Mokatan dans un lieu appellé *Caxafe*, terme Arabe, qui signifie *ruines*. Le Macrisi dans son Histoire ou description de la Ville & des rues du Caire rapporte un évenement assez singulier au sujet de ce Chafaï, qui étoit parent de Mahomet, & Auteur d'une doctrine qu'on regarde parmi les Turcs comme une des quatre Orthodoxes.

Un Calife, dit cet Auteur, sectateur de Chafaï, & qui commandoit à tous les pays soumis alors au Mahométisme, du nombre desquels étoit l'Egypte, après avoir bâti dans Babylone, où il tenoit sa Cour, un superbe College, voulut pour rendre ce lieu plus respectable & plus frequenté, y faire transférer le corps de ce fameux Docteur, dont les sentimens devoient servir de matiére aux leçons qu'on y donneroit. Dans cette vue il écrivit au Gouverneur qu'il tenoit en Egypte, de faire exhumer le corps de Chafaï, de le mettre dans un cercueil de bois précieux, & de le lui envoyer. Quoique ce Docteur eût été enterré sans distinction dans un Cimetiere ordinaire, le lieu particulier de sa sépulture étoit parfaitement connu, & souvent visité de tous les dévots. Le Gouverneur sçavoit l'exmême vénération du peuple pour ce prétendu Saint. Ainsi sous prétexte de faire plus d'honneur aux cendres de ce Docteur si estimé, mais en effet pour empêcher quelque soulevement capable de traverser l'exécution des ordres du Calife, il se rendit au tombeau avec une escorte de plus de dix mille hommes. Il étoit encore accompagné de toutes les personnes de distinction du Caire, que suivoit un peuple innombrable attiré par la dévotion, ou par la curiosité, motifs ordinaires des plus grands concours. Dès qu'il fut arrivé, les travailleurs commencerent à ouvrir la terre ; mais à peine furent ils arrivés à la profondeur, où le corps reposoit, qu'il en sortit une flamme si vive & si éclatante, qu'ils en demeurerent aveugles pour le reste de leurs jours. Un prodige si nouveau & si surprenant fit suffisamment connoître, que le Saint se trouvoit bien, où il étoit, & qu'il n'y avoit rien de bon à gagner en s'opiniatrant à vouloir l'en tirer de force. Aussi n'alla-t-on pas plus loin. On remit avec respect sur le saint corps la terre qu'on avoit déja ôtée, & sur le champ on dressa un acte, qui contenoit les merveilleuses circonstances de cet évenement, dont plus de vingt mille témoins oculaires attesterent la vérité par leurs signatures. Cet acte fut ensuite porté au Calife par un certain nombre de ces mêmes témoins, choisis entre les plus respectables, soit par leur rang, ou par leur âge. Dès que ce Prince l'eut reçu, il en fit faire grand nombre de copies revêtues de toute l'authenticité necessaire, qu'il envoya dans les diverses Provinces de son Empire, afin d'y répandre la réputation de Chafaï, & d'y faire naître pour ce célebre Docteur la même vénération, dont il étoit pénétré.

Toute extraordinaire, ou pour mieux dire, toute fabuleuse que paroît cette histoire, il ne seroit pas impossible qu'avec le secours d'un peu d'adresse elle ne fût arrivée à peu près de la maniére, dont elle est racontée. On sçait que l'imagination une fois préparée aux prodiges croit en découvrir par tout, & que dans cette disposition l'accident le plus naturel, ou l'artifice le plus grossier, n'ont pas de peine à lui en imposer, puisqu'elle ne cherche alors qu'à être seduite. Sur ce principe on ne s'écarteroit peut être pas trop de la vérité, en pensant que le Gouverneur bon politique & bon courtisan, dans la crainte d'exciter une révolte, & pour entrer en même tems dans les vues de son maître, eût imaginé un stratagême propre à satisfaire également les sujets & le souverain. Il suffisoit pour y réussir d'avoir mis secretement autour du corps des matieres combustibles, mêlées de quelques phosphores, capables de s'enflammer dès qu'ils auroient pris l'air, & d'avoir fait venir de loin de veritables aveugles, dont l'Egypte manque moins que tout autre pays, pour les employer à ouvrir la terre. On y avoit joint sans doute la précaution de les engager, autant par la crainte que par la récompense, à publier qu'ils avoient perdu la vue en cette occasion. On en jugera tout ce que l'on voudra. Ceci n'est qu'une conjecture que j'abandonne à la critique. Il est seulement à propos d'observer, que les Turcs & les Arabes croyent difficilement aux miracles, & que sur cet article, comme sur beaucoup d'autres, ils différent extrémement des Persans, qui sont à cet égard les plus credules de tous les hommes. En effet leur histoire, comme celle des Espagnols, fourmille d'évenemens surnaturels, qu'ils attribuent aux mérites de leurs prétendus saints, & l'on ne rencontre aucun lieu de pieté en Perse, quelque petit & quelque negligé qu'il soit, qui ne conserve de gros régistres de toutes les merveilles qu'on dit s'y être opérées. Les beaux recueils d'extravagances ! Qu'on trouveroit là d'excellens mémoires, si l'on vouloit travailler à l'histoire des égaremens de l'esprit humain !

Au reste pour prouver le peu de disposition qu'ont les Arabes à croire les faits extraordinaires, il suffira de rapporter un trait du même Macrisi, qui m'a fourni le récit que je viens de faire au sujet du tombeau de Chafaï. Ce trait renferme même une particularité que l'on ne sera pas faché d'apprendre. Peu d'années après la mort de Mahomet, dit cet Auteur, un homme, qui passoit au Caire pour un grand Saint, alla trouver le Moufti, à qui il déclara, que le Prophéte, qu'il avoit connu particuliérement, lui étoit apparu, & lui avoit ordonné très expressément de lui venir reprocher de sa part, qu'on ne faisoit aucune mention de lui en annonçant les heures de la priére au peuple; oubli dont il étoit très indigné. Ce reproche frappa le Moufti. Sur le champ il statua, qu'à l'avenir lorsqu'on inviteroit les fidéles à se rendre à la Mosquée, on ajouteroit à la formule ordinaire ces paroles; *Que la bénédiction de Dieu soit sur son Prophete*, ce qui s'est toujours pratiqué depuis dans les lieux, où la religion Mahométane est suivie. Mais pour faire voir qu'il ne regarde cette apparition, que comme un conte à endormir les enfans, Quelle folie! continue cet Auteur; les morts peuvent ils revenir de l'autre monde? Aussi dans son histoire d'Egypte, qui contient les annales de ce qui s'est passé dans ce Royaume pendant sept à huit cens ans, on ne trouve point qu'il ait cité aucun autre miracle, ou prodige, que les deux que je viens de rapporter & un troisiéme d'une des parentes de Mahomet douée d'une extraordinaire sainteté. Cependant les Egyptiens naturels sont de tous les hommes les plus superstitieux, comme les plus ignorans. Car comme l'a dit un sçavant Mahométan, dont Monsieur d'Herbelot rapporte la vie dans sa Bibliotheque Orientale, la superstition & l'ignorance ne manquent jamais d'être unies ensemble.

On trouve aussi dans la Ville du Caire de très beaux Caravanseras toujours remplis de monde & de marchandises; ce qui engage les Grands du pays à employer leur argent à élever de ces sortes d'édifices, parce qu'ils en tirent des revenus très considérables. Les Nubiens, les Abyssins, & les autres nations de l'Afrique, qui abordent au Caire, y ont chacune le leur particulier, où elles ne manquent jamais de loger. Il en est de même des marchands d'Alep, de Damas, de Constantinople, & des autres Villes de commerce. Ces Caravanseras sont des hospices sacrés, où il n'est pas permis d'insulter personne, n'y de s'attaquer aux effets, qui y sont déposés. On pousse même la précaution & le scrupule jusqu'à ne pas souffrir, qu'un homme, qui n'est point marié y habite. Cet usage s'observe aussi dans les quartiers de la Ville, où il y a des familles, parceque les Turcs sont dans la ridicule persuasion, qu'un homme qui n'a point de femmes, est beaucoup plus dangereux, qu'un autre. Pour moi je m'imagine que la seule crainte d'un secours trop officieux, qu'ils ne desirent pas, leur met cette pensée extravagante dans la tête. Au reste ce n'est qu'à l'intérêt des propriétaires de ces especes d'hotelleries, ou de magasins, qu'on est redevable de l'ordre & de la sureté, qui y régnent; car d'ailleurs les Turcs ne sont pas gens à se piquer de tant de délicatesse & de probité. Leur avantage est toujours pour eux la premiére & la plus respectable de toutes les loix.

Les Caravanseras ne sont pas les seuls édifices, qui produisent

Des Caravanseras.

Des Bains publics.

de bonnes rentes. Il est certain qu'un bain public est un des meilleurs fonds, qu'on puisse posséder au Caire. Plus ils sont magnifiques, & plus ils rendent, à cause du grand concours qu'y attire la propreté dont on y est servi, jointe à l'agrément du lieu. Du reste ce qu'il en coute pour s'y baigner est très modique.

Il y a des bains, qui sont uniquement destinés pour les hommes, d'autres où il n'entre que des femmes; mais ordinairement ils servent aux hommes le matin, & aux femmes l'après-dîner, ou au contraire. Comme suivant la loi de Mahomet beaucoup de choses peuvent rendre le corps impur, de là vient l'usage si fréquent des bains chez les peuples, qui en font profession. Un mari, par exemple, après avoir rempli les devoirs de son état, est obligé de se baigner, pour ne pas rester immonde. C'est par cette raison, que tous les matins à la pointe du jour on voit au Caire une multitude de gens du bas peuple se jetter sans façon dans le canal, dont cette Ville est traversée, n'ayant pas le moien d'aller aux bains publics, qui d'ailleurs ne pourroient pas suffire à tant de monde. Mais outre les motifs de religion, ceux de la santé, & même du plaisir, contribuent encore beaucoup à rendre les bains d'une nécessité indispensable chez les Orientaux. En effet ils sont persuadés, que c'est un moien des plus efficaces pour reparer les forces trop dissipées, & pour entretenir la souplesse & l'agilité du corps. Peut être ne se trompent ils pas. D'ailleurs c'est pour les femmes un prétexte de sortir de leur prison deux fois la semaine, & de passer plus agréablement que chez elles deux après midi, dont elles ne manquent gueres de tirer tout le parti que l'occasion leur presente. Les plus à plaindre, & qui effectivement envient le bonheur des autres, sont celles dont les maris sont assez riches, pour avoir des bains chez eux. Celles là n'ont de ressource pour se promener que la visite des tombeaux. Aussi toute triste qu'elle est, elle ne laisse pas de leur paroître charmante. On peut dire, qu'elles sont redevables aux morts d'une liberté, que sans eux elles n'obtiendroient certainement pas des vivans.

Lacs. Le Caire renferme aussi divers lacs dans son enceinte. Il y en a un tout voisin de la contrée de France; mais le plus renommé de ces lacs, qu'on appelle *Birques* dans le langage du pays,

est

est celui qu'on avoit assez proche du Château. Il peut avoir cinq cens pas de Diametre; & les plus belles maisons de la Ville sont bâties sur ses bords. Il faut avouer, que si elles lui servent d'ornement, il leur procure en récompense une vue aussi charmante que variée. Rien n'est plus agréable, que de voir un terrain, qui pendant huit mois de l'année est un prodigieux bassin rempli d'eau, devenu pendant les quatre autres un jardin riant & perpétuel. Tant que ce bassin reste inondé, il est couvert d'un nombre prodigieux de brigantins & de barques dorées, sur lesquelles les personnes de considération se promenent à l'entrée de la nuit avec leurs femmes. Il ne se passe pas un soir qu'on n'y tire un feu d'artifice, & que quelque concert ne s'y fasse entendre. Les jalousies, qui regnent tout autour sont remplies d'une infinité de Dames, qu'on ne laisse pas d'entrevoir à la faveur des illuminations, dont toutes les faces des maisons sont alors éclairées. Pour moi je trouve que c'est un des plus galants spectacles que la nuit puisse offrir aux yeux, & où la fraicheur, qui lui est naturelle, augmentée par celle des eaux de ce vaste bassin, fait qu'on se dédommage avec délices des chaleurs de la journée.

Il faut convenir, que les Turcs entendent admirablement l'art de se préserver de la chaleur, & de se ménager des asiles, où elle ne pénétre que difficilement. On en a vû pousser l'industrie & la volupté, jusqu'à se construire des retraites au milieu d'une cascade, dont l'eau tombant sur un large marbre formoit tout autour une nappe, qui comme une courtine renfermoit leur lit de repos. Il faudroit avoir éprouvé les chaleurs étouffantes, qui régnent en Afrique, surtout au mois de Mai, pour bien comprendre les agrémens de la réussite d'une pareille invention. Ordinairement les sales où l'on se retire sont aussi exhaussées que nos Eglises. D'ailleurs elles sont rafraichies sans cesse par une infinité de jets d'eau, & par des gorges de loup, où le vent de Nord s'engouffre, & rend l'air qu'on respire en ces lieux assez tempéré.

Un des plus beaux morceaux d'antiquité, & dont je ne crois pas qu'aucun de nos Auteurs ait jamais rien écrit, est une porte du Caire appelée *Babel Fetouh*, c'est-à-dire, *la porte de l'ouverture*, parce qu'elle fut élevée à l'endroit de la muraille, où un Roi d'Egypte fit faire une breche pour rentrer dans la Ville, dont

Des portes du Caire.

un autre Prince s'étoit emparé pendant son absence. Cette porte est d'une architecture, que je n'entreprendrai pas de décrire. Ce que je puis dire, c'est que je n'ai rien vû de plus beau, de plus ancien, ni de plus entier, que cette magnifique porte. Elle est accompagnée de deux tours, qui en font le principal ornement. Ces tours ne sont pas absolument rondes; leur figure approche de l'ovale, dont il n'y a que la moitié qui paroisse en dehors. Leur construction du reste est si admirable, qu'elles semblent faites d'une seule pierre, tant l'ouvrage est achevé. La plus grande partie de ces tours est en quelque sorte couverte d'un écusson relevé de trois ou quatre doigts seulement du corps de la Tour ; & l'on peut dire que l'art s'est surpassé dans la simplicité de cet ornement, aussi bien que dans un autre ouvrage de même nature, dont est accompagné le dessus de la porte, où se lit une inscription Arabe. Du reste cette porte n'a ni colomnes, ni figures. Sa forme est quarrée, comme celle de toutes les autres portes de la Ville.

 La porte appellée *Babel Nasr*, nom qui signifie *la porte de la victoire*, a été bâtie par un des successeurs de Méez-lédin-allah après une bataille qu'il gagna sur un Prince, qui étoit venu l'assiéger. On peut la regarder comme une des plus belles de la Ville. Je puis assurer qu'en Europe nous en avons peu qui l'égalent, & aucune qui la surpasse. Ce fut à la place d'une porte fort commune, par où ce Roi d'Egypte rentra victorieux qu'il fit construire celle, dont je parle, à laquelle le tems a laissé son nom, & n'a rien fait perdre de sa premiere beauté. Quoiqu'elle ne puisse pas entrer en comparaison avec *Babel Fetouh*, dont elle n'est pas éloignée, on ne peut s'empêcher d'avouer qu'elle est parfaitement belle. Elle n'est gueres moins haute & moins large que celle de Saint Martin à Paris; & les Turcs pour exprimer la quantité de bled, qui se consomme chaque jour au Caire, ont coutume de dire par une exageration fort commune aux Orientaux, qu'on y en débite autant, qu'il pourroit en entrer en un jour par l'ouverture de Babel Nasr. Ce fut au dessus de cette porte, & en dehors de la Ville, qu'après avoir conquis l'Egypte, & pris le dernier Roi des Mammelucs, le sultan Selim fit pendre cét infortuné Monarque. Ce Prince eut même ensuite la férocité de faire representer au Caire cette action barbare par des bateleurs en presence de

DE L'EGYPTE.

ses femmes & de ses enfans, afin qu'ils ne fussent pas absolument privés du plaisir inhumain qu'il avoit pris à cet odieux spectacle. Enfin la porte nommée *Babeherie* n'est pas moins digne d'admiration ; & tout ce que l'on fait aujourd'hui n'approche certainement point de la noblesse de ces anciens monumens.

Des greniers de Joseph.

Le vieux Caire n'a, comme je l'ai dit, rien de remarquable, que les greniers de Joseph. Ces greniers au reste n'ont rien dans leur construction, qui réponde, ni à l'idée que bien des gens s'en forment, ni à la réputation que ce S. Patriarche s'est faite en Egypte. Aussi n'en est-il pas l'Auteur. Ils ne consistent que dans l'élévation d'un mur assez nouvellement bâti, lequel environne un grand terrain quarré, où l'on dépose le bled, l'orge, & les autres grains, que ceux qui possédent des terres sont obligés de fournir tous les ans au Bacha par forme de tribut. Ce que ces greniers ont de véritablement beau, c'est la voute, mais elle ne leur est pas particulière, puisque c'est le Ciel même. En effet ils n'ont point d'autre couverture. C'est pour cette raison que tous les ans on déduit à ceux qui en ont la garde une certaine quantité de mesures de grains, en considération de ce que les oiseaux, qui s'y rendent en très grand nombre, & qu'on n'inquiéte que rarement, peuvent en manger dans le cours de l'année.

On trouve aussi dans la vieille Ville une assez belle Eglise desservie par les Coptes, & qui paroît fort ancienne. Sous la Nef est une petite Chapelle dans laquelle on descend par huit ou dix degrés. Cette Chapelle est soutenue par quatre piliers, qui forment de part & d'autre un petit collatéral. Ce lieu pourroit à peine contenir vingt personnes. Dans le fond est un petit Autel, & derriére cet Autel l'endroit, où suivant la tradition, étoit placé le berceau de l'enfant Jesus dans le tems de sa fuite en Egypte. Dans le petit collatéral à main droite se voit une niche, où il se tenoit, ajoute-t-on, lorsqu'il étoit levé.

Du puits de Joseph.

Je finis par ce qui regarde ce puits si fameux, dont parlent toutes les relations des voyageurs, qui ont abordé en Egypte. Il se trouve dans le Château du Caire ; & se nomme le puits de Joseph, par un effet de l'extrême vénération qu'ont les Egyptiens pour la mémoire de cet illustre Patriarche. Elle est encore si vive aujourd'hui parmi eux, que tout ce que l'art a

D d ij

pû inventer de confidérable à l'avantage du pays, & dont l'établiffement eft inconnu au peuple, comme les ponts & les canaux, eft attribué d'une commune voix à ce Saint homme. Cependant malgré ce préjugé général, il eft certain que le puits, dont il s'agit, fut creufé fous un Roi, qui fe nommoit Mahamed fils de Calaon, époque qui fait connoître que fon antiquité ne remonte pas au deffus de fix cens ans. Ce fut, ajoute-t-on, l'ouvrage d'un Vifir de ce Prince, appellé Jofeph. Quoiqu'il en foit, ce puits eft taillé dans le roc, & peut avoir deux cens quatre vingt pieds de profondeur. Mais toute cette profondeur n'eft pas de fuite, comme on pourroit fe l'imaginer parceque c'eft l'ordinaire. Elle fe partage en deux moitiés à peu près égales, dont la feconde ne répond pas précifément à la premiere. Celle-ci eft un grand quarré, dont toutes les faces ont chacune dix huit pieds, & autour duquel regne une rampe pratiquée dans le vif du rocher. C'eft par là qu'on defcend fur une plate forme, qui eft fituée précifément au deffous de l'ouverture. C'eft fur cette plate forme que font placés des bœufs, qui par le moyen de deux roues, qu'ils font tourner, élevent jufques-là l'eau du fecond puits, tandis que d'autres bœufs, qui font placés en haut, la font monter de la même maniere de cette plateforme jufqu'à la bouche du premier.

Ce qu'il y a de plus curieux dans cet ouvrage, c'eft la cloifon, ou le parapet naturel, qui fépare le premier puits de l'efcalier qui l'environne, & qu'on a ménagé dans la matiere avec beaucoup d'art. Ce parapet n'a que fix pouces d'épaiffeur, excepté en quelques endroits, où il en a un peu davantage. Cet efcalier, ou plutôt cette defcente, puifqu'il n'y a point de degrés, eft affez large, pour que des bœufs puiffent y paffer à l'aife, lorfqu'on les fait defcendre fur la plate-forme pour y travailler, ou quand on les fait remonter pour en fubftituer d'autres en leur place. Elle eft auffi affez bien éclairée par de petites fenêtres percées de diftance en diftance dans la cloifon, en donnant fur le puits même, d'où elle tirent leur jour. A l'égard du fecond puits, il n'eft pas à beaucoup près fi large que le premier, à côté duquel il eft creufé; mais il a autant de profondeur; c'eft-à-dire environ cent quarante pieds depuis la plate-forme jufqu'à l'eau.

Il fe trouve des gens, qui charmés du puits de Jofeph, ne

balancent point à le comparer aux Pyramides pour la grandeur du travail. J'avoue pour moi que ce puits est un bel ouvrage en son genre. Je confidére volontiers, que sa premiere partie seulement ayant cent quarante pieds de hauteur, & ses côtés étant de dix huit pieds chacun, ces sommes produifent une furface de dix mille quatre vingt pieds, qu'il a fallu tailler à la pointe du marteau, fans compter le chemin, qui defcend depuis l'ouverture jufqu'à la plate-forme, & qui eft encore un ouvrage confidérable. Cependant je fuis encore fort éloigné malgré cela d'être de leur fentiment. En effet je fuis perfuadé, qu'en moins de vingt ans vingt hommes peuvent creufer un puits femblable à celui-là, le roc dans lequel il eft taillé étant extrêmement tendre, & par confequent fort facile à couper. Ainfi il n'y a point, à mon avis, de particulier un peu riche, qui ne pût réuffir dans une pareille entreprife. Il n'en eft pas de même des Pyramides. Il fuffit de les voir & de les examiner avec quelque attention, pour comprendre d'abord, qu'il a fallu employer des tréfors immenfes pour les élever, & que des Souverains feuls ont pû projetter des ouvrages fi prodigieux, & les executer.

Une preuve que le puits de Jofeph ne mérite pas autant d'admiration, que les voyageurs veulent le faire croire, peut être parcequ'ils le croyent réellement eux mêmes, c'eft qu'il n'eft pas le feul de fon efpece. J'en ai découvert cinq à peu près femblables dans les ruines du vieux Caire au pied des montagnes vers lefquelles la Ville s'élevoit depuis les bords du Nil par un efpace d'environ trois quarts de lieue. Ils font de même creufés dans le roc, & d'une profondeur étonnante. Ce qu'ils ont de particulier, c'eft qu'ils ne font point partagés en deux, comme celui de Jofeph, & que le fond repond précifément à l'ouverture, comme dans tous les autres puits du monde. Du refte ils font prefque fur la même ligne, en tirant vers le Midi, & à côté du Château, dans le lieu qu'on appelle le quartier des domeftiques d'Ebn Toulon. Il y en a quatre qui ne travaillent plus ; & ce font les plus profonds ; auffi font-ils les plus voifins de la montagne. Les pierres & la terre qu'on y a jettées les ont à demi comblés. Cependant leur profondeur eft encore fi grande, qu'elle éblouit. Leur ouverture n'eft point un quarré parfait ; elle peut avoir dix pieds de longueur fur huit de large. A l'égard du cinquiéme, il est encore en état de servir, & fournit de l'eau à une ancienne Mosquée, autour de laquelle habitent encore plusieurs familles dans une espece de forteresse, qui semble être colée contre la montagne. Cette eau est douceâtre & fade, comme celle de tous les puits d'Egypte, excepté l'eau du puits de Joseph, qui au contraire est un peu salée. Il est probable, que ces puits fournissoient autrefois de l'eau à une partie du vieux Caire, sur lequel leur situation dominoit. On voit encore proche d'un de ces puits des tuyaux de terre cuite, qui servoient à la conduire. On trouve dans le nouveau Caire quelques autres puits creusés comme ceux-ci dans le roc; mais ils sont fort éloignés d'avoir la même profondeur.

Je ne sçai ce que vous penserez, Monsieur, de mes observations sur la fameuse Ville du Caire. Aumoins puis-je vous assurer qu'elles sont fideles & exactes. Je ne vous dis rien des richesses de cette Capitale de l'Egypte. Vous en jugerez mieux par ce que j'ai dessein de vous écrire sur l'état present du commerce dans ce pays. En attendant vous pouvez croire hardiment sur ma parole, qu'en or, en argent, & en pierreries, il y a peu de Villes au monde, qui soient plus riches que celle la. Je suis, &c.

Au Caire ce....

LETTRE SIXIEME.

DESCRIPTION

Des fameuses Pyramides d'Egypte, & en particulier de la plus grande, de son intérieur, & des secrets qu'elle renferme.

Il n'est pas encore tems, Monsieur, de sortir de la basse Egypte. Les environs du Caire vont nous offrir des spectacles, qui ne sont ni moins grands, ni moins dignes de votre curiosité que tout ce que vous avez vû jusqu'ici. Je parle de ces fameuses Pyramides, qui firent l'admiration de toute l'antiquité, & qui ont été mises au nombre des sept merveilles que l'on a comptées dans l'Univers. Je sçai qu'il s'est trouvé, & qu'il se trouve encore aujourd'hui, même parmi les personnes les plus éclairées, des gens, qui ne regardent ces monumens célèbres que comme des masses informes de pierres entassées les unes sur les autres sans beaucoup d'art, capables d'étonner peut être un vulgaire ignorant, qui ne manque jamais de se laisser prévenir par les choses grandes, de quelque nature qu'elles puissent être, & de faire admirer la puissance, ou même la folie des Monarques, qui épuiserent leurs trésors pour la construction de ces ouvrages prodigieux, mais peu propres en effet à donner une grande idée du goût & de l'habileté de ceux qui présiderent au dessein de ces dépenses inutiles & insensées. Pour moi, qui ai vû de près ces monumens superbes de l'ancienne grandeur, qui rendit autrefois l'Egypte si célèbre, qui non content d'en parcourir les dehors, ai voulu visiter avec foin les coins & les recoins les plus cachés de leur intérieur; j'avoue que je n'ai pû m'empêcher d'être frappé de la magnificence & de la grandeur, qui éclattent de toutes parts dans ces édifices si vantés, & que je n'ai reconnu qu'avec admiration l'habileté des architectes, qui présidérent à l'exécution de cette grande entreprise. Peut être en dis-je trop; peut être sur cet aveu m'accuserez vous de me laisser aisément prévenir en faveur de tout ce qu'un climat éloigné peut offrir d'extraordinaire à la curiosité d'un étranger. Je veux bien vous en faire le juge. La description que je vous envoye vous fera peut être convenir que je n'outre rien; j'espére même qu'elle ne vous donnera pas une moindre idée de ces monumens si anciens & si fameux que celle que j'en ai conçüe moi même.

Du deffein s Pyrami-

Cependant avant que d'entrer sur ce sujet dans un détail, dont j'ose vous prédire d'avance que vous me sçaurez quelque gré, permettez moi, Monsieur, de vous faire observer d'abord quel fut le but de ces Monarques puissans, qui présiderent à la construction des Pyramides. En effet on ne peut juger sainement de quelque ouvrage que ce soit, si l'on ne sçait premiérement dans quelles vues le projet en a été conçu, & quel but on s'est proposé, lorsqu'on a entrepris de l'exécuter. Bien des gens ont regardé les Pyramides comme l'ouvrage d'une vanité outrée, d'une présomption aveugle de ces anciens Rois de l'Egypte, qui cherchant à éterniser leur nom, crurent trouver dans la durée de ces édifices, qu'ils jugerent devoir passer celle des tems mêmes, cette immortalité à laquelle ils aspiroient. Sur ce pied-là ils ont traité cette entreprise d'insensée, persuadés que la beauté, l'élégance, & le goût, qui régnent dans quelque ouvrage que ce puisse être, sont plus capables de conserver à la postérité la mémoire du Prince, qui en a formé le dessein, & celle de l'ouvrier qui l'a exécuté, que la grandeur la plus demesurée d'un colosse, dans laquelle on ne remarque ni délicatesse, ni agrément. En cela je suis de leur sentiment. Mais ces Monarques si sages & si éclairés, qui, lorsqu'il s'agissoit de rendre leurs Etats florissants, & de procurer le bonheur de leurs sujets, sçavoient former, comme vous l'avez vû, des desseins si grands, si utiles, si magnifiques, dans ce qui concernoit les intérêts de leur réputation & de leur gloire auroient ils eu des vûes si bornées & si imparfaites? Non, Monsieur;

&

& le peu d'eſtime que quelques ſçavans ont paru avoir pour les Pyramides d'Egypte vient de ce qu'ils en ont ignoré le ſecret, & de ce qu'ils n'ont pas été inſtruits du motif dans lequel elles avoient été bâties. La paſſion favorite des anciens Egyptiens étoit de ſe faire dès leur vivant des ſépultures, où après leur mort leurs corps fuſſent à couvert, non ſeulement de la corruption, à laquelle nous ſommes tous condamnés par la nature, mais encore de toutes les entrepriſes que la malignité & la témérité des hommes auroient pû former contre ces aziles inviolables. La ſuite de mes lettres, & ſurtout ce que j'ai à vous dire de la Religion des anciens Egyptiens, vous inſtruira des raiſons ſur leſquelles cette inclination étoit fondée. Elle n'étoit pas particuliére au peuple ; Elle s'étendoit juſqu'aux Souverains qui plus encore que leurs ſujets étoient intereſſés à ce qu'après leur mort leurs corps ne fuſſent expoſés à aucune inſulte. Les Grands & les Seigneurs de leur Cour, les perſonnes qui partageoient leur eſtime, ou leur faveur, avoient les mêmes intérêts. Auſſi peut on dire que parmi cette nation chacun cherchoit les moyens les plus ſeurs pour ſe conſerver après ſa mort à proportion des honneurs & des plaiſirs, que ſon rang, ſes richeſſes, ſa dignité & ſon emploi, lui procuroient pendant la vie.

De là il eſt aiſé de concevoir que ces fameuſes Pyramides bâties par quelques anciens Rois d'Egypte n'avoient été élevées que pour leur ſervir de tombeaux, & pour être la ſépulture des perſonnes qui leur étoient chéres. On jugera de leur magnificence parce que j'en dirai dans la ſuite. A l'égard du deſſein qu'ils avoient d'y mettre leurs corps à l'abri de toute inſulte, je mets en fait qu'ils ne pouvoient imaginer de moyens plus ſeurs pour y reüſſir, que ceux qu'ils avoient employés dans la conſtruction de ces monumens célébres. La deſcription que je donnerai de l'intérieur de la grande Pyramide juſtifiera ce que j'avance. Peut être contribuera-t-elle à faire revenir certaines perſonnes du faux préjugé qu'elles ont au déſavantage de ces ouvrages ſi vantés.

Il n'eſt pas auſſi aiſé de vous donner des lumiéres certaines ſur l'Auteur des Pyramides, que ſur le deſſein qu'on a eu en les élevant. Les Hiſtoriens Romains, qui ont parlé de ces miracles de l'art, vivoient dans des ſiécles ſi reculés de ceux

De leur Auteur.

auxquels ils avoient été conftruits ; que le nom des grands Rois qui executerent le deffein de ces célébres ouvrages, étoit déja parfaitement ignoré. Ils nomment cependant au nombre de ces Rois un certain Pſammetichus, ſans rapporter aucune particularité ni du tems de ſon régne, ni de ſes actions. Ce nom même ne fut jamais Egyptien ; il eſt Grec, ou Latin ; ou dumoins il faut dire qu'il a été accommodé à ces langues. Quelques uns ont attribué à Mercure les trois grandes Pyramides, dont j'ai réſolu de vous entretenir dans cette lettre ; comme ſi la conſtruction d'une ſeule n'eût pas ſuffi pour éterniſer la mémoire d'un Monarque, & pour épuiſer les richeſſes d'un long régne. On prétend, & c'eſt une tradition conſtante parmi les Arabes, que ce fut ce fameux Hermès, qui les fit bâtir. Si cette opinion avoit quelque fondement, ne pourroit-on point dire que ce fut l'execution de ce grand deſſein, qui le fit ſurnommer Triſmégiſte, ou trois fois grand ? D'autres penſent que la premiere étoit deſtinée à ſervir de tombeau à ce Pharaon, qui en pourſuivant les Iſraëlites fut englouti dans la mer Rouge avec toute ſon armée. Vous ſçavez qu'on attribue la conſtruction de la troiſiéme à cette fameuſe beauté, qui pour prix de ſes faveurs exigeoit de chacun de ſes Amans une pierre de cette Pyramide. Quelques anciens Auteurs rapportent cette hiſtoire autrement. Ils diſent que cette courtiſane, qui par quelques uns eſt appellée Doricha, & à qui d'autres donnent le nom de Rhodope, faiſoit ſon ſéjour dans une Ville d'Egypte aſſez éloignée de la Capitale, & où elle s'étoit attiré par ſes charmes le cœur de toute la jeuneſſe des environs. Elle étoit un jour au bain, ajoutent-ils, lorſqu'un Aigle fondant ſur une fille qui la ſervoit, & qui gardoit ſes habits, lui enleva une des mules de ſa maitreſſe. De là cet oiſeau prit ſon vol vers Memphis, où il arriva dans le tems que le Roi rendoit la juſtice à ſon peuple ; & après avoir voltigé quelque tems au deſſus de la tête de ce Prince, il laiſſa enfin tomber doucement cette chauſſure ſur la robe du Monarque. Ce Roi, dont l'hiſtoire ne rapporte point le nom, fut auſſi ſurpris de cette avanture, qu'il devoit l'être naturellement. L'attention avec laquelle il conſidéra cette mule, qui ſembloit lui être venue du Ciel, lui inſpira bientôt d'autres ſentimens. Il en admira la magnificence & la délicateſſe ; enſuite à force d'admirer la mule, il souhaita avec passion de voir le pied auquel elle avoit servi de chaussure. Ces premiers mouvemens furent suivis d'une véritable inclination pour la personne, à qui cette mule appartenoit. Ce Prince dépêcha des couriers dans tout son Royaume, pour en apprendre des nouvelles. On découvrit enfin cette belle fille, qui fut aussi-tôt conduite à la Cour. Le Roi l'épousa; & après sa mort ce Prince lui destina pour tombeau cette Pyramide, qu'il lui fit élever comme un témoignage éternel de sa tendresse.

Je crois que vous me permettrez sans peine de ne pas ajouter plus de foi à cette tradition, qu'à la première. Il falloit que les Rois de ces anciens tems fussent bien aisés à enflammer, pour concevoir une véritable passion à la vue seule d'une mule. Mais on peut dire aussi, que les Amans de ce tems-là devoient être bien généreux, pour faire des présens tels qu'en éxigeoit, dit-on, cette courtisane. Il ne s'agissoit que d'une pierre, il est vrai; cependant si on considére que cette pierre devoit être de marbre granite telle que toutes celles, dont la Pyramide est composée, & qu'il falloit la faire venir jusques-là de la haute Egypte, c'est-à-dire de près de deux cens lieues qu'on compte depuis le Caire jusqu'à la carriere d'où ces marbres étoient tirés, on conviendra, je pense, aisément avec moi que peu de personnes étoient en état de faire des présens si considérables. En tout cas, si l'on veut que l'histoire soit réelle, à considérer le nombre des pierres, qui forment cette Pyramide, on ne pourra s'empêcher de reconnoître, que cette beauté si précieuse n'étoit certainement pas des plus rares. Vous sentez jusqu'où pourroit m'emporter cette réflexion; je reviens à la matiére que je me suis d'abord proposée.

Il y a plusieurs Pyramides en Egypte; mais les plus belles, les plus entiéres, les plus grandes, sont celles qu'on rencontre presque vis-à-vis, & à l'Est de ce que nous appellons le vieux Caire, & à deux ou trois lieues de distance de cette ancienne Ville. Ce sont les plus Septentrionales de toutes celles, qui existent aujourd'hui en Egypte, & les plus voisines du Delta, dont elles ne sont éloignées que de cinq lieues. Elles sont situées sur la rive gauche du Nil, & assises sur le penchant d'une colline de pierre solide, qui par une pente assez douce s'élève derriére elles à une hauteur très considérable; c'est-à-dire que

De leur situation.

ces montagnes, dont j'ai parlé ailleurs, qui bornent le Nil au Couchant, & séparent l'Egypte de la Libye, s'abaissent en cet endroit par l'espace d'une grande lieue, & que sur l'extremité de cette pente, à la hauteur d'environ deux cens cinquante pieds que le Nil arrose de ses eaux, s'élévent les Pyramides sur un terrain, qui a été applani à la pointe du marteau, & que l'art des hommes a rendu parallelle à l'horison.

C'est ce qui se remarque principalement à la seconde des deux grandes Pyramides, autour de laquelle du côté de l'Ouest & du Nord paroît un fossé taillé dans le roc de trente à trente cinq pieds de hauteur. C'est l'endroit par où le terrain s'éléve vers la montagne. Il n'en est pas de même du côté de l'Est & du Sud, qui regarde le Nil & la plaine. On n'y découvre aucune élévation. Au contraire le terrain y va naturellement en baissant. Les Pyramides ne sont pas éloignées de la plaine. Celle qui des trois en est la plus voisine n'est pas dans une moindre élévation que les deux autres. Elle s'avance considérablement vers la colline, qui est fort escarpée du côté du Nord & du Delta. C'est par cet endroit qu'on l'aborde ordinairement. A peine peut on y grimper contre la roideur de la pente, qui se trouve couverte de sables, de petits morceaux de pierre, de marbre, & de tout ce qui a entré dans la construction de la Pyramide. Le terrain s'étend davantage du côté du Levant, & à son extrémité on remarque encore une élévation de grosses pierres, qui par une pente insensible unissoit autrefois à la plaine ce monticule escarpé aussi dans cet endroit. C'étoit sans doute par cette digue, par cette chaussée, ou, si on l'aime mieux, par ce chemin, qu'on abordoit autrefois à la Pyramide. Il y a beaucoup d'apparence qu'elle servoit encore à la conduite des pierres & des marbres nécessaires à la construction de cet édifice. Ces matériaux étant apportés jusqu'au pied par un canal du Nil, ne pouvoient à cause de leur grosseur prodigieuse être conduits jusques là que par une route égale & solide comme celle-ci. Cette chaussée ne paroît cependant pas aujourd'hui absolument droite. Elle se recourbe du milieu vers le Nord ; mais je suis persuadé qu'elle se recourboit de même vers le Sud ; c'est-à dire qu'elle étoit beaucoup plus large par celle de ses extrémités, qui aboutissoit au Nil, que par celle qui étoit jointe à la hauteur de la colline. L'utilité & la commodité le demandoient ainsi, puisque c'étoit en cet endroit qu'on déchargeoit les matériaux étrangers destinés à la construction de la Pyramide ; d'où on les conduisoit ensuite insensiblement sur l'élévation par un chemin, qui ne demandoit plus la même largeur. Si on ne découvre plus aujourd'hui vers le Sud de vestiges de cette chaussée, comme il en reste encore vers le Nord, c'est que les eaux du Nil, qui abordent la chaussée par cet endroit, l'ont plus usé en se brisant contre elle, & ont par une raison contraire épargné le côté opposé, que celui-ci mettoit à l'abri. C'est ce qui pourroit se vérifier en creusant la terre, pour découvrir les fondemens de cette digue ; mais ces recherches sont sans doute réservées à des tems & à des régnes différens de celui-ci. J'ai lû dans un Auteur Arabe un fait, qui me paroît assez vraisemblable ; c'est que cette chaussée étoit pavée de marbre granite. Il ajoute que des colomnes du même marbre élevées des deux côtés de la chaussée soutenoient une voute, qui mettoit à couvert des ardeurs du Soleil ceux qui partoient de l'extrémité de ce superbe portique pour venir visiter la Pyramide, & le temple, dont je parlerai dans la suite. Des deux autres Pyramides tirant vers la plaine, le terrain, ou plutôt la roche baisse d'elle même insensiblement.

Du Sphinx.

Vis-à-vis de la seconde Pyramide, & précisément à l'Orient est ce Sphinx si fameux, dont toutes les relations ont parlé. Il est éloigné de trois cens pas au moins de la Pyramide, & de là on peut en compter deux cens jusqu'à l'endroit que le Nil vient baigner dans sa hauteur. C'est une tête de femme entée sur un corps de Lion couché sur son ventre. Cette tête seroit encore probablement en son entier, si les Mahométans ne l'avoient point défigurée. On lui a cassé le nez. Le corps a été gâté par la longueur des ans ; on en voit seulement aujourd'hui la figure, dont le bas est enseveli sous les sables. C'est une tête prodigieuse qui a plus de trente cinq pieds de tour sur un corps de plus de trente pas de longueur. Comme plusieurs Auteurs ont parlé de ce colosse, je me contenterai d'ajouter à ce qu'ils en ont dit, que quoi que cette tête soit creusée par dessus, il n'y a cependant de cette capacité aucune correspondance à la bouche, ni à aucun autre endroit de l'intérieur de cette figure par où on ait pu la faire parler, comme quelques uns l'ont prétendu. J'ajouterai que cette cavité a très peu de profondeur,

& que bien loin de correspondre à l'intérieur de la première Pyramide, comme on se l'est faussement imaginé, il seroit beaucoup plus naturel de croire, s'il étoit vrai que ce canal prétendu eût en effet quelque réalité, qu'il conduiroit au dedans de la seconde, à laquelle il correspond si parfaitement par sa position.

Cette idole peut avoir eu plusieurs destinations. Peut être n'a t'on prétendu la faire servir qu'à donner de l'admiration par sa grandeur étonnante. Elle peut avoir été ménagée dans la montagne de pierres que l'on applanissoit comme une preuve de ce qui en avoit été enlevé, de la même maniére qu'on laisse aujourd'hui des signaux dans un terrain que l'on met à l'uni. On peut encore s'être servi d'une disposition favorable des lieux, pour tailler dans ce roc une figure, qui surprît la postérité.

Quelques uns disent que ce fut un Talisman, d'autres une idole que l'on adoroit. Ce qu'il y a de plus vraisemblable, c'est que cette union de la tête d'une fille avec un corps de Lion, si commune & si ordinaire dans les representations fréquentes qu'on en rencontre en Egypte, étoit un simbole de ce qui se passe dans ce pays sous les signes de la Vierge & du Lion. C'est en effet dans la saison que le Soleil les parcourt, que le Nil se déborde, & rend par son inondation l'Egypte fertile & habitable. Les Rois d'Egypte ne croyoient pas pouvoir mieux témoigner leur reconnoissance au Soleil qu'ils révéroient comme l'auteur de leur félicité, que de lui consacrer cette figure mystérieuse.

Plusieurs ont prétendu, que le Sphinx des Pyramides, ou du moins la tête de ce prodigieux colosse, étoit composée de plusieurs pierres placées & bien cimentées les unes sur les autres. Ce qui leur a pû faire naître cette idée, c'est qu'en trois ou quatre endroits de cette masse on remarque en effet des veines, qui tournent autour de la tête d'une maniére presque horisontale, & que ces veines semblent renfermer une espece de mastic d'une couleur différente de la pierre. Pour moi, qui ai examiné ces veines avec attention, je suis intimement persuadé qu'elles sont naturelles à la pierre. Quand on ne pourroit pas s'en convaincre en les approfondissant, quand on ne rencontreroit pas dans ces veines des inégalités parlantes, quand elles ne seroient pas de biais en plusieurs endroits, il suffiroit pour ne plus douter de la vérité, de jetter les yeux sur quelques petites Pyramides peu éloignées de cette figure, & posées sur des plate-formes du même rocher. On y découvre de pareilles veines ; ce qui prouve manifestement, que celles qu'on remarque dans la tête du Sphinx, comme celles-ci, ne sont formées que par divers lits de pierres, qui sont propres à ce terrain. Je crois au reste que cette idole étoit autrefois couverte par un temple. La preuve que j'en ai, c'est que la tête de cette figure est encore aujourd'hui aussi entiére dans tous les endroits, où elle n'a point été violentée par la main des hommes, que si elle sortoit de dessous le ciseau. La peinture rougeâtre, dont elle avoit été couverte, y subsiste encore. On remarque d'ailleurs autour de ce colosse une espéce de circuit, que les sables, sous lesquels il est enseveli, tiennent plus élevé que le reste ; & je ne doute pas qu'il ne cache les fondemens & les débris de cet édifice, qui servoit de temple à l'idole.

En remontant du Sphinx vers la seconde des grandes Pyramides, au devant de laquelle, & précisément au milieu, le colosse se trouve placé du côté de l'Est, on découvre encore à quatre pas de la Pyramide les restes d'un autre temple, qui en occupoit presque toute la face. Je suis surpris qu'aucun voyageur, que je sçache, n'ait parlé de ce monument, dont dans plusieurs milliers d'années la destination ne sera pas encore douteuse. On en trouve un pareil en face de la troisiéme Pyramide, & à même distance. Celui-ci est encore plus entier que le premier. Il est tourné de même du côté du Levant ; mais il a ceci de particulier, qu'à commencer de son portique, ou de son entrée, il est accompagné d'une chaussée, ou chemin en droite ligne, qui sans doute s'étendoit autrefois d'une pente insensible jusqu'au bord de la plaine par un espace de mille ou douze cens pas. Il en reste encore environ trois cens. C'étoit par là qu'on abordoit le temple. Il est à peu près de figure quarrée. On trouve dans son intérieur quatre piliers, qui sans doute soutenoient une voute, dont l'Autel de l'idole étoit couvert, & on tournoit autour de ces piliers comme par une espece de collatéral. Les pierres, dont ces temples étoient bâtis, sont prodigieuses, & ce n'est qu'à leur grosseur énorme que nous sommes redevables de ce qui nous en reste aujourd'hui. Ces pierres étoient revêtues de marbre granite. J'en ai trouvé encore quelques morceaux entiers, qui y étoient collés par des maſtics. Je ne doute point que l'extérieur du temple ne fût également revêtu de ce marbre, comme le dedans. Auſſi auroit-il été ridicule, qu'un édifice élevé au devant d'une Pyramide, qui étoit elle même toute revêtue de ce même marbre, ne fût bâti que de pierres aſſez inégales, & cachât par l'élevation d'une matiére commune, & par un extérieur imparfait une partie de la magnificence du tombeau, dont il étoit accompagné.

<small>la troiſié-
ramide.</small> Je parle de la troiſiéme Pyramide, c'eſt-à-dire de celle, dont on attribue particuliérement la conſtruction à cette fameuſe beauté, qui, comme je l'ai dit d'abord, mettoit ſes faveurs à un prix ſi extraordinaire. On peut dire que les quartiers de marbre dont elle fut revêtue étoient d'une groſſeur prodigieuſe. C'eſt ce qui ſe voit par quelques unes de ces pierres, qui ſubſiſtent encore en leur entier, ſoit dans les débris qu'on trouve au pied de cet édifice, ſoit même dans leur premiére ſituation, c'eſt à-dire aux mêmes endroits, où elles avoient d'abord été placées dans le revêtiſſement de la Pyramide. Il eſt aiſé de juger par l'état des débris qu'on trouve au pied, & même par certaines pierres, dont une partie eſt reſtée attachée au corps de cet édifice, tandis que l'autre en a été enlevée, que cette Pyramide n'a été déshonorée & dépouillée de ſon revêtiſſement que par violence, & non par la longueur des ans. On a voulu profiter du marbre, dont tout ſon extérieur étoit couvert ; & parceque les pierres en étoient trop groſſes pour être enlevées, & trop dures pour être ſéparées par la ſcie, ou par quelque autre art, on a cherché à les briſer, à les fendre, & à les éclater par le moyen des coins de fer. Il ne faut que des yeux, pour ſe convaincre de cette vérité.

<small>la ſeconde</small> A l'égard de la ſeconde Pyramide, autour de laquelle regne ce foſſé taillé dans le roc, dont j'ai parlé d'abord, elle n'étoit certainement couverte que de pierres dures. Sa cime en eſt encore toute revêtue. Le reſte a été vraiſemblablement arraché, & l'on n'a épargné les derniéres pierres que par la difficulté & le danger qu'il y avoit à vouloir les ſéparer d'un lieu ſi élevé & ſi eſcarpé. Auſſi n'eſt-il pas peu difficile de monter juſques ſur la pointe de cette Pyramide, parce que ſon revêtiſſement ſubſiſtant encore vers le ſommet à la hauteur de cent pieds,

ou environ, on ne pourroit sans un péril éminent risquer de passer sur ces pierres unies & glissantes. Plusieurs Grands du pays y ont souvent envoyé des Arabes, & en ont fait rouler des pierres, pour satisfaire leur curiosité. Aussi est il aisé de s'appercevoir que la cime n'est pas entiére. Cette Pyramide, non plus que la premiére, dont je viens de parler, n'a point encore été ouverte. Il est même probable qu'elles ne le feront jamais que par l'ordre de quelque grand Prince, dont les tresors puissent fournir aux dépenses nécessaires pour l'exécution d'un semblable dessein. Peut être aussi ne sera-t-il pas possible de les ouvrir, sans les démolir absolument. En effet comment réussir aujourd'hui, principalement sur la premiére, sans une connoissance parfaite des secrets qu'elle renferme, & qui vraisemblablement resteront toujours ignorés ? Ce qu'on peut assurer, c'est que le tombeau principal se trouve toujours au milieu de la Pyramide. C'est ce qui se reconnoît par la grande Pyramide que l'on a ouverte proche de la plaine des Momies, dont je parlerai dans la suite, par celle dont j'entreprens de donner ici la description, & par quelques autres plus petites, qui de même ont été forcées. On sçait encore que dans toutes celles, qui ont été ouvertes, l'entrée est tournée vers le Nord. Il est donc probable qu'on trouveroit aussi du même côté l'entrée de toutes les autres. Cependant avec ces foibles lumiéres combien d'autres connoissances ne seroient pas nécessaires, pour exécuter le dessein de pénétrer dans leur intérieur ! Que de depenses! Que de constance ne faudroit-il pas, pour y réussir! On en jugera par ce que je dirai dans la suite de cette lettre.

J'ai lû dans un historien Arabe au sujet de cette seconde Pyramide une particularité, que je ne crois pas devoir omettre. Il dit qu'à son sommet on avoit élevé une statue d'or de la hauteur de quarante coudées, représentant le Prince, dont le corps reposoit dans ce monument. Il ajoute que de la montagne du Mokatan, qui en est à trois lieues de distance du côté de l'Est, on pouvoit distinguer les traits du visage de cette figure. On pensera de cette tradition tout ce que l'on voudra. Pour moi je crois très vraisemblable, qu'au sommet de cette Pyramide on eût élevé une statue de marbre granite de la proportion, dont parle l'Auteur Arabe, puisque l'on trouve encore en Egypte plusieurs colosses du même marbre, & d'une hauteur approchante. Cette statue pouvoit être dorée, comme l'est celle de la Place des Victoires à Paris. Rien n'étoit aussi plus propre à terminer d'une maniére convenable ces hautes & superbes Pyramides, que la representation des Princes, dont les corps y étoient enfermés. Il est certain que ces statues devoient produire un très bel effet, surtout en supposant qu'elles étoient dorées. Quoiqu'il en soit, il n'en subsiste plus aucune de nos jours, parceque plus exposées à l'air & aux injures du tems, que le corps de la Pyramide, elles ont été consumées à leur extérieur beaucoup plus vite que les parties inférieures. Il est vraisemblable d'ailleurs, que la religion Mahométane ennemie de toute figure s'étant introduite en Egypte avec les Princes Arabes, qui firent la conquête de ce beau Royaume, & s'y étant maintenue depuis plus de mille ans, toutes les statues qui terminoient ces admirables monumens ont eu le même sort que beaucoup d'autres. Elles ont été brisées, renversées, & deshonorées à coups de masses, & sont devenues la victime de l'ignorance, de la superstition, & de l'avarice de ces barbares

la grande ramide. Je viens à la derniére des trois grandes Pyramides, qui est aussi la plus grosse. Plusieurs Auteurs ont soutenu, qu'elle n'avoit jamais été ni fermée, ni couverte; & sur ce principe ils se sont imaginés qu'elle avoit été bâtie par ce Pharaon Roi d'Egypte, qui poursuivit les Israëlites au travers de la mer Rouge, & qui demeura enseveli dans ses flots avec toute son armée. Pour moi je soutiens au contraire, qu'elle a été achevée, fermée, & revêtue comme les autres. Je vais l'établir d'une maniere si invincible, qu'à ce que j'espere, la postérité me sçaura gré de l'avoir détrompée des contes imaginaires qu'on a faits à ce sujet, & dont on n'a orné dans ces derniers tems les relations de quelques voyageurs, que pour suppléer au peu d'exactitude avec laquelle ils ont examiné l'extérieur de ce grand monument, aussi bien que son intérieur.

De son extérieur. On a trouvé une Pyramide, dont le revêtissement avoit été enlevé; & sur cette apparence peu scrupuleusement approfondie on a supposé qu'elle n'avoit jamais été achevée. On a vû une Pyramide ouverte; & il n'en a pas fallu davantage pour faire imaginer d'abord que jamais elle n'avoit été fermée. On a rencontré un tombeau vuide; on a cru qu'il l'avoit toujours été, & sur ce principe on n'a pas craint d'assurer avec confiance qu'il avoit été destiné à renfermer le corps de ce Prince cruel, dont le peuple de Dieu éprouva l'injustice, & à qui les flots servirent de sépulture. J'ai peu de chose à opposer à ce sentiment, qui n'a pour fondement que de pures conjectures. Je me contenterai seulement d'avancer d'abord, qu'à examiner avec attention l'extérieur de cette Pyramide, on ne peut disconvenir qu'elle n'ait été incontestablement revêtue.

J'en tire une preuve convainquante de la construction des deux autres Pyramides, qui sans contredit ont été revêtues, puisqu'elles le sont encore aujourd'hui, du moins en partie. Or on ne peut nier que toutes deux n'ayent été bâties de maniére, que le revêtissement a été posé à mesure que l'ouvrage s'élevoit. En effet les pierres, qui sont enfoncées, ou entrelacées avec celles, dont le corps de la Pyramide est composé, font voir manifestement qu'elles n'ont point été appliquées après coup, mais qu'elles ont été posées, liées, & enclavées, à mesure que l'on élevoit le lit de pierres, auquel elles correspondent. Il est donc probable, que la premiere Pyramide a été construite de la même façon. C'est ce qui se remarque encore par certains enfoncemens, d'où il est visible que l'on a arraché les pieces de marbre, qui y étoient enchassées.

L'état present, où se trouve actuellement cette Pyramide, me fournit encore une seconde preuve, qui ne céde en rien à la premiere. A examiner avec attention tout son extérieur, il n'y a personne qui ne juge qu'il n'y manque que les dernieres pierres, dont elle a dû être couverte. Cela supposé, qu'on remarque bien tous les degrés de cet édifice, & surtout les derniers qui doivent être les plus entiers, comme ils le sont en effet ; qu'on fasse le tour de chaque degré ; on découvrira en mille & mille endroits par le mortier qui y reste appliqué & empreint de la figure d'une autre pierre, qu'il y en a eu veritablement un autre rang, auquel ce mortier servoit de mastic, & qui en a été arraché ; d'où je conclus que la Pyramide a été réellement couverte & revêtue.

La troisiéme preuve sur laquelle je fonde mon sentiment, c'est la disposition de l'entrée même de la Pyramide, qui peut encore servir à démontrer qu'elle a été véritablement fermée. On voit en effet que cette entrée a été découverte violemment ; qu'on en a arraché des pierres prodigieuses, dont les éclats de quelques unes sont encore restés dans la place même que ces pierres occupoient aussi bien que l'empreinte des autres, pour servir à la postérité de témoignage certain des outrages que ce fameux monument a reçûs.

Enfin j'ai une preuve invincible que cette Pyramide fut revêtue de marbre blanc ; & je la tire du ciment même qui sert de témoin de l'enlevement de cette couverture. En effet il est certain que j'ai trouvé plusieurs éclats de cette pierre mêlés à ce mortier ; d'où je tire cette conséquence, que la beauté, ou plutôt la rareté de ce marbre en Egypte, a été cause que cette Pyramide a été decouverte dans la suite par des Princes, qui n'ayant point la même religion que celui, qui étoit renfermé dans ce tombeau, n'ont pas craint de le déshonorer & d'employer le marbre, dont la Pyramide étoit revêtue, à des usages différens. Je sçais qu'il ne se rencontre en Egypte aucune carriere de marbre blanc ; mais je n'ignore pas aussi qu'il s'en trouve une sur les bords de la mer Rouge, & aux environs du mont Sinaï, d'où ce marbre peut avoir été transporté en Egypte, & être venu par terre en trois jours de route jusqu'au pied de l'endroit, où cette Pyramide est située. D'où proviendroient en effet les éclats de ce marbre, qu'on trouve aux environs de la Pyramide encore mêlés au mortier, dont elle est bâtie ? Les eût on apportés de loin pour les incorporer dans ce ciment, tandis que sur les lieux mêmes on avoit tant d'autres pierres à y employer ? On trouve des ecailles de marbre blanc, & dans le mortier qu'on a employé à élever cet édifice, & dans les debris qui se rencontrent aux environs. Si à cette observation on ajoute, que la Pyramide a été certainement revêtue, puisqu'il ne s'en est jamais bâti aucune, que le revêtissement n'ait été appliqué d'abord à chaque nouvelle couche qu'on vouloit élever ; que cependant il ne reste aucune pierre de son revêtissement, quoiqu'on en trouve encore en grand nombre, même en place, de ce marbre granite, dont la troisieme étoit couverte, on conclura necessairement, que la premiere a nonseulement été revêtue comme toutes les autres, qui subsistent, mais encore que la matiere, dont on l'a revêtue, étoit si précieuse, qu'on n'en a pas laissé une seule pierre. Or de là il est aisé d'inferer, que ce devoit être du marbre blanc, qui est beaucoup plus précieux en Egypte, que le granite.

Je puis ajouter à tant de raisons, qu'il auroit été ridicule d'élever cette grande masse, sans y joindre en même tems le revêtissement qu'on lui avoit destiné. En effet par l'inégalité qui se remarque dans les rangs de pierres, dont elle est composée, & qui auroient dû ensuite recevoir cette derniere couche, si elle n'y eût point été appliquée en bâtissant l'ouvrage, on auroit été forcé d'assortir les pierres de ce revêtissement aux inégalités de celles, qui étoient déja placées. Ces inégalités ne sont pas peu considerables ; il y a de ces pierres, qui ont un grand pied & demi de moins que les autres. On conçoit que cette sujettion auroit infiniment allongé l'ouvrage, & augmenté la dépense. Les ouvriers dans ce cas auroient été obligés de trouver des pierres de revêtissement, les unes plus longues & plus grandes, les autres plus courtes ; au lieu qu'en plaçant d'abord ce revêtissement, ils pouvoient librement appliquer en dedans des pierres telles qu'elles se rencontroient, & continuer l'ouvrage de cette sorte, avançant toujours vers le milieu de la Pyramide, où ils n'avoient besoin que d'une seule pierre mesurée, pour unir le total de cette couche. Outre cela on doit supposer que ce revêtissement, qui étoit bâti en talu, servoit à l'élevation des pierres souvent énormes, dont on avoit besoin au sommet de la Pyramide, & qui sans l'aide d'aucune grüe, ni autre machine, étoient tirées en haut à force de bras à la faveur de ce plan incliné, qu'on pourroit regarder comme une glissoire. Enfin Pline nous apprend, que de son tems il y avoit des gens si adroits, qu'ils pouvoient monter au haut de ces Pyramides. Or il n'y auroit certainement eu en cela aucune adresse, ni habileté, si elles n'eussent été revêtues, & toutes bâties en talu. Autrement on y auroit monté sans peine ; comme on fait aujourd'hui sur celle-ci, à laquelle son revêtissement a été enlevé. D'ailleurs c'étoit ce revêtissement seul, qui conservoit l'interieur de la Pyramide, en le mettant à couvert des injures du tems, qui sans ce preservatif auroit pû facilement l'entamer.

Non seulement la Pyramide a été revêtue, & rendue parfaite à son exterieur, elle a même été fermée, & ouverte ensuite avec violence. C'est ce que j'entreprens d'établir d'une maniere à ne laisser aucun doute sur ce sujet.

De l'interieur de cette pyramide.

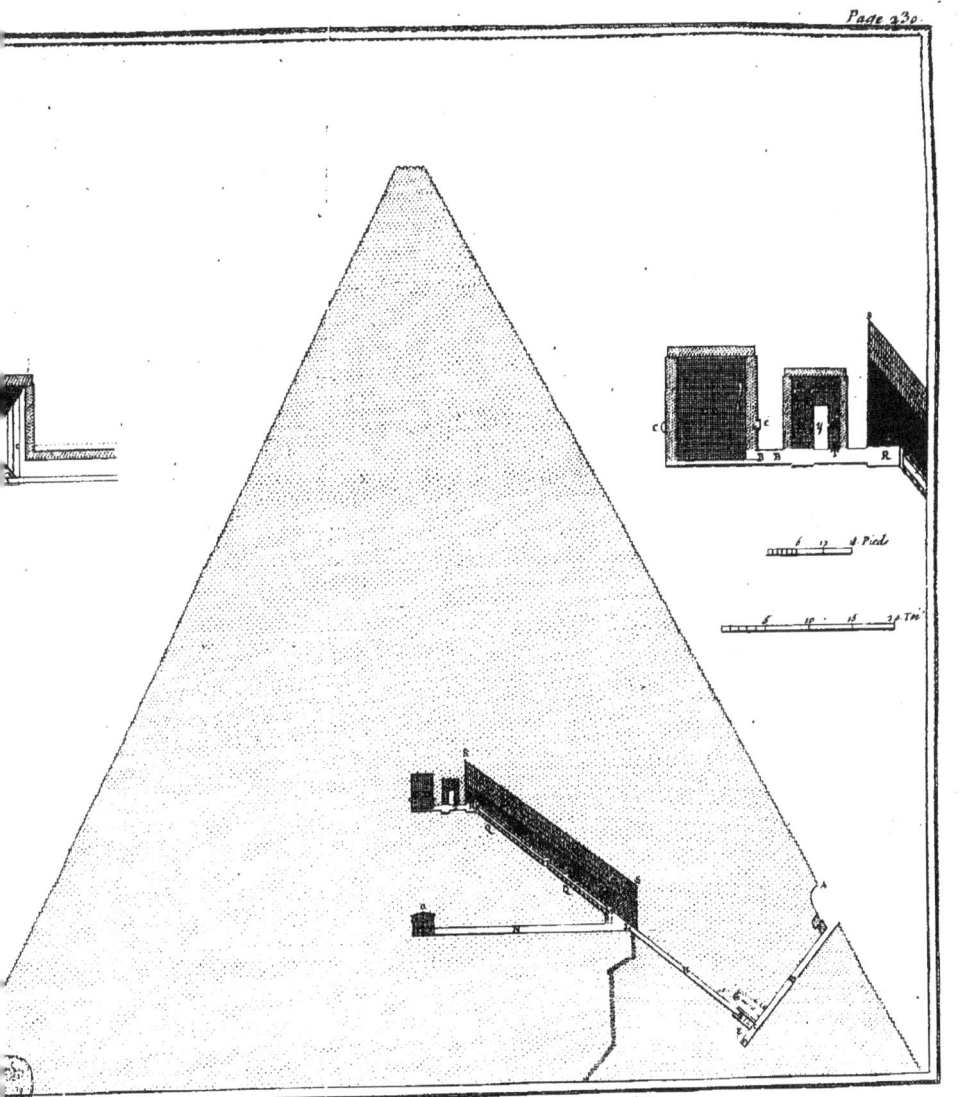

Plan de l'intérieur de la grande Pyramide.

on a pratiqué de diſtance en diſtance des creux de deux à trois doigts de profondeur. Cette précaution étoit néceſſaire pour faciliter l'entrée & le retour à ceux qui vont viſiter la Pyramide. On comprend aiſément que ſans ce ſecours il ne ſeroit pas poſſible de deſcendre dans le canal, ſans être entraîné rapidement juſqu'au fond ; & que pour le remonter il ſeroit néceſſaire de s'attacher à des cordes arrêtées à ſon ouverture exterieure.

J'ai inſinué plus haut que ce canal étoit compoſé de marbre. J'ajoûte que les pierres, qui forment ſes quatre côtés, ſont en effet de marbre blanc du plus fin, & par conſequent du plus dur. J'avoue qu'il eſt un peu j'aunâtre ; ſans doute parce que par la longueur des ans il a pris cette couleur au dehors. Une de ces pierres prodigieuſes, qui furent enlevées, comme je l'ai dit, au deſſus de l'ouverture du canal, lorſqu'on força la Pyramide, ſe voit encore aujourd'hui à ſon entrée. On a accoutumé de monter & de manger deſſus, lorſqu'on va viſiter cet illuſtre monument. Elle eſt ſans contredit du même marbre, ainſi que toutes celles qui forment les autres canaux. C'eſt ſur ce principe que j'ai avancé, que les pierres qui fermoient le premier canal, dont je viens de parler, & même tous les autres canaux de la Pyramide, étoient auſſi de cette matiere, qu'on aura choiſie ſans doute préférablement à toute autre, à cauſe de ſon extrême dureté. C'eſt ce dont il eſt aiſé de s'éclaircir, en levant la moitié de la pierre qui ſubſiſte encore à l'endroit marqué C, où ſe fait la jonction du canal interieur avec l'exterieur. A l'égard de l'interieur de la Pyramide, il eſt ſi obſcur, & tellement noirci par la fumée des chandelles & des bougies, qu'on y brule depuis pluſieurs ſiecles en l'allant viſiter, qu'il eſt difficile de bien juger de la qualité des pierres, qui compoſent les ſales & autres lieux renfermés dans cette maſſe énorme. On reconnoît ſeulement que leur poliſſure eſt extrême, qu'elles ſont de la derniere dureté, & ſi parfaitement jointes les unes aux autres, que la pointe du couteau ne ſçauroit pénétrer dans l'eſpace qui les ſépare.

On avoit vuidé ce premier canal, & on étoit parvenu à la fin de ce travail pénible, lorſqu'il s'en preſenta un ſecond beaucoup plus conſiderable. Il s'agiſſoit de tirer les pierres dont étoit rempli un autre canal, qui remontoit de celui-ci vers le

sommet de la Pyramide par une route aussi roide, que la premiere étoit penchante. Il fut d'abord question de deviner dans le canal vuidé l'endroit, où aboutissoit par son extrémité cet autre canal, qui remontoit vers le haut; & je suppose qu'on le trouva, quoique la pierre, qui fermoit cette entrée fût si juste, qu'elle ne laissoit aucun indice de quelque ouverture que ce fût. On pouvoit remarquer seulement qu'elle ne passoit point, comme les autres, sur la supériorité du premier canal. C'est ce qu'on découvrit en sondant avec la pointe d'un couteau ou de quelque autre instrument, qu'on pouvoit enfoncer aisément dans le ciment, qui unissoit les quatre côtés, dont la superficie de cette pierre étoit composée, à celles du canal inferieur, auxquelles elle se joignoit. Cette rencontre se faisoit à dix pieds de l'extrémité de ce dernier canal, afin de mieux tromper ceux qui pourroient chercher à découvrir cette ouverture. On attaqua donc d'abord cette pierre; & l'ouvrage n'étoit pas aisé. Le lieu étoit fort étroit, & il falloit travailler au dessus de sa tête couché sur le dos, sans pouvoir user des forces de ses bras que très foiblement, au hazard d'être écrasé dans le moment par une lourde masse, qui à chaque instant pouvoit se détacher. C'est ce qu'on peut remarquer en jettant les yeux sur la figure à la lettre C. Cependant après avoir vaincu à la pointe du marteau la résistance qu'on trouva dans cette premiere pierre, qui devoit avoir une retenue dans cet endroit, il en succeda une seconde, qui coula sur le fond du canal, & sur laquelle il fallut travailler d'une autre sorte. On en vint encore à bout ainsi que de la premiere; mais comme après l'avoir usée il s'en presenta d'abord une autre, on jugea que ce travail étoit trop long. On renonça donc à cette voye; & après avoir arrêté la descente des pierres qui suivoient, & qui bouchoient l'entrée du canal, on se fit à l'endroit marqué D dans les pierres qui environnoient le canal inferieur, & qui se trouvoient à son extrémité, une route forcée de quarante pieds de longueur sur huit ou dix de largeur & de hauteur. Cette route est désignée dans la figure par la lettre E. Dans quelques endroits elle se trouve serrée & fort basse; dans d'autres elle est assez élevée pour qu'un homme puisse s'y tenir debout. Ce travail couta des peines infinies. Ensuite retournant à gauche vers le canal superieur, on enleva de son côté trois ou quatre pierres, qui firent une ouverture de
quinze

quinze à vingt pieds d'étendue dans l'endroit marqué G. Mais avant que de parler de la continuation de cet ouvrage, il est à propos d'obferver, que la veritable pierre, qui fermoit ce canal dans l'endroit, où il faifoit angle avec le canal inferieur, que cette pierre qui avoit été taillée d'une mefure proportionnée à cet angle, & qui fermoit parfaitement cette entrée, en a réellement été enlevée, comme je l'ai dit. En effet celle dont cette entrée eft aujourd'hui bouchée n'y eft point jufte. Au contraire elle laiffe un vuide de cinq à fix doigts à la partie fuperieure, qui devroit être plus longue de cette mefure, que l'inferieure. C'eft ce qu'on peut remarquer dans la figure à l'endroit marqué F.

Lorfque de l'endroit marqué G. on eut arraché & brifé les trois pierres qui fermoient le côté du canal fuperieur, il fallut entreprendre d'en vuider toutes les autres pierres, non feulement celles qui répondoient à cette ouverture, mais encore celles qui étoient au deffus dans une étendue non connue. Cette entreprife étoit difficile & très longue à executer, puifqu'il n'y avoit qu'une feule perfonne qui pût agir dans une capacité de trois pieds trois pouces en quarré. On fe doutoit cependant, qu'outre le grand nombre de pierres qu'on pouvoit rencontrer dans le canal, il y auroit peut être au de-là dans un lieu moins ferré une fuite encore fort longue de ces mêmes pierres prêtes à remplir ce canal à mefure qu'il feroit vuidé. C'étoit en effet une augmentation de travail & de peine, que l'Architecte n'avoit pas manqué de préparer à ceux qui tenteroient de pénétrer par ce paffage dans le centre de la Pyramide. Ce fut pour s'épargner une partie de ce travail, qu'au lieu de fonger à brifer ces pierres les unes après les autres dans l'endroit marqué G, où le canal avoit été attaqué & entamé, on prit la réfolution de foutenir ces pierres dans le canal même, en arrêtant par le moyen d'un étais, ou autrement, la pierre fuperieure à celle que l'on avoit deffein de brifer. On mit donc la main à l'œuvre, & commençant d'attaquer la fuite de ces pierres que l'on brifoit, & que l'on foutenoit à mefure par des étais d'une longueur proportionnée, on continua le même ouvrage de pierre en pierre, & de proche en proche, fans s'écarter de la capacité du canal, jufqu'à ce qu'on arriva enfin à fon extrémité, & à un vuide fuperieur, dont je vais parler.

DESCRIPTION

Au reste il est à propos d'observer, que tant que le canal dura, & dans toute sa longueur, on fut obligé de faire de très grands efforts, pour briser les pierres, dont il étoit rempli. Les coups de masse qu'on y employa, les coups qu'on frapa sur les coignées, dont on se servit pour venir à bout de cet ouvrage, déshonorerent de sorte toutes les parties de ce canal, que de quarré qu'il étoit on le rendit presque rond ; ce qui prouve incontestablement qu'on y a travaillé du haut en bas, & que par conséquent on avoit pris le parti de soutenir les pierres dans sa capacité, pour les y briser. En effet si cet ouvrage se fût executé à l'ouverture forcée du canal marquée G, par où il fut attaqué, il n'y auroit que cette partie du canal de déshonorée ; le reste de ce canal de quatre vingt pieds de longueur designé dans la figure par la lettre H, d'où les pierres auroient seulement glissé à l'endroit où le canal avoit été ouvert, seroit resté en son entier, & se seroit conservé comme dans tous les autres endroits, où il subsiste encore fort net & très parfait jusqu'à la sale.

la gallerie Lorsqu'on fut parvenu à l'extrémité de ce canal, on trouva que sa partie superieure manquoit. On reconnut même qu'il avoit perdu un pied de sa capacité, puisqu'il n'avoit plus que deux pieds & demi de profondeur. Cependant cet espace s'étendant de part & d'autre de la longueur d'un pied & demi, formoit une capacité de trois pieds, & donnoit à ce vuide une largeur de six pieds & demi ; ce qui composoit de part & d'autre du canal deux élevations, ou banquettes, de deux pieds & demi de hauteur, & d'un pied & demi de large. Elles s'étendoient du bas en haut dans le même sens que le premier canal par un espace de cent vingt quatre pieds de longueur, suivant le mesurage que j'en ai fait faire. D'autres leur en donnent jusqu'à cent quarante. A l'extrêmité des banquettes & du canal on rencontre une esplanade, ou plate-forme, de huit à neuf pieds de profondeur, & qui a six pieds & demi de large comme tout le vuide superieur aux banquettes. Cet espace est marqué par la lettre R dans la figure plus étendue de l'extrémité de cette gallerie, qu'on a donnée à côté de la Pyramide. De deux pieds & demi en deux pieds & demi on a pratiqué dans les banquettes du bas en haut attenant le mur, des ouvertures de la longueur d'un pied, larges de six pouces & profondes de huit, taillées

DE L'EGYPTE. 235
perpendiculairement. J'expliquerai dans la suite à quel usage elles étoient destinées. Ces banquettes & ces trous, qui accompagnent le canal marqué P, sont désignées dans la figure par la lettre Q.

Les côtés de la gallerie s'élevent au dessus des banquettes à la hauteur de vingt cinq pieds. D'abord jusqu'à la hauteur de douze pieds le mur est parfaitement égal; il est ensuite retréci par une pierre, qui avance de trois doigts; à trois pieds au dessus de celle-là une autre pierre avance d'autant, & est suivie à la même distance d'une troisiéme, qui avance de même; enfin trois pieds plus haut une quatriéme en fait encore autant. Il ne reste plus au de-là que quatre pieds du mur jusqu'au sommet, qui est plat, & à peu près de la largeur du canal qui regne au fond de la gallerie; c'est-à-dire d'environ trois pieds trois pouces. Toute cette élévation étoit nécessaire à l'Architecte, pour placer les pierres destinées à la fermeture des canaux. Ce que je viens de dire du rétrecissement de la gallerie à mesure qu'elle s'éleve peut se remarquer dans la figure marquée aux deux extrémités par la lettre S.

En sortant du canal désigné par la lettre H, & d'abord en entrant dans la gallerie, on trouve à main droite une ouverture pratiquée dans le mur. Elle occupe une partie de la banquette. Ce trou est presque rond, taillé en forme d'une petite porte de la hauteur d'environ trois pieds sur deux & demi de large. De cette ouverture on descend dans un puits, dont je parlerai dans la suite, & de l'usage auquel il étoit destiné. On peut remarquer ce trou à la lettre I.

Lorsqu'une fois on fut arrivé dans la gallerie, il ne fut pas difficile de casser les pierres, qui remplissoient le canal marqué P, tant parcequ'elles étoient superieures d'un pied aux banquettes, que parceque la plus grande largeur de la gallerie laissoit la liberté aux ouvriers d'y employer la masse, & de frapper à leur aise sur les coins de fer, dont ils se servoient pour arracher ces pierres & les éclater. Enfin on pouvoit commencer par la derniere, qui etoit encore plus facile à briser que toutes les autres, parcequ'on pouvoit s'élever sur sa hauteur dans le canal, afin d'en venir plus aisément à bout. Après qu'on eut fini cet ouvrage, & qu'on eut vuidé cet espace de tous les débris de ces pierres mises en pieces, on examina le fond de

Gg ij

la coulisse, & on remarqua que les premieres pierres, dont ce fond étoit couvert à la distance de quatorze à quinze pieds marquée par la lettre L, ne traversoient point sous les banquettes. Sur cette découverte il fut aisé d'enlever ces pierres les unes après les autres. Cet endroit ne fut pas plutôt nétoyé, qu'il laissa voir une plate-forme de dix pieds de longeur sur une hauteur égale, au bout de laquelle on trouvoit une continuation du canal, & qui formoit à l'entrée de la gallerie un triangle de quatorze à quinze pieds d'étendue. En même tems au niveau de la plate-forme, & sur la gauche de ce canal, qui conduisoit dans la gallerie, on découvrit une suite du canal de trois pieds trois pouces en quarré. Ce nouveau canal étoit couvert auparavant par les pierres qu'on venoit d'ôter. On devina aisément que cette route devoit conduire nécessairement dans quelque endroit secret de la Pyramide, & on résolut de s'en éclaircir. Il fut facile de tirer de ce canal marqué dans la figure par la lettre N les pierres, qui servoient à le boucher, puisqu'on avoit de l'espace pour travailler commodement, & qu'on les faisoit sortir du canal en droite ligne. On les brisa dans ce vuide, qui étoit à son entrée. On trouva que ce canal avoit cent dix huit pieds de longueur ; & de là on arriva à une chambre voutée.

la premiere sale de la pyramide. Cette sale qu'on trouve marquée dans la figure par la lettre O, a dix sept pieds & demi de longueur, & de largeur quinze pieds dix pouces. Sa voute est faite en dos-d'âne. On remarque dans cette sale du côté de l'Orient une niche enfoncée de trois pieds dans le mur ; & de la hauteur de huit sur trois de largeur. Il y avoit sans doute dans cette niche une Momie placée les pieds en bas, & la tête en haut, suivant l'usage des Egyptiens. Il est probable que c'étoit le corps de la Reine, dont le mari avoit fait bâtir la Pyramide. Je ne doute pas non plus que ce Prince ne fût inhumé dans la sale superieure à celle-ci, a laquelle elle étoit perpendiculaire, environ à cent pieds d'élevation plus haut, comme on peut le remarquer dans la figure lettres O & DD. En entrant dans cette sale, la derniere pierre qu'on trouvoit à main-droite avoit à son extrémité un avancement de trois doigts en talu ; ce qui avoit été pratiqué à dessein, pour empêcher que celle qui devoit servir à la fermeture du canal marqué par la lettre N ne pût entrer dans la sale. On doit croire que cette derniere pierre avoit du même côté un entaillement égal, afin qu'elle pût arriver juste, & joindre le mur de la sale, qui correspondoit à cette entrée. Je ne crois pas au reste devoir m'éloigner de ce lieu, sans avertir d'une découverte que j'ai faite dans la partie superieure du canal de cent dix huit pieds, qui y conduit. C'est que les pierres qui la composent sont fendues de travers dans toute la longueur du canal. Je laisse à de plus habiles que moi à décider quelle a été la cause de cet accident. Pour moi il me semble que ce ne peut être l'effet que de quelque tremblement de terre ; peut être aussi d'un refoulement de cette masse énorme plus pesante d'un côté que de l'autre, ou même moins solidement fondée. Ce qu'il y a de certain, c'est que je n'ai remarqué un pareil défaut dans aucune autre partie de l'interieur de la Pyramide, quoi que je l'aye visité avec l'exactitude la plus scrupuleuse. Il n'y a surtout aucun endroit de la gallerie, que je n'aye examiné avec le soin le plus curieux. Pour suppléer au deffaut d'une perche, qu'il n'étoit pas possible d'y introduire à travers la route tortueuse qu'on étoit obligé de tenir pour regagner le canal direct, je faisois lier ensemble plusieurs bâtons, au bout desquels on attachoit des bougies allumées. Je les faisois élever ensuite le plus proche qu'il étoit possible de la voute & du mur, sans que jamais j'y aye découvert aucun deffaut. J'ai remarqué seulement que les côtés étoient défigurés en quelques endroits, & que sur la droite un morceau du mur avoit été emporté au dessus du retrecissement de la gallerie. Cet accident étoit arrivé sans doute par la chute de quelque pierre, qui dans la fermeture de la Pyramide, dont dans la suite je décrirai la maniere, ayant échapé des mains de l'ouvrier, tomba du haut de l'échafaudage, & brisa cet endroit contre lequel elle alla donner.

Je dois encore avertir au sujet de cette premiere sale, dont je viens de parler, qu'on s'est persuadé sans doute qu'il y avoit au dessous quelque tresor caché. C'est ce qui se reconnoît par une entrée violente qu'on y a pratiquée, à la faveur de laquelle on peut au travers de plusieurs pierres inégales pénétrer dans le corps de la Pyramide de la profondeur de vingt ou vingt cinq pas. Les pierres qu'on a brisées & tirées de cet endroit remplissent aujourd'hui presque toute la capacité de la sale. On a fait la même tentative dans la sale superieure ; mais il est probable que dans l'un & l'autre endroit on n'a eu pour récompense des peines infinies que l'on s'eſt données à gâter de ſi beaux ouvrages que le déplaiſir d'y avoir employé inutilement beaucoup de travail & de tems.

Après avoir découvert le ſecret de cette premiere ſale, il ne reſtoit plus que de pénétrer juſqu'à celle, où le corps du Roi étoit renfermé. On ne doutoit point qu'elle ne ſe rencontrât à la hauteur de cette eſplanade, qui ſe trouvoit, comme je l'ai dit, à l'extrémité ſuperieure de la gallerie ; & on jugeoit avec raiſon qu'elle devoit être ſituée au deſſus, & préciſement au niveau de la premiere. En effet au bout de cette eſplanade, qui dans la figure ajoûtée à celle de la Pyramide ſe trouve déſignée par la lettre R, on remarquoit une ſuite du canal de trois pieds trois pouces parfaitement bouchée. On travailla donc d'abord à la vuider. Cette ſuite de canal eſt marquée dans la même figure par la lettre T. Il eſt probable que la premiere pierre, qui le fermoit, y étoit ſi fortement attachée, qu'on eut toutes les peines du monde à venir à bout de l'arracher. C'eſt ce qui ſe reconnoît par un morceau de la pierre ſuperieure, qui a été caſſée, pour ſe faire ſans doute une priſe ſur l'inferieure qui bouchoit le canal. On l'ôta enfin après bien des efforts, & on vint à bout d'en arracher une ſeconde, qui avec la premiere ouvroit un eſpace de ſept pieds & demi de longueur. On voulut continuer à percer cette extrémité du canal; mais après ces deux pierres on en rencontra une troiſiéme, qui ne pouvoit ſortir, parce qu'elle étoit & plus haute & plus large que l'ouverture. C'étoit le dernier refuge de l'Architecte, pour donner le change à quiconque pourroit parvenir juſques-là, & pour empêcher qu'on ne cherchât plus loin cette ſale myſtérieuſe, qui n'étoit qu'à douze pas de là, où repoſoit le corps du Roi, & où devoient être ſes treſors, au cas qu'on les eût enfermés avec lui. Cependant malgré cette difficulté cette pierre ne fit point prendre le change aux ouvriers, & ne rebuta point ceux qui avoient entrepris la viſite de toute la Pyramide. Ils l'attaquerent à la pointe du marteau; & ils reuſſirent à la briſer après beaucoup de tems & de travail. Auſſi avoit elle ſix pieds de longueur, quatre de largeur, & peut être cinq à ſix de hauteur, puiſqu'en cet endroit on trouvoit une capacité de quinze pieds de haut, qui au bout de huit pieds d'élevation s'élargiſſoit de quatre pieds, ou environ du côté de la gallerie.

DE L'ÉGYPTE.

Cette extention est marquée dans la figure par la lettre &. Elle correspondoit à une ouverture du canal d'un pied & demi de large, qui étoit anterieure de deux pieds à cette grosse pierre. Je marquerai dans la suite à quel usage elle étoit destinée.

Au haut de ce vuide on voyoit dans le mur, qui de part & d'autre formoit le canal, un enfoncement d'un pied de profondeur, & d'une hauteur à peu près égale. Ces enfoncemens marqués dans la figure par les lettres AA avoient été pratiqués à dessein. Ils servoient à placer de puissans leviers, ou bois de traverse, destinés à soutenir de fortes cordes, qui par des anneaux de fer attachés à cette grande pierre, dont j'ai parlé, la tenoient suspendue dans ce vuide marqué Z qu'elle remplissoit, jusqu'à ce que le tems de la faire tomber sur le canal marqué BB fût arrivé; c'est-à-dire jusqu'à ce que le corps du Roi eût été enfermé dans la sale. L'ouverture d'un pied & demi pratiquée dans le canal marqué lettre V, & qui précédoit de deux pieds l'espace occupé par la grande pierre, avoit été ménagée pour retirer les ouvriers, après qu'ils auroient descendu cette pierre énorme. Cette ouverture, lorsqu'ils se furent retirés, fut bouchée par une pierre très juste de deux pieds d'épaisseur seulement, qui fut amenée sous cette ouverture, & à laquelle on avoit attaché deux anneaux vers l'extrémité de sa partie superieure. A ces deux anneaux furent accrochées deux chaines, qui correspondoient au dessus d'une autre pierre plus pesante, & pendante sur le haut de l'ouverture marquée Z occupée par la grande pierre, qui l'avoit laissée vuide en tombant sur le canal. Les cordes, qui soutenoient cette pierre énorme, avoient pour point d'appui le pilier marqué Y dans la figure. On pesoit cependant sur la pierre inferieure, tandis que les ouvriers se retiroient par ce vuide d'un pied & demi, dont j'ai parlé, & qui restoit entre elle & l'ouverture superieure. Enfin lorsqu'ils furent sortis de cette capacité, on cessa de peser; & la pierre fut enlevée par le contre-poids dans l'endroit qu'elle devoit occuper, où elle fut arretée précisément par une autre pierre en forme d'écusson de trois doigts de large. Cet écusson avoit été ménagé à dessein en taillant la pierre, où il se trouve enchassé. Il a trois doigts d'épaisseur sur six à sept de largeur, & se trouve à hauteur d'homme, lorsqu'en entrant aujourd'hui dans la Pyramide, on s'éleve dans ce vuide marqué

V, qui faisoit partie du dernier secret employé pour garantir la sale de la violation. Cette espece d'écusson de trois doigts d'épaisseur est marqué par la lettre X, & mérite attention.

Le long des murs, qui forment les deux côtés du canal, où étoit renfermée la grande pierre de six pieds de longueur & de quatre de largeur, on remarque de part & d'autre des cannelures rondes de trois doigts de profondeur, dont l'extrémité est marquée dans la figure. Ces cannelures avoient été pratiquées, afin de descendre cette pierre plus facilement & plus juste dans l'endroit qu'elle devoit occuper. Elles étoient aussi destinées à la rendre plus ferme & plus inebranlable, au cas qu'elle fût attaquée. Toutes ces précautions prouvent les soins extrêmes, qui avoient été employés pour mettre le corps du Prince à l'abri de la violation, supposé qu'il se trouvât des hommes assez impies & assez téméraires, pour l'entreprendre. Que si après que la pierre d'un pied & demi de largeur, & de trois pieds & demi de longueur, ce qui faisoit la mesure de l'ouverture marquée V & pratiquée dans le canal, eut été mise en place, il resta encore le moindre jour, il fut rempli avec du ciment. On peut croire aussi que cette pierre même en fut enduite, avant que de l'introduire du bas en haut dans ce vuide qu'elle devoit fermer; ce qui rendit sa position plus lente, en la retenant contre la force du contre-poids. Quelques coups du manche du marteau suffirent pour la nétoyer du ciment qu'elle avoit de trop, & pour la faire arriver à sa place. Cette pierre ne subsiste plus, ni la grande même qu'on fut obligé de mettre en pieces, pour l'arracher de la place qu'elle occupoit. Cependant il n'y a personne, pour peu qu'on examine avec attention la disposition des vuides qu'on vient de décrire, & qui précedent de six pieds seulement l'entrée de la sale, où le corps du Roi fut déposé, qui ne reste persuadé que les choses se sont executées de la sorte, & qui dans ce petit espace de neuf pieds n'admire l'art & l'habileté de l'Architecte. C'est pour en faciliter la connoissance, qu'on a fait representer en grand, & séparement, ces différens morceaux à côté de la figure qu'on donne de la Pyramide. Les yeux serviront encore mieux que le récit à faire comprendre le secret.

la Cham- royal.

Après avoir tiré à la pointe du marteau & par morceaux la grande pierre de l'espace cannelé, où elle avoit été descendue, on parvint à la derniere, qui aboutissoit à la sale, & remplissoit l'espace marqué BB. Celle-ci ne fut pas difficile à tirer. On l'enleva presque sans résistance ; après quoi on entra librement dans cette sale mysterieuse & si bien deffendue. Ce lieu marqué DD dans la figure est à voute plate, composée de neuf pierres. Les sept du milieu ont quatre pieds de large sur plus de seize de longueur, puisqu'elles posent de part & d'autre sur les deux murs, qui vont du Levant au Couchant, & qui sont à seize pieds de distance l'un de l'autre. Il ne paroît que deux pieds de largeur de chacune des deux autres pierres, qui sont à côté de celles-ci ; le reste est caché par les murs sur lesquels elles reposent à leur extremité. Je laisse à deviner ce qu'on trouva dans cette sale. L'histoire, qui ne se charge de transmettre à la postérité que la mémoire des actions louables, ou de celles qu'on doit éviter, ne se charge point de perpetuer le souvenir des outrages, qui attaquent la nature, parce que par eux mêmes ils sçavent assez se faire détester. Ainsi en ensevelissant dans l'oubli le nom de l'impie, qui porta ses mains sacrileges sur ce tombeau, elle a voulu de même nous laisser ignorer le secret de ce qui y étoit contenu. Ce qu'il y a de certain, c'est que de tout ce qui pouvoit être renfermé dans cette sale, on ne trouve aujourd'hui qu'une caisse de marbre granite de sept à huit pieds de longueur sur quatre de large, & autant de hauteur. Elle a été placée dans ce lieu lorsqu'on le ferma par haut ; & si elle subsiste encore de nos jours en son entier, c'est qu'on n'auroit pû la tirer de l'endroit qu'elle occupe sans la briser, & que ses débris ne pouvoient être d'aucun usage. Cette caisse avoit sa couverture, comme on le remarque par la façon de ses bords ; mais elle a été brisée en la remuant, & il n'en reste plus de vestiges. C'étoit sans doute cette caisse qui contenoit le corps du Roi renfermé dans deux ou trois caisses de bois précieux, suivant la coutume qui se pratiquoit à l'égard des Grands. Il est aussi très vraisemblable que cette sale contenoit beaucoup d'autres caisses que celle du Prince, surtout celles des personnes, qui furent enfermées avec lui dans ce tombeau, pour lui tenir en quelque sorte compagnie.

En effet que lorsque le corps du Roi, par qui cette Pyramide a été construite, fut déposé dans ce superbe mausolée, on y ait introduit en même tems des personnes vivantes destinées à ne jamais en fortir, & à s'enterrer toutes vives avec ce Prince, c'eſt un fait que je ne puis revoquer en doute, après la preuve convainquante que j'en ai. Voici ſur quel fondement cette opinion eſt appuyée. Préciſément au milieu de cette ſale, qui a trente deux pieds de longueur ſur dix neuf de hauteur, & ſeize de large, on remarque deux trous placés vis-à-vis l'un de l'autre à trois pieds & demi d'élevation au deſſus du pavé. L'un tourné du côté du Nord a un pied de longueur ſur huit pouces de hauteur, & traverſe par une ligne droite juſqu'à l'extérieur de la Pyramide. Ce trou eſt aujourd'hui bouché par des pierres à cinq ou ſix pieds de ſon ouverture. L'autre qu'on a percé du côté du Levant à la même diſtance du plancher, eſt parfaitement rond, & a d'étendue aſſez pour qu'on puiſſe y mettre les deux poings. Il s'élargit d'abord juſqu'à un pied de Diametre, & va en deſcendant ſe perdre vers le bas de la Pyramide. Ces deux trous ſont marqués par la lettre C. Je penſe, & j'eſpere que toute perſonne ſenſée le jugera comme moi, que l'un & l'autre de ces trous n'ont point eu d'autre uſage, que de ſervir aux perſonnes, qui avec le corps du Prince furent enfermées dans ce tombeau. Le premier étoit deſtiné à leur donner de l'air. C'étoit auſſi par là qu'elles recevoient de la nourriture, & tout ce dont elles pouvoient avoir beſoin. Elles avoient ſans doute fait proviſion pour cet uſage d'une longue caſſette proportionnée à la grandeur de ce canal. A cette caſſette étoit attachée pour les perſonnes renfermées dans la Pyramide une longue corde, par le moyen de laquelle elles pouvoient tirer la caſſette à elles ; & une autre, qui y tenoit de même, pendoit à l'extérieur, afin que réciproquement on pût retirer la caſſette au dehors. Ce fut vraiſemblablement par ce moyen qu'on fournit le néceſſaire à ceux qui ſe trouvoient renfermés dans cet édifice, tant qu'il reſta entr'eux une perſonne vivante. En y entrant je ſuppoſe que chacune de ces perſonnes s'étoit munie d'une caiſſe, pour y être enſévelie. Elles ſe rendirent toutes ſucceſſivement les unes aux autres ce pieux & dernier devoir juſqu'à la derniere, qui manqua pour cela d'un ſecours, que le reſte de ſa compagnie avoit trouvé dans elle & dans les autres. Le ſecond trou ſervoit à vuider les immondices, qui tomboient dans un réduit profond pratiqué pour cet uſage. J'avois deſſein de faire chercher dans l'extérieur de la Pyramide à l'endroit, auquel le trou quarré long correspondoit, & vers lequel on a tiré deux lignes ponctuées dans la figure, qui représente l'intérieur de cet édifice. Peut être y auroit on trouvé des preuves nouvelles de ce que j'ai avancé. Mais outre que cette recherche auroit pû donner de l'ombrage aux Puissances du pays, qui n'auroient pas manqué de se figurer qu'on auroit travaillé à découvrir quelque trésor, je jugeai que ce trou pourroit se terminer dans quelque enfoncement de cet extérieur, & j'appréhendai de trouver son extrémité totalement bouchée, ou par le corps de la Pyramide, ou du moins par la pierre de revêtissement. Cependant sur ce que je rapporte d'autres pourront dans la suite faire chercher à l'endroit où cette ouverture correspondoit. Par là on aura une preuve entiere de l'usage auquel ce trou étoit destiné, quoiqu'il ne me paroisse point douteux, & qu'il me semble impossible d'en imaginer d'autre.

Après avoir expliqué le plus nettement que la matiere a pû me le permettre, de quelle maniere & par quels efforts la Pyramide fut forcée & ouverte, il me reste encore à éclaircir un doute qu'aura fait naître sans doute la lecture de cette premiere partie. Il s'agit de sçavoir où étoit placé le magasin de tant de pierres qu'il fallut employer nécessairement, pour fermer tous les canaux, dont je viens de parler, & de quelle maniere ils furent bouchés par des ouvriers, qui sortirent ensuite de cet intérieur. Ce morceau n'est pas sans doute moins curieux que le reste, & mérite pour le moins autant d'attention.

Du secret de la gallerie. J'ai déja observé, que dans les banquettes, dont les deux côtés du canal de cent vingt quatre pieds, qui régnoit au fond de la gallerie, étoient accompagnés, on avoit pratiqué des mortoises taillées perpendiculairement de la longueur d'un pied, larges de six pouces, & profondes de huit. C'est ce qu'on peut remarquer dans la figure à la lettre Q. Ces mortoises correspondoient parfaitement les unes aux autres, & régnoient dans toute la longueur des banquettes à la distance de deux pieds & demi. On avoit ménagé ces ouvertures en batissant la gallerie, afin de pouvoir placer dans chacune une piece de bois d'un pied en quarré, & de trois ou quatre pieds de longueur, dont on avoit coupé six pouces par le bas à la hauteur de huit doigts, selon le sens & la capacité des mortoises dans lesquelles ces solives devoient entrer. Ces pieces de bois devoient servir à

H h ij

former au deſſus un échafaut deſtiné à ſoutenir les pierres néceſſaires pour remplir tous les canaux, qui reſtoient à boucher dans l'intérieur de la Pyramide, & même ce canal de cent vingt quatre pieds marqué P, qui étoit au fond de la gallerie. Ces ſolives avoient un autre entaillement à leur extrémité ſupérieure; & de longues pieces de bois, dans leſquelles on avoit taillé des mortoiſes pareilles à celles des banquettes, s'appliquant ſur ces pieux, formoient de part & d'autre de la gallerie un repos aſſuré de bas en haut, pour placer des planches de ſix pieds & demi de longueur épaiſſes d'un demi pied, & fort unies, ſur leſquelles on poſa un premier rang de pierres. Les banquettes s'élévoient de deux pieds & demi, comme je l'ai dit, au deſſus du fond de la gallerie. Je ſuppoſe que l'échafaut fût placé à trois pieds de hauteur des banquettes. Ainſi du fond de la gallerie à cet échafaut il y avoit une élévation de cinq pieds & demi, qui étoit ſuffiſante pour que les ouvriers puſſent y paſſer de bout.

J'ai encore remarqué ailleurs, que du fond du canal à la voute de la gallerie il y avoit vingt ſept pieds & demi d'élévation. Du fond du canal juſqu'à l'échafaut on en comptoit ſix; de l'échafaut en haut il en reſtoit donc vingt & un & demi; ainſi en mettant dans cette capacité quatre rangs de pierres de trois pieds & demi de hauteur, telles qu'il en falloit pour remplir les canaux, on avoit encore au deſſus un vuide de ſept pieds & demi d'élévation. Mais je veux ſuppoſer, que du premier rang au ſecond on mit entre les pierres une planche d'environ trois pouces d'épaiſſeur, & une pareille du ſecond au troiſieme, afin qu'il fût plus facile de retirer les pierres, en les faiſant gliſſer ſur ces planches, trois rangs de ces pierres ſuffiſoient pour remplir tous les vuides qu'on avoit à boucher, & qui ſont aujourd'hui ouverts. Il pourroit même ſe faire que dans le corps de la Pyramide il y eût encore d'autres canaux bouchés qui n'ont point été ouverts, puiſque dans la gallerie on pouvoit aiſément placer quatre rangs de ces pierres, & même cinq dans un beſoin. On peut s'en convaincre par le calcul que je viens de faire; & il n'eſt pas vraiſemblable qu'on eût exaucé la gallerie au de-là du néceſſaire; ce qui auroit affoibli d'autant tout le corps de l'édifice.

Arrêtons nous cependant aux canaux connus, qui ont été

forcés & ouverts ; tenons nous en à la quantité de pierres, qui les remplissoient certainement, & qui ont été brisées à la réserve de trois pieds & demi, ou de quatre pieds de ces mêmes pierres, qui restent à l'endroit marqué F dans la figure, & qui bouchent aujourd'hui l'entrée du canal superieur correspondant au premier. Ce premier canal marqué par la lettre B, je l'appelle le canal extérieur, parce qu'il a été fermé du dehors en dedans, au lieu que les autres ont été remplis de l'intérieur même de la Pyramide, & de ce magasin placé dans la gallerie. Or je mets en fait que trois rangs de pierres suffisoient pour remplir tous les canaux. C'est ce dont il est aisé de se convaincre par le détail.

Il falloit d'abord treize pieds & demi de pierre pour remplir le canal, qui conduisoit à la sale royale, & qui étoit au niveau de cette plate-forme qu'on rencontroit à l'extrémité supérieure de la gallerie. On descendit donc d'abord de l'échafaut sur l'esplanade marquée R une pierre de six pieds, & on la poussa dans ce canal jusqu'à l'entrée de la sale dans l'endroit marqué DD, où elle fut arrêtée par le pavé de la sale supérieur de deux doigts au fond du canal. On fit ensuite tomber sur ce canal cette pierre de six pieds, dont j'ai parlé, suspendue dans le vuide marqué Z. Enfin aussi-tôt que les ouvriers se furent retirés de la capacité qu'elle occupoit par l'ouverture marquée V, & que cette ouverture eût été fermée, on fit descendre de l'échafaut deux autres pierres de sept pieds & demi, par le moyen desquelles ce canal, qui n'a que dix neuf pieds & demi de longueur, se trouva parfaitement rempli.

On doit supposer, que pour faciliter l'exécution de ces ouvrages, on avoit attaché au mur du fond de la gallerie, qui termine l'esplanade, & vis-à-vis des pierres rangées sur l'échafaut, une forte potence de fer, qui portoit une poulie solide ; à la faveur de laquelle les ouvriers placés sur la plate-forme pouvoient au moyen d'une bonne corde tirer de dessus l'échafaut les pierres l'une après l'autre, & les descendre sur la plate-forme même. Qu'ensuite au côté que ces pierres presentoient aux ouvriers on avoit pratiqué un trou quarré profond de trois à quatre doigts, & plus large par bas que par haut, & que dans cette ouverture quarrée on avoit enfoncé deux pieces de fer, plus épaisses par bas que par haut, garnies à leur extrémité, de deux bons anneaux, & séparées l'une de l'autre par un coin de fer. A la faveur de ces précautions on avoit une prise assurée pour tirer ces pierres de dessus l'échafaut avec la corde, qui passoit dans les deux anneaux, pour les suspendre au moyen de la poulie, & les poser ensuite doucement sur l'esplanade, ou plate-forme, d'où elles étoient conduites sans beaucoup de peine à l'endroit de leur destination.

Après avoir ainsi rempli le premier canal, on travailla à fermer celui de cent dix huit pieds marqué dans la figure par la lettre N. Ce canal conduisoit, comme je l'ai dit, à la premiere sale, où le corps de la Reine avoit probablement été déposé. On la trouvera à la lettre O. Il ne fut pas difficile de venir à bout de cet ouvrage; après quoi on tira autant de pierres qu'il étoit nécessaire, tant pour couvrir l'entrée de ce canal, & égaliser la coulisse marquée L, que pour remplir la plate-forme de dix pieds, qui formoit ce triangle, dont j'ai parlé, marqué L M, à l'entrée de la gallerie. On tira encore cent pieds de ces mêmes pierres, pour fermer la capacité du canal marqué H, par où la Pyramide a été forcée, & qui se trouve totalement défiguré par un espace de quatre vingt pieds de longueur. Enfin on acheva d'en descendre cent vingt quatre pieds, au moyen de quoi le canal marqué P, qui régne au fond de la gallerie entre les banquettes, & au dessus duquel l'échafaut étoit élevé, se trouva parfaitement fermé. Cependant il faut observer que la derniere pierre, dont ce canal étoit bouché, resta arrêtée par derriere au moyen d'une élévation de quatre à cinq doigts, qui se rencontre à l'extrémité de ce canal comme je l'ai déja remarqué. On ne l'a point oubliée dans la figure.

Ce que je viens de dire de la fermeture de tous les canaux ménagés dans la Pyramide, & de la destination de sa gallerie, paroîtra peut être assez nouveau & assez hardi, pour que quelque critique ose le traiter de chimére, ou dumoins de conjectures. Aussi n'ai-je garde de prétendre exiger qu'on m'en croye absolument sur cet article. Dumoins ne pourra-t-on me refuser l'honneur d'avoir le premier imaginé un sistème très vraisemblable capable de faire apercevoir du premier coup d'œil des merveilles, qui jusqu'à ce jour étoient restées inconnues. Mais je vais plus loin; & j'ose avancer qu'à quiconque voudra faire attention à la suite & à la liaison nécessaire de mes observations fur cette matiere, il fera impoffible de ne pas convenir que mes conjectures, s'il plaît aux Critiques de les appeller de ce nom, font tellement fondées, qu'on ne peut s'empêcher de les regarder comme des vérités réelles. Pour moi après tant de recherches, après toutes les réflexions que j'ai faites fur la difpofition de l'intérieur de la Pyramide, je déclare hardiment qu'il n'eft pas poffible que les chofes foient autrement que je l'ai écrit. Je reconnois d'abord qu'il n'a jamais été poffible après la Pyramide achevée, c'eft-à-dire après les couliffes faites, & la gallerie fermée par la voute, de faire entrer aucune pierre dans cette gallerie d'une groffeur néceffaire pour boucher les canaux du dedans en dehors. Je vois aucontraire que l'Architecte n'a jamais été occupé que du foin, qu'on ne pût jamais en tirer celles qu'il y avoit enfermées pour la clorre un jour d'une maniere à ce qu'il croyoit invincible. J'apperçois le deffein de ce même Architecte dans cette longue couliffe, qui regne au fond de la gallerie. Je comprens qu'elle n'avoit été ménagée que pour la conduite des pierres, qui devoient fermer un jour le canal intérieur; & je juge par l'arretement que je trouve à l'extrémité fupérieure de cette couliffe, qu'elle devoit elle même être auffi remplie de pierres, après que le canal auroit été abfolument bouché. La poliffure extrême de cette couliffe me confirme dans l'opinion de ce double ufage. Je remarque que fa longueur eft proportionnée à celle du canal intérieur. Je vois que ce canal eft encore fermé en partie, c'eft-à-dire par l'endroit qui fait angle avec le canal extérieur. Je m'apperçois même qu'on n'a point penetré dans la Pyramide par ce véritable paffage; qu'au contraire on a été obligé de fe frayer une fauffe route, par laquelle rejoignant un des côtés du canal, on a attaqué plus facilement les pierres dont il étoit rempli. Je le trouve depuis cette ouverture forcée défiguré dans toute fa longueur, ce qui m'apprend qu'on a été obligé d'avoir recours à la violence pour le déboucher. Je conclus donc de ce qu'il fe trouve ainfi défiguré jufqu'à l'entrée de la gallerie, que les pierres dont il étoit fermé ont été brifées dans le canal même, & que par un efpace de cent vingt quatre pieds il regnoit dans la couliffe, & derriere ces mêmes pierres; cent vingt quatre pieds d'autres pierres prêtes a fucceder continuellement à celles qui feroient ufées dans le canal, & à remplir le vuide qu'elles auroient laissé. Je soupçonne même que ceux qui forcerent la Pyramide avoient connoissance de cette suite de pierres renfermées dans la coulisse. En effet s'ils l'avoient absolument ignorée, ils se feroient contentés sans doute de briser les pierres, dont le canal étoit rempli, à l'ouverture forcée qu'ils y avoient faite. Cette opération leur auroit été plus facile ; & s'ils prirent un autre parti, ce ne fut que sur la connoissance qu'ils avoient des pierres, qui de la coulisse étoient prêtes à glisser dans le canal à mesure qu'il seroit vuidé.

J'ai déja insinué, que dans le corps de la Pyramide il peut y avoir d'autres ouvertures fermées, qui n'ont point encore été découvertes ; & ce n'est peut être pas sans fondement qu'on en a fait des recherches. Par malheur on s'est mal adressé pour les découvrir en fouillant dans le fond des deux sales. Si outre les canaux déja connus il y en a encore quelque autre dans l'intérieur de la Pyramide, c'est sans contredit entre ces deux sales qu'on doit le chercher, & son entrée ne peut être placée que vers le milieu de la coulisse.

Je dois avertir aussi que ces points qu'on voit dans la figure à côté de la lettre M, marquent certains enfoncemens pratiqués à dessein dès le tems de la construction de la Pyramide. Ces enfoncemens étoient destinés à servir d'Echelle à ceux, qui du canal de cent dix huit pieds conduisant à la premiere sale voudroient monter vers le haut de la coulisse, qui, comme je l'ai dit, se trouve interrompue dans cet endroit, ou qui delà voudroient descendre dans ce même canal. J'ai déja observé que du fond de la coulisse un homme pouvoit passer debout sous l'échafaut. Il y avoit sans doute des deux côtés de la gallerie, & de haut en bas sous l'échafaut, des cordes attachées d'espace en espace aux poutres qui le soutenoient, afin de donner à ceux, qui voudroient descendre ou monter dans la coulisse, la facilité de le faire sans glisser. Elles servirent d'abord aux ouvriers dans la construction de la gallerie & la fermeture des canaux. Ceux qui depuis visiterent les sales, ceux qui y transporterent le corps du Roi & celui de la Reine, les personnes enfin qui monterent dans la chambre royale avec le cercueil du Prince pour mourir auprès de lui, profiterent du même secours.

Il n'y a donc aucun doute qu'à la faveur des pierres placées

sur

DE L'EGYPTE.

fur l'échafaut on n'ait fermé & rempli tous les canaux pratiqués dans l'intérieur de la Pyramide.

Après avoir mis la derniere main à tous ces ouvrages, il ne resta plus aux ouvriers qu'à fortir de cet intérieur ; à moins qu'on ne fuppofe, qu'ils commencerent par brifer l'échafaut & les pieces de bois, dont il étoit compofé, & qu'ils le mirent dehors par morceaux par le même conduit, qui avoit été pratiqué pour leur fervir de retraite. Cette ouverture n'étoit autre chofe que ce puits, dont j'ai parlé, qu'on trouve à main droite en entrant dans la gallerie. Ce puits occupe par le bas de fon entrée une partie de la banquette, & s'éleve à la hauteur de deux pieds dans le mur. Il eft, comme je l'ai dit, prefque rond, ou ovale. On le trouve marqué dans la figure par la lettre I.

Ce puits defcend vers le bas de la Pyramide par une ligne perpendiculaire à l'horifon, qui va cependant un peu en biaifant, & forme la figure d'une broche, ou d'un Lamed Hebraïque. C'eft ce qu'on peut remarquer dans le plan que j'ai fait tirer de la Pyramide. Environ à foixante pieds de l'ouverture on rencontre dans ce canal une fenêtre quarrée, d'où l'on entre dans une petite grotte taillée dans la montagne, qui en cet endroit n'eft pas de pierre vive, mais d'une efpece de gravier, dont les grains font fortement attachés les uns aux autres. Cette grotte s'étend d'Orient en Occident, & peut avoir quinze pieds de longueur. On trouve enfuite une autre couliffe creufée de même dans le roc, fort penchante, & approchant beaucoup de la perpendiculaire. Elle a de largeur deux pieds quatre pouces fur deux pieds & demi de hauteur. Elle defcend en bas par un efpace de cent vingt trois pieds ; après quoi on ne rencontre plus que des fables & des pierres, qu'on y a jettées à deffein, ou qui y font tombées d'elles mêmes. Je fuis convaincu que ce canal n'a jamais eu d'autre deftination, que de fervir à la retraite des ouvriers, qui travaillerent à la conftruction de la Pyramide. La pente de ce conduit, fa route tortueufe, fa petiteffe, & fa profondeur, en font des preuves certaines. Je ne doute pas même que la fortie de ce puits, à laquelle on ne parvenoit certainement qu'après beaucoup d'autres détours, peut être même après avoir remonté vers fon ouverture, je ne doute point, dis-je, que cette fortie ne fût formée par un canal, au deſſus duquel pendoit un rang de pierres; qu'on avoit trouvé le ſecret d'arrêter, & qui tombant du haut en bas dans ce canal par le moyen de quelque reſſort que l'on fît jouer, lorſque tous les ouvriers ſe furent retirés de la Pyramide, fermerent cette entrée pour jamais. En effet nous ne voyons point qu'on ait tenté de forcer cette ouverture, ſoit qu'elle ait toujours été ignorée, ſoit que ſa petiteſſe ne permît point d'y travailler. La Pyramide n'a été attaquée que par la route royale, qui ſervit ſans doute à y introduire le corps du Roi & toutes les perſonnes mortes, ou vivantes, qui devoient y être enſevelies avec lui. Ce fut auſſi certainement par ce chemin que la ſuite des funerailles pénétra juſqu'à l'intérieur de cet édifice, & qu'elle en reſſortit enſuite, après avoir rendu au Prince les derniers devoirs, & avoir dépoſé ſon corps dans le tombeau que lui même s'étoit choiſi.

Il ne faut pas s'imaginer au reſte, que tous ceux qui travaillerent à la conſtruction de ce grand ouvrage, euſſent connoiſſance des ſecrets de l'intérieur, ni même qu'il ſuffît d'y entrer après que la Pyramide fut achevée, & avant qu'elle fût fermée, pour en avoir connoiſſance. Ce myſtére étoit réſervé aux ſeuls Architectes, qui avoient conduit ce ſuperbe édifice, ou du moins à un petit nombre de perſonnes choiſies pour travailler ſous leur direction à fermer tous les canaux, dont j'ai parlé dans la deſcription que je viens de donner de cette Pyramide. Il eſt même très vraiſemblable, que les ouvriers deſtinés à cet emploi n'étoient point des ames venales capables de trahir jamais pour quelque raiſon que ce fût un ſecret de cette nature. C'étoient ſans doute toutes perſonnes choiſies entre ce qu'il y avoit de plus gens de bien & de plus attachés au Roi dans les différens atteliers que ce Prince entretenoit à ſon ſervice, & ſur le zéle, la probité, la reconnoiſſance, & la religion deſquelles on pouvoit compter. Je croirois même volontiers, que pour s'en aſſurer davantage le Prince les auroit nommés lui même avant ſa mort, & leur auroit fondé pour le reſte de leurs jours une retraite commode, tranquile, & honorable, dans ces temples enrichis des dons de ces Souverains, qui ne pouvoient manquer d'accompagner ces ſortes d'édifices, & qui les accompagnoient effectivement, comme je l'ai démontré d'abord.

De ſi grandes précautions employées par ces anciens Rois,

pour empêcher la violation de leurs tombeaux, n'avoient peut être pas tant pour objet de les mettre à l'abri des outrages de quelques Princes avares, qui employeroient leur authorité & leur puissance pour en forcer l'entrée, que de les garantir des efforts d'un voleur, qui oseroit l'entreprendre secretement. En effet tant que leur religion a subsisté, & ils n'en prévoyoient point sans doute la destruction, qui auroit été le Prince assez impie, pour former la résolution de violer le tombeau d'un grand Roi, dans la seule esperance d'en enlever quelques vases d'or, ou autres bagatelles, qui pouvoient y avoir été renfermées avec lui? Car je suis persuadé que c'étoit à ces minuties qu'aboutissoient ces immenses trésors, qu'on se figuroit avoir été cachés dans ces sombres demeures. Aussi est-il indubitable, que si cette Pyramide fut ouverte, ce ne fut ni sous le gouvernement des Ptolomées, & des autres Princes d'origine Grecque, qui régnerent en Egypte depuis la conquête qu'en fit Aléxandre, ni sous celui des Romains, ou des Empereurs de Constantinople. Ces Princes, soit Payens, soit Chrétiens respectoient également les tombeaux, & n'avoient garde d'entreprendre de les violer, ou de le permettre. Ils avoient d'ailleurs une égale attention pour la conservation des anciens monumens, qui faisoient une partie de la beauté de leurs Etats, & de leur tems ç'auroit été un crime capital que de songer à les déshonorer. Aussi en parlant des Pyramides, Pline ne nous a t'il point appris que jusqu'à son tems il se soit passé rien de pareil en Egypte. Nous n'en trouvons de même nulle trace dans aucun autre Auteur Grec, ou Latin. Mais lorsque les Arabes se furent rendus maîtres de ce florissant Royaume, leur haine contre les Chrétiens, & contre les Idoles prétendues qu'ils croyoient être l'objet de leur culte, jointe à leur avarice & à leur barbarie, leur fit regarder comme autant d'œuvres méritoires les indignités qu'ils commettoient contre les monumens les plus respectables. Dès-lors on ne vit plus en Egypte que figures de toutes les especes brisées & mises en pieces, que temples détruits, que tombeaux violés & ouverts, soit par mépris pour les corps qu'ils renfermoient, soit dans l'esperance d'y trouver quelques petites idoles d'or ou de cuivre, qui étoient un objet pour la pauvreté extrême de ces peuples.

Ce fut donc sans doute sous les Princes Mahometans, & par

le Calife Mahmout, qui regnoit à Bagdad, & qui mourut *l'an de l'Egyre 205. ainsi que le rapportent les Auteurs Arabes, que cette impiété fut commise. Ce Prince s'étant laissé persuader que cette Pyramide renfermoit de grands trésors, après des dépenses considerables continuées pendant trois ans pour la faire ouvrir, eut la douleur au lieu de ces richesses immenses qu'on lui avoit promises, de n'y trouver que quelques idoles & vases d'or, dont le Prince, qui reposoit dans ce tombeau, se servoit sans doute dans ses sacrifices. Quelques uns même prétendent qu'il n'y trouva rien du tout que la Momie du Roi avec quelques autres, & sur les murailles de la sale cette maxime écrite en lettres d'or, que l'impie ne trouveroit d'autre récompense que le désespoir d'avoir commis l'impiété sans fruit. Mais ce dernier trait seul suffit pour prouver combien on doit peu ajouter foi à tout le reste de ce récit, puisque lorsque la Pyramide fut ouverte, selon ces Auteurs, on ignoroit certainement la langue des tems où elle fut bâtie ; que dans ces tems reculés les hiéroglyphes étoient la seule écriture en usage, & que ces caracteres, dont les Anciens Egyptiens croyoient que la connoissance dureroit autant que le monde, étant destinés à conserver le souvenir de tous les grands évenemens, on n'auroit pas manqué de s'en servir en cette occasion, plutôt que d'avoir recours à des lettres d'or, dont l'origine est de plus fraiche datte. Enfin cette tradition est démentie par la Pyramide même, & par l'état où se trouve aujourd'hui la sale où dut être déposé le corps de ce Roi, quel qu'il fût, puisqu'on n'y remarque aucune écriture.

Les mêmes Auteurs Arabes prétendent, que ce Prince n'entreprit de faire ouvrir cette Pyramide, que sur un plan exact de son intérieur. Il lui avoit été donné, disent-ils, par un des descendans de l'Architecte, qui avoit présidé à sa construction, & le Calife l'en récompensa liberalement. D'autres Auteurs de la même nation attribuent cette entreprise à ce fameux Calife Aaron Alrechid, c'est-à-dire en Arabe le conducteur des vrais Croyans, que son sçavoir, & l'amour des Sciences, dont il donna des preuves, en envoyant à Constantinople certain nombre de ses sujets les plus habiles, pour traduire du Grec & du Latin en Arabe les livres les plus estimés, qui se

*De l'Ere Chrétienne, 817.

trouvoient dans la Bibliotheque des Empereurs d'Orient, rendront à jamais célébre. Quoiqu'il en soit, que la Pyramide ait été ouverte par l'un ou l'autre de ces deux Princes, qu'ils ayent eu ou non le plan de son intérieur, il est certain qu'elle a été forcée, en partie par l'ouverture naturelle, & en partie par la démolition de son intérieur. N'eût on eu aucun plan de cet intérieur, on sçavoit d'ailleurs que toutes les ouvertures naturelles des Pyramides sont tournées du côté du Nord. Ainsi il n'étoit pas difficile de deviner dumoins l'entrée de celle-ci.

Au reste je ne sçai lequel a été le plus constant, ou du Prince qui perfectionna un si grand ouvrage, ou de celui qui força une entrée, qui paroissoit humainement invincible. L'execution de l'un & de l'autre dessein a certainement quelque chose de singulier. Sans vouloir pénétrer dans le corps de la Pyramide, sans nous éloigner des canaux connus, il est certain qu'ils sont revêtus tout autour de pierres d'un poids & d'une grosseur énorme. Celles qui les couvrent ont dix à douze pieds de longueur; leur largeur est à peu près égale, & elles ont huit à dix pieds d'épaisseur. Une seule de ces pierres suffisoit pour contenir dix couverts, & dix personnes qui dînoient autour avec moi. Au dessus de ces pierres on n'apperçoit que des masses étonnantes, qui soutiennent le sommet de la Pyramide. Toutes les autres sont de même d'une grandeur prodigieuse. Deux cens huit pierres, à l'exception de deux ou trois rangs qui manquent vers le sommet, composent une hauteur de six cens pieds. Leur largeur & leur profondeur sont proportionnées. En un mot en supposant, comme je l'ai prouvé, que cette Pyramide fût couverte de marbre tiré des carrieres du mont Sinaï, ou de celles qu'on rencontre sur les frontieres de l'Egypte & de l'Ethiopie, où vingt mille hommes au moins devoient être employés continuellement à cet ouvrage, je suis persuadé qu'un Roi paisible dans ses Etats n'a pû executer ce dessein en moins de vingt ans avec l'aide de cent cinquante mille ouvriers, & qu'il lui en a couté au moins deux cens millions de dépense.

D'un autre côté il n'est pas moins certain, qu'il n'en eût guéres plus couté au Prince qui entreprit de forcer la grande entrée, de démolir la Pyramide entiere, que de vaincre tous les obstacles qu'il eut à surmonter pour réussir dans son dessein.

Il est évident que le premier canal, que j'ai appellé le canal extérieur, étoit rempli de pierres proportionnées, & qu'on n'a pu les en tirer qu'avec de très grandes peines. Il n'est pas même douteux qu'il ne fût fermé en dehors par des pierres prodigieuses, couvertes elles mêmes du revêtissement de la Pyramide. On voit encore aujourd'hui la place, d'où il a fallu les arracher. Quand ce premier canal fut vuidé, le grand ouvrage resta encore à faire. Je suppose qu'on avoit connoissance des secrets de la Pyramide. J'en juge parce que la pierre, qui répondoit à l'angle des deux canaux, a été enlevée. Il n'en faut pas davantage, pour m'apprendre qu'on avoit entrepris d'abord de forcer le canal intérieur par la droite route ; qu'on reconnut ensuite qu'il faudroit bien des années pour en venir à bout, parce que les pierres, dont le canal étoit rempli, se succedoient les unes aux autres de la hauteur de toute la coulisse ; c'est-à-dire par un espace de deux cens vingt quatre pieds ; qu'on abandonna donc ce dessein, & qu'on prit le parti de se frayer une autre route. On peut aisément imaginer combien il en couta pour pénétrer dans l'épaisseur du mur, qui se rencontroit à droite & à gauche, & pour regagner le canal qu'on avoit abandonné. Combien de peine & de tems n'en couta-t'il pas aussi pour soutenir les pierres & les briser l'une après l'autre dans l'intérieur de ce canal ! On parvint de la sorte à la gallerie. L'entrée de la première sale quoique précédée d'un canal très long, ne tint pas long tems sans doute. Mais combien de difficultés n'eut-on pas à surmonter pour vaincre celle de la chambre royale ! Qu'on ait eu ou non la connoissance des routes de la Pyramide, il est indubitable qu'il a couté au Prince qui l'a fait ouvrir des sommes immenses, & un travail de plusieurs années.

Le nom du Prince, qui a fait bâtir la Pyramide, est parfaitement inconnu, comme je l'ai dit, & ce qu'on en trouve dans les Histoires est si incertain, qu'on ne peut y faire aucun fondement. Les Auteurs Arabes que j'ai déja cités sont admirables dans ce qu'ils en racontent. Ils disent que long tems avant la naissance d'Adam le monde etoit habité par des Géans d'une taille & d'une force prodigieuse. C'est là, selon eux, comme je l'ai insinué ailleurs, l'époque de tous ces grands monumens, qui ont rendu l'Egypte si fameuse, & dont les débris attirent encore aujourd'hui notre admiration & notre estime. Ce fut, ajoûtent ces Auteurs, dans ces tems reculés que régna en Egypte un Prince, nommé Gian, fils de Gian Empereur, qui avoit conquis tout le monde. On conçoit fans peine quelle devoit être la puiffance & les richeffes immenfes d'un Prince à qui un fi bel Etat obéiffoit. On en rapporte un trait, qui mérite d'avoir place à la fin de cette lettre.

Ce Prince, qui confervoit un tendre refpect pour la mémoire de fes ancêtres, voulut pour s'en rappeller plus vivement le fouvenir, leur élever un tombeau digne d'eux, où ils fuffent reprefentés fi au naturel, qu'il ne pût y entrer fans les voir tels qu'ils avoient été pendant leur vie. Dans cette vue il fit bâtir un Palais de marbre noir très vafte, puifqu'il renfermoit non feulement le lieu deftiné à fervir de fépulture à ces Princes, mais encore plufieurs temples, où chaque jour s'offroient une infinité de facrifices à leur intention. Ce Palais contenoit encore un nombre prodigieux d'appartemens, qui fervoient de logement aux Prêtres, que ce Prince avoit commis pour defservir ces temples différens. Au milieu de ces nombreux édifices, tous plus fuperbes les uns que les autres, s'élevoit un vafte falon de marbre blanc couvert d'un grand Dôme ouvert, où l'or & l'azur affortis avec art reprefentoient tout ce que l'on peut admirer de plus beau dans la Mofaïque. Cent colomnes de jafpe & de porphyre étoient employées à foutenir ce magnifique bâtiment, & précifément fous le Dôme s'élevoit un trône d'or maffif furmonté d'un Pavillon de brocard d'or tout brillant de pierreries. Ce fut ce falon que Gian deftina à être la fépulture de fes ancêtres. Quarante ftatues de pur or furent commandées par ce Prince, pour renfermer les corps de quarante Rois, ou Empereurs de fa famille, qui l'avoient précedé; & ces quarante ftatues furent placées autour du trône, fur lequel celle de l'Empereur Gian pere du Roi régnant étoit affife toute couverte de Diamans. On comprendra par ce que je dirai en parlant des Momies, comment ces ftatues pouvoient reprefenter ces Princes morts, tels à peu près qu'ils étoient de leur vivant. Je ne m'arrêterai point non plus à décrire les magnificences de ce tombeau. J'obferverai feulement qu'on voit par cette hiftoire qu'avant la découverte des mines de Golconde & du Potofi l'or & les Diamans n'étoient pas une chofe fi rare.

Ce fut, felon ces Auteurs Arabes, ce Roi Gian qui fit bâtir

la fameuſe Pyramide, dont je viens de donner la deſcription. On conçoit aiſément qu'un Prince géant ſervi par des ſujets de même taille vint facilement à bout de ce grand ouvrage. Ceux qu'il employoit à faire venir des environs du mont Sinaï les marbres, dont l'édifice devoit être revêtu, lui épargnerent les voitures. Il n'en coutoit pas plus à un de ces Meſſieurs d'apporter de là ſous ſon bras une table de marbre de vingt cinq ou trente pieds de longueur & d'une épaiſſeur proportionnée, qu'il en coutoit à ſes confreres de prendre ſous leur bras une colomne de cent ou ſix vingt pieds de hauteur, & de s'en venir gaillardement à pied avec ce fardeau de la haute Egypte à Aléxandrie. Ne conviendra t'on pas qu'il vaudroit beaucoup mieux avouer ſon ignorance de bonne foi, que d'avoir recours pour la couvrir à de telles fables?

Au reſte qui que ce ſoit qui ait fait bâtir cette Pyramide, qui eſt la plus Septentrionale de toutes, il eſt vraiſemblable que celui qui en força l'entrée, & la fit ouvrir, n'y trouva rien de fort conſidérable, puiſque ſon ſacrilege ſe termina à la violation de celle-ci, & qu'il n'en attaqua aucune autre. La poſtérité lui a cependant cette obligation, qu'il nous a appris que l'intérieur de cette Pyramide n'étoit pas moins ſuperbe, que dut l'être ſon extérieur ſelon toutes les apparences, quoique comme toutes les autres, qui ont été dépouillées de même de leur revêtiſſement, elle ne preſente aujourd'hui aux yeux qu'une maſſe énorme de pierres, une montagne faite de main d'homme, qui éléve ſa tête juſqu'aux nues. La violation de cet édifice merveilleux nous fait du moins connoître par la diſpoſition de ſon intérieur, juſqu'où l'Architecte, qui l'entreprit, porta l'art & l'induſtrie pour la conſervation du corps de ce Prince, à qui l'Univers eſt redevable de ce monument fameux. Du moins apprenons nous par là, que dans ces tems reculés cette Science étoit déja chez les Egyptiens dans la plus haute perfection.

C'eſt à donner une idée juſte & exacte de cet intérieur admirable, & de l'art avec lequel il a été bâti, que je me ſuis appliqué dans cette lettre. Des voyageurs paſſagers n'ont ni la commodité, ni le tems, d'examiner à fond ces myſteres cachés & ſecrets. Ceux qui viennent en Egypte par curioſité ne voyent les Pyramides qu'une ſeule fois; ſouvent même ils ne fe donnent pas la peine de vifiter l'intérieur de celle-ci. S'ils y entrent, ils font à moitié morts lorfqu'ils parviennent à la gallerie, où ils ne peuvent arriver qu'après s'être traînés le vifage fur le fable à l'entrée de cette route forcée, qui communique du canal extérieur à l'intérieur. Elle en eft prefque abfolument bouchée; enforte que ces paffagers font alors obligés de tendre les mains à des Arabes, qui leur fervent de guides, & qui les tirent en haut avec force; ce qui leur donne une telle peur, qu'ils s'imaginent devoir étouffer à ce paffage. Les quarante ou cinquante pieds de ruines qu'ils font enfuite obligés de traverfer, fouvent couchés fur le ventre, achevent de les épuifer. Enfin lorfqu'ils font parvenus à la gallerie, la chaleur de ce lieu & le deffaut de refpiration font feuls capables de les étouffer. On m'avouera fans peine que ces difficultés jointes à l'apprehenfion du retour les laiffent peu en état de faire alors fur cet intérieur les recherches & les raifonnemens néceffaires. Auffi quoique la Pyramide foit ouverte peut être depuis plus de mille ans, aucun, je crois, n'a parlé de l'ufage des canaux, de la gallerie, des fecrets qu'elle renferme, du véritable ufage de fon puits; fouvent même ils ont penfé fur une idée générale tout au rebours de ce qu'on doit en juger.

Pour moi, à qui feize années de féjour dans ce pays ont donné du tems & du loifir pour m'inftruire, à qui plus de quarante voyages que j'ai faits fur les lieux, vifitant, l'équerre & le compas à la main, les recoins & les fecrets les plus cachés de cet édifice, ont facilité des connoiffances, qui avoient échappé à beaucoup d'autres, j'ai crû être obligé de communiquer les lumieres que mes recherches m'avoient acquifes. Il eft vrai que je n'ai jamais fait le voyage de la Pyramide, fans prendre mes précautions auparavant. Dès la veille je faifois envoyer par un Bey de mes amis des ordres aux Arabes des environs qu'il commandoit, afin qu'ils euffent foin de vuider les conduits de la Pyramide de tous les fables, dont ils font ordinairement embarraffés. Le travail de dix ou douze Arabes, qui y mettoient la main, étoit largement payé d'un Sequin que je leur donnois, parce qu'ils n'ofoient me rançonner comme ils auroient fait un paffager. Je pouvois donc paffer commodément à genoux l'entrée difficile de cette route forcée, dont j'ai parlé. Je me précautionnois auffi de tout ce qui pouvoit être néceſſaire, pour viſiter à l'aiſe, & ſans danger, ce qu'il y avoit de plus ſecret dans l'intérieur de la Pyramide. J'y entrois preſque en chemiſe & en ſimple caleçon, à cauſe de la chaleur extrême qu'on y reſſent, & lorſque j'en ſortois au bout d'une heure ou de deux, j'avois ſoin de me revêtir d'une bonne péliſſe, pour me garantir de la fraicheur du vent du Nord. Je me ſouviens que cette péliſſe, que je quittois enſuite pour en prendre une beaucoup plus legére, me fut volée dans un de ces voyages par ces mêmes Arabes. Ils m'enleverent juſqu'à la batterie de cuiſine, & le linge que j'avois fait porter avec moi. Il eſt vrai que le tout me fut renvoyé le lendemain par le Bey ; mais il ne m'en couta pas moins un preſent de dix écus que je fis à ces Arabes, qui diſoient avoir repris ſur d'autres ce qu'ils avoient volé eux mêmes. On peut juger par là du peu de commodité, & même des dangers que rencontrent les voyageurs dans la viſite des Pyramides.

C'eſt à la faveur de ces précautions & de ces ſecours, qu'il m'a été permis plus qu'à aucun autre de contenter l'ardeur que j'avois de pénétrer ce qu'il y avoit de plus myſtérieux dans ces monumens célébres. Si mes ſoins & mes réflexions m'y ont fait faire quelque découverte, dont on doive m'avoir obligation, c'eſt ce dont on jugera par la lecture de ma lettre. J'ai prouvé que cette Pyramide a eu ſon revêtiſſement, & qu'il lui a été enlevé à cauſe de la qualité du marbre rare en Egypte, dont elle étoit en quelque ſorte incruſtée. J'ai fait voir enſuite qu'elle a été fermée, & qu'elle l'eſt même encore par l'extrémité du véritable canal de ſon entrée ; que tous ſes canaux ont été remplis ; que la gallerie avoit ſervi de magaſin aux pierres néceſſaires à la fermeture de ces canaux ; que ces pierres ont été briſées dans le fond de cette gallerie, lorſqu'on y a été arrivé, & qu'on les en a tirées par morceaux, ſans quoi elle n'auroit pû être ouverte. J'ai expliqué le ſecret pratiqué à ſix pieds de la ſale, où le tombeau étoit placé. J'ai montré enfin, que le puits n'avoit été ménagé dans la conſtruction de la Pyramide, que pour faciliter la retraite des ouvriers, après qu'ils auroient diſtribué pour la fermeture des canaux intérieurs toutes les pierres, qui étoient renfermées dans la gallerie, chacune ſuivant ſa deſtination. C'eſt ainſi que la vérité ſe rétablit quelquefois avec le tems, au lieu de s'obſcurcir & de diſpa-

DE L'EGYPTE.

roître. Ces mémoires ne fuſſent ils pas abſolument conformes à la réalité, ſerviront dumoins de guides à la poſtérité pour s'éclaircir dans la ſuite de l'exacte vérité de ces merveilles. J'eſpere, Monſieur, que vous me ſçaurez quelque gré des ſoins que j'ai apportés à vous faire part de mes remarques. Si vous faites attention à la beauté de l'Architecture de l'intérieur, dont je vous envoye en même tems la deſcription & le deſſein, ſi vous voulez rendre juſtice au génie de celui qui a travaillé à cet ouvrage admirable, vous ſerez dumoins forcé d'avouer qu'il n'avoit rien de barbare, & que les Pyramides, ces monumens éternels de la puiſſance des Rois, qui les ont élevées, n'ont mérité rien moins que le mépris qu'un poëte Latin en fait dans ce vers

Barbara Pyramidum ſileant miracula Memphim.

Aux environs de ces Pyramides on en compte encore beaucoup d'autres, qui par leur groſſeur & leur conſtruction pourroient paſſer pour conſidérables, ſi leur beauté n'étoit éclipſée par celles-là. Les unes ont été ouvertes; d'autres ne le ſont pas encore. La derniere des trois grandes en a trois autres à ſon Midi ſur une ligne qui va de l'Eſt à l'Oueſt. Elles ſont entieres, & meritent d'être eſtimées par la grandeur des pierres, qui les compoſent Je crois qu'elles ont été revêtues de marbre granite, ſurtout les deux plus Occidentales. Je le juge par l'inégalité de leur parure, qui n'eſt pas telle dans les Pyramides parfaites. Outre ces Pyramides, mille & mille tombeaux, des ruines ſans nombre qu'on rencontre en ce lieu, témoignent qu'il a été autrefois fort peuplé de ces monumens ſuperbes. On voit en quelques endroits de très grandes Pyramides abſolument raſées, d'autres à moitié démolies. On y trouve des tombeaux quarrés, peu élevés à la vérité, mais bâtis de pierres prodigieuſes; ce qui les a préſervés de la violation. Mille grottes taillées dans la pierre vive découvrent une infinité d'autres ſépultures. Je les ai toutes viſitées. On en rencontre beaucoup à l'Orient de la premiere Pyramide, d'autres au Midi de cette longue chauſſée, dont j'ai parlé. Il y en a auſſi quelques unes au Nord, & je ne doute point que du même côté les débris des Pyramides n'en couvrent beaucoup d'autres, dont pluſieurs

K k ij

sans doute n'ont point encore été ouvertes. On voit encore plusieurs autres sépultures autour de ce fossé taillé dans le roc, dont la seconde des grandes Pyramides est environnée au Nord & à l'Ouest; & on trouve sur quelques unes des caracteres hieroglyphiques. L'oisiveté des Arabes, leur ignorance, leur pauvreté, leur crédulité au sujet des prétendus tresors ensévelis sous tous les anciens monumens, ont produit les destructions sans nombre qu'on remarque dans toute l'étendue de l'Egypte. Combien de temples, de Colomnes, d'Aiguilles, de Pyramides, combien d'autres édifices fameux, qui rendirent autrefois ce pays si célébre, ont été gâtés, renversés, anéantis par ces peuples! S'il y reste encore des Pyramides entiéres & non violées, c'est à leurs masses énormes, c'est à la difficulté que ces barbares denués de toutes sortes d'instrumens, & craignant la recherche des Turcs, ont trouvée à les ouvrir, que nous en sommes redevables. Je suis, &c.

Au Caire ce....

DE L'EGYPTE.

LETTRE SEPTIEME.

DU LIEU DES MOMIES,

Et de la célébre Ville de Memphis.

PRES vous avoir long tems entretenu, Monsieur, de ces fameuses Pyramides que l'antiquité a tant vantées, & qui dans le fond méritent notre admiration à si juste titre, je crois devoir encore vous faire part de quelques particularités, qui ont rapport à la même matiére. C'est par quelques observations sur l'ancienne Ville de Memphis & sur la plaine des Momies, que j'entreprens de finir la description que je vous ai promise de la basse Egypte. Ce que je vous dirai à ce sujet achevera de vous donner une idée juste des précautions infinies que prenoient, non seulement les anciens Rois d'Egypte, mais tout ce qu'ils avoient de sujets, pour dérober au reste des humains la connoissance de leurs sépultures.

Outre les grandes Pyramides, dont j'ai parlé, & que j'ai dit être les plus Septentrionales de l'Egypte, on en trouve encore au Midi de celles-ci plusieurs autres, qui ne cedent pas beaucoup aux premieres en hauteur, ni peut être en antiquité. J'ose même croire qu'elles sont plus anciennes. J'en tire la preuve de leur extérieur, qui, quoi qu'elles soient bâties dans un climat plus sec, est cependant beaucoup plus consumé que celui des fameuses Pyramides. Celles dont je parle sont situées de même du côté de la Libye, la plûpart sur le penchant des collines de pierre solide, qui bordent le Nil de ce côté-là. Quelques unes sont assises dans une vaste plaine, le long de laquelle regne le même lit de roche sous un sable mouvant de cinq à six pieds de hauteur. On appelle cette vaste campagne la plaine des

Momies, parceque c'eſt en cet endroit qu'on a trouvé le plus grand nombre des ſépultures, d'où on a tiré de nos jours ces corps embaumés, qui ſont entrés dans le trafic des hommes. On ne compte que huit ou dix milles des premieres Pyramides aux ſecondes, qui n'en ſont proprement qu'une ſuite.

Cette diſtinction du lieu des Momies & de celui des Pyramides eſt des derniers ſiecles & très impropre. En effet on trouve également des Pyramides dans l'un & dans l'autre de ces deux endroits; & ſi dans le dernier on n'avoit pas fouillé le terrain avec plus d'exactitude, parceque c'étoit ſans doute le lieu des ſépultures les plus prétieuſes, & qui ont le plus tenté l'avarice des hommes, on y trouveroit encore aujourd'hui des Momies comme il s'en rencontre dans le premier. C'eſt ce qui paroît par le grand nombre de ſépultures ouvertes, qui s'y découvrent. Combien n'en reſte-t'il pas encore, qui ne l'ont jamais été? On ne peut douter que les Pyramides, dont pluſieurs n'ont point encore été ouvertes, ne renferment des Momies précieuſes, puiſqu'elles ſont les ſépultures des Grands, comme les caves taillées dans le roc, qu'on rencontre au milieu de ces ouvrages ſurprenants & dans la plaine des Momies, l'étoient ſans contredit des particuliers. Cette diſtinction faite mal à propos a cauſé de même ſur la ſituation de l'ancienne Memphis beaucoup de confuſion & de doutes, qu'il eſt a propos d'éclaircir.

Origine de ville de Memphis & ſon nom.

Les Auteurs parlent differemment de l'origine de cette fameuſe Ville, & de cet ancien nom de Memphis, ſous lequel elle eſt encore connue de nos jours. Quelques uns le font venir du mot Egyptien *Momphta*, qui ſignifie *Eau du Seigneur*. Lorſque les enfans de Cham, diſent-ils, commencerent à peupler l'Egypte, ils établirent d'abord leur demeure ſur les coteaux voiſins de Memphis, parceque le reſte du pays n'étoit alors qu'un vaſte étang. Dans la ſuite les marais ſe deſſecherent inſenſiblement; & Miſraïm fils de Cham bâtit en cet endroit même ſur les bords du Nil une Ville, à laquelle il donna ſon nom. Elle ne le conſerva pas long tems, ajoutent-ils; & comme par le débordement du fleuve le terroir devenoit de jour en jour plus fertile, en reconnoiſſance de ce bienfait, les habitans de la nouvelle Ville peu de tems après ſa fondation lui donnerent le nom de *Momphta*.

Les Arabes rapportent tout autrement l'origine de cette Ville. Si l'on en croit leurs traditions, il y a plus de cinquante mille ans que l'Egypte étoit gouvernée par des Rois, qui avoient le siége de leur domination dans la partie supérieure de ce Royaume. Ces Princes, disent-ils, firent d'abord leur résidence à Syené dont la mer étoit alors fort peu éloignée. Ensuite à mesure qu'elle baissa, & qu'elle abandonna certains terrains, ces Monarques abandonnerent de même la haute Egypte pour se rapprocher de ses bords, & transporterent proche de ses rivages leur Cour & le siége de leur Empire. Ces traditions ajoutent qu'au bout de quarante mille ans la mer ayant enfin laissé à découvert ce vaste terrain, qui est entre l'Egypte supérieure & les Pyramides, il se forma sur ses bords un bourg, ou village, qui fut appellé Memphis, c'est-à-dire *la demeure des relegués*; Que ce nom lui fut donné, parceque dans ces tems éloignés on y envoyoit en exil, comme dans le lieu le plus reculé de la Capitale du côté de la mer, ceux qu'on vouloit bannir de la Cour; Que ce village s'accrut considerablement dans la suite, à cause de la proximité de la mer, & par le commerce qui se faisoit dans cet endroit; Qu'un Roi par qui l'Egypte étoit alors gouvernée, considera que sa Capitale étoit trop éloignée de la côte, pour profiter des avantages que le commerce de l'Egypte avec les pays étrangers, qui de jour en jour devenoit plus florissant, pouvoit apporter à ses Etats; Qu'il observa de même que l'air de la mer étoit beaucoup plus frais, que celui qu'on respiroit dans l'intérieur du pays, & que sur ces reflexions il s'accoutuma à venir passer la saison des chaleurs dans ce village de Memphis; Qu'il s'en trouva si bien, qu'il y fit bâtir un Palais; Que les Seigneurs de sa Cour & les Grands du Royaume y en firent de même élever plusieurs à son exemple; & que dans la suite les successeurs de ce Prince y transférerent le siége de leur domination, & en firent leur Capitale.

Je sçai que ces traditions sont contredites par les annales même les plus favorables à l'antiquité des Dynasties d'Egypte, qui ne leur attribuent que dix sept mille ans de durée avant la naissance de Jesus-Christ. Cependant j'ai été bien aise de rapporter ce que j'en ai trouvé dans quelques manuscrits Arabes, afin de faire connoître que la domination des Rois du pays est dumoins extrêmement ancienne. Ce qu'il y a d'inconteſtable ; c'eſt que dans les premiers tems ils ont tenu le ſiége de leur Empire dans les contrées les plus reculées de la haute Egypte. On en trouve des preuves certaines dans les divers temples, qui ſubſiſtent juſques ſous le Tropique, & au de-là, où ils n'auroient pas imaginé de les aller bâtir, ſi leur Capitale en eût été abſolument éloignée. Peut être auſſi pourroit on croire avec aſſez de raiſon & de fondement, que dans les tems les plus reculés l'Egypte étoit partagée entre divers petits ſouverains, qui pendant un grand nombre de ſiecles regnerent en même tems dans les différentes provinces, qui leur étoient ſoumiſes, & qui tous avoient leur Cour particuliere ; Que chacun d'eux travailla pendant le tems de ſon regne à embellir la contrée qui lui obéiſſoit, par des temples & des monumens capables d'éterniſer ſon nom, & propres à attirer chez lui les peuples des Etats voiſins ; Qu'enfin ces diverſes monarchies particulieres furent réunies en une ſeule par celui de ces Princes, qui fut le plus heureux, & vint à bout de ſoumettre tous les autres. Cette opinion, qui n'a rien d'abſurde, leveroit toutes les difficultés de la chronologie Egyptienne. En la poſant pour principe, on ne ſeroit plus ſurpris de voir le ſiége de l'Empire Egyptien, tantôt à Syené, tantôt à Thébes, enſuite à Memphis, & on pourroit, ſans craindre de paſſer pour ridicule, penſer que ce n'eſt qu'en mettant les unes au bout des autres les années du regne de ces divers petits Princes, qui vivoient en même tems, que les Egyptiens ont formé ces Dynaſties ſi anciennes, qu'elles remontent juſques beaucoup au de-là de la création du monde. Quoiqu'il en ſoit, il y avoit certainement un tems prodigieux que Memphis étoit le ſéjour des Rois d'Egypte, lorſqu'Aléxandre en fit la conquête, & y introduiſit la domination Macédoniene.

ſa ſitua-

Les ſentimens ne ſont pas moins partagés ſur la poſition de cette ancienne Capitale de l'Egypte, qu'au ſujet de ſon origine. Preſque tous les Auteurs des derniers ſiecles veulent qu'elle ait été ſituée au même lieu, où eſt aujourd'hui le vieux Caire; mais cette opinion inſoutenable par beaucoup d'endroits ſe trouve d'ailleurs abſolument détruite par un texte de Pline. En effet cet Auteur écrivant dans un ſiecle, où l'Egypte étoit parfaitement connue aux Romains, qui en étoient les maîtres,

dit

dit que les Pyramides étoient placées entre la Ville de Memphis & le Delta. * Or il eſt viſible que ſur ce témoignage cette Ville ne peut jamais avoir été ſituée dans le lieu, où eſt aujourd'hui le vieux Caire, puiſque cet endroit bien loin d'être au deſſus d'aucune des Pyramides par rapport au Delta, n'eſt pas même ſur une ligne parallelle aux dernieres de toutes. Il devroit ſuivant ce texte être au Midi des Pyramides, puiſque le Delta eſt à leur Nord, & que les Pyramides étoient au milieu, au lieu que le vieux Caire eſt au Levant des dernieres Pyramides; & même quelque peu à leur Nord. Il eſt donc évident que Memphis n'a pû être placée dans le terrain qu'occupe aujourd'hui le vieux Caire.

L'opinion la plus vraiſemblable eſt que cette ſuperbe Ville étoit bâtie à l'entrée de cette vaſte plaine de ſables, qu'on nomme aujourd'hui la plaine des Momies, & au Nord de laquelle ſont placées les Pyramides. Les ruines prodigieuſes, qui ſe voyent dans cet endroit, ſeront encore long tems des aſſurances de la grandeur de la Ville, dont elles ſont les débris, & des preuves inconteſtables de ſa véritable poſition. Il eſt certain que les Rois d'Egypte maîtres des cœurs de leurs ſujets ne pouvoient établir leur réſidence dans une ſituation plus avantageuſe, pour leur adminiſtrer la juſtice. Ils ne pouvoient être plus à portée de ſe prévaloir de leur authorité dans toute l'étendue de leur Royaume, & de faire regner l'abondance dans leur Capitale & dans leur Cour, puiſque Memphis ſe trouvoit préciſément au centre de leurs Etats. Car ſi l'Egypte ſuperieure a beaucoup plus de longueur que la baſſe, l'inférieure a en récompenſe beaucoup plus d'étendue que celle-ci. Par là Memphis ſituée à quelques heures de chemin de la pointe ſupérieure d'un des angles du Delta étoit également à portée de recevoir de la haute & de la baſſe Egypte tout ce qu'elles produiſoient d'utile & de néceſſaire à la vie. Elle étoit non ſeulement à très peu de diſtance de la rive gauche du Nil, ſi même elle ne s'étendoit pas juſques-là par une de ſes extrémités. Elle avoit encore à ſon Midi un vaſte réſervoir, par où tout ce qui peut ſervir à la commodité & à l'agrément de la vie lui étoit voituré abondamment de toutes les parties de l'Egypte.

* Sitæ ſunt... inter Memphim oppidum, & quod appellari diximus Delta. *Hiſt. Nat. L.* 36, Chapitre 16.

DESCRIPTION

Ce lac, qui la terminoit de ce côté-là, & qui s'avançoit même confidérablement dans la Province du Fioum qu'elle avoit à fon couchant, étoit d'une fi grande profondeur, & d'une étendue fi prodigieufe, qu'il reffembloit à une petite mer. Hérodote lui donne jufqu'à deux cens coudées de profondeur, & trois mille fix cens ftades de tour. Ce lac, qu'on appelle aujourd'hui *Birque de Caron*, ou lac de Caron, car *Birque* en Arabe fignifie *lac*, étoit fait de main d'homme ; & avoit été creufé, dit-on, dans cet endroit du tems du Roi Meris, dont on lui donna le nom. Un canal très profond & très large y voituroit de trois à quatre journées plus haut les eaux du Nil, qu'il alloit prendre dans la haute Egypte, tellement fupérieure à la pofition de ce lac, qu'il ne pouvoit jamais tarir, même dans les années où le fleuve avoit le moins d'eau. Il fervoit à amener de cette partie du Royaume à la Capitale toutes les provifions, qui lui étoient néceffaires, tandis que par un autre canal, dont j'ai déja parlé, tiré de ce lac au lac Mareotis, & à la mer, elle recevoit tout ce que la baffe Egypte & les pays étrangers pouvoient produire de plus utile.

Les eaux de ce lac fervoient non feulement à porter l'abondance jufques dans le fein de Memphis ; elles contribuoient encore à en rendre le féjour plus délicieux. Elles rafraichiffoient l'air, qui lui venoit du côté du Midi, où le lac étoit fitué, & l'entretenoient toujours dans une température agréable, même pendant les vents brulans qui durant le Printems & l'Automne foufflent de cette partie du monde. C'étoit pour jouir plus à leur aife de ces agrémens, que les Rois avoient fait élever un Palais au milieu du lac même. C'eft-là qu'ils alloient paffer la faifon des grandes chaleurs ; & à leur exemple tous les Grands de leur Cour y avoient chacun leur demeure. Plufieurs autres particuliers y avoient de même fait bâtir des maifons, après en avoir obtenu la permiffion du Prince, qui ne l'accordoit que difficilement, & comme une faveur. Ces édifices formoient une efpece de feconde Memphis, & rendoient en tout tems le féjour des Rois très fuperbe & très magnifique. On avoit auffi élevé dans ce lac des temples, des Obélifques, & plufieurs autres monumens, dont les Egyptiens étoient alors fi amateurs. Hérodote nous affure, que vers le milieu de ce lac on voyoit de fon tems deux de ces aiguilles de deux cens coudées de hauteur, sur le haut desquelles on avoit élevé deux figures colossales, qui paroissoient y être assises comme sur un trône.

Pour réparer les fondemens de ces différens édifices, ou en bâtir de nouveaux, on avoit trouvé le secret d'épuiser les eaux du lac, & de le mettre à sec, par le moyen d'un canal, qui portoit ses eaux dans la province du Fioum, & de là jusqu'à la mer, en tirant vers l'Ouest. On vuidoit donc le lac à fond tous les trois ans, après avoir eu soin de faire amasser sur ses bords tous les matériaux nécessaires à la réparation des anciens bâtimens, ou à la construction des nouveaux. Cent mille ouvriers destinés à les employer étoient commandés de toutes les parties de l'Egypte pour se rassembler tous sur le lac à un jour marqué. Ils étoient taxés à un prix si médiocre au de-là de la nourriture, que les moins riches, comme les plus puissans, se trouvoient en état de satisfaire l'inclination, que les Egyptiens ont eue de tout tems de se bâtir des demeures délicieuses, & des sépultures remarquables. L'ouverture des écluses étoit fixée au mois de Février; & pour ne point dessécher le lac tout à coup, elles ne s'ouvroient que peu à peu. Dès que les eaux étoient baissées d'une toise, on publioit une permission générale de pêcher au filet; ce qui dans tout autre tems étoit réservé au Roi seul. Cette pêche duroit un mois entier, & étoit si abondante, qu'elle suffisoit à la nourriture du peuple de la plus grande partie de l'Egypte, qui dans cette saison accouroit à Memphis, pour participer aux plaisirs, qui faisoient alors leur séjour dans cette Capitale. On employoit ensuite dix jours pour le nétoyement des boues; après quoi pendant deux mois entiers on travailloit à la réparation des anciens bâtimens, & à la construction des nouveaux. Les travaux étoient poussés avec tant de diligence, que quelque nombreux & considérables que fussent ces édifices, leur hauteur se trouvoit dans ce terme supérieure à la superficie des eaux dans leur plus grande élévation. Enfin après ces deux mois expirés on refermoit les écluses, & on débouchoit le canal supérieur; & comme on étoit alors dans la saison de l'accroissement du Nil, le lac se trouvoit totalement rempli en moins de quinze jours. De nouveau poisson y étoit ramené en même tems par ces eaux nouvelles. Il s'y multiplioit & grossissoit si promptement à la faveur de ce qui étoit jetté des maisons bâties sur le lac, qu'il y croissoit à vue d'œil. Ce poisson, disent les historiens, étoit délicieux, & si abondant, que quoi qu'il ne fût permis de pêcher qu'à la ligne, & même à une certaine distance des Palais du Roi & des Grands, les habitans de Memphis ne vivoient point d'autre chose pendant six mois entiers de l'année.

nombre habitans Memphis

Ce que ces mêmes Auteurs rapportent de la multitude de ces habitans passe toute croyance. Il est vrai, que si ce lac, qui jusqu'aux écluses avoit six lieues & demie de longueur sur trois de largeur, étoit entierement orné le long de ses bords, & sur ses eaux même, de Palais, de maisons, & de jardins; si suivant la tradition la Ville terrestre de Memphis, qui avoit presque trois lieues d'étendue le long de ce lac du côté du Septentrion, se trouvoit doublée en quelque sorte par une autre Memphis aquatique, qu'on avoit bâtie dans le lac même, on ne peut douter que le nombre des habitans, dont ces Palais, ces maisons ces jardins étoient remplis, ne fût immense, surtout dans un pays aussi peuplé que l'a toujours été l'Egypte, & dans un séjour où tout invitoit à venir s'y établir. L'air plus frais qu'on respiroit en Eté dans ce lieu, surtout dans la Memphis aquatique, que dans l'Egypte supérieure, l'abondance des vivres, qui y étoient voiturés par ordre du Prince de toutes les parties de l'Egypte, & taxés au plus juste prix, le commerce de tout le Royaume, qui y étoit réuni, & donnoit de l'occupation à tous ses habitans, la Cour du Souverain, qui seule occupoit tant de monde, & en attiroit tant d'autre, l'agrément de pouvoir se promener sur le lac, jouir de la vue de tant de temples fameux, de tant d'édifices d'un extérieur admirable, qui y étoient bâtis, pêcher, passer sur ses eaux les journées entières, & même une partie des nuits dans l'Eté, se réjouir dans différens bateaux destinés à servir de cabarets, où l'on trouvoit en même tems les mets les plus exquis, les liqueurs les plus agréables, & une infinité de concerts de voix & d'instrumens, tant de charmes réunis contribuoient sans doute à rendre ce séjour un des plus délicieux du monde, & à attirer dans les murs de cette Capitale tous ceux qui pouvoient être sensibles à l'intérêt & au plaisir.

Après cela sera t-on surpris, que ces mêmes Auteurs, qui

DE L'EGYPTE.

nous ont tranfmis tous ces faits, nous affurent qu'il y avoit perpétuellement cent mille bateaux employés fur ce lac, tant aux divertiffemens que le peuple de Memphis venoit prendre fur fes eaux, que pour le paffage de ceux que leurs affaires obligeoient de le traverfer d'un côté à l'autre, ou qui des maifons qu'ils avoient dans la Ville & fur fes bords vouloient fe rendre à celles qui étoient bâties dans le milieu du lac même? On conçoit fans peine, que le nombre des bateaux occupés à ces différens emplois devoit être prodigieux. Mais on le comprendra encore mieux, fi l'on confidére, que ceux qui mouroient dans cette grande Ville, de quelque côté du lac que ce fût, étoient prefque tous obligés de le traverfer pour arriver au lieu deftiné à leur fépulture. En effet les corps de ceux qui habitoient fur les bords du lac du côté du Nord, devoient néceffairement être conduits fur fes eaux vers la plaine des Momies, s'ils avoient leurs tombeaux dans cet endroit. Ceux qui devoient être inhumés du côté des Pyramides étoient forcés de même de le traverfer, lorfque leurs habitations étoient fituées à fon Midi. C'eft de là fans doute, comme je le dirai dans la fuite, que nous lifons dans la fable, qu'il falloit paffer la barque de Caron, avant que d'arriver aux champs Elifées. Ces hiftoriens ajoutent, que de ces bateaux il y en avoit de magnifiques & de très fuperbes, tels que ceux du Roi & des Seigneurs, qui jour & nuit étoient remplis de fymphonie. Au refte on étoit auffi furement fur ce lac que dans fa propre maifon, également à l'abri, & des infultes des voleurs, & des vexations qu'on auroit pû avoir à apprehender de la part des bateliers, ou des cabaretiers ambulans, dont fes eaux étoient couvertes. Plufieurs tribunaux fixes & ambulans étoient ouverts nuit & jour pour rendre juftice aux particuliers fur les moindres contraventions, qui pouvoient arriver, tant au fujet de la taxation des vivres, que du tarif dreffé par ordre du gouvernement pour le falaire des bateliers. Ainfi à l'égard de ces deux chefs il s'obfervoit une police admirable, & la juftice étoit rendue fur le champ aux frais du Roi, qui étoit indemnifé de cette dépenfe par les tributs qu'il tiroit de fes fujets.

La Memphis terreftre étoit peut-être moins délicieufe que l'aquatique; mais elle ne lui cédoit point, peut être même la furpaffoit-elle en magnificence. Je ne parlerai point des Palais

Dés magnificences de cette Ville.

somptueux, des monumens célèbres, des figures colossales de Sphinx, qu'elle contenoit, & qui du tems de Strabon étoient déja ensévelies sous le sable. Cent temples, tous plus superbes les uns que les autres, consacrés à différentes divinités, contribuoient à l'embellissement de cette Capitale, & y attiroient de toutes les parties de l'Egypte une infinité de pélerins, qui par curiosité, autant que par dévotion, venoient y apporter leurs offrandes, & faire leurs sacrifices. Il n'y en avoit point de plus célébre ni de plus fréquenté dans tout le pays, que celui du Dieu Apis, ou Osiris, qui par sa magnificence surpassoit tous les autres que la piété des Rois Egyptiens avoit élevés dans cette Capitale. C'étoit dans ce temple que par les mains des prêtres destinés à le desservir se nourrissoit ce bœuf, dont il est tant parlé dans les Anciens, de couleur noire, & moucheté de blanc, qui étoit la figure de la divinité que l'on adoroit en ce lieu. Je laisse à de plus habiles que moi à examiner comment il se pouvoit faire, qu'après la mort du Roi regnant, par la bigarrure de la peau de cet animal on connût, * ainsi que Strabon nous l'assure, qui devoit être son successeur. Je suis fort trompé si ce secret n'étoit reservé aux prêtres seuls, qui en imaginant cette façon singuliére de choisir un successeur au Roi deffunt, avoient trouvé moyen de se rendre maîtres de la succession à la Couronne. Quoi qu'il en soit, ce bœuf sacré étoit logé dans l'appartement du temple le plus magnifique & le plus reculé; & il n'en sortoit que lorsqu'un concours considérable de pélerins méritoit qu'on le leur donnât en spectacle. Alors on le faisoit paroître dans une espéce d'avant cour environnée de clairvoies, au travers desquelles on pouvoit le considérer. C'étoit dans cette cour qu'on avoit pratiqué un appartement moins magnifique, où on nourrissoit de même la vache, qui avoit eu le bonheur de mettre au monde cet animal divinisé. En toute autre occasion le Dieu Apis étoit invisible, ou ne se montroit du moins que par une petite fenêtre grillée, où on le faisoit venir pour satisfaire la pieuse curiosité des dévots attachés à cette divinité.

Proche du temple d'Apis on en voyoit un autre consacré au Dieu Vulcain, qui ne cédoit au premier ni en grandeur, ni en magnificence. A l'entrée on trouvoit une figure colossale

---

* Quibus signis judicant qui sit ad successionem idoneus. *Strabon Liv.* 17.

faite d'un seul quartier de marbre d'une hauteur & d'une grosseur prodigieuse. On entroit ensuite dans une vaste cour, qui précédoit le temple, & qui suivant la figure ordinaire de ces sortes d'édifices, dont j'ai parlé ailleurs, formoit un quarré long fort spacieux. C'étoit dans cette cour qu'à certains jours solemnels on representoit des combats de taureaux. Quelques personnes étoient chargées d'élever un certain nombre de ces animaux pour cet usage, aussi bien que de les dresser. Ces spectacles n'étoient pas moins célébres parmi les Egyptiens que les combats de chevaux qui étoient de même fort fréquens chez cette nation.

Cependant au milieu de tant de magnificences, dont la Ville de Memphis étoit ornée & embellie, rien n'étoit plus capable d'attirer l'attention & la curiosité des étrangers, que ce fameux labyrinthe si vanté par les Auteurs. Il ne seroit pas possible de donner une idée nette & exacte d'un ouvrage aussi ancien, dont il ne reste de nos jours aucun vestige, & dont les Historiens ne nous ont laissé que des descriptions confuses, plus capables de piquer notre curiosité, que de la satisfaire. Ce superbe édifice étoit composé, disent-ils, de douze cours, accompagnées de douze Palais, & dont chacune étoit environnée de portiques magnifiques soutenus par des colomnes de marbre blanc. Le chemin qui conduisoit à ces cours étoit formé par une infinité de voutes très longues, embarrassées de détours sans nombre, dont la route étoit si difficile & tellement inconnue, qu'à quiconque ignoroit le secret de ce labyrinthe tortueux il étoit impossible de jamais pénétrer sans guide jusqu'à ce Palais mystérieux, dont les avenues sembloient couvertes de ténèbres impénétrables, ou d'en sortir lorsqu'il y étoit une fois arrivé. De la premiere cour on entroit dans une seconde, qui conduisoit à une troisieme, & celle ci à une autre jusqu'à la douzieme, d'où l'on sortoit à peine, qu'on se retrouvoit dans une de ces mêmes cours, sans pouvoir deviner par où l'on s'y étoit rendu, ni quelle route on devoit tenir pour se débarrasser des détours inconnus de cet inexplicable Dédale.

Les dedans de ce Palais enchanté n'avoient rien de moins admirable ni de moins étonnant que les dehors. Dans chacune de ces cours un superbe escalier composé de quatre vingt dix dégrés du plus beau marbre conduisoit à un portique magnifique, d'où l'on entroit dans l'interieur, qui offroit mille nouveaux mysteres. D'une sale on passoit dans une chambre, d'une chambre dans un cabinet, de là dans une gallerie, dans des passages obscurs, de vastes piéces, qui ramenoient dans celles d'où l'on étoit sorti. On erroit, & l'on auroit pû errer toute sa vie de chambre en chambre, d'appartemens en appartemens, de terrasses en terrasses, repassant mille fois dans les mêmes lieux, se retrouvant souvent dans les mêmes endroits, sans pouvoir jamais se reconnoître, ni prendre aucun chemin fixe & certain dans les routes incertaines de ce labyrinthe. Ce qu'il y a de plus surprenant, c'est que ni le bois, ni aucune autre matiere que la pierre, n'étoit entrée dans la composition de ce vaste édifice, où toutes les divinités qu'on adoroit en Egypte avoient chacune leur temple particulier, & qui renfermoit quinze cens appartemens, sans parler des soûterrains, où l'on en comptoit encore le même nombre. Les murs des voutes, des cours, & des appartemens n'étoient composés que de grandes pierres solides ; des pierres formoient les plafonds & les planchers, & du haut des terrasses on découvroit une étendue prodigieuse de bâtimens, qui n'offroit aux regards que des pierres d'une grandeur démesurée. Les Auteurs ne nous parlent point des secrets contenus dans les soûterrains de cet édifice merveilleux. C'étoit le séjour des tombeaux de ces Rois fameux, qui avoient contribué à la construction de ce labyrinthe. C'étoit dans ces demeures soûterraines, qu'on nourrissoit avec soin certains Crocodiles, que le préjugé de la nation faisoit regarder comme sacrés ; & il n'étoit permis à aucun étranger d'en prétendre pénétrer le mystere. Mais ce que ces mêmes Auteurs nous rapportent des richesses immenses, & des magnificences, que contenoit l'interieur des appartemens, dont l'entrée étoit permise, nous donne de ce Palais l'idée la plus grande & la plus superbe. Ce n'étoit partout que colomnes de porphyre, que statues d'un travail exquis, representant des Rois, ou des divinités. On y trouvoit même, au rapport de Pline, une figure colossale du Dieu Sérapis de neuf coudées de hauteur, formée d'une seule pierre d'émeraude. Cet édifice étoit terminé par une Pyramide de cent soixante coudées de hauteur, & qui avoit la même largeur dans chacune de ses

quatre

quatre faces. Cette Pyramide étoit toute chargée de figures Hieroglyphiques, & servoit de sépulture à un ancien Roi d'Egypte, nommé *Imandès*, dont le corps, dit-on, y avoit été déposé par un chemin souterrain pratiqué sans doute exprès pour cet usage.

Il seroit assez difficile aujourd'hui de décider dans quel tems, sous quels Rois, par quels motifs d'ambition, ou d'intérêt, fut bâti cet édifice si singulier & si superbe; & je pense qu'on n'auroit pas moins de peine à deviner à quel usage il étoit destiné. Hérodote, qui dans ce labyrinthe ne compte que douze cours & douze Palais, prétend que dans des tems fort reculés les Egyptiens aïant recouvré leur liberté après un long & pénible esclavage, partagerent tout le pays en douze provinces; qu'ils en donnerent le gouvernement à autant de Rois qu'ils choisirent pour être à leur tête; & que ces Princes, qui tous dans la suite furent subjugués, & mis à mort par un d'entre eux, appellé Psammetichus, voulant laisser à la postérité un monument éternel de cet évenement, qui les avoit élevés sur le trône, firent construire de concert ce Palais mysterieux comme une marque de leur union & de leur magnificence. D'autres, comme Pline & Strabon, qui font monter le nombre des cours & des Palais, que cet édifice renfermoit, à seize, & même à vingt sept, assurent qu'il étoit destiné à tenir les Etats du Royaume, lorsque dans certaines occasions, par exemple quand il s'agissoit de rendre graces aux Dieux de quelque faveur signalée, qui intéressoit tout le corps de l'Etat, ou de prendre l'avis de toute la nation sur quelque affaire importante, il plaisoit aux Souverains de l'Egypte de les convoquer. Les députés de chaque province, ou si l'on veut, de chaque gouvernement, avoient, disent ces Auteurs, dans le labyrinthe leur cour & leur Palais particulier, où ils logeoient tant que duroient les Etats, & où ils s'assembloient, soit pour assister aux sacrifices solemnels, qui se faisoient dans ces occasions, soit pour prendre des mesures de concert sur les matieres, qui devoient faire le sujet de leurs délibérations. Ces sentimens différens pourroient peut être se concilier, & ne paroissent pas même absolument sans fondement. Cependant comme aucun d'eux n'explique les raisons des détours mysterieux que renfermoit ce merveilleux Dédale, me seroit-il permis de hazarder

M m

sur ce sujet une conjecture ? A bien considerer les détours embarrassés de ce labyrinthe tortueux, qui sans doute n'avoient été pratiqués que par quelque raison importante ; à voir l'attention scrupuleuse avec laquelle on avoit cherché à dérober à quiconque en ignoroit le secret, la connoissance de ses avenues, ses souterrains mysterieux, ses routes obscures & inconnues, ne pourroit on pas croire que cet édifice servoit de sépulture à quelque grand Prince ? Pour moi je serois fort tenté de penser, que c'étoit le tombeau de ce Roi, dont le corps avoit été déposé dans la Pyramide, dont j'ai parlé, où il avoit été transporté par cette route souterraine, qui y communiquoit. Ce Prince quelqu'il soit, dont la puissance & la grandeur sont assez marquées dans la construction de ce fameux ouvrage, l'avoit sans doute fait élever, non seulement pour lui servir de tombeau, mais encore à tous ses descendans, dont les corps reposoient dans les Palais souterrains de cette superbe demeure. Peut être même cet édifice si vaste & si magnifique étoit il l'ouvrage de tous ces Monarques ensemble, qui à mesure qu'ils monterent sur le trône ajouterent un nouveau corps de logis à celui, qui avoit été bâti par leur prédécesseur. Ce que je viens de dire dans ma description des Pyramides de la passion qu'avoient les anciens Egyptiens de se bâtir des sépultures magnifiques, & du soin qu'ils prenoient pour dérober la connoissance du lieu véritable où reposoient leurs corps, ce que je dirai encore dans la suite en traitant de la religion de ces peuples, du motif qui les engageoit à tenir cette conduite, suffit pour rendre ma conjecture très vraisemblable.

Ses ruines Quoi qu'il en soit, de tant de superbes monumens, dont les Villes de Memphis, terrestre & aquatique, étoient ornées, de tant de temples, de Palais délicieux, d'édifices magnifiques, qui rendoient autrefois cette Capitale si célèbre, il ne reste aujourd'hui que des ruines informes de quelques colomnes brisées, de quelques Obélisques ruinés, & de quelques autres bâtimens détruits qu'on découvre encore dans le fond du lac, lorsque les accroissemens du Nil sont trop peu considérables, pour lui fournir les eaux nécessaires. C'est ce qui est arrivé deux fois pendant les seize années de mon Consulat, surtout en 1697. que la surface des eaux du lac baissa de cinq ou six coudées, & laissa voir au fond de ce vaste réservoir une espece de Ville, qui donna de l'admiration à tout le monde. Ce lac ne peut plus être desséché ni nétoyé comme autrefois, parce qu'on a négligé d'entretenir le canal, qui servoit à vuider ses eaux, en les portant, comme je l'ai dit, dans la province du Fioum; Mais il est certain que si on pouvoit en venir à bout, on y découvriroit dans les marbres de toute espece, dont il est rempli, des antiquités des plus curieuses. On remarque encore quelques petits monticules de ruines dans la plaine de trois lieues de largeur, qui sépare les Pyramides septentrionales des méridionales, & dans laquelle cette ancienne Ville s'étendoit des bords du lac vers le Nil en tirant à l'Orient. C'est à ces foibles vestiges que tant de grandeurs se sont terminées. C'est ainsi que la Ville de Ninive autrefois si fameuse par la multitude de son peuple, celle de Troye, celle d'Ephése, qui en contenoient de même un si grand nombre, sont aujourd'hui absolument désertes, & sans un seul habitant. Tel a été aussi le sort de la célébre Alexandrie, qui après avoir herité de l'ancienne gloire de Memphis, ne contient plus à present elle même que quelques réfugiés de l'Afrique, ou de la Morée, & quelques Francs aussi passagers que le commerce y attire. De cette Memphis autrefois si fameuse & si considérable à peine reste-t il assez de traces, pour pouvoir nous assurer de la véritable position. Sans les Pyramides que le tems a respectées, nous ignorerions aujourd'hui où étoit située cette ancienne Capitale de l'Egypte. On trouve cependant encore vis-à-vis du lieu, où elle a été bâtie, & sur les bords du Nil, un bourg, ou gros village, qui porte son nom, & s'appelle *Manof*, terme composé des mêmes lettres Arabes, qui forment celui de Memphis, à la réserve de l'i & de l's, qu'on a supprimés. Ce bourg donne sa dénomination à tous les lieux circonvoisins, que nos François appellent la *Menousie*, ou la province de Manouf, dont celle du Fioum est dépendante.

Vis-à-vis ce bourg de Manof, en tirant vers l'Ouest, est située la plaine des Momies, joignant par son Nord aux Pyramides méridionales, qui font une suite du cimetiere que les habitans de Memphis avoient de ce côté-là; plaine fameuse par le grand nombre des Momies qu'on a tiré dans ces derniers tems des canaux souterrains qu'elle contient sous les sables, dont elle est inondée, & par le nombre encore plus

Situation de la Plaine des Momies.

grand de ces corps embaumés qu'elle renferme. Cette plaine est ronde & platte, & peut avoir quatre grandes lieues de largeur, ou de Diamétre; enforte qu'on peut affurer qu'elle a plus de douze lieues de tour. Son fond eft un rocher très plat, qui autrefois a été couvert par les flots de la mer, & qui fe trouve caché aujourd'hui fous cinq à fix pieds de fable.

fépultu-
qu'elle
crue.

C'eft dans ce rocher, que ceux qui n'avoient pas le moyen de faire bâtir des Pyramides, pour enfermer leurs corps après leur mort, & s'affurer par là un repos, dont nous fçavons que les anciens Egyptiens faifoient un fi grand cas, trouvoient un art moins onereux de fe faire des aziles, qu'ils fe perfuadoient pouvoir être à l'abri de la fureur & de l'impieté des hommes, & devoir affurer le retour de leurs ames dans ces mêmes corps, au cas que leurs tombeaux ne fuffent point violés; comme je le marquerai plus au long, en traitant de la religion de ces peuples. Dans cette vue ils choififfoient d'abord un endroit de cette plaine, d'où il falloit commencer par lever fept à huit pieds de fable mouvant; ce qui n'étoit pas un ouvrage peu difficile. Pour en venir à bout, il étoit néceffaire de fe fervir d'une efpece de cuve fans fond de fept à huit pieds de hauteur, qu'on enfonçoit jufqu'au rocher. On vuidoit enfuite tout le fable, dont la capacité de cette cuve étoit remplie; & pour empêcher qu'il ne retournât en fa place après qu'on l'en avoit tiré, on ne négligeoit rien pour bien boucher les extrémités de la cuve du côté par ou elle aboutiffoit au rocher. On comprend fans peine qu'il falloit fouvent employer plufieurs jours à cette feule operation, ce fable étant fi délié & fi fubtil, qu'il s'infinuoit comme l'eau, & même comme l'air, partout où il trouvoit la moindre ouverture. Enfin après avoir vuidé la place & l'avoir parfaitement nétoyée, on commençoit à creufer le rocher par un trou d'un pied & demi, ou tout au plus de deux pieds de Diamétre; & lorfqu'on étoit parvenu à la profondeur d'environ cinq à fix pieds, on travailloit à élargir le trou, & à pratiquer une chambre dans la pierre. C'étoit par ce trou qu'on defcendoit les corps, qui devoient être dépofés dans ces tombeaux; après quoi on refermoit l'ouverture par une pierre fi jufte, qu'elle ne laiffoit aucun jour, ni vuide, par où le fable pût s'infinuer.

Dans ces chambres creufées dans le roc, & d'une étendue

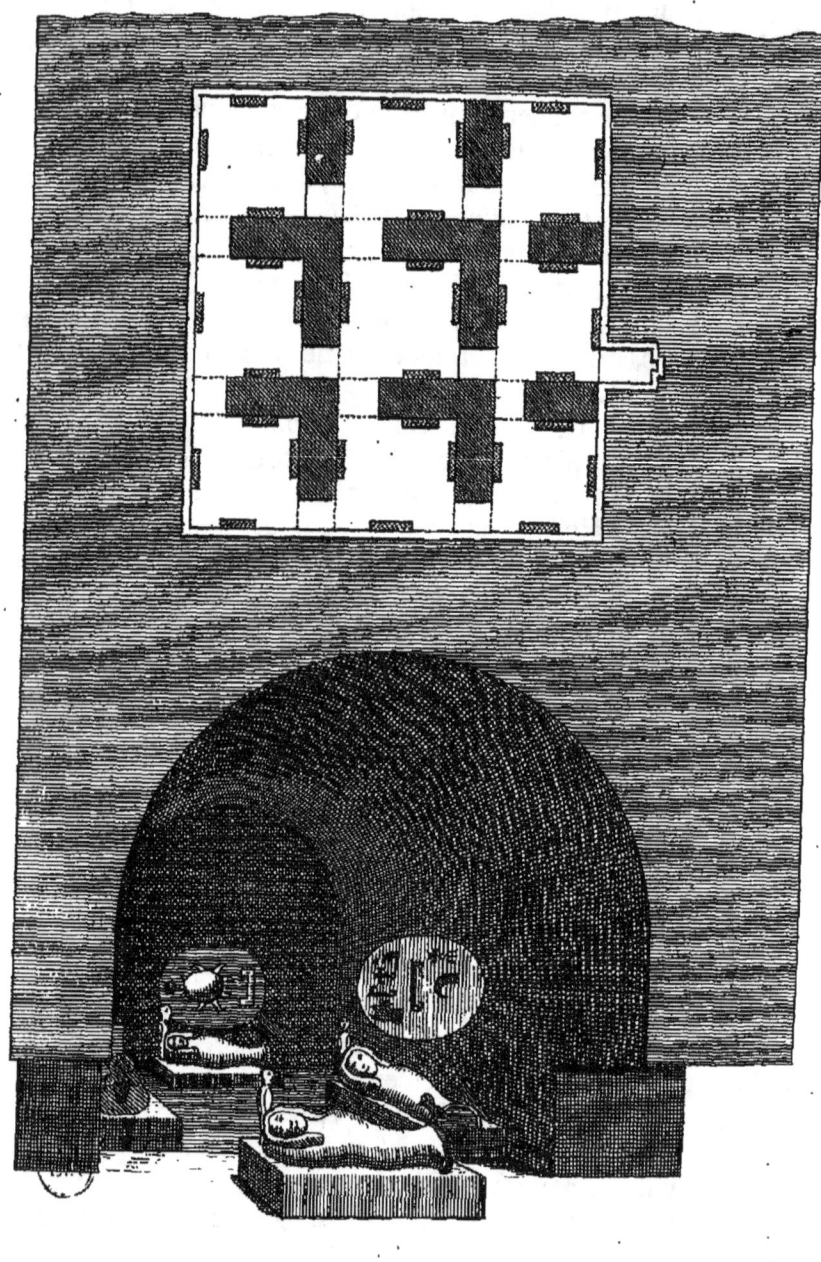

Plan d'un des puits des Momies.

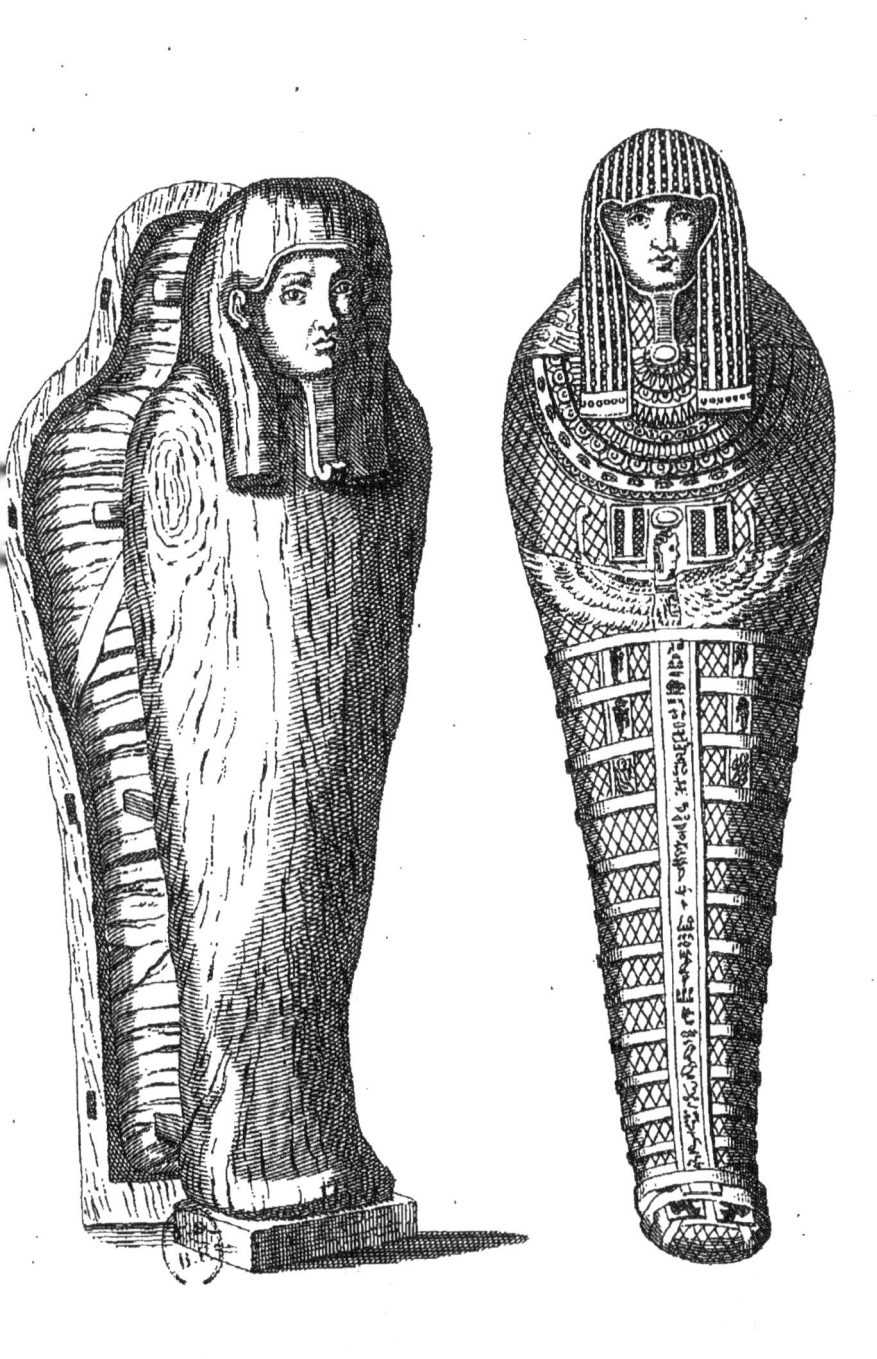

Figure des Momies.

assez considérable, on avoit ménagé plusieurs niches, dans lesquelles étoient placés les corps des maîtres de la famille, à laquelle ces sépultures étoient destinées. Ces niches ne sont point pratiquées en longueur, mais en hauteur. Ainsi les corps y étoient debout dans les caisses, où on les avoit enfermés, & d'où dans ces derniers tems on en a tiré un si grand nombre. Ces caisses sont de bois de Sycomore, qui ne se corrompt jamais, & ne sont composées que de deux piéces. La premiere dans laquelle le corps se trouve renfermé, est très profonde, & creusée avec beaucoup de travail ; la seconde sert de couverture, & est parfaitement juste au cercueil. On a trouvé quelques unes de ces caisses avec des yeux de verre, par où sans ouvrir le cercueil on pouvoit voir le corps de la Momie, qui y étoit renfermée. On en a rencontré d'autres, qui étoient doubles, c'est-à-dire où une caisse se trouvoit renfermée dans une autre; ce qui fait juger que la premiere contenoit sans doute le corps de quelque personne de distinction.

Des Momies.

Comme on a vû en France plusieurs de ces caisses, & des Momies qui y étoient renfermées, je ne m'arrêterai point à en faire ici la description. Je remarquerai seulement, qu'il est très rare qu'on ait jamais eu le corps propre d'une belle caisse, parceque les Arabes, qui les découvrent, ne manquent jamais de mettre en piéces ces sortes de corps, dans l'esperance d'y trouver quelque petite idole d'or, ce qui en effet leur arrive assez souvent. Ils remettent ensuite à leur place le corps d'une caisse commune, où il se trouve rarement des idoles de quelque valeur. Ces belles caisses n'ont donc pas ordinairement leur corps propre, & ceux que l'on voit en Europe sont presque toujours des communs. Il y a quelque tems que le maître de *Sacara*, village voisin de la plaine des Momies, fit travailler à l'ouverture de quelques unes de ces sépultures souterraines; & comme il est fort de mes amis, il me communiqua diverses curiosités, grand nombre de Momies, de figures de bois, & d'inscriptions en caracteres hieroglyphiques & inconnus, qu'on y avoit trouvées. Dans une de ces chambres on trouva, par exemple, la caisse & la Momie d'une femme, au devant de laquelle étoit une figure de bois representant un jeune garçon à genoux, portant un doigt sur sa bouche, & tenant de l'autre main une espece de réchaud posé sur sa tête, &

dans lequel il y avoit sans doute du parfum. Ce jeune homme portoit sur l'eſtomac divers caractères hieroglyphiques. On le mit en piéces, pour voir s'il n'y auroit point de l'or renfermé dans cette figure. On trouva dans la Momie, que l'on ouvrit pareillement par la même raiſon, un petit vaſe de la longueur d'un pied rempli de ce même baume, dont on ſe ſervoit pour préſerver les corps de la corruption. Peut être étoit ce une marque, à laquelle on reconnoiſſoit les perſonnes, qui avoient été employées à ces embaumemens. Je fis rompre une autre Momie qui étoit celle d'une femme, & dont le Sieur Bagarry m'avoit fait preſent. L'ouverture s'en fit dans la maiſon des PP. Capucins de cette Ville ; & on eut l'imprudence de couper avec des ciſeaux les bandelettes, dont elle étoit emmaillotée. Ces bandes très longues & d'une largeur aſſez conſidérable étoient non ſeulement chargées d'un bout à l'autre de figures hieroglyphiques ; On découvroit encore au deſſous certains caractères inconnus, tracés de droit à gauche & formant des eſpeces de vers. En effet on remarquoit la même terminaiſon en pluſieurs petites lignes, qui ſe ſuivoient. Ils contenoient ſans doute l'éloge de cette perſonne écrit dans la langue, qui de ſon tems étoit en uſage en Egypte. Quoi qu'il en ſoit, ces bandes miſes en piéces furent pillées ſur le champ par quelques marchands, qui étoient preſens avec moi à l'ouverture que je fis faire de cette Momie. Il ne m'en reſta qu'une très petite partie, que j'ai depuis envoyée en France. On l'a fait graver dans la ſuite ; & je ſçai que dans l'ardeur que l'on avoit de découvrir le ſecret de l'écriture, qui étoit deſſus, on en a adreſſé des copies à tous les ſçavans de l'Europe. Mais bien loin qu'aucun ait jamais réuſſi à la déchiffrer, il n'a pas même été poſſible d'en reconnoître le caractère. Cette Momie tenoit la main droite appliquée ſur ſon eſtomac ; & ſous cette main on trouva des cordes d'inſtrument parfaitement conſervées. De là je jugeai que c'étoit le corps d'une perſonne, qui avoit accoutumé d'en jouer, ou qui du moins avoit été adonnée à la Muſique. Je ſuis perſuadé, que ſi l'on examinoit de même avec ſoin chaque Momie, on y rencontreroit également quelque ſigne de cette nature, par où l'on pourroit connoître la qualité de la perſonne. Ce qui me ſurprend, c'eſt que les Grecs & les Romains, qui ſuccederent

DE L'EGYPTE.

depuis à ceux-ci au gouvernement de l'Egypte, nous ayent si peu parlé de ces mystéres secrets renfermés dans ces sépultures. Les morts étoient encore sans doute dans ces tems-là en plus grande vénération, qu'ils ne sont aujourd'hui. On trouve de nos jours dans la nation Egyptienne des restes de ce profond respect que ses ancêtres avoient pour eux. Nous seuls avons pû imaginer le secret de les faire entrer dans le commerce ; ce qui me paroît aussi irreligieux, qu'il est certainement inutile à la conservation des vivans.

J'ai fait une autre observation, qui ne me semble ni moins utile, ni moins curieuse ; c'est que dans ces Momies tous les visages sont différens. Les uns marquent plus de jeunesse ; d'autres plus de beauté. Ceux qui ont vû des Momies entiéres sçavent qu'elles ont toutes un masque doré composé de plusieurs doubles de toile de soye, qui font une espece de carton fort solide. J'ai jugé de cette diversité, que les masques ou cartons chargés de lettres hieroglyphiques, qui marquoient sans doute l'âge, les actions, les mœurs, & la condition de la personne, la representoient de même au naturel, soit que dès son vivant on eût eu soin de tirer ce modele, soit qu'on ne l'eût pris seulement qu'après la mort, en appliquant ces toiles sur son visage, à peu près comme on tire encore aujourd'hui la ressemblance d'un homme mort avec du plâtre, ou de la cire. Par là non seulement on conservoit les corps d'une famille entiere, mais en descendant dans ces lieux souterrains, où ils étoient déposés, on pouvoit se representer en un instant tous ses ancêtres depuis plusieurs milliers d'années, tels à peu près qu'ils étoient de leur vivant. Il faut avouer que rien n'étoit plus capable de rappeller vivement le souvenir de leurs vertus & de conserver leur mémoire & leur amour dans le cœur de leur postérité. Dans ces augustes familles, que tant d'actions immortelles ont élevées dans notre Europe au gouvernement des peuples, ces familles royales que le Ciel a données au monde pour le conduire, & pour faire son bonheur, si on remonte jusqu'au troisieme ou au quatrieme siécle, on ne trouve plus d'images de leurs Héros que dans les histoires ; au lieu qu'un bon bourgeois de Memphis pouvoit representer celles de ses ayeux peut être depuis deux ou trois mille ans. N'est-on pas forcé d'avouer que jamais passion ne fut plus raisonnnable ? Et qu'on ne dise pas que le climat y avoit beaucoup de part. Elle fut commune aux Romains, comme aux Egyptiens, & chez ces maîtres du monde, surtout dans les maisons distinguées, on ne manquoit point de conserver en cire la representation de ceux, qui avoient été de la famille.

Tant de précautions cependant ne suffisoient pas encore, pour satisfaire au respect & à l'attachement qu'avoient les anciens Egyptiens pour la mémoire des personnes, qui leur étoient cheres, ou vénérables. Ils ne se contentoient pas seulement d'embaumer de la maniere la plus parfaite les corps des personnes de grande consideration, surtout ceux des Reines ou des Princesses. Pour en conserver plus seurement le souvenir, ils en déposoient encore la figure en marbre auprès de leur Momie. J'ai une preuve invincible de ce que j'avance dans une antique des plus curieuses, dont j'ai fait l'acquisition dans ce pays-ci. C'est une figure en trois piéces, representant une femme. La tête & les pieds sont de pierre de touche noire. Le corps est en gaine, & fait de marbre verd antique rayé de blanc. Ces trois piéces réunies forment une figure haute de cinq pieds cinq pouces. Elle est fort entiére, & d'une beauté achevée. Un Maubacher, c'est-à-dire un de ces Coptes, qui depuis la conquête de l'Egypte par les Arabes se sont mis au service des Grands du pays, auxquels ils servent d'écrivains, me la vendit assez cherement, & avec beaucoup de peine. Pour l'obtenir de lui, je fus même obligé de lui promettre que je n'en parlerois jamais à personne. Ce Maubacher me jura sur l'Evangile, que cette figure avoit été trouvée dans une Pyramide il y avoit sept à huit cens ans. Elle avoit, disoit-il, été sauvée du brisement auquel le Roi, qui avoit fait faire l'ouverture de la Pyramide, l'avoit condamnée, par un de ses ancêtres, qui en donna cent Sequins, en assurant que c'étoit la representation de la Sainte Vierge. C'est certainement une des plus belles antiquités, qui jamais soit sortie d'Egypte. Pour moi je suis persuadé que cette figure est la representation de quelque Dame de haute consideration, peut être même d'une Reine; & j'ose dire que par sa singularité elle mériteroit d'avoir place dans le cabinet d'un Grand Prince.

On trouve dans quelques unes de ces chambres dont je parle, plusieurs niches, les unes grandes, les autres petites;

souvent

souvent aussi l'on passe d'une chambre dans une autre, d'une seconde dans une troisiéme, & quelquefois même dans une quatriéme. Mais il ne faut pas s'imaginer, que les corps déposés dans ces sombres appartemens fussent tous enfermés dans des caisses, & placés dans des niches. La plûpart étoient simplement embaumés & emmaillotés comme chacun sçait ; après quoi on se contentoit de les arranger ainsi sans façon les uns auprès des autres. Quelques uns même étoient déposés dans ces tombeaux sans être embaumés, ou l'étant si légerement, qu'il n'en reste aujourd'hui que les os parmi les linges qui les enveloppoient, & qui se trouvent à moitié pourris. C'est de là qu'on voit dans quelques unes de ces chambres des tas d'os mêlés de ces sortes de linges, qu'on y a laissés, après en avoir enlevé les corps, qui s'étoient conservés entiers, pour leur faire passer la mer. Il est probable que chaque famille un peu considérable avoit pour elle seule une de ces sépultures; que les niches étoient destinées à recevoir les corps des chefs de la famille, & que ceux des domestiques, & des esclaves, y étoient placés simplement par terre après avoir été embaumés, ou même sans l'avoir été. C'étoit là aussi sans doute ce qui se pratiquoit à l'égard des chefs même de famille dans les maisons les moins distinguées. On a même découvert depuis peu dans cette plaine des Momies une maniere jusqu'ici inconnue d'enservelir les corps. A l'extrémité de cette vaste campagne, & vers les montagnes, qui la bornent au Couchant, on a trouvé des lits de charbon, sur lesquels sont couchés des corps emmaillotés seulement de quelques langes, & couverts d'une natte sur laquelle régnent des sables de sept à huit pieds de hauteur.

Cependant on doit observer, que ces corps, quoi qu'ils ne fussent point embaumés, ou ne le fussent que légerement, de même que ceux qu'on avoit négligé de renfermer dans des caisses, n'en étoient pas moins à l'abri de la corruption, le terrain sec & nitreux de l'Egypte ayant en général la propriété de conserver naturellement les corps en leur entier sans le secours d'aucun art, surtout dans les contrées éloignées du Nil. C'est un fait, dont l'expérience ne me permet pas de douter. On enterra de mon tems quelques François dans un cimetiere de l'Eglise Copte, qui est au vieux Caire; & ceux qui descendirent dans le caveau trouverent tous les corps des marchands, qui y avoient été auparavant inhumés aussi entiers que le jour même qu'on les avoit mis dans le cercueil ; les habits même d'un Consul Vénitien, dont le corps avoit été déposé dans ce lieu, s'étoient parfaitement conservés. J'ai visité de même plusieurs anciennes Mosquées autrefois célébres, & aujourd'hui abandonnées & tombant en ruines, qu'on trouve sur le chemin du Caire au Suez. Ces édifices ont servi de tombeaux à quelques Rois Mahométans, dont les corps furent déposés en ce lieu du tems que l'Egypte étoit soumise à la domination des Arabes. J'ai entré dans quelques caveaux, qui servoient de sépulture à ces Princes, & je puis assurer que j'y ai trouvé plusieurs corps tellement desséchés & si légers, que d'une seule main, en les prenant par le pied, je pouvois les élever en l'air aussi facilement que j'aurois fait un baton. Parmi ces cadavres il y en avoit un sur tout, qui ne pesoit pas quatre livres. J'y vis aussi une cuisse, qui quoi qu'elle parût fort entiére & pleine de chair, avec la jambe & le pied ne pesoit pas une livre. Enfin la même chose s'observe encore tous les jours dans les Caravanes, qui vont à la Mecque. Il n'y a aucun des pélerins, qui ont fait ce voyage, qui ne soit en état d'attester, que les corps de ceux, qui meurent en faisant cette route, se desséchent au point de devenir aussi légers, que s'ils étoient de paille. Or si dans ces différens endroits les corps qu'on y avoit déposés ont pû éviter la corruption, à combien plus forte raison devoient ils se conserver dans ces sépultures de la plaine des Momies ? Sans parler de la solidité de la pierre, qui les couvroit, & qui n'admettoit aucun air, dès que le trou, qui donnoit entrée dans le tombeau, étoit, pour ainsi dire fermé hermétiquement par la pierre qui devoit en boucher l'ouverture ; ce rocher étoit encore couvert de six à sept pieds de sable, sur lequel la pluie ne tomboit jamais, ensorte qu'il n'étoit pas possible que l'air ou l'humidité pénétrassent dans ces demeures soûterraines.

On conçoit de même fort aisément, que rien ne doit être plus difficile que de découvrir l'ouverture d'un tombeau dans cette vaste mer de sables, cette ouverture surtout étant si petite, que quoiqu'on soit sur le lieu même, on peut encore la manquer. Ceux qui avoient pratiqué ces trous n'avoient point eu la même peine. Ils avoient choisi dans cette plaine un endroit tel qu'il leur avoit plû; ils en avoient d'abord vuidé le fable jusqu'au rocher; ils l'avoient creusé ensuite, après quoi ils avoient travaillé à la construction de la chambre, ou du caveau, où les corps devoient être déposés. La difficulté étoit de reconnoître cette ouverture dans les occasions, où il étoit nécessaire d'entrer dans le tombeau; ils sçavoient la retrouver facilement. Pour cela ils avoient des reconnoissances d'un des bouts de la plaine à l'autre; & c'étoit sur la ligne, qui conduisoit directement d'une de ces reconnoissances à l'autre, qu'ils retrouvoient seurement ces trous à une distance mesurée par pieds & pouces d'un de ces deux endroits, d'où ils avoient pris leur ligne de reconnoissance, sur laquelle cette sépulture étoit placée. Ils gardoient soigneusement la mesure de cette distance, & étoient par conséquent toujours en état de retrouver sans peine l'ouverture qu'ils avoient faite; mais comme on n'a plus aujourd'hui le même secours, il est certain que la découverte de ces trous dépend uniquement du hazard, & que pour une centaine, qui ont été reconnus, il y en a peut être cent mille, dont on ne trouvera jamais les moindres traces.

Pour achever de s'en convaincre, il suffit d'observer que les habitans du village de Sacara, qui comme je l'ai dit, est le plus voisin de cette plaine, & que quelques uns appellent le village des Momies, ont quelquefois travaillé pendant des années entiéres avant que de pouvoir découvrir un seul de ces trous, quoi qu'il y en ait certainement une infinité dans ces vastes campagnes. Aussi m'avouera-t'on que rien n'est plus difficile, que de lever une quantité de sable très considérable pour découvrir un fond fort étroit; outre que lorsqu'on y est parvenu, on n'a reconnu que deux ou trois pieds de terrain; ensorte que pour visiter une étendue de trente pieds en quarré, il faut employer pendant trois ou quatre mois entiers plusieurs personnes. D'ailleurs le moindre vent est capable de remplir en un instant l'espace qu'on a déja nétoyé; on a besoin de planches pour parer au retour des sables, & la moindre ouverture détruit d'abord en un moment l'ouvrage de plusieurs jours; & même de plusieurs semaines. Aussi les habitans de ce lieu prenoient ils ordinairement pour s'employer à cet ouvrage;

le tems auquel le Nil inonde les terres des environs, c'est-à-dire une saison pendant laquelle ils ne pouvoient s'occuper à autre chose. Mais depuis qu'il est passé en Europe une si grande quantité de Momies, qu'il y en a de reste pour les besoins de plusieurs siecles, depuis qu'on est revenu de cette opinion frivole, que les corps jadis embaumés par les Egyptiens pouvoient être utiles à la santé & à la conservation des vivans, ces païsans ont abandonné ce soin. Il leur arriva même il y a quelques années un accident, qui a encore beaucoup contribué à les détourner de cette recherche. Ils avoient découvert un de ces puits, & quelques uns d'entre eux y étoient déja descendus; mais ayant négligé d'assurer solidement les sables, dont ce trou étoit environné, & qui étoient fort hauts dans cet endroit, deux ou trois hommes, qui étoient entrés dans cette sépulture, y furent étouffés par leur retour. Les Turcs ne manquerent pas de faire à ce sujet une avanie aux habitans du village, tant sur les morts, que sur les trésors prétendus, qu'ils avoient dû trouver dans ce caveau, & acheverent de leur ôter l'envie de jamais plus penser à de telles découvertes.

J'ai vû quelques relations de nos voyageurs, où ils assurent comme un fait certain, que dans cette plaine des Momies on leur a fait voir des tombeaux, où les habitans de Sacara n'étoient jamais entrés. Mais je puis les assurer à mon tour, que s'ils l'ont cru, comme ils le disent, ils se sont extrêmement trompés. Outre que la découverte de ces trous est l'effet d'un hazard fort rare, & qu'il ne faudroit pas moins de trois ou quatre jours à plusieurs hommes, pour en nétoyer l'entrée & en éloigner les sables, les gens de ce pays-ci n'auroient garde d'introduire personne dans ces sépultures avant que de les avoir eux mêmes visitées avec grand soin. Ce qu'ils pratiquent en ces occasions, c'est d'amuser un étranger dans leur village, en lui persuadant qu'ils vont chercher un de ces trous. Ils lui font accroire ensuite qu'ils ont découvert l'entrée d'un, qui n'a jamais été ouvert, & qu'ils vont travailler pendant la nuit, afin de le lui faire voir le lendemain. Cependant ils portent quelque méchante Momie qu'ils ont chez eux dans un de ces tombeaux qu'ils connoissent, & autour duquel ils remuent un peu le sable, afin qu'il paroisse nouvellement levé. Ils conduisent ensuite l'étranger dans ce caveau, & ils ne manquent pas de lui protester qu'ils ne font que de l'ouvrir. Cependant ces soins, qui leur coutent peu, ne manquent pas d'être vendus cherement. Pour moi, je puis assurer que j'ai souvent promis une somme assez considérable à ceux qui pourroient me découvrir un de ces trous, pourvû qu'on m'y fît descendre avant que personne y mît le pied. Mais je l'ai promis inutilement. Outre la difficulté de rencontrer une de ces ouvertures; & la peine qu'auroient les gens du pays à y laisser descendre avant eux un étranger par les raisons que j'ai déja dites, ils ne croyent pas qu'il leur fût aussi facile de me tromper qu'un passager, & ils craignent, si je m'en appercevois, que je ne les fisse punir.

La plûpart des corps, qui se trouvent dans ces souterrains, sont de femmes ; il y en a très peu d'hommes. Les Momies de petits enfans sont encore plus rares, & les caisses, qui les renferment, sont fort estimées. On trouve dans quelques endroits du Caire de ces caisses de Momies faites d'une pierre parfaitement noire & fort dure. Elles sont chargées de tous côtés de caracteres hieroglyphiques. Il est vraisemblable que ces caisses, dont je n'ai pas vû le dessus, en renfermoient d'autres de bois de Sycomore, auxquelles elles servoient de niche, & qu'elles ont été tirées de quelque Pyramide détruite, ou d'un superbe tombeau. En effet outre que la pierre est fort rare, l'ouvrage qui l'accompagne est certainement très beau, & digne de curiosité. On trouve, comme je l'ai dit, une de ces sortes de pierres au Caire dans l'endroit appellé la fontaine des Amoureux. Il ne vient point d'étranger dans cette Ville, à qui on ne fasse voir cette curiosité. Il y en a une autre dans la maison d'un Kiaïa des Janissaires, où elle sert à abreuver les chevaux. Cette derniere n'est pas parfaitement entiére. Je pense cependant qu'une pareille caisse seroit fort estimée en Europe.

Outre les sépultures particulieres, qui se trouvent dans la plaine des Momies, il y en a une publique digne d'une grande admiration. On l'appelle le labyrinthe, ou la sépulture des Oiseaux. On y descend par une ouverture à peu près semblable à celle des tombeaux ordinaires; mais lorsqu'on est une fois dans la capacité de ce lieu souterrain, on y rencontre de longues allées assez larges correspondantes les unes aux autres,

Du labyrinthe.

& qui s'étendent de tous côtés, & dans ces allées d'autres routes encore à perte de vue, qui par des détours fans fin ramènent aux premieres qu'on a déja parcourues. C'eft proprement un labyrinthe taillé dans le roc à la pointe du marteau, mais un labyrinthe très vafte dans lequel on eft obligé de porter de la ficelle, pour ne fe point égarer. Les allées de cette fombre demeure font garnies de part & d'autre de plufieurs petites niches, dans lefquelles on trouve encore plufieurs vafes, des caiffes de pierre, des pots de terre, & dans ces vafes, ces caiffes, & ces pots, toutes fortes d'Oifeaux embaumés, qui fe réduifent en pouffiere auffi tôt qu'on y porte la main. Ce qu'il y a d'admirable, c'eft que leur plumage conferve encore toute la variété & la vivacité de fes couleurs. Toutes les niches étoient autrefois remplies de ces pots, ou vafes. On en a enlevé plufieurs par curiofité, & les allées font femées des débris d'une infinité d'autres qu'on a brifés. On en avoit fans doute trouvé quelques uns, dans lefquels avec les Oifeaux il y avoit quelques petites idoles d'or, ou d'argent. Ce labyrinthe, qui eft fort vafte, & qu'aucun Franc n'a jamais parcouru entiérement, étoit une fépulture commune à tous ceux qui vouloient y dépofer les corps des animaux qu'ils aimoient. C'eft encore aujourd'hui un ouvrage admirable, non feulement par la longueur du tems qu'il a fallu employer à le creufer dans le roc, mais encore parce qu'on a été obligé de vuider toute la matiére qu'on en a tirée par le trou, qui lui fert d'entrée, & qui eft la feule ouverture par où l'on ait pû la faire fortir. La pierre dans laquelle il eft taillé eft fort dure au commencement; mais à peine a-t-on creufé trois ou quatre pieds, qu'on rencontre un lit beaucoup plus tendre; ce qui a rendu cet ouvrage plus facile, & y a fans doute invité les anciens Egyptiens. C'eft une efpece de fable congelé, qui contribue encore à la confervation des corps qu'on y confie.

Des petites pyramides.   J'ai déja obfervé que dans la plaîne des Momies il fe trouve des Pyramides. Comme elles paroiffent plus ufées que les Pyramides Septentrionales, dont j'ai parlé, j'eftime qu'elles ont été bâties avant elles. Elles font auffi beaucoup moins fuperbes. La paffion pour les monumens croiffant avec le tems & l'ufage, il fe trouva des Rois, qui voulurent fe diftinguer de leurs prédéceffeurs, & qui firent élever les derniéres avec une magnificence, qui effaçoit tout ce qui en cette matiére avoit paru jusqu'alors. Cependant entre les Pyramides des Momies on en remarque une surtout, qui cede très peu aux grandes Pyramides en hauteur & en largeur. Elle a été ouverte; mais comme je n'y suis pas entré, il ne m'est pas possible d'en décrire le secret. Toutes les Pyramides ne sont pas bâties sur le même plan, & n'ont pas la même forme. On en trouve plusieurs dans la plaine des Momies, qui s'élevent en marches, ou degrés, de vingt, trente, & quarante pieds de hauteur chacun. Ce sont autant de grands quarrés posés les uns sur les autres, & qui vont en diminuant à mesure qu'ils approchent du sommet de la Pyramide. Il est certain que la forme de ces édifices offre un aspect charmant, surtout lorsqu'on les considére avec des lunettes d'approche de la hauteur du Château du Caire, d'où on les découvre parfaitement, aussi bien que les grandes Pyramides. On dit qu'en remontant le Nil jusqu'à l'extrémité de l'Egypte, on trouve de tems en tems de ces Pyramides toutes semblables à celles de la plaine des Momies. Elles sont comme les autres, situées du côté de la Libye, & n'ont pas beaucoup d'élévation, d'où je juge qu'elles sont les plus anciennes de toutes, & les premiers ouvrages par où la passion des Egyptiens pour les monumens a commencé à se distinguer. On trouve aussi des Momies dans la haute Egypte; mais elles sont emmaillotées différemment de celles, qui ont été portées en Europe. Il est très vraisemblable que la passion de se conserver, & de prolonger sa vie en quelque sorte au de là du tombeau, n'a pas été propre aux seuls Monarques, qui ont gouverné l'Egypte, & aux habitans de Memphis. C'étoit la passion générale de toute la nation; & si l'on vouloit faire des recherches exactes, je suis persuadé, qu'on trouveroit de ces corps embaumés tout le long des montagnes, qui bordent cette région au Couchant du côté de la Libye.

Quoi qu'il en soit, il est évident par tout ce que j'ai dit, que la plaine des Momies étoit le cimetiére du peuple de Memphis, & peut être même de plusieurs Grands, qui y avoient leur sépulture. Il est certain qu'ils ne pouvoient guéres choisir d'endroit plus avantageux que cette plaine, soit pour la conservation des corps en leur entier, puisque par la nature même du terrain ils y étoient à l'abri de la corruption, soit pour les préserver d'être jamais violés par un effet de l'avarice, ou de l'impieté des hommes. La difficulté de reconnoître & de découvrir les ouvertures, qui conduisoient à ces demeures souterraines, les mettoit à couvert de cet accident. Il n'en étoit pas de même des corps qu'on déposoit dans ces petites Pyramides, qui avoient été bâties du côté du Nord, & autour des grandes, dont j'ai parlé. Soit qu'elles ayent tenté davantage la cupidité, parce qu'on espéroit y trouver des dépots plus précieux, soit qu'on ait cru pouvoir y pénétrer plus facilement; il y en a peu auxquelles on ne se soit adressé, & qui malgré toutes les précautions qu'on avoit prises, pour dérober le secret de leur entrée à la connoissance de tous les hommes, n'ayent enfin été violées.

Cependant quoi que ces Pyramides fussent, comme on le voit, infiniment plus exposées à la violation, il n'y avoit point en Egypte de personnes riches & puissantes, qui n'eussent une passion extrême pour faire élever de ces édifices, & qui ne souhaitassent que leurs corps y fussent déposés après leur mort. La vanité seule étoit elle le principe de cette inclination si universelle ? Non ; elle avoit pour fondement une opinion répandue généralement dans toute la nation. Les Egyptiens étoient persuadés, que c'étoit un avantage très considérable, & un bonheur pour les morts, d'être inhumés dans les lieux, où il se faisoit de fréquens sacrifices, & des prieres continuelles pour l'expiation des péchés de ceux qui y avoient leurs tombeaux. Ainsi comme au devant des grandes Pyramides on avoit élevé plusieurs temples, ce qui se remarque encore par les vestiges qui subsistent de ces pieux édifices; que dans ces temples on avoit fondé sans contredit des sacrifices & des prieres pour le repos de ceux, dont les corps avoient été déposés dans ces superbes tombeaux, tous ceux qui avoient le moyen de se bâtir de ces sortes de sépultures ne manquoient pas d'en faire élever aux environs de ces Pyramides & de ces temples, persuadés qu'ils devoient participer après leur mort au mérite de toutes les fondations, dont on les avoit enrichis. C'est ainsi que les Juifs estiment à grand bonheur de mourir & d'être inhumés à Jérusalem, ou du moins dans l'étendue de la Terre Sainte. Les Chrétiens Grecs, les Arméniens & les Coptes, ont la même opinion au sujet des saints lieux; & les Mahométans

regardent

regardent également comme une grande marque de prédestination de mourir à la Mecque, ou à Medine, ou même dans la route de ce pélerinage. Ces endroits, comme je le dirai dans la suite, sont pour eux les lieux saints; & leurs Auteurs ne parlent que de la félicité de ceux, qui ont le bonheur de les visiter, ou de mourir dans ce voyage, ou qui ne pouvant l'entreprendre par eux mêmes, chargent quelque autre personne de le faire en leur place. Il est vrai, que cette opinion est regardée comme une héréfie par quelques uns de leurs Docteurs plus politiques, qui soutiennent que personne ne peut être dispensé d'un voyage auquel la Loi soumet indispensablement quiconque fait profession de suivre la Doctrine de l'Alcoran. On comprend sans peine ce qui leur fait tenir un tel langage. Ce voyage fait par les personnes riches renferme trop d'avantage pour les pauvres pélerins, auxquels ces dévots opulens ne manquent pas de faire distribuer des vivres & de l'argent, & trop d'utilité pour les Mosquées, auxquelles ils font toujours de grandes libéralités, pour qu'on puisse les en dispenser. Leur permettre de substituer en leur place des personnes ordinaires & qui font peu de dépense, ce seroit causer aux pauvres & aux Mosquées un préjudice infini, & faire encore un plus grand tort aux Ministres, qui desservent ces dernieres.

Voilà, Monsieur, ce que j'ai crû devoir ajouter à ce que je vous ai mandé par ma lettre précédente au sujet des Pyramides d'Egypte. La plaine appellée des Momies, parceque dans le siécle précédent on y en a découvert un très grand nombre, m'a paru mériter que je vous en fisse dans celle ci une description particuliére. Cette plaine étoit le tombeau ordinaire des habitans de l'ancienne Memphis. S'il ne nous reste plus de vestiges assez considérables de cette Ville, pour pouvoir y reconnoître quelques traces de sa première splendeur, si la longueur des siécles a anéanti ces grands & superbes monumens, dont cette fameuse Capitale de l'Egypte & ses environs étoient embellis, c'est qu'ils n'ont pû résister aux efforts du tems, qui a respecté les Pyramides. Je ne prétens point me rendre le garand de tout ce que je vous ai rapporté de la magnificence de la Memphis terrestre & aquatique sur la foi des traditions Arabes, & de quelques anciens manuscrits que j'ai parcourus. Si cependant la relation que je vous en ai faite vous paroît exagérée, jettez les yeux, Monsieur, sur ces superbes tombeaux, dont quelques uns portoient leurs têtes jusqu'aux nues, & qui servoient de sépulture aux Rois de cette grande Ville. Considerez celles que les Grands de leur Cour s'étoient bâties dans le voisinage de celles-ci; & sur ces magnifiques monumens imaginez quels devoient être les Palais & les maisons de plaisance habitées par de tels Rois, par leurs Courtisans & leurs Officiers. Si ces Monarques ont fait éclater leur puissance d'une maniere si merveilleuse dans la construction de quelques ouvrages, destinés à être la demeure des morts, quelle devoit être la magnificence des temples qu'ils avoient bâtis pour servir de séjour aux divinités, qui étoient l'objet de leur culte! Quelles devoient être l'abondance & les richesses d'une Ville honorée de la presence de ces Princes si grands, si puissans! Que devons nous imaginer du peuple immense par qui elle ne pouvoit manquer d'être habitée! C'est, Monsieur, ce que j'ai prétendu mettre sous vos yeux par cette lettre, sans négliger le secours de quelques traditions, qui pourront dumoins vous conduire à une juste idée de cette grande & délicieuse Memphis, dont la puissance est si vantée dans les Histoires. Je suis, &c.

Au Caire ce....

LETTRE HUITIEME.

DE LA HAUTE EGYPTE,

De son climat, de ses Villes, de ses richesses, & de ses antiquités, des deserts de Saint Macaire & de la Thébaïde, du fameux Monastere de Saint Antoine &c.

I je suivois mon inclination, Monsieur; je ne vous ferois sortir du séjour des morts, que pour vous conduire dans quelque région enchantée, où vous trouveriés à vous dédommager avec les vivans de l'ennui que vous aura causé peut-être la matiere lugubre, qui a fait le sujet de mes deux lettres précédentes. Par malheur le plan que je me suis proposé, & l'engagement que j'ai pris avec vous de vous donner une description suivie des differens pays que l'Egypte renferme, s'oppose au désir naturel que j'aurois de ne plus offrir à votre imagination que des objets riants & agréables. Sortons du Delta, Monsieur, & préparons nous à parcourir la haute Egypte. A ce nom vous imaginez sans doute des deserts affreux & stériles, des montagnes arides & inhabitées, des côtes sauvages, des ruines sans nombre; & si d'avance vous vous êtes formé cette idée du sujet, dont j'ai résolu de vous entretenir dans cette lettre, vous ne vous êtes pas trompé de la moitié. Que ces tristes objets ne soient cependant pas capables de vous rebuter. Songez, Monsieur, que vous sortez du séjour des ténébres; il y auroit sans doute de l'imprudence à vous exposer d'abord au grand jour. En quittant la demeure des morts, voudriez vous vous jetter aussi tôt dans le grand monde?

D'ailleurs n'avez-vous jamais vû aucun tableau, qui vous ait forcé comme malgré vous de vous arrêter avec plaisir à admirer de belles ruines ?

Il y a sans doute des solitudes enchantées, des ruines charmantes, des deserts capables d'amuser l'imagination la moins portée à la mélancholie. Interrogez sur ce sujet nos grands peintres. Leur pinceau ne s'est jamais signalé comme dans la représentation de ces objets, que l'usage & l'éducation nous figurent si désagréables. Je n'ose me flatter de posséder le talent de ces hommes excellens. J'espere cependant que la nature suppléera d'elle même à la foiblesse de mon génie. Peut être à la fin de cette lettre serez vous forcé d'avouer, que les deserts les plus affreux produisent autre chose que des ronces & des épines.

Au reste je suis bien aise de vous avertir d'abord, que peu de voyageurs ont parcouru, du moins à loisir, le pays que j'entreprens de vous décrire. Si la haute Egypte étoit aussi facile à voir, qu'on me la peint merveilleuse, je ne doute point qu'elle n'attirât mille curieux. Mais outre le péché originel, dont je vous ai dit d'abord que tous les Francs étoient soupçonnés dans ce pays-ci, outre qu'on les y regarde comme les plus grands magiciens du monde, jusques-là qu'on s'imagine qu'ils ont découvert un tréfor, dès qu'on les apperçoit observer quelque objet que ce soit avec attention ; on a ici un autre préjugé à leur égard, qui rend le voyage de la haute Egypte très dangereux par rapport à eux. En effet il n'y a personne dans ce pays, qui ne soit persuadé, que les Francs sont tout cousus d'or ; & sur cette opinion vous concevez combien il peut leur arriver de mauvaises affaires dans une région pleine d'Arabes, où l'on ne sçait à qui se fier, & où à cause de l'éloignement on ne peut espérer aucun secours des Puissances. Que si on vouloit y voyager avec escorte, quelle dépense ne feroit on pas obligé de faire ! Ce sont ces raisons qui jusqu'ici ont empêché la plûpart des voyageurs de passer plus loin que le Caire. Cependant n'allez pas, Monsieur, vous imaginer sur cet aveu, que tout ce que j'ai à vous dire de la haute Egypte ne soit fondé que sur des bruits incertains, ou sur des relations frivoles. De tous les lieux, dont je vous parlerai, j'en ai visité plusieurs par moi même. Tels sont entr'autres les fameux déserts de la Thébaïde. A l'égard des endroits plus éloignés, je puis vous protester que je n'avancerai rien, dont je ne me sois assuré par le rapport de plusieurs personnes dignes de foi, dont le témoignage & la probité ne sçauroient être suspects.

La haute Egypte, à mesurer cette contrée depuis la Ville du Caire, qu'elle a à son Nord, jusqu'aux Royaumes de Fungi & de Dongola, qui la bornent au Midi, a plus de deux cens lieues de longueur sur une largeur assez peu considérable. En effet resserrée qu'elle est entre ces deux chaines de montagnes, dont j'ai parlé ailleurs, & qui ne cessent de l'accompagner, l'une du côté de l'Est, & l'autre au Couchant, depuis les rochers impraticables de la Nubie, à peine a t'elle dans certains endroits plus d'une journée d'étendue. Dans d'autres les montagnes s'écartent considérablement, & laissent entre elles des plaines fort vastes. Le climat de cette contrée est sec, & plus sec, que dans le Delta, puisqu'il n'y pleut presque jamais. Aussi est elle exposée à des chaleurs extrêmes. Du reste ses campagnes arrosées par les eaux du Nil ne sont pas moins fécondes que tout le reste de l'Egypte. Cette région renferme des provinces fertiles & abondantes, des ruines célèbres, des montagnes & des déserts également capables de fixer & d'amuser agréablement la curiosité de ceux, qui verront toujours avec plaisir les ouvrages de l'antiquité, lorsqu'ils seront véritablement dignes de leur admiration & de leur estime.

De la haute Egypte; de son étenduë, & de son climat.

Au sortir du Caire, & après avoir traversé la plaine des Momies tirant vers le Sud-Ouest, la première contrée que l'on trouve en entrant dans la haute Egypte est le Faoumé, ou la petite province du Fioum, la plus fertile d'un pays, qui passe pour être lui même le plus abondant de toute la terre. Sa Capitale, qui n'est aujourd'hui qu'un simple bourg, ou un gros village, porte le même nom que la province. C'est du limon des eaux de ce grand & long canal, qui du lac Meris alloit, comme je l'ai dit, porter dans la Libye les eaux surabondantes de ce vaste réservoir, & servoit à le dessécher lorsqu'il en étoit besoin, que ce petit terrain s'est formé. Aussi est-ce, comme je viens de le dire, un pays des plus fertiles que l'on puisse imaginer. Il y croît le plus beau lin de toute l'Egypte, dont on fait de très belles toiles. C'est de là qu'on lui a donné le

Du Faoumé.

nom de Fioum. On y recueille auſſi du bled, de l'orge, toutes ſorte de grains & de légumes en abondance, ainſi que des fi-gues. On ne voit nulle part ailleurs une quantité ſi prodigieuſe de ce fruit; & on peut dire qu'il n'eſt nulle part ſi délicieux que dans cetre Province. Les figuiers y ſont fort bas, & ne rapportent que pendant trois années. On les coupe la quatrié-me, & on leur en ſubſtituë d'autres.

On recueille du raiſin dans toute l'Egypte; & il y eſt mê-me bon partout, excepté à Aléxandrie & vers les côtes, où il ne meurit jamais bien. Mais on n'en trouve nulle part qu'en très-petite quantité, & ſeulement en treilles, excepté dans le Faoumé, où il y a beaucoup de vignes, qui rapportent en abondance. C'eſt ce qui me fait penſer, que c'étoit de là que venoit ce vin ſi eſtimé, dont parle Pline, qui paſſoit pour le troiſiéme en bonté, que l'on bût à Rome, & qu'on appelloit Sébennétique, du nom que les Romains donnoient à cette Province de l'Egypte. Les Religieux de Terre-Sainte, qui ont une habitation dans cette contrée, y font encore du vin tous les ans. Que s'il n'eſt plus de la même bonté qu'il avoit du tems des Romains, il faut uniquement s'en prendre à la pré-cipitation avec laquelle on cueille le raiſin, à la mauvaiſe fa-çon qu'on donne au vin, & à la qualité des vaiſſeaux dans leſ-quels on le renferme, qui ne ſont que de petits vaiſſeaux de terre. Du reſte puiſque la nature n'eſt pas inconſtante dans ſes productions, comme les hommes dans leurs coutumes & dans leurs uſages, que le terroir qui produiſoit ce vin excellent, & le Soleil qui en muriſſoit le raiſin ; ſont toujours les mêmes; je ſuis perſuadé que le vin qu'on en tire auroit encore aujour-d'hui à peu près la même bonté, ſi on apportoit à le faire & à le conſerver, toutes les précautions néceſſaires. Je dis qu'il au-roit à peu près la même bonté, car je n'ai garde d'aſſurer que le terrain du Faoumé ait encore abſolument la même qualité que du tems des Romains. Je ſçai que depuis qu'on a ceſſé d'entretenir avec ſoin le canal, qui du lac Meris portoit les eaux du Nil dans les plaines de la Libye, la fertilité de cette petite Province de l'Egypte eſt fort diminuée. Ses terres dans pluſieurs endroits ont été, ou totalement enſévelies, ou du moins fort gâtées par les ſables, faute de les avoir garanties par des précautions, qui étoient très-faciles & peu coûteuſes;

DE L'EGYPTE.

& je ne doute point que ce changement n'en ait apporté dans la nature du terrain, & conféquemment dans celle des fruits, qui en font les productions.

A quelques journées au deſſus de Faoumé, ce canal, dont je viens de parler, a laiſſé dans quelques plaines du déſert un limon & une humidité, qui ont fertiliſé ces ſables arides. On trouve dans ces terrains, qui dépendent de la Province du Fioum, une infinité de palmiers, qui portent les meilleures dattes de toute l'Egypte. C'eſt ce qui a engagé quelques Arabes à s'y arrêter. Ils y habitent ſous de mauvaiſes tentes, & n'ont point d'autre nourriture que ce fruit, qu'ils font ſécher. Ils en broyent auſſi les noyaux, qui ſervent de même à la nourriture de quelques Chameaux qu'ils entretiennent. Comme il ſeroit impoſſible de rencontrer aucune fontaine au milieu de ces ſables arides, qu'il n'y pleut jamais, & qu'il n'y a dans le voiſinage aucune montagne, d'où puiſſent couler quelques ſources, ces pauvres gens ſont obligés de ſe ſervir de l'eau de quelques mauvais puits, tant pour arroſer les dattiers, que pour déſalterer leur ſoif & celle de leurs Chameaux. Il eſt certain qu'ils vivent dans une miſére affreuſe. Toutes leurs richeſſes conſiſtent dans les fruits qu'ils vont vendre en Egypte, & dans quelques étoffes de laine, qu'ils filent, & dont ils font leurs tentes & leurs habillemens. Comme ils environnent toute la Province du Fioum, ils y font des incurſions fréquentes, ſurtout dans la ſaiſon, où les fruits qu'elle porte en abondance ſont ſur le point de murir. C'eſt pour les dérober à l'avidité de ces Arabes, que les Habitans de cette contrée ont la précaution de les cueillir avant leur maturité. De-là ils les envoyent au Caire, où quoiqu'ils ſoient encore verds, ils ne laiſſent pas de ſe débiter.

C'étoit, comme je l'ai fait obſerver ailleurs, du lac Meris, & de ce canal, qui portoit les eaux du Nil dans la Province du Fioum, qu'avoit été tiré cet autre grand canal, qui au travers des plaines de ſables alloit proche d'Aléxandrie ſe rendre à la mer par l'embouchure, qu'on a appellée Tanitique. Ce canal du Fioum ſe partageoit donc en deux branches à une journée au deſſus de la Province, dont il portoit le nom. L'une tirant vers l'Orient alloit ſe rendre dans le lac Mareotis & à la Méditerranée, tandis que l'autre prenant ſon cours à l'Oueſt,

Du déſert de S. Macaire.

& traversant les montagnes de la Libye, alloit porter ses eaux & l'abondance jusques dans les déserts, où étoit situé le Temple fameux de Jupiter Ammon. C'est sur la route de ce canal que se trouvoient le désert de S. Macaire, & cette Vallée nommée *Baharbalaama*, terme Arabe, qui signifie *Mer sans eau*, parce que la mer a autrefois rempli cette contrée. C'est ce qui se reconnoît encore par la quantité de bâtimens qu'on y trouve pétrifiés avec leurs mâts, & qui probablement y avoient fait naufrage dans le tems que la surface de la mer, plus haute qu'elle ne l'est aujourd'hui, couvroit de ses eaux le Golphe, qui porte ce nom de mer sans eau. Il conserve encore une autre preuve incontestable de cette origine dans les coquilles de mer, dont ses bords pierreux sont chargés. C'est au milieu de ce désert affreux & stérile, qu'on trouve encore aujourd'hui le Monastére de Saint Zacharie, & deux ou trois autres, habités par quelques Religieux Coptes. C'est à ce petit nombre que sont réduits de nos jours ces Monastéres fameux, qui peuplerent ces solitudes du tems que l'Egypte étoit chrétienne.

Du Temple fameux de Jupiter Ammon.

A l'égard du Temple de Jupiter Ammon, il étoit situé au de-là des montagnes, & dans les vastes plaines de la Libye, à une distance de trois ou quatre journées du lieu que nous appellons la Tour des Arabes. Ce Temple si celebre étoit à peu près dans le même éloignement de la Ville du Caire; ensorte que ce lieu, le Caire, & Aléxandrie, formoient les trois angles d'un triangle équilatéral. Cet endroit, qui n'est plus habité, se nomme encore aujourd'hui en Arabe, *Comt Ammon*, c'est-à-dire, *le monticule d'Ammon*. Et il ne faut pas s'imaginer, que ce Temple autrefois si fameux fût la seule habitation, où au milieu de ces deserts on pût rencontrer des ames raisonnables. Les canaux & les acqueducs que les anciens Rois d'Egypte avoient pratiqués, pour faire passer les eaux du Nil au de-là des montagnes de la Libye, en portant la fertilité dans ces terrains stériles, avoient peuplé ces solitudes de Villages, de Bourgs, & même de Villes considerables. Les ruines fréquentes que l'on rencontre encore aujourd'hui depuis le lieu où ce Temple étoit situé, en remontant vers la Nubie jusqu'à la Vallée des Elouah, sont des preuves certaines de ce fait, qui nous est d'ailleurs attesté par toutes les Traditions Arabes.

Combien

Combien d'autres sont enfévelies sous les sables, sans qu'il nous en reste aucun vestige! Quoiqu'il en soit, à l'exception de quelques sépultures anciennes, dans lesquelles on trouve encore quelques Momies, il ne subsiste plus aucunes traces de ce Temple jadis si fameux qu'Aléxandre visita, & qui ne mérite plus d'être visité.

Tout le païs, qui s'étend au-dessus du Faoumé jusqu'aux montagnes de Nubie, est à proprement parler, la haute Egypte. C'est ce qu'on appelle aujourd'hui le *Saïdi*, de l'ancienne Ville de Saïs, autrefois si célébre, & qui comme beaucoup d'autres ne subsiste plus aujourd'hui qu'en ruines. Essené est la capitale de cette province, qui n'a guéres moins d'étenduë que tout le reste de l'Egypte ensemble. Elle renferme des plaines admirables, qui fournissent au Caire la quantité de bled, d'orge, de féves, & d'autres grains ou légumes, dont on remplit tous les ans les magazins du Grand Seigneur, & dont on nourrit le peuple de cette florissante ville. Tout ce païs est fort peuplé de Mores, d'Arabes, de Turcs, & de Chrétiens; mais les Arabes y prévalent par le nombre. Ils sont divisés sous plusieurs Cheics, ou Gouverneurs, tous ennemis les uns des autres; & c'est à la faveur de ces divisions que les Turcs, qui ne sont pas nombreux dans cette contrée, tiennent ces petits Seigneurs dans la soumission, & les obligent au payement des droits imposés aux terres qu'ils cultivent. Il y a tel de ces Princes, qui peut mettre sur pied dix ou douze mille hommes; & tout cela obéït à une trentaine de Turcs, qui résident dans le lieu principal de chaque petit canton sous un Aga, & sous quelques Officiers des Janissaires. Il est vrai, qu'aujourd'hui tous les chefs des Arabes de ce quartier-là, & même de plusieurs autres contrées, sont reputés Janissaires; malgré l'opposition invincible, qui subsistera à jamais entre les uns & les autres. Ces Arabes ont les plus beaux chevaux du monde. C'est de là qu'on tire ceux des Bachas, & des autres Grands du païs. Ces chevaux ont tout ce qui peut plaire aux yeux; taille, poil, fierté; mais comme ils sont nés & élevés dans un païs plat, & dont le terrain est ferme, on prétend, comme je le dirai dans la suite, qu'ils n'ont pas la vigueur de ceux qu'on tire d'Alep & de Damas, & qu'ils ne sont propres, ni aux boües, ni aux montagnes. Cependant ils ne laissent pas d'être en grande réputation à la Porte, & on ne peut faire de prefent plus agréable à un Miniftre de cette Cour.

La haute Egypte renfermoit autrefois de grandes Villes; on y trouvoit des Temples fameux, confacrés à differentes divinités, des Pyramides fans nombre, des Idoles prodigieufes, & quantité d'autres ouvrages des anciens Rois d'Egypte, dont les Hiftoriens nous ont laiffé des Defcriptions fi magnifiques. Il n'y a perfonne, pour peu qu'il ait lû les anciens Auteurs, qui n'ait confervé le fouvenir de la fameufe Ville d'Arfinoë bâtie dans cette partie de l'Egypte, & du culte que les habitans de tout ce territoire rendoient au crocodile, qu'ils regardoient comme un animal facré. Ce culte, tout ridicule, & tout infenfé qu'il peut paroître d'abord, ne furprendra cependant point, fi l'on fait attention, que la vénération que les anciens Egyptiens paroiffoient avoir pour certains animaux, dont ils avoient confacré la figure dans leurs Temples, ne s'adreffoit point à ces animaux mêmes, ou aux pierres & aux marbres, qui les reprefentoient. Il avoit pour objet la divinité même, qui fe fervoit du miniftére de ces differens animaux, ou pour récompenfer les hommes de leurs vertus par fes bienfaits, ou pour leur faire reffentir les effets de fa colére, lorfque par leur mauvaife conduite ils avoient eu le malheur de la mériter. Ainfi par le culte que les Egyptiens rendoient à Apis, ou à Ofiris, reprefenté fous la figure d'un bœuf; ils rendoient graces à l'Etre fuprême des avantages & des fervices qu'ils tiroient de cet animal, comme je l'expliquerai plus au long en parlant de la religion de ces anciens peuples; & par les honneurs qu'ils rendoient au crocodile, ils prétendoient témoigner à cet Etre fouverain combien ils étoient foumis à fes châtimens. Quoiqu'il en foit, ce qui me paroît étonnant, c'eft ce que Strabon nous raconte au fujet de cette ancienne Arfinoë, que dans un lac voifin de cette Ville, on avoit foin d'élever un de ces animaux; qu'on l'y nourriffoit de pain, de vin, & de viande, qui lui étoient portés tous les jours à certaines heures par les Miniftres confacrés à cette divinité; & qu'oubliant fa férocité naturelle, ce crocodile avoit autant de douceur & de complaifance pour ces Prêtres, que fi c'eût été un animal privé & domeftique. Peut-être pourroit-on fe croire difpenfé d'ajouter foi à ce rapport sur la parole de cet Auteur, s'il ne nous protestoit que lui même a été témoin de tous ces faits qu'il avance. En effet il assure, que dans un voyage qu'il fit en cette Ville il eût la curiosité d'assister lui même à cette cérémonie ; Que dans cette vue il accompagna les Prêtres destinés à remplir chaque jour un ministere si utile & si agréable à la divinité qu'ils adoroient ; Qu'il se rendit avec eux sur les bords du lac, où le Crocodile ne manqua pas aussi de paroître ; Que cependant quelques uns des Prêtres qu'il avoit suivis ayant ouvert la gueule de ce monstre avec autant de tranquilité que si c'eût été l'animal le plus traitable, l'un de ces Ministres lui fit avaler un pain tout entier, & l'autre un quartier de viande ; Qu'un troisiéme enfin lui versa dans la gueule une certaine quantité de vin, & qu'après ce repas complet le monstre satisfait & content traversa le lac, & se retira vers le rivage opposé. Je ne sçai ce que bien des gens penseront d'un récit si étonnant & si merveilleux. Pour moi je pourrois croire peut-être qu'il y auroit eu sur la terre des hommes assez aveugles & assez insensés, pour prodiguer leur culte à ce qu'il y a parmi les créatures de plus digne d'horreur & de mépris ; mais j'avoue ingénument qu'il ne m'est pas possible d'imaginer qu'un homme sensé ait prétendu nous donner pour des vérités de pareilles chiméres.

Au dessus d'Arsinoë en avançant dans la haute Egypte on trouvoit encore Héracleotide, ou la Ville d'Hercule ; & on sera sans doute étonné d'apprendre qu'au contraire des habitans d'Arsinoë les peuples de cette derniére contrée avoient un respect profond pour l'Ichneumon, l'ennemi mortel du Crocodile. Cependant si l'on fait attention à ce que je viens de dire des objets différens auxquels se terminoit le culte des anciens Egyptiens, je suis persuadé qu'on cessera d'être surpris de cette diversité de divinités souvent opposées & ennemies les unes des autres, qui dans ces tems reculés partageoient la vénération des différentes provinces de ce Royaume. Après Héracleotide on rencontroit la Ville des Chiens, où Anubis sous la figure d'un de ces animaux recevoit les honneurs divins, & où l'on avoit pour eux la même attention à laquelle les peuples d'Arsinoë se croyoient obligés envers les Crocodiles. C'est dommage qu'à cet égard les Egyptiens de nos jours soient si différens de leurs ancêtres. Les chiens sans doute ne s'en trouveroient pas plus mal. Mais aujourd'hui leur gloire est passée; & bien loin qu'on rende à ces animaux, qui par leur fidélité & leur attachement meriteroient dumoins quelque attention, des honneurs qui ne sont dûs qu'à la divinité, bannis & chassés de toutes les maisons à peine dans ce pays-ci peuvent ils trouver le nécessaire.

L'ancien-Thebes.

Je ne parlerai point de Ptolémaïs, d'Eléphantine, ni de plusieurs autres Villes anciennes, qui par leur grandeur & leur magnificence rendirent autrefois la haute Egypte si célèbre dans tout l'Univers, & dont aujourd'hui à peine rencontre-t-on les moindres traces. De ce nombre est la fameuse Thébes à cent portes, cette Ville si vantée dans l'histoire, qui fut, dit-on, pendant un certain tems la Capitale de toute l'Egypte, ou qui dumoins servit de séjour à un de ces Souverains, par qui dans ces siecles reculés une partie de ce Royaume étoit gouvernée. C'est de cette ancienne Ville qu'on peut dire de nos jours avec encore plus de vérité, qu'un Poëte Latin ne l'a dit il y a environ dix sept cens ans, qu'elle est à présent ensévelie sous le poids de sa propre grandeur;

Centum jacet obruta portis.

Thébes, qui portoit aussi le nom de Diospolis, parcequ'elle étoit principalement consacrée à Jupiter, & que quelques uns disent avoir été bâtie par Osiris, étoit située sur la rive droite du Nil, ayant à l'Ouest la petite province du Fioum & occupoit dans sa grande étendue un vaste terrain au pied de ces montagnes, qui bornent l'Egypte du côté de la mer Rouge. Je ne rappellerai point ici le souvenir de ce que les Historiens nous racontent de ses richesses & de sa puissance, du nombre prodigieux de ses habitans, de la magnificence de ses Rois, de ses Palais, de ses temples, de tous les monumens superbes & surprenans, qui l'on rendue fameuse. Personne n'ignore que c'étoit dans cette Ville, que se voyoit cette célèbre statue de Memnon, dont il est tant parlé dans l'histoire. Cette statue n'étoit autre chose qu'un colosse d'une prodigieuse grandeur représentant un homme assis. Les sentimens sont assez partagés au sujet du personnage, en l'honneur duquel on avoit élevé cette figure. Les uns prétendent que ce fut le fameux Memnon Roi d'Ethiopie; d'autres fondés fur le témoignage des habitans même de la Ville de Thébes difent que c'étoit un Roi du pays, qu'ils appellent Phaménophés; quelques uns enfin veulent que ce coloffe reprefentât le Roi Sefoftris. Ce qu'il y a de certain, c'eft que fi l'on en croit la tradition, chaque jour au lever du Soleil cette ftatue rendoit du côté de fa bafe un fon à peu près femblable à celui que forme la corde d'un violon, ou de quelque autre inftrument, lorfqu'elle vient à fe rompre. Strabon lui même affure qu'il a été témoin de cette merveille, & il apporte pour garands de ce fait plufieurs perfonnes de confidération, & un grand nombre de foldats Romains, qu'il dit avoir entendu comme lui le même fon. Il eft vrai, que cet Auteur ajoute, qu'il n'oferoit affurer que ce bruit fût parti de la ftatue même; qu'aucontraire il feroit fort tenté de penfer qu'il avoit été produit par quelqu'un de ceux, qui environnoient ce coloffe, & que dans l'incertitude il aimoit beaucoup mieux attribuer ce bruit à tout autre principe, que de croire qu'un certain arrangement de pierres fût jamais capable de produire aucun fon. N'avoura-t'on pas que cet Auteur eft extrêmement retenu & fort fcrupuleux en cet endroit? Pour moi je ne m'attendois certainement pas à le trouver fi réfervé fur cet article; & je n'aurois nullement été furpris qu'un homme, qui croyoit avoir vû des Crocodiles fi dociles & fi privés, eût crû de même entendre réfonner des pierres. Quoi qu'il en foit, il ne refte pas plus de traces aujourd'hui de ce coloffe, que Cambyfes fit, dit-on, mettre en piéces, lorfque ce Prince fe rendit maître de l'Egypte, & dont on ne voyoit plus que la bafe du tems même des Romains, que de tous les autres monumens de l'ancienne Thébes. A l'égard de la Fable qu'on raconte de cette ftatue, après ce que nous fçavons de la maniére, dont fe rendoient les anciens oracles, après ce que j'ai dit au fujet des différens pronoftics, dont on fe fervoit en Egypte dans les premiers tems pour s'affurer de l'accroiffement futur des eaux du Nil, on conçoit fans peine qu'elle n'a eu fans doute pour fondement que l'habileté des Prêtres Egyptiens à profiter de la crédulité des peuples.

Ce trait me rappelle une remarque que font les anciens Auteurs au fujet des Miniftres des faux Dieux, qui étoient en grand nombre dans la Ville de Thébes. Ces prêtres s'étoient rendus fameux par leur habileté, non seulement dans la Théologie & la Philofophie, mais encore dans l'Aftronomie, dans laquelle ils étoient très verfés. Au lieu de fe fervir des années Lunaires, ils ne fuivoient que le cours du Soleil. Leur année étoit donc compofée de douze mois de trente jours chacun, auxquels ils ajoutoient à la fin de l'année cinq autres jours, afin de la rendre complette. Cependant comme le cours annuel du Soleil excéde de quelques minutes le nombre de trois cens foixante & cinq jours, dont par là leur année fe trouvoit compofée, ces Prêtres avoient imaginé l'intercalation & par le moyen de quelques jours qu'ils ajoutoient à ce nombre au bout d'un certain période d'années, ils étoient venu à bout de réctifier & de remettre en quelque forte au niveau du cours du Soleil ce que tout calcul de cette nature aura toujours d'imparfait & de défectueux. Or de cette remarque ne pourroit on point conclure, que puifque les Auteurs anciens obfervent dans les Prêtres de Thébes l'ufage des années folaires comme une pratique finguliere, qui leur étoit propre, on ne comptoit que par années Lunaires dans tout le refte de l'Egypte. Je ne propofe ce doute que comme une fimple conjecture; mais fi on ne la jugeoit pas abfolument dépourvue de fondement, je fuis perfuadé qu'avec ce que j'ai déja dit à ce fujet en parlant de l'origine de Memphis, elle pourroit jetter une grande lumiere fur la chronologie Egyptienne.

 Au refte pour donner en peu de mots une jufte idée de l'ancienne grandeur de cette fameufe Ville, il fuffit de dire que quoi qu'elle ne fubfifte plus depuis plus de deux mille ans, on découvre encore aujourd'hui des traces bien marquées de quelques unes de fes portes, & d'une partie de fes murs; qu'il faut trois jours entiers pour faire le tour des ruines, dont elle eft environnée, & que jufques dans les monceaux de pierres, qui la couvrent, on trouve encore des témoignages frapans de fon ancienne magnificence. Il eft certain que malgré tout l'effort des ans, qui a détruit toutes les anciennes Villes de la haute Egypte, il y refte encore des débris bien curieux de toutes ces antiquités. C'eft ce qu'en rapportent unanimement tous les Francs, qui ont voyagé de ce côté-là. Ils affurent que par l'efpace de plus de deux cens lieues le Nil eft bordé de montagnes de ruines. On y voit en divers endroits des temples presque entiers, d'autres à demi ruinés, où l'or & l'azur brillent encore dans les voutes. Il y en a où l'on remarque des peintures encore vives de Saints, de Croix, & des autres mystéres de notre religion, qui a été autrefois si florissante dans l'Egypte supérieure; des colomnes brisées, ou entieres, les unes debout, d'autres renversées; des idoles, les unes de grandeur humaine, d'autre d'une hauteur prodigieuse. Il y en a une, dont l'oreille à quinze pieds de Diamétre. Elle est renversée, & ensévelie sous les sables jusqu'aux épaules. On trouve encore proche de l'ancienne Thébes deux autres colosses assis sur des rochers assez bas, au pied desquels le Nil vient flotter dans sa crue. L'un est assis, & tous deux ont rapport sans doute à l'augmentation de ce fleuve. On rencontre dans quelques autres endroits des allées fort longues bordées de Sphinx, des Aiguilles, des marbres, des pierres d'une grandeur prodigieuse chargées de caracteres hieroglyphiques. Il n'en est pas des ruines d'Egypte comme de celles qu'on rencontre dans tout le reste de l'Univers. Cent ans font ici moins de destruction qu'une seule année en Europe. Il n'y géle jamais, & il n'y pleut que très rarement. Le vent & le Soleil peuvent donc seuls agir sur les édifices; & que font le vent & le Soleil en comparaison des déluges d'eau, qui viennent fondre sur des pierres, ou du mortier déja glacé.

Après ce que je viens de vous dire de l'Egypte superieure, croiriez vous, Monsieur, que cette contrée autrefois si peuplée & si fameuse, où l'on trouvoit tant de Villes célébres, n'en renferme pas une aujourd'hui, au moins qui mérite le nom de Ville? Cependant c'est un fait certain. Essené, qui est la Syené des Anciens, & qui comme je l'ai dit, passe pour la Capitale de la haute Egypte, n'est à proprement parler, qu'un gros bourg situé sous le Tropique. Après Essené les lieux les plus considerables de cette province sont Siout, & Manfelout; & je vous assure que c'est très peu de chose. C'est aux environs de cette derniere Ville, & à la gauche du Nil, que se trouve la vallée des Elouahs. Ce petit canton situé au milieu d'une vaste campagne de sables arides est fertilisé par les eaux de ce fleuve, qui y sont portées par un canal, dont l'ouverture est à trois journées de là. C'est par cette vallée des Elouahs, que les

Des Villes de la haute Egypte, & de la vallée des Elouahs.

Caravanes de Nubie abordent en Egypte après treize journées de marche, comme je le dirai dans la fuite. Elle eſt ſurtout fertile en palmiers, dont le fruit fait la principale récolte, & toute la richeſſe des habitans de cette petite contrée. Cette province & celle du Fioum ſont les ſeules, qui ayent conſervé leur fertilité de toutes celles dans leſquelles les anciens Rois d'Egypte avoient fait paſſer les eaux du Nil au travers des collines, qui de ce côté-là ſeparent l'Egypte de la Libye, parceque dans celles-ci elles étoient conduites par des canaux qui ſe ſont mieux conſervés que les Aqueducs que ces Princes avoient fait conſtruire, pour porter la fécondité dans les autres. J'ai déja parlé de ces fameux ouvrages, qui ſeront à jamais pour la poſtérité des monumens éternels de la puiſſance de ces anciens Souverains, & de leur attention à procurer par toutes ſortes de moyens le bonheur de leurs ſujets. J'ajouterai ſeulement qu'on ne doit pas s'imaginer, que ces maſſes énormes, qui ſoutenoient les eaux du Nil, s'étendiſſent juſqu'au de là des montagnes qu'on trouve entre l'Egypte & les déſerts ſablonneux de la Libye. Lorſque ces Aquéducs avoient joint ces montagnes, ſoit par leur ſommet, ſoit par quelques unes de ces vallées, qui les ſeparent les unes des autres, on leur avoit pratiqué un lit, tantôt entre ces collines mêmes, quelquefois en perçant une montagne, & on leur avoit ainſi creuſé une route aiſée & plate, par où les eaux étoient portées juſques dans ces plaines qu'elles rendoient fécondes. C'eſt dans quelques uns de ces anciens canaux pratiqués dans les montagnes de la Libye, que quelques Religieux de la Propagande ont encore trouvé de l'eau, qui s'y étoit conſervée juſqu'à nos jours.

La derniere place de la haute Egypte, en avançant vers la Nubie, eſt Efrim, qui, comme je l'ai dit, n'eſt qu'un petit château ſitué ſur la rive droite du Nil à quatre ou cinq journées d'Eſſené. Il y a dans cette forterteſſe, où l'on relégue ordinairement ceux qu'on veut éloigner du Caire, ſans les bannir abſolument de l'Egypte, quelques habitans fort pauvres & en petit nombre, un Commandant, & avec lui environ une quarantaine de ſoldats. De là juſqu'aux frontieres de la Nubie, qui n'en ſont pas éloignées, on ne rencontre que des montagnes arides & ſtériles, couvertes de ſables brulans, ſur

leſquels

DE L'EGYPTE.

lesquels il n'est presque pas possible d'arrêter le pied elles sont habitées par quelques Arabes, dont toutes les richesses consistent en quelques dattes qu'ils recueillent des palmiers, dont les bords du Nil sont parsemés dans cette contrée, & qu'ils vont vendre en Egypte. De la vente de ces fruits ils achetent un peu de bled, ou d'orge, & quelques toiles & étoffes de laine grossiéres, dont ils s'habillent, ne vivant d'ailleurs que de leurs dattes & d'un peu de pain. Il est certain que la pauvreté de ces peuples est extrême; mais on peut dire aussi que leur charité passe encore de beaucoup leur misére. Ils se priveroient plutôt du peu qu'ils ont, que de n'en pas faire part à ceux qui passent, lorsqu'ils se trouvent dans la nécessité. Il n'est pas même besoin de leur demander; leur générosité sçait épargner ce dégoût à ceux qu'ils obligent. On va seulement s'asseoir vis-à-vis de la porte de leurs cabanes. Ce langage leur est connu. Dès que le maître & la maîtresse de la cabane apperçoivent quelques étrangers, ils comptent d'abord le nombre de leurs nouveaux hôtes. Ils broyent ensuite entre deux pierres, suivant leur coutume, la quantité de bled, ou d'orge, nécessaire pour régaler ces nouveaux venus. De cette farine on fait un pain qu'on cuit sous la cendre; on le met au milieu de la cabane avec des dattes; après quoi le maître de la maison sort, & va inviter ces étrangers à venir manger avec lui & avec sa famille des biens, qu'il tient, dit-il, de la liberalité du Seigneur, & qu'il partage avec eux d'aussi bon cœur, que s'il avoit des vivres en abondance. Que pensez vous de cette charité, Monsieur? Sont ce là des mœurs qu'on crût pouvoir rencontrer dans des infidéles & des barbares? Ces sentimens ne feroient ils pas honneur à des nations polies & civilisées? Trouve-t'on toujours dans des Chrétiens la même charité pour leurs freres? Ce qu'il y a d'admirable, c'est que tout pauvres, tout misérables qu'ils sont, ces Arabes vivent cependant jusqu'à une extrême vieillesse.

Le portrait que je viens de vous faire de la haute Egypte est si peu avantageux, si peu réjouissant, que je ne sçai si j'oserai encore vous proposer, Monsieur, de faire un tour vers les montagnes, qui l'environnent. Permettez-moi cependant de hazarder encore ce coup de pinceau. Ces monts arides devenus le séjour de la solitude & de l'horreur vous offriront

Des montagnes de la haute Egypte

peut être des objets capables de vous dédommager de la peine que vous avez prise de parcourir les vastes plaines de cette contrée.

Des monta- *gnes de Li-* J'ai déja dit qu'à son entrée en Egypte le cours du Nil se trouve resserré entre deux chaines de montagnes, qui courant, l'une à l'Orient, l'autre du côté de l'Ouest, l'accompagnent inséparablement jusqu'au Caire, & servent en quelque sorte de barriéres à l'Egypte supérieure, qu'elles bornent de ces deux côtés. Ces deux chaines de montagnes, comme je l'ai insinué alors, sont aussi fort différentes l'une de l'autre. Celle qui sert de bornes à l'Egypte du côté du Couchant, & qui la sépare de la Libye, n'est composée que de plusieurs monticules peu élevés, qui par leurs vallées fréquentes forment des hauts & des bas continuels, tels qu'on en remarque dans nos Dunes ou dans celles d'Angleterre. Ce ne sont proprement que quelques amas de sables congelés, qui comparés avec cette masse énorme de rochers impénétrables & solides, qu'on voit à leur opposite, seroient pris volontiers pour les enfans de cette grande montagne. Ces monticules ont environ deux à trois journées de largeur, & ne contiennent rien de remarquable au de là de ce que j'en ai dit. De l'autre côté sont les vastes plaines & les déserts inhabités de la Libye, qui n'est pas elle même tellement unie, que de tems en tems on n'y rencontre des inégalités peu considérables. C'étoit, comme je l'ai dit, au travers de ces monticules, que du tems des anciens Rois d'Egypte, on avoit trouvé le secret de conduire les eaux du Nil jusques dans ces solitudes brulantes. Il n'avoit pas été possible de pratiquer la même chose de l'autre côté. La hauteur extrême de la montagne, & la solidité d'un rocher perpétuel, auquel aucune vallée ne donne ouverture, étoient des obstacles que tout l'art des hommes n'étoit pas capable de vaincre.

Des monta- *gnes de la* *Mer Rouge.* En effet à considérer cette longue chaine de montagnes, qui du côté de l'Est sépare l'Egypte habitable de la mer Rouge depuis la Nubie jusqu'au Caire, on seroit volontiers tenté de la prendre pour un mur élevé de main d'homme, tant le côté qu'elle presente au Nil est escarpé & uni. Son sommet est aussi très plat & très élevé, & hors dans un seul endroit il ne laisse entrevoir aucune vallée, ni ouverture. C'est vis-à-vis de Coptaïm que se trouve ce passage dangereux, puisqu'il n'est composé que de quelques sentiers très rudes & fort étroits, par où les chameaux peuvent arriver au sommet de ces montagnes, & se rendre de là au port du Cossir, qui n'en est éloigné que de quatre à cinq journées. C'étoit par cette route, qu'à cause des guerres continuelles, qui diviserent long tems les successeurs de Mahomet, & qui interrompirent pendant un nombre d'années considérable la voie que prenoient auparavant les Caravanes d'Egypte par l'Arabie pour se rendre à la Mecque, que les pélerins traversant ces montagnes arrivoient d'ici au Cossir. Là ils s'embarquoient sur des vaisseaux, qui en deux journées les transportoient de l'autre côté de la mer Rouge.

C'étoit sur la route que tenoient ces Caravanes, & au milieu de ces montagnes, que se trouvoient autrefois ces émeraudes si estimées, qui passoient pour les plus belles du monde, comme elles étoient aussi les plus dures. Aujourd'hui le lieu d'où on les tiroit est absolument inconnu. Ce n'est pas qu'il ne se rencontre encore beaucoup de ces pierres dans le pays ; mais outre que la couleur n'en est pas belle, elles sont tendres, & il n'est pas possible de les travailler. La maniére, dont s'est perdue depuis peu cette ancienne mine si précieuse & si vantée est très singuliére. L'histoire qu'on en raconte ici renferme des incidens, dont sans doute vous ne serez pas fâché d'être instruit.

HISTOIRE

De Mulcy-Hassein Prince Arabe.

L'amour & l'avarice sont deux passions également capables de porter les hommes aux plus grands excès. Souvent elles sont l'ame des résolutions les plus généreuses, comme on les voit être quelquefois la source des crimes les plus noirs & les plus honteux. L'amour véritable dans tous les sujets qu'il s'est soumis bannit l'avarice ; & l'avarice absorbe toutes les autres passions dans les cœurs malfaits sur lesquels elle a pris un véritable empire. Ces deux passions n'ont point partagé l'Univers. On les retrouve également dans le cœur de tous les peuples & de toutes les nations de la terre. Chez les Turcs & chez les François, dans le Levant comme en Europe, on aime également tout ce qui est aimable ; & là comme ici on ne manque point de mettre au nombre des principaux objets dignes de remplir le cœur de l'homme les richesses & la beauté. L'amour, il est vrai, semble avoir dégénéré chez les Orientaux. Cette passion noble & délicate a pris chez ces peuples un petit air brutal, qui approche fort de la barbarie. L'avarice en récompense y est dans son fort. Elle domine, elle triomphe dans ces cœurs avilis par l'amour de l'or, & est chez eux le principe de tous les désordres & de toutes les révolutions que la galanterie a coutume de causer parmi des nations plus tendres & plus polies. De là il est aisé de concevoir que l'amour & l'avarice une fois réunis dans le cœur de ces peuples doivent produire les efforts les plus singuliers d'injustice, ou de grandeur d'ame.

Muley-Hassein Prince Arabe étoit le dernier de la race de ces anciens Rois, qui avoient autrefois gouverné l'Egypte avec tant de gloire & de magnificence. De tous les droits que sa naissance lui donnoit sur ce riche & florissant Royaume il ne possédoit que celui de commander à un petit canton de ce pays situé dans cette longue chaine de montagnes, qui le séparent de la mer Rouge. C'étoit au milieu de ces rochers arides & escarpés, que l'Emir se consoloit de la perte d'un trône sur lequel il avoit de si légitimes prétentions, & de la décadence de sa famille, autant par la soumission & l'attachement qu'il trouvoit dans un petit nombre de sujets, dont il étoit adoré, que par la possession de cette célébre mine d'émeraudes, dont j'ai parlé. Elle étoit située dans son petit Etat ; & comme elle étoit l'unique de l'Egypte, & même la plus estimée de tout l'Univers, elle ne pouvoit manquer de rendre à ce Prince des sommes immenses.

Hassein vivoit content dans ses montagnes, aimé de ses peuples, respecté de tous les autres Princes Arabes ses voisins, qui, comme lui partageoient la possession de la haute Egypte, & qui quoique presque toujours divisés entr'eux par des intérêts personnels, se réunissoient tous dans les sentimens d'estime & de déférence qu'ils avoient pour cet Emir. Ils le regardoient comme leur maître ; & il exerçoit sur eux une espéce d'empire volontaire, qui sembloit le dédommager d'une couronne pour laquelle il étoit né. Ils le consultoient dans leurs affaires ; ils prenoient son avis sur toutes leurs entreprises. Il étoit l'arbitre de tous leurs différens ; & ses décisions étoient reçues avec respect par les autres Emirs ses égaux, sur lesquels il n'avoit de pouvoir que celui qu'ils lui avoient donné eux mêmes. Aussi peut-on dire que tant qu'il vécut il sçut maintenir la concorde & l'union entre ces Princes indociles. La vénération extrême qu'ils conservoient pour le sang de leurs Rois, qu'ils reconnoissoient dans Muley-Hassein, contribuoit beaucoup sans doute à cette conduite qu'ils tenoient à son égard. Les qualités personnelles de cet Emir y avoient peut être autant de part, que le privilege de sa naissance.

Hassein étoit né avec une ame grande, des sentimens nobles & élevés, un génie vaste & éclairé, un esprit vif & dominant, un courage mâle, & capable des plus grandes résolutions. Il avoit donné plus d'une fois des preuves de sa valeur contre quelques uns des autres Emirs ses voisins, qui dans les premieres années de son gouvernement avoient voulu essayer leurs forces contre les siennes, & qui obligés de céder dès-lors à son habileté & à sa bravoure, avoient éprouvé à leurs dépens qu'il n'étoit pas de leur intérêt d'avoir pour ennemi un Prince de ce caractere. Depuis il avoit servi dans les armées que le Grand Seigneur avoit tirées d'Egypte, pour envoyer contre les Persans ; & dans les campagnes qu'il avoit faites, il s'étoit également distingué par sa générosité & par sa bravoure. Aimé des troupes pour sa douceur, son affabilité, ses manieres aisées, affables, & populaires, estimé de tous les Officiers des armées Ottomanes par son grand cœur & sa magnificence, il s'étoit fait redouter par sa valeur & son habileté de tous les Généraux, qui les avoient commandées, & qui n'avoient vû qu'avec fraieur ces deux qualités éminentes réunies à tant d'autres dans un homme capable d'en faire un jour un usage si contraire à leurs intérêts. Que n'avoient ils pas à apprehender de cet Emir, si avec des talens si propres à se faire craindre & obéir il osoit profiter de quelque conjoncture favorable pour revendiquer contre eux les droits qu'il avoit sur l'Egypte ! Aussi l'avoient ils toujours tenu depuis plus éloigné du gouvernement & des affaires qu'aucun autre des Princes de sa nation. Mais entr'autres bonnes qualités Hassein avoit celle d'être fidele à son Maître. Si cet Emir n'avoit point fait valoir ses prétentions sur un trône qui sembloit lui appartenir légitimement, ce n'étoit ni par pusillanimité, ni faute d'ambition, ou de génie. L'amour de la paix joint à l'éloignement naturel qu'il avoit pour répandre le sang, lui avoit fait faire des réflexions plus capables encore d'arrêter tous les projets d'agrandissement que sa naissance auroit pû lui inspirer. Il avoit conçu, qu'un petit Prince comme lui relégué dans le fond de ses montagnes, & n'ayant pour tout appui qu'une poignée de sujets zélés, mais peu aguerris, tenteroit inutilement la conquête d'un pays tel que l'Egypte contre les forces redoutables d'une puissance aussi étendue que celle des Sultans de Constantinople ; que ses efforts ne serviroient qu'à hâter sa perte, & la ruine des peuples qui lui étoient attachés ; que les grandes révolutions, telles que celle dont il s'agissoit, ne naissoient que de l'assemblage d'une infinité de conjonctures, & que dans la situation où se trouvoit l'Egypte, il n'y avoit pas lieu d'espérer qu'il s'en rencontrât jamais d'assez favorables, pour le remettre sur un trône, dont ses Ayeux avoient été dépossédés depuis tant d'années. La fable du pot de terre & du pot de fer ne lui étoit pas inconnue ; il sçut la mettre à profit. Une possession si longue soutenue d'une puissance formidable lui parut un titre contre lequel il n'y avoit plus à revenir. Il préféra une soumission nécessaire & paisible aux soins & aux chagrins inséparables d'une entreprise téméraire & mal fondée, dont il ne voyoit nulle gloire à espérer ; & on peut dire que dans tous ses vastes Etats le Grand Seigneur n'avoit point de sujet plus attaché que cet Emir. Heureux, si l'avarice & l'amour ne se fussent pas réunis pour le faire paroître peu soumis & infidéle.

On conçoit que Hassein ne pouvoit être que très riche, puisqu'il possédoit la précieuse mine d'émeraudes. Aussi l'étoit il, & par malheur pour lui ses richesses n'étoient que trop connues du Gouverneur d'Egypte & de toutes les autres Puissances du pays. On ne parloit que des trésors de l'Emir. C'en fut assez pour inspirer le dessein de le rendre coupable aux yeux de S. H. Après cette résolution prise il n'y eut rien qu'on ne mît en œuvre, pour tenter la fidélité du Prince Arabe, & pour la pousser à bout. A l'instigation de ses ennemis quelques Turcs commirent plusieurs violences sur ses terres, insultérent ses sujets, enlevèrent leurs chameaux ; & comme malgré ces outrages Haſſein reſtoit toujours fidéle & tranquile, un Aga du voiſinage eut ordre d'entrer dans ſon petit Etat à main armée. L'Emir ſe plaignit modeſtement de l'injure qu'on lui faiſoit. Il repreſenta avec modération le tort que ces troupes cauſoient à ſes ſujets. Ses plaintes furent priſes pour des murmures ; ſes remontrances, toutes modérées qu'elles étoient, furent traitées de révolte. Le Bacha, qui eſpéroit profiter de la dépouille de l'Emir, écrivit ſur le champ à la Porte, où il dépeignit ce Prince avec les plus noires couleurs. Il ſçut ſi bien prendre ſes meſures, qu'il obtint un ordre du Grand Seigneur, pour faire venir Haſſein au Caire. Cet ordre, qui fut auſſi tôt ſignifié à l'Emir, le ſurprit à la vérité; mais il ne le déconcerta point. Il preſſentit qu'on avoit deſſein de lui jouer un mauvais tour, & demanda un délai, qu'on ne manqua pas de traiter de déſobéiſſance. Il fut déclaré rebelle; & on commanda des troupes pour marcher contre lui.

Si Haſſein n'eût poſſédé d'autres richeſſes, que celles qu'il retiroit de la mine d'Eméraudes, peut être n'eût-il pas paru ſi coupable aux yeux de ſon ennemi. Un tréſor plus précieux, que l'Arabe conſervoit chérement, excitoit l'avidité du Bacha qui à quelque prix que ce fût avoit réſolu de s'en rendre poſſeſſeur. C'étoit une épouſe que Haſſein aimoit avec paſſion, & dont il étoit tendrement aimé. Cette Princeſſe paſſoit pour une des premiéres beautés de ſon ſiécle ; mais elle étoit encore plus ſage & plus ſpirituelle, qu'elle n'étoit belle. C'étoit avec elle que Haſſein ſe conſoloit de la perte d'un trône. Les plaiſirs & les honneurs que promet une Couronne, ne valent pas les douceurs réelles, & les véritables avantages qu'on trouve dans la poſſeſſion d'un cœur, dont on eſt ſûr d'être le maître. Il ſemble qu'on retrouve un autre ſoi même dans le dernier; l'autre au contraire ne peut promettre que des flatteurs, ou des eſclaves.

Un voyage que l'Emir avoit fait au Caire avec ſon épouſe & toute ſa maiſon avoit procuré au Bacha une occaſion de voir cette Princeſſe & de l'aimer. Ce Seigneur donnoit une grande fête au Château, & tandis qu'elle dura la magnificence & les plaiſirs furent les mêmes dans l'intérieur du ſérail, que dans les appartemens extérieurs du Palais. C'eſt ce qui y avoit attiré tout ce qu'il y avoit de femmes de conſidération au Caire, ravies de pouvoir jouir des ſpectacles & des divertiſſemens, dont cette fête étoit accompagnée. La Princesse Arabe s'y étoit rendue elle même à la priere de Hassein. Quoi que ces plaisirs fussent peu de son goût, elle n'avoit pû refuser cette satisfaction aux instances d'un époux chéri, qui n'avoit pas voulu qu'elle se distinguât, & qu'elle fût la seule à s'absenter d'un lieu, où les femmes de tous les Grands & de tous les Seigneurs du pays devoient se trouver réunies. Ce n'est point la coutume que dans ces occasions un mari, quel qu'il soit, mette jamais le pied dans son Sérail. Tant que durent ces visites, l'entrée lui en est aussi étroitement deffendue qu'à tout autre. Soit curiosité simple, soit témerité & imprudence, le Bacha méprisa cette Loi si religieusement observée dans tout le Levant. Tout le Sérail n'étoit animé que par les jeux & par les plaisirs, lorsqu'on vint y annoncer l'arrivée du Gouverneur. Cette nouvelle répandit la consternation dans cette troupe timide de femmes étrangéres, que la curiosité avoit attirées en ce lieu, dans l'espérance d'y gouter paisiblement avec leurs semblables des plaisirs qu'elles n'imaginoient pas devoir être troublés par une visite de cette nature. Les unes par pudeur, le plus grand nombre par la crainte de risquer leur réputation, toutes dans la surprise chercherent à mettre par la fuite leur innocence à couvert de la vue d'un homme. La Princesse Arabe fut la seule, qui ne put éviter les regards du Bacha. Il l'apperceut lorsque dans le premier trouble, où l'avoit jettée cette arrivée imprévue, elle alloit avec précipitation se cacher dans un de ces appartemens, dont étoit accompagné le vaste salon, où d'abord elles étoient toutes assemblées. Le Bacha la vit ; il l'aima ; il la suivit, & l'arrêtant tendrement par la main dans le moment qu'elle alloit entrer dans une chambre, où toutes les autres Dames s'étoient réunies ; Vous me fuyez, charmante personne, lui dit-il ; & vous cherchez à cacher à mes regards des appas, qui s'ils étoient connus, devroient être adorés de toute la terre. Ne m'enviez point un bonheur, que le hazard seul & ma bonne fortune me procurent en ce jour, & laissez moi gouter du moins un moment un plaisir, dont la possession feroit toute ma félicité, s'il m'étoit permis de jouir plus long tems de votre vue. Pour quoi fuir ? Pour quoi m'éviter ? Qu'avez vous à apprehender dans un Palais, où dès ce moment vous pouvez commander plus absolument que moi même ? Ah, Seigneur, s'écria avec transport

transport la Princesse Arabe, en se débarassant de ses mains avec assez de vivacité, que n'ai-je pas à craindre dans un lieu, où toutes les loix de l'hospitalité & de l'honneur sont si hautement violées! Retirez-vous, & redoutez de ma part un éclat, qui vous couvriroit de honte pour tout le reste de votre vie. A ces mots elle le quitta brusquement, & le laissa dans la situation du monde la plus triste, pénétré de la passion la plus vive pour cette belle personne, & du désespoir de pouvoir jamais parvenir à la satisfaire. En effet sur une indisposition prétendue que feignirent quelques unes des principales femmes du Bacha, pour cacher le désordre qui venoit d'arriver dans le sérail, les fêtes cesserent, toutes les Dames étrangéres se retirerent auprès de leurs époux, & Hassein instruit au retour par son épouse de tout ce qui s'étoit passé ne tarda pas lui même à abandonner le Caire, pour reprendre le chemin de ses montagnes.

Telle fut l'origine de la jalousie, qui anima le Gouverneur d'Egypte contre cet Emir, & de tous les malheurs qui depuis avancerent sa perte. Le Bacha également avare & amoureux, attiré par l'appas des richesses que procuroit à Muley-Hassein la riche mine, dont il étoit le maître, désespérant d'ailleurs de posséder jamais un objet pour lequel il sentoit la passion la plus violente, & qu'il avoit la douleur de voir entre les bras de ce Seigneur, conçut une haine mortelle contre un homme qu'il regardoit comme le ravisseur de son bien. Sur ce principe il prit la résolution de lui enlever en un même jour ses trésors, sa femme, & la vie. Il ne lui fut pas aussi facile d'exécuter ce mauvais dessein contre l'Emir, qu'il lui avoit été aisé de le noircir, & de le calomnier à la Porte. Au premier avis qu'eut Hassein de la marche des troupes commandées contre lui, il ne jugea pas à propos de les attendre dans la plaine. Il commença par enlever tous les grains & tous les troupeaux répandus dans la campagne; fit lui même le dégât dans cette partie de son petit Etat, & alla ensuite chercher un azile dans ses montagnes. Les Turcs tenterent inutilement de l'y forcer. L'Arabe par sa bravoure & son activité sçut résister à toutes leurs attaques. A peine avoient-ils fait un pas vers lui, que tombant sur eux du haut de ces précipices, qui lui servoient de boulevart, il les obligeoit de reculer de dix en arriere. Il leur

R r

enleva plusieurs convois ; il défit plusieurs de leurs partis ; & quoiqu'il leur fût beaucoup inférieur en nombre, il sçut trouver dans l'avantage du lieu qu'il occupoit une supériorité, qui les fit long tems languir au pied de ces rochers affreux, au milieu desquels il s'étoit choisi une retraite. Le Bacha se désespéroit de voir si long tems différer sa vengeance par la résistance d'un seul homme, tandis qu'au milieu des soins & des fatigues inséparables d'une guerre ouverte, Hassein alloit se consoler avec son épouse de la haine impuissante de ses ennemis.

Cette Princesse, qui n'ignoroit pas qu'elle étoit en partie la cause innocente des malheurs, dont ce Seigneur se voyoit menacé, étoit cependant inconsolable. Que je suis malheureuse, lui disoit elle un jour, en s'entretenant avec lui des tristes effets de la cupidité du Bacha, & des funestes suites qu'elle pouvoit avoir. Cette beauté que le Ciel sembloit m'avoir donnée, pour faire le bonheur d'un époux, cette beauté lui devient fatale, & n'est pour lui qu'une source de chagrins & de peines. Concevez vous bien comme moi, mon cher Hassein, quel est le malheur de ma destinée ? Je vous aime ; & le plus grand de tous mes souhaits seroit de pouvoir vous rendre heureux aux dépens de mon propre bonheur, aux dépens même de mes jours. Cependant j'ai la douleur de voir la fortune s'opposer à mes desirs, & se servir impitoyablement de moi même pour vous faire le jouet de son inconstance & de ses revers. Je répans l'amertume dans votre sein ; j'empoisonne tous vos plaisirs ; je porte le fer & le feu dans vos Etats ; je rends vos sujets malheureux ; & sans le vouloir j'expose à un danger éminent votre liberté & votre vie. Sans moi vos ennemis n'auroient jamais songé à vous calomnier. Sans moi vous seriez toujours soumis & fidéle aux yeux de cette superbe Porte, qui a résolu aujourd'hui de vous exterminer comme un traitre & un rebelle. Sans cette malheureuse beauté, qui m'a attiré les regards du Bacha, & qui a malgré moi allumé dans son cœur une passion que je déteste, vous n'auriez pas à présent le déplaisir de voir vos campagnes desertes & désolées. Beauté funeste, que tes avantages sont imaginaires & vains au prix des maux réels, dont tu es la source ! Hassein, que ces discours affligeoient véritablement, mettoit toutes les peines du monde à la consoler. Non, Madame, lui disoit il, le Bacha ne vous aima jamais. Vous lui faites trop d'honneur de le croire capable d'une inclination si noble. La tendresse & l'amour n'entrent point dans le cœur d'un brutal & d'un barbare. S'il est animé de quelque passion, c'est l'amour de l'or, c'est l'aveugle cupidité de s'enrichir, qui le ronge & le tyranise. C'est de mes tréſors, dont il est altéré. Cette mine précieuſe, qui fait tout mon bien, & dont il a entendu parler, est le ſujet de ſes injuſtices & de ſes violences. Son avarice & ſa cupidité lui repreſentent cet objet comme un bien, qui lui appartient, & dont il prétend ſe mettre en poſſeſſion par la force Mais il eſt encore loin de compte. La force a peu de pouvoir ſur le cœur d'Haſſein ; & dans la ſituation où je ſuis on n'a gueres à craindre de ſes ennemis, lorſqu'on ſçait mourir & ſe taire.

Le Bacha de ſon côté n'étoit pas tranquile. Déja ſix mois s'étoient écoulés, depuis que les troupes commandées contre Muley-Haſſein ſe morfondoient au pied de ſes montagnes, ſans que le Gouverneur fût encore en poſſeſſion, ni de la belle, ni des tréſors, qui avoient excité ſa cupidité. Ce retardement mit ſon impatience à bout. Il avoit d'abord compté qu'un ſimple détachement ſuffiroit pour réduire l'Emir, & il avoit oſé ſe flatter que le ſeul bruit de la marche des troupes Turques lui ameneroit ſon ennemi pieds & poings liés. Le Bacha connoiſſoit mal le Prince, auquel il avoit à faire. Il le conçut par ſa réſiſtance opiniâtre. Il comprit qu'un homme auſſi habile & auſſi brave, maître d'un poſte avantageux, ne pouvoit y être forcé que par une armée ſupérieure, & que pour le vaincre il falloit à la tête de ces troupes un Général, qui dans le ſuccès de cette entrepriſe eût les mêmes intérêts que l'Emir. Il ſe repentit d'avoir confié cette expédition à des Officiers ſubalternes, qui n'étant animés que par le déſir de remplir leur devoir, n'agiſſoient que foiblement au gré de ſa paſſion & de ſon impatience. Il réſolut donc de ne s'en plus rapporter qu'à lui même. Dans cette vue il raſſembla tout le reſte des troupes, que le Grand Seigneur entretient dans ce pays. Haſſein fut une ſeconde fois déclaré rebelle & ennemi de S. H. & après avoir fait tous les préparatifs néceſſaires, le Bacha marcha en perſonne contre l'Arabe.

Au premier avis que reçut l'Emir de l'arrivée de ſon ennemi, il ſe jugea perdu ſans reſſource. Toute retraite lui étoit fermée ;

& ſes montagnes étoient pour lui un foible azile contre un ennemi puiſſant, ſuivi d'une armée nombreuſe pourvue de tout ce qui étoit néceſſaire pour l'attaque & pour la deffenſe, & animé par les deux plus fortes paſſions, qui ayent coutume d'agiter le cœur de l'homme. Dans cette extrémité Haſſein prit le parti que la néceſſité & ſon grand cœur lui inſpirerent. Il n'y avoit que cinq ou ſix perſonnes, qui euſſent connoiſſance de la ſituation de cette précieuſe mine. L'Emir les fit venir en ſa preſence, & leur montrant l'armée du Bacha, qui s'apprêtoit à marcher contre lui ; Ceux que vous voyez devant vous, leur dit-il, ſont vos ennemis, & les ennemis de vos Princes, qu'ils ont cruellement maſſacrés & mis à mort. Moi même triſte reſte de ces anciens Héros à peine ai-je pû échaper au cruel cimeterre des fiers Ottomans. Vous ſçavez ce qui les anime aujourd'hui contre nous. Guidés par l'avarice ils viennent chercher juſques dans nos montagnes des tréſors, que leur avidité leur figure infiniment plus grands encore qu'ils ne le ſont en effet. Dans un moment ils ſont à nous, & ſemblent déja des yeux dévorer leur proye. Fideles dépoſitaires de mon ſecret, ſi vous m'en croyez, ils ſe trouveront bien loin de compte. La mort, qui ſeule peut vous ſouſtraire à leurs traitemens barbares, vous mettra dans l'inſtant même hors d'état de contribuer jamais à ſatisfaire leur cupidité inſatiable. Vous pouvez compter ſur ma parole que je ne ſerai pas long tems à vous ſuivre.

A ces mots d'un coup d'œil, l'Emir leur fit remarquer ſix bourreaux, qui la corde à la main paroiſſoient n'attendre que leur ordre pour exécuter le triſte miniſtere; & ces ſujets zelés courant offrir leur col à la mort, ſembloient ſe plaindre encore de n'avoir qu'une vie à ſacrifier à l'attachement qu'ils avoient pour leur Prince, & à la haine qu'ils portoient à leurs ennemis. Haſſein détourna ſes regards d'un ſpectacle funeſte, qui lui arracha des larmes. De là il courut à la tente de ſon épouſe, & l'abordant d'un air ferme, qui ſous un dehors tranquile cachoit la plus étrange réſolution; Notre ennemi eſt à nous, Madame, lui dit-il; déja ſes étendarts paroiſſent ſur nos montagnes, & nos rochers ſont moins hériſſés de leurs pointes que de ſes lances & de ſes dards. Cependant je ſens couler dans mon ame une douce joye au milieu des triomphes, dont s'applaudit déja notre ennemi commun. Un fatal cordeau vient de punir d'avance l'avidité des Turcs, en enséveliſſant dans l'oubli la mémoire des tréſors immenſes, qui l'avoient excitée, avec la vie de ceux qui en avoient connoiſſance, & qui viennent d'être privés du jour. Je me vois à preſent le maître & le ſeul dépoſitaire de mon ſecret ; je vais, Madame, le deffendre juſqu'à la mort. Pour vous, tendre & fidele épouſe, ajouta-t'il en lui tendant la main, comme pour lui dire le dernier adieu, vivez ; à ce mot un tendre ſouvenir l'obligea malgré lui de laiſſer couler quelques larmes; vivez, chére épouſe, continua-t'il ; & tandis que des torrens de ſang vont inonder ces rochers arides, ſouvenez vous de l'infortuné Haſſein ; ſouvenez vous de ſa tendreſſe.

L'Emir, dont le cœur étoit pénetré de la douleur la plus vive, voulut ſe retirer après ce diſcours. Il ſe ſentoit attendri par la vue de ſon épouſe, & il vouloit lui dérober une partie de ſon trouble & de ſes deſſeins ; mais cette Princeſſe l'arrêtant malgré lui, Attendez, Haſſein, lui dit-elle, il n'eſt pas encore tems de courir à la mort. Car en vain prétendez vous me cacher votre funeſte réſolution. Vous allez mourir Haſſein ; Et, cruel, m'avez vous crue indigne de vous accompagner au tombeau ? M'avez vous pû du moins juger aſſez lâche pour vous ſurvivre ? Apprenez, Haſſein, tous vos malheurs. Vous avez prétendu me donner l'exemple ; & moi j'ai ſçu vous prévenir. Non, cher époux, ajouta-t'elle en lui prenant la main ; un ennemi cruel ne triomphera point de votre tendre & fidele épouſe. Un poiſon favorable va dans peu d'inſtans me mettre à couvert de ſes inſultes. J'ai prévu vos malheurs & les miens ; j'ai vû votre perte certaine, & j'ai ſçu la devancer. Heureuſe d'apprendre du moins avant ma mort que notre ennemi ne profitera point de nos dépouilles ! Allez, continua-t'elle en s'affoibliſſant ; combattez ; mourez ; mais ſongez du moins avant que de mourir, que vous avez à venger votre ſang & celui de votre épouſe. A ces mots elle expira entre les bras de l'Emir, qui après avoir donné quelques ordres néceſſaires pour la ſureté du corps de ſon épouſe, alla ſe mettre à la tête de ſes troupes, & fit auſſi tôt ſonner la charge.

On ne peut exprimer tous les exploits par leſquels ce Seigneur ſuivi d'une poignée de ſes ſujets ſe ſignala dans cette journée. Quoi que les Turcs fussent de beaucoup superieurs en nombre, ils avoient en même tems à combattre le désavantage du terrain, & le désespoir de leurs ennemis, qui tous résolus à la mort, ne cherchoient qu'à vendre chérement leur vie. Haffein étoit partout, & partout il donnoit à ses troupes les plus grands exemples d'intrépidité & de courage. Cependant tandis qu'il signaloit son bras au milieu du carnage & de la mort, il en vouloit surtout à son ennemi. Il le découvrit enfin au milieu d'un escadron hérissé de lances, qui sembloient menacer de mille morts quiconque seroit assez témeraire pour en approcher. L'intrépide Haffein l'attaqua ; le rompit ; & fondant ensuite sur le Bacha le cimeterre à la main, il le terrassa, & ne l'abandonna qu'après l'avoir forcé de perdre avec la vie l'esperance de triompher jamais d'un ennemi aussi fier & aussi redoutable que lui. Après avoir ainsi rempli sa vengeance, ce Prince infortuné ne se ménagea plus. En butte à tous les coups il donna mille morts, jusqu'à ce qu'affoibli enfin par le sang, qui sortoit de ses blessures, il tomba, & mourut glorieusement les armes à la main au milieu d'une foule d'ennemis qu'il avoit immolés à son ressentiment & à sa gloire.

Ainsi s'est perdu la connoissance de cette précieuse mine autrefois si célébre. Ce n'est pas, comme je l'ai déja dit, qu'il ne se rencontre encore aujourd'hui beaucoup de mines d'émeraudes en Egypte ; mais il s'en faut infiniment que les pierres qu'on en tire n'égalent en beauté celles qui venoient de l'ancienne. Ces espèces de cailloux, dont on fait les Diamans du Temple ne manquent pas non plus dans ce pays. Il me semble qu'on y en trouvoit autrefois de véritables.

étendue Montn- de la Rouge. Au reste cette chaine de montagnes, dont j'ai commencé de parler, & qui cotoye le Nil à sa droite, s'étend depuis la Nubie jusqu'à la Ville du Caire, où elle finit absolument, & où elle est connue sous le nom de montagne du Mokatan. Du Caire à la mer Rouge, ou au Suez, en allant du Couchant au Levant sa largeur est de trois journées. La montagne s'élargit ensuite, entre le fleuve & la mer, en remontant vers l'Ethiopie. Elle a quatre à cinq journées de largeur vis-à-vis de Coptaïm & du Coffir ; elle en a neuf en remontant plus haut ; & enfin sur les frontieres de la Nubie, elle est de dix sept journées de largeur. Comme il ne pleut jamais sur ces montagnes, on n'y rencontre aucune véritable source, ou fontaine; on trouve seulement une eau assez mauvaise en quelques endroits lorsque l'on creuse dans les sables. C'est par la même raison que ces rochers sont absolument stériles, & ne produisent pas un seul brin d'herbe dans toute leur étendue. C'est dans ces montagnes comme je le dirai ailleurs, qu'à trois journées au dessous d'Esséné se trouvent ces carriéres de marbre granite, d'où l'on a tiré cette quantité surprenante de colomnes, dont l'Egypte est encore aujourd'hui remplie. C'est de là qu'est venue cette colomne prodigieuse, dont j'ai parlé, connue sous le nom de Pompée, qui est encore sur pied. Elle ne tardera pas à tomber. Les Arabes creusent continuellement dessous dans l'esperance d'y trouver quelque trésor; & comme elle est située sur une petite éminence, il est fort à craindre qu'elle ne se casse dans sa chute. Quelle perte pour la postérité, qui par cet accident se trouvera privée d'un monument si ancien & si admirable!

Comme il n'y a point de plus belle vue que celle qu'on a du haut de cette montagne, d'où l'on découvre toute la plaine jusqu'aux monticules de la Libye, les Anachorétes de l'Egypte Chrétienne l'avoient choisie pour s'y faire une retraite, où loin du monde & du bruit ils pussent vaquer plus tranquilement aux pensées de l'éternité. A commencer du Château du Caire, qui est à la pointe de ces montagnes, jusqu'à la haute Egypte, mille & mille cellules taillées dans la pierre se voyent dans les endroits de ces rochers les plus inaccessibles. Ces saints personnages n'arrivoient à ces grottes que par des sentiers fort étroits, souvent interrompus par des précipices qu'ils passoient sur de petits ponts de bois, qui retirés de leur côté rendoient l'abord de leurs retraites inaccessible. C'est là ce qu'on appelle la Thébaïde autrefois si fameuse par ce nombre prodigieux d'hermites qu'elle a portés. On apperçoit beaucoup de ces grottes, ou cavernes, des bateaux qui navigent sur le Nil. Il y en avoit, d'où avec de longues cordes on puisoit l'eau dans le Nil même, lorsqu'il étoit dans sa hauteur, ce fleuve venant alors flotter au pied des rochers escarpés, dont son lit est bordé de ce côté-là. Dans cette saison ces bons Religieux pouvoient faire leur provision d'eau, sans être obligés de descendre de ces hautes cavernes. On voit encore les réservoirs, où ils serroient cette eau pour le reste de l'année.

Des deserts de la Thebaïde.

On trouvoit auſſi dans ces montagnes de célébres Monaſtéres, dont quelques uns ſubſiſtent encore aujourd'hui, tandis que les autres ne ſe remarquent plus que par leurs ruines. J'en ai vû un à ſept ou huit lieues au deſſus du Caire, où il y avoit trois Egliſes élevées les unes au deſſus des autres, & ſi entiéres qu'elles paroiſſoient avoir été bâties tout nouvellement. Le Monaſtere avoit de même trois étages les uns ſur les autres répondans de plein pied à chacune de ces Egliſes, où vraiſemblablement les Pſeaumes de David ſe récitoient jour & nuit ſans interruption. Ce Monaſtére eſt aujourd'hui habité par des Religieux Coptes. Dans le voiſinage j'ai vû les ruines d'un autre Monaſtere, proche duquel étoit la promenade du monde la plus ſinguliére & la plus digne d'admiration. En effet vers le haut de la montagne & à deux ou trois braſſes de ſa ſuperficie, on l avoit percée de la hauteur de vingt cinq à trente pieds, de la largeur de plus de deux cens pas, & de la longueur de trois cens. La largeur répondoit ſur le Nil tirant du Nord au Sud, & la longueur alloit d'Orient en Occident. La montagne briſoit en cet endroit, & laiſſoit une vue ſupérieure, qui s'étendoit du côté de la mer Rouge. Ce qu'il y avoit de plus ſingulier, c'eſt que cette voute, ou promenade, de deux cens pas de large & de trois cens d'étendue, faite d'une ſeule & unique pierre, n'étoit ſoutenue d'aucun pilier. Deux cens Religieux pouvoient s'y promener à l'aiſe à côté les uns des autres. Ce lieu mérite d'être vû, auſſi bien que le Monaſtére à trois Egliſes, dont je viens de parler. Dans les plus grandes chaleurs de l'Eté il régne ſous cette voute un frais admirable.

Au reſte ces grottes, qui du côté du Nil regnent le long de la montagne, ne ſont pas ſeulement ce qu'on a appellé la Thébaïde. Ces montagnes déſertes & incultes s'étendent, comme je l'ai dit, vers la mer Rouge par l'eſpace de trois à quatre journées; & ce ſont là proprement ces deſerts de la Thébaïde ſi célébres dans l'hiſtoire Eccléſiaſtique des premiers ſiecles. C'eſt là qu'entre le Suez & le Coſſir, à une diſtance de ſix ou ſept heures de la mer, on voit le fameux Monaſtere de Saint Antoine, la grotte de Saint Paul, & diverſes autres retraites ſemblables, conſacrées par la pénitence de ces anciens Anachoretes, qui du reſte n'a rien d'auſſi extraordinaire en ce pays ci qu'en Europe. En effet nous voyons que de coucher

ſur

sur la terre est en Egypte quelque chose de fort commun à la campagne, & que du pain très noir avec un peu de lentilles assaisonnées de quelques goutes d'huile de lin est encore aujourd'hui l'unique nourriture des Religieux Coptes, qui habitent le Monastere de Saint Antoine. Ils ne mangent qu'une fois le jour, excepté les Samedis & les Dimanches. Le Samedi chez tous les Chrétiens Orientaux n'est jamais un jour de jeûne, non plus que le Dimanche. Il faut cependant en excepter le Samedi Saint. Ils jeûnent celui-là, par la raison que Jesus-Christ étoit alors dans le tombeau.

Le Monastere de Saint Antoine est habité, comme je viens de le dire, par des Religieux Coptes, auxquels on envoye de tems en tems des provisions. C'est un enclos très vaste fermé de bons murs assés élevés pour mettre ce lieu à couvert des insultes des Arabes. On n'y entre que par une poulie, à la faveur de laquelle on se trouve hincé en haut, & de là transporté dans le Monastere. On trouve dans cet enclos beaucoup de palmiers & plusieurs autres arbres fruitiers, quelques légumes, & un puits, dont l'eau, quoique saumâtre, sert de boisson aux Religieux, & à arroser les plantes de ce jardin. Ils donnent à ce puits le nom de fontaine, ces deux termes, dont la signification est différente dans notre langue, n'en ayant qu'une même chez les Arabes.

Du Monastere de Saint Antoine.

Je ne dois pas oublier, que dans cette chaine de montagnes on trouve les ruines d'une longue & haute muraille bâtie de pierres de taille. Elle court du Nord au Sud, & peut avoir vingt quatre pieds d'épaisseur par le bas. Les Arabes l'appellent *le mur du vieux*, parceque, disent ils, elle fut bâtie par un Roi d'Egypte, qui vécut très long-tems, & qui vint à bout d'achever un ouvrage si immense; car ils assurent que ce mur environnoit toute l'Egypte. Cependant ce fait me semble très difficile à croire, tant parceque Diodore & Hérodote n'auroient pas manqué de parler d'un ouvrage si extraordinaire, que parcequ'il eût fallu un tems prodigieux pour venir à bout d'un semblable projet. D'ailleurs on ne trouve aucun vestige de ce mur, ni de l'autre côté du Nil, ni dans les montagnes de la Libye; ce qui, à mon avis, doit déterminer pour la négative. Peut être n'étoit-il destiné qu'à deffendre l'Egypte de ce côté-là des incursions des Arabes, comme nous voyons qu'à la

S s

Chine la grande muraille a été élevée, pour garantir ce pays des invasions des Tartares. Peut être avoit-on eu dessein seulement d'environner cette précieuse mine, d'où l'on tiroit les émeraudes, & de la mettre à couvert des pilleries de ce peuple errant. Les anciens Egyptiens, qui ont parlé de ce mur, disent que dans toute son étendue on avoit posé de distance en distance des gardes, qui veilloient nuit & jour, & qui par le moyen d'une espéce de cloches, qu'ils sonnoient, faisoient en très peu de tems passer dans toute l'Egypte la nouvelle de l'arrivée des ennemis, de leur nombre, & de l'endroit par où ils paroissoient vouloir attaquer la muraille. Ces cloches étoient composées de deux longs morceaux de bois très plats, comme le sont encore aujourd'hui celles, dont se servent les Prêtres Coptes pour appeller les Chrétiens de ce rit à la priére. Ces deux espéces de planches sont attachées fortement ensemble à un des bouts par des liens de fer, & elles sont éloignées par l'autre d'un pied & demi, ou de deux pieds; ensorte que quand par le moyen d'une corde que l'on tire, elles viennent à frapper l'une contre l'autre, elles produisent nécessairement un bruit, qui doit s'entendre de fort loin. On conçoit sans peine comment à la faveur de cette machine des gardes postés de distance en distance pouvoient s'avertir successivement les uns les autres de l'arrivée des ennemis, & en répandre en peu de tems la nouvelle dans tout le pays. Le nombre des coups désignoit celui des troupes, dont on annonçoit la venue, & l'intervalle que l'on mettoit entre chaque coup faisoit connoître à quelle distance elles paroissoient; ensorte que le peuple des environs, surtout les Gouverneurs & Commandans des places, ne manquoient point de s'y rendre.

Des côtes de la mer Rouge.

Avant que d'abandonner absolument ces montagnes, peut être ne trouverez vous pas mauvais, Monsieur, que je vous dise un mot des côtes de la mer Rouge, qui en sont si voisines & des différens ports qui s'y rencontrent. Je vous assure que c'est bien le pays du monde le plus abandonné & le plus pauvre. Depuis le Suez jusqu'au détroit de Bebelmandel toute cette contrée est déserte, & sans le commerce, qui y attire quelques vaisseaux, & quelques marchands, peut être n'y rencontreroit-on pas une seule ame vivante.

Du port de Suez.

Le Suez situé au fond du golphe, & au bout de cette

DE L'EGYPTE. 323

langue de terre, qui sépare la mer Rouge de la Méditerranée, est aujourd'hui le port le plus frequenté de toute la côte. C'est là que vont hyverner les vaisseaux que le Grand Seigneur entretient sur cette mer, & que se fait tout le commerce des Indes, de l'Ethiopie, & de l'Arabie. Les marchandises y payent dix pour cent de droits ; mais l'estime de ces marchandises est toujours faite d'une maniere si avantageuse aux propriétaires, qu'il ne leur en coute presque jamais la moitié de la somme à laquelle cet impôt monteroit naturellement. Je ne doute point que la situation avantageuse de ce port n'ait beaucoup contribué à y attirer le commerce. En effet il n'est qu'à deux journées & demi du Caire, dont il n'est séparé que par une plaine de sables très fermes, & des plus commodes pour les voitures. Cependant je suis presque assuré que dans quelques années on sera obligé de l'abandonner. Les sables qui s'amassent dans ce port, & qui le comblent insensiblement, le rendront bien-tôt impraticable, & alors il n'y aura pas un seul port sur toute cette côte, où les vaisseaux puissent mouiller.

Au dessus du Suez tirant vers le détroit on trouve le port du Cossir, situé vis-à-vis, & à cinq journées de distance seulement de Coptaïm Ville de la Thébaïde habitée par les anciens Arabes nobles, qui ont pour tradition qu'elle a été bâtie par Cham fils de Noë. Ce nom de Cossir signifie petit dans la langue Arabe; aussi ce port, qui du tems des Romains s'appelloit *Portus muris*, c'est-à-dire, *le port du rat*, est il réellement tel. C'étoit au Cossir, comme je l'ai dit plus haut, que se rendoient autrefois les pélerins de la Mecque, qui sur des vaisseaux expédiés de Gedda étoient de là transportés sur les côtes de l'Arabie. Ce port est peu frequenté aujourd'hui, & presque desert. Si on y trouve quelques maisons, elles y sont en fort petit nombre. Les vaisseaux partis de Gedda y viennent cependant encore hyverner quelquefois, lorsque la contrarieté des vents, les empêche d'arriver au Suez ; mais toute cette côte est si stérile, qu'on est alors obligé de leur envoyer des provisions de la haute Egypte.

Du Cossir.

A une distance médiocre du Cossir est situé un autre port, appellé Colzim. Ce lieu étoit autrefois si célèbre sous le nom de Colzum, qu'il l'avoit communiqué à toute la mer Rouge. Elle l'a long tems conservé depuis, & même encore de nos

De Colzim.

jours les Arabes ne la designent que par ce terme. Ce port étoit le plus frequenté de toute la côte dans le tems que les Mahométans se rendirent maîtres de l'Egypte. Aujourd'hui on n'y aborde que très rarement. Je ne sçai même si on y rencontreroit un seul habitant, ni une seule maison.

<small>Messoua l'Isle Suakem.</small> Je ne parle point du petit port d'Aïdab situé au dessus de Colzim. C'est un lieu desert & abandonné, dont il n'y a par conséquent rien à dire. Un peu plus haut, & vis-à-vis de Gedda est un petit Pachaly, qui ne consiste qu'en deux places, ou pour parler plus juste, deux méchans bourgs. Le premier, nommé Souakem, est situé dans une misérable petite Isle, aux environs de laquelle se fait la pêche des perles. Ce lieu est la résidence d'un Aga, que le Grand Seigneur y tient avec le titre de Bacha, & qui n'est établi dans ce poste, que pour percevoir les droits d'une Caravanne, ou deux, qui y viennent tous les ans d'Ethiopie avec un grand nombre d'esclaves noirs, qu'elles menent vendre à la Mecque. Ce Gouverneur a la dixiéme partie de ces esclaves, ainsi que des perles, qui se pêchent autour de l'Isle. C'est en cela que consiste son principal revenu. Au reste Souakem est peut être le lieu du monde, où les chaleurs sont les plus insupportables. C'est un endroit presque désert, où la Porte entretient environ une trentaine de personnes pour la conservation de la place. On n'y trouve que quelques cabanes & la demeure du Bacha ne vaut pas elle même une maison d'un païsan un peu aisé. Il n'y a point d'eau à Souakem ; ensorte que les habitans sont obligés d'en aller chercher à Messoua situé en terre ferme. C'est la seconde place dépendante de ce Pachaly.

La situation de Souakem, jointe aux liaisons que l'Aga qui y réside pour le Grand Seigneur a entretenues pendant quelque tems avec le Roi d'Abyssinie, m'avoit fait naître autrefois une idée, que je suis bien aise de vous communiquer ici. Personne n'ignore les vues de religion, qui engagerent le Roi Louis XIV. à chercher tous les moyens possibles, pour introduire des Missionnaires à la Cour d'Ethiopie. Je rendrai compte ailleurs * des différens projets que je proposai alors, & des mesures que je pris, pour seconder les pieux desseins de ce Monarque. En attendant, souffrez, Monsieur, que je vous

* Dans les Mémoires que l'Auteur a composés sur l'Ethiopie.

faſſe part d'avance des premiéres réflexions que je fis à ce sujet.

Rien de plus difficile que de pénétrer à la Cour d'Ethiopie. Le Roi n'admet pas aiſément des inconnus dans ſes Etats, & les en laiſſe ſortir encore plus difficilement. Les avenues en ſont étroitement gardées, & deffendues à toutes ſortes d'étrangers. A peine un Franc ſe préſente t'il ſur les frontiéres, qu'on le viſite exactement de la tête aux pieds, pour voir s'il n'eſt point garni d'armes, ou chargé de quelques effets, qui puiſſent donner de l'ombrage. Cette recherche n'eſt ni longue, ni pénible. On eſt obligé de voyager preſque nud dans ce pays. Le plus riche habillement, dont on puiſſe s'y parer, eſt une chemiſe de toile bleue. Je doute fort qu'il fût permis d'y porter un bonnet. C'eſt un privilége réſervé au Roi ſeul, comme celui de ſe chauſſer. On obſerve ſurtout avec ſoin ſi l'étranger eſt circoncis. C'eſt une précaution que la haine naturelle aux Abyſſins pour la religion Catholique a inſpirée à ces peuples. Les autres ſont un effet de la crainte qu'ils ont d'admettre dans leur pays des eſpions, qui à la faveur de la connoiſſance des lieux pourroient enſuite conduire leurs ennemis à leurs habitations, & les faire eſclaves. Les Abyſſins Coptes portent ſur cet article leur prévoyance au point de ne pas laiſſer la liberté du retour aux étrangers même, qui font profeſſion de leur religion, lorſqu'ils ont une fois mis le pied en Ethiopie. Nous en avons eu un exemple ſingulier dans le dernier Archevêque que ces peuples demanderent au Patriarche des Coptes. Ils n'étoient pas d'abord ſatisfaits de celui qu'on leur avoit envoyé. Ils députerent au Patriarche pour en obtenir un autre. Il leur fut accordé; mais avant qu'il arrivât en Ethiopie, ils s'accommoderent avec le premier, ſans que dans la ſuite ils ayent jamais voulu conſentir à renvoyer le ſecond. Il a été obligé de reſter dans ces contrées, quelques inſtances que le Patriarche ait faites pour ſon retour.

Par ce que je viens de dire, on conçoit ſans peine tous les obſtacles qu'on auroit à ſurmonter, pour pénétrer à la Cour d'Ethiopie. Il ſeroit difficile de décider préciſément ſous quel prétexte, & par quels moyens on pourroit s'y introduire. Ce qu'il y a de certain, c'eſt que l'uſage de la langue Ethiopienne, & la couleur olivâtre ſont abſolument néceſſaires, pour y

Difficulté de pénétrer à la Cour d'Ethiopie.

réussir. Il y a cinquante ou soixante ans, que des Ethiopiens venus au Caire firent à leur retour un portrait si avantageux d'un Capucin qu'ils avoient vû ici, & qu'ils vanterent sur tout comme un habile Médecin, que le Roi, dont le fils étoit incommodé depuis long tems, fît sçavoir à ce Religieux, qu'il seroit le bien venu dans ses Etats. En conséquence ce Pere se disposoit à se rendre auprès de ce Prince, lorsque quelques Religieux Franciscains venus au Caire dans le dessein de faire le voyage d'Abyssinie se persuaderent que cette assurance ne les regardoit pas moins que le Capucin, & partirent en effet pour l'Ethiopie, sans vouloir attendre le premier. Ils furent reçus avec tout l'accueil possible sur la frontiere. Au premier bruit de leur marche le Roi avoit envoyé des ordres pour leur voyage à la Cour. Mais lorsqu'ils parurent devant ce Prince, & qu'il eut appris de celui de ses Officiers qui lui avoit si fort vanté le mérite du Capucin que ce Religieux n'étoit point du nombre des nouveaux venus, il en fut si outré, qu'il ordonna qu'on les fît mourir sur le champ. Ainsi on perdit par l'imprudence & la précipitation de ces Religieux une occasion des plus favorables d'introduire de nouveau les Francs à la Cour d'Ethiopie.

Projet pour introduire cette Cour.

C'est, comme je l'ai dit, sur la situation de Souakem, & sur l'accident arrivé à ces Peres, que mes réfléxions m'avoient conduit à imaginer un projet, qui peut être auroit réussi, si les affaires n'eussent pas changé de face. L'Isle de Souakem est située sur les frontiéres du Royaume d'Ethiopie, dans lequel Messoua se trouve même enclavé. C'est par là seulement que les Abyssins font quelque commerce sur la mer Rouge. Elle n'est éloignée de Gondar, la principale demeure du Negus, que de dix à douze journées; & les Bachas que la Porte y entretient, ne manquoient pas autrefois d'envoyer tous les ans des Agas à la Cour d'Abyssinie. On y avoit alors de la consi-dération pour eux, plutôt par égard pour le Grand Seigneur, que par aucun sujet qu'ayent les Ethiopiens d'apprehender le Gou-verneur de Souakem, qui ne réside dans ce Pachaly que par la bonté qu'ils ont de l'y souffrir, & de permettre qu'on lui porte des vivres. Or il m'avoit paru qu'à la faveur de ces Envoyés on pourroit prendre des vues pour des Missions plus importantes. En effet on conçoit d'abord qu'un Bacha auquel on auroit été fortement recommandé, auroit pû en mille maniéres différentes favoriser l'entrée de quelques Missionnaires à la Cour du Roi d'Ethiopie. Il auroit suffit qu'à leur arrivée ils n'y eussent pas été réputés pour Francs. Les Religieux Coptes qui gouvernent cette Cour ont pris un soin extrême d'y rendre ce nom odieux. Pour éviter donc de leur donner aucun ombrage, les premiers Missionnaires qu'on y auroit envoyés auroient pû paroître d'abord en habit séculier, & passer pour tout ce qu'ils auroient voulu. L'exemple de ce qui se pratique tous les jours en Angleterre, dans le Nord, & dans quelques autres Missions éloignées, auroit authorisé ce déguisement. Ils auroient commencé par se rendre agréables & nécessaires par l'exercice de la Médecine, ou de la Peinture, que les Abyssins aiment avec passion. Par là ils se feroient fait quelque réputation à cette Cour; ils auroient vû les choses de près ; & après s'être bien établis dans l'esprit du Prince & des Grands ils auroient été à portée de profiter des occasions favorables que le tems auroit pû leur offrir pour parler de religion à ces peuples, & les détromper de leurs erreurs.

Il est aisé de comprendre les avantages, que la religion pourroit retirer de ce projet, si les circonstances présentes permettoient encore de l'exécuter. Mais depuis qu'on a reconnu à la Cour d'Ethiopie, qu'un de ces Envoyés du Gouverneur de Souakem cherchoit à découvrir des mines d'or, qui sont fort communes dans ce pays, le Roi a rompu tout commerce avec le Bacha, & ne permet plus à ces Agas de mettre le pied dans son Royaume. Cependant comme c'étoit là l'unique voye par où la Cour se fournissoit des marchandises étrangéres, dont elle avoit besoin, ce Prince a suppléé à ce défaut par l'envoi de plusieurs de ses sujets dans les Indes, la Perse, l'Arabie, & l'Egypte. Je parlerai dans mes Mémoires sur l'Ethiopie d'un de ces Envoyés du Negus, nommé Agi Aly, qui vint au Caire en 1698. de l'envoi que je fis à cette occasion du Sieur Poncet Médecin François à la Cour d'Abyssinie, des suites & du succès de son voyage. Je reviens à mon sujet.

Toute la côte de la mer Rouge, comme je l'ai déja dit, est extrêmement aride. On n'y rencontre pas un seul brin d'herbe ; & le peu d'habitans, qu'on y trouve ne mérite pas d'être compté pour rien en comparaison de son étendue. Au contraire le côté des montagnes, qui regarde l'Ethiopie, n'offre à la vue de toutes parts que verdure, que pâturages couverts de beftiaux, que campagnes fertiles & peuplées. Cette différence, qui furprendra fans doute, eu égard au court intervalle, qui fépare ces lieux les uns des autres, vient des pluies abondantes de l'Ethiopie, qui arrivent bien jufqu'à cet endroit habité des montagnes, mais qui ne paffent jamais ce terme. On voit fur ces hauteurs quelques anciens Monafteres, dont les uns font encore occupés par des Religieux Abyffins, les autres n'offrent que des ruines, & ne fervent plus que de retraite au gros & au menu bétail, qui tous les matins defcend dans la plaine, où il paffe le jour à paître. Le foir il remonte dans ces mafures, où l'air eft auffi fec, qu'il eft humide dans la campagne.

 Telles font, Monfieur, les obfervations qu'un long féjour dans ce pays, joint à une application conftante, m'a fait faire fur l'Egypte en général, & fur ce que les différens endroits particuliers qu'elle renferme offrent aux yeux de plus remarquable. Je ne fçai fi vous les trouverez auffi curieufes que je le fouhaiterois; dumoins puis-je vous affurer qu'elles font exactes. C'eft furtout de cette exactitude & de cette fidelité à peindre les objets tels qu'ils font, plûtôt que comme l'imagination pourroit fe les figurer, que je me pique. Je vous prie de croire, que j'y joins une inclination fincére à vous faire part de mes réflexions fur tout ce qui peut être de votre goût, & contribuer à contenter ce noble defir de fçavoir, dont vous faites gloire. Je fuis, &c.

Au Caire ce....

LETTRE

LETTRE NEUVIÉME.

HISTOIRE NATURELLE DE L'EGYPTE,

Où l'Auteur traite de la fertilité de ce pays, des Arbres, des Plantes, des Fleurs & des Fruits qu'il produit, & des Animaux qui s'y rencontrent.

OUS m'avez demandé, Monsieur, une description exacte & détaillée de tout ce que produit l'Egypte. Les merveilles de l'art, qu'elle contient plus qu'aucun autre pays du monde, & dont je vous ai donné la relation, n'ont point épuisé votre curiosité. Satisfait sur cet article, vous voulez sçavoir encore si sous un ciel étranger, la nature produit aussi des prodiges ; c'est-à-dire, que vous exigez de moi une histoire naturelle de l'Egypte. En me chargeant d'une pareille commission, y avez-vous bien pensé, Monsieur, & avez vous pris un Consul de France pour un Pline, un Strabon, ou un Herodote ? Occupés ici de soins absolument différens de ceux qu'éxigeroit de moi un tel emploi, renfermés dans nos maisons, & obligés de nous en rapporter souvent à mille ignorans, qui pour tout talent n'ont que celui de nous tromper, après s'être trompés, ou avoir été trompés eux-mêmes, il est difficile que nous ayons des connoissances bien parfaites des productions rares & extraordinaires, que fournit un pays aussi vaste que celui dont j'ai entrepris de vous entretenir. N'attendez donc point de moi sur cet article des descriptions fort circonstanciées. Mon dessein est uniquement de vous donner une idée de ce que vous désirez sçavoir. Contentez-vous de ce léger essai, & sçachez-moi gré du moins de quelques connoissances que le tems, l'appli-

A

DESCRIPTION

cation, & plusieurs voyages m'ont fait acquérir.

De la fertilité de Égypte.
Ce ne sont point des fables, Monsieur, que ce que les Anciens nous racontent de la fertilité de l'Egypte. L'état florissant où nous voyons encore aujourd'hui ce riche pays, nous assure de la vérité des relations que les Auteurs nous en ont laissées. L'Egypte est toujours de nos jours ce qu'elle étoit du tems des Romains, lorsqu'on l'appelloit à plus juste titre que la Sicile, la mere nourrice de Rome, & qu'elle fournissoit des bleds aux armées formidables qu'entretenoit à son service cette maîtresse de l'Univers. Il est vrai que l'espace cultivé n'a plus à present, à beaucoup près, la même étenduë. La cause d'une différence si désavantageuse à cette fameuse région, ne vient point, comme je l'ai dit ailleurs, de la nature toujours également libérale à l'égard de cet heureux climat. C'est uniquement à la mauvaise politique des Turcs qu'on doit attribuer ce désordre. Le Gouvernement s'est avisé de défendre la sortie des grains, de crainte vraisemblablement que les étrangers n'en enlevassent en trop grande quantité; & cette défense a produit un mal infiniment plus dangereux que celui qu'on a voulu éviter. Les Grands du pays qui possédent toutes les terres, ont cessé de faire cultiver celles, qui étoient les plus éloignées du Fleuve, dès qu'ils n'ont plus eu la facilité de débiter leurs bleds au dehors. Dès-lors on n'a plus ensemencé que les campagnes les plus voisines du Nil, parce qu'il n'en faut pas davantage pour fournir, tant à la consommation qui se fait dans l'intérieur du pays, qu'à la subsistance des villes de la Mecque & de Medine, qui périroient sans ce secours.

De là il est arrivé, comme vous devez l'avoir conçu, un autre inconvénient, qui n'est pas moins désavantageux à l'Egypte. En effet, les digues qui avoient été construites pour empêcher les terres éloignées d'être couvertes par les sables, que le vent y porte sans cesse de la Libye, n'étant plus entretenuës, & les canaux destinés à les arroser ayant été absolument abandonnés, ces campagnes sont devenuës de véritables déserts. C'est ce que l'on reconnoît aisément dans celles qui sont les plus voisines d'ici ; c'est-à-dire, qui n'en sont qu'à deux ou trois journées. De-là on peut inférer avec assez de raison que ce qu'il y a de cultivé présentement en Egypte n'arrive peut-être pas à la moitié de ce qui l'étoit autrefois. Mais on auroit sort d'en conclure au préjudice du reste, qui comme j'espere vous le faire voir par la suite de cette lettre, n'a rien perdu de cette fertilité surprenante, qui dans les siécles passés rendoit l'Egypte si recommendable.

Au reste, c'est uniquement aux débordemens du Nil qu'elle doit sa fécondité. Si l'Egypte est habitée, si on la voit regorger de grains, & produire en abondance des Plantes, des Arbres, des Légumes & des Fruits, elle en est sans doute redevable à ce Fleuve, puisque dans toute l'étenduë de ce pays brulé des ardeurs du Soleil, il ne se rencontre pas une seule Fontaine. Tout ce qui n'est point arrosé par le Nil à droite & à gauche, sont des déserts arides & inhabités, où il ne croît pas le moindre brin d'herbe. Il y a à la vérité quelques vallées, qui ne sont pas arrosées de ce Fleuve, & où l'on trouve cependant des Palmiers & quelques Cabanes. Mais outre que ces habitations sont fort rares, on est obligé de s'y servir d'eau de pluye, tant pour les usages ordinaires de la vie, que pour humecter le pied des Plantes & des Arbres, que ce terroir stérile produit en petite quantité ; & ce foible secours que la Nature semble n'accorder qu'à regret dans ce climat brulant, n'est capable tout au plus que d'entretenir quelques misérables Pâtres, qu'on rencontre dispersés dans ces solitudes.

_{Origine de cette fécondité.}

C'est donc au Nil que l'Egypte est redevable de la fertilité, comme c'est à lui qu'elle doit cette heureuse commodité de pouvoir passer en tout tems de la haute Egypte à la basse, & de la basse à la haute, avec une vitesse & une égalité, qui n'est pas un des moindres avantages qu'elle tire de cet admirable Fleuve. On se persuade aisément, qu'il est facile de descendre les Rivieres, & qu'ainsi on peut sans peine venir en tout tems de la haute Egypte à la basse ; sur tout si l'on sçait que le Nil n'est pas fort tortueux, & que son cours est même assez rapide. Ce qu'on n'imagineroit jamais, si on ne l'avoit vû, ou si l'on n'en étoit instruit, c'est que sans le secours de la rame, des cordes, & des chevaux, à l'aide d'une seule voile les bateaux remontent ce Fleuve avec la même facilité qu'on le descend. Pendant plus d'onze mois de l'année il régne sur le Nil des vents favorables, à la faveur desquels un vaisseau le remonte avec autant de rapidité, que s'il étoit tiré par un nombre de chevaux très-considerable. C'est ce que je vous ai fait observer dans la lettre que je vous ai adreſſée ſur le Nil. Ce qu'il y a de ſingulier, c'eſt que ces vents s'augmentent à proportion que le Fleuve s'accroît vers le milieu de l'Eté ; enſorte qu'on le remonte avec plus de facilité à meſure qu'il eſt plus gros & plus rapide. Alors les bateaux ne touchent plus ; ils ſont emportés ſur les flots avec une viteſſe étonnante. C'eſt à la faveur de ces vents que pendant l'Eté on vient de Roſette au Caire en moins de quarante heures. On compte cependant plus de 80 milles d'une ville à l'autre ; par terre il y en a plus de cent. On y met un peu plus de tems dans les autres ſaiſons, parce que les vents ne ſont pas alors ſi conſtament favorables. A l'égard de la deſcente, elle eſt ordinairement de deux à trois journées. On y en employe quelques fois ſept ou huit, à cauſe de la baſſeſſe du Fleuve. On a vû des bateaux faire cette route en dix-huit heures, lorſque vers le mois d'Octobre les vents de concert avec le cours du Nil, qui eſt encore alors fort enflé, ſoufflent du Midi au Nord ; & chaſſent vers ſon embouchure.

J'ai obſervé ailleurs que les rivages du Nil ſont preſque par tout bordés de gros villages, & que le Delta ſur tout eſt toujours couvert d'une verdure, qui rend ce pays un des plus beaux de l'univers. Auſſi eſt-ce avec raiſon qu'en parlant de cette région charmante, Ovide l'appelle riante & délicieuſe ; (*a*)

Delicias videam, Nile jocoſe, tuas.

Elle l'eſt encore infiniment aujourd'hui ; & elle le fut ſans doute beaucoup plus autrefois, lorſque le pays étoit cultivé par les Arabes. La tyrannie n'empêchoit point encore de ſe loger avec agrément, & d'embellir par l'art les productions volontaires de la nature. A quoi ne réüſſiroit-on pas dans un pays ſi bon & ſi fertile ? On y feroit des choſes enchantées. En Egypte un Arbre croît plus en trois ans, qu'il ne feroit en Europe en dix années. Là, jamais la nature ne languit ; & ſi quelques fois les Arbres s'y dépoüillent de leurs feüilles, c'eſt pour les reprendre quelques jours après. Engraiſſées du limon fécond que leur portent tous les ans les eaux du Nil, qui les arroſent, & cultivées aſſez légerement, les terres y rendoient autrefois juſqu'à 80 pour un ; aujourd'hui elles rapportent encore

(*a*) Dans ſes Triſtes, Liv. I. Eleg. 2.

communément 10 pour un ; un grain de bled y produit ordinairement 25 à 30 épics ; & comme si cette fertilité surprenante n'étoit pas encore capable d'épuiser les trésors, dont il a plû à la Nature d'enrichir ces heureux climats, après avoir porté du bled, de l'orge, ou du ris, la terre y donne encore des laitues en abondance, ensuite des melons, souvent une quatriéme récolte, & cela sans discontinuation d'une année à l'autre. Les animaux même participent à cette admirable fécondité. Les femelles des Buffles & les Vaches font ordinairement leurs petits deux à deux ; quelques-unes même en portent jusqu'à quatre ; & lorsque quelqu'un des Veaux ou des Buffletins vient à mourir, on l'empaille afin d'obliger la mere à se laisser téter par les autres, en lui présentant toujours le même nombre. Les Brebis ne sont pas moins fécondes, & portent deux fois l'an. Enfin les Chévres donnent aussi leurs petits deux fois l'année, & en portent souvent six ou sept ensemble. Ainsi il n'est pas extraordinaire de voir ici une Chévre suivie de quatorze Chévreaux, qu'elle aura eû en six ou sept mois. Que ne tireroit-on pas d'un si bon pays, s'il étoit en de meilleures mains ! Peut-on sçavoir mauvais gré à la Fable d'avoir dit que les Dieux l'avoient choisi pour leur demeure ?

Je vous ai déja parlé des Canaux, ou Caliges, dont tout le terrain du Delta est coupé, & qui servent à recevoir les eaux du Nil, & à les conserver pour les besoins ordinaires. Il y en a plusieurs où l'eau reste toute l'année ; & ceux-là dans le tems de l'inondation vont se décharger dans la mer. Vous ne sçauriez croire de quel avantage sont ces Canaux pour cette partie de l'Egypte. On s'en sert pour aller commodément par bateau d'une ville à l'autre ; & ne fussent-ils bons qu'à faciliter par là le commerce & le transport, il n'en faudroit pas davantage pour convenir de leur utilité. Mais ce n'est pas le seul, ni même le principal usage auquel ils soient destinés. Ce Fleuve qui avec ses eaux porte la fertilité dans tout le pays, le Nil, comme je vous l'ai déja fait remarquer, ne se déborde pas toujours avec la même régularité ; & pût-on s'assurer d'un accroissement toujours égal & suffisant, les Canaux n'en seroient pas moins nécessaires. Les terres, il est vrai, une fois baignées du Nil suffisent à porter du bled & beaucoup d'autres choses sans le secours de nouvelles eaux ; mais il n'en est pas de même

A ij

des jardinages, & on ne peut se flatter d'y faire une récolte abondante, si tous les trois ou quatre jours on ne donne de l'eau aux arbres, aux plantes, & aux diverses espéces de melons, de concombres, & d'autres légumes que l'on y séme. On ne peut s'y prendre avec plus d'adresse. On commence par partager le terrain en quarrés de quatre ou cinq pieds de diamétre, qui sont séparés les uns des autres par de petites élevations. On travaille ensuite à y introduire les eaux de ces réservoirs dont je viens de vous entretenir. Mais ces eaux qui portent avec elles le limon le plus fertile de l'Univers, ne sont plus élevées par des pompes dont l'usage est perdu ici. On les transporte dans les lieux destinés à l'arrosage, où à force de bras, en les élevant par le moyen de deux sceaux en équilibre, ou par le moyen de certaines roües garnies de pots, telles qu'on en voit en France. Pour faire tourner ces roües on se sert de bœufs. Le nombre de ces animaux employés en Egypte à ce seul travail, est incroyable. On en compte plus de cinquante mille. Je pourrois sans exagération en mettre le double. A l'égard des Machines que les bœufs tournent, on les appelle *Asaquié* du mot *Sakas*, qui veut dire abreuver & donner à boire. Dans les endroits où les canaux ne sont point en usage, on se sert de grands puits creusés dans le même dessein, & qui produisent le même effet. Après avoir ainsi élevé les eaux dans les lieux destinés à les recevoir, on perce ces petites élévations dont je viens de vous parler; on les referme ensuite, & l'on conduit ainsi l'eau de quarré en quarré, tantôt dans un quartier du Jardin, tantôt dans un autre. C'est par-là qu'on supplée aux inondations & aux accroissemens du Nil. Rien ne seroit plus aisé que d'inonder ainsi toutes les campagnes de l'Egypte par des retenües ou des élévations pareilles; mais ces gens-ci comptent uniquement sur la nature, & ils sont si heureux qu'elle ne leur manque presque jamais au besoin.

<small>Maniere d'ensemencer les terres.</small>

Je ne sçai ce que vous penserez, Monsieur, de la courte description que je viens de vous donner de la fertilité de l'Egypte & des causes que j'ai apportées de sa fécondité. Pour moi, je n'imagine pas qu'on puisse trouver au monde un meilleur pays, ni plus abondant; ensorte que si l'Egypte n'est plus aujourd'hui si fameuse par la traite des grains, qu'elle le fut autrefois, je suis convaincu qu'outre les raisons que j'en ai rapportées ailleurs on doit s'en prendre encore à la superstition & à la paresse na-

DE L'EGYPTE.

turelle des peuples qui l'habitent. Il est certain que les terres y sont fort mal cultivées. Il y a ici trois façons de sémer le grain ; mais de quelque maniere qu'on s'y prenne, la façon qu'on lui donne est toujours fort imparfaite. Les uns se contentent de jetter le grain sur la terre avec force, à mesure que les eaux du Nil se retirent, & de remuer ensuite cette boüe avec une planche attachée au bout d'un baton. Mais il est faux qu'on y envoye des bestiaux pour l'enfoncer. Il ne leur seroit jamais possible de se tirer de ce limon, où celui qui séme enfonce lui-même jusqu'au dessus des genoux. D'autres attendent que la terre soit un peu plus affermie. Alors ils attachent un fer le long de la planche dont j'ai parlé, & en remuant légérement cette terre, qui est encore alors un peu molle, ils sément le grain, & le couvrent du même instrument. Ceux-là recüeillent beaucoup plus que les premiers. Enfin la troisiéme façon la plus utile, comme la plus pénible, est de labourer légérement la terre, lorsqu'elle est absolument ferme, & d'y passer ensuite la herse comme en France. A la faveur de ce léger secours, les campagnes se couvrent de verdure & d'épics ; les grains croissent en abondance. L'Egypte fournit de Ris toute la Turquie & la Barbarie ; elle fournit même divers chargemens de Féves & de Lentilles, sans parler de l'Orge, du Bled & du Lin, dont elle abonde. Que ne retireroit-on pas d'un terroir si fertile, s'il étoit mieux cultivé !

Vous auriez peine à me pardonner, si j'oubliois de vous parler du tems de la moisson, & de la maniere dont elle se fait ici. C'est toujours réguliérement à la fin d'Avril, ou dans les premiers jours de Mai, qu'on commence à y travailler à la récolte. Alors on ne s'amuse point à couper le bled, à le mettre en gerbes, & à le transporter dans des lieux destinés à le conserver longtems de la sorte. Les habitans de l'Egypte sont plus expéditifs que tout cela. Ils commencent par arracher le grain & l'amassent au milieu même des campagnes dans un espace préparé pour le recevoir. Là ils le rassemblent en un monceau de vingt à trente pas de diamétre, sur lequel on proméne d'abord quelques bœufs afin de l'abaisser. On attelle ensuite deux bœufs à une machine faite en forme de chaise garnie par dessous de pierres trenchantes, ou de huit ou dix roües de fer enfilées dans un essieu de bois. De cette machine un homme qui

De la Moisson.

y est assis, touche les bœufs, & fait plusieurs tours sur cet amas d'Orge ou de Bled, jusqu'à ce que les rouës ayent coupé la paille, & en ayent séparé le grain, qui reste cependant encore avec cette paille hachée, que l'on garde pour les bestiaux, & qui leur tient lieu d'Avoine. Après cette premiére façon, on sépare la paille d'avec le grain, en la jettant légerement en l'air avec des fourches préparées pour cet usage. Enfin il vient des Cribleurs, qui avec une adresse particuliére séparent sur le champ le grain d'avec la terre; après quoi on le transporte dans des greniers. Telle est la façon dont on s'y prend ici pour faire la récolte, & voilà toute la peine que l'on a pour recüeillir le plus beau & le meilleur grain du monde.

Maniere de faire le [pain].

Tandis que je suis sur cette matiére, on ne sera peut-être pas fâché de voir ici avec quel soin on prépare le Bled dans les maisons un peu distinguées. On l'épluche d'abord grain à grain; on le lave ensuite à plusieurs eaux, & on le fait sécher à l'ombre; après quoi on le frotte entre deux linges avant que de le porter au moulin. On peut s'imaginer aisément de quelle propreté & de quelle délicatesse doit être le pain que l'on fait d'une telle farine. Après en avoir séparé avec le même soin jusqu'à la derniére particule de son, on fait fondre un peu de mastic de Scio dans l'eau, dont on pétrit cette farine; ce qui donne au pain un goût admirable. Voilà de quelle maniére les femmes préparent ici le pain dans les maisons, où l'on peut observer en passant, qu'on n'en mange jamais que de frais, & du jour même. Le pain ne se cuit pas beaucoup en Turquie; mais quand on y est fait, on le trouve aussi bon que s'il l'étoit davantage. Ce qu'il y a de certain, c'est que c'est un des plus légers & des plus délicats du monde.

Il y a au reste une particularité à observer au sujet du grain qu'on fait sortir de l'Egypte; c'est qu'il ne se conserve pas, si les vents du Nord n'ont soufflé avant son embarquement; c'est-à-dire, si on le transporte avant le 15 de Juin, au lieu qu'il est rare qu'on voye gâter celui qu'on embarque dans une saison plus avancée. Je laisse aux Physiciens à rechercher la cause de cette différence. Peut-être vient elle de ce que le grain qu'on embarque dans la premiére saison, n'est pas encore assez sec, ou qu'ayant été recüeilli de bonne heure, il n'a pas même acquis une maturité parfaite. Quoiqu'il en soit, on en voit ici de nouveau

veau dès la fin de Mars, ou au commencement d'Avril, & toutes les maisons sont fournies 15 ou 20 jours après Pâques. On apporte alors de toute l'Egypte les rentes qui sont dûës au Grand-Seigneur, & on les resserre au vieux Caire dans ces vastes Magasins, dont je vous ai entretenu, & qu'on appelle les Greniers de Joseph. Comme le Bled & l'Orge y sont à découvert, il ne manque jamais de s'y rendre une infinité d'oiseaux; & ce qu'ils mangent est si considérable, que la Porte passe tous les ans une diminution de plusieurs milliers de Septiers en dédommagement du dégât qu'ils y ont fait. Ce sont ces Greniers qui fournissent aux différentes distributions, qui se font aux troupes & à une infinité d'Officiers. Car ici la plûpart ont des revenus certains en bled & en orge, & le retardement de ces payemens cause sans cesse des querelles dans le Divan du Bacha.

C'est aussi de ces endroits qu'on tire une partie des legs, que les Grands-Seigneurs & les Sultanes ont fait à la Mecque. Je dis une partie; car si on fournissoit le tout, on enverroit la moitié de ce que l'Egypte produit. Les Bachas & les autres Grands du pays profitent de la meilleure partie. Sa Hautesse & les Sultanes entretiennent une vingtaine de Vaisseaux pour le transport des denrées léguées, pendant que les Directeurs profitent du fret des marchandises, qu'ils embarquent au lieu des denrées. Depuis la vingt-troisième année de l'Hégire, toute l'Egypte a déja été léguée plus de dix fois à la Mecque, ou à des Mosquées. Ces legs consistent d'abord en terres, qu'on donne à Cens, & qui rendent un revenu fixe & certain à ceux en faveur desquels ils ont été faits, jusqu'à ce qu'enfin ce Cens s'abolit lui-même par le crédit de quelque homme puissant, qui s'empare du fond, souvent par la désertion ou par la chute des bâtimens. Ainsi les rentes à perpétuité n'ont rien de plus solide ici qu'en Europe. Les revenus de la grande Mosquée du Caire, qu'on fait monter à vingt mille écus par jour, ceux même de la Mecque, n'auront un jour rien de plus réel, qu'ont aujourd'hui ceux des Temples de la Déesse Isis & du Dieu Serapis fondés par tant de Rois d'Egypte.

Après vous avoir instruit de la maniére avec laquelle le grain se séme & se recueille en Egypte, vous serez sans doute bien aise, Monsieur, que je vous entretienne des Plantes & des Légumes que ce riche pays produit en plus grande abondance qu'au- *Des Légumes.*

B

cun autre de l'Univers. Pour satisfaire votre curiosité, je commencerai par celles qui sont les plus rares & les moins connuës en Europe.

Du Picus des Anciens. J'ai fait toutes les recherches imaginables pour découvrir quel est le *Picus* des anciens Egyptiens; & je vous avouë qu'après tous mes soins, il est difficile que je vous donne sur cet article des connoissances bien parfaites. Pour moi, je serois fort tenté de croire que c'est une espéce de chicorée sauvage, qu'on appelle *Ekas* en Arabe. Il est certain que je ne trouve point ici de Plante plus conforme à ce que vous m'écrivez du *Picus*.

Du Cas. On y voit aussi une espéce de Laituë sauvage, que les Arabes appellent *Cas*. Elle croît dans la Nubie & la haute Egypte, & les peuples qui habitent ce pays, en tirent une huile, dont ils se frottent la tête & le visage, pour se preserver d'être brulés par les ardeurs du Soleil, insuportables sous ce climat. Ceux qui de là viennent servir ici en apportent avec eux, & la nomment *Sennaslée*.

Du Cicus, Cirika. Pour ce qui est du *Cicus* des Anciens, supposé que ce soit ce que j'imagine, comme j'ai toutes les raisons de le croire, il n'est pas moins utile aujourd'hui qu'il l'étoit autrefois, & le terme Arabe, dont on l'appelle, n'a pas moins de rapport à son ancien nom, qu'à celui de Chicorée. Pour comprendre sur quoi je fonde mon opinion, il faut observer qu'il n'y a peut-être point de pays au monde où il se consomme autant d'huile qu'en Egypte. Ce qui rend ici cette consommation si considérable, c'est outre les illuminations fréquentes, la coutume générale qu'on y observe d'entretenir pendant la nuit des lampes allumées dans toutes les chambres habitées des maisons; coutume si bien établie, que les plus pauvres aimeroient mieux retrancher sur leur nourriture même que d'y manquer. Cependant l'huile d'olive, qui n'est certainement pas rare ici, est celle dont on fait le moins d'usage. On y a une espéce de racine nommée *Cirika*, particuliere à ce pays, & qu'on ne trouve, je pense, dans aucun autre. Elle croît dans les marécages, qui se forment des débordemens du Nil; & c'est de cette Plante que l'on tire une assez grande quantité d'huile, ou de jus d'assez mauvaise odeur, qui sert à l'entretien des lampes. Or c'est sur ce rapport que je serois assez tenté de croire que cette Plante est le *Cicus*, dont les Anciens employoient l'huile aux grandes illuminations de leurs fêtes solemnelles, aux usages domestiques, & à éclairer leurs bateaux, lorsqu'ils faisoient voyage sur l'eau pendant la nuit. Ce qui pourroit fortifier ma conjecture, c'est que l'huile de *Cirika* sert encore aujourd'hui aux mêmes besoins, & qu'on a tout lieu de présumer que les Egyptiens d'aprésent tiennent cette coutume de leurs ancêtres, qui la leur ont transmise d'âge en âge. Quoiqu'il en soit, le *Cirika* ressemble beaucoup à notre Chicorée sauvage, & l'huile qu'on en tire est d'une odeur très-désagréable. Cependant les pauvres gens par nécessité, & les Juifs par épargne ne laissent pas de l'employer dans la préparation de plusieurs de leurs mets ; ce qui doit faire un ragout détestable. Il est vrai qu'elle ne coute presque rien. Au reste la lumiére qu'elle produit n'est point aussi belle que celle de l'huile d'olive. C'est pour cela que les gens de condition, ou ceux qui sans l'être veulent se distinguer, ne brulent que de cette derniére, & n'en font pas beaucoup plus de dépense, parce qu'elle n'est pas rare.

À l'égard des Plantes moins rares, & qui ont plus de rapport à celles que produit notre climat, elles croissent toutes en Egypte avec une facilité surprenante. Rien n'est plus charmant que de voir, après que les eaux du Nil se sont retirées, ces plaines & ces campagnes, qui bordent ce Fleuve, & qui peu auparavant ne représentoient que l'image d'une vaste mer, se parer tout-à-coup d'une verdure riante & délicieuse, causée par les légumes de toute espéce, dont la terre se trouve en un moment couverte. Il est certain que toutes les herbes & les plantes qu'on voit en France, viendroient avec la même facilité en Egypte, si on les y sémoit, & qu'on en eût quelque soin. Le limon que le Nil laisse après lui est si gras, qu'on est obligé d'y mêler de la terre ou de la poussiere, qu'on tire de la démolition des maisons, soit pour hausser les semences, soit pour rendre la terre plus légére. Un nombre infini de personnes est employé seulement à saler les racines qui croissent aux environs du Caire, & qu'on transporte ensuite dans les campagnes.

Parmi ces espéces différentes de plantes & de légumes, toutes utiles aux besoins, ou à l'agrément de la vie, que ce pays produit si abondamment, le Melon est sans contredit une des plus salutaires & des plus communes. On en trouve en Egypte de toutes les espéces qu'on a en Europe & dans les Ports de la Méditerranée. Il y en a un outre cela, dont la chair est verte & très-délicieuse. Il croît rond comme une boule, & est or-

Des Melons.

dinairement d'un goût admirable. On y trouve aussi des Melons d'eau, d'une grande bonté. Mais on vante surtout au Caire & aux environs une espéce de Melons pointus par les deux bouts & gros par le milieu, que les gens du pays appellent *Abdelarins*. C'est un mot Arabe, qui signifie *l'esclave de la douceur*. En effet on ne peut manger de ces Melons, s'ils ne sont assaisonnés de sucre; autrement ils sont insipides. Le Macrisi dit que cette derniére espéce a été transportée autrefois ici par un homme dont elle a pris le nom. Du reste il n'est point de fruit au monde moins malfaisant que celui-là. On en donne même aux malades ausquels on refuse l'usage de tous les autres fruits. L'écorce en est fort belle & fort ouvragée; la figure du fruit fort singuliére; aussi-bien que la maniére de le faire meurir, qui consiste à appliquer un fer rouge à l'une de ses extrémités. Les gens du pays le mangent verd comme mur, & de la maniére dont on mange les pommes. Ces Melons d'origine étrangére durent deux mois entiers, & il n'en croît point dans tout le reste de l'Egypte. On dit qu'on en trouve en Chipre de la même espéce.

Des Concombres. Les Concombres ne sont pas moins communs ici que les Melons. Il n'est pas croyable combien il s'en consomme au Caire & dans toute l'Egypte. On en recueille deux fois l'année; la premiére immédiatement après que le Nil s'est retiré, & l'autre au milieu de l'Eté. Dans l'entre-deux on mange d'une espéce de laituë romaine très-douce & très bonne, dont les campagnes entiéres sont couvertes.

De la Chicorée & du Pourpier. Je ne dois pas oublier de dire, qu'il croît en Egypte dans les campagnes une chicorée mille fois plus douce que celle de nos jardins. Elle vient naturellement dans les prairies, sans que l'art des hommes contribuë en rien à son excellence & à sa bonté. On en trouve surtout beaucoup plus du côté de la Matarée, ce lieu consacré par la demeure qu'y fit le Sauveur, qu'en aucun autre endroit du pays. Il n'y a que les Francs qui la fassent blanchir comme en Europe. On en servoit de la sorte à nos tables pendant deux à trois mois de l'année. A l'égard du peuple, il la prend telle qu'elle est, & il y en a la moitié qui ne se nourrit presque d'autre chose. Le pourpier est de même très-commun ici; mais les laituës pommées & le scellery n'y réüssissent pas.

Des Laituës Romaines. Les laituës romaines commencent en Novembre, & durent jusqu'au mois d'Avril. Elles sont toutes fort bonnes; mais celles qu'on sème les derniéres l'emportent de beaucoup sur les autres. Elles ont une douceur sucrée si agréable, qu'on les mange sans sel, sans huile, & sans vinaigre. C'est ce que je fais moi-même, sans pouvoir dire si c'est la force de l'exemple qui m'entraine, ou la nature de la chose qui m'y invite.

Je mets les Féves au nombre des légumes. Elles viennent admirablement bien en Egypte ; aussi voit-on ici de vastes campagnes, qui en sont entierement couvertes. La fleur en est mille fois plus odoriférente que celle de nos Féves d'Europe, quoique leur parfum nous paroisse si agréable. Comme on en sème beaucoup dans les terres voisines du Caire, du côté de l'Occident, c'est quelque chose de charmant que l'air embaumé que l'on respire le soir sur les Terrasses, quand le vent d'Ouëst vient à souffler, & y apporte cette odeur admirable. Ce n'est pas au reste sans raison qu'on cultive les Féves en Egypte, & qu'on tâche d'en procurer l'abondance, puisque c'est dans ce pays là nourriture ordinaire des Mules, des Anes, & des Chameaux, qui en font une grande consommation. Pour les leur faire manger, on les concasse, & on les réduit en farine très-grossiére, dont on fait ensuite des pelotes qu'on leur donne. J'ai remarqué ailleurs que les noyaux de dates servent aussi au même usage, après avoir été préparés de même maniere. *Des Féves.*

Que vous dirai-je de ces fameux Oignons autrefois si chers aux Egyptiens, & que les Israëlites regrettoient si fort dans le désert, lorsque sous la conduite de Moyse ils eurent passé la mer rouge ? Ils n'ont certainement encore rien perdu aujourd'hui de leur bonté, & ils sont plus doux qu'en aucun autre lieu du monde. On en a quelquefois cent livres pesant pour huit ou dix sols. On les vend tout cuits au Caire, & il y en a en si grande abondance que toutes les ruës en sont remplies. *Des Oignons d'Egypte.*

Les Egyptiens sont fort amateurs de toutes ces choses, de Raves, de Carottes d'une espéce singuliére, dont on consomme chaque jour au Caire des centaines de charges de Chameau. On voit aux environs de cette Ville certains endroits particuliers, où toutes ces légumes sont apportées des lieux éloignés, par les paysans & achetées par les habitans du Caire. Ces marchés se tiennent tous les jours, & ressemblent à de grandes Foires qui finissent en deux ou trois heures. Là chaque espéce de fruit ou de légume, a son quartier séparé. Mais ce dont on mange le *De la Melonchée.*

B iij

plus, c'est sur tout d'une certaine herbe, nommée *Melonchée*. Elle rend les sauces & le bouillon, où elle est cuite, aussi épaisses que la gelée.

<small>Manière manger feuilles Vigne.</small> Croiriez-vous, Monsieur, qu'il n'y a pas jusqu'aux feuilles de Vigne, qui dans leur nouveauté sont d'un très-grand usage dans le manger des habitans du pays? Ils usent beaucoup de viande hachée dans leurs repas. Ils l'enferment par pelotons dans une feuille de Vigne, & entassent de la sorte pelotons sur pelotons. Ils assaisonnent ensuite le tout à leur mode, & le font cuire. C'est un mets très-exquis, & des plus délicieux qu'on serve sur leur table. Ainsi les Treilles rendent en Egypte, non-seulement par les raisins, mais encore par leurs feuilles, & le revenu de ces dernières est même plus considérable, que celui qu'on tire des fruits.

<small>Fleurs.</small> Il y a peu de chose à dire des Fleurs qui croissent en Egypte, parce qu'on y en trouve peu de rares. On assure en récompense qu'elles y ont toutes plus de vertu qu'ailleurs. Il est vrai que cent Violettes du Caire, (car on les vend ici à compte) font plus d'effet que mille d'Europe, & qu'il en est presque la même chose des Roses. On tire de ces dernières une eau charmante, dont l'odeur enchantée ne le céde en douceur & en agrément à aucun autre parfum du monde.

<small>De l'Eau Calaffe.</small> L'Eau rose me fait souvenir de l'eau de Calaffe. C'est un sudorifique & un cordial excellent, qui se tire par la distillation des fleurs de l'arbre, qui porte ce nom. On les met dans de l'eau pour les distiller; autrement on n'en viendroit pas à bout. Ce reméde, lorsqu'on s'en sert, ne fait jamais de mal, & produit souvent un très-grand bien.

<small>Des Arbres & des fruits, qui croissent en Egypte.</small> La relation que je viens de vous donner, Monsieur, des plantes & des légumes, qui croissent en Egypte, me conduit naturellement à la description des arbres & des fruits que produit ce climat fertile. Ne vous imaginez pas cependant que j'entreprenne de vous entretenir de tous les arbres singuliers, qui s'y trouvent. Pline en a composé un gros volume; & si mes occupations me permettoient de parcourir ce vaste pays le livre à la main, ou que semblable à tant d'autres, je voulusse faire une relation sur la foi de quelques étourdis, ou de quelques ignorans, je pourrois moi-même vous envoyer sur ce sujet un gros ouvrage. Mais mon dessein n'est que de vous parler de ce dont je me suis

DE L'EGYPTE.

instruit à fond. Je suis même bien aise de vous avertir d'avance qu'en traitant cet article, je ne me propose de garder d'autre ordre que celui que me fourniront mes Mémoires.

On a plusieurs fois essayé de cultiver ici l'arbrisseau, qui porte le Caffé; mais toujours sans succès, au lieu qu'il croît en Ethiopie aussi parfaitement & avec autant de facilité que dans l'Yemen: On prétend même que c'est de cette première région qu'il a été transporté dans l'Arabie. Ce qu'il y a de singulier, c'est que sur les lieux on ne fait usage que de la capsule, qui renferme la féve, & que son infusion paroît meilleure & plus douce au goût des Abissins & des Arabes, que celle de la féve même: Lorsque cette féve qui en Arabe se nomme *Bien*, est rotie, broyée, & réduite en boisson, cette liqueur s'appelle *Cahoué*, mot qui se prononce en aspirant fortement l'*h*. C'est ce qui nous a fait confondre deux choses fort différentes, & donner le nom de l'infusion, non-seulement au fruit qui sert à la faire, mais encore à l'arbre qui le porte. Je n'espére pas que cette remarque faite en passant change rien à l'usage; mais je me flatte du moins que vous me sçaurez gré de cette réflexion. Je reviens à mon sujet. *Du Caffé*

Si la nature n'a pas favorisé l'Egypte, en lui refusant la facilité de nourrir l'arbrisseau du Caffé, elle l'en a bien dédommagée d'ailleurs par le nombre infini de fruits de toute espéce, dont elle pare ses jardins & ses campagnes. On y trouve en effet en tout tems & en abondance, des Pêches & des Abricots, des Poires, des Pommes, des Oranges, des Citrons, des Figues, des Capres, des Olives, du Raisin & toutes les autres espéces de fruits qu'on peut souhaiter. Le Pêcher, comme l'Abricotier est fort commun dans ce pays, & son fruit peut passer pour bon. Strabon rapporte que ce fut Cambyse qui en porta des greffes en Egypte. Quoiqu'il en soit, il croît ici une très-grande quantité de Pêches de differentes espéces, & elles n'y sont point sujettes à la gelée. Cependant il faut avoüer que pour la bonté, elles n'approchent pas de celles de France. Il est vrai qu'il en vient d'assez belles à Rosette; mais par tout ailleurs elles ressemblent à nos Pêches de vigne, & sont par-là fort inférieures à ce beau fruit que nous fournissent nos jardins d'Europe. *Des Pêches.*

A l'égard des Pommes & des Poires qu'on recueille ici, elles sont toutes très mauvaises, & on peut dire que l'Egypte est des plus mal partagées à cet égard. On y en apporte de Rhodes & de *Des Pommes & des Poires.*

Damas, qui elles-mêmes ne font pas trop bonnes, & se vendent fort cher. On y envoye aussi quelques Poires du Mont Sinaï ; & c'est un régal que l'Archevêque ne manque jamais de faire au Consul de France. Elles croissent dans les Montagnes sur des arbres sauvages, & ne sont pas de mauvais goût. Il est aisé de reconnoître par-là quelle seroit leur bonté, si les arbres étoient entés, & qu'on en prît soin. On voit aussi dans ce pays un certain arbre d'une hauteur assez considérable. Ses feuillles sont menuës, très-vertes & fort agréables, & il porte de petites pommettes de la grosseur d'une Cerise. Ces Pommes ont un noyau & ne sont pas mauvaises.

Des Dattes.   Les Dattes sont le fruit le plus commun de l'Egypte, & les Dattiers sont les arbres qu'on y estime le plus, parce qu'il n'y en a point d'un meilleur revenu. Un bon Dattier rapporte jusqu'à 10 l. par an à son maître. Du reste il ne demande aucune culture ; il croît au milieu des sables. Les Oliviers réüssissent de même à merveilles dans ce pays, & portent un fruit communément aussi gros que des noix.

Des Capres.   On mange ici des Capres en quantité, qui viennent presque toutes d'Alexandrie & de Rosette. Celles-là ressemblent absolument aux Capres de Genes. Il y en a pourtant d'une autre espéce, petites, & longues comme des noyaux d'Olives. Je ne sçai si ce ne seroit point de ce fruit, dont Strabon a parlé quelque part. Peut-être aussi est-ce de ces petites pommes à noyau, dont je vous ai fait mention. On en apporte ici une grande quantité de séches de la Mecque.

Des Figues.   Ce pays produit aussi plusieurs espéces de Figues. Celles d'Alexandrie sont admirables. Les autres sont plus grosses, & assez bonnes. Je ne vous parle point du Figuier d'Adam ; j'aurai lieu de vous en entretenir dans la suite ; mais peut-être serez-vous surpris de ce que je vais vous dire. Il y a ici une espéce de Figues, nommées Figues de Pharaon, que porte le Sycomore, non pas à ses branches, mais au corps & au tronc même de l'arbre. Pour cela on le bat avec de grosses pierres & des marteaux, & de ces meurtrissures sortent ces Figues de la grosseur, & de la forme à peu près des Figues ordinaires. Ce fruit est très-insipide ; aussi ne sert-il de nourriture qu'aux pauvres gens & aux oiseaux.

Les

Les Citronniers & les Orangers sont les arbres qu'on voit le plus ordinairement dans les jardins de ce pays ; & quoi qu'on n'en ait aucun autre soin que de les arroser, qu'ils soient même sauvageons & pleins d'épines, leur fruit ne laisse pas d'être fort bon. Les Egyptiens mangent les Citrons, comme nous mangeons les Pommes en France. Des Orangers & des Citronniers.

On ne fait point de Vin en Egypte ; car je crois qu'on doit compter pour rien celui que font quelques Coptes pour leur usage particulier. Ainsi on peut dire que tout le Vin qu'on boit ici vient de dehors. Le meilleur quand on y est fait, & le plus facile à conserver, vient de Chypre. On l'appelle Vin de la Commanderie, parce que le plus estimé se tire d'un endroit, qui étoit anciennement une Commanderie appartenante aux Chevaliers de saint Jean de Jérusalem, connus aujourd'hui sous le nom de Chevaliers de Malte. Pour moi je n'en use point d'autre, parce que c'est celui que je trouve le moins malfaisant. De la Vigne.

Cependant de ce qu'on ne fait point de vin en Egypte, on ne doit pas conclure que le raisin y soit un fruit rare. Il y est au contraire très commun & très abondant. Il n'est pas croyable combien rapporte un seul pied de vigne. Il y en a un dans la maison Consulaire de France, qui a porté 436 grosses grapes de raisin, & qui en donne ordinairement 300. Le raisin de ce pays-ci est fort bon, & comme je l'ai remarqué dans une autre Lettre, on en feroit du vin de même qualité, si l'on étudioit ce ce qu'il faudroit observer pour y réussir, ou que la superstition des Turcs permît d'y travailler.

On trouve ici diverses autres sortes d'arbres, que nous n'avons point en Europe. Dans l'Egypte supérieure il en croît un qu'on appelle *Séner*. On s'en sert à brûler, & il a cela de propre, qu'il fait un très bon feu, sans laisser aucunes cendres, ou si peu, qu'à peine en trouve-t-on jamais dans le foyer. De l'Arbre appellé *Séner*.

A quelques journées d'Essené dans les déserts voisins de la Libye, on trouve une contrée, où croît l'arbre du Séné. Un peuple barbare habitant de ce pays ébranche cet arbre dans une certaine saison de l'année, & en apporte les branches à Essené. C'est de là qu'elles sont envoyées au Caire, où l'on en détache les fëuilles, dont vous voyez qu'on se sert dans nos médecines. On y en apporte aussi des pays voisins de la Mecque ; & comme si l'on avoit craint de séparer deux choses, qui vont ordinairement Du Séné.

enſemble, on y a joint la Caſſe, qui vient de Damiette, comme je l'ai dit ailleurs, pour en faire une Ferme particuliére, dépendante uniquement du Bacha. Ainſi ſon Fermier ſeul a le droit de faire ce commerce, que la trop grande abondance, comme la trop petite quantité, rend également déſavantageux. Il paye ſouvent bien cher le privilége excluſif qu'il a d'acheter ces drogues de la premiére main.

Du Lotus & du Saffranon.

Il me reſte à vous entretenir, Monſieur, de matiéres beaucoup plus embarraſſantes. Votre *Lotus* m'a fait donner la torture à une infinité de perſonnes, & je me la ſuis donnée à moi-même pour trouver ſa convenance, ſans avoir encore pu rien découvrir juſqu'ici, qui fût capable de contenter parfaitement un eſprit raiſonnable comme le vôtre. Cependant il n'eſt pas poſſible qu'une plante, ou un fruit ſi utile ſe ſoit perdu, & il doit vraiſemblablement ſubſiſter encore en Egypte, puiſque les productions de la nature ne ſont pas comme celles de l'art, ſujettes aux révolutions & aux efforts du temps, qui détruit tout. C'eſt donc à vous de voir s'il n'y a pas moyen de trouver une deſcription plus propre de ce délicieux *Lotus*, que celle que vous m'ayez envoyée, & ſi les Auteurs anciens, qui en parlent, ne ſe ſont point mieux expliqués ſur ce ſujet. Selon eux, dites-vous, cette plante reſſemble au pavot, & eſt très bonne à manger; mais vous ajoutez que vous doutez ſi ce n'eſt point le Ris, ou une eſpéce de Féve. Peut-être pourroit-on conjecturer que ce fruit n'eſt autre choſe que la Colocaſſe, qui eſt très commune dans ce pays. Il s'y en trouve quantité, & elle eſt fort bonne à manger, lorſqu'elle eſt bien aprêtée. C'eſt une groſſe racine preſque ronde, & de couleur rougeâtre. Mais la forme de la Colocaſſe ne convient pas à celle du Pavot, & le Ris ne convient pas à l'oignon de la Colocaſſe. D'autres penſent que cette plante n'eſt autre choſe qu'un bled particulier, qui croît dans l'Arabie, & qu'on trouve auſſi en Egypte; on l'appelle *Dourra*. Cependant il faut avouer que dans tout cela on ne voit aucune convenance, je ne dis pas parfaite, mais même apparente avec le *Lotus* des Anciens.

On m'a parlé auſſi d'une plante, qui croît vers les montagnes, & dont les Arabes font ſécher la moëlle pour ſe nourrir. On ajoute que dans une grande diſette, qui arriva en Egypte il y a vingt ans, ces peuples enſeignoient cette plante aux pauvres habitans du pays, aufquels elle fut d'un grand fecours. Sur cette conformité imparfaite, on feroit tenté peut-être de croire que c'eft ici le *Lotus* ; mais fans avoir vû la plante même, fans connoître fa forme & fes propriétés, peut-on rien affurer de folide & qui fatisfaffe?

Pour moi, toutes réflexions faites, je ne trouve aucune plante entre celles que produit l'Egypte, qui puiffe mieux convenir avec le *Lotus* des anciens que le Saffranon. Cette plante pouffe une tige affez haute, du fommet de laquelle fort une efpéce de petite pomme prefque femblable à la tête de pavot, & environnée de fleurs, qui fervent à la teinture. La récolte de ces fleurs eft fi confidérable, que la France en tire quelquefois fept a huit cens groffes bales dans une feule année, fans ce qu'on en envoye à Alep, & ailleurs. Cette pomme ou capfule, comme vous voudrez la nommer, renferme une femence de la groffeur d'un petit pois, ou d'une groffe lentille, qu'on appelle ici graine de Perroquet, parce que ces animaux s'en nourriffent volontiers. Elle eft très favoureufe, d'un goût qui approche de celui du chenevis, mais moins huileufe que cette graine; en forte qu'on pourroit aifément en faire du pain. La même plante croît auffi en Allemagne; mais fa fleur n'a pas la même vertu. Il eft vraifemblable qu'elle viendroit auffi parfaitement bien en France, fi on l'y cultivoit; peut-être même y réuffiroit-elle mieux, furtout dans les Provinces méridionales. Je le répete : je ne trouve point de plante en Egypte, dont la qualité & la forme conviennent fi bien au *Lotus*. Quelques-uns cependant font perfuadés que ce fruit n'eft autre chofe que le bled de Turquie ou de Barbarie, qui apparemment n'étoit point connu en Europe du tems des Romains; & je ferois affez volontiers de leur fentiment.

Il ne m'eft pas moins difficile de vous donner des lumiéres bien nettes fur ce que c'eft que le *Papyrus* des Anciens, dont on fe fervoit non feulement pour écrire, mais dont on faifoit même des vafes à boire, & dont on vendoit les feuilles pour fervir d'affiettes & de plats. Je ferois cependant affez porté à croire avec beaucoup d'autres, que ce n'eft autre chofe que la plante appellée ici Figuier d'Adam, & par les Arabes *Mons*. Elle y a en effet beaucoup de rapport. L'Arbriffeau qui porte ce nom, & qui eft fort commun du côté de Damiette, produit une efpéce de figues, qui viennent en bouquet. Il y en a toujours au

Du Papyrus, ou Figuier d'Adam.

moins une douzaine enfemble. Elles font de la groffeur du pouce, & de la longueur d'un grand doigt. C'eft un fruit très froid, & à mon goût fort agréable. Auffi eft-il fort eftimé. Du refte cette plante a la cime lanugineufe, la tige affez haute, & les feuilles de la longueur d'une aulne, & de la largeur de deux pieds. Auffi fervent-elles, non feulement de plats & d'affiettes, mais même de napes dans le befoin. Les Turcs ont auffi le fecret de les tortiller, & d'en faire des cornets, dans lefquels on peut puifer de l'eau, & boire à fon aife. C'eft là fans doute le *Papyrus*, dont il eft tant parlé dans les Auteurs.

Voilà, Monfieur, tous les éclairciffemens que je puis vous donner au fujet du *Lotus* & du *Papyrus*. Si je ne vous en inftruis pas plus parfaitement, ce n'eft pas que ces plantes, fi néceffaires & fi vantées, fe foient perduës, pendant que tant d'autres moins utiles fe font confervées. C'eft que les Auteurs, qui en ont traité, ou ne les ayant eux-mêmes jamais vûës, & n'en parlant que fur le rapport d'autrui, ou n'ayant pas voulu fe donner la peine de nous en laiffer des defcriptions exactes, ne nous en ont donné qu'une défignation fort imparfaite, auffi-bien que de quelques autres plantes, au fujet defquelles par conféquent je ne vous donnerai pas préfentement toute la fatisfaction que vous pourriez fouhaiter. De ce nombre eft par exemple l'herbe *Agrifis*, dont les Egyptiens fe fervoient autrefois dans certaines cérémonies. Pour fatisfaire pleinement là-deffus à l'exactitude de vos lumiéres & à votre curiofité, j'aurois befoin de plus de loifir, de plus d'étude & d'application que mes occupations ne m'en permettent.

Je ne dois pas oublier de vous dire, en finiffant cette matiére, que quoi qu'on apporte beaucoup de bois de Conftantinople en Egypte pour la conftruction des bateaux & des édifices, on ne doit pas conclure de là qu'elle en manque de propre à cet ufage. Il eft vrai qu'il n'y croît ni Chêne ni Sapin, parce que la difpofition & la nature du terroir n'y font pas convenables. Mais en récompenfe elle a le Sycomore, qui peut bien les remplacer. Ce bois eft excellent pour réfifter à l'eau auffi-bien qu'à l'air. Auffi eft-ce pour cette raifon, que les Egyptiens s'en fervoient autrefois à faire les caiffes, dans lequelles ils renfermoient leurs Momies.

Des ani- J'entre de là, Monfieur, dans un champ plus vafte & plus

DE L'EGYPTE.

animé, où l'air, l'eau & la terre vont me fournir également une matiére des plus curieuses. Je parle de ce qui regarde les animaux differens que produit l'Egypte, & dont la nature de cette Lettre m'oblige de vous entretenir. Pour le faire avec quelque méthode, je divise tous les animaux, qui peuplent ou infestent ce vaste pays, en volatiles, en aquatiques, ou poissons, & en terrestres, qui se subdivisent eux-mêmes en animaux domestiques, ou privés, en bêtes fauves, en reptiles, & en insectes; & sur ce pied là, je commence d'abord par les volatiles. *maux qu'on voit en Egypte.*

Les Oiseaux qu'on trouve en Egypte mériteroient seuls un volume entier. Je ne crois pas qu'il y ait de pays au monde, où on en voye de si singuliers & de tant de sortes. Les Damoiselles de Numidie, les Agobilles, & beaucoup d'autres, qu'on voit & qu'on a vûes dans la Ménagerie du Roy, se tirent d'Egypte. Un Oiseleur de S. M. a actuellement ici un Oiseau, dont le bec est si singulier, que si un Peintre en vouloit représenter un d'imagination, & le faire ridicule, il ne pourroit jamais atteindre à la bisarrerie de celui-ci. *Des Oiseaux.*

Il est vrai que ce pays ne produit ni Perdrix, ni Liévres, ni Lapins, ni de toute cette espéce de chasse de terre, dont le Levant est rempli; mais en récompense celle d'eau y est très abondante. A peine le froid commence à se faire sentir en Europe, qu'on ne manque ici ni de Canards, ni de Sarcelles, ni de Bécassines & de Pluviers, ni même de Cailles & de Tourterelles passagéres, qui sont fort bonnes. A la vérité toutes les espéces d'Oiseaux aquatiques, qui sont les plus abondans, ne se trouvent pas dans tous les endroits du Nil. Les uns s'arrêtent aux embouchures, d'autres au Caire, ou aux environs; il y en a qui remontent jusques dans l'Egypte supérieure. Les différens lacs, qui se forment dans les campagnes des inondations du Nil, servent aussi de retraite à un grand nombre de ces Oiseaux, qui vivent du poison de ces étangs. Ils en sont ordinairement tout couverts pendant l'hiver. Mais il faut observer, qu'on y en voit beaucoup moins dans les années, où cette saison n'est pas rude dans les pays Septentrionnaux. Il semble qu'on pourroit conclure de cette remarque, que la nécessité bien plus que l'habitude oblige ces animaux à changer de climat, & qu'il n'y a que l'extrême rigueur du froid, qui les force à se réfugier comme par degrés dans les lieux où la température de l'air est plus conforme à leur nature. *Des Oiseaux aquatiques.*

De la Vo-
laille.

La volaille est de même fort commune en Egypte, & aussi bonne que le climat peut le permettre. Ainsi lorsque les hivers sont froids, & qu'elle est bien nourrie, elle est fort grasse & très délicate. Le Pigeonneau de maison sur tout est très estimé ici, & avec raison ; car c'est un des meilleurs mangers qu'on y ait. On a éprouvé si un Poulet éclos sous la Poule est meilleur qu'un autre éclos à la manière ordinaire du pays, c'est-à-dire, dans le four. Plusieurs tiennent pour le premier ; pour moi je crois la chose fort égale.

Des Oi-
seaux de
proïe.

Enfin ce pays-ci ne manque point non plus d'Oiseaux de proïe. Il s'y trouve quantité d'Eperviers, dont on ne fait aucun usage : on y prend seulement une petite espéce de Faucons, que l'on nomme *Saer*, dont l'Egypte doit fournir un certain nombre, qu'elle entretient pour la chasse du Grand Seigneur. Il y a aussi d'autres petits Oiseaux de proïe, qui chassent aux Cailles. Enfin ce pays est sur-tout si rempli de Milans, que l'air en est quelquefois obscurci. Les Arabes appellent cet Oiseau *le Pere de l'air*, pour désigner l'excellence de son vol.

De l'Ibis,
ou Chapon
de Pha-
raon.

Ce seroit ici le lieu de parler de l'*Ibis* des Anciens ; mais c'est encore un de ces articles sur lesquels je ne puis guéres donner que des conjectures. En effet, le seul caractéristique, qui dans les Auteurs distingue l'*Ibis* des autres Oiseaux, c'est qu'il fait une guerre mortelle aux Serpens, dont le pays est infesté. Or, comme il se trouve en Egypte quatre ou cinq sortes d'Oiseaux également ennemis des Serpens, & qui les dévorent, & que nous n'avons point d'ailleurs de description fort exacte de l'*Ibis*, il est très-difficile, pour ne pas dire impossible, de déterminer l'espéce, qui peut lui convenir. La Gruë, la Cicogne, l'Epervier, le Milan, le Faucon, donnent tous la chasse aux Serpens, & en détruisent un très-grand nombre. Dans le mois de Mai, lorsque les vents soufflent, & que les campagnes se sont découvertes, on voit ces différentes espéces d'Oiseaux descendre par troupes de la haute Egypte, d'où ils sont chassés par les pluies, ou sortir des montagnes de sables, dont le Nil est bordé, & s'approcher des lieux plus frais. C'est alors qu'ils rendent au pays ce service, qui a fait regarder l'*Ibis* par les Anciens comme un oiseau sacré, & qu'Horace a exprimé par ces vers :*

Nunc in reluctantes Dracones
Egit amor dapis atque pugna.

* Dans ses Odes, Liv. 4. Od. 4.

Mais malgré cela je ne vois point qu'aucun de ces Oiseaux ait un véritable rapport avec l'*Ibis*, suivant la figure que les Hieroglyphes nous en donnent, ou que nous nous imaginons le représenter. D'ailleurs la Cicogne & la Grue ne sont point particuliéres à l'Egypte; elles ne font que passer. Les autres Oiseaux même que je viens de nommer, quoiqu'ils restent dans le pays, & lui appartiennent par cet endroit, se voyent de même par tout ailleurs. Or l'*Ibis* est décrit comme un oiseau, qui n'est propre qu'à l'Egypte *, *avis peculiaris Ægypti*. Cependant il n'est pas croyable que cet Oiseau se soit perdu. Daper dit même dans son Afrique qu'on le trouve entre Rosette & Alexandrie.

Au milieu de ces ténebres épaisses me permettriez-vous de hazarder une conjecture? On voit en Egypte un Oiseau particulier à ce pays, & absolument inconnu en Europe. On pourroit le comparer à un Chapon pour la forme, excepté qu'il est plus gros; aussi l'appelle-t-on ici *Chapon de Pharaon*, & à Alep *Saphan Bacha*. Il dévore les Serpens comme l'*Ibis*; d'ailleurs il y en a de blancs, & de blancs & de noirs, qui est la couleur que Pline donne à cet Oiseau sacré. Tout cela ne prouveroit-il point que c'est ici l'*Ibis* des Anciens? J'ajoute une particularité, qui peut encore servir à fortifier ma pensée; c'est que ce Chapon de Pharaon suit du Caire pendant plus de cent lieues les Caravannes, qui vont à la Mecque, pour se repaître des carcasses des animaux, qu'on tuë pendant le voyage, & que dans toute autre saison on n'en voit aucun sur cette route. Ne seroient-ce point là ces Oiseaux, ou plutôt ces *Ibis*, que Moyse mena avec lui dans le désert, & ne pourroit-on point croire qu'ils auroient suivi son armée? L'Histoire dit, à la vérité, qu'il les fit porter en cage par un effet de sa prévoyance; mais ce ne seroit pas la premiere fois qu'un Historien auroit embelli sa narration en faveur de son Héros. Ne peut-il pas se faire d'ailleurs que les habitans des lieux, où ces Oiseaux dévorerent tant de Serpens, n'y en ayant jamais vû auparavant de cette espéce, au lieu d'imaginer qu'ils suivoient l'armée pour profiter de la proïe qu'ils attendoient, se persuadassent qu'on les y avoit apportés, & que cette opinion prévalût ensuite dans l'armée même? Quoi qu'il en soit les Auteurs nous ont parlé d'une maniére trop vague au sujet de l'*Ibis*, pour que nous puissions tirer quelque induction cer-

---

* Pline dans son Hist. Nat. Liv. 10.

taine de leur rapport ; & pour vous dire naturellement ma pensée, je crois que nous devrions renoncer à les entendre, quand ils ont parlé de manière à ne vouloir pas être entendus. Tout l'expédient que je trouverois en ceci, si l'on permettoit d'en trouver, ce seroit de dire, que sous le nom d'*Ibis*, les Anciens ont compris indistinctement tous les Oiseaux, qui rendoient à l'Egypte le bon office de la purger des dangereux reptiles que ce climat produit en abondance.

Les Abeilles.

En vous entretenant des Oiseaux que produit l'Egypte, je ne dois pas oublier de vous parler des Abeilles ou Mouches à miel. Il y en a une très-grande quantité dans ce pays, & on y conserve encore aujourd'hui un usage introduit par les anciens Egytiens de les nourrir d'une manière très-singuliére. Vers la fin d'Octobre, lorsque le Nil, en baissant, a laissé aux Laboureurs le temps d'ensemencer les terres, la graine de sainfoin est une de celles qu'on séme des premiéres, & qui rapporte le plus de profit. Comme la haute Egypte est plus chaude que la basse, & que les terres y sont de même plutôt découvertes de l'inondation, le sainfoin y croît aussi plutôt. La connoissance que l'on en a, fait qu'on y envoye de toutes les parties de l'Egypte les Rûches à miel qui s'y trouvent, afin que les Abeilles jouïssent de meilleure heure de la richesse des fleurs, qui naissent dans cette contrée, plutôt qu'en aucun autre endroit du Royaume. Ces Rûches parvenuës à cette extrémité de l'Egypte, y sont entassées en pyramides sur des batteaux préparés pour les recevoir ; après avoir été toutes numérotées par les particuliers, qui les y déposent. Là ces Mouches à miel paissent dans les campagnes pendant quelques jours; ensuite lorsqu'on juge qu'elles ont à peu près moissonné le miel & la cire, qui se trouvent dans les environs à deux ou trois lieües à la ronde, on fait descendre les batteaux qui les portent, deux ou trois autres lieües plus bas, & on les y laisse de même à proportion autant de temps qu'il est nécessaire pour moissonner les richesses de ce canton. Enfin vers le commencement de Février, après avoir parcouru toute l'Egypte, elles arrivent à la mer, d'où l'on repart pour les conduire chacune dans les lieux de leur domicile ordinaire. Car on a soin de marquer exactement sur un registre chaque quartier, d'où partent les Rûches au commencement de la saison, leur nombre, & les noms des particuliers qui les envoyent, aussi-bien que les numéroto des batteaux, où elles ont été arrangées relativement à leurs habitations. Ce qu'il y a d'étonnant, c'est qu'avec la plus grande fidelité de mémoire, qu'on puisse imaginer, chacune de ces Abeilles retrouve sa ruche, & ne se méprend jamais à cette reconnoissance. Ce qui me paroît plus admirable encore, c'est que les anciens Egyptiens ayent été si attentifs à tous les avantages qu'ils pouvoient tirer de la situation de leur pays ; qu'après avoir observé que toutes choses mûrissoient plutôt dans la haute Egypte, & beaucoup plus tard dans la basse, ce qui faisoit une différence d'une extrémité à l'autre de plus de six semaines, ils ayent songé à faire de sorte la récolte de la cire & du miel, qu'il ne s'en perdît aucune partie ; & qu'ils ayent trouvé cette manière ingénieuse de la faire faire par les Abeilles, successivement suivant la maturité des fleurs, & l'arrangement de la nature.

Le poisson n'est pas moins commun ici que le gibier & les autres oiseaux. Le Nil en fournit en abondance, & de plusieurs sortes, & les côtes du Delta sont également poissonneuses. Il est certain qu'il doit y avoir en Egypte une quantité prodigieuse de poisson, puisqu'on a remarqué que sur ces lacs, ou étangs, où se retire le gibier d'eau, il se rassembloit quelquefois jusqu'à cent mille Agobilles, oiseau vorace, auquel il faut par jour au moins trois ou quatre livres de poisson. *Des Poissons.*

Ce qu'il y a de surprenant, c'est que dans cette quantité étonnante de poissons, il ne se trouve guères que l'Anguille, qui ressemble à ceux qu'on prend dans nos riviéres d'Europe. Il est vrai cependant qu'en Décembre, en Janvier, & en Février, on pêche ici de très bon Harang. Ce qui vous surprendra, c'est que ce poisson ne se trouve qu'aux environs du Caire ; on n'en prend point à Rosette, & fort peu à Damiette, par où il devroit passer pour monter vers cette première ville ; on n'en voit pas même dans la Méditerranée. Je laisse à vos réflexions le soin de chercher la cause d'une telle bisarrerie de la nature. *De l'Anguille & du Harang.*

Il y a aussi au Caire une espéce de poisson que l'on appelle *Boulti*, & qui ressemble beaucoup à la Carpe. Ce poisson, si l'on en croit le Macrisi, n'a pas toujours été connu en Egypte ; & ce n'est, selon cet Auteur, que depuis quelques siécles qu'on en trouve dans le Nil. S'il est vrai que l'Egypte ait fait une acquisition de ce côté là, elle a aussi beaucoup perdu d'un autre, puisque, comme je l'ai dit ailleurs, l'arbre du baume si célébre *Du Boulti.*

autrefois n'y subsiste plus depuis long-temps. Ce baume étoit si recommandable aux Chrétiens du pays, qu'ils auroient douté de la validité de leur baptême, si on n'en eût pas mêlé quelques goutes dans l'eau, dont on se servoit pour cette cérémonie. Au reste je ne crois pas qu'il fût semblable à celui de la Mecque. Ce dernier en effet coule des arbres à la manière de toutes les résines, au lieu que celui d'Egypte se recueilloit d'une autre façon.

De la Nacre.

On voit encore ici des Nacres de perles, dont les huitres sont d'un très-bon goût. La pêche s'en fait sur les côtes de la mer rouge, où elle est fort abondante. On trouve sur cette côte une infinité de poissons de différentes espéces.

D'un Poisson singulier.

On y en pêche un entre autres, qui approche de la figure d'une femme, ayant deux bras & deux mains, dont il se bat le sein, lorsqu'il est pris, en poussant des cris à peu près semblables à ceux d'un homme. La peau de ce poisson est fort épaisse, & est d'un grand usage pour les habitans de ce pays. Ils s'en servent en guise de souliers pour se garantir de la dureté des roches, & de l'ardeur des sables, sur lesquels il n'y a point d'homme, qui puisse s'arrêter pieds nuds pendant un quart d'heure.

Des animaux domestiques, du prix des viandes.

Je passe aux animaux domestiques, que l'Egypte ne produit pas avec moins de fécondité que tous les autres. On y trouve des Bœufs, des Bufles, des Veaux, des Moutons, & des Chévres en quantité. Aussi la viande y étoit-elle à très-grand marché autrefois ; mais les choses ont beaucoup changé, sur-tout depuis la peste & la famine de l'année 1696. La livre de Mouton vaut aujourd'hui quatre sols, celle de Bœuf deux sols six deniers, la Poule s'y vend huit à dix sols, la paire de Pigeonneaux six sols, & il n'y a pas d'apparence que les choses retournent à leur premier état. L'abondance des Piastres d'Espagne, qui passent dans ce pays depuis qu'on en tire des Castors pour l'Europe, & qui sont fort communs, même chez les habitans de la campagne, a contribué sans doute à cette augmentation. Jamais le Paysan ne fut si riche que depuis quelques années.

Des Moutons.

La viande la plus commune chez les Turcs, c'est le mouton. Il n'est bon en Egypte que pendant la verdure, c'est-à-dire, en Décembre, Janvier & Février ; dans toute autre saison, il sent la laine. On tond les Moutons pour en avoir la toison ; mais en général, ce n'est point l'usage ici de les couper, comme on le pratique en Europe,

DE L'EGYPTE.

Les Chévres y sont bonnes, autant qu'elles peuvent l'être; mais elles sont mille fois plus belles, qu'elles ne sont bonnes. Leurs oreilles pendantes quelquefois de deux pieds, leur nez aquilin, & leur peau marquetée avec la derniére justesse, rendent cet animal un des plus agréables que l'on puisse voir. *Des Chévres.*

On rencontre souvent la même régularité dans les Bœufs; & il y en a d'une si grande beauté, que le pinceau ne sçauroit représenter rien de plus flatteur. Toutes les mêmes marquetures, qui se voyent d'un côté, se trouvent également de l'autre. La chair de cet animal est admirable, sur-tout dans la verdure. Elle ne le céde pas en bonté à celle des Bœufs de Hongrie, ni à aucune autre. Elle a même cela de plus excellent, qu'elle est extrémément nourrissante. *Des Bœufs.*

On ne mange point de Veau en Turquie; les Juifs seuls en achetent quelques-uns. C'est un agrément de moins qu'on a ici; mais les Turcs regardent comme une folie, & même comme un péché, de tuer dans sa petitesse un animal, qui dans sa juste grandeur peut être d'une utilité considérable. *Des Veaux.*

En récompense, on fait ici une grande consommation de chair de Buffle. Il y a beaucoup de ces animaux en Egypte, où ils n'ont pas la férocité de ceux d'Europe. Leur lait est d'un très-grand usage; on en fait même du beurre qui est excellent, & aussi bon qu'on en mange en aucun autre pays du monde. La chair de Buffle, & même celle de Bœuf n'est que pour le peuple. Les Grands croiroient se deshonorer s'ils en faisoient servir sur leur table. *Des Buffles.*

Le Cheval est par tout un animal si utile & si estimé, que vous ne serez pas fâché que je m'étende davantage sur ce qui le regarde. En général les Chevaux d'Egypte sont naturellement beaux, & beaucoup plus gras que ceux de Barbarie. Les pâturages abondans qu'ils ont dans ce pays-ci pendant plusieurs mois de l'année, contribuent à cette différence. *Des Chevaux.*

Il y a ici de deux sortes de Chevaux. Les uns sont Arabes, & s'appellent Chevaux Turcs; les autres sont des Chevaux du pays. Les premiers sont les moins beaux, & cependant les plus chers, parce qu'ils ont plus de vîtesse & de feu; qualité que les Turcs estiment infiniment dans ces animaux. Les Chevaux d'Egypte au contraire ont beaucoup de mine, de taille, & de fierté; mais ils sont ordinairement mous, & sans feu; défaut qui leur eſt commun avec la plûpart des Chevaux élevés & nourris comme eux dans les plaines, & dans les pays chauds. Ils peuvent paſſer pour de fort beaux Chevaux de parade; mais ils ne font pas de ſervice dans les pays de boües, ou de montagnes. Cependant malgré cette mauvaiſe réputation qu'ils ont en Turquie, on ne laiſſe pas d'en envoyer beaucoup à Conſtantinople, où les Bachas en font paſſer de tems en tems. Iſmaël Bacha en fit préſent d'une trentaine au Grand Seigneur & au Viſir, & celui qui gouverne aujourd'hui, en fait chercher actuellement pour le même ſujet. Je vis les premiers, dont je fus très-peu content. Tous les Officiers de conſidération, que la Porte envoye en Egypte le long d'une année, reçoivent beaucoup de ces Chevaux en préſent, & les emmennent enſuite avec eux, pour en régaler à leur tour leurs Patrons. C'eſt par là que les Chevaux d'Egypte ſont fort connus à Conſtantinople, quoiqu'il y en ait de meilleurs & de plus beaux dans diverſes autres Provinces de l'Empire.

Quoique les Chevaux ſoient très-communs en Egypte, c'eſt peut-être cependant l'endroit du monde, où il eſt plus difficile d'en trouver de paſſables dans l'âge où ils font en état de rendre ſervice. De cent Chevaux au-deſſus de cinq ans, je mets en fait qu'il s'en trouve plus de quatre-vingt-dix brûlés ou eſtropiés. Les Chevaux ne ſont pas plutôt entrés dans leur quatriéme année, que les Turcs les montent, & que les pouſſant à toute bride, ſuivant leur mauvaiſe coutume, il les arrêtent par des ſaccades. Tel eſt l'exercice de tous les Turcs, au moins deux fois la ſemaine. Ils ruinent ainſi un Cheval en très-peu de mois. Les jambes leur deviennent enflées, foibles, même tortues & contrefaites. Le reméde dont on uſe pour les guérir, ou les fortifier, eſt de leur bruler les jambes en dedans & en dehors; en ſorte que l'on voit de beaux Chevaux défigurés & eſtropiés de la plus cruelle maniére du monde. Ceux qui échapent à ces mauvais traitemens, ne laiſſent pas d'être ruinés par ces courſes outrées & continuelles. Les Turcs ont même la précaution, quand ils ont quelques bons & beaux Chevaux, de les défigurer de cette maniére, afin que les Bachas, ou ceux de qui ils dépendent, ne les leur demandent point. Souvent auſſi pour prévenir cet inconvenient, ils tiennent leurs Chevaux éloignés du Caire dans des villages, afin de s'en prévaloir auprès des Grands, dont ils peuvent avoir besoin, lorsqu'il leur survient quelque affaire. Car les Turcs n'estiment rien tant qu'un beau cheval.

Cependant ces Chevaux ainsi défigurés ne laissent pas d'être très-chers. Lorsqu'ils ont de l'apparence, & qu'ils conservent encore quelque vigueur, ils se vendent deux & trois cens écus, & jusqu'à cinq cens, lorsqu'ils n'ont point ces deffauts. Les Poulains sont à proportion à beaucoup meilleur marché. On en a de fort jolis pour deux cens ou deux cens cinquante livres; les plus chers ne passent pas trois cens livres, & on en trouve facilement. Peut-être qu'en les tirant du pays de bonne heure, ils s'accoutumeroient plus aisément aux bouës & au pavé d'Europe.

Il y a ici des Chevaux de tout poil, beaucoup de gris pommelés, d'Alesans brulés, de parfaitement noirs & blancs. Il s'y en voit quelques-uns d'un mélange fort singulier, comme des Isabelles pommelés de noir, & quelques autres. Les plus beaux se tirent de la haute Egypte, autrement du Saïdi, où les paturages sont plus abondans qu'en aucun autre canton de ce pays.

Ce qui peut-être paroîtra surprenant, c'est que les Anes ne sont gueres moins estimés en Egypte que les Chevaux, du moins y sont-ils d'un très-grand usage. Les Dames ne se servent point d'autre monture, & les hommes même s'en accommodent plus volontiers que des chevaux, lorsque leurs emplois le leur permettent. Aussi faut-il avoüer que ces animaux n'ont rien ici de la paresse & de la pesanteur naturelle aux notres. Au contraire ils ont un feu que les plus longues marches ne ralentissent point. Ils fournissent sans difficulté aux longs voyages de la Mecque, & ont un pas si vîte & en même tems si doux, que les Chevaux ne les peuvent suivre qu'au trot. Aussi ne leur sont-ils guéres inférieurs pour le prix. Quoi qu'ils soient ici très-communs, il s'en vend tous les jours jusqu'à deux & trois cens livres. *Des Anes.*

Tandis que je suis sur le chapitre des animaux domestiques, je ne dois pas oublier de vous parler des Chats. C'est à mon sens avec beaucoup de justice que les anciens Egyptiens révéroient cet animal. Outre qu'il est le symbole de la vigilance, l'utilité & la beauté avoient part sans doute au culte qu'ils lui rendoient. Les Rats & les Souris sont ici en si grand nombre, que le secours des Chats est absolument nécessaire. On peut ajouter qu'ils y sont si beaux, que jamais la nature ne produisit *Des Chats.*

rien de plus charmant. Je ne suis pas amateur des Chats, mais toutes les fois que je jette les yeux sur quelques-uns que j'ai dans ma maison, je ne puis m'empêcher d'admirer la variété, la régularité, la bisarrerie même des couleurs, dont leur peau est bigarée. Il n'y a point de Tigre ni de Léopard en Afrique, qui soit si bien marqueté. Un pareil animal feroit honneur sans contredit à une Ménagerie royale. Ce que je trouve de ridicule, c'est qu'on voit ici des hopitaux destinés pour ces sortes d'animaux, & qu'une dévotion fanatique porte des péres & des méres à y envoyer de la viande & d'autres provisions pour leur entretien.

Des Chiens. Mais si les Egyptiens ont tant d'inclination pour les Chats, ils ont en récompense pour les Chiens une indifférence qui approche fort de l'aversion. Ces animaux ne sont pas rares dans ce pays; on en trouve en grand nombre dans toutes les ruës des villes; mais jamais ils n'entrent dans les maisons, si ce n'est peut-être à la campagne. Ce qu'il y a de plus singulier au sujet de ces animaux, c'est qu'ils sont, pour ainsi dire, divisés par peuplades, qui ne se mêlent point, chacun restant dans le canton où il est né. Que si quelqu'un s'avise de passer d'une République à l'autre, il est reçu de maniére à lui faire perdre l'envie de revenir. Au Caire on a soin de leur donner de l'eau; c'est la seule attention qu'on daigne avoir pour ces animaux; encore n'est-elle pas générale. Par tout ailleurs s'ils en ont besoin, ils en cherchent.

Des Bêtes fauves. A l'égard des bêtes fauves, elles sont fort rares en Egypte, parce qu'elles n'y trouvent ni bois ni fontaines, ni même d'autres eaux que celles de ces lacs formés, comme je l'ai dit plus haut, par les débordemens du Nil, & que le pays est d'ailleurs si peuplé d'habitans & si découvert, qu'elles n'y peuvent avoir de retraite. On voit, à la vérité, quelques Renards & un petit nombre de Loups descendre pendant la nuit, dans les campagnes; mais ils y font peu de séjour, & dès que le jour commence à paroître, ils ne manquent pas de regagner en hâte les sables & les déserts.

De la Gazelle. On trouve pourtant vers Aléxandrie des Gazelles en assez grand nombre. C'est une espéce de Chevreüil, dont l'œil vif, grand & perçant a passé en proverbe. Pour loüer les yeux des Dames, on dit tous les jours qu'elles ont des yeux de Gazelles. Pour ce qui est des Lions, des Tigres, & des Léopards, on n'en

voit aucuns dans toute l'Egypte ; & s'il s'y rencontre quelques
Sangliers, ils font plus doux que nos Porcs domestiques. Il seroit même assez difficile d'y découvrir quelque différence.

 L'ennemi le plus redoutable qu'ayent les habitans de l'Egypte,   *De l'Hip-*
& ceux qui comme eux vivent sous ce climat, est l'Hippopo- *popotame.*
tame. Cet animal qui prend naissance dans l'Ethiopie, & dont
la figure a certainement beaucoup plus de rapport à celle du
bœuf qu'à celle du cheval, descendant par le Nil dans la haute
Egypte, porte le ravage dans tous les lieux où il se jette. On ne
sçauroit croire combien il est dangereux, & pernicieux aux
biens de la terre, désolant les campagnes, & mangeant par tout
où il passe les épics de bled, surtout des bleds de Turquie. Il
étouffe les hommes avec ses jambes, qui sont fort grosses & fort
courtes ; & en boit seulement le sang. Ce qu'il y a de plus fâ-
cheux, c'est qu'il a la peau épaisse de deux doigts, & qu'il est
d'autant plus difficile à tuer, qu'il n'a qu'un très-petit endroit
au front, où il puisse être blessé. Les Nubiens disent qu'il
a la voix terrible, & fait trembler la terre lorsqu'il mugit.
Ils ajoutent qu'on n'en a jamais pris en vie. Des valets de
cette nation, que j'ai chez moi, m'ont demandé une somme
très-considérable, pour m'en faire venir une peau qui est à
Sannar, & que quatre chameaux peuvent porter à peine. Un
homme de bout dans le ventre de cet animal ne peut toucher
avec la main le dos de la bête. Il y a quelques années que proche
de Damiette on en prit un dont on conserve encore la peau. On
en apporte de Nubie au Caire, mais par tranches. Je ne connois
point l'animal, qui lui est opposé, & je ne pense pas qu'il soit
connu en Egypte, où l'Hippopotame est d'ailleurs très-rare. Je
ne puis cependant m'imaginer que la nature, qui dans tous les
pays du monde a pourvû aux besoins de chaque climat, & qui
nulle part n'a produit le poison sans l'accompagner de son remede, ne lui ait pas fait naître un ennemi. L'ignorance où nous
sommes de son existence n'est pas une raison de la combattre.
Les choses les moins connuës, & quelque fois les plus incroya-
bles, ne sont pas souvent les moins certaines.

 Je joindrai à l'Hippopotame un animal, qui n'est pas moins à   *Du Cro-*
craindre pour ce pays, & qui étant amphibie, puisqu'il vit éga- *codille.*
lement, & même plus sur la terre que dans l'eau, peut être mis au
nombre des animaux terrestres. Je parle du Crocodile, cet enne-

mi furieux de tous les pays qui ont le malheur d'en être infeftés. Cet animal eft fort commun en Egypte ; mais il fe trouve ordinairement dans la haute, & il eft très-rare d'en voir dans le Delta, où il n'y en a aucun, pas même à plus d'une journée au-deffus du Caire. Il eft extrémement dangereux, & fait beaucoup de dégât par tout où il fe rencontre, fur tout au-deffus de *Girgey*, qui eft le lieu de l'ancienne Saïde. On l'a vû emporter des hommes entiers & d'autres animaux, lorfqu'il pouvoit les joindre au bord du Nil. Des perfonnes dignes de foi m'ont affuré, que vers Effené il s'en voit de fi prodigieux, qu'ils arrêtent quelquefois de petites Caravanes.

Maniere le pren-c.

La maniére, dont on les prend, eft différente, & quelque fois affez finguliére. La plus ordinaire eft de creufer le long du Nil de grands foffés, que l'on couvre de paille, & où cet animal va fe précipiter. On en prend quelquefois avec des hameçons, en leur mettant pour appas un quartier de cochon, ou de lard, dont ils font fort friands. Quelques-uns fe cachent dans les lieux, où ils fçavent que cet animal fréquente, & lui tendent quelques piéges. Auffi-tôt qu'il eft pris, le Chaffeur accourt avec de grands cris, & dit au Crocodile d'une voix forte & d'un ton menaçant, *Childraak-Scynche*, c'eft-à-dire, *léve le bras*; ce que fait l'animal ; alors le Chaffeur lui enfonce fous l'aiffelle un dard à deux ou trois pointes armé de crochets, & le tuë. Il y a des gens affez hardis pour aller au Crocodile, lorfqu'il eft endormi, & pour lui enfoncer le dard fans qu'il foit pris au piége. D'autres le prennent d'une autre maniére que je ne fçai pas ; mais certainement ce ne peut être avec des filets, puifqu'ils ne font point ici en ufage.

Un des habitans de la haute Egypte en prit un l'année derniére d'une façon, qui autant par fa fingularité que par le danger, auquel cet homme s'expofoit, mérite de vous être rapportée. Il expofa un fils fort jeune, qu'il avoit, à l'endroit où le jour précédent cet animal avoit dévoré une fille de quinze ans appartenante au Gouverneur de ce lieu, qui avoit promis une récompenfe à celui qui le lui ameneroit mort ou vif. En même tems cet homme s'étoit caché fort près de fon fils, & tenoit une large planche toute prête pour l'exécution qu'il méditoit. A peine apperçut-il le Crocodile proche de l'enfant, qu'il enfonça fa planche dans la gueule béante de l'animal. Alors fes
dents

Figure de l'Ichneumon.

Figure de l'Hippopotame.

DE L'EGYPTE.

ents pointuës se croisant les unes sur les autres, entrérent dans e morceau de bois, & le serrerent avec tant de violence, qu'il fut ensuite impossible d'ouvrir la gueule. L'homme la lui lia ur le champ, & gagna ainsi les cinquante écus que le Gouverneur avoit promis à quiconque pourroit prendre cette bête.

Au reste cet animal est sans contredit d'une force tout-à-fait xtraordinaire. Il y a quelques jours qu'on m'en apporta un en ie de la longueur d'un pied & demi seulement. Il étoit attaché une corde. Je lui fis délier le museau, & il se retourna sur le hamp pour mordre celui qui le tenoit ; mais il n'attrapa que sa ropre queuë dans laquelle ses dents entrerent si avant, qu'il allut se servir d'un fer pour pouvoir lui ouvrir la gueule. Cet nimal n'avoit peut-être pas quinze jours. Que peut faire un Crocodile de vingt pieds de longueur & davantage? J'en vis année derniére un de douze pieds, qui n'avoit pas mangé depuis trente-cinq jours, ayant toujours eu pendant ce tems-là la ueule fermée. D'un coup de queuë il renversa cinq ou six hommes & une balle de Caffé, comme je pourrois renverser six ions d'un jeu d'Echets.

Force extraordinaire de cet animal.

Le Crocodile n'a point de langue, & ne mache point, parce que ses dents entrent les unes dans les autres. Mais il avale sa roye ; & lorsqu'il ne peut avaler un homme entier, il le déchire avec ses pattes. Il a sur l'œil entre la paupiére une pellicule ransparente, qu'il retire au coin de l'œil lorsqu'il sort de l'eau, & qu'il étend au-contraire lorsqu'il y rentre. Il est hors de doute que si l'on peut venir à bout de lui jetter de la bouë sur les yeux, l est à demi vaincu. J'ai plusieurs fois essayé d'en élever de petits ; mais ils n'ont jamais voulu manger, & ont constament retté tout ce qui leur a été donné ou fourré dans la gorge.

A cet animal si grand & si furieux la nature a opposé un enemi, qui pour être fort petit, n'en est pas pour lui moins redoutable. Vous comprenez, Monsieur, que je veux parler de l'*Ichneumon* pour qui les anciens Egyptiens avoient tant de vénération. Je sçai que quelques-uns prétendent que cet animal n'est autre chose qu'une espéce de Tortuë blancheatre, que les Arabes appellent *Cerfé*. Ils disent que par un instinct naturel, elle épie le Crocodile, lorsqu'il va faire ses œufs & les enterre dans le Sable, & que dès qu'il est retiré, elle va les chercher pour les casser & les manger. Ils ajoutent que le Crocodile, qui veille de

De l'Ichneumon, ou Rat de Pharaon.

E

son côté pour l'en empêcher, la voyant approcher, court auſſi-tôt à elle pour la dévorer, mais qu'en mordant la Tortuë, & ne trouvant ſous ſes dents qu'une écaille dure & impénétrable, il l'abandonne ſur le champ. Mais ſans parler de la figure que Dapper nous a donnée de l'*Ichneumon*, qui ne convient nulle-à la Tortuë, tant de repréſentations en pierre, qui nous reſtent de cet animal, & dont pluſieurs ſont accompagnées de lettres hieroglyfiques, ne laiſſent aucun lieu de douter que ce ne ſoit ce qu'on appelle aujourd'hui *Rat de Pharaon*. C'eſt une eſpéce de petit Cochon ſauvage fort joli, & très-aiſé à apprivoiſer, qui a le poil hériſſé comme un Porc-épic. Il eſt toujours enne-mi des autres rats, & ſurtout des Crocodiles, & n'a rien perdu de ſon ardeur naturelle à leur faire la guerre. Non-ſeulement il dévore leurs œufs, dont il ſe nourrit ; mais il attaque encore avec courage les petits Crocodiles, dont il ſçait venir à bout en les prenant par le col au deffaut de la tête. J'en ai vû deux fois chez moi l'expérience, & je n'ai pû m'empêcher d'avoüer, que c'étoit avec juſtice que les anciens Egyptiens révéroient un ani-mal ſi utile & ſi ſalutaire. On dit que de quatre cens œufs que le Crocodile pond à la fois, pour en ſauver quelques-uns de la fu-reur de cet ennemi mortel de ſon eſpéce, il eſt obligé de les trans-porter dans quelques petites Iſles lorſque le Nil s'eſt retiré, afin de donner le tems au Soleil de les faire éclore. On ajoute que lorſque cet animal dort au Soleil la gueule béante, ce qui lui ar-rive ordinairement, l'Ichneumon qui l'épie, entre dans ſon ventre, d'où il ne ſort qu'après lui avoir rongé les inteſtins ; ce qui lui cauſe infailliblement la mort. C'eſt ainſi que la Provi-dence toujours infiniment ſage, ſe ſert d'un petit animal, pour empêcher la multiplication d'un monſtre, qui ſemble n'être né que pour la ruine du genre humain.

Du nom de Pharaon.

A cette occaſion permettez-moi, Monſieur, de vous faire faire en paſſant une obſervation au ſujet du nom de Pharaon. Il eſt vrai que ce nom s'applique ici à de grandes choſes, & ren-ferme quelquefois un éloge ; mais il n'eſt pas moins certain que très-ſouvent auſſi c'eſt un terme fort injurieux, qui marque le dernier mépris. *Tu es un Pharaon, ou de race Pharaonique* : Il eſt difficile de pouvoir en Egypte dire pis à un homme. Par-là vous voyez qu'on s'y ſouvient encore de la perſécution que le peuple de Dieu eut à ſouffrir de la part de ce mauvais roi ; & cerainement c'est avec beaucoup de sujet, si les Cousins & quelques autres insectes, dont ce pays est affligé, nous sont restés de ceux que la colére du Seigneur fit naître pour la punition de ce Prince.

En lisant ce que je vous ai écrit de l'Ibis & des autres oiseaux de proïe, qui dévorent ici les serpens, peut-être vous êtes-vous imaginé que ces reptiles fourmillent en Egypte. Il ne faut cependant pas croire que cette région en soit tellement infestée, qu'on ne puisse l'habiter sans risque. Outre qu'ils ne sont pas fort venimeux, on ne les voit que quand les chaleurs se font sentir trop vivement dans les déserts de la Libye, & que les eaux du Nil sont absolument retirées. Alors ils descendent à la vérité des montagnes pour chercher la fraicheur ; mais la guerre continuelle que leur font les oiseaux, dont je vous ai parlé, en détruit la plus grande partie, & tient si bien le reste dans l'épouvante, qu'on n'en rencontre pas autant que vous pourriez l'imaginer. *Des Reptiles, ou Serpens.*

Au reste si ces animaux sont si peu à craindre dans ce pays, c'est à la bonté du climat qu'on en est redevable. Aussi est-il certain que les serpens en général, & les autres bêtes venimeuses, se sont infiniment moins dans les pays chauds, que sous les climats exposés au froid. Ainsi la morsure de Vipére, la piqure de Scorpion, sont ici très-peu dangereuses. On les touche avec la même assurance que des fleurs ; on les prend & on les caresse avec autant de sécurité que les animaux les plus doux & les plus tranquiles ; on se fait un jeu de les porter dans sa chemise. Il est admirable de voir ces Arabes tirer de leur sein ce qui en Europe donneroit la mort à mille personnes. Rien n'est plus affreux, & rien n'est plus capable de causer en même tems de la surprise. *De la Vipére & du Scorpion.*

Il faut cependant observer qu'on doit excepter de la régle générale les Salamandres. Il s'en voit beaucoup dans la haute Egypte, qui ne différent point des reptiles de cette espéce qu'on trouve dans les autres pays. Ainsi je ne m'arréterai point à vous en parler. Je dois seulement vous avertir que leur piqure est absolument mortelle. *Des Salamandres.*

On trouve aussi dans les montagnes qui séparent l'Egypte de la Nubie, une sorte de Lézard assez grand, dont les pattes ressemblent parfaitement aux pieds & aux mains d'un homme, ayant cinq doigts très-bien formés. La seule différence qu'on y re- *Des Lézards.*

E ij

marque, c'est que ces doigts sont armés de griffes. Cet animal vient manger avec les Caravanes, & il est si doux qu'il ne fait jamais de mal. On en voit quelquefois au Caire entre les mains des Bateleurs.

Du Lézard nommé Crocodile de terre.
Il y a encore ici une autre espéce de Lézard, qui approche fort du Crocodile. C'est ce que les Anciens ont appellé *Crocodile de terre*, dont la chair des reins est si renommée dans l'Empire de Venus. Divers Nubiens m'ont assuré, que les parties du véritable Crocodile ne le sont pas moins dans leur pays ; qu'on les fait sécher ; qu'on les pulvérise ; & qu'on les mêle ensuite avec tout ce qu'il y a de plus chaud. Les Grands de Nubie usent de cette composition, mille fois plus forte que toutes celles, qui sont en usage chez le Turcs, & en Europe.

Des Serpens volans.
On voit une espéce de Serpent, qui s'élevant sur sa queuë, étend de part & d'autre de sa gorge, une peau, ou cartilage, qui ressemble assez à deux ailerons de la largeur de la main, & un peu plus longs. Ces espéces d'aîles servent à soutenir ce reptile en l'air, lorsqu'il s'élance. C'est-là sans doute ce qui a donné lieu à l'histoire qu'on nous fait des Serpens volans, qui inondoient l'Egypte. Il est vrai qu'une personne digne de foi m'a dit y en avoir vû, qui avoient des pieds & des aîles à peu près semblables à celles de la Chauve-souris. Pour moi j'avouë naturellement que je n'en ai jamais vû de volans, & j'ajoute que je ne crois pas que jamais personne en voye.

Des mangeurs de Serpens.
La Vipére d'Egypte est fort estimée aussi-bien que les autres réptiles de ce pays, qui le sont généralement. Mais vous aurez sans doute peine à croire qu'il se trouve au Caire des gens si amateurs de Serpens, qu'ils se font un plaisir de les dévorer, & qu'on les voit pâmer lorsqu'il leur en échape quelqu'un. Rien n'est cependant plus véritable. Des François m'ont assuré, qu'allant à Suez au devant de M. de Nointel ; un de ces gens les accompagna ; & que s'étant arrêtés pour prendre leur repas, cet homme qui apperçut un Serpent, se lança aussi-tôt dessus avec ardeur. Il le manqua cependant, & il en eut tant de ressentiment, qu'il s'évanoüit. Le Serpent reparut un moment après, & au bruit que sa vuë excita, l'Egyptien ayant repris ses esprits, ne fit qu'un saut jusqu'à cet animal, le saisit, & le dévora dans l'instant. On ne manque pas de voir ce spectacle au Caire dans les cérémonies du Pavillon du Prophete. Les mangeurs de Serpens donnent

lors ce plaisir au peuple dans divers endroits de la Ville. Ils ont ordinairement des Serpens presque de la grosseur du bras. Ils commencent, ce me semble, par la tête, & en emportent encore ensuite quatre ou cinq morceaux, dans lesquels ils mordent à belles dents ; alors un autre arrache le Serpent qu'il dévore de même ; il lui est enlevé par un troisiéme, qui en fait autant, & cet animal passe ainsi de main en main jusqu'à ce qu'il n'en reste plus le moindre vestige. Ces gens disent qu'il est beaucoup meilleur en Hiver qu'en Eté, & que dans cette dérniére saison il échauffe trop.

Entre les animaux nuisibles que produit l'Egyte, les Moucherons, qu'en France nous nommons Cousins, ne doivent pas être oubliés. Si leur petitesse empêche de craindre les grands accidens, leur multitude expose à une incommodité, qui n'est pas supportable. L'eau du Nil, qui séjourne dans les canaux & dans les lacs, où elle se répand chaque année, produit une si prodigieuse quantité de ces insectes, que l'air en est souvent obscurci. La nuit est le tems où l'on a le plus à souffrir de leur piqure ; & c'est pour s'en garantir, qu'on ne dort guéres ici que sur le haut des maisons, qui sont toutes couvertes en terrasses. Ces terrasses sont pavées de carreaux de pierre fort minces ; & comme dans ce pays on n'a ni pluies ni brouillars à craindre, on y place tous les soirs son lit, afin de reposer plus tranquilement & plus fraîchement, qu'on ne pourroit faire partout ailleurs. Il est certain que les Cousins s'élévent rarement jusques-là. L'agitation de l'air, qui régne à cette hauteur, est trop forte pour eux ; ils ne peuvent la soutenir. Cependant pour plus grande précaution les personnes un peu distinguées ne manquent pas de faire dresser sur ces terrasses une Tente, au milieu de laquelle est suspendu un Pavillon de toille fine, ou de gaze, qui tombe jusqu'à terre, & environne les matelas. A l'abri de ce Pavillon que les gens du pays appellent *Namousié* du mot *Namous*, qui en leur langue signifie Moucheron, on est en sureté contre ces insectes, non-seulement sur les Terrasses, mais en tout autre endroit. Si on en faisoit usage en Europe, je ne doute pas que les personnes qui dorment le jour, & surtout les malades, ne s'en trouvassent bien ; car il faut avouer qu'en Eté les Mouches, qui s'insinuent par tout, sont bien insuportables pour les gens qui reposent, & plus encore pour ceux qui souffrent.

Des Moucherons.

La coutume que la néceffité a introduire ici, de coucher à découvert fur le haut des maifons, eft caufe qu'on exige par ferment des Officiers, qu'on reçoit dans les Mofquées pour appeller le peuple à la priére, qu'ils fermeront les yeux en faifant leur fonction, & qu'ils s'en acquitteront avec toute la diligence poffible. Il eft vrai que cette précaution eft abfolument néceffaire & dans les régles de la bienféance ; autrement, comme pour faire leur cri ces fortes de gens montent dès la pointe du jour au haut des Minarets, qui accompagnent les Mofquées, perfonne ne pourroit s'affurer de n'être jamais apperçu d'eux que dans une fituation décente ; ce qui donneroit beaucoup d'inquiétude aux femmes, & peut-être encore davantage aux maris.

Des raretés de l'Egypte.

Cette matiére m'a conduit fi loin, qu'il me femble, Monfieur, que j'ai déja paffé de beaucoup les bornes d'une jufte lettre. Il me refteroit cependant encore à vous parler des foffiles, & des autres curiofités que l'Egypte peut renfermer dans fon fein. Mais cette région fi féconde en tout le refte eft fort ftérile fur cet article. Elle ne renferme en effet ni or, ni minéraux, ni pierres précieufes, ni aucune autre de ces raretés, qui méritent l'attention des Sçavans & des Curieux ; & tout ce que j'ai à vous dire fur ce fujet fe réduit à un très-petit nombre d'obfervations fi courtes, qu'elles ne vous donneront pas le tems de vous ennuyer.

Médailles & Pierres gravées.

On tire de l'Egypte un affez grand nombre de Médailles ; mais il y en a peu de bonnes. Dans certains tems, elles fe trouvent abondament. Il y en a d'autres au contraire où l'on n'en voit point du tout. On trouve auffi à Alexandrie, furtout en hiver lorfqu'il a plu, certaines pierres gravées repréfentant diverfes figures de femmes & d'animaux. Si j'avois pu recouvrer des unes ou des autres, je n'aurois pas manqué de vous les envoyer ; & je fuis perfuadé qu'elles auroient occupé agréablement, peut-être même avec utilité, le loifir de nos Sçavans d'Europe. Mais comme il n'eft pas tombé d'eau ici depuis un an, on n'y voit aujourd'hui ni pierres gravées, ni médailles.

Idoles des anciens Egyptiens.

Les Idoles des anciens Egyptiens étoient auffi très-communes autrefois. L'accident furvenu à un Arabe nous a encore privé de cet agrément. Il étoit entré dans une de ces fépultures anciennes, où fe trouvoient ces monumens, lorfqu'il y fut enféveli par les fables ; & les Turcs prirent de là occafion d'exiger des sommes considerables du village dont il étoit. Depuis ce tems-là on ne voit plus ici d'idoles, & les Arabes ont abandonné la recherche des Tombeaux.

Le marbre peut encore être mis avec justice au nombre des productions rares que fournit l'Egypte. Au travers de cette chaine de montagnes, qui bornent cette région au couchant, & qui régnent le long du Nil du côté de la Libye, l'art a frayé un chemin étroit & uni pour entrer dans l'Ethiopie. Des Voyageurs qui ont fait cette route, & que j'ai interrogés sur cet article, m'ont assuré qu'à quelques journées de là on trouve diverses montagnes de toute sorte de marbre, surtout du granite. On y voit encore, disent-ils, des colomnes à demi taillées, & d'autres piéces de marbre prêtes à être détachées des carriéres. Sur l'une de ces montagnes on trouve cinq puits creusés dans le roc, & au milieu un vaste bassin dans lequel par des canaux, qui partent de chaque puits, on fait couler les eaux qu'on tire pour le secours des Caravanes qui font cette route. Il est vrai-semblable que ces puits & ce bassin servoient autrefois à l'usage des ouvriers, qui étoient employés dans ces carriéres, d'où l'on amenoit sans doute le marbre vers le Nil par ce chemin étroit & uni, dont je viens de parler. On m'a promis de m'apporter du marbre de toutes ces montagnes, d'où on en a tiré autrefois, & je pourrai m'instruire par là de la nature de ces carriéres. Il est certain que du côté du Mont Sinaï il y a des carriéres de ce marbre granite, qui passe pour avoir été fondu, & que sur les bords même de la mer rouge on trouve des montagnes entiéres du plus beau marbre blanc qu'on puisse tirer de l'Asie.

Il n'en faudroit pas davantage sans doute pour détruire l'opinion de ceux qui soutiennent que ce marbre granite, qui a servi à élever en Egypte tant de Colosses, tant de Sphinx, tant de Colomnes, tant de Monumens superbes, qui feront à jamais l'admiration de la postérité, n'étoit autre chose qu'une pierre fonduë, & composée de cailloutages de différentes couleurs. Leur opinion est fondée sur ce que cette pierre se trouve plus fine dans certains ouvrages que dans d'autres, sur ce qu'elle se broye aisément dans la main, & se sépare en petits morceaux rouges & blancs, entre lesquels on découvre une matiére brillante comme le diamant, mélée d'un peu de noir ; ce qu'ils regardent comme le mastic qui servoit à lier ces cailloutages. Ils ajoutent que ces

Des Marbres d'Egypte.

cailloux étant plus ou moins gros, font la caufe de là fineffe ou de la groffiereté du grain qu'on remarque dans cette pierre, & que quand les anciens Egyptiens vouloient des colomnes ou des obélifques de cette compofition, ils broioient plus ou moins les cailloux qu'ils y faifoient entrer, felon qu'ils avoient réfolu de faire l'ouvrage plus ou moins beau. Enfin ils allèguent pour fortifier leur fentiment, que dans le monde entier, il ne fe trouve pas aujourd'hui de carriéres où l'on voye de pareille pierre, & que quand bien même il s'en rencontreroit, il feroit impoffible d'en tirer, par exemple, une piéce de la grandeur de la colomne de Pompée, dont j'ai parlé ailleurs, & plus impoffible encore de la tranfporter.

Ces raifons font fpécieufes fans doute, & peut-être trouverez-vous, qu'après les avoir bien examinées, il eft difficile de ne fe pas laiffer perfuader. En vain pour affoiblir cette opinion, diroit-on que fi ces colomnes & tant d'autres ouvrages, que nous ne regardons qu'avec étonnement, avoient été fondus, on auroit pû par conféquent en fondre encore de plus hautes & de plus maffives; qu'il auroit même été facile de faire des maifons entiéres d'une feule pierre, auffi bien qu'une infinité d'autres ouvrages plus furprenans que ne le font ceux qui fubfiftent encore aujourd'hui, & que nous admirons avec tant de juftice. L'expérience feule fuffit pour détruire cette opinion. C'eft elle qui nous apprend, qu'avec le bronze & d'autres matiéres fufibles il eft impoffible, par exemple, de fondre des Canons vingt fois plus longs & plus gros que les plus confidérables que nous ayons en France. Cette Colomne de Pompée eft peut-être de même le dernier effort que l'art ait pu produire de cette nature. Auffi dois-je vous avoüer que j'ai été long-tems du fentiment de ceux, qui n'ont regardé ce marbre que comme une compofition & une pierre factice, qui étoit plutôt l'ouvrage de l'art que de la nature. Mais après les affurances certaines que j'ai euës, que dans la haute Egypte il fe trouvoit encore des carriérés entiéres de ce même marbre, après le témoignage de l'Archevêque même du Mont Sinaï, qui m'a attefté que ces carriéres n'étoient pas uniques, & qu'on en voyoit encore aujourd'hui de femblables dans fes montagnes, la néceffité où je me fuis vû réduit d'abandonner cette opinion m'a porté naturellement à faire quelques réfléxions, qui m'ont forcé depuis à la regarder comme infoutenable.

En effet, quand on ne connoîtroit pas les carriéres d'où ce marbre a été tiré, & où il s'en voit encore aujourd'hui des blocs tout prêts à être séparés, ne seroit-on pas obligé de convenir, à la vuë de la quantité prodigieuse de ce marbre que renferme l'Egypte, qu'il n'a pu être formé que des mains de la nature, & tiré du sein du pays même ? L'Egypte entiére remplie de monumens fameux, tous formés de ce même marbre, des colomnes d'une hauteur prodigieuse & sans nombre, des obélisques à l'infini, des colosses de figure gigantesque & nombreux, tous composés de cette même pierre, les pyramides même, ces merveilles du monde, incrustées dans toute leur largeur & leur hauteur prodigieuse de cette même matiére, comme je crois l'avoir assez prouvé ; tout cela ne démontre-il pas, que l'art n'a pu fournir à ces sources inépuisables que tous les siécles, qui composent la durée du monde, n'auroient pu empêcher de tarir ? N'est-on pas obligé d'avoüer que la nature, toujours également féconde & diverse dans ses productions, a seule enfanté ces prodiges ? D'ailleurs outre ces témoignages invincibles, puisqu'ils parlent aux yeux, je demanderois volontiers à ceux, qui sont d'un sentiment contraire ; quel étoit donc ce marbre si vanté, qui se tiroit d'Egypte, & que Sénéque dit dans ses ouvrages, avoir été si estimé à Rome, aussi-bien que celui de la Libye.

J'avouë que le marbre granite n'a pas toujours le même grain ; il se broye aisément entre les mains, il est vrai, & se réduit alors en cailloutages de plusieurs couleurs différentes. Mais cette circonstance en démontrant que ce marbre est un ouvrage, ce qui n'étoit déja nullement douteux, est-elle capable de démontrer qu'il soit plutôt sorti des mains de l'art, que de celles de la nature ? Ces montagnes, d'où cette pierre a été tirée, ne se sont-elles pas formées par la succession des tems, comme toutes les autres montagnes du monde, de graviers, les uns plus gros, les autres plus petits, que la mer battant encore au pied de ces rochers y avoit amenés, & qui s'unissant les uns aux autres par l'humidité & le sel de ses eaux, se sont ensuite coagulés & endurcis dans ces carriéres par le long repos dont ils y ont joüi ? A ces graviers plus grossiers, ou plus fins, selon que le hazard les a rassemblés, à ces cailloux & autres morceaux de pierre plus gros ou plus menus, que les eaux de la mer rouloient avec elles dans ces endroits, les sables, & les vases, dont ils étoient couverts par

F

les flots, ont sans doute servi de ciment. Ces matiéres différentes ainsi réünies, ont composé depuis dans différentes carriéres ces lits de marbre, ou de pierres cailloutées, qui servent aujourd'hui d'ornement à nos Eglises & à nos maisons, où on les met en œuvre pour former des colomnes, des incrustations, des tables, ou des cheminées. De-là il est aisé de concevoir pourquoi ce marbre est friable, & se réduit entre les mains en cailloutages. Au-contraire si cette pierre étoit fondue, elle formeroit une pâte solide, qui ne pourroit se réduire en grain, ainsi que fait le marbre granite, lorsque la longueur du tems, les ardeurs du soleil, la gelée, les vents, & l'humidité, ont affoïbli ce mastic naturel aux eaux de la mer, qui servoit à réunir les différentes parties, dont cette espéce de pierre est composée.

C'est là, Monsieur, tout ce que mes Mémoires me fournissent de particulier sur la nature & sur les différentes productions de l'Egypte. En vous faisant part de mes observations sur ce sujet, mon dessein a été uniquement de vous instruire de ce qu'il y avoit de plus rare & de plus curieux à dire sur cette matiére sans prétendre entrer dans des détails de choses communes, que tout le monde sçait ; ou qu'on trouve dans tous les Auteurs. Je crois qu'on peut se passer fort aisément de ces redites. Je n'ose me flatter cependant qu'il ne me soit rien échapé de tout ce que ce pays renferme de curieux surtout au sujet des plantes & des fossiles. Si beaucoup de curiosité, jointe à un peu d'étude & de travail peut dans la suite me faire découvrir encore quelques nouvelles particularités sur cet article, je ne manquerai pas de vous les communiquer. Je suis, &c.

Au Caire ce ...

DE L'EGYPTE. 43 *

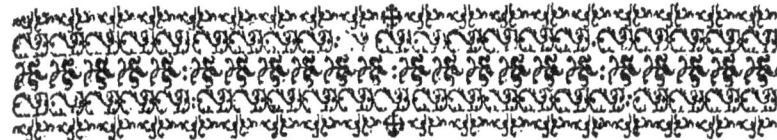

LETTRE DIXIÉME.

DE LA RELIGION DES EGYPTIENS,
tant anciens que modernes, & de leurs principales
Cérémonies.

USQU'ICI, Monſieur, je ne vous ai
guéres repréſenté l'Egypte, que par ce qu'elle
a d'inſenſible, ou d'inanimé. Vous avez regardé ce riche & charmant pays avec les
mêmes yeux qu'on verroit un beau corps,
dont par le moyen des couleurs un habile &
léger pinceau auroit tracé tous les traits avec
cette juſte proportion, que l'art ingénieux a dérobée à la nature.
Votre imagination vous l'a repréſenté comme une belle ſtatue
muette, dont le ciſeau auroit ſçu faire un chef-d'œuvre de l'art,
digne d'immortaliſer la main de l'ouvrier, qui la forma, ſans
pouvoir cependant lui communiquer ce ſouffle divin & intérieur, qui ſeul ſeroit capable de la perfectionner en lui donnant
l'ame & la vie. Vous avez parcouru en eſprit une vaſte contrée,
quoiqu'aſſez reſerrée, eu égard à ſa puiſſance ancienne, & même à l'état floriſſant, où elle ſe trouve encore de nos jours; favoriſée de tous les dons de la nature, & auſſi célébre par la bonté
de ſon climat, par ſon abondance & ſa fertilité, que par les
villes fameuſes, qui la rendirent ſi puiſſante autrefois, & dont
les reſtes foudroyés par le tems, font encore aujourd'hui une
partie de ſa grandeur. Vous avez vû avec admiration l'origine,
& le cours de ce fleuve ſi vanté, que la Providence ſemble avoir
ménagé exprès en faveur de cette région, d'elle-même ſtérile &
aride, pour lui communiquer ſa fécondité. Tant d'ouvrages
ſurprenans, tant de monumens ſuperbes, dont les ſiécles à ve-

F ij

nir admireront la magnificence jufques dans les veftiges qui nous en reftent, tant d'autres merveilles, que l'Egypte a juſ-qu'ici étalées à vos yeux, ont bien pu, pour quelques inftans, fixer peut-être quelqu'un de vos regards ; mais elles ne font pas capables d'épuifer votre curiofité naturelle. Au milieu de ce pays enchanté, vous cherchez encore à connoître des Eftres raifonnables, qui l'habitent. Des Villes & des Palais, des Temples ou des Mofquées, des colomnes & des pyramides, peuvent bien fervir, felon vous, à repréfenter un pays fort décoré ; mais elles ne vont point au-delà, & après tant de defcriptions magnifiques, on n'a encore qu'une idée fort imparfaite de la puiſ-fance & des richeffes de quelque Royaume que ce foit, fi on n'eft inftruit outre cela de la Religion & du Gouvernement, des ufages & des coutumes, c'eft-à-dire du génie & du caractére des Peuples par qui il eft habité. Ce n'eft donc plus aujourd'hui l'Egypte, ce font les Egyptiens mêmes que vous cherchez à connoître. Ces peuples, tout étrangers qu'ils font à notre égard, & quoique féparés de nous par une vafte étendue de terres & de mers, ne vous paroiffent pas indignes de votre curiofité. Il fuf-fit qu'ils foient hommes, pour mériter votre attention, & vous pouvez dire à cet égard dans un fens différent du Comique Latin. *

Homo fum, humani nihil à me alienum puto.

Je loüe, fans doute, Monfieur, cette inclination, qui eft véritablement loüable. Il me refte feulement de travailler à la fatisfaire. Mais je fuis bien aife de vous avertir par avance, que jufqu'ici vous avez vû l'Egypte du beau côté. L'idée que je vous ai donnée de ce charmant pays, ne vous a préfenté que rofes & que fleurs ; j'ai tout lieu de craindre que le portrait que j'entre-prens de vous tracer des peuples par qui il eft habité, n'offre à vos regards que ronces & qu'épines. Ce qu'il y a de certain, c'eft que fi la comparaifon que vous avez pu faire de l'état floriffant où l'Egypte étoit autrefois, avec fa fituation préfente, a pu vous occafionner quelques réflexions fur la vicifcitude des chofes humaines, le paralelle des Egyptiens anciens & des modernes doit vous forcer de convenir, que le génie même & le caractére des Nations n'eft pas moins fujet aux grandes révolutions, que les villes & les Royaumes.

---

* Térence dans fon Heautontimorumenos, Act. 1. fc. 1.

DE L'EGYPTE.

Il y a peu de pays au monde, sur tout de ceux où les Siences ont fleuri, qui n'ayent reconnu qu'un Estre suprême avoit été l'Auteur de ces choses admirables que l'univers renferme, de ces mouvemens réguliers que nous voyons rouler au-dessus de nos têtes, & qui en conséquence n'ayent établi un culte pour le révérer. Les Egyptiens, qui ont été les plus éclairés de tous les peuples de la terre, & les premiers à sortir des ténèbres de l'ignorance, reconnurent aussi avant tous les autres cette vérité, & révérerent cet Estre souverain dans ses principaux ouvrages, tels que le Soleil, la Lune, & les autres Planettes, ausquelles ils avoient élevé des Temples. La politique en régla le culte, & forma ces opinions, dont je vais parler, si favorables aux Législateurs & aux Souverains, & si flatteuses pour les peuples. Il n'y a peut-être point d'endroit où le caractère des Nations se peigne mieux, que dans la religion qu'elles professent. Ainsi j'espére qu'en vous entretenant de celle des Egyptiens, tant anciens que modernes, ce que je vous en dirai ne contribuera pas peu à vous donner d'abord une idée de la différence de leur génie.

De la Religion des anciens Egyptiens.

Rien n'est plus naturel à l'homme que ce désir secret de l'immortalité, qui, la révélation à part, fait une des plus fortes preuves de l'immortalité de notre ame; rien n'est plus flatteur pour lui, que l'espoir d'y parvenir. Né mortel, & convaincu également par l'expérience, comme par le sentiment intérieur qu'il a de sa destruction future, qu'il ne doit pas vivre toujours, il n'y a rien qu'il ne mette en usage pour prévenir, ou retarder au moins ce terme fatal, qui ne lui offre rien que de funeste; sachant bien qu'il ne peut l'éviter, il prend du moins toutes les mesures, qu'il peut imaginer, pour vivre encore jusqu'au de-là du tombeau. C'est dans la vûe de parvenir à ce but important de leurs désirs, que presque tous les hommes travaillent pendant leur vie. Tous tendent ordinairement à cet objet, mais par des routes différentes. L'un pense à s'immortaliser par les grands biens qu'il amasse. Les substitutions qu'il en fait en faveur de ses enfans, son nom qu'il fait porter à des étrangers, lorsqu'il n'a point de postérité propre, les Charges qu'il obtient ou qu'il achete, les fondations même qu'il laisse par son Testament, quoiqu'il y reconnoisse qu'il ne doute point de sa destrution, sont autant de moyens qu'employe l'amour propre, pour s'assurer cette flatteuse immortalité. D'autres pensent à éterniser leur

Leur opinion sur l'immortalité de l'Ame.

nom par les talens de l'esprit, ou du cœur. Les uns sous ombre de se rendre utiles au Public par les sçavans ouvrages, qui sortent de leur plume, trouvent dans ce prétexte même un appas secret & imperceptible, par lequel ils s'assurent qu'à la faveur du bien public, ils pourront échaper des ténèbres de l'oubli. Quelques-uns se distinguent dans la Robe; d'autres se rendent illustres dans l'Epée. Les premiers deviennent de grands Magistrats, célébres par leurs lumiéres & leur intégrité; les autres sont de grands Guerriers, qui défendent l'Etat au prix de leur sang, & qu'on compte au nombre des Héros pour leur habileté & leur bravoure. Tous par des chemins différens ont cependant pour objet d'arriver au même but, c'est-à-dire, à se rendre immortels dans la mémoire des hommes. La vertu elle-même n'est pas à l'abri de cette tentation délicate; & lorsqu'on désespére de pouvoir parvenir à cette immortalité par des actions véritablement loüables, on se flate du moins de l'obtenir par les grands crimes. Erostrate, ce fameux scélérat, n'eût jamais pensé à mettre le feu à ce Temple célébre consacré à Diane dans la ville d'Ephése, s'il ne se fût imaginé que cette action pourroit immortaliser un nom, qui sans cet attentat seroit resté enseveli dans les ténèbres. Enfin après avoir mis tout en œuvre pour se rendre immortel sur la terre, l'homme se flate du moins de le devenir après la mort, & ne se console de sa destruction que par l'assurance qu'il a d'une vie future.

C'est sur cette idée si flatteuse pour lui, que dans tous les tems, comme dans tous les pays, les Législateurs habiles, qui connoissoient le cœur humain, bâtirent tous leurs sistêmes de Religion, persuadés qu'en prenant les hommes, par ce puissant motif, il n'y avoit rien qu'on ne dût attendre de leur soumission, rien qu'on ne pût obtenir de leur liberalité. C'est sur cette espérance charmante, que ceux qui donnerent des Loix à l'Egypte établirent le fondement des opinions qu'ils débiterent. Car si les Grecs empruntérent des Egyptiens les sciences, qui depuis les rendirent si célébres, les Prêtres de l'Egypte, qui en étoient les dépositaires, ou même les inventeurs, n'étoient pas moins habiles dans la Religion, que dans les autres branches de la sagesse humaine. Trismégiste, qui fut un des principaux de ces Prêtres, mérita, comme on sçait, le nom de trois fois Grand parmi les Sages même de ce pays sçavant & éclairé; grand dans l'Astromie, grand dans leur Théologie, grand dans les Loix qu'il leur composa; d'où le nom de trois fois Grand lui fut donné, pour marquer la réputation qu'il s'acquit dans ces trois importantes matiéres.

Ce furent ces Prêtres & ces Sages de l'Egypte, qui les premiers de tous les Législateurs humains oserent assurer leurs compatriotes de cette douce immortalité, à laquelle ils aspiroient. Dans cette vûe ils leur enseignerent qu'après un certain nombre de siécles, qu'ils faisoient monter à trente ou quarante mille ans, & auquel ils fixoient l'époque de la grande révolution, ou l'univers devoit se retrouver au même point d'où il avoit commencé à sa naissance, leurs ames retourneroient dans les mêmes corps qu'elles avoient d'abord habités, & recommenceroient à les habiter de nouveau. Mais pour arriver après la mort à cette immortalité souhaitée, deux choses, également favorables aux Prêtres Egyptiens, & qui devoient leur procurer une infinité d'avantages temporels, sur lesquels ils comptoient beaucoup plus, que sur les éternels qu'ils promettoient aux autres, étoient, disoient-ils, absolument nécessaires. En effet pour parvenir à cette espéce de résurrection promise, il falloit que ces corps privés des ames, qui les avoient d'abord animés, fussent soigneusement préservés de la corruption, & assez conservés pour qu'elles pussent y habiter une seconde fois, après cependant que dans ce long espace d'années, elles auroient par une pénitence proportionnée & par de nombreux sacrifices, ou bien fondés par elles-mêmes, ou offerts à leur intention par leurs parens & leurs amis, expié les fautes qu'elles auroient commises dans le tems de leur premiére habitation sur la terre. A ces conditions éxactement observées, ces ames séparées de leurs corps devoient y rentrer à l'arrivée de cette grande révolution qu'ils attendoient; se souvenir de tout ce qui s'étoit passé pendant le tems de leur premiére demeure dans ces corps, & les rendre immortels comme elles-mêmes. Elles auroient encore, ajoûtoit-on, le privilége de communiquer ce même bonheur aux animaux qu'elles avoient chéris, pourvû que leurs corps renfermés avec le leur dans le même tombeau, s'y fussent également conservés. C'est de là que dans le labyrinthe dont j'ai parlé, & dans plusieurs autres tombeaux des anciens, on trouve tant d'oiseaux, de chats, & d'autres animaux embaumés presque avec autant de soin, que les corps mêmes, qui y avoient été déposés, parce qu'ils s'imaginoient devoir les retrouver à cette résurrection future. C'étoit là l'idée du bonheur parfait, dont ils espéroient joüir dans cette nouvelle vie. Dans l'attente de cette résurrection, les ames habitoient cependant les airs les plus voisins des demeures, où reposoient les corps qu'elles avoient animés. Cependant il pouvoit arriver que faute d'une expiation proportionnée, ou par la destruction totale de leurs premiers corps, souvent même parce que les tombeaux, qui les renfermoient, auroient été violés & ruinés avant ce retour, il ne leur fût plus permis de se flatter de la douce espérance de reprendre leur propre corps. Dans ces cas malheureux ces ames de nature immortelle devoient rentrer dans des corps étrangers, & dans cette nouvelle habitation courir les mêmes risques, ausquels elles avoient été exposées dans la première.

Je n'examinerai point si la création d'un nouveau corps ne seroit pas infiniment plus naturelle, que la résurrection d'un cadavre, qui auroit été embaumé, auquel on auroit arraché les entrailles, & fondu de la poix dans le cerveau. La Religion en imposant silence à la raison humaine sur cet article, peut bien servir à nous convaincre que l'un n'est pas plus impossible que l'autre à cet Estre tout-puissant, qui a formé & régit l'univers; mais elle ne sauve pas à cet égard l'absurdité du sentiment que soutenoient les anciens Egyptiens, qui sans le secours de la révélation avoient imaginé cette résurrection future. Quoiqu'il en soit, cette opinion, toute ridicule qu'elle étoit en elle-même, avoit cependant prévalu parmi une nation si éclairée. Les Grecs l'emprunterent des Egyptiens, & y ajouterent du leur divers points qu'ils attribuerent à ces peuples, comme s'ils eussent fait partie de leur sentiment véritable. Ainsi ils soutinrent que cette Métempsycose auroit perpetuellement lieu d'un corps à un autre à proportion des actions bonnes ou mauvaises, ausquelles les ames se seroient occupées pendant le tems de leur habitation dans le premier. *Truculentos injicit Ursis*, dit un Poëte Latin, en rapportant leur sentiment sur cet article. Or il est évident que l'opinion d'une Métempsycose sans fin étoit fort éloignée de ce que pensoient les Egyptiens sur le retour des ames dans leurs premiers corps, qu'ils ne conservoient

DE L'EGYPTE.

voient avec tant de soin, & dont ils n'affuroient le repos avec tant de précaution, que pour ne fe point priver du retour que leurs ames y devoient faire. D'ailleurs les Sacrifices continuels, où ils étoient occupés pendant leur vie en expiation des péchés de leurs parens & amis, ou des leurs propres, les fondations qu'ils faifoient à leur mort dans la même vûë, font une preuve inconteftable qu'ils ne croyoient point que leurs ames, au fortir de leurs corps, fuffent introduites dans d'autres, nobles, ou abjects, en récompenfe, ou en punition des bonnes ou mauvaifes actions qu'ils avoient faites. S'ils avoient eu cette opinion, ils n'auroient pas fongé à expier par avance leurs propres fautes, non plus que celles de leurs parens & de leurs amis, puifque cette tranfmigration ordonnée par la divinité, portoit par elle-même dans les méchans la punition de leurs crimes, & étoit pour les bons la récompenfe promife à leurs vertus.

Les Légiflateurs Egyptiens étoient de même trop habiles, pour avoir enfeigné au peuple une doctrine, qui leur auroit été fi défavantageufe à eux-mêmes. Car par ce que je viens de dire, on découvre du premier coup d'œil tout l'avantage qui revenoit aux Prêtres Egyptiens de la croyance où étoient leurs compatriotes au fujet de leur immortalité. En effet on conçoit aifément, que ces expiations néceffaires, pour pouvoir efpérer d'y parvenir un jour, étoient pour eux une fource intariffable de facrifices, d'offrandes & de fondations qui fe faifoient continuellement dans les Temples par les particuliers. Tous étoient également intereffés, non feulement à obtenir de la divinité la rémiffion des fautes qu'ils avoient commifes, eux & leurs parens, ou amis, mais encore à lui demander la grace de conferver leurs corps, & de les préferver du malheur de ceux, qui parce qu'on auroit violé leurs tombeaux, fe trouveroient expofés à une tranfmigration nouvelle. Quelle ample récolte ne produifoit pas d'ailleurs à ces Prêtres la néceffité de préferver foigneufement ces mêmes corps de la corruption, & par conféquent de les embaumer ! Cet emploi regardoit encore ces mêmes Prêtres, qui employoient à cette cérémonie plufieurs pratiques myftérieufes. Cependant cet avantage, quelque confidérable qu'on fe le figure, n'étoit rien en comparaifon de celui qui leur revenoit de la garde des tombeaux. Comme dans le fyftême de Religion qu'ils avoient imaginé, il étoit fur-tout important d'empêcher que ces demeures des morts ne fussent ou détruites par les injures des tems, ou violées par les efforts des hommes, chacun pensoit non-seulement à se bâtir un tombeau construit de la façon qu'il imaginoit la plus durable & la plus assurée contre les entreprises de quiconque auroit osé tenter d'en découvrir les secrets, mais encore ce qui avoit été le but principal du Législateur, à y établir des Gardiens perpétuels, qui veillassent à leur conservation, & y fissent les réparations nécessaires. Dans cette vûë on y attachoit des revenus considérables, qui devoient être le partage des Prêtres. De-là vinrent tant de monumens célèbres, que cette nation éleva dans toute l'étendue de l'Egypte; tant de tombeaux superbes, de Temples qui ne l'étoient pas moins, tous dotés de revenus proportionnés à leur grandeur, & aux charges des fondations. De-là ces figures colossales répandues dans toute cette région fameuse, ces collomnes, ces obélisques d'une prodigieuse hauteur; de-là cent autres monumens dignes d'admiration, que les particuliers, à la sollicitation de ces Ministres, avoient fait bâtir proche de leurs tombeaux, afin d'attirer le peuple en certaines saisons de l'année à des fêtes qui s'y célébroient à certains jours marqués, & d'y faire tenir des foires. C'étoient ces assemblées qui enrichissoient les habitans des lieux, sur lesquels les revenus des Prêtres étoient assignés, & qui rendoient les pélerinages si fréquens, & l'on peut dire si utiles à ceux qui desservoient ces Temples, ces Monumens, & ces Tombeaux. Il falloit que le produit de ces offrandes faites dans les Temples & au voisinage des Tombeaux, celui des pensions que les Prêtres tiroient tous les ans de la garde de ceux-ci, & des prières qu'ils y faisoient pour les morts, fût bien considérable, ainsi que leur droit d'assistance dans les embaumemens & la déposition des corps, puisqu'il suffisoit à l'entretien de plus de cent mille Prêtres. C'est ainsi que l'assurent plusieurs Histoires & traditions manuscrites, qui existent encore de nos jours en Egypte.

Cette opinion ne s'accordoit pas moins avec la politique & les interêts du Souverain, qu'elle étoit avantageuse au Clergé. En inspirant aux particuliers la passion de préserver leurs corps des vers & de la pourriture, elle les engageoit à sacrifier une partie de leurs biens à la construction de ces monumens célèbres, dans lesquels ils devoient être déposés. Ces ouvrages employoient les

Ouvriers destinés aux bâtimens, & comme ils étoient fort nombreux en Egypte, en leur donnant le moyen d'y subsister, ils contribuoient à faire valoir les revenus du Prince. Un Auteur Arabe dit qu'il y avoit un million d'hommes de divers arts, qui servoient à l'élevation de ces bâtimens. Enfin ce sentiment occasionnoit une infinité de Fêtes attachées à chacun de ces Temples, ou monumens. Pendant ces Fêtes, qui duroient ordinairement plusieurs jours, il se tenoit dans ces sortes d'endroits des Foires considérables, où il se faisoit un grand concours de peuple, qui y accouroit de toutes les parties de l'Egypte, pour prendre part aux divertissemens, qu'on trouvoit réunis dans ces lieux d'assemblée, & par conséquent un débit infini de toutes les sortes de denrées, que ce pays produit dans une Province plutôt que dans un autre. Le Prince tiroit certains droits sur toutes ces marchandises, & quoi qu'ils fussent très-modiques, & presque insensibles, ils ne laissoient pas de lui produire des revenus immenses à cause de la grande consommation.

Une Religion si flatteuse n'avoit pas besoin, sans doute, d'être autorisée par des prodiges & des révélations de la Divinité. Cependant un des Législateurs de cette Nation, qui régnoit en Egypte quelque tems après le fameux Trismegiste, voulant donner encore plus d'autorité aux opinions & aux Loix que ce prétendu Sage avoit prescrites au sujet de la Religion, aussi-bien qu'à celles qu'il jugea à propos d'y ajouter lui-même, crut devoir employer la voye des prestiges, qui lui étoit connue, pour en imprimer plus fortement la croyance & l'amour dans le cœur de ses sujets. En effet nous lisons dans l'Histoire de ces peuples, que ce Prince paroissoit souvent à leurs yeux s'élever vers le Ciel, où il restoit un assez long espace de tems caché dans des nuages, qui le déroboient à la vûe de ses Sujèts, & qu'à son retour il leur dictoit des préceptes & des Loix, qu'il disoit avoir reçues de la Divinité même. Un jour, ajoutent ces Historiens, ce Prince étant sur le point de quitter encore une fois la terre, déclara à tout son peuple assemblé, qu'il alloit l'abandonner pour quelque tems, au bout duquel il viendroit le revoir & le consoler. En effet, disent-ils, après plusieurs mois d'absence, ce Prince reparut aux yeux de ses Sujets, le jour même que le Soleil entroit dans le signe du Bélier. Alors toute la Nation étoit assemblée dans un Temple fameux, où tous les ans on solemnisoit une Fête célébre à pareil jour. Là ce Prince se montrant aux yeux de son peuple, environné de lumiére, & tout brillant de la gloire, dont il étoit accompagné, après l'avoir exhorté de nouveau à l'observation des Loix qu'il lui avoit données, & lui avoir promis à ce prix, de la part de Dieu même, une heureuse immortalité, déclara à tous les assistans qu'il alloit leur être enlevé pour toujours. A ces mots le Temple se remplit d'un épais nuage, qui enveloppa le Prince, & le déroba aux yeux de tous ses Sujets, sans que jamais depuis il ait reparu sur la terre.

 Je serois fort tenté de regarder cette Histoire comme une fable inventée à plaisir par les Auteurs Arabes, ausquels les Livres de Moyse n'étoient pas inconnus, non plus que les Ecrits des Apôtres. On sçait que pour jetter du merveilleux sur l'origine de leur Religion, les Historiens profanes n'ont pas craint de faire honneur à leurs Héros de ce qu'il y a de plus respectable dans les Livres saints, après l'avoir habillé à leur mode. Mais en supposant même la réalité de ce fait, il seroit ridicule à l'incrédulité de prétendre en tirer aucune conséquence raisonnable. Personne n'ignore jusqu'à quel point Dieu avoit permis au démon d'étendre son pouvoir parmi les Nations infidéles ; & que dans les pays idolâtres cet esprit de ténébres fut toujours le singe de la Divinité. Il ne seroit donc pas étonnant que pour rendre au peuple Egyptien la Doctrine qu'il lui avoit enseignée plus respectable, & afin de l'y attacher davantage, ce Prince, dont on vient de parler, eût pu employer les apparences d'une révélation divine. A son exemple Meris, autre Roi d'Egypte, prescrivit des Loix, qu'il feignit avoir été composées par le Dieu Mercure ; & ce fut par la même adresse que Minos, Cecrops, Numa Pompilius, Sertorius & divers autres Législateurs humains, firent recevoir par les peuples, qu'ils avoient infatués de leur sainteté, la Doctrine qu'ils leur enseignerent.

De leurs Temples. De tout ce que je viens de dire, il est aisé de conclure, que l'Egypte devoit contenir un nombre prodigieux de Temples. Sans compter les monumens & les Tombeaux bâtis hors des villes, il n'y en avoit aucune des vingt mille qu'on comptoit autrefois dans ce pays, qui ne contint plusieurs Temples célébres, ou s'offroient continuellement des sacrifices. J'ai lû dans un vieux manuscrit Arabe, que l'Auteur assuroit n'être que la copie d'un autre beaucoup plus ancien écrit en langue Copte, qu'il y en avoit cinquante mille grands ou petits renommés dans toute l'Egypte, qui se visitoient, ou par des motifs de religion & de pieté, ou par curiosité & par plaisir, & qu'il ne s'en trouvoit aucun, où les Pélerins ne laissassent quelque marque de leur libéralité. Un autre Historien ajoute, que le nombre des Fêtes, qui se célébroient dans ces Temples pendant tout le cours de l'année, étoit si considérable, qu'il y avoit peu de personnes en Egypte, quand elles auroient voyagé toute leur vie, qui pussent se vanter d'avoir assisté à toutes. Ce qu'il y a de certain, c'est qu'on rencontre ici à chaque pas des ruines de ces anciens monumens. Les Historiens nous ont conservé le nom de plusieurs Villes, où l'on avoit élevé de ces Temples, & celui des Divinités qui y étoient adorées. Il en subsiste encore quelques-uns, malgré tant de siécles qui se sont écoulés depuis leur construction. Depuis peu on en a démoli un à Daënien, qui étoit très-considérable, & dont les murs étoient d'un bout à l'autre couverts en dedans de lettre Hiéroglyphiques. On en voit encore un fort entier à Dendera dans la haute Egypte, & un autre dans la ville d'Assouan, à deux journées au-dessus d'Essené. Mais on ignore l'endroit même où étoit bâti dans Alexandrie, il n'y a guéres que quinze cens ans, celui qui étoit dédié à Auguste. On ne connoît pas davantage le Sérapium, ce Temple autrefois si fameux, celui de Venus Arsinoë, qui ne l'étoit pas moins, & qu'on trouvoit entre Aléxandrie & Canope, celui qui étoit consacré au Dieu Sérapis dans Canope même, tant d'autres, dont il ne nous reste que le nom que l'Histoire nous a transmis. On a vû dans ma Lettre sur les Pyramides, que j'ai découvert les ruines de deux de ces Temples encore assez entiers à l'Est des deux petites Pyramides, qui n'ont point été ouvertes. Si l'on visitoit exactement toutes les ruines de l'Egypte, je suis sûr qu'on y en trouveroit encore beaucoup d'autres.

Tous les évenemens considerables qui se passoient dans le Ciel, ou sur la terre, & qui parvenoient à la connoissance des Egyptiens, l'extension de certaines étoiles, l'apparition de quelques autres, qui n'avoient point encore été découvertes, le passage des Cométes, les grands déluges, les sécheresses extraordinaires, les pestes, les guerres considérables, les actions des grands Rois, les changemens de domination, les faits des hommes illustres, des grands Capitaines qui avoient défendu, ou étendu les limites du Royaume, des Sages qui leur avoient donné des Loix, ces Loix même, la vie de ces hommes fameux, le tems de la durée de leur vie, & leur mort, les secrets les plus utiles de la Médecine, en un mot tout ce dont il convenoit de perpétuer la mémoire, étoit tous les ans écrit dans ces Temples en lettres Hiéroglyphiques, dont ils espéroient que l'usage & la signification seroit aussi durable, que le monde même; en sorte qu'ils se flattoient par la solidité de ces Temples, & avec le secours de ces caractéres ineffaçables, perpétuer à jamais la mémoire des évenemens remarquables, qui arrivoient dans leur pays. Mais l'intelligence de ces Lettres s'est perdue avant même que ces Temples ayent été détruits, & ces Temples enfin, malgré l'énorme grosseur, & la dureté de leurs marbres, sont eux-mêmes tombés en ruine. Tant il est vrai que toute la sagesse & tous les projets des hommes ne sont pas moins bornés & périssables, que ces hommes mêmes.

La plus grande occupation des Rois, & même des personnes riches, étoit de faire batir de ces Temples, & de s'élever des Tombeaux magnifiques, ou leurs corps devoient être déposés après leur mort. Ils avoient surtout la passion de consacrer des Temples aux Divinités, au culte desquelles ils étoient attachés, & sous la protection desquelles ils s'imaginoient être. Ils en avoient encore une autre pour les pélerinages. Cette inclination, dont j'ai parlé ailleurs, dérivoit de la premiére. Ils croioient par ces pratiques se rendre propices les divinités subalternes à la toute-puissante, & c'étoit par celles-là, comme par une infinité de choses créées, qu'ils alloient à cet Etre suprême.

De leur Culte. Car il ne faut pas s'imaginer, Monsieur, qu'une Nation aussi éclairée, & chez qui toutes les autres sont allées puiser leurs connoissances, adorât des Crocodiles, des Ibis, des Ichneumons, des Serpens, des Rats, des Bœufs, ou des Oignons, parce qu'ils en consacroient des figures dans leurs Temples, des Oiseaux, ou des Chats, parce qu'ils en faisoient embaumer & renfermer dans leurs sépultures. Les lumiéres de ce peuple sçavant n'étoient point assez bornées, pour croire que des choses si viles fussent adorables, ni que le corps du Soleil même, de la Lune, ou des autres Planettes, fussent autant de Dieux capables de lui nuire, ou de lui faire quelque bien. Les Egyptiens n'adoroient comme nous qu'un Dieu unique & invisible ; mais comme les Romains, ils l'adoroient sous des noms & des figures convenables aux attributs différents, qu'ils croioient inséparables de la Divinité souveraine, & par lesquels elle se communiquoit aux hommes. Ils l'adoroient sous le nom de Jupiter, lorsqu'ils le consideroient comme le vengeur des crimes ; & en cette qualité ils le représentoient le foudre à la main, pour marquer qu'il foudroioit, ou pouvoit foudroier quiconque se rendoit digne de sa colére par ses injustices & son impieté. Ils révéroient l'Etre suprême, comme les Romains, sous le nom d'Esculape, & lui offroient des sacrifices pour se le rendre propice dans une maladie, dont eux, leurs amis, ou leurs enfans étoient attaqués, ou dont ils avoient guéri par le secours de cette Divinité. Ils lui sacrifioient donc pour le recouvrement de leur santé, pour sa durée ou son augmentation, lorsqu'ils se trouvoient dans un état de foiblesse. Ils avoient recours à lui sous le nom de Venus, pour se le rendre propice dans leurs mariages, lorsqu'ils ne pouvoient avoir de postérité, pour obtenir par son moyen les bonnes graces d'une personne qu'ils aimoient, souvent pour être délivrés de quelque foiblesse, ou de quelque jalousie. En un mot ces choses viles, dont ils consacroient les représentations dans leurs Temples, étoient autant d'objets par lesquels leur adoration étoit portée à la divinité même, & par lesquels elle s'étoit manifestée à nous, soit en nous communiquant ses bienfaits, soit en exerçant sur nous des punitions que nous nous étions attirées. Ils reconnoissoient les bienfaits de cet Etre souverain répandus sur nous par le Bœuf, qui servoit à cultiver leurs terres, par la Vache, qui les nourissoit de son lait ; & le Dieu Sérapis, qui représentoit toute l'espéce par sa figure, recevoit dans le Temple de Canope l'hommage de leur reconnoissance pour un Dieu bienfaisant & invisible. Il en étoit de même d'Isis & d'Osiris, qui dans les Temples consacrés à ces divinités figuroient à ces peuples les faveurs que la bonté souveraine répandoit par les inondations du Nil, désigné sous le nom d'Osiris, sur leurs terres représentées sous celui d'Isis. Enfin toutes les choses utiles, ou nécessaires à la vie, leur servoient au même but. Les Oignons si délicieux en Egypte, le bled porté dans les cérémonies publiques, & ensuite jetté dans le Nil, l'Ibis qui les préservoit des Serpens, l'Ichneumon qui exterminoit les Crocodiles ; en un mot tout ce qui

contribuoit à leur félicité devenoit pour eux un sujet de reco n
noître de plus en plus les graces qu'ils recevoient sans cesse
de la main libérale de l'Eternel. Ils ne consacroient pas moins
les choses, qui leur étoient nuisibles. La figure des Serpens,
celle des Crocodiles, & de tant d'autres animaux par lesquels
la divinité les chatioit des fautes qu'ils avoient commises, étoient
autant de témoignages de leur soumission à sa volonté, & de l'ac-
ceptation de ses chatimens. Par-là ils espéroient pouvoir venir à
bout de fléchir sa colére, & d'empêcher la continuation des
maux qu'ils recevoient d'elle par le ministére de ces animaux.

Il est vrai que le petit peuple, toujours superstitieux & grossier,
& moins instruit de ces mystéres, s'imaginoit au-contraire; que
le culte, qui s'adressoit à la divinité dans les Temples, où ces représentations étoient exposées, n'avoit pour objet que de se
rendre propices les animaux mêmes qu'elles figuroient. Ainsi il
croioit que les Serpens révérés dans leur figure, qui dans certains
Temples servoit d'anses aux vases dans lesquels on sacrifioit, pré-
servoient de la morsure de ces Serpens, & blamoit fort ceux qui
révéroient la figure de l'Ichneumon, parce qu'il détruisoit les
œufs du Crocodile. Cette conduite étoit fondée sur ce que le
Crocodile pouvoit, disoient ces ignorans, leur faire beaucoup
plus de mal, que l'Ichneumon ne pouvoit leur faire de bien. Par
la même raison ils honoroient plutôt les Serpens que l'Ibis, parce que les Serpens étoient capables de leur faire plus de tort que
l'Ibis ne pouvoit leur procurer d'avantage. Ces opinions diverses partageoient le peuple de l'Egypte; ensorte que dans certains
cantons, dans certaines villes ou bourgades, on étoit passionné
pour la figure du Crocodile, ou des Serpens, & dans d'autres
pour celle de l'Ibis & de l'Ichneumon. Ces sentimens différens
tenoient le peuple divisé, & lui inspiroient de la vénération
pour certains Temples, tandis qu'il n'avoit que de l'aversion
pour d'autres, selon qu'il étoit bien ou mal prévenu à l'égard des
objets, qui y étoient révérés.

De leurs Sacrifices.] Les sujets pour lesquels on sacrifioit dans ces Temples, étoient
infinis, comme les besoins de ceux qui les fréquentoient. On fai-
soit des sacrifices, comme je l'ai dit, pour l'expiation des fautes
qui avoient été commises, pour obtenir de la divinité la conservation des corps qu'on déposoit dans les Tombeaux, la guérison d'une maladie, dont on étoit attaqué, pour lui marquer sa
recon-

noiſſance au retour d'un voyage périlleux & étranger, après le ſuccès de quelque entrepriſe. Chaque eſpéce d'affaire avoit ſa divinité particuliére qu'on croioit être plus favorable dans certains Temples que dans d'autres; & toute l'étude des Miniſtres, qui les deſſervoient, étoit d'étendre la réputation de ceux auſquels ils étoient attachés au préjudice des autres. Le Dieu Mercure préſidoit au négoce, & Saturne paſſoit pour guérir de la mélancolie, dont il étoit le diſtributeur. Les Temples de ces deux divinités étoient des plus fréquentés de l'Egypte. Auſſi n'y a-t'il point de nation au monde plus amatrice du gain & du commerce, & plus ſujette à la mélancolie, que l'Egyptienne. Les ſacrifices qu'on offroit à Mercure, pour obtenir de lui des richeſſes & un ſuccès heureux dans les affaires du commerce, étoient de tous les plus coûteux aux particuliers, & les plus agréables aux Miniſtres de ces Temples. En effet on n'y offroit que de riches étoffes & d'autres marchandiſes, qui convenoient fort aux Prêtres de ce Dieu. A l'égard des Temples conſacrés à Saturne, on les avoit bâtis exprès aux deux extrémités de l'Egypte, afin que ceux qui étoient attaqués de la ſombre maladie, à laquelle cette divinité préſidoit, euſſent occaſion en allant viſiter ces Temples de ſoulager leur mélancolie par les fêtes qu'ils rencontroient ſur leur route, & enſuite par celles qui ſe célébroient dans les villes, où ce Dieu étoit révéré. Car quoiqu'il préſidât à l'humeur mélancolique, les lieux où il étoit imploré n'étoient remplis que de tout ce qu'on peut imaginer de plus capable de la diſſiper. On n'y voyoit que des jeux de toutes les ſortes, des repréſentations agréables, des Comédies capables de faire rire ceux qui y étoient le moins diſpoſés, des lieux de plaiſir où l'on paſſoit le tems à manger & à boire, des danſes groteſques, des muſiques gayes, des hommes & des femmes qui chantoient des chanſons capables de réjoüir & de diſſiper. L'allégreſſe & la joye ſembloient faire leur ſéjour dans ces lieux; enſorte, dit un Auteur, que ſi l'humeur mélancolique n'y trouvoit pas de reméde, les malades y rêvoient du moins agréablement à la vûë de tant de ſpectacles réjoüiſſans, & au ſon de tant d'inſtrumens & de voix mélodieuſes, & dépenſoient leur argent avec plaiſir.

Cependant il faut avoüer que les Temples les plus fréquentés étoient ceux de la déeſſe Vénus. Là les hommes attaqués de jalouſie, & qui croioient n'être point aimés de leurs épouſes, ceux

H

qui n'avoient point de postérité, & qui souhaitoient de se voir des enfans, les vieillards, tous ceux en un mot qui s'imaginoient avoir besoin du secours de cette divinité, soit que leur maladie procédât du corps, soit qu'elle vînt de l'esprit, étoient occupés sans cesse à implorer sa protection par leurs vœux & leurs sacrifices. Il y avoit de ces Temples pour les hommes; il y en avoit de même de particuliers pour les femmes; & les uns & les autres étoient plus ou moins fameux, selon que les Ministres de cette Déesse étoient plus ou moins habiles à faire valoir le lieu, auquel ils étoient attachés, & à répandre au loin le bruit des prodiges, qui s'y opéroient, ou qu'ils disoient s'y opérer. Comme ils étoient sans doute meilleurs Médecins qu'habiles Sacrificateurs, ils employoient à la guérison des particuliers, qui se présentoient à eux, des pratiques & des remédes qui convenoient à leurs maladies. Outre qu'on ne voyoit dans ces Temples que des nudités, les malades, qui s'y rendoient, étoient nourris pendant l'espace de neuf à dix jours que duroit leur sacrifice, de mets propres à corriger la nature & à la fortifier. Ils ne mangeoient que du pain pétri avec du miel & de la poudre de vipére, des œufs frais, de petits oiseaux, des poules nourries de chair de vipére, certains ragouts où il entroit des aromates & de l'ambre gris. Leur boisson au tems de la vendange étoit du jus nouvellement exprimé du raisin. Dans ce dessein les Prêtres en conservoient de frais le plus long-tems qu'il leur étoit possible; & lorsqu'ils en manquoient, ils faisoient boire à leurs malades un vin composé de miel, c'est-à-dire une espece d'hydromel. On les revêtoit cependant de chemises & d'habits parfumés d'un certain parfum; on leur couvroit soir & matin la tête d'un long voile mystérieux; en cet état on leur faisoit faire une procession au tour du Temple; après quoi on leur faisoit baiser des nudités, dont on leur pendoit même une image au col. On les introduisoit ensuite dans des bains préparés, après leur avoir fait prononcer certaines paroles mystérieuses, & avoir imprimé certains caractéres sur différens endroits de leurs corps. On les faisoit baigner, & tandis que cette cérémonie duroit, un des Ministres récitoit certaines priéres assez longues, dit un Auteur Arabe, qui nous en a laissé le détail. On les faisoit aussi coucher dans des lits odoriférans, comme étoient leurs habits, & on représentoit devant eux deux à trois fois le jour des danses lascives d'hommes ou de femmes, qui se faisoient sous les fenêtres de leurs appartemens. Le reste du jour se passoit à écouter des conteurs ou des conteuses d'Histoires amoureuses & galantes; & on peut dire que le talent de la narration est naturellement propre aux Egytiens, qui accompagnent ce qu'ils disent très-éloquemment avec certains gestes, dont les graces sont inimitables. Les malades ainsi traités étoient renvoyés chez eux parfumés de nouveau, après qu'on leur avoit donné de petites représentations des nudités qu'ils avoient révérées; & comme il étoit difficile après toutes ces opérations, qu'ils n'eussent tiré quelque avantage de leur sacrifice, les guérisons, ou les soulagemens qui en procédoient, étoient écrits dans les Registres du Temple, comme des miracles produits par la Divinité qui y étoit adorée. On ne manquoit pas d'en publier ensuite la relation dans toutes les grandes Fêtes qui s'y célébroient.

Telle fut la situation de la Religion en Egypte, jusqu'à l'avénement du Messie, à la venue duquel tout l'Univers changea de face. Alors l'Evangile, prêché dans cette région, produisit de si grands fruits, qu'il fit un peuple Chrétien d'une Nation jusqu'alors idolâtre. Alors fleurirent, à la suite des Apôtres du Sauveur sur le fameux Siége Patriarchal d'Alexandrie, les Athanases & les Cyrilles. Dioscore leur Disciple & leur successeur, en voulant se frayer une route différente de celle qu'ils avoient suivie, infecta depuis ce pays de ses erreurs. Il fut ensuite livré en proie aux visions du Mahométisme; en sorte que de cette Eglise, autrefois si florissante sous les Empereurs de Constantinople, à peine reconnoît-on aujourd'hui quelques vestiges, tristes restes de ce qu'elle fut jadis, qui ne servent qu'à nous faire déplorer l'état où nous la voyons réduite, en nous rappellant le souvenir de ce qu'elle a été.

De leurs usages.

Cependant vous ne sçauriez croire, Monsieur, combien on rencontre encore aujourd'hui en Egypte de traces de cette ancienne Religion, qui y subsista pendant tant de siécles. En effet sans parler de la passion pour les Pélerinages, qui pour avoir changé d'objet, n'en est cependant pas moins la même, les Egyptiens ont encore aujourd'hui le même goût pour les Processions, qu'on remarquoit dans leurs ancêtres. Il n'y a peut-être point de pays au monde, où elles soient plus fréquentes que dans celui-ci. Toute la différence que j'y trouve, c'est que les Anciens

Des Processions.

les faisoient en l'honneur de leurs Idoles, & que les Egytiens de nos jours ont en vûe dans ces pratiques d'honorer leurs Santons, ou Saints, qui ne valent pas beaucoup mieux. Au reste il n'y a rien de réglé, ni pour la marche, ni pour les vétemens, dans ces sortes de cérémonies. Chacun s'habille à sa façon; mais les plus grotesques & les plus ridicules, sont toujours les plus estimées. Les uns dansent; d'autres sautent; quelques-uns hurlent; en un mot c'est à qui fera le plus de folies dans ces extravagantes mascarades. Plus ils en font, plus ils se croyent possedés de l'esprit de leur Prophéte. Ceux qui sont à leur aise font porter dans ces Processions de quoi donner à manger aux pauvres, comme du blé cuit, qu'ils nomment *Ferik*, des féves, des lentilles, & autres choses semblables. Ainsi la charité ne laisse pas de trouver son compte, au milieu même de la plus ridicule superstition.

Des Ablutions. On peut dire aussi que l'usage de se dépiler & de se laver plusieurs fois le jour, usage si exactement observé par les anciens Prêtres de l'Egypte, ne s'y est pas moins conservé. Le lavement du corps est si commun & si fréquent chez tous les Orientaux, sur-tout parmi les Turcs, qu'ils regarderoient comme un péché considérable de faire leurs priéres sans s'être lavés auparavant. Il est certain que ces ablutions faites avec de l'eau froide, ne contribuent pas moins à la santé, qu'à la propreté, & à empêcher les mauvaises odeurs du coprs, qui sont fort ordinaires dans les pays chauds. Ce qu'il y a de singulier, c'est que les Chrétiens Coptes, pratiquent aussi ce lavement des pieds, des mains, & du visage, avant leurs cérémonies. S'ils se trouvent même alors dans quelque lieu voisin du fleuve, ils ne manquent pas d'aller s'y laver tout le corps, & de s'y plonger trois fois jusques par dessus la tête, comme les Turcs.

Des Vœux. Outre ce que je viens de dire, il se pratique encore ici, comme autrefois, de faire des vœux pour la convalescence des enfans malades. Il est vrai que l'usage de leur couper alors les cheveux, & d'offrir un poids égal d'argent, est absolument aboli. On se contente en pareil cas de fonder une fontaine publique dans la ville, ou sur le grand chemin, pour défaltérer les passans & les chiens, de faire distribuer chaque jour une certaine quantité de pain à ces animaux, des foyes & des cœurs d'animaux aux chats & aux milans, du bled aux oiseaux. En un mot ces sortes de libéralités religieuses sont plus ou moins considérables, suivant la condition, l'opulence, ou la tendresse des personnes qui font le vœu. Je ne dois pas oublier de vous dire à ce sujet, qu'il y a ici des Mosquées sur le sommet desquelles on voit des vases de cuivre faits en forme de bateaux, qui, selon l'intention des Fondateurs, devroient être remplis de bled, les uns tous les jours, les autres toutes les semaines. Mais comme une longue suite d'années est ordinairement fatale aux legs pieux, ceux-ci ont été supprimés il y a déja long-tems par les Administrateurs des revenus de ces Mosquées.

Les Chrétiens dans ces occasions voüent ordinairement de l'huile ou des cierges, qu'ils portent à l'Eglise de saint George. Ce qui vous paroîtra singulier, c'est que les Turcs y portent aussi les mêmes choses, & à la même intention, & que souvent ils sont plus fidéles à acquitter leurs vœux que les Chrétiens même. Les Turcs offrent aussi de la cire & de l'huile aux Mosquées de leurs Santons, qu'ils appellent *Chaies*; & par représailles les Coptes, qui à la campagne sur-tout, vivent avec eux, & comme eux à peu de chose près, portent aussi aux tombeaux de ces Santons les mêmes offrandes. La premiére fois que l'on rase les enfans, c'est toujours avec cérémonie, & la plupart des Chrétiens, sur-tout les Grecs, vont à l'Eglise à cette occasion. Cette cérémonie est toujours suivie d'un festin.

On ne fait pas seulement des vœux pour la convalescence des enfans malades; ils sont encore en usage pour obtenir la guérison de quelque personne que ce soit, pour l'heureux retour de ceux qui sont en voyage, sur-tout de ceux qui entreprennent celui de la Mecque. Les expiations étoient aussi fort connues des Anciens. Ils faisoient d'abord plusieurs imprécations sur la tête d'un animal; ils l'assommoient ensuite, & jettoient sa tête dans la riviére, où la vendoient à des étrangers. Cette cérémonie, qui se pratiquoit de même parmi les Juifs, & qu'ils avoient prise, sans doute, des Egyptiens, chez lesquels ils étoient nés, n'est plus en usage aujourd'hui dans ce pays. Mais tant les Chrétiens que les Turcs ont encore la coutume dans leurs besoins ou afflictions, d'égorger quelques animaux, bœufs, vaches, ou moutons, qu'ils distribuent ensuite aux pauvres. Cette cérémonie, pour laquelle ils choisissent assez souvent l'Eglise de saint George, où il y a un Hôpital, se nomme *Dabah*, c'est-à-dire *Sacrifice*.

Avanture d'un Magicien prétendu.

Enfin comme la superstition est une corruption de la Religion, qu'elle outrage en la dégradant, je dois vous assurer ici que les Egyptiens de nos jours, ne sont pas moins superstitieux que les Anciens, & que la Magie est toujours ici un art fort estimé & très-célébre. Comme la crédulité produit ordinairement l'imposture, ou lui donne au moins la hardiesse de se montrer, il n'est pas surprenant qu'on trouve dans ce pays beaucoup de gens qui se donnent pour Magiciens, parce que le peuple, qui ne demande par tout qu'à être dupé, les en croit sur leur parole, & qu'on est communément persuadé que l'Egypte fourmille de Sorciers. L'avanture qui m'est arrivée à moi-même, à l'occasion d'un de ces fourbes, est assez singuliére, pour mériter que je vous en fasse part.

Un Effendi de considération & homme d'esprit, m'avoit invité à l'aller voir, & pour m'y engager, il m'avoit promis en riant de me faire parler au Diable, au cas que je fusse curieux d'une pareille conversation. Je n'eus garde de manquer une occasion de cette nature, & je me rendis chez l'Effendi suivi de toute la Nation, qui ayant été informée de ce qui devoit se passer, m'avoit prié de permettre qu'elle m'accompagnât. Le Magicien, qu'on disoit être le Maître des Diables, & le Sorcier le plus sorcier qui fût en Egypte, ne tarda guéres à paroître. Il portoit à la main un vieux livre, une petite baguette, & quelques morceaux de papier. A tout cela il joignit une graine qu'il tira de sa poche. Avec ce bel attirail, & une mine très-magicienne, cet homme me fit demander d'abord dans quelle personne de la compagnie je voulois qu'il fît passer le Diable. Je jettai aussi-tôt les yeux sur un jeune Esclave de la maison, qui s'offrit lui-même de fort bonne grace, mais la conjuration n'ayant produit aucun effet sur lui, je priai le Magicien de s'adresser à un autre Esclave encore plus jeune, que je lui indiquai.

L'Egyptien obéit, & prenant la main de l'enfant, il commença, comme il avoit fait au premier, par y tracer quelques figures. Ensuite il lui ordonna de la tenir sur un réchaut plein de feu, où il jettoit de tems en tems de sa graine & des parfums. Après ces préparatifs, il posa sa main sur la tête de l'enfant, & commença à marmoter d'un air terrible certaines paroles, qu'il prononçoit en se frottant les dents avec sa baguette, & faisant

DE L'EGYPTE.

les grimaces, capables de donner l'épouvante au Diable même, qu'il prétendoit évoquer. On m'a rapporté depuis, car il parloit Arabe, qu'il disoit au Diable, *Es-tu Musulman ? je te conjure par Mahomet, & par la suite de ses Saints. Es-tu Juif ? je te conjure par Moyse, par Aaron, &c. Es-tu Chrétien ? je te conjure par Jesus, par Marie, & par les autres Saints de sa croyance.* Après cela il se mit à marcher sur les mains, & s'approcha de l'enfant, qui ennuié par la longeur de cette cérémonie, s'étoit assoupi sous le linge, dont on l'avoit couvert. Là il lui dit quelques paroles à l'oreille. Enfin pour ne point vous fatiguer du récit de cent autres impertinences pareilles, vous sçaurez que le Diable ne voulut jamais obéir au prétendu Magicien, qui crut se tirer habilement d'affaire, en nous disant que le Démon de la nuit du Mercredi étoit extrêmement obstiné ; car vous remarquerez que cette scene se passa un Mardi au soir. Il ajouta qu'il y avoit dans l'assemblée des personnes, qui sentoient le vin, odeur, disoit il, que cet esprit haïssoit par dessus toutes choses. Nous voulumes bien paroître prendre cette excuse en payement, & nous cherchames sur le champ à nous dédommager par quelque agrément plus réel du mauvais passe-tems, que l'opiniâtreté du Diable nous avoit donné.

Mais je m'apperçois, Monsieur, que vous commencez à souhaiter qu'après avoir si long-tems arrêté vos regards sur l'Antiquité, je pense aussi à vous entretenir de l'état présent de la Religion en Égypte. Il est juste de satisfaire votre curiosité sur cet article ; & c'est à moi de vous mettre en état de faire le parallelle, dont je vous ai répondu au commencent de cette lettre. Deux Sectes puissantes partagent aujourd'hui toute l'Egypte, la Mahométane, & celle des Coptes. La première a pour Disciples ces fiers Conquérans, par qui ce riche pays a été subjugué ; l'autre ne compte au nombre de ses Sectateurs, que des lâches & des Esclaves. La Religion des Turcs est trop connue, pour que je m'arrête à en parler. Celle des Coptes ne l'est peut-être pas tant ; & c'est pour cette raison que j'ai résolu de vous entretenir à fond de leurs opinions, de leurs cérémonies & de leurs pratiques. En traitant de celles qui peuvent leur être communes avec les Turcs, peut-être trouverai-je l'occasion de vous entretenir de quelques particularités, qui regardent le culte de ces derniers, & qui pourront vous amuser agréablement.

De l'état présent de la Religion en Égypte.

Des Coptes. Les Coptes, cette Nation la plus ancienne qui soit en Egypte, & qu'on doit regarder comme les restes de ces anciens Egyptiens, dont je viens de vous entretenir, sont encore très-nombreux, dans ce Royaume. On y en compte plus de trente mille, & ils ont différentes Eglises au Caire, & dans quelques autres Provinces. Autrefois ils en avoient un bien plus grand nombre. Ce sont eux qui sont encore aujourd'hui les dépositaires des Regîtres de toutes les terres labourables, qui se trouvent dans l'étendue de l'Egypte. C'est presque là le seul bien qui leur reste de ce charmant pays, qu'ils ont autrefois possedé. Il n'y a point de Seigneur qui n'ait un Ecrivain Copte dans sa maison, avec un regître détaillé, & copié des anciens, de toutes les terres dont il jouit. C'est là presque la seule occupation & l'unique revenu de ces peuples.

Cette Nation, qui suit la Doctrine d'Eutychès, est gouvernée pour le spirituel par un Patriarche, qui fait sa résidence au Caire. Du reste ce sont bien les peuples les plus grossiers & les plus obstinés dans leurs erreurs, qu'on puisse voir au monde. Aussi n'y a-t-il pas lieu d'espérer que les Missionnaires les plus habiles & les plus zélés, qu'on envoye dans ce pays, viennent jamais à bout de rien gagner sur leur esprit. Je suis bien aise de vous communiquer sur cet article ce que seize années de séjour en Egypte, joint à l'attention la plus sérieuse, m'ont acquis de connoissances. Comme pendant une si longue résidence, j'ai eu des liaisons assez étroites avec le Patriarche des Grecs, homme sçavant & de mérite, & avec l'Archevêque du mont Sinaï, j'ai eu souvent occasion de m'instruire à fond de ce qui concerne cette matière; aussi je puis dire que j'ai tiré de leur conversation, & de celle de leurs Religieux, des lumières sûres pour traiter ce sujet avec exactitude. Si vous joignez à cela les entretiens fréquens que j'ai eus avec les principaux d'entre les Coptes, & les rapports que m'ont faits divers Missionnaires de différens Ordres, soit par nécessité, soit par obligation, ou par confiance, j'espere que vous demeurerez convaincu que je suis en état, autant que personne de vous parler juste sur le caractére des Schismatiques, sur leurs dispositions à se convertir, & sur les moyens de les gagner à la Foi, au cas qu'il y ait véritablement quelques moyens d'en venir à bout, & que Dieu n'ait pas réservé cet évenement à sa toute puissance seule.

Personne

DE L'EGYPTE.

Personne n'ignore quel est l'attachement de tous les hommes pour les opinions, qu'ils ont sucées avec le lait, & dont ils sont prévenus dès leur naissance. On sçait de même que cette prévention, qui doit ordinairement sa force moins à la réflexion qu'à l'habitude, n'est en aucune matière plus invincible que dans ce qui concerne la Religion. Mais toute l'idée qu'on pourroit en avoir, n'approche certainement pas de celle qu'il faudroit prendre, pour se bien représenter jusqu'où les Schismatiques portent ici l'opiniâtreté à cet égard. En Europe on cultive les Sciences; les livres sont entre les mains de tout le monde; on apprend à douter, & on cherche à s'éclaircir & à s'instruire. Ce sont autant de secours que l'art fournit contre l'erreur. En Egypte au contraire, on n'aime ni à s'instruire, ni à être instruit. On évite toute dispute, autant pour n'être pas obligé de changer de sentiment, que par incapacité de le soutenir. La raison souveraine, c'est l'usage de chaque Eglise. Ce qu'ils appellent Canon, ne signifie autre chose que la coutume. Les opinions de leurs Evêques & de leurs Prêtres, sont l'unique régle qu'ils veuillent suivre. Sommes-nous, disent-ils, lorsqu'on veut leur faire sentir leur égarement, sommes-nous plus sages que nos péres? Ils ont cru ce que nous croyons ; pourquoi voudrions-nous ne les pas imiter ? Rien n'est capable de les tirer de-là, ni de forcer ce retranchement. C'est un bouclier impénétrable à tous les traits du raisonnement ; c'est un écueil contre lequel échouent tout le zéle & la charité la plus infatigable de nos Missionnaires.

De leur obstination dans l'erreur.

Il est vrai que leur persévérance & leur douceur les insinuent dans l'esprit de ces peuples, & leur facilitent un libre accès dans leurs maisons. Mais comment ne seroient-ils pas bien reçus, puisqu'ils portent par tout des consolations pour l'esprit, & des soulagemens pour le corps ? Ils rétablissent le calme dans une famille affligée, par leurs sages conseils & leurs pieuses exhortations, souvent même par leurs aumônes. Ils donnent à ceux qui en ont besoin des médicamens, dont ils n'exigent aucune retribution. Des manières si genereuses & si bien-faisantes, ne peuvent manquer de les rendre par tout estimables. Ils sont respectés pour leur zéle & leur désintéressement. Mais il faut pourtant l'avouer ; tout cela ne convertit point, & l'expérience apprend, que les conversions, lorsqu'il s'en fait, sont si peu sinceres, qu'elles ceſſent auſſi-tôt que le motif de l'intérêt & de l'eſ-pérance, qui en étoit le fondement, vient à diſparoître. Les prétendus convertis répondent nettement, lorſqu'on leur reproche leur déſertion, *Point d'argent, point d'Egliſe, Maphis Fellou, Maphis Queniſſe.* Ils ne s'en échauffent pas davantage. On a vû ici l'Egliſe des Péres de Terre-Sainte remplie de nouveaux Chrétiens dans un tems, où l'on donnoit aſſez largement aux pauvres, qui s'y rendoient. Il vint un nouveau Supérieur, qui par épargne, ou par néceſſité, retrancha toutes ces aumônes. L'Egliſe fut auſſi-tôt déſerte, & le nombre des Fidéles ſe réduiſit à un petit nombre de Catholiques, nés de parens qui l'étoient déja, ou qui avoient été nourris dès leur enfance dans les ſentimens de l'Egliſe Romaine. Telle eſt la véritable idée qu'on doit avoir de la nouvelle Egliſe, qui ſubſiſte aujourd'hui en Egypte.

On s'efforce cependant d'entretenir le petit troupeau que l'on a formé avec beaucoup de tems, de travail, & de dépenſe. On tâche de l'étendre par la voye des mariages, des Ecoles, & des inſtructions que l'on donne à la jeuneſſe. Mais malgré tant de ſoins & de précautions, ſi l'on y regarde de près, & ſans prévention, on s'apperçoit aiſément que l'on ne tient preſque rien. Le fruit de tant de peines ſe réduit ordinairement à préſerver quelques anciens Catholiques de la dangereuſe contagion de l'éxemple général.

Des perſonnes éclairées, mais peu informées du véritable caractére des Hérétiques de ce pays, ſe ſont imaginées, & s'imaginent peut-être encore, que la multiplication de ces Ecoles, dont je viens de parler, ſeroit un moyen preſque infaillible pour faire un grand nombre de Proſélytes. J'avoue que cette idée a quelque choſe de fort plauſible, & qui prévient d'abord. J'ai été long-tems moi-même dans cette opinion.

En effet, n'eſt-il pas naturel de penſer, qu'en attirant la jeuneſſe dans ces lieux d'inſtruction, ſous prétexte de lui apprendre à lire & à écrire, il ſeroit facile, à la faveur de quelques entretiens journaliers, d'inſinuer preſque imperceptiblement la ſaine Doctrine dans des eſprits encore tout neufs, que le préjugé n'a point aſſujettis, & de faire germer le bon grain, où l'yvroie n'a pas encore pris racine. C'eſt encore un papier blanc, ſur lequel il eſt aiſé de tracer toutes ſortes de vérités ; c'eſt une cire molle, à qui on peut facilement faire prendre toutes fortes de figures. Il ne feroit pas même impoſſible de les attirer à ces Ecoles, à la faveur de quelques libéralités faites, ſoit aux enfans, ſoit aux parens même. Car je ne crois pas qu'il y ait nulle part des Chrétiens plus pauvres que ceux d'Egypte. La plûpart ſont preſque nuds. Auſſi une chemiſe, un mauvais caleçon ſont pour eux une eſpéce de fortune. Cette miſére extrême les rend d'une ſoupleſſe étonnante, pour tous ceux qui les ſoulagent. Il n'y a pas de pére ni de mére, qui ne donnât ſes enfans au prix de la moindre douceur; ils ſe donneroient bien eux-mêmes. Mais ils ne donneroient que l'apparence, prêts à vous manquer, comme je l'ai déja obſervé, dès que vous diſcontinuëriez de les acheter par vos libéralités.

On croiroit peut-être qu'en élevant parmi nous quelques enfans Coptes, cette méthode pourroit avoir des ſuites avantageuſes pour la Religion. Je veux bien auſſi le croire de même. Cependant l'expérience fait aſſez connoître le contraire. On ſçait qu'il y a pluſieurs Colléges à Rome, où on entretient un grand nombre de jeunes gens de toutes les Nations Schiſmatiques de l'Orient, dans la vûe de les employer un jour à la converſion de leur Patrie. Rien n'eſt plus religieux que ces établiſſemens, & on ne peut trop louer le zéle & la pieté de ceux à qui on en eſt redevable. Mais après tout, qu'en réſulte-t'il ? c'eſt que les ſujets qu'on éleve dans ces Seminaires, de retour dans leur pays, n'y font aucun fruit. Ils ſçavent à la vérité former quelques argumens, & ſoutenir vivement une diſpute; mais ils ne font rien de plus, & c'eſt à ce qu'il y a de plus frivole, que ſe borne tout l'avantage que l'Egliſe retire du ſoin de leur éducation, & des penſions dont ils jouiſſent.

Enfin en ſuppoſant qu'il n'en fût pas de même des enfans Coptes, peut-on ſe flatter, que de retour dans leur pays, ils conſervaſſent long-tems les ſentimens qu'on leur auroit inſpirés, ſur-tout ſi l'on fait attention à la haine & au mépris qu'ont les Coptes, pour nous & pour notre Religion ? Quelle apparence que de jeunes gens, qui ne ſont entretenus que de diſcours à notre déſavantage, & auſquels on n'inſpire que des ſentimens odieux de notre Religion & de nos mœurs, préferent la foi que des étrangers leur ont enſeignée, à celle de leurs compatriotes & de leurs ancêtres? Car l'averſion que ces peuples ont pour nous,

I ij.

est si violente, que quand ils veulent mettre le comble à l'insulte qu'ils font à un homme, ils l'appellent *Franguis*. Par là le mépris est exprimé, selon eux, dans toute son étenduë.

De leur ignorance. Joignez à cette obstination & à l'aversion qu'ils ont pour nous, une ignorance la plus profonde, & vous aurez une idée parfaite des Coptes. Il leur est impossible de comprendre qu'il y ait deux natures en Jesus-Christ, ils confondent toujours cette question avec la Trinité. Quand on leur demande si Jesus-Christ étoit homme parfait, ils répondent oui, sans balancer ; s'il étoit Dieu parfait, ils répondent encore oui, avec la même franchise ; mais lorsqu'on les presse, & que de-là on veut tirer cette conséquence nécessaire, il y avoit donc deux natures en Jesus-Christ, ah, Dieu garde, s'écrient-ils aussi-tôt, *Stacfaralla* ; c'est le terme dont ils se servent.

De leur manière de se confesser. Les Coptes ont conservé la Confession ; mais leur manière de s'en servir est différente de la notre. Ils s'accusent en général d'être pécheurs de pensée, de paroles, & d'action ; mais ils ne s'expliquent pas davantage, & lorsqu'il est arrivé à nos François, dont quelques-uns ne sont que trop libertins pour un pays comme celui-ci, de demander à quelques femmes Coptes, si elles se confessoient des infidélités qu'elles faisoient à leurs maris, ah ! Dieu garde, ont-elles toujours répondu sans hésiter, que nous nous deshonorions ainsi nous-mêmes, & que nous ayons la simplicité d'aller réveler des fautes secrétes, dont la connoissance pourroit troubler la paix de nos familles. Au reste ils ont un tems prescrit dans l'année pour se confesser ; & comme ils le font assez cavaliérement, leurs Prêtres leur donnent l'absolution de même par ce peu de mots, *Dieu te pardonne*, *Allahïeramac*, sans y joindre ni conseils, ni remontrances. Il faut avoüer que rien n'est si abregé que cette formule, & que si les Pénitens ne font guéres de façon pour s'accuser, les Confesseurs en font encore moins pour les absoudre.

De leurs Jeunes. Si les Coptes sont si peu scrupuleux sur la Confession, ils le sont en récompense infiniment sur le jeune. Ils l'observent avec l'exactitude la plus rigoureuse, ne mangeant, tant qu'il dure, ni poisson, ni œufs, ni beurre, ni huile, & ne buvant jamais que de l'eau. Leur premier repas, & le seul qu'ils fassent chaque jour, est quelque tems avant le coucher du Soleil. Ils obligent même leurs malades à jeuner, & quand ils seroient au lit

DE L'EGYPTE. 69*

de la mort, on ne les difpenferoit pas plus du précepte. Jamais ils ne jeunent le Samedi, & trouvent fort mauvais que nous en ufions autrement, parce que, difent-ils, cela eft défendu par les faints Canons. Enfin leur régularité à l'égard du jeune, s'étend également fur le boire & fur le manger ; l'un ne leur eft pas plus permis que l'autre. Les Arméniens pouffent même le fcrupule encore plus loin, & ils s'abftiennent de leurs femmes pendant tout le Carême. Cette conduite, eû égard à l'épuifement où doit les réduire la façon dont ils vivent alors, me femble pour le moins auffi prudente qu'auftére.

Les Turcs ne font pas moins rigides fur le jeune que les Coptes, ni moins continens que les Arméniens pendant ce tems de pénitence. C'eft un fpectacle pitoyable que de les voir tous vers le foir dans le tems de leur Ramadan. Leur abbattement eft extrême, & tel en un mot que doivent l'éprouver des gens, qui ont paffé tout le jour dans le travail & à la plus grande ardeur du Soleil, fans s'être feulement rafraichis d'une goutte d'eau.

Il me refte, Monfieur, à vous entretenir de certains ufages qui dans tout pays font regardés comme des pratiques de Religion, & qui chez les Coptes, comme parmi toute autre Nation, ont leurs cérémonies particuliéres. Tels font le baptême des enfans, le mariage des adultes, & ce qui s'obferve à l'égard des morts dans les funerailles. Peut-être ne ferez-vous pas fâché d'être inftruit auffi de ce que les Turcs du pays pratiquent dans ces occafions. La diverfité de ces ufages differens fervira du moins à vous donner une idée du génie différent des peuples par qui l'Egypte eft aujourd'hui habitée.

De leurs principales cérémonies.

Vous devez obferver d'abord qu'avant le baptême des enfans, & immédiatement après leur naiffance, il fe pratique dans tout l'Orient une certaine cérémonie, dont l'origine eft affez inconnue. On choifit ordinairement pour cela le feptiéme jour après la venue de l'enfant. Ce jour là toutes les parentes, les voifines, & les amies s'affemblent au logis de l'accouchée, où la Sage-femme ne manque pas auffi de fe rendre. C'eft la maîtreffe & la conductrice de toute la cérémonie. L'heure marquée étant venue, on prépare d'abord dans un grand baffin différentes graines de fruits féparées les unes des autres, felon leur efpece différente, & au milieu on place un mortier avec fon pilon. Enfuite la Sage-femme donne une chandelle de cire à chacune des assistantes, & prenant l'enfant entre ses bras, elle leur fait faire une procession autour de la chambre, en jettant en l'air quelques-unes de ces graines. Elle en prend encore lorsqu'elle est de retour au bassin, dans lequel elle en laisse retomber une partie, & jette le reste au visage des autres femmes, en criant du même ton qu'une poule appelle ses poussins, pour leur faire prendre de la nourriture. Après cette ridicule cérémonie, la mére reçoit l'enfant, à l'oreille duquel la Sage-femme porte le mortier, qu'elle frappe assez fort par trois différentes fois. De toutes ces impertinentes simagrées, il n'y a que la cérémonie du mortier, dont j'aye pu tirer d'eux quelque raison; & quelle raison encore ! Ils disent que c'est pour ouvrir par ce bruit l'oreille de l'enfant, & empêcher qu'il ne soit sourd. Le remède n'est-il pas admirable, & ingénieusement imaginé ?

Du Baptême.

A l'égard du baptême, la nécessité de ce Sacrement n'est pas regardée du même œil par tous les Chrétiens du Levant. Les Grecs & les Arméniens y sont assez attentifs, & comme les Francs, ils baptisent à la maison en cas de nécessité, mais toujours par immersion, suivant la pratique de toutes les Eglises d'Orient. Les Coptes au contraire sont si blâmables à cet égard, & si peu attentifs à administrer le baptême à leurs enfans, qu'on en voit périr une infinité privés de la grace de la régénération. Ils ont pour maxime de ne baptiser jamais les garçons qu'après quarante jours, & les filles au bout de quatre-vingt, observant en cela le tems prescrit dans l'ancienne Loi, pour la purification des méres, qui doivent assister à la cérémonie, & qui y assistent toujours en effet. Mais les enfans seroient encore trop heureux, si après ce terme expiré on leur procuroit la grace du baptême, n'y ayant presque point de Copte, qui soit fidéle à faire baptiser ses enfans après un si long délai. Au contraire la plûpart les laissent en cet état dangereux six mois, huit mois, souvent des années entiéres, sans en avoir la moindre inquiétude. J'en ai vû plusieurs de trois & quatre ans, qui n'étoient pas encore Chrétiens. On en trouve même de huit & dix ans, qui sont encore purement les enfans d'Adam chargés de la dette de leur premier pére.

Le péché que les Coptes encourent par une négligence si criminelle, n'est pas tant à imputer au peuple, qu'aux Prêtres mêmes, & au Patriarche. Je me souviens qu'ayant eu un jour une conférence avec lui fur cette matiére, & lui ayant repréfenté qu'il étoit la caufe qu'une infinité d'ames périffoient tous les jours, & fe trouvoient fruftrées du bonheur éternel fans qu'elles fe fuffent attiré ce châtiment par aucune faute perfonnelle, il me répondit, qu'à l'égard du Baptême nous étions trop faciles, & que nous ne conférions pas ce Sacrement avec affez de majefté, permettant qu'on l'adminiftrât dans nos maifons, & que les femmes même baptifaffent : Que non-feulement parmi eux les Canons défendoient de baptifer à la maifon, mais que bien loin de permettre aux femmes d'adminiftrer ce Sacrement, les Diacres eux-mêmes n'avoient pas ce pouvoir, qui étoit uniquement réfervé aux Prêtres. Je le priai à cette occafion de me dire quelle cérémonie faint Pierre apporta, lorfqu'il baptifa trois mille hommes à la fois, & s'il eft dit qu'il les mena pour cela à l'Eglife ? Avec quelle majefté faint Philippe adminiftra le Baptême à l'Eunuque de la Reine Candace, lorfqu'il le fit Chrétien dans un grand chemin, & non pas dans un Temple ? Enfin je le conjurai de faire attention à la néceffité de ce Sacrement, qui nous eft marquée fi autentiquement dans l'Evangile, & à l'impuiffance de tant de petites créatures, qui périffoient malheureufement privées de cette grace, pour ne pouvoir fe la procurer elles-mêmes. A tout ce difcours je n'eus d'autre réponfe de cet indigne Patriarche, ou plutôt de ce tyran des ames, qui ne font coupables que du péché qu'elles n'ont pas commis, finon qu'il valloit mieux qu'une ame pérît, que de tranfgreffer les Canons. Peut-on concevoir un aveuglement plus déplorable que de préferer à la néceffité qui nous a été impofée par le Sauveur de recevoir ce Sacrement, celle d'obferver quelques ftatuts, qui n'ont été faits que par des Hérétiques.

Ce qui paroîtra plus déplorable encore, c'eft que ces peuples ignorans & grofliers, obfervent également la Circoncifion comme le Baptême. Ils étendent même cette cérémonie jufqu'aux filles. En 1689. on vit ici un des principaux d'entr'eux refufer d'époufer une fille de quinze à feize ans, qui lui avoit été accordée, parce que cette formalité lui manquoit. Le mariage ne fe fit qu'après que les Prêtres, entre les mains defquels les parens furent obligés de remettre cette malheureufe victime de la coutume, eurent accompli cette cérémonie extravagante.

Au refte il eft encore à propos d'obferver que les Coptes ne diffèrent souvent le Baptême de leurs enfans, que par une vanité ridicule. Ils attendent qu'ils soient en état de les bien vêtir, afin de se faire plus d'honneur, & souvent ils n'attendent que trop long-tems.

De la Circoncision des Turcs. Les Turcs ne font de même circoncire leurs enfans qu'avec le plus d'appareil & d'éclat, qu'il leur est possible ; & ceux qui n'ont pas le moyen de le faire de la sorte, attendent que quelqu'un de leurs parens, amis, ou voisins, fasse la cérémonie pour ses enfans propres, afin d'y joindre les leurs. Les enfans que l'on circoncit sont donc plus ou moins âgés. Il y en a de cinq ans, de six, de huit, quelquefois de dix & davantage ; ce qui fait voir que l'Alcoran ne prescrit point aux Mahométans de tems fixe pour la Circoncision, comme il étoit déterminé dans l'ancienne Loi.

Les enfans que l'on circoncit sont vêtus le plus magnifiquement qu'il est possible, & montés sur des chevaux richement parés. Ceux des Grands ou des personnes aisées sont précédés par une troupe de Janissaires, devant lesquels marchent quelques Prêtres Mahométans, dont les uns chantent, & les autres hurlent. Cette cérémonie se fait ordinairement aux flambeaux ; cependant ce n'est pas une régle. Après l'enfant viennent les tambours, les fifres, & les trompettes, suivis d'une multitude de canailles, qui n'abandonnent le cortége qu'à la maison, dans l'espérance d'y trouver quelques rafraîchissemens, qu'on ne manque guéres de distribuer abondamment en ces occasions.

Pour donner ici une idée des magnificences, dont ces sortes de cérémonies sont quelquefois accompagnées, je crois ne pouvoir mieux faire que de décrire une de ces Fêtes, dont j'ai été témoin moi-même.

DESCRIPTION

Des cérémonies observées à la Circoncision d'Ibrahim Bey, fils d'Ismaël Visir Bacha d'Egypte.

En l'année 1696, l'Egypte étoit gouvernée par Ismaël Visir, un des Ministres des plus magnifiques, que la Porte ait envoyés dans ce pays. Ce Bacha ayant résolu de faire circoncire son fils unique,

unique alors âgé de quinze à seize ans, on commença dès les premiers jours du mois d'Octobre à travailler aux préparatifs de cette cérémonie. On fit sçavoir à tous les Grands, qui se trouvoient dans les différentes Provinces du Royaume, que le Bacha souhaitoit qu'ils honoraffent cette solemnité de leur présence ; & on publia partout qu'il en useroit avec eux selon leur condition, & gratifieroit tout ceux qui se feroient circoncire avec son fils.

Cette fête, qui dura dix jours, fut précédée de divers spéctacles, dont on jugea à propos d'amuser l'impatience d'un peuple infini, qui sur le bruit de cette magnifique cérémonie, avoit quitté la campagne pour accourir au Caire. On vit donc tandis qu'on travailloit aux véritables préparatifs, plusieurs combats d'animaux, des courses de chevaux, & divers tours dont des danseurs de corde amusoient tous les jours les habitans de cette grande Ville. Un de ces danseurs venu exprès de Damas pour assister à cette fête fit le dernier jour des prépapatifs un tour des plus surprenans. De la place du Meidan située au pied d'un rocher escarpé, sur lequel le Château est bâti, il monta sur le haut du minaret d'une Mosquée assise dans le Château même. La corde principale avoit près de quatre cens toises de longueur, & outre qu'elle étoit tenduë par elle-même, autant que son poids pouvoit le permettre, on l'avoit encore affermie par les côtés de plusieurs autres cordes, qui servoient à la soutenir dans sa longueur extraordinaire. Ismaël assista à ce spectacle accompagné de son fils, & fit en cette occasion, aussi bien que les jours précédens, de très grandes libéralités au peuple.

Le lendemain 23 de Novembre les Beys, qui sont au nombre de vingt quatre, les demi-Beys, qui sont au nombre de quarante-huit, tous les Officiers du Royaume conservés par l'Empereur Selim, qui fit la conquête de l'Egypte, les chefs & les soûcommandants des sept milices, que le Grand-Seigneur entretient dans ce pays, les principaux Agas, les Noirs de Constantinople, qui font presque tous ici des figures de Princes, le Cadilesquer, & les aînés de la famille des Aboubecres, qui sont les descendans du beau pere de Mahomet, en un mot toutes les personnes de condition se rendirent avec des suites nombreuses & magnifiques au logis du Bacha, où ils furent reçûs au bruit

K

d'une triple décharge de toute l'artillerie du Château, d'une infinité de timballes, de trompettes, de tambours, & d'autres sortes d'instrumens. La grande cour du Château, qui peut contenir environ deux mille chevaux, en étoit si remplie, que plusieurs furent obligés de mettre pied à terre dans les cours antérieures. Les harnois dont plusieurs étoient garnis de pierreries, & dont les moins riches étoient de vermeil, paroient les plus beaux chevaux du Pays, tous couverts de houffes brodées d'or trait, & traînantes presque à terre ; enforte que les yeux trouvoient dans cette vaste cour un spectacle, qui surprenoit & rejoüissoit également. Au milieu de cette magnificence, on remarquoit deux tentes du Bacha dressées au milieu de la Cour, & dignes toutes deux de la grandeur & de l'oftentation que les Turcs affectent aussi-bien en ceci, que dans les harnois & les chevaux. L'une étoit destinée pour des danseurs & des joueurs d'instrumens ; sous l'autre étoient les trompettes, les timballes, & les tambours du Bacha. A chaque personne de consideration, qui entroit, les trompettes & les timballes annonçoient son arrivée. Les instrumens jouoient aussi durant tout le tems qu'on circoncisoit les enfans, ce qui se faisoit tous les matins dans une cour particuliére, qui répondoit à celle-ci.

Ce jour-là, qui fut le premier de la cérémonie, toute la maison du Bacha parut vétüe de neuf, & mise superbement. Ce Seigneur avoit fait distribuer à chacun de ses domestiques deux vestes de satin de différente couleur, une de drap d'Angleterre avec la culotte de même, & une fourrure de renard de Moscovie. Le moindre de ses Esclaves étoit habillé de la sorte, & coëffé d'une feste avec quatre doigts d'or au bout sur un bonnet de velours, ou de drap d'Angleterre. Les Pages, ou Ichoglans, avoient des culottes larges de velours verd, & des vestes courtes de brocard d'or. Ses principaux Officiers, & ceux qui approchoient de son fils, avoient tous des vestes doublées du plus beau famour, & il n'y en eut pas un seul, qui ne changeât deux ou trois fois d'habits durant la fête.

Ibrahim Bey fils du Bacha parut cette même matinée vêtu d'une demi-veste de drap blanc fourrée d'un riche famour sur un Doliman d'une étoffe d'or de Venise, & sur sa demi-veste il en avoit une longue de camelot couleur de feu doublée d'un tabis verd. Cette veste, ou *Quiriqni*, étoit couverte d'une infiniité de perles d'une groffeur confidérable, & fermoit par-devant avec une agraffe de gros diamans. Son *Caouft*, ou bonnet, étoit auffi couvert de perles, & portoit au devant de la fefte un bouquet dep lumes noires de Héron attaché avec une rofe des plus beaux diamans. Tant que cette fête dura, ce jeune Seigneur changea d'habits trois ou quatre fois par jour, & on ne lui vit jamais le même, à la referve du *Quiriqni* brodé de perles, qu'il porta à trois ou quatre reprifes.

Son appartement n'avoit rien de moins magnifique que fa perfonne. Plufieurs falles parées de fuperbes tapis de Perfe, où le mélange de cent couleurs & de mille fleurs différentes fembloient difputer le prix à l'or, dont ils étoient enrichis, ces falles ainfi ornées, & garnies tout au tour de carreaux d'étoffe à fond d'or, précédoient la chambre du jeune Bey. Là fur des tapis encore plus beaux, & fur un fopha d'un pied de hauteur au deffus du plancher, s'élevoit un fuperbe Divan, où l'or laiffoit appercevoir à peine le velours cramoifi, dont les couffins étoient couverts. Un lit d'Ange du même velours occupoit le milieu de cet appartement. Ce lit étoit tout couvert en dehors d'une broderie des Indes, & le fatin verd, dont il étoit doublé, n'étoit pas travaillé moins richement. Une frange d'or de quatre doigts regnoit tout autour des rideaux, qui étoient retrouffés avec des agraffes de rubis & d'émeraudes. Au devant du lit, dans l'endroit où les rideaux fe partageoient, paroiffoit un grand croiffant de fatin blanc femé d'étoilles d'or, qui faifoit un fort bel effet, & autour de ce lit pofé fur une toilette blanche travaillée d'or & de foye, qui débordoit de trois à quatre pieds, étoient plufieurs carreaux de même étoffe que ceux du refte de la chambre. Ainfi le Divan étoit partagé en deux par ce lit magnifique, où le jeune Bey ne coucha qu'après fa circoncifion.

Pendant que dura la fête les danfeurs, qui étoient au nombre de cent, furent vêtus chaque jour d'habits différens, dont la plûpart étoient d'étoffe d'or. Ceux qui ont voyagé en Turquie fçavent affez que les danfes & les attitudes de ces baladins font un des principaux divertiffemens que les Grands aiment à prendre. Ces danfeurs jouent auffi des efpéces de comedies ; & quoiqu'ils n'ayent aucun role certain, ils ne laiffent pas de reprefenter à peu près les diverfes intrigues de galanterie que l'on expofe fur nos théatres. Ces gens-là joüoient & la nuit & le jour en différentes salles du Chateau, se relayant les uns les autres, de manière qu'il n'y avoit aucun vuide.

Ces plaisirs étoient mêlés pendant le jour de divers combats à la Turque, où l'ardeur fut souvent si grande, que les ordres réitérés du Bacha pouvoient à peine séparer les combattans, & empêcher le jeu de devenir trop sérieux. On voyoit dans la place, qui est au pied du Chateau, les Esclaves des Beys partagés en deux partis se disputer l'adresse, le courage, & la magnificence. Ils s'y portoient, avec d'autant plus de chaleur, qu'outre l'animosité qui régne entre les deux factions, dont l'Egypte est partagée, comme je le dirai dans la suite, ils avoient les yeux du Bacha & de son fils pour témoins de leur valeur.

Les illuminations chassoient presque la nuit de ces lieux. Cent mille lampes, par le moyen desquelles on formoit chaque jour mille figures différentes, l'éclairoient de sorte, qu'elle paroissoit toute en feu. On admira surtout la représentation d'un palmier, avec ces mots formés de ces mêmes lampes, & exprimés en Turc & en Arabe, *Je ne m'éleve que par la Circoncision*. La coupe annuelle des branches du palmier étant le seul moyen de faire croître cet arbre, rendoit cette devise aussi ingénieuse, qu'elle étoit convenable au sujet de la fête. On voyoit écrit en d'autres endroits aussi en caractéres de feu, *Que le nom d'Ismaël Bacha soit toujours glorieux ; qu'Ibrahim son fils soit aussi grand que lui*. On tiroit chaque soir un nouveau feu d'artifice. Celui qui fut trouvé le plus beau représentoit deux galéres, qui parurent voguer le long de la cour du Chateau. Ces spéctacles étoient accompagnés d'une infinité de fusées, pendant que plusieurs sortes d'Animaux, couverts aussi d'artifice, étoient lachés parmi le peuple, & sembloient réveiller le plaisir par les allarmes passageres qu'ils portoient par tout avec eux, sans avoir jamais causé d'autre mal.

Les portes du Chateau, & sur-tout celles de l'appartement du Bacha & du Bey, étoient gardées par un grand nombre de Janissaires mîtrés, que ce Corps avoit habillés superbement, pour faire plus d'honneur à la fête. Quatre Kiaïas des Janissaires, qui tiennent ici le même rang que nos Colonels d'infanterie en France, firent pendant les dix jours les fonctions de maîtres d'hôtel, & eurent soin du service des tables, où l'on admira également l'ordre, la propreté, & l'abondance la plus prodigieufe. Celle du Bey fut fervie foir & matin à trois cens plats ; celle du Bacha à fept cens, & celle du commun à trois mille, ce qui paroîtra prefque incroïable. Cette derniere fut fervie dans la grande falle du Divan, qui eft de la longeur de la falle du Palais à Paris, & de la largeur d'une de fes aîles. Cette table qui étoit à terre fur des tapis couverts de napes, repréfentoit tantôt une fléche, quelquefois un vafe ; en un mot elle avoit chaque jour une figure toujours noüvelle. Les plats en beaucoup d'endroits y étoient en piles les uns fur les autres, de la hauteur d'un homme, enforte que les viandes n'en étoient pas touchées toutes en même temps. Dès qu'un rang de perfonnes étoit forti de table, on levoit auffi un rang de plats, & le même fervice, qui avoit été deffus, fe trouvoit de même au deffous. Ainfi on pouvoit dire qu'il y avoit dix ou douze tables les unes fur les autres. Ce qui reftoit de chaque fervice étoit fur le champ porté au peuple dans la cour ; enforte qu'après avoir nourri trois ou quatre mille perfonnes dans une falle, on en raffafioit encore dix mille dans des lieux différens. Ceux qui ont vû les tables, qui furent fervies lors de la Circoncifion du Sultan Muftapha, avoüent qu'elles n'approcherent pas de celles-ci, & qu'il ne s'eft jamais fait une fi grande profufion accompagnée d'un fi bel ordre. Les confitures, les forbets, les eaux de canelle, les parfums, furent donnés liberalement, & fans exception, à tous ceux qui en voulurent. Outre une infinité de perfonnes, qui en fervoient de tous côtés, il y avoit divers offices ouverts, où chacun pouvoit fe préfenter librement, fans appréhender de refus.

On peut dire que la profufion n'a jamais été portée plus loin que dans cette Fête. Il n'y eut, pour ainfi dire, point d'heures pendant les dix journées qu'elle dura, que le Bacha, ou fon fils, ne fiffent cent fortes de largeffes. Quelque petits préfens de fleurs, de fruits, ou d'autres bagatelles que l'on apportoit au jeune Bey, un fpectacle nouveau, le moindre tour d'adreffe, chaque nouvelle danfe, tout cela étoit récompenfé liberalement de la propre main de ce jeune Seigneur, avec une grace qui augmentoit encore le prix de la récompenfe. Ifmaël Bacha d'un autre côté répandoit à pleines mains les fequins dont il avoit toujours un fac à fes côtés, qu'on rempliffoit dès qu'il étoit vuide, outre beaucoup de petite monoye qu'on jettoit au peuple par fon ordre.

On compte que pendant cette Fête, on circoncit par jour cinq cens enfans, qui furent tous vêtus de neuf suivant leurs condition aux dépens du Bacha, & aumoindre desquels on donna un sequin. Cette seule dépense monta à plus de quarante mille écus.

Ibrahim Bey fut circoncis le dernier. Il partit du Chateau le premier jour de Décembre, accompagné de toute la maison de son pére, & de tout ce qu'il y avoit de Grands en Egypte, & se rendit à une ancienne Mosquée, qui est entre le vieux Caire & le nouveau. Il l'avoit choisie pour cette cérémonie préférablement à la principale, pour ne pas s'engager dans les ruës, où un peuple infini l'attendoit. Les magnificences qui furent étallées ce jour là, ne se peuvent décrire que fort imparfaitement. Ainsi vous ne devez regarder ce que je vous en rapporte que comme une légére ébauche, où il faut que votre imagination mette la derniére main. Outre l'aigrette dont j'ai parlé, le jeune Bey portoit ce jour-là à côté de son Turban une autre plume, que le Bacha y plaça de sa propre main, & qu'il attacha sur sa feste avec une ceinture de pierreries. Sa veste de Samour étoit un peu relevée par derriére, afin de laisser voir la richesse de son Doliman. Il étoit précédé de douze Pages à pied vêtus de drap d'or, qui conduisoient douze chevaux de main d'une blancheur parfaite, & parés superbement. Deux autres étoient chargés d'or & d'argent, qui fut répandu dans la marche & dans le retour. Un peuple infini étoit accouru sur le passage pour voir ce jeune Seigneur, & ne laissoit dans une vaste plaine qu'un chemin fort étroit que l'on avoit semé de mille fleurs, plus abondantes en Egypte dans cette saison, qu'en aucune autre de l'année. L'air retentissoit cependant d'acclamations, de bénédictions, & de cris de joie. On peut dire que jamais journée ne fut plus brillante.

Le Bacha, d'une des fenêtres de son appartement, qui domine sur cette campagne, regardoit cette superbe marche, & goûtoit à longs traits une satisfaction qu'il avoit si justement méritée. Il ne fut pas possible ce jour là de retenir une seule femme dans les maisons. On dit que plusieurs d'entre elles profitant d'une occasion si rare & si favorable, se choisirent des démeures plus agréables, que celles qu'elles venoient d'abandonner.

Tous les Criminels, qui se trouverent alors dans les prisons du Château, eurent leur grace, & le Bacha paya les dettes de ceux, qui n'y étoient retenus que pour cette seule raison. Ibrahim ne put être circoncis ce jour-là, parce qu'il se trouva un peu fatigué de cette cavalcade. La cérémonie ne s'accomplit que le lendemain vers les quatre heures du soir, & on circoncit avec lui le fils d'un Bey & six Esclaves.

Dès que la circoncision, à laquelle Ismaël assista, fut consommée, on porta Ibrahim avec le fils du Bey & les six Esclaves dans une même chambre, où on leur avoit préparé un lit à chacun, afin qu'ils tinssent compagnie à ce jeune Seigneur. En même tems le Bacha fit à chacun de ses Officiers & de ses Domestiques, à proportion de leurs emplois la distribution d'une paye journaliere, dont ils doivent joüir le reste de leur vie. Ainsi il n'y en a aucun aujourd'hui, qui n'ait dequoi vivre selon son état, quand même ils viendroient à perdre un si bon maître.

On assure que la dépense, qui fût faite en même tems dans les appartemens des femmes du Bacha, ne fut guéres moins considérable que celle à laquelle le public eut part, y ayant eu les mêmes libéralités, les mêmes plaisirs, la même abondance & la même magnificence qu'au dehors. Ce qu'il y a de plus extraordinaire, c'est que quoique la coutume des Turcs soit de recevoir des présens de tout le monde en ces occasions, le Bacha n'en voulut accepter aucun. Il est sur qu'il en auroit eu au moins pour la valeur de trois cens bourses, * qu'il dépensa à cette cérémonie, chacun s'étant préparé à lui en faire suivant son rang & sa qualité. Il n'y eut que le mien, qu'il eut la politesse de recevoir. C'étoit un miroir octogone d'un pied de diamétre garni d'or & enrichi de pierreries avec son manche de cristal de roche. Cette piéce étoit sortie du Sérail dans les derniéres révolutions. Le Bacha dit aux Drogmans, qui le lui présenterent de ma part, qu'il auroit voulu ne rien accepter de personne ; mais qu'il ne pouvoit refuser cette marque d'amitié du Consul de France, pour lequel la sienne étoit des plus sinceres.

* Chaque bourse est de 1500 livres, ainsi trois cens bourses font une somme de 150000 écus.

80* DESCRIPTION

Des Mariages. Je ne fcais, Monfieur, ce que vous penferez de toutes ces fêtes & de ces magnificences. Je me flatte du moins que la relation que je viens de vous en donner ne vous aura pas été ennuyeufe. Je viens à prefent à ce qui regarde les mariages, & la maniere dont on les traite dans ce pays-ci. Il eft certain qu'elle eft toute différente de celle, qui s'obferve à cet égard dans tous les Royaumes Chrétiens de l'Europe, & particulierement en France. Là on tient pour maxime, qu'il faut connoître avant que d'aimer, c'eft-à-dire, que comme le mariage eft un lien, qui n'eft diffoluble que par la mort, on doit faire de férieufes réflexions avant que de s'y engager, & que n'admettant, ni noviciat, ni apprentiffage, il eft de la derniere importance de prendre des mefures fi juftes, qu'on n'ait point à fe repentir d'un pas, où quand il eft une fois fait, il n'y a plus à reculer. Dans cette vûe on confidere avant toutes chofes l'égalité des conditions, la proportion des biens, & la convenance des humeurs entre les perfonnes, qu'on a deffein d'allier enfemble; & c'eft pour s'en affurer, qu'on permet qu'elles fe voyent, & qu'elles fe pratiquent quelque tems avant que de les unir.

En Egypte au contraire on n'a égard à aucune de ces trois chofes. Les Arabes font à la verité, affez reguliers à ne s'allier que dans leurs Tribus, & quoique parmi eux les Grands, furtout ceux qui refident dans les Villes, ne laiffent pas d'avoir quelques Efclaves blanches, les enfans, qui proviennent de ces commerces, ne font jamais regardés comme légitimes. Mais les Turcs ont un ufage tout différent. Parmi eux la coutume des Grands eft d'acheter de jeunes filles, qu'ils deftinent à leurs fils dès leur enfance, & qu'ils prennent dès l'âge de huit à neuf ans, afin de pouvoir s'affurer de leur fageffe. Ils les font élever chez eux, & lorfqu'ils le jugent à propos, ils leur donnent un appartement féparé, où elles reftent renfermées avec ceux qu'on leur deftine pour époux, qui n'en fortent que très rarement. Les peres en ufent de cette maniére, pour empêcher que leurs enfans ne fe livrent à la débauche fous un climat, où les difpofitions au libertinage le plus honteux font auffi grandes, que les mauvais éxemples font fréquens. Ces jeunes Efclaves font réputées libres & femmes légitimes de leur maitre, dès qu'elles

ont

DE L'EGYPTE.

ont mis au monde un garçon. Alors le mari commence à se laisser croître la barbe. Car il est bon d'observer que la barbe est ici une grande marque d'honneur, & que les femmes de ce pays ne l'estiment pas moins que celles de France en ont d'horreur. Tant la coutume & l'habitude ont d'empire sur l'imagination ! En général, les personnes de considération, surtout, marient très-rarement leurs enfans, garçons ou filles, à des personnes d'une condition égale, parce qu'on ne peut prendre sur elles la même autorité, que celle que l'on conserve sur des esclaves. Ainsi de la maniere dont ils assortissent leurs fils, ils marient aussi leurs filles, en choisissant parmi leurs domestiques celui qui leur plaît le plus, pour en faire leur gendre. Par cette conduite les femmes conservent sur leurs maris l'empire absolu que leurs péres ont eu sur eux avant elles, & dont ils n'oseroient se soustraire, sans mettre leur vie en danger. Par le même arrangement un homme qui épouse une esclave de sa maison, ne risque jamais d'être assujetti. Il arrive même assez souvent qu'une personne marie ses propres femmes à ses esclaves, quoiqu'il en ait eu des enfans ; & c'est aussi une chose fort ordinaire, qu'après la mort des maîtres leurs esclaves épousent leurs femmes. Il est vrai que cet usage ne paroît pas sans inconvénient, puisque pour changer un vieillard usé contre un jeune homme vigoureux & jouir du privilége de la coutume, on hâte souvent la mort du sexagénaire. Je ne parle point de ce que pratiquent les Coptes à cet égard. Ils sont si méprisés ici, qu'il leur seroit difficile de s'allier ailleurs que dans leur nation.

On a encore dans ce pays-ci moins d'égard au bien qu'à l'égalité des conditions. En France il faut qu'un pére donne de l'argent pour mettre sa fille hors de chez lui ; en Egypte au contraire, il faut que celui qui recherche une fille lui fasse une dot, & donne encore une somme au pére. Ainsi on peut dire avec raison, qu'on achette une femme, ou pour parler plus juste une esclave. En effet, la femme porte toutes les marques de l'esclavage par les bracelets faits en forme de chaînes, dont elle se charge les bras, & les anneaux qu'elle se met aux pieds. C'est le mari qui lui en fait présent, en l'acceptant pour épouse. Ces chaînes, il est vrai, sont d'or ou d'argent, au lieu que celles des esclaves sont de fer ; mais elles n'en marquent pas moins la dépendance.

L

Enfin si en France, avant que d'unir deux personnes, on leur permet des visites & des conversations honnêtes, ici celui qui veut épouser une fille ne la voit jamais avant le mariage. Au contraire, c'est lorsqu'elle est promise qu'elle se cache avec le plus de soin aux yeux de tout le monde, & sur-tout de celui qui la recherche.

Usage de la répudiation. Cette bisarrerie de s'unir sans façon à des personnes d'un rang & d'une condition, souvent peu sortable, & dont on ne connoît, ni le caractére, ni l'humeur, ne surprendra point, si l'on fait attention à la facilité que la loi de la répudiation apporte dans ce pays, à la dissolution des mariages. Il est aisé de comprendre en effet, que tant de précautions, qu'on prend par tout ailleurs, ne doivent guéres embarrasser ici, puisqu'on y sépare sans scrupule des personnes qui sont unies depuis long-temps, qui ont même eu des enfans ensemble, & qu'on les marie tranquilement à d'autres. Le mari en est quitte en ce cas, s'il n'est pas content de sa femme, pour lui rendre ce qu'elle a apporté, & pour lui payer la somme dont il est convenu pour sa dot. A ce prix il est libre de la renvoyer. Ce qu'il y a d'étonnant, c'est que cette malheureuse coutume n'est pas seulement en usage chez les sectateurs de l'Alcoran ; elle est encore fort ordinaire parmi les disciples de l'Evangile. Elle est si commune & si permise chez les Coptes, qu'il suffit qu'un homme témoigne au Patriarche qu'il n'est pas content de sa femme, ou qu'une femme lui fasse entendre qu'elle ne s'accommode point de son mari, pour qu'il leur permette la répudiation. S'il arrive qu'il leur en refuse la permission, ils s'en passent, & la prennent eux-mêmes ; ce qui l'engage à ne pas se rendre trop difficile sur cet article. D'ailleurs, il lui revient toujours de ces permissions quelque petite rétribution, dont il craindroit de se priver par une résistance trop opiniâtre. Lorsqu'on lui reproche sa tolérance sur ce sujet, il répond qu'il est obligé de souffrir cet abus, pour prévenir de plus grands désordres. C'est pourquoi on n'excommunie point ceux qui ont des femmes *à la caisse*, c'est-à-dire, tant tenu, tant payé, comme la loi des Turcs le permet.

Des fiançailles. La différence des Religions qui sont suivies en Egypte par les différens peuples qu'on compte au nombre de ses habitans, cause aussi de la différence dans les cérémonies, qui s'observent à la célébration des mariages. Les Chrétiens, qui y sont de quatre ou cinq rits, conviennent cependant affez pour les fiançailles. Dès que les parens de l'époux & de l'épouſe ſont d'accord, car ce ſont eux qui font le mariage, on appelle un Prêtre au logis de l'épouſe, où tout le monde eſt aſſemblé. Là, après quelques priéres, qui précédent la cérémonie, le garçon prend un anneau, & le met au doigt de la fille, qui cependant ſe tient bien voilée, & qui découvre à peine la main pour recevoir l'anneau. C'eſt-là tout ce que l'Egliſe exige à cet égard avant la cérémonie des épouſailles. A l'égard des publications de bancs, qui ſont en uſage dans la Chrétienté, on ne ſçait ce que c'eſt dans le Levant. Auſſi n'y appréhende-t'on point les oppoſitions. On n'y fait de même aucune difficulté de rompre les fiançailles ; on n'y en fait pas, comme on vient de le voir, de caſſer les mariages mêmes.

Trois jours avant celui qui a été fixé pour les épouſailles, l'épouſe eſt conduite aux bains, & pour peu que ſes parens ſoient à leur aiſe, on l'y méne au ſon des tambours & des fifres. C'eſt pour eux un point eſſentiel à la cérémonie. Ces bains durent quatre ou cinq heures ; & pendant ce tems-là, il ſe fait pluſieurs maſcarades. Les Turcs ſont ſur ce point encore plus fous que les Chrétiens, comme je le dirai dans la ſuite.

Le jour de la célébration du mariage étant arrivé, l'époux & l'épouſe ſont conduits à l'Egliſe par le parrain & la marraine qu'on leur a choiſis, & qu'on nomme ici *Chebin*, & *Chebine*. Ce ſont ſouvent eux qui préſentent au baptême tous les enfans de la maiſon, ſuppoſé qu'on prenne pour cela un parrain & une marraine. Mais les Coptes ne ſe ſervent ordinairement que d'un parrain ; ils n'y font pas tant de façon. La cérémonie du mariage, qui dure quatre ou cinq heures, ſe fait preſque toujours après minuit, à la Meſſe qui ſe dit alors. Les Arméniens ſurtout, ménent leurs mariées à l'Egliſe au ſon des tambours & des fifres, qui les accompagnent de même dans le retour.

Du mariage des Chrétiens.

Ces peuples obſervent après les nôces quelques cérémonies aſſez ridicules. Une des plus ſinguliéres, c'eſt que le mari reſte cinq jours ſans voir ſa femme, que l'on tient cependant ſéparée de lui fort ſcrupuleuſement. Enfin au bout de ce terme on leur laiſſe la liberté de ſe voir & de ſe parler ; mais ce que l'on ne doit pas oublier, c'eſt que la nouvelle mariée obſerve alors à peu près, ce qu'on fait pratiquer aux jeunes novices par rapport au silence, ne parlant jamais qu'à son pére, à sa mére, & à son mari; ce qu'elle fait même d'une voix si basse, qu'à peine peut-on l'entendre. Il s'en trouve qui gardent ce silence une ou deux années de suite; & si pendant ce tems-là on vient leur rendre visite, on a beau leur adresser la parole, elles ne répondent que par signes, souvent même le pére ou la mére répondent en leur place. Enfin plus elles ont la vertu de garder ce silence, & plus elles se font estimer dans leur nation. Franchement cette estime ne me paroît pas absolument gratuite, & tout le monde conviendra avec moi quelle doit coûter de grands efforts à celles, qui ont assez de constance pour la mériter.

Les Coptes, qui sont grossiers en tout, ne font pas tant de mystéres que les Arméniens. Il est vrai qu'il s'en trouve quelques-uns de plus retenus, qui ne couchent pas avec leurs épouses dès la premiére nuit de leurs noces, & qui attendent que le Prêtre, qui les a mariés, vienne le lendemain, suivant la coutume, leur ôter une espéce de lien, nommé *Zennar*, qu'il passe lui-même au col de l'époux en forme de croix devant & derriére, dans la célébration du mariage. La suppression de cette espéce de jacolle est regardée en effet comme la permission de consommer le mariage. Cependant la plûpart n'attendent pas souvent que l'Eglise leur donne cette liberté, & ils la prennent d'eux-mêmes, sans pourtant se débarasser du *Zennar*, qui ne peut être ôté que par le Prêtre.

Les Grecs observent assez de ne célébrer leurs mariages qu'à la messe, surtout lorsque ce sont des personnes riches. A l'égard des pauvres, toutes les heures leur sont bonnes. Cependant ils choisissent ordinairement l'entrée de la nuit, & pour donner du moins à cette action quelque air de cérémonie, ils portent des cierges allumés dans les rües en allant à l'Eglise & à leur retour. Voici ce que cette nation pratique en Egypte dans ces occasions.

Lorsque les deux époux sont arrivés au Parvis, le Prêtre fait sur eux certaines priéres assez longues, & bon nombre de bénédictions; après quoi il met une bague au doigt de l'époux, & une autre à celui de l'épouse. Ensuite le *Chebin*, ou parrain, leur couvrant les mains d'un voile, change par trois fois ces bagues du doigt de l'un à celui de l'autre. Après ces préliminaires le Prêtre met la main de l'époux dans celle de l'épouse, & les tenant toutes deux dans la sienne, il conduit ainsi les deux époux au milieu de l'Eglise vis-à-vis d'un pupitre, sur lequel est le livre des Evangiles, & sur ce livre deux couronnes, qui sont de telle matière que l'on veut, de fleurs, d'étoffe, ou de clinquant. Là il continue ses bénédictions & ses prières, où il mêle tous les Patriarches de l'Ancien Testament. Il met ensuite ces couronnes, une sur la tête de l'époux, & l'autre sur celle de l'épouse, & les couvre tous deux d'un voile. Alors le *Chebin* change par trois fois ces couronnes pardessous le voile, comme il a fait les bagues. Le Prêtre cependant poursuit ses prières, après lesquelles on lui apporte un vase plein de vin. Au dessus nagent trois morceaux de pain de la longueur du doigt, que le Prêtre prend l'un après l'autre; il en mange, & en donne à manger aux deux époux, à leurs péres & méres, & au *Chebin*. Il en fait de même du vin, dont il boit d'abord; après quoi il en presente aux mêmes personnes, & jette ensuite le verre contre le mur. Après cette cérémonie le Prêtre prend la main droite de l'époux, celles de l'épouse, & du *Chebin*, & leur fait faire trois tours autour du pupitre. Enfin il leur ôte leurs couronnes, & après quelques autres prières il les congédie.

Il faut observer à l'égard des degrés de parenté, que les Arméniens ne se marient jamais à leurs parens, non pas même à ceux avec les parens desquels ils ont quelque affinité spirituelle. Les Coptes au contraire ont pour pratique, comme les Turcs, de marier leurs enfans à ceux de leurs freres & sœurs, sans demander pour cela aucune dispense. Pour ce qui est des Grecs, ils suivent à peu près les mêmes usages que nous à cet égard.

Je viens aux cérémonies que les Turcs observent dans leurs mariages. Personne n'ignore que l'Alcoran leur permet d'épouser jusqu'à quatre femmes légitimes, & d'avoir ensuite autant d'esclaves qu'ils en peuvent nourrir. Pour tirer ces femmes de la maison de leur pére, ou de leurs parens, ils font venir d'abord le juge, en presence duquel ils conviennent des conditions auxquelles ils les prennent; c'est-à-dire qu'on régle devant lui ce que le mari s'engage de donner à sa future épouse, tant pour sa dot, que pour ses habillemens, joyaux, dorures, &c. Le Cadi, ou juge, en presence duquel se dresse cet accord, & qui en passe l'acte, tient lieu également de Prêtre & de Notaire; après cette cérémonie il ne reste plus que de mener l'épouse aux bains avec plus ou moins d'appareil, selon les facultés de ses parens.

Des Cérémonies observées par les Turcs dans ces occasions.

Ce tems des bains, qui dure cinq ou six heures, est souvent le plus agréable que l'épouse ait dans tout le reste de sa vie. Là on la divertit par toutes sortes de mascarades. On l'habille tantôt en Juge, tantôt en Soldat, quelquefois en Paysan, ensuite en Prince & en Visir. Quand on n'a omis aucune de ces sottises, on dit que la mariée a eu les grands bains. On la reconduit ensuite à son logis avec les mêmes cérémonies qu'elle en étoit sortie, c'est-à-dire avec les fifres & les tambourins, si les parens ont le moyen de les lui donner. Au moins faut-il qu'elle soit accompagnée de quelque instrument, ne fût-ce que de quelques fragmens de pots cassés, qu'un misérable remüe dans ses mains avec une sorte de cadence, qui n'est pas toujours sans adresse. Ce bruit ridicule est ordinairement accompagné du son de quelque vieux tambour, & d'un méchant haut-bois de Village. Cette musique n'est au reste que pour la lie du peuple, qui ne se croiroit pas marié sans cela. A l'égard des gens riches, & surtout des Grands, ils ménent leur mariée aux bains au son des trompettes, des fifres, & des gros tambours, & sont précédés d'un gros de Janissaires plus ou moins considérable, à proportion de leur rang & de leurs richesses.

Le quatriéme jour après les bains on conduit la mariée du logis de son pére à celui de son époux. Cette cérémonie est accompagnée de plus de magnificence encore que celle des bains. On porte à découvert devant la jeune épouse tout ce qu'elle emporte de la maison paternelle, tapis, coussins, matelats, couvertures, pignates, plats, bassins, pierreries, joyaux, perles, ceintures, argenterie, jusqu'à des soques de bois qu'on nomme *cobcal*, & qui sont travaillées avec de la nacre de perles; & par ostentation on ne manque pas de charger sur quatre ou cinq chevaux ce qu'un seul porteroit facilement. A l'égard des pierreries, des bijoux, & autres choses de prix, on met de même dans quinze plats ce qu'on porteroit aisément sur une assiete. Souvent même il arrive que pour paroître davantage les parens empruntent de leurs amis de quoi faire honneur à leur fille dans cette marche, n'ayant pas par eux-mêmes de quoi fournir suffisamment au faste qu'exige l'usage, sur-tout lorsqu'ils ont la réputation d'être plus à leur aise, qu'ils ne le sont effectivement.

Je ne dois pas oublier de vous parler d'un usage dont nous

DE L'EGYPTE. 87 *

trouvons des traces dans l'Histoire Sacrée, & qui s'observe encore aujourd'hui parmi les Turcs. Lorsqu'une femme de cette nation ne peut avoir d'enfans de son mari, elle lui donne son esclave, ou lui en achete une, & lorsqu'il en naît des enfans, ils sont regardés comme les enfans de la maîtresse. Elle les tient pour tels, & les éléve sur ce pied. Souvent aussi, lorsqu'un Turc ne peut avoir d'enfans, il adopte un jeune homme ou une jeune fille de ses esclaves. Alors l'enfant adoptif est réputé enfant de la maison, & le maître est obligé de le pourvoir. Aussi n'y manque-t'il jamais.

Il me reste, Monsieur, à vous entretenir des cérémonies, qui s'observent ici à l'égard des morts. Je ne vous parlerai point de ce que pratiquoient les anciens Egyptiens à cet égard ; des folies que faisoient les femmes en ces occasions ; de la maniére dont on embaumoit les corps ; des drogues dont on se servoit pour cela, ni de tant d'autres usages qui ont cependant servi de fondement aux fables que les Grecs ont publiées sur le Styx, sur la barque de Caron, sur Minos, & les champs Elysées. En effet, supposé que l'ancienne Memphis fût située sur les bords de ce Lac, qu'on appelle aujourd'hui *Birque de Caron*, comme je crois l'avoir prouvé ; il falloit vrai-semblablement passer ce Lac, pour porter les corps dans cette vaste plaine des momies, dont je vous ai entretenu ; & je ne doute pas que ce passage n'ait donné occasion aux fables du Stix & de la Barque. Il pouvoit de même y avoir de l'autre côté du Lac un Juge auquel on présentoit les corps, afin qu'il en tint un registre, aussi-bien que des certificats qu'on lui remettoit de la bonne conduite des défunts. Aussi quelques Historiens anciens rapportent-ils qu'on exposoit les corps des personnes mortes, afin d'avoir le témoignage du peuple sur leur bonne ou mauvaise vie ; & ce Juge est sans doute le Minos des anciens. Vous concevez d'abord que toutes ces pratiques ne subsistent plus, non plus que l'usage d'embaumer les corps. Les drogues dont on se servoit pour cela, sont même aujourd'hui absolument inconnües. La suite vous fera voir cependant que les Egyptiens de nos jours conservent encore quelques traces des coutumes, que les anciens observoient dans les funérailles.

La maniére dont on rend aujourd'hui en Egypte les derniers devoirs aux défunts, n'est pas absolument uniforme.

Des Funerailles.

Elle varie suivant la diversité des lieux, & des Nations qui l'habitent. Voici à peu près ce qui s'observe généralement à cet égard.

L'usage d'ouvrir l'estomac des personnes mortes, de leur ôter les entrailles, ou de les consumer par le moyen de la poix liquide & brulante mêlée de quelques aromates qu'on versoit dessus, d'en infuser ensuite dans le cerveau du mort par les narines, de lui boucher toutes les ouvertures avec des linges imbus de la même liqueur, de laver après cela le corps avec de l'eau-rose, ou du jasmin, & de l'emmailloter de la tête aux pieds avec des bandelettes parfumées & préparées avec des aromates; en un mot l'ancienne coutume d'embaumer les corps ne se pratique plus aujourd'hui dans ce pays, comme je l'ai déja observé. Cependant elle n'est pas absolument abolie, sur-tout pour les personnes riches. Dès que ces sortes de gens sont morts, on lave le corps plusieurs fois avec de l'eau-rose; on le parfume ensuite avec de l'encens, de l'aloës, & quantité d'autres odeurs qu'on n'épargne pas; & on a soin de boucher avec du coton aussi parfumé toutes les ouvertures naturelles. Après cela on ensevelit le corps dans une étoffe mouillée, moitié soie, moitié coton; on couvre cette étoffe d'une autre, qui est simplement de coton, & quelques-uns même y en ajoutent une troisiéme. On donne aussi au mort un de ses plus beaux vêtemens. Les femmes particuliérement emportent toujours avec elles le plus riche de leurs habits. La dépense est fort grande en ces occasions; cependant elle n'approche pas de ce qu'il en coutoit autrefois pour les véritables embaumemens.

Manière de pleurer les morts. Alors dès que quelqu'un venoit à mourir, les femmes de la maison se couvroient de boüe la tête & le visage, & laissant le cadavre au logis, elles couroient par la ville le sein découvert, se frappant la poitrine, & poussant les hauts cris. Les hommes en faisoient autant de leur côté. Aujourd'hui tout cela se pratique encore en tout, ou du moins en partie. Pendant que le mort est dans la maison, les parentes & les amies de la personne défunte, outre les cris de désespérées qu'elles poussent autour du corps, s'égratignent & se frappent le visage si rudement, qu'elles se le rendent tout sanglant & tout livide. Les discours ridicules qu'elles tiennent au cadavre, qui souvent reste pendant ce tems-là la face découverte, & les impertinentes questions

qu'elle

qu'elles lui font, comme si elles en étoient entendües, ne contribuent pas moins que le reste à les faire croire hors du sens. Tout cela cependant n'est qu'une cérémonie, ou pour mieux dire, une pure grimace, & un tribut qu'on paie plutôt à l'usage qu'à la douleur.

  Pour rendre le tintamarre plus parfait, & faire plus d'honneur au mort, qu'ils s'imaginent apparemment grand amateur du bruit, les gens de basse condition ont coutume d'appeler en ces occasions certaines joüeuses de tambours de basques, dont la profession est de chanter des airs lugubres, qu'elles accompagnent du bruit de cet instrument, & de mille contorsions aussi épouventables que celles des Démoniaques. Ces femmes conduisent le corps à la sépulture mêlées avec les parentes & les amies de la personne morte, qui toutes ont ordinairement les cheveux épars comme des Bacchantes, la tête couverte de poussiére, le visage barbouillé d'indigo, ou simplement frotté de boüe, & hurlent comme des enragées. Cet usage de pleurer les morts est passé jusqu'aux Chrétiens du pays. Pour moi j'ay vû ici une fille Catholique ayant perdu sa mére, qui demeuroit dans la contrée des François, envoyer chercher pour la pleurer ces joüeuses de tambours de basques. A peine les Péres Capucins purent-ils venir à bout de chasser ces baladines Mahométanes. Chez les Arabes lorsqu'un homme vient à mourir, un déclamateur marche à la tête du convoi, portant les armes du deffunt, & montant le cheval, dont il se servoit, & publie les belles actions qu'a fait son Héros ou plutôt, comme parmi nous, celles qu'il auroit dû faire.

  J'ai appris depuis peu une pratique des habitans de Dongola à l'égard de leurs morts, qui mérite que je vous en fasse part, tandis que je suis sur cette matiére. Lorsque dans cette Ville, ou dans les environs, il meurt une personne fort âgée, ou après une longue & pénible maladie, au lieu de pleurer sa perte, on se réjouit dans toute la famille. Il n'en est pas de même de ceux qui meurent dans une autre âge, & d'une mort ordinaire. On visite alors la personne affligée, qu'on n'abandonne plus depuis le moment du trépas. Les hommes sont avec les hommes, & les femmes de même dans leur particulier. Ce deuil dure quarante jours & quarante nuits. Pendant les trois premiers jours on ne fait que pleurer & gémir avec la personne à qui on tient compagnie. On ne s'entretient alors que du mérite & des actions de la personne décédée. Le deuil diminüe ensuite, & les trente-sept jours, qui restent, sont uniquement destinés à tenir compagnie à l'affligé, de peur qu'il ne s'abandonne à sa douleur. Chaque jour un parent, ou un ami, fait venir à manger au logis du mort, parce que la tristesse, qui y regne ne permet pas de songer à la cuisine. Il y fait porter en même tems son lit, & tous ceux qu'il invite, ou qui viennent de leur pur mouvement en usent de même, & ne quittent point ainsi, ni jour, ni nuit. Enfin au bout des quarante jours le maître, ou la maitresse de la maison donnent un grand repas à tous ceux qui l'ont nourri & visité pendant ce tems-là ; après quoi chacun se retire.

Il faut observer, qu'en Egypte, lorsqu'un malade est près d'expirer, si c'est un Chrétien, on lui tourne le visage vers l'Orient ; mais si c'est un Mahometan, on le lui tourne vers la Mecque. Les Turcs ont soin de donner cette même disposition à leurs morts dans le tombeau, où après les avoir placés, ils délient vers la tête le bout du suaire, afin que le mort soit plus libre pour répondre aux deux Anges, qui viennent l'interroger sur sa religion. Pour être prêts à satisfaire à ces deux Anges, les Turcs pendant leur vie apprennent avec soin ce qu'ils doivent leur dire après leur mort. C'est ce qu'ils appellent leur confession de foi, contenüe dans ce peu de mots, *El eslam dinj, oüa Mahamet Nabij, oüa ell Kabé Kebletj* ; c'est-à-dire, *La religion des Turcs est la mienne ; Mahomet est mon Prophéte & la Mecque est mon midi.* Ceux qui ne font pas cette réponse, soit que par malheur pour eux ils l'ayent oubliée, ou autrement, sont furieusement maltraités par ces Anges, nommés *El Naker*, & *El Nakir*, qui selon les Turcs usent de la même rigueur envers les Juifs & les Chrétiens. J'oubliois d'avertir, qu'encore aujourd'hui il se paye certains droits par ceux, qui presentent le cadavre dans les lieux, où il doit être inhumé. C'est là sans doute le droit de passage, dont il est tant parlé dans les Fables. Les Egyptiens de nos jours ont encore conservé cet usage de leurs Ancêtres.

La perte d'un mari est tout autrement célébrée ici qu'en Europe. Là on se contente de pleurer, si on en a envie, & une femme n'est obligée sur cela qu'à ce que bon lui semble. En Egypte les choses vont tout d'un autre air, & l'usage veut qu'une veuve pleure son époux deffunt tant que dure son veuva-

e. Les reprifes de ce lugubre manége font fixées à deux fois au
moins chaque femaine, fans préjudice cependant des occafions
xtraordinaires. Ainfi toutes les fois que les parens, ou les amies
de la veuve, viennent lui rendre vifite, la bienféance demande
qu'elle les régale d'une longue tirade de fanglots accompagnés
de larmes, qu'elle doit toujours avoir prêtes au befoin, & dont
en effet elle ne manque jamais. Plus une femme s'acquite abondamment de ce devoir, plus elle eft eftimée; & quand elle eft
encore jeune, cela ne lui fert pas peu à retrouver facilement un
mari. En effet peut-on ne pas regarder comme une chofe très
engageante & infiniment flatteufe, l'efpoir d'être régulièrement & fi long-tems pleuré après fa mort?

Les femmes vont ici prier & pleurer fur les fépultures des *De la vifi-*
morts, au moins deux jours de la femaine; & la coutume eft *te des tom-*
de jetter alors fur les tombeaux une forte d'herbe que les Arabes *beaux.*
appellent *Rihan*, & qui eft notre Bafilic. On les couvre auffi de
feuilles de palmier. Cette verdure n'eft pas au refte, comme
on pourroit peut-être le penfer, une offrande faite aux morts.
Le motif de cet ufage eft encore plus ridicule, puifque par là
on cherche à foulager les défunts, qu'on croit rafraîchir, en
leur procurant de l'ombrage.

Il eft certain que la tendreffe des Egyptiens pour les perfonnes
décédées, a quelque chofe d'humain & de pieux, qui me paroît infiniment louable. Toutes ces pratiques ne fuffent-elles
que de pures cérémonies, comme nos complimens & la plûpart
de nos vifites, cela vaudroit toujours mieux que le religieux oubli auquel nous condamnons tous nos morts. Ici on va conftam-
ment tous les Samedis verfer des larmes fur les tombeaux; on y
fait dire beaucoup de prieres, & on répand de grandes aumônes
à l'intention des défunts. Outre cela, on s'affemble toutes les
années le jour de la mort d'une perfonne; on va dans l'Eglife où
elle eft inhumée, pour la pleurer, & là le deuil dure deux ou
trois jours de fuite, fans qu'on quitte la place. La mémoire des
morts n'eft guéres moins précieufe en Egypte aux Turcs qu'aux
Chrétiens. Ils leur font toujours chers, & les aumônes qu'ils
font en leur honneur, font ordinairement fort abondantes. Il y
a au vieux Caire un cimetiére qu'ils ont enlevé aux Chrétiens,
où tous les ans ils s'affemblent régulièrement en un nombre

M ij

presque infini, le lendemain de l'Ascension. La cause d'un si grand concours est l'opinion ridicule dont ils sont prévenus, que là non-seulement on voit remuer les os, mais même resusciter les corps. Ce qu'on a peine à comprendre, c'est l'entêtement prodigieux qu'ils ont pour cette chimére, la plus absurde qui puisse tomber dans l'esprit, malgré l'expérience, qui chaque année leur prouve le contraire. Mais quand une fois le peuple s'est mis une sottise dans la tête, rien n'est capable de la lui ôter de l'esprit. Il aime mieux rester dans l'erreur & conserver cherement son idole, que de penser un moment qu'il a pû se tromper, & par-là courir risque de la perdre.

<small>Etat des Eglises Grecque & Latine en Egypte.</small> Je ne puis finir cette lettre, sans ajouter quelques observations à ce que j'ai déja dit en passant de l'état présent de l'Eglise Grecque & Latine en Egypte. Les Grecs sont en très-petit nombre en ce pays. Il ne s'en trouve qu'au Caire, à Damiette, à Rosette, & à Alexandrie, où le commerce les attire, & ils n'ont dans toute l'Egypte, qu'une seule petite Eglise à Alexandrie. Le nombre n'en monte pas en tout à cinq cens. Ceux-ci ont leur Patriarche qui fait sa résidence à Alexandrie, & qui leur est envoyé de Constantinople. Outre ce corps de Grecs, il y a au Caire une maison de Religieux de la même nation, qui ne dépendent point du Patriarche & qui relevent immédiatement de l'Abbé, ou Evêque du Mont Sinaï, qui lui-même est indépendant. Ces deux maisons ne font qu'un seul corps, & ne subsistent que des aumônes que quelques-uns de ces Religieux vont recueillir, tant dans la Turquie & la Moscovie, que dans les autres pays qui suivent comme ceux-ci le rit Grec.

Il y a au Caire deux sortes de Religieux Italiens de l'Ordre de saint François, résidans en une seule maison, & ayant deux Supérieurs différens. Les uns dépendent de la Custodie de Jerusalem, & sont les Curés nés de tous les Francs qui sont en Egypte. Les autres sont des Religieux de la Propagande. Leur Supérieur est nommé par cette Congrégation, ainsi que les Religieux, & leur destination est d'instruire les Schismatiques, & de travailler à les ramener au sein de l'Eglise Romaine. Outre ces Religieux Italiens, il y a ici des Capucins & des Jésuites François. Les premiers sont établis au Caire depuis plus de cent ans, & y ont une maison assez jolie, à laquelle j'ai fait travailler moi-même, ainsi qu'à leur Eglise. Cette entreprise m'occasionna

DE L'EGYPTE.

même une affaire auprès du Bacha Cara Mehemet, qui gouvernoit alors l'Egypte, & qui par bonhéur étoit de mes amis. On m'accusoit d'avoir bâti une Eglise à ces Peres, sur la sépulture d'un Turc, qui passoit pour Saint. Mais quoique cette affaire eût été entreprise par des Seigneurs d'authorité, qui allerent à la tête de cinq à six mille hommes demander au Bacha justice de cet attentat, j'eus le bonheur de m'en tirer avec honneur, & de faire recevoir à mes accusateurs les affronts les plus cruels. Les chefs furent chassés à coups de poing de l'appartement du Bacha, après qu'il leur eut dit mille duretés ; & ceux qui étoient dans la cour du Château eurent encore pis, puisqu'ils ne reçûrent que des coups de bâton pour leur peine. Depuis ce tems-là les Peres Capucins sont restés paisibles possesseurs de leur Eglise. A l'égard des Jésuites, leur établissement ici est très-récent, & a pris commencement sous mon Consulat. La nation charmée du zéle infatigable de ces Peres, acheta, à ma sollicitation, une maison qui avoit été léguée aux Peres de Terre-Sainte, & en fit présent aux premiers ; ce qui déplut fort à ceux-ci, lorsqu'ils furent informés de sa destination. Aussi m'en voulurent-ils beaucoup de mal. Ces différens Religieux s'occupent ici au soin des Missions, avec beaucoup plus de zéle que de fruit. Rien n'est si rare que de pouvoir faire comprendre à un Copte, qu'il est dans l'erreur.

Il arriva pendant mon Consulat que mon Chappelain, qui est nommé par le Gardien de Jérusalem, & qui est indépendant de tout autre que de lui pour les fonctions de la Cure Françoise, se fit Turc, & répara ensuite cette faute très-glorieusement. La relation de cette avanture ne vous sera peut-être pas désagréable.

RELATION

De l'Apostasie & du Martyre du P. Clément Recollet, Curé de la Nation Françoise au Caire.

Rien ne prouve mieux combien les ressorts sécrets que la providence emploie pour parvenir à ses fins, & procurer sa gloire, sont impénétrables, que la chute du P. Clement, & le repentir qui l'à suivie. Les Turcs croient encore aujourd'hui communément, que ce Père n'avoit feint d'embraſſer leur religion, que pour ramener un jeune débauché qui s'étoit fait Turc à Alexandrie, & qui étoit alors auprès du Bacha. Je pourrois faire honneur au Père Clement de ce motif, qui feroit toujours fort indiſcret; mais j'aime mieux reconnoître, comme il eſt vrai, que la fuite de ce ligieux de la maiſon Conſulaire, le 23 d'Avril de l'année 1703 n'eut pour principe que l'idée qu'il avoit conçuë, qu'on prétendoit le renvoier en France, & flétrir ſa réputation. Pendant le tems de Pâques il étoit allé diſtribuer quelques aumônes dans les maiſons chrétiennes. Cette démarche, toute innocente qu'elle étoit, fut interprétée en mauvaiſe part par quelques imprudens, qui lui dirent qu'on lui feroit des affaires. Le P. Clement étoit naturellement timide. Ces avis l'allarmerent; il prit ſur le champ ſa réſolution; & s'imaginant être à la veille de ſe voir deshonnoré, il ſe rendit au Château, où il déclara qu'il étoit prêt à ſe faire Mahometan. La lettre que je lui fis tenir le lendemain de ſon évaſion & ſa réponſe, ſont des preuves inconteſtables de ce que j'avance. Voici ce que je lui avois écrit:

MON CHER PERE,

» Nous ſommes tous ici dans un accablement inconcevable.
» Notre cher Paſteur, eſt-il poſſible qu'un enfant de ſaint Fran-
» çois, après nous avoir ſi bien prêché la parole de Dieu, &
» donné de ſi bons exemples; après nous avoir remontré ſi
» ſouvent que nous ſommes dans un monde qui paſſe comme
» un éclair, & toujours à la veille des jugemens de Dieu,
» nous abandonne tout-à-coup? Que ſur des ſoupçons frivoles,
» ſur l'opinion qu'il a conçuë mal-à-propos qu'on le calomnie,
» ou qu'on ne veut pas lui rendre juſtice, ſur l'idée chimérique
» qu'il a, que tout ce que l'on dit attaque ſon honneur, il
» prenne une réſolution, dont nous ſçavons tous qu'il ſeroit
» incapable, s'il n'étoit aveuglé par cet ennemi mortel de nos
» ames, qui ne cherche qu'à nous perdre. Au nom de Dieu,
» au nom de ce Jeſus crucifié, dont vous nous prêchiez les
» ſouffrances & la mort il n'y a encore que peu de jours; au
» nom de vos frères à qui vous avez plongé le poignard dans
» le cœur; au nom de tous nos ſaints Religieux, qui vous en
» conjurent, & qui ſont proſternés devant Dieu pour le prier

» qu'il use envers vous de ses miséricordes : revenez, Mon
» très-cher Pére, revenez de cette tentation. Il en est encore
» tems aujourd'hui. Vous pouvez dire que votre tête étoit dé-
» rangée par la boisson, & que vous ne sçaviez ce que vous
» faisiez. A ce prix je vous assure que je vous retirerai des
» mains auxquelles vous vous êtes livré. Qu'un malheureux
» point d'honneur ne vous empêche pas de revenir à Jesus-
» Christ. Saint Pierre n'est-il pas le premier des Apôtres ?
» Vous serez plus honoré & aimé parmi nous, si vous y voulez
» rester, que vous ne le fûtes jamais. Je punirai sévérement
» ceux que vous pensez avoir attaqué votre honneur, quoiqu'ils
» offrent de se rétracter en pleine assemblée. Je vous donne
» ma parole avec eux, que nous ferons pour votre justification
» tel écrit qu'il vous plaira ; & que jamais il ne sera parlé de
» ce qui se passa hier. Si vous voulez demeurer parmi nous,
» vous en serez le maître. Si au contraire vous souhaitez passer
» à Jérusalem, en Italie, en quelque lieu, & à quelque con-
» dition qu'il vous plaira, je m'engage foi de Magistrat, à rem-
» plir vos désirs, & à vous donner des passeports & des lettres
» de recommendation pour les pays où vous vous retirerez. Je
» promets de vous accorder si abondamment tout ce qui vous
» sera nécessaire, que jamais vous n'aurez besoin de rien. En-
» core une fois, revenez à vous, Mon cher Pére, revenez
» à vos fréres, à vos saintes résolutions que vous avez prises
» au pied des autels. C'est la voix de Jesus-Christ même que
» vous entendez encore, & qui plus d'une fois a déja frappé à
» la porte de votre cœur. Si vous refusez de l'écouter, je vous
» prédis que vous éprouverez bientôt la rigueur de ses juge-
» mens, non-seulement pour l'avoir abandonné, mais pour
» l'avoir deshonoré, pour avoir détruit l'ouvrage de tant de
» saints Missionnaires, qui travaillent depuis tant d'années à
» relever ici ses Autels. C'est ce bon Pasteur, dont vous nous
» lisiez encore Dimanche dernier la parabole dans son Saint
» Evangile. Le connoissez-vous encore, Mon cher Pére ? Il
» ne vous reste plus qu'un moment. Courage, Mon cher Pa-
» steur. Ne vous laissez pas séduire à un *Qu'en dira-t'on*. Une
» bonne résolution vous rend à nous. Ne nous faites pas le des-
» honneur & le déplaisir de vous voir plus long-tems séparé de
» vos fréres & de Jesus-Christ. »

Telle fut la lettre que je fis tenir à ce Pére. Voici ce qu'il me répondit le même jour.

MONSIEUR,

» Je vous remercie de tout mon cœur. Laissez moi faire.
» La pierre à la vérité est jettée ; mais tout ira bien. Ne vous
» mêlez de rien. Je m'expliquerai un jour à vous par lettre
» plus amplement, & vous serez consolé. On m'a deshonoré ;
» je me suis déshonoré moi-même à l'extérieur ; car dans le
» fond les choses ne sont pas ce qu'elles paroissent. Je vois bien
» qu'en quelque lieu que ce soit je ne puis plus passer en hon-
» nête homme ; il est juste que je répare tout ; mais le tems
» n'est pas encore venu. Ne dites rien du tout, ni les uns, ni
» les autres.

On voit par-là quels étoient les sentimens du P. Clément dès le lendemain de sa fuite, & si on peut l'attribuer aux motifs que les Turcs lui ont donnés. Au moins est-il très certain, qu'il n'eut jamais aucun dessein de renier Jesus Christ, & qu'il n'entra dans sa foiblesse aucune idée d'honneurs, de richesses, ou de plaisirs, qui ont séduit tant de faux Chrétiens. En effet il laissa en partant un billet, où tout plein de l'injustice qu'il croyoit lui avoir été faite, il disoit que son sang crieroit vengeance contre ses ennemis jusqu'à l'Occident. Il pensoit donc dès le moment de sa fuite qu'il devoit répandre son sang à cette occasion ; & c'étoit avec cette idée qu'il se séparoit de nous. Aussi n'eut-il pas plutôt reçeu ma lettre & écrit sa réponse, qu'il parut un autre homme. Dès lors il ne s'occupa plus que du soin de réparer son erreur ; & ce fut de ce moment qu'il songea véritablement à ramener ce jeune François, dont j'ai parlé, aux résolutions qu'il avoit déja prises lui-même. C'est-là ce qui donna lieu à cette opinion si glorieuse pour notre religion, dans laquelle tous les Turcs sont encore aujourd'hui, que ce Religieux n'étoit passé vers eux, que dans la vûe de travailler plus efficacement à la conversion de ce jeune homme.

Cependant au lieu de profiter des sages exhortations du Pére, ce malheureux alla d'abord tout déclarer au Bacha. Sur cet avis ce Seigneur fit venir devant lui le Pére Clément, & lui demanda s'il étoit véritable, que bien loin d'être de leur religion, il
travaillât

travaillât au contraire à débaucher ceux qui l'avoient embrassée; car c'est ainsi qu'il qualifioit le pieux dessein du Pére. Mais à cette question ce religieux prenant un air de fermeté, répondit hautement qu'il avoit le bonheur d'être né Chrétien, & qu'il le feroit jusqu'à la mort. Cette réponse fut un coup de foudre pour le Bacha. Sur le champ il ordonna qu'on fît retirer le Pére, & chargea tous ses gens de lui faire plus de caresses que jamais. Cela se passa le 25 d'Avril. Cependant comme on rapporta au Bacha que ce Religieux persistoit dans ses premiers sentimens de Christianisme, il le fit revenir devant lui le 26, & pour sçavoir de lui-même, & sans interpréte, ce qu'il avoit véritablement dans le cœur; il fit apporter avant l'arrivée du Pére le saint habit, qu'on lui avoit fait quitter, & qu'on plaça par son ordre dans un endroit, d'où il pût aisément être apperceu de ce Religieux. Aussi-tôt que le Pére Clement parut, & que cet objet vint frapper ses regards, on ne peut exprimer quels furent ses transports à cette vûë. Il se jetta à l'instant sur son habit, l'embrassant, le baisant, fondant en larmes; en sorte que le Bacha convaincu par ses propres yeux des sentimens de ce Pére, fit appeller sur le champ l'Officier des Janissaires, qui le lui avoit amené, & lui faisant remettre ce Religieux, je vous rends, lui dit-il, homme de peu de jugement, un autre homme qui vous ressemble. Vous m'amenez un Religieux que vous m'assurez vouloir vivre selon notre loi, & je reconnois qu'il est véritablement Chrétien. Allez; retirez-vous, & ne paroissez plus tous les deux en ma présence.

Pour bien exprimer toutes les duretés, les affronts, & les coups, que le Pére Clement consigné à cet Officier des Janissaires eut à souffrir dans sa prison, il seroit nécessaire de faire un recueil de tout ce que nous lisons de plus affreux dans la vie des Saints Martyrs. Le 28 ce misérable le fit circoncire par force, & malgré les cris de ce Religieux, qui cependant protestoit hautement qu'il étoit Chrétien, dans la persuasion où étoit ce furieux, que le Pére se voyant circoncis pourroit se déterminer plus aisément à embrasser leur religion. En même tems il le fit tirer de la prison, lui donna un appartement magnifiquement meublé, & lui assigna deux esclaves avec un gros revenu. On promit à ce Pére de lui faire avoir une charge considérable, de le marier à de belles femmes. Mais ce Religieux ayant méprisé toutes ces

N

offerts, & jetté par terre un turban, qu'on lui présenta, & qu'il foula aux pieds, on recommença à le charger de coups; après quoi on le traîna de nouveau en prison à demi mort. Là on sçait par ceux qui le servoient, que pendant plus de quinze jours, qu'il y resta, il fut toujours en prières & en pleurs, la nuit comme le jour, retiré dans un réduit obscur, où l'on enferme les plus grands criminels, ne vivant que d'un peu de pain & de fromage, & refusant toute autre nourriture. Quoiqu'il fût resserré très étroitement, je trouvai moïen cependant de lui faire tenir une lettre, où j'offrois de le retirer des mains des Turcs, & je lui envoiai de l'encre & du papier. Mais ce bon religieux refusa absolument mes offres. Au contraire il me pria de lui laisser réparer sa faute par une mort publique, & de m'emploïer seulement pour qu'on ne le fît pas mourir à petit feu, comme on l'assuroit qu'il avoit été résolu.

J'avois reçu ce billet le 8 de May. Le lendemain on tira le Pére Clément du cachot, où les douleurs d'une circoncision mal soignée, la pensée d'une mort prochaine, l'infection du lieu, le peu de nourriture qu'il avoit pris, auroient dû l'avoir entierement défiguré. Plus de vingt mille personnes attendoient sa sortie & son execution; lui-même s'imaginoit qu'on l'alloit conduire au supplice. Il sortit la tête nue, & n'étant simplement couvert que d'une chemise; mais avec quel air ? Avec le visage d'un Ange brillant de lumiere, majestueux, charmant. Je ne vous cite pas pour témoins plus de deux cens Chrétiens de toutes nations, mais vingt mille Turcs, qui le virent & qui en furent également éblouis & effrayés. On ne parloit d'autre chose dans toute la ville, & plusieurs Juifs en furent si touchés qu'ils rapporterent ensuite à ceux de leur nation qu'ils n'avoient jamais vû un visage si frappant ni si lumineux, & qu'il devoit sans doute y avoir en cela du surnaturel. Aussi étoit-ce certainement un raïon de cette lumiere, avec laquelle il s'entretenoit dans l'obscurité de sa prison, qui brilloit sur son visage, & qui ce jour là frappa d'une maniere si différente le cœur des Chrétiens & celui de Turcs.

En cet état le Pére Clement fut conduit au Divan, où se trouva le Bacha accompagné du Cadilesquer. On lui demanda d'abord quelle étoit sa religion; & ce Pére ayant répondu sur le champ, l'unique & la véritable: mais quelle est cette véritable, ajoûta le Cadilefquer ? Celle de Jefus-Chrift crucifié, repartit le Pére, pour lequel je fuis prêt à mourir de quelque genre de mort que ce foit. A ces mots l'Officier des Janiffaires, qui l'avoit fi fort maltraité auparavant, dit tout haut qu'il falloit lui chercher un fupplice qui durât quatre ou cinq jours, & qu'il offroit de lui couper un morceau de fes membres à chaque quart d'heure. Mais le Cadilefquer lui impofa filence, en l'avertiffant qu'il ne lui appartenoit pas de juger perfonne. Il ordonna enfuite que le Pére Clement fût reconduit en prifon, où il refteroit pendant trois jours, durant lefquels un homme iroit foir & matin lui demander s'il vouloit fe faire Mahométant, après quoi il feroit de nouveau prefenté au Divan, & jugé fur fa déclaration.

Ce fut le 17. de May jour de l'Afcenfion, que fut rendu ce jugement, & qu'il fut executé. Ce jour-là le Pére Clement fut conduit au travers d'une multitude inconcevable de peuple de la prifon au Divan, plus lumineux & plus majeftueux encore qu'il n'y avoit été le 9. Il n'eft pas poffible de vous exprimer ici la fureur du peuple & l'étonnement de tout le Divan. Heureux font le peu de Chrétiens, qui s'étant déguifés ce jour là, virent de leurs yeux la fplendeur, dont ce Pére étoit environné. Il parut tel qu'un heros victorieux de cent peuples divers fe montre au jour de fon triomphe dans un char couronné de gloire. Il ne fut pas néceffaire de l'interroger. Je fuis Chrétien, s'écria-t-il ; en même tems il fe jetta à genoux & prononça ces paroles d'une voix forte : *Je vous remercie, ô Jefus, de la grace que vous me faites de pouvoir vous confeffer en préfence de tous ces ennemis de votre faint nom que j'avois fi mal édifiés. Faites que la mort que je vais fouffrir pour votre fainte foi, ferve à leur converfion, & dans la fuite à la converfion d'un pays, où tant de faints hermites ont eu le bonheur de vous fervir.* En achevant ces paroles on le tira du Divan par ordre du Cadilefquer, qui l'avoit condamné à avoir la tête trenchée, & on le conduifit dans le Carameidan. Le Bacha, qui n'avoit rien épargné pour le fauver, voulut bien encore charger le Vaivode, ou grand Prevôt, qui alloit executer cet ordre, d'empêcher que le corps ne tombât entre les mains de la populace, qui l'eût brûlé. C'eft chez les Turcs une efpece d'injure faite à la nation, dont les fujets reçoivent ce

N ij

traitement, & le Bacha vouloit l'épargner à la nôtre.

Le Pére Clement devoit être executé dans la grande place de la Romelle; mais comme un peuple innombrable l'y attendoit, le Vaivode fit faire l'éxecution dans le Carameidan. Avant que d'arriver à cette place, il fit mettre le Pére Clement à genoux, les mains liées derriere le dos, & sans bandeau. Dans cet état après que ce Pére eut fait sa priere, & qu'à trois demandes consecutives, qui lui furent faites, s'il étoit Turc, ou Chrétien, il eut toujours répondu d'une voix assurée & pleine de consolation, je suis Chrétien, & prêt à donner ma vie pour le témoigner, le bourreau lui sépara la tête du corps d'un seul coup. Son corps fut en même tems enlevé par ordre du Vaivode, qui le fit ensevelir. On trouva en le dépouillant un papier sur son cœur, qui contenoit une priere. Ce fut sans doute celle qu'il recita au moment que son ame alloit se rejoindre à son créateur. Voici comment elle étoit conçüe.

» Je me confesserai à vous, Seigneur, puisque votre justice
» permet qu'en ce dernier jour de ma vie je ne puisse reconnoî-
» tre aux pieds d'un de vos Ministres l'énormité des péchés,
» dont j'ai eu le malheur de me rendre coupable. Vous m'a-
» viez fait naître, ô mon Dieu, de parens, qui n'avoient rien
» oublié, pour m'inspirer votre sainte crainte. Vous m'aviez
» appellé à vous dès le matin, & séparé de ce monde, pour me
» préserver de sa corruption. Combien de fois, Seigneur, m'a-
» vez-vous fait sentir vos saintes graces dans les bons exemples
» de mes freres, dans les livres composés en votre honneur,
» dans les exhortations salutaires de mes maîtres & de mes su-
» perieurs ! Fortifié de ces secours divins j'aurois pensé comme
» un autre Pierre que je ne vous renirois jamais, quand j'en de-
» vrois perdre la vie; mais, ô foiblesse humaine ! une vaine
» idée, une crainte frivole de me voir deshonoré m'a fait com-
» mettre le plus grand des crimes. Je vous ai renié Seigneur, &
» je vous ai renié à la face de mes freres, de ma nation, & de tou-
» tes les nations chrétiennes, à la face des ennemis de votre nom,
» qui en triomphent, & qui de-là prennent occasion de persister
» dans leur erreur & leur infidelité. Qui a mieux que moi, ô
» mon Dieu, mérité votre colere & votre réprobation ! Cepen-
» dant au milieu de mes égaremens il vous plaît de tourner les
» yeux vers moi, & de me rappeller à vous. Vous ne souffrez pas

» que j'acheve mon crime. Je sens, oui je sens, Seigneur, la force
» de ces regards, & je conçois toute la grandeur de ma faute.
» Soutenez moi, ô mon Dieu. Que je sorte de ces misérables
» lieux, où je me suis perdu ! Que je pleure amérement, que
» je lave de mes larmes cette tache, dont j'ai couvert le saint
» nom, dont vous m'aviez honoré, le saint habit dont j'avois
» eu le bonheur d'être revêtu ! Que mon troupeau, que ma
» patrie, témoins de ma désertion, le soient aussi de mon retour
» vers vous ! Que j'efface ce scandale ! Que je devienne pour
» mes freres un sujet d'instruction ! Que si l'un d'eux, ô mon
» Dieu, a imité dans son cœur la publicité de mon crime, il
» puisse profiter de mes larmes & de mon repentir ! Que mon
» sang, dont je vais le sceller, puisse, Seigneur, satisfaire à
» votre justice pour tous les péchés que j'ai commis contre votre
» Majesté adorable, sur tout pour cette derniére tache, dont
» j'ai flétri le caractere de ministre de vos autels, & la sainteté
» de mon habit !

» Vous connoissez tous mes péchés, Seigneur, puisque
» rien ne vous est caché. Vous sçavez que mon désir seroit de
» satisfaire en ce dernier moment à vos saints commande-
» mens, & de faire l'aveu de toutes mes fautes ; non-seulement
» aux pieds d'un de vos ministres, mais encore à la face de
» toutes les nations de la terre, pour en obtenir de vous plus
» aisément le pardon. Recevez, mon Dieu, cette disposition de
» mon cœur, recevez une vie qu'il vous a plu de me donner ;
» recevez l'amer repentir de mes égaremens en satisfaction de
» toutes mes fautes, & surtout de la derniere de ma vie. Qu'il
» vous plaise me recevoir aujourd'hui en votre saint Paradis !
» vous l'accordates, Seigneur, à celui qui vous pria à l'arbre
» de la croix de lui faire miséricorde. Je vous ai mille fois plus
» offensé que lui ; mais je sçai que cette miséricorde est in-
» finie. Jesus miséricordieux, Jesus, qui avez promis de ne
» point rejetter ceux qui reviendroient à vous, me voici pro-
» sterné au pied du trône, d'où vous m'allez juger dans un
» moment. Ne m'imputez pas, ô doux Jesus, les ignorances
» & les foiblesses de ma jeunesse. N'entrez pas avec moi en
» jugement. Pardonnez-moi selon la grandeur de vos miséri-
» cordes. Pardonnez à ceux qui sont la cause innocente de
» ma chute, comme je leur pardonne de tout mon cœur. Oui,

» mon Dieu, j'espere en votre miséricorde, & si je n'ai pas
» été assez heureux pour répandre mon sang pour l'honneur
» de votre saint nom, comme je l'aurois dû faire mille fois
» plutôt que de le nier, recevez le au moins en satisfaction de
» mon égarement. Je vous le presente, Seigneur, tout ce sang
» jusqu'à la derniére goutte. Je le répans de tout mon cœur.
» Qu'il entraîne avec lui toutes les souillures de mon ame!
» Recevez-la, Seigneur, entre vos saintes mains, & que réunie
» à vous elle vous loüe & vous glorifie durant toute l'éternité.
» Ainsi-soit-il.

Il faut observer, que la veille de sa mort le Pére Clement avoit reçû du R. P. Irénée de Bourge Supérieur des RR. PP. Capucins, qui avoit eu la permission de le voir, l'absolution de ses pechés, après une confession qu'il n'eut pas le tems d'achever. Il dit à ce Pére que ma lettre avoit beaucoup contribué à le rappeller à son devoir. En même tems il le chargea de me demander en son nom, à tous les religieux, & en general à tous les François, pardon du mauvais exemple qu'il leur avoit donné, & de nous prier de ne point travailler à lui ôter la consolation de laver son crime, en répandant son sang, comme il le souhaitoit.

Ainsi mourut le Pére François Clement Récolet de la province de Lyon, après avoir résisté pendant vingt jours avec une générosité incroyable à tous les mauvais traitemens, & à toutes les promesses, qui lui furent faites alternativement. La derniere circonstance de sa mort est remarquable; car quoiqu'on eût résolu de le faire executer le 15. son supplice fut différé jusqu'au 17 jour de l'Ascension du Sauveur, & arriva, comme on l'a observé, au moment même qu'on lisoit à la Messe l'endroit de l'Evangile, ou ce myftére est rapporté. On chanta le *Te Deum* dans nos Eglises en action de graces, & je reçus à ce sujet des complimens de toutes parts. L'Eglise Grecque avoit jeûné durant trois jours, & les Coptes n'avoient pas témoigné moins de douleur, lorsque cet accident arriva. Aussi à la mort du Pére Clement ils ne manquerent pas les uns & les autres, aussi bien que les Arméniens, de faire de grandes réjouissances. Le corps de ce glorieux martyr de la foi me fut rendu, & je le fis inhumer avec honneur dans le cimetiére des Chrétiens, qu'on nomme *Kandac*. On eut soin de graver sur

DE L'EGYPTE.

son tombeau toutes les particularités que je viens de rapporter. A l'égard de sa tête, elle fut remise aux RR. PP. Capucins, qui l'inhumerent dans leur Eglise.

Cette matiere, Monsieur, ouvre un vaste champ à vos réflexions; & comme un pareil sujet ne peut en fournir que de salutaires, je serois faché de les troubler, en cherchant à allonger ma lettre, qui n'est déja que trop étenduë. Je finis donc à l'ordinaire en vous assurant que je suis, &c.

Au Caire ce ....

LETTRE ONZIÉME.
DES MOEURS DES HABITANS
DE L'EGYPTE,

Avec un parallele de leurs Coutumes anciennes & modernes.

Voüez, Monsieur, que vous n'aviez pas encore bien compris ce que c'étoit que cet assemblage confus de Nations différentes, qui habitent aujourd'hui l'Egypte ; & que ce n'est que depuis ma derniére Lettre, que vous commencez à les connoître. En effet, l'idée de la religion d'un peuple, conduit naturellement à la connoissance de son caractére & de son génie. Celui des Turcs est à la vérité assez connu ; mais les Turcs cessent de l'être, dès qu'ils ont fait quelque séjour dans ce pays. C'est un monstre enchanteur, qui transforme en lui-même tout ce qui l'approche. Turc, Grec, ou Arménien, ici tout cela est égal ; tous ces peuples deviennent Egyptiens naturels, dès qu'ils ont passé quelque tems en Egypte. Il n'y a peut-être que les Arabes qui ayent trouvé le secret de se sauver de ce naufrage général, par qui le caractére de toutes les autres nations est absorbé. Je parle des Arabes errans, qu'on nomme Bedouins. Du reste on retrouve dans tous les autres, qui ont fixé leur demeure dans ce pays, le vrai génie Egyptien, je veux dire beaucoup d'ignorance & de mollesse, soutenuës d'un faste outré, & d'un penchant invincible pour la magnificence & pour le plaisir. C'est ce que vous aurez apperçû sans doute, en lisant ce que je vous ai écrit de l'état présent de la religion en Egypte. Donnons un dernier coup de pinceau à ce portrait ; & en vous traçant ici une

légére

légére image des mœurs, des coutumes, & des usages qui s'observent parmi les peuples habitans de ce délicieux pays, achevons de peindre leur véritable caractére.

Quelques révolutions que la longueur des tems ait causé dans le gouvernement de l'Egypte par les divers passages d'une domination à une autre, il est certain cependant qu'en considérant les évenemens par rapport à la multitude des siécles dans lesquels ils sont arrivés, & en comparant ce qui s'est passé en Egypte aux vicissitudes que les autres parties du monde ont éprouvées, il n'y en a aucune où il se soit fait moins de changemens, sur-tout dans les coutumes, les mœurs, & les inclinations de ses peuples. Aucun Prince ne l'a attaquée, qu'il ne s'en soit rendu le maître. Quatre ou cinq Conquérans de l'Asie l'ont subjuguée si facilement, qu'à peine lui ont-ils laissé le loisir de s'appercevoir de la guerre. Alexandre s'en empara de même. Ses successeurs y régnerent long-tems, & jusqu'à ce que les Romains l'eussent soumise à leur empire. Elle devint depuis le partage de ces Princes qui établirent le siége de leur domination à Constantinople. Ce fut sous un de ces Empereurs que les successeurs de Mahomet se rendirent maîtres de ce charmant pays. Il essuya depuis plusieurs révolutions différentes, jusqu'à ce que le Sultan Selim *, un des Empereurs Ottomans, le conquit il y a environ deux cens ans en une seule bataille ; car je ne compte pas celle qui fut donnée hors du royaume. Depuis ce tems-là il a toujours été gouverné par les Turcs. Ce qui mérite d'être observé, c'est que Selim se voyant, pour ainsi dire, en un jour le maître d'une si belle contrée, ne voulut pas qu'on fît le moindre désordre dans un pays dont la conquête lui avoit couté si peu. Il en confirma toutes les Loix & toutes les Coutumes; ensorte que cette derniere révolution, non plus que les précédentes, n'apporta que très-peu de changement dans celles qui étoient déja établies.

Cela supposé, vous ne devez pas être surpris si ce passage fréquent d'une domination à une autre ; cette innondation de peuples divers entés successivement les uns sur les autres, tous d'inclinations & de coutumes différentes, n'ont pu abolir celles qui

Des mœurs des Egyptiens de nos jours.

---

* Ce fut en 1517. un Mardi 27. de Janvier, que Selim I. se rendit maître de la Ville du Caire. Tomumpay, dernier Sultan d'Egypte, que les Mammelucs avoient mis sur le trône, fut trouvé dans cette occasion caché dans un marais, où les Arabes le croyoient en sureté, & fut pendu par ordre de Selim.

O

étoient propres aux anciens Egyptiens. La nature & le climat les avoient formées ; & la nature reprend facilement ses droits. Aussi retrouvons-nous encore dans les Egyptiens d'aujourd'hui à peu près le même génie, presque toutes les mêmes coutumes des anciens. Je n'entrerai point ici dans un grand détail à ce sujet ; la suite de cette lettre servira de preuve à ce que j'avance. Je vous prie seulement d'observer, que quoiqu'il n'y ait rien de plus opposé au caractére sérieux des Turcs, que l'humeur enjouée des Egyptiens naturels, cette gravité s'humanise cependant chez les premiers, dès qu'ils ont fait quelque séjour en Egypte, & se perd enfin totalement dans leurs enfans ; que quoique les Turcs soient naturellement braves, leurs enfans deviennent de même ici des poltrons & des lâches, comme les naturels de ce pays l'ont toujours été. C'est une vérité si constante, que par une loi de l'Etat aucun de ces enfans ne peut posséder quelque charge que ce soit dans ce Royaume, ni passer le grade de simple soldat. C'est aussi à cette occasion que Saladin montant un jour de la Ville du Caire au Château qu'il avoit fait bâtir, & faisant remarquer à son frere Sirocoé, qui l'accompagnoit, les ouvrages & les bâtimens dont on avoit orné, ou revêtu cette Forteresse : Ce Château, lui dit-il, & l'Egypte entiere, seront un jour le partage de vos enfans. Sur quoi Sirocoé ayant répondu à ce Prince qu'il avoit tort de lui parler de la sorte, puisque le ciel lui avoit donné à lui-même des enfans capables de succéder un jour à sa couronne ; Mes enfans, repartit Saladin, sont nés en Egypte, ou les hommes dégénérent & manquent d'esprit & de bravoure ; mais les vôtres sont nés dans les montagnes de la Circassie, d'un homme qui a la férocité des Ours & leur courage en partage. L'évenement justifia cette prédiction, & la postérité de Saladin ne régna que peu d'années en Egypte après ce grand Prince.

Aussi une des plus fortes raisons qui oblige aujourd'hui les Turcs à mêler plus volontiers leur sang à celui des étrangers, qu'avec celui des gens du pays, outre celles que j'ai déja rapportées dans ma lettre précédente, c'est que l'expérience apprend que les hommes s'abbatardissent en Egypte, d'une génération à l'autre. En effet, dans les personnes de distinction sur-tout, on ne voit ni vertu, ni cœur, ni esprit. C'est un fait si universellement reconnu, que la plus forte expression de mépris qu'on puisse emploier contre une perfonne, comme je l'ai remarqué ailleurs, c'eſt de l'appeller *Félaque*, ou enfant du pays. Tant il eſt vrai que le climat contribue beaucoup aux bonnes & aux mauvaiſes inclinations des hommes, & que l'Egypte autrefois peu heureuſe dans ſes ſujets, ne l'eſt pas encore aujourd'hui davantage. Le ſang étranger y a toujours régné, même du tems qu'elle avoit ſes Rois propres. On ſçait que ſous le régne des Mammelucs, les Princes étoient tirés de ce même corps, qui n'étoit compoſé que d'eſclaves. C'étoient preſque tous des Géorgiens & des Circaſſiens, qu'on amenoit jeunes en Egypte, & qui étoient enſuite initiés dans la milice, ainſi que le ſont aujourd'hui les eſclaves des Turcs, dont les troupes que le Grand Seigneur entretient dans ce pays ſont preſque toutes compoſées.

Ce ne ſont pas les hommes ſeulement qui dégénérent en Egypte. Les animaux même, qui des pays étrangers paſſent dans cette région charmante, y ſont ſujets à la même altération. Les chevaux Arabes y perdent inſenſiblement leur vigueur, en acquérant plus de beauté ; les Lions y oublient leur courage ; les Lévriers leur viteſſe ; les Eperviers n'y ſont point auſſi bons que dans les pays de montagnes, comme dans la Caramanie, ni les Aigles ſi forts. C'eſt un fait conſtant dont il n'eſt pas permis de douter. Ils s'énervent comme les hommes dans un pays gras, fertile, abondant, délicieux. Ils y ſont également enclins au repos & à la molleſſe, qui de tout tems furent le partage & le caractére des Egyptiens.

Attendez-vous donc, Monſieur, à retrouver aujourd'hui dans ces peuples la même paſſion pour les voyages ſur le Nil, le même goût pour la muſique, la même inclination pour les proceſſions, les fêtes, les ſpectacles, qu'on remarquoit dans les Anciens. Quoique l'Egypte ne ſoit plus de nos jours que l'ombre de ce qu'elle fut autrefois, il n'y eſt encore arrivé aucun changement à cet égard, ſi ce n'eſt peut-être du plus au moins. Le Caire ſeul renferme encore à préſent une image de ce qui ſe paſſoit jadis dans toutes les autres Villes de l'Egypte du tems des anciens Rois, lorſqu'on étoit continuellement en fêtes & en réjouiſſances. Il n'y a pas de jour qu'on n'y voie au moins une cinquantaine de ces fêtes, toutes accompagnées d'inſtrumens, de chanteurs, de danſeurs, & d'illuminations. Il en eſt de même dans toutes les autres Villes, & elles ne ſont pas moins fréquentes

De leur paſſion pour les plaiſirs.

O ij

dans les Villages. Tant il est vrai que les coutumes, qui ont rapport à la joie & au plaisir, sont ordinairement celles qui se conservent le mieux, sur tout chez les nations qui y sont naturellement portées, & que cette passion de se réjouir a toujours fait le caractére dominant des Egyptiens.

De leur sobrieté. Jamais on n'imagineroit sans doute que des hommes naturellement si vifs sur la joye & sur le plaisir, fussent en même-temps les peuples du monde les plus sobres. C'est cependant une vérité qu'on ne peut révoquer en doute pour peu qu'on ait de connoissance de l'Egypte. Je ne parle point des Bedouins ou Arabes du désert. Ces peuples portent la frugalité à un point qui n'est presque pas concevable. Un peu de bled qu'ils recueillent, ou qu'ils achetent, moulu entre deux pierres & réduit en farine grossiére, dont ils font une pâte assez claire, cuit ensuite sous la cendre chaude, & trempé dans un peu de lait ; telle est leur plus délicieuse nourriture au milieu de ces vastes solitudes qu'ils habitent. Ceux qui ont fait le voiage du Mont Sinaï ont dû remarquer cette manière de cuire le pain, parmi les peuples qui habitent aux environs de cette montagne ; ils n'en pratiquent point d'autre. Au reste il est bon d'observer que ces Arabes, quoiqu'habitans de l'Egypte, n'ont point les mœurs aussi corrompuës, que toutes les autres nations que renferme ce célèbre pays. Tant il est vrai que l'innocence se conserve toujours mieux dans les campagnes que dans les villes !

Cependant on peut dire qu'en général tous les peuples de l'Egypte ne sont pas moins sobres que les Arabes. Personne n'ignore combien ces anciens Anachorétes à qui l'amour de la retraite avoit fait choisir un azile dans ces rochers & ces déserts arides, dont ce pays est environné, sont encore aujourd'hui célèbres par les jeunes & les abstinences qu'ils pratiquoient, & qui leur étoient propres privativement à tous les autres hommes du monde. C'est encore par ces mêmes dispositions à la sobriété, que les habitans de l'Egypte peuvent y vivre en beaucoup plus grand nombre, que ne feroient tous les autres peuples de la terre. Le pain & les moindres légumes suffisent pour les contenter. Si le fromage fait de lait de vache ou de buffle, ou quelqu'autre mets semblable vient s'y joindre, alors la chére est complette, & rarement souhaitent-ils davantage. Il est vrai que ce n'est pas la même chose des personnes riches. Celles-là jouissent pleine-

nent de l'abondance que la nature semble avoir prodiguée à ce
délicieux pays, & que tous les siécles ont si justement célébrée.
Mais l'exception de quelques particuliers, dont les usages peuvent être avec raison regardés comme des abus, ne préjudicie
point au caractére général de la nation. D'ailleurs les tables les
plus splendides que l'on voie ici, sont encore si éloignées du
luxe & de la délicatesse qui régnent en Europe, qu'on peut avec
justice regarder comme très-sobres & très-modérés des peuples
qui n'ont pas imaginé que dans cette matiére la magnificence
fût aller plus loin.

Puisque je suis sur ce sujet, je ne puis me dispenser de vous *De leur*
dire un mot de la maniére de vivre des Egyptiens de nos jours *nourriture*
& des usages, qui leur sont particuliers à cet égard. Ce que je *& de leurs*
puis vous assurer, c'est qu'ils sont encore aujourd'hui tous les *repas.*
mêmes qu'ils étoient dans les tems les plus reculés. On y prépare encore le pain de la même maniére que les Anciens, comme
vous avez pû l'observer dans une autre de mes lettres. On y fait
toujours aussi une consommation prodigieuse de ces légumes &
de ces fruits délicieux que l'Egypte produit en abondance. Les
viandes y sont enfin toujours les mêmes. Le bœuf & le buffle
s'y servent encore aujourd'hui sur les tables des gens du commun; les personnes riches où distinguées ne souffrent au contraire sur leur table que du mouton & de la volaille. Enfin la
chair de pourceau n'y est pas encore aujourd'hui regardée avec
moins d'horreur que du tems des anciens Egyptiens. Ce n'est
pas chez les Turcs & les Juifs seulement que cet animal est réputé immonde. Plusieurs Chrétiens, surtout les Coptes, sont
aussi dans la même idée, & s'abstiennent fort scrupuleusement
d'en manger. Il est vrai que cette erreur n'est pas générale;
mais ce qu'il y a d'étonnant, c'est que ceux qui n'y tombent
pas, donnent dans une autre extravagance aussi ridicule. Ils
croyent l'usage de la chair de cet animal si essentiel au Christianisme, que c'est n'en point faire profession que de n'en pas
manger.

Il s'est encore conservé ici une autre coutume très ancienne,
adoptée depuis par les Mahométans même, aussi-bien que par
les Chrétiens & autres nations, qui habitent en Egypte. C'est
que pendant deux mois entiers de l'année, Avril & May, on
ne vit que de poisson, & on ne mange aucune viande. Ce

poisson est de deux sortes. Il y en a de frais & d'autre séché au Soleil, qui se tire ordinairement de la mer rouge, & vient de Damiette où il est préparé. On le nomme *Chebaych*. On en mange aussi en quantité d'une autre espece cuit dans l'eau simple avec un peu de sel. C'est une sorte de petites moules assez semblables à celles de France. On appelle ici ce poisson *Fessey*. Les Grands eux-mêmes n'ont point dans cette saison d'autre nourriture. Les grandes chaleurs donnent du dégoût pour la viande, & on peut conclure de la conservation de cet usage, que les hommes de ce tems-ci ne sont pas constitués différemment de ceux qui vivoient autrefois, puisqu'encore aujourd'hui ils ressentent pendant les grandes chaleurs, qui est la saison de cette abstinence, le même dégoût pour la viande qu'éprouvoient les Anciens, & qu'ils y renoncent avec plaisir, pour ne se nourrir alors que de poisson, qu'ils mangent avec plus d'appetit. Du reste je ne doute point que ce dégoût ne soit causé par ces vents de midi, qui comme je l'ai insinué ailleurs, ne manquent jamais de souffler au commencement de l'accroissement du Nil. Il est de même assez vrai semblable, que cette frugalité passagere est une des principales causes de la santé & de la longue vie des habitans de l'Egypte.

Le Ris est une nourriture fort commune dans tout le Levant, & qui ne l'est pas moins en ce pays-ci. Je ne vous parlerai point des maniéres differentes de l'apprêter. Tant de gens en ont écrit, qu'il seroit inutile de m'étendre sur cette matiere. J'observerai seulement en passant, que c'est une nourriture fort légére, lorsqu'il est préparé avec de bon bouillon & de bonne graisse, même avec du beure, au lieu qu'il est très-pesant & très-indigeste, lorsqu'il est fait avec du lait, comme on le pratique en France. C'est la nourriture ordinaire des armées Turques, des Caravanes, & en general de tout le monde; nourriture aisée à porter, qui soutient, & ne charge point. On peut se passer de pain avec le ris, au lieu qu'il en faut avec les autres alimens. Soixante personnes feront un juste repas avec vingt-cinq livres de ris & un mouton. C'est de-là sorte qu'on traverse des deserts de plusieurs journées, & qu'on suffit à la route de la Mecque, sur laquelle on ne trouve point de vivres pendant plus de quatre-vingt jours qu'on employe à ce voyage. On y rencontre seulement quelques moutons & des poules, qui se vendent au poids de l'or.

A l'égard de la boisson, elle est la même en Egypte que *De leur* dans tout l'Orient. Le caffé, le sorbet, les eaux de fleurs d'orange *boisson.* ou de canelle, sont les liqueurs dont on y fait le plus d'usage. L'eau du Nil elle-même si délicieuse, & si agréable à boire, est un ragoût pour les habitans de ce pays. Ils se servent cependant encore d'un breuvage anciennement appellé *Lithus*, & qu'on nomme aujourd'hui *Bouza*, qui enivre comme le vin. Il est fait avec de la farine d'orge détrempée dans de l'eau; & on y mêle quelque drogue qui entête. Cette boisson est ici fort en usage, sur tout parmi la canaille. C'est ce que les Espagnols appellent *Celia*, ou *Ceria*.

Tant de relations parlent des coutumes, qui sont en usage dans les repas des Turcs & des autres Orientaux, que je ne crois pas devoir m'arrêter à vous en faire la description, puisqu'elles sont aussi les mêmes en Egypte. Je ne puis cependant finir cet article, sans vous rappeller le souvenir d'une cérémonie, que les anciens Egyptiens ne manquoient jamais de pratiquer à la fin de tous leurs grands repas. C'étoit alors la coutume de presenter aux conviés la representation d'un mort pour retracer dans leur esprit l'idée du tribut que tous les hommes doivent à la nature. La loi Mahométanne a interdit à ses sectateurs toutes les figures, & cet ancien usage se trouve aujourd'hui aboli. Cependant comme les Egyptiens sont naturellement grands moralistes, on observe encore dans les occasions des réjouissances de prendre sujet des plaisirs même, pour réfléchir sur ce terme fatal, auquel nous devons tous aboutir, & ces peuples ont entre eux certains proverbes propres à exciter ces sentimens & ces réflexions. Il semble même qu'il se soit conservé quelques vestiges de cette ancienne coutume parmi les Turcs, qui en toute occasion ont ces mots à la bouche, *Dieu seul est immortel & immuable, & tout ce qui est dans le monde passe aussi promtement que l'éclair.* Il est vrai que cette belle pensée ne leur sert souvent qu'à s'exciter les uns les autres à jouir agréablement du present, & que cette réflexion salutaire n'est que trop souvent suivie de cette malheureuse conséquence qu'un Auteur Latin des plus polis & des moins sages fait tirer à un débauché d'un pareil sujet;

Ergo vivamus, dum licet esse bene. *

De la propreté naturelle aux Egyptiens.

La propreté n'est pas moins particuliere aux Egyptiens, que la sobrieté. Ils ont encore hérité cette qualité de leurs ancêtres, qui dans tous les tems éviterent avec tant de soin les mauvaises odeurs du corps si ordinaires dans les pays chauds. C'est cette raison, qui a rendu autrefois, & qui rend encore aujourd'hui l'usage des bains si commun parmi ces peuples. C'est dans cette vuë qu'ils ne chauffoient jamais leurs pieds, hommes ni femmes, & qu'ils le pratiquent encore apresent, marchant dans les ruës les jambes nuës, sur tout les hommes, & n'ayant pour toute chaussure que de simples souliers. Chez eux les uns & les autres ne se servent que d'une espece de pantoufles, qu'ils quittent dès qu'ils sont assis. Cet usage, qui seroit très-impoli en Europe, ne l'est en aucune maniére parmi cette nation, où on a grand soin de se laver les pieds beaucoup plus souvent, que nous ne lavons nos mains en France.

De l'habillement des femmes d'Egypte.

Les femmes surtout aussi délicates en Egypte sur cet article que dans tout autre pays du monde, portent cette attention si loin, que pour ne point suer & contracter par-là de mauvaises odeurs, elles ne portent dans les maisons, & souvent dans les ruës, qu'une simple chemise avec un caleçon de toile. Il faut avouer que leur propreté ne trouve rien à quoi elle puisse être comparée, qu'à elle même. Les bains, les eaux odoriferantes, & les parfums, sont des choses dont personne ne fait usage plus frequemment & en même tems plus à propos qu'elles. Je ne vous ferai point ici une description exacte de leur habillement. On en a vu assez de representations en Europe, pour que je puisse m'en dispenser. Je vous dirai seulement en général, que leur parure est beaucoup plus riche & plus magnifique que tout ce que l'on voit parmi nous. Elle consiste en quantité de perles & de pierreries, en étoffes de prix, & en fourrures très-cheres. Leurs chemises seules reviennent à six & sept pistoles. En un mot on pourroit en France équiper honnêtement trois demoiselles pour ce que coute ici un habit ordinaire. Il y a au reste l'habillement du pays, & l'habillement Turc. L'un & l'autre a ses agrémens. L'un est plus bizarre, l'autre est plus commode. Les femmes usent

---

* Petrone, dans son festin de Trimalcion.

de tous les deux suivant l'occasion, & sçavent s'en servir avec avantage. Leur maniere de s'habiller a toujours quelque chose de grand & de majestueux ; leur coëffure est noble & enchantée ; en un mot comme elles sont souvent en habit très-léger, on peut dire que rien n'est plus fripon ni plus engageant que leur ajustement. J'ajoute que lorsqu'elles sortent elles sont beaucoup moins parées que dans leurs appartemens. Vous voiez combien cet usage est différent de celui des femmes d'Europe, qui reservent ce qu'elles ont de plus beau pour le dehors, & se mettent chez elles en déshabillé. Mais cette opposition vient probablement de celle des vuës.

L'usage étoit autrefois pour les femmes & les enfans de ne sortir jamais du logis, sans porter un linge, qui leur couvroit le visage & leur soutenoit le menton. On pourroit faire une dissertation assez longue sur les raisons de cette pratique. A l'égard des enfans, il est certain qu'on ne leur cachoit ainsi le visage, que parce que les anciens Egyptiens étoient persuadés, que certaines personnes qui n'avoient point d'enfans, ou qui n'en avoient que de laids, regardant ceux des autres avec un œil d'envie, les rendoient malades par leurs seuls regards, & les privoient de leur beauté, quelquefois même de la vie. Cette opinion regne encore en Egypte, & sur tout au Caire ; mais on n'observe plus de couvrir le visage des enfans, pour les préserver de ce danger. On a substitué à cette pratique un autre usage, qu'on croit également capable de produire le même effet. C'est d'attacher à leur bonnet quelque vieux haillon mal-propre & déchiré, quelquefois une vieille semelle de soulier. Les gens de ce pays-ci s'imaginent qu'il n'en faut pas d'avantage pour fixer les regards des passants, & pour détourner en même tems de leurs enfans les effets qu'ils appréhendent.

Quoiqu'il en soit les femmes conservent encore ici l'ancien usage, & lorsqu'elles vont par la ville, elle ont le menton couvert d'un linge qui fait partie du voile, qui leur cache le visage. Car il est bon de remarquer qu'elles ont le visage absolument couvert, premierement par une espece de bandeau appliqué sur le front, & qui tombe jusqu'au yeux, ensuite par ce morceau de toile qui tombant des yeux en bas, embrasse le menton & cache le nés. Comme elle est très fine, elle

P

n'intercepte point la respiration qui se fait librement au travers de ce linge, surtout lorsqu'on y est accoutumé. D'ailleurs elle n'est point attachée par bas, & se leve par conséquent lorsque l'on veut. Ce voile inferieur est ordinairement de couleur rouge pour les filles. Par dessus elles s'enveloppent d'un grand linceul de toile de Coton très-fine, qu'on nomme dans le pays *Izaar-abiad*. Il faut convenir cependant qu'il n'y a que les femmes, qui sont à leur aise, ou qui se piquent de garder toutes les bienséances, chez qui ce grand voile soit en usage. Les autres n'y font pas tant de mystere. Elles se contentent d'un simple morceau de toile, souvent même d'une chemise qu'elles jettent sur leur tête, & sortent sans façon dans ce burlesque équipage.

Cette matiere m'engage naturellement à vous entretenir de ce qui concerne les femmes de ce pays, de leur beauté, de leurs inclinations, de leurs maniéres, & des usages qui s'observent à leur occasion. Cet article ne sera peut-être pas un des moins curieux de cette lettre.

De leur beauté. Les femmes originaires de l'Egypte sont généralement assez belles. Cependant le mépris que les Turcs ont pour les naturels du pays fait qu'ils n'en épousent guéres, qui ne viennent de Circassie, de Mingrelie, de Georgie, & des autres pays, où le sang est le plus charmant. Il se trouve ici une infinité de ces femmes. Cependant ces peuples estiment par dessus toutes les Abyssines, dont le teint est, à la verité, un peu basané, ou pour parler plus exactement, de couleur de bronze nouvellement fondu, mais dont les traits du visage, aussi bien que le reste du corps, sont admirables. Ils disent qu'elles sont toujours fraiches, même dans les plus grandes chaleurs de l'Eté & qu'on trouve en elles une egalité d'agrémens, que les autres ne sçavent pas soutenir. La caravanne de Sannar doit m'amener incessamment deux de ces Ethiopiennes, qui depuis un an attendent cette occasion à Dongola, & qu'on dit être belles comme des soleils. J'ai presque envie de vous les envoyer, quand ce ne seroit que pour vous donner un échantillon de ce genre de beauté, & pour servir de preuve de ce que j'avance. Après tout les idées que nous avons à cet égard dépendent peut-être plus qu'on ne pense de l'habitude des yeux, & le préjugé pourroit bien avoir plus de part que le discer-

DE L'EGYPTE.

...ement à nos décisions sur ce sujet. Vous n'ignorez pas que ...a Venus noire d'Athenes n'avoit pas moins de partisans que la ...lanche. Nous-mêmes ferions-nous moins de cas d'une belle ...tatue de bronze, que d'une autre également achevée, qui ...eroit du marbre le plus blanc? Les ouvrages de la nature doi-...ent-ils avoir moins de privilege que ceux de l'art? Quoi qu'il ...n soit, je puis vous assurer qu'il y a des Abyssines infiniment ...imables, & qui n'auroient pas grande peine à se faire aimer ...es plus délicats.

Il y a peu de pays au monde, où le sexe soit plus étroi-...ement gardé que dans celui-ci, soit par la coutume générale-...ent observée dans tout l'Orient d'enfermer les femmes, soit ...arce que la jalousie regne en Egypte à un point qu'elle l'em-...orte sur celle de tous les autres peuples de la terre. Elles ne ...ortent que très-rarement, & jamais sans être accompagnées ...u par des Eunuques, ou par des filles esclaves, ou du moins ...ar quelques jeunes garçons qui sont à leur suite. Qui ne croi-...oit qu'avec toutes ces précautions les maris sont fort en seu-...té, & qu'ils n'ont rien à craindre de la legereté de leurs fem-...es? Cependant il n'y a peut-être pas de lieu au monde, où ...les soient plus infideles. On peut dire d'abord en général, ...u'il n'y en a aucune dont l'intention ne soit des meilleures ...cet égard. La passion dominante de tous les Egyptiens est l'a-...our de la volupté & du plaisir; pourroit-on se flatter avec ...stice qu'un sexe naturellement tendre, & si aisé à surmonter, ...ompheroit d'un penchant si général & si violent? Les Au-...urs Arabes qui ont parlé de l'Egypte, & qui ont dû mieux ...onnoître que personne les inclinations d'un peuple au milieu ...quel ils vivoient, ont été si généralement persuadés que leur ...mpérament étoit porté à l'amour au dessus de toutes les au-...es nations du monde, que se copiant les uns les autres, ils ont ...us represénté la terre sous la figure d'un oiseau, dont l'E-...pte seroit la partie naturelle. En effet la puberté y est plus ...ancée dans l'un & l'autre sexe, qu'en aucune autre region ...la terre, comme la passion du plaisir y est sans contredit ...néralement plus forte.

Cela supposé il ne doit point paroître étonnant que les ...mmes soient ici naturellement sensibles. D'ailleurs le peu d'é-...cation qu'elles ont eu dès leur enfance, la vie oisive qu'el-

De leur penchant pour la galanterie.

P ij

les menent, les commodités dont elles jouissent, les conversations qu'elles ont entre elles, & où il ne régne ni pudeur, ni retenuë, le peu d'attachement que les maris ont pour elles, suite necessaire de la pluralité des femmes introduite par la loi de Mahomet, le malheureux penchant qu'ils ont d'ailleurs pour un sexe opposé, & que les femmes n'ignorent point; vice, qui n'est en général que trop commun parmi les Turcs, & sur tout dans ce pays-ci, tout cela joint à l'ardeur du climat, où l'on ne respire qu'un air embrasé qui passe aisément jusqu'au cœur, rend le sexe extrêmement disposé à l'amour, & aussi entreprenant qu'il est tendre. Les François qui sont ici pourroient en parler assez sçavamment, & les Turcs mêmes n'ignorent pas une partie des avantures galantes, dont ces étrangers ont été les héros. Un jardin qui s'étend de la contrée de France à une autre opposée, est l'endroit qui favorise ordinairement les rendez-vous amoureux. On assure qu'il y venoit il n'y a pas encore long-tems des femmes de Beys, ou princes du pays, & que c'étoit pour les grandes Dames du Caire le plus délicieux réduit de l'Egypte. Mais soit qu'un jardinier avare, qui servoit de ministre à ces entrevuës secrettes, eût en effet tué la femme d'un Bey, dans la vûe de lui voler pour dix mille écus de pierreries qu'elle portoit sur elle, comme on en fit courir le bruit, soit que les Turcs ayent adroitement imaginé ce conte, pour intimider les femmes, & les rendre plus retenuës, il est certain qu'il y en a beaucoup, qui n'osent plus se hasarder à ces rendez-vous, & que les bonnes fortunes sont aujourd'hui plus rares que jamais. Il dépendoit souvent du jardinier de favoriser un François plutôt qu'un autre, puisque ordinairement la passion de ces Dames n'avoit rien de certain ni de fixe. Quelque fois aussi elles avoient un objet déterminé; & il falloit alors leur faire passer la nation en revuë, pour leur donner moyen de reconnoître celui dont elles avoient été le plus frappées.

Je n'entreprendrai point de vous décrire exactement la maniere, dont l'amour se traite en ce pays-ci. J'en ignore les circonstances les plus rafinées & les plus délicates. Tout ce que je puis vous dire à ce sujet, c'est que les femmes, qui se chargent absolument de la conduite de l'intrigue, ont une fertilité admirable pour inventer les moyens les plus propres à réuſſir. Tantôt elles ſe dérobent adroitement aux yeux de leurs Argus ; tantôt elles ſe débaraſſent de l'incommode vigilance des Eunuques, qui veillent ſur leurs démarches, par des libéralités proportionnées à l'avarice de ces ſortes de monſtres; quelquefois elles entrent aux bains avec leurs habits ordinaires, & après y en avoir pris d'autres qu'elles y ont fait porter ſecrettement, elles en ſortent ſans pouvoir être reconnues, & vont où le plaiſir les appelle, malgré mille obſtacles que la vivacité de leur paſſion leur fait aiſément ſurmonter. En un mot elles ſe donnent tant de mouvement, elles ſe tournent de tant de côtés, qu'elles parviennent enfin à ſe ſatisfaire.

Ce qui vous paroîtra nouveau, c'eſt la maniere qu'elles ont imaginée de ſuppléer à nos billets galants & de ſe faire entendre auſſi clairement d'un homme qu'elles n'auront jamais entretenu, que ſi elles lui euſſent parlé à lui-même. On peut dire qu'à cet égard l'uſage des lettres hierogyfiques, qui ne ſont plus connuës aujourd'hui en Egypte, s'eſt encore conſervé en quelque ſorte parmi elles. Il y a un langage muet de ce ſexe au nôtre, qui conſiſte en diverſes choſes miſes ſéparément dans un mouchoir, comme du ſel, de la paille, du froment, un petit morceau de pain, du bois, & d'autres ſemblables bagatelles. Chaque choſe à ſa ſignification particuliere, auſſi-bien que chaque maniere differente de les nouer dans le mouchoir. Par-là une femme donne auſſi ſurement un rendez-vous, & fait une déclaration auſſi nettement, que ſi elle mettoit la main à la plume.

Puiſque le ſujet ſemble m'y conduire, je vais vous faire part d'une avanture galante arrivée depuis peû au Caire, & dont les incidens me paroiſſent aſſez ſinguliers pour vous amuſer un moment. Je ne crois pas devoir vous avertir que je ne chercherai point à embellir mon récit par des circonſtances extraordinaires & imaginées à plaiſir. J'eſpére que la ſimplicité de ma narration vous perſuadera ſuffiſamment de la vérité des faits que je rapporterai.

HISTOIRE
DE HASSAN ET DE FATIME.

L'amour régne également ſur toutes les contrées de la terre ; mais il eſt certain d'ailleurs que c'eſt avec autant de varieté qu'il se trouve de différence dans le génie & dans les mœurs des divers peuples qui l'habitent. L'amour est galand en Europe, & sur-tout en France, parce qu'il y trouve des esprits aisés & polis. Là cette passion se conduit ordinairement avec délicatesse. Les soins empressés, les égards étudiés, les maniéres tendres, l'accompagnent toujours, & semblent même en faire la partie la plus essentielle. En Asie au contraire, & sur-tout chez les Turcs, tous ces jolis préliminaires sont regardés comme autant d'inutilités, qui ne servent qu'à écarter du but. Chez ces peuples l'amour est tout effectif; & s'il arrive quelquefois qu'on le traite d'une manière circonspecte & galante, c'est une espece de prodige qu'on doit attribuer uniquement à la force du naturel, qui a sçû triompher également de l'éducation & de l'exemple.

Hassan étoit Kiaïa des Asaphs dans la Ville du Caire, c'est-à-dire Colonel de quatre à cinq mille hommes d'infanterie, que le Grand Seigneur entretient sous ce nom en Egypte. Cet Officier avoit épousé la fille du fameux Kamel, Kiaïa du même Corps, & dont Hassan avoit été esclave. Kamel selon l'usage du pays lui avoit donné une de ses filles en mariage, & lui avoit laissé en mourant une partie des grands biens qu'il avoit amassés durant le cours d'une vie longue & heureuse. L'épouse retenoit donc sur son mari les droits communs à tous les enfans d'une maison, sur les esclaves qui ont été affranchis par leur pére. Un de ces droits défend à l'esclave marié à la fille de son maître, de la répudier jamais. Par cette loi il ne peut pas non plus en épouser d'autres, ou même avoir aucune esclave à sa disposition, que ce ne soit du consentement de son épouse.

Fatime (c'est le nom de cette Dame) joignoit à une grande beauté tous les charmes capables de fixer le cœur d'un mari, si tant est qu'un époux puisse trouver dans l'attachement d'une épouse tendre & digne d'être aimée, un remede à son inconstance. Outre qu'elle étoit sortie d'un pére qui étoit un des hommes des mieux faits de l'Empire, elle avoit eu pour mére une esclave qui avoit coûté quatre mille écus à Kamel, & qui avoit passé pour la première beauté de son siécle. Une si belle origine n'avoit pas dégénéré dans Fatime. La régularité de ses traits, la douceur de ses regards, les agrémens de son esprit naturellement enjoué, auroient pû triompher de l'insensibilité de tout autre que d'un mari ; mais ni les graces de cette aimable épouse, toutes puissantes qu'elles étoient, ni les obligations infinies qu'avoit Hassan au pére & à la fille, n'avoient pas été capables d'allumer dans le cœur de cet heureux époux, s'il eût sçû profiter de son bonheur, une passion qu'en Turquie, comme ailleurs, le caprice conduit souvent beaucoup plus que la reconnoissance & la raison. C'étoit peut-être parce que Fatime étoit la fille de son maître, que Hassan ne l'aimoit point, l'idée de la sujettion & de la contrainte n'étant guére propre à inspirer de l'amour ; peut-être étoit-ce aussi parce qu'il en étoit trop tendrement aimé, & qu'elle vouloit exiger avec trop de rigueur les retours que la grandeur de son attachement lui sembloit devoir mériter. Indépendamment de tout cela il étoit époux ; en falloit-il davantage pour que Fatime l'éprouvât insensible ?

Quoiqu'il en soit, le trop aimé Hassan devint éperduement amoureux d'une des esclaves de son épouse. Aussi faut-il avoüer que Gémile (c'étoit le nom que portoit cette fille) n'étoit point inférieure en beauté à Fatime. Avec la régularité des traits, la fraîcheur éclatante du teint, & la vivacité des yeux, qui rendent la nation Circassienne, dont cette esclave tiroit sa naissance, si fameuse parmi les Turcs, elle avoit encore le piquant mérite de n'être point sa femme. En falloit-il davantage pour triompher de l'insensibilité d'un cœur, qui n'étant rempli d'aucun objet, ne cherchoit qu'à devenir la conquête de deux beaux yeux. Hassan vit Gémile ; il l'aima. Cependant comme cette passion eût pû devenir funeste à l'un & à l'autre, si elle fût venüe à la connoissance de Fatime, elle demeura long-tems secrete. Si elle eût éclaté, le moindre mal qui en eût pu arriver, c'est que l'épouse de Hassan se seroit défaite de son esclave. Le prudent Hassan qui auroit regardé cette séparation comme le plus grand de tous les malheurs, dissimula long-tems ses feux, sans que la Circassienne s'en apperçût, ou parût du moins s'en appercevoir. Le hasard seul, ou l'adresse, & peut-être tous les deux ensemble, firent naître entre ces deux amans l'occasion suivante d'un tête à tête.

Fatime étoit allée se promener un jour avec ses filles du côté des fameuses Pyramides, & Hassan s'y étoit aussi rendu dans le même dessein, accompagné de ses esclaves. Comme ce n'est point la coutume en Turquie que les hommes & les femmes se mêlent jamais dans les promenades, la tente d'Haffan étoit dreffée à l'un des angles de la grande Pyramide, & fon époufe avoit fait placer la fienne à l'angle oppofé. Auffi-tôt que Haffan eut diné, il prit avec lui un feul de fes efclaves, Polonois de nation, & fe rendit en cotoyant la Pyramide à la tente de Fatime, où il entra feul. Après quelques difcours généraux entre ces deux époux fur l'ufage des Pyramides, fur leur antiquité, & fur l'hiftoire de ceux qui les avoient bâties : Croiriez-vous, Madame, dit Haffan à fon époufe, que cette Pyramide au pied de laquelle nous nous trouvons, a fix cens pieds de hauteur, & même que chacune de fes quatre faces n'en a pas moins? Non certainement, répondit Fatime, puifque les deux que je découvre d'ici, ne me paroiffent pas en avoir chacune trois cens. Autant que j'en puis juger, la Pyramide n'eft pas plus élevée qu'un de fes côtés a d'étendüe. Je doute même que fes quatre côtés foient parfaitement égaux. Il eft aifé de vous en éclaircir, repartit Haffan avec d'autant plus de vivacité, que l'opinion où il voïoit fon époufe lui préfentoit une occafion favorable aux intérets de fon cœur. Vous n'avez pour cela qu'à mefurer vous-même en vous promenant l'un des deux côtés de la Pyramide que nous découvrons d'ici, tandis qu'une de vos filles mefurera l'autre. Moi & le Polonois de retour à ma tente, nous en ferons autant des deux autres côtés que nous ne pouvons appercevoir du lieu où nous fommes, & nous nous rencontrerons néceffairement vous & moi à l'un des angles, pendant que le Polonois & votre fille fe rencontreront à l'autre. De cette maniére nous fçaurons en un moment la jufte mefure des quatre faces.

 Fatime accepta le parti & choifit Gémile pour mefurer un des côtés de la Pyramide, tandis qu'elle fuivroit elle-même celui qui y venoit aboutir. C'étoit juftement ce que Haffan avoit efpéré. Cet amant charmé de ce premier fuccès retournoit cependant à grands pas à fa tente fuivi de l'efclave Polonois; & il ne fut pas plutôt arrivé, qu'au lieu de tourner vers l'angle, où il fçavoit devoir trouver fon époufe, il y envoïa le Polonois, & prit lui-même le chemin de l'angle oppofé, où il étoit fûr de rencontrer fa chére Gémile. Vous êtes bien occupée de votre commiffion, lui dit-il, en l'abordant à l'angle où il l'avoit devancée; je ne trouve pas en vous la même attention pour des chofes beaucoup plus effentielles. Je vous aime, charmante Gémile; je n'oublie

blie rien chaque jour pour vous donner des marques de l'amour que je reſſens pour vous. Cependant vous n'avez jamais daigné me fournir la moindre occaſion de vous en entretenir ; & voici la première où il me ſoit enfin permis de vous dire en liberté que je vous adore, & qu'il ne m'eſt plus poſſible de ſupporter votre indifférence. Ah ! que me dites-vous là, Seigneur, repartit cette belle fille, en reprenant à grands pas le chemin de la tente de ſa maîtreſſe ? Vous avez la plus belle & la plus tendre épouſe de l'Egypte ; vous lui êtes d'ailleurs redevable de tout ce que vous êtes ; voudriez-vous lui faire l'injure de lui manquer de fidélité, & de vous abaiſſer juſqu'à moi ? Si ces conſidérations ne ſont pas capables de vous en détourner, ſongez du moins au danger auquel expoſeroit ſans doute votre vie & la mienne un amour malheureux, que votre épouſe découvriroit infailliblement, & dont elle ne manqueroit pas de tirer vengeance. Au nom de cet amour, Seigneur, ceſſez de m'aimer, & d'eſpérer que je réponde jamais à votre paſſion. Banniſſez-la de votre cœur, & faites enſorte qu'il n'en paroiſſe jamais rien aux yeux d'tant de perſonnes, dont vous & moi ſommes toujours environnés. En diſant ces mots d'un air effraïé, Gémile s'empreſſoit de rejoindre la tente de ſa maîtreſſe où étoient les autres filles. Haſſan fit d'inutiles efforts pour la retenir. A peine eut-il le loiſir de lui faire entendre que par cette indifférence elle feroit cauſe elle-même que ſa paſſion éclateroit davantage; que ne pouvant vivre ſans être aſſuré de ſon amour, il étoit réſolu de chercher avec moins de ménagement que jamais les occaſions de la joindre, au lieu que ces occaſions pourroient demeurer ſecretes, ſi elle prenoit ſoin de ſon côté de ne les pas éviter, & de concourir avec lui pour trouver les moïens & les momens de ſe rencontrer tête à tête en certains endroits du labyrinthe, où Fatime étoit logée.

C'eſt le nom que Haſſan donnoit à l'appartement de ſon épouſe ; & avec aſſez de raiſon, puiſque ſemblable à ceux de tout ce qu'il y a de Dames de conſidération en Turquie, il étoit plein de mille détours. Cette conſtruction biſarre eſt moins imaginée pour la commodité que pour ces ſortes de rendez-vous, qui font toute l'étude des maris, & peut-être encore plus ſouvent celle des Dames. Auſſi ſçavent-elles ſe prévaloir admirablement de cette diſpoſition, ſoit en faveur des eſclaves mêmes de leurs époux, soit avec de jeunes garçons déguisés en filles, qu'on introduit dans leur sérail. Elles les y font venir ordinairement à la suite de quelque amie dont elles reçoivent des visites de deux ou trois jours. Pendant ce tems-là il n'est pas permis aux maris d'entrer dans les appartemens de leurs femmes; ensorte qu'ils sont obligés de s'en rapporter pour ce qui s'y passe au témoignage des filles & des Eunuques qui y sont enfermés, & qui gagnés par les libéralités de leurs maîtresses, n'ont garde de rien découvrir qui puisse les en priver. Ces appartemens ordinairement peu vastes, ont toujours cinq ou six petits escaliers dérobés qui n'ont point d'issüe au-dehors, & ne servent que de dégagement & de communication à des hauts & des bas continuels, entremêlés de coins & de recoins, & de tems en tems de quelques petites chambres. Diverses portes qu'on y rencontre ferment un endroit en même-tems qu'ils en ouvrent un autre. Il s'y trouve aussi quelques allées sombres; & tout cela répond par les escaliers à diverses terrasses, qui d'ailleurs communiquent toutes les unes aux autres. C'est au milieu de ces nombreux détours que l'art a ménagé certains endroits mystérieux, où on entend de fort loin le moindre bruit d'une personne qui en approche, quoique de ces mêmes réduits on ne puisse être entendu que de fort près. Par-là un rendez-vous y est presque toujours à couvert de surprise; puisque les amans avertis de bonne-heure, ont chacun diverses routes à choisir, & divers aziles où se retirer, pour éviter les personnes qu'ils entendent venir à eux.

L'intention de Gémile, qui cependant rejoignit sa maîtresse, & retourna fort triste à la Ville, n'étoit pas de se prévaloir en faveur de Hassan de la disposition des appartemens où elle vivoit doucement auprès de Fatime, ni de s'en servir pour la tromper. Elle avoit pour sa maîtresse un véritable attachement, & ne sentoit d'ailleurs aucune inclination pour son maître. La tristesse qu'elle avoit rapportée de la Pyramide augmenta encore lorsqu'elle s'apperçut que Hassan, au lieu de faire attention à ce qu'elle lui avoit recommandé, cherchoit réellement avec moins de ménagement que jamais les occasions de la joindre & de l'entretenir. Effraïée des suites que pouvoit avoir une passion si peu mesurée, après s'être long-tems consultée elle-même, elle ne trouva point de parti plus sûr & plus honnête, que de déclarer à sa maîtresse la disposition de son cœur, & les

DE L'EGYPTE.

follicitations continuelles de fon mari. Elle le fit ; & Fatime charmée de la fageffe & de la fidélité de fon efclave ne fe contenta pas de lui donner mille louanges. Non-feulement elle lui promit de ne la point vendre, comme Gémile l'appréhendoit ; elle s'engagea même à lui accorder au plutôt la liberté, & à la marier avantageufement. Cependant elle attacha une condition à cette grace ; ce fut que cette fille continueroit à l'avertir exactement de toutes les démarches de Haffan, qu'elle lui ordonna de ne pas trop rebuter. Gémile le lui promit avec ferment, & l'executa avec fidélité, lui rendant compte chaque jour de ce que Haffan faifoit pour lui plaire, & pour venir about de l'entretenir. Fatime qui ne s'occupoit fans ceffe que de cet amour outrageant, s'imagina enfin le pouvoir mettre à profit. Pour y parvenir, elle commanda à Gémile de paroître enfin touchée de la perfévérance de fon maître, & de lui accorder pour la nuit fuivante, un peu après minuit, un rendez-vous dans la chambre même où elle couchoit avec une autre fille de fa maîtreffe.

Au milieu de ces labyrinthes, dont je viens de parler, l'art a ménagé une grande falle, qui fait toute la beauté de l'appartement des femmes, & où l'on reçoit les étrangers. Ces falles fort exhauffées & fort vaftes en Egypte, où l'on fçait que cette difpofition contribue beaucoup à la fraîcheur, font bâties à peu près fur le même plan que nos Eglifes, avec un dôme percé de plufieurs fenêtres tournées au Nord, qui augmentent le jour & le frais des appartemens. Les lambris & les dômes font dorés dans toutes les maifons des perfonnes riches ; dans les autres ils font au moins peints à l'Arabefque ; ce qui produit un effet très-agréable. Sous ce dôme eft un grand baffin pavé en compartiment de marbre de différentes couleurs, du milieu duquel fortent plufieurs jets d'eau qu'on entretient jour & nuit pendant tout l'Eté. Autour de ce vafte baffin font placés d'efpace en efpaces des vafes remplis de fleurs que produit la faifon. Le refte de la falle eft auffi pavé de marbre en compartiment ; & les murs en font également revêtus jufqu'à la hauteur de dix à douze pieds. Ce revêtiffement eft terminé par une corniche quelquefois de bronze doré, chargée de porcelaines très-fines, ou de bijoux de prix, dont l'afpect eft auffi agréable que magnifique. Lorfque les falles ont une croifée, comme il arrive prefque toujours dans les maifons du premier ordre, on y voit trois Sofas,

Q ij

dont le plus confidérable eft placé à l'oppofite de la principale porte, ayant fes fenêtres fur un jardin, fur la cour du logis, ou enfin fur la rüe, fuivant la difpofition du bâtiment. Les deux autres qui fe regardent, occupent les deux extrémités du croifon. Sur ces Sofas relevés de fept à huit doigts du pavé de la falle, font étendus de précieux tapis, & le long du mur font placés de petits matelats de trois pieds de largeur, qu'on couvre d'une riche étoffe de foie & or, ou d'un drap fin de couleur garni d'une frange d'or. Enfin de riches couffins font pofés fur ces petits matelats, & garniffent le mur. C'eft fur ces matelats que les Dames affifes les jambes croifées, & nonchalamment appuiées fur une pile de carreaux, paffent une grande partie de la journée à s'entretenir de leurs avantures paffées, & plus fouvent encore à imaginer les moïens de s'en procurer de nouvelles. On voit aumoins ce qui fe paffe au dehors, les fenêtres n'étant qu'à hauteur d'appui. Autour de cette falle font diverfes petites chambres; dans la principale couchent le maître & la maîtreffe en deux lits féparés, fuivant la pratique des Turcs, qui ne dorment jamais avec leurs femmes. Les autres chambres font deftinées pour les principales efclaves qui y couchent plufieurs enfemble, quoique fur des matelats différens, afin qu'elles puiffent fe garder réciproquement durant le filence & l'obfcurité de la nuit. Les efclaves noires avec les filles de fervice couchent dans des endroits plus reculés; & les Eunuques font logés proche de la porte qui communique de l'appartement des femmes à celui des hommes.

Gémile avoit fort recommandé à Haffan, fuivant les inftructions de fa maîtreffe, d'aborder fa chambrette fans faire le moindre bruit, & fans proférer une feule parole, de crainte que fa compagne, dont le fommeil étoit, difoit-elle, fort léger, ne l'entendît, & ne découvrît tout le myftere. Elle l'avoit encore averti qu'elle fe trouveroit à la porte de fa chambre, qui comme toutes les autres répondant à la falle, n'étoit fermée que d'un fimple tapis en guife de portiére. C'eft une précaution dont on ne manque jamais d'ufer dans ces fortes d'appartemens, afin que lorfqu'on eft obligé de fe lever pendant la nuit pour des néceffités aufquelles il n'eft pas permis en Turquie de fubftituer d'autres lieux que ceux qui leur font deftinés, on puiffe éviter le bruit des portes qui interromproit le fommeil des perfonnes qui reposent, sur-tout du maître & de la maîtresse. Fatime avoit exprès choisi pour le rendez-vous l'heure à laquelle elle sçavoit que son mari avoit accoutumé de s'éveiller après avoir dormi profondément, afin de ménager son repos, & pour lui épargner les inquiétudes que lui auroit causé infailliblement une trop longue attente dans la chambre de Gémile. Cependant quelque temps avant l'heure du rendez-vous, elle alla occuper la place de cette fille, tandis que cette fidéle esclave passa dans la chambre de sa maîtresse.

Enfin l'instant fatal étant arrivé, l'amoureux Hassan guidé par sa tendresse au travers des ténébres de la nuit ne manqua pas de se rendre avec le plus de vitesse & le moins de bruit qu'il lui fut possible à la porte de Gémile, où il trouva en levant le tapis une main favorable, qui l'introduisit, & le mena droit au coin de la chambre, où étoit le lit de cette fille. Là son préjugé lui fit passer deux heures, qui lui parurent les plus charmantes de sa vie. Son bonheur n'étoit altéré que par la contrainte, où il se trouvoit, de ne pouvoir exprimer sa joie & ses transports que par des embrassemens redoublés; langage muet, à la vérité, mais toujours énergique, & bien plus persuasif que tout autre. Sa félicité fut encore renouvellée le lendemain, lorsqu'il apperçut dans les yeux & sur le visage de Gémile un trouble & une confusion qu'elle ressentit aussi vivement à la vuë de Hassan, que si elle se fût véritablement abandonnée à sa passion.

Ce rendez-vous fut suivi de plusieurs autres. Cependant Gémile, qui se trouvoit dans une liberté entiere, & qui persuadée par l'exemple croyoit être en droit d'employer à sa satisfaction quelques-uns de ces précieux momens qu'elle ménageoit à celle de son maître & de sa maîtresse, se hasarda de donner elle-même un rendez-vous au Polonois esclave de Hassan, qui le jour de la promenade avoit aidé à mesurer la Pyramide. Le choix de cette belle fille n'étoit point l'effet d'une passion aveugle, qui n'eût pour but que la volupté. L'amour avoit enfin triomphé du cœur de l'insensible Gémile, & l'avoit rendu l'esclave du Polonois. Il étoit beau, bienfait, & pour surcroît d'agrément il étoit esclave comme elle. Peut-être ne dut-il son bon-heur qu'à ce rapport. L'amour n'aime pas toujours à égaler les conditions; il se plaît quelquefois davantage à réunir celles qui déja font égales, & l'infortuné Haſſan ne dut peut-être les froideurs de la belle Circaſſienne qu'à cette qualité de maître, qui ſembloit lui donner droit d'exiger ce que ce Dieu badin aime ſeulement à laiſſer prendre. Depuis long-tems le Polonois aimoit Gémile. Il lui avoit déja rendu même mille petits ſoins par l'entremiſe des jeunes garçons, qui étoient élevés dans la maiſon d'Haſſan. C'eſt la mode d'en élever en Turquie dans toutes celles des Grands, qui achetent les eſclaves fort jeunes, afin de leur inſpirer plus aiſément les ſentimens de la religion, & les attacher inſenſiblement aux interêts de leurs maîtres, dont la maiſon leur devient par ce moyen plus chere que la paternelle même. C'étoit par ces jeunes gens, qui juſqu'à un certain âge paſſent librement de l'appartement des hommes à celui des femmes, que cet amant avoit ſouvent fait tenir à l'eſclave Circaſſienne divers petits préſens accompagnés de mouchoirs brodés, dans leſquels il lui expliquoit l'état de ſon cœur. Tel eſt comme je l'ai dit, le langage conſacré en Turquie au myſtere amoureux. Les Dames, dont il y en a très peu qui ſachent lire & écrire, n'en connoiſſent point de plus énergique.

Gémile avoit non ſeulement reçu ces meſſages; elle y avoit même quelquefois répondu. Ce fut par un de ces mouchoirs qu'elle inſtruiſit ſon amant du progrès qu'il avoit fait dans ſon cœur; & pour l'en convaincre, elle lui marqua qu'elle l'attendroit le même ſoir à l'entrée de l'appartement de Fatime. Jamais ordre ne fut mieux reçu, ni executé plus fidélement. Le Polonois ſe trouva au rendez-vous, & ces deux amans s'en tinrent pour la premiere nuit à quelques momens de converſation à la porte de la chambre de Fatime. Gémile haſarda enſuite de faire entrer ſon amant dans un lieu plus avancé. Enfin comme le ſuccès en amour, auſſi-bien qu'en toute autre choſe anime le courage & augmente la hardieſſe, elle l'introduiſit par degrés juſques dans la chambre, & même dans le lit de ſa maîtreſſe. Ils régloient le tems qu'ils avoient à paſſer enſemble ſur celui qu'ils ſçavoient qu'Haſſan & Fatime employoient ordinairement de leur côté; enſorte que nulle inquiétude ne venoit ſe mêler à la douceur de leurs plaiſirs.

Ce double commerce avoit déja heureuſement duré quatre ou cinq mois, ſans avoir été troublé par le moindre revers, lorſque la fortune laſſée de la proſperité de ces amans s'aviſa de découvrir tout le myſtere. Le Polonois ſortoit une nuit de la chambre de ſon maître, il venoit de donner le bon jour à Gémile, & levoit déja la portiére pour entrer dans la ſale, lorſqu'il rencontra juſtement Haſſan, qui en faiſoit autant de ſon côté. Cet accident fut pour lui un coup de foudre. Cependant la crainte d'être reconnu & arrêté, l'envie de ſe procurer une promte fuite, lui firent prendre ſon parti ſur le champ. Il pouſſa ſi rudement ſon maître, qu'il le renverſa par terre. De-là il gagna la porte de l'appartement, qui étoit reſtée ouverte, & la tira bruſquement ſur lui. Cependant au cri que fit Haſſan en tombant, toutes les Eſclaves s'étant réveillées, accoururent à la voix de leur maître. Gémile & Fatime bien éveillées, comme on peut ſe l'imaginer, ne furent pas des dernieres à ſe rendre auprès de lui, ſans que dans la confuſion des perſonnes ſortant de toutes ces petites chambres, qui regnoient autour de la ſale, il fût poſſible de remarquer d'où elles étoient parties. Haſſan ſoutint que retournant de la garderobe dans ſa chambre, il avoit été pouſſé avec violence par un homme, qui en ſortoit, & qu'il avoit même entendu fermer la porte de l'appartement. Fatime traitoit au contraire tout ce rapport de viſion, & pour mieux convaincre ſon mari de ſon erreur, elle fit venir les Eunuques, qui couchoient à la porte. En effet tous aſſurerent unanimement que perſonne n'étoit ſorti de l'appartement. Ce témoignage ne fut cependant pas capable d'arrêter les plaintes & les murmures de Haſſan. Sa chute étoit pour lui un témoin qu'il ne lui étoit pas poſſible de récuſer. Cependant il fut obligé de prendre ſon parti, & de s'aller recoucher; ce qu'il fit fort en colere. Fatime ne douta pas un moment que la perſonne, par qui ſon mari avoit été ſi rudement pouſſé, ne fût Gemile, qui s'étoit trop hâtée de ſortir de ſa chambre. Ainſi quoiqu'elle prévît mille obſtacles, que cette avanture devoit naturellement apporter à la ſuite de ſon commerce, elle s'endormit profondément ſur cette opinion.

Le ſommeil de Haſſan ne fut pas ſi tranquille, & dès qu'il fut éveillé, il recommença ſes plaintes, ſes reproches, & ſes menaces. Fatime qui de ſon côté déſeſperoit preſque de pouvoir plus long-tems continuer ces rendez-vous, & qui ſe trouvoit enceinte de quelques mois, ſans que ſon mari crût avoir couché avec elle depuis près d'une année, eſtima que le moment étoit venu de lui expliquer tout le myſtere. Il eſt inutile de vous réſiſter davantage, Haſſan; vous ne vous êtes point trompé, lui dit-elle en riant; il eſt vrai que depuis cinq ou ſix mois j'ai reçu dans mon lit un homme, qui m'a témoigné autant d'ardeur & de tendreſſe, que vous m'en avez peu marqué. Je vous avouerai même que j'ai paſſé avec lui des momens ſi doux & ſi agréables, que toute ma crainte eſt que vous ne me donniez lieu de les regretter. Mais il y a encore plus, puiſqu'il faut vous dire tout ; c'eſt que je ſuis groſſe de quelques mois. Quoi, Madame repartit vivement Haſſan, que ce récit avoit mis hors de lui-même, & qui en jettant les yeux ſur ſon épouſe s'étoit apperçu qu'elle étoit véritablement enceinte, quoi ce n'eſt pas aſſez pour vous de m'avoir outragé juſqu'à ce point ? vous oſez encore me le conter d'un air ſatisfait & enjoüé ? Fatime ſoutint encore quelque tems la converſation ſur le même ton, ajoutant, qu'elle ſe flattoit qu'il adopteroit pour ſon heritier l'enfant qu'elle avoit eu de l'amant, ne pouvant l'avoir du mari. Enfin lorſqu'elle crut avoir mis ſa patience à bout, & lui avoir donné toutes les allarmes, dont elle prétendoit venger l'infidelité qu'il avoit compté lui faire, elle reprit ſon ſerieux, & après mille juſtes reproches ſur ſon ingratitude & ſon indifference, elle lui raconta la maniere dont elle s'y étoit priſe, pour jouir malgré lui-même d'un bien, qui lui appartenoit ſi légitimement, & dont il avoit voulu la priver avec tant d'injuſtice. Elle lui rappella certaines circonſtances, qui acheverent de le raſſurer. Cependant il lui reſtoit encore quelque embarras au ſujet de la perſonne, qui l'avoit pouſſé ſi rudement. Haſſan ſoutenoit conſtamment que ce ne pouvoit être Gémile, qui n'auroit point eu la force de le renverſer & qui ne ſe ſeroit pas ſauvée du côté de la porte de l'appartement, dont il avoit même entendu le bruit. Comme il n'y avoit pas moyen de calmer ſes ſoupçons à cet égard, Fatime fit venir Gémile, & lui ordonna de déclarer en preſence de ſon mari tout ce qui s'étoit paſſé, ſans en omettre la moindre circonſtance.

Cet ordre fut un coup de foudre pour l'infortunée Gémile. Elle ſe jetta aux pieds de ſa maitreſſe, dont elle embraſſa tendrement les genoux, & les arroſant de ſes larmes, elle lui dit que véritablement elle avoit abuſé de ſes bontés, & qu'elle

meritoit

meritoit les châtimens les plus rigoureux. Oui, je vous ai offensée, ma chere maîtresse, ajoûta t'elle. J'ai été assez malheureuse pour succomber à des désirs qu'a fait naître en moi l'idée trop forte des rendez-vous, dont il vous a plu que je fusse l'instrument. L'occasion trop favorable, que m'offroit continuellement votre absence, a été le principe de ma chute. J'ai appris par vos amours à connoître les charmes de cette passion, & j'ai été assez foible, pour répondre à celle qu'un des esclaves de mon maître avoit depuis long-tems pour moi. Je l'ai introduit dans votre appartement, & même jusques dans votre lit. L'état où je me trouve ne me permet pas de vous rien dissimuler. A ces mots elle fit connoître, en abaissant sur elle-même les yeux qu'elle avoit élevés vers ceux de sa maitresse, qu'elle se trouvoit enceinte. Mais continua t'elle, prenez ma vie; elle est en vos mains. Je suis prête de la donner à l'instant, pour réparer cet outrage, & satisfaire votre ressentiment, si mon sang peut être capable de l'appaiser. En achevant ces paroles, elle s'évanouit.

Cependant Fatime pleine d'étonnement & de courroux ne pouvant dans le premier mouvement de son transport supporter la vûë d'une fille, dont elle venoit d'entendre un récit si outrageant, sortit brusquement de la chambre outrée de dépit & de colere. Gémile revenuë de sa foiblesse fut extrêmement surprise de ne plus trouver auprès d'elle que Hassan. Elle jetta les yeux de tous côtés, & s'étant convaincuë qu'elle étoit absolument seule avec son maître, Vous avez entendu, mon cher maître, lui dit-elle en lui prenant la main, & la lui baisant tendrement, vous avez entendu le triste aveu que je viens de faire à ma maitresse. Tout ce que je lui ai dit est véritable; mais il y a des particularités dans mon avanture que je ne lui avourai jamais, parce qu'elles intéressent trop la délicatesse & l'amour, que je lui connois pour vous. Vous pouvez vous souvenir, qu'en concertant avec vous les premiers rendez-vous que vous eutes avec ma maitresse, je vous priai instamment de ne venir jamais dans ma chambre que je ne vous en eusse marqué l'heure. Vous ne laissates cependant pas, Seigneur, ajoûta t'elle en rougissant, de vous y rendre dans le commencement, pendant trois nuits differentes, sans que je vous en eusse indiqué le moment. Je me trouvai ainsi surprise, & dans la necessité de me livrer à vous, ou de trahir

R

le secret de ma maitresse par un éclaircissement, qui l'auroit privée d'un commerce, qui lui étoit si doux. Je balançai longtems ; je voulus m'écrier, je fus même sur le point de le faire. Je vous résistai enfin. Vous fûtes plus fort que moi, Seigneur, vous triomphâtes de ma foiblesse, & je me trouvai vaincue avant que de pouvoir me bien reconnoître. Je me plaignis à vous le lendemain de ce que vous étiez venu dans ma chambre sans ma permission ; j'en fis de même les nuits suivantes ; & vous pouvez vous en souvenir. Cependant je me trouvai enceinte, & l'envie de cacher à ma maitresse ce qui s'étoit passé entre vous & moi me rendit facile à la passion d'un de vos esclaves, auquel j'avois resisté jusqu'alors. C'est vous, Seigneur, qui avez fait mon crime ; j'espere qu'instruit de cette particularité vous voudrez bien remettre à votre esclave une faute, dont vous voyez que je suis plus coupable que lui ; & interceder auprès de ma maitresse pour en obtenir mon pardon.

A ce discours Hassan revint du dépit & de la douleur, où l'avoit d'abord jetté la pensée de n'avoir pas possédé une fille qu'il avoit aimée avec tant de passion. Il se souvint parfaitement des trois rendez-vous, dont Gémile lui parloit, & même de diverses circonstances qu'il n'avoit point trouvées dans les autres ; & il resta pleinement convaincu qu'il avoit eu les premieres faveurs de Gémile. Touché d'une idée si flateuse & si chere, il la releva tendrement de l'état humilié où elle étoit, & lui promit dans les termes les plus passionnés de pardonner à l'esclave, qu'il ne connoissoit pas encore. Aussi n'en apprit-il le nom de la bouche de Gémile, qu'après plusieurs sermens réiterés de tenir sa parole, & de ne s'en point vanger. Il s'engagea encore à faire tout ce qui dépendroit de lui, pour appaiser la colere de Fatime, & pour obtenir qu'en lui pardonnant elle consentît à la marier avec le Polonois, de la fortune duquel il lui jura de prendre un soin particulier.

Il ne fut pas fort difficile à Hassan d'obtenir de Fatime la grace de Gémile, après que transporté de joie de ce qu'il venoit d'entendre de cette fille & de son épouse, dont il souhaitoit depuis long-tems d'avoir un héritier, il lui eut demandé lui-même cent fois pardon de son erreur, qu'il nomma autant de fois heureuse, & qu'il lui eut juré d'avoir désormais pour elle l'attachement le plus fidelle & le plus tendre. Fatime avoit réellement obligation à cette fille ; & si elle en avoit été offensée, elle ne pouvoit s'empêcher de reconnoître qu'elle-même en avoit été l'occasion. Ainsi après s'être beaucoup fait prier, pour faire mieux valoir la chose, elle accorda enfin à Hassan le pardon de la Circassienne, & consentit même que le Polonois l'épousât. Elle accompagna encore ce pardon & ce consentement de la liberté, qu'elle donna à cette esclave, & y ajouta des presens considerables. Hassan sous prétexte de la joie que lui causoit la grossesse de son épouse, dont il disoit être redevable à Gémile, lui en fit d'autres de son côté, & affranchit pareillement le Polonois. Le mariage de ce jeune homme avec Gémile s'accomplit à quelques jours de-là avec beaucoup de solemnité. On leur assigna même un quartier séparé dans la maison, où ils logerent. Le Polonois eut soin des affaires de son maître, & la belle Circassienne devint la confidente de sa maitresse, qui n'avoit pas depuis de compagnie plus agréable que la sienne.

L'histoire critique du Caire ajoutoit à cette avanture, que dans le cours de cette intrigue Gémile avoit eu pour le Polonois la complaisance de l'introduire diverses fois auprès de sa maitresse pendant des nuits, où elle avoit feint à Fatime d'avoir donné rendez-vous à Hassan, quoi qu'il n'en fût rien ; Que Fatime à laquelle ces nuits avoient paru fort differentes des autres, & qui en avoit conservé un souvenir flateur, s'étoit doutée de la supercherie, après que Gémile eut avoué ses amours avec le Polonois ; Qu'elle avoit interrogé cette fille là dessus, & l'avoit si fort pressée, que Gémile n'avoit pu se défendre d'en convenir ; Que Fatime en avoit d'abord témoigné beaucoup de colere, qui s'étoit cependant terminée à recommander fortement le secret à la Circassienne ; Enfin que la necessité d'engager cette fille au silence n'avoit pas peu contribué au retour de son amitié pour elle, & au bien qu'elle y avoit ajoûté. Mais un confident du Polonois, de qui je tiens les differentes particularités de cette histoire, m'a assuré que jamais son ami ne lui avoit parlé de cette anecdote ; ajoutant en souriant, que ce qui avoit contribué sans doute à cette médisance, c'étoit que Fatime, après être restée cinq ou six ans sterile depuis son mariage, étoit devenuë grosse dans le cours de cette intrigue, & que s'il arrivoit par hasard qu'elle n'eût plus d'enfans dans la suite, il n'y auroit perfonne au Caire, qui ne tînt le fait pour certain; qu'aurefte quand il feroit vrai, l'honneur & la chafteté de Fatime n'y feroient point intéreffés, puifqu'elle étoit dans la bonne foi, & que fon confentement n'avoit qu'Haffan pour objet.

Quoiqu'il en foit (car je ne prétens pas décider cette queftion, qui pourroit fournir matiére à beaucoup de raifonnemens pour & contre) on ne doit pas s'imaginer que les Francs foient les feuls que les femmes de ce pays-ci favorifent de leurs careffes. Je puis affurer au contraire qu'en général elles ne font nullement délicates fur cet article, & qu'un homme quel qu'il foit, eft toujours un homme pour elles. Ces maniéres ne s'accordent pas fans doute avec la délicateffe Françoife; mais qu'on change de côté, on comprendra fans peine que dans un pays, où l'on n'a pas la liberté du choix, où l'ufage ne permet point au cœur la fatisfaction de ne fe rendre qu'aux charmes du mérite & de l'affiduité, où enfin les defirs font violens, les occafions rares, & par conféquent les momens toujours précieux, l'amour fi fouvent aveugle parmi les nations les plus polies doit l'être encore infiniment davantage.

Au refte fi les femmes en Egypte franchiffent fi légérement les bornes de la pudeur & du devoir, par une efpece de compenfation, les filles y confervent leur chafteté fouvent plus regulierement, qu'elles ne le font en Europe. J'avoue que de fortes raifons les y engagent. Outre qu'elles ne trouveroient point à fe marier, s'il leur arrivoit un accident, elles feroient encore très rigoureufement punies. D'ailleurs la coutume veut que le premier jour de leurs noces elles donnent un figne vifible de leur virginité, fans quoi elles font expofées à perdre la vie par la main même de leurs parens. Auffi eft-il ici d'ufage que le lendemain des noces on porte en triomphe dans les ruës ces fignes de chafteté, à peu près comme on le pratiquoit autrefois chez les Juifs.

Il eft aifé de juger par la maniére, dont les Turcs fe gouvernent dans leurs familles, que la jaloufie eft une paffion, qui doit régner fouverainement dans les appartemens des femmes. Elle y regne en effet avec tout l'empire imaginable. Pour vous en convaincre, je vais vous faire part d'une avanture tragique arrivée depuis peu dans cette ville. Une Dame des plus

...tinguées du Caire avoit une jeune esclave fort jolie, que le [Pa]tron s'avisa de trouver à son gré. Il ne se contraignit pas trop [à] cet égard, suivant les maximes Orientales, & donna à cette [fil]le en quelques occasions des marques de tendresse, & même [une] préférence, dont la maitresse fut si outrée, qu'elle alla [ju]squ'à la maltraiter. La jeune esclave, qui croioit avoir sur [le] cœur de son maître des droits aussi bien fondés que per[so]nne, conçut un si violent desir de tirer raison des mauvais [tr]aitemens qu'elle avoit reçus, que pour assurer sa vengeance, [el]le s'empoisonna elle-même afin d'empoisonner sa maitresse, [qu]'elle ne pouvoit faire périr que par ce moyen.

Ces désordres seroient beaucoup plus fréquens sans doute, [&] même iroient plus loin, si les femmes avoient la liberté [d']acheter du poison ; mais on a la sage précaution de n'en ven[d]re qu'aux hommes, qui n'ont pas tant d'interêt à s'en ser[v]ir. Plusieurs François m'ont assuré qu'ils en avoient refusé à [p]lus d'une femme, qui leur en avoit demandé avec la der[n]iere instance. Il n'est cependant pas facile aux femmes d'em[p]oisonner leurs maris, puisqu'elles ne mangent jamais avec eux. [I]l n'y a que le caffé, ou un vase à mettre de l'eau, dans quoi [el]les puissent leur donner du poison. Aussi est-il fort ordinaire [au]jourd'hui d'empoisonner dans le caffé, ou le sorbet. A la [v]érité on n'a pas le désagrément de languir, lorsqu'on est [e]mpoisonné de cette sorte. En deux heures de tems tout au [p]lus le poison a produit son effet. Le Bacha prédecesseur de ce[l]ui qui gouverne aujourd'hui se débarassa de la sorte d'un Grand [d]u pays, dont il ne pouvoit se défaire autrement. Pendant [q]u'il recevoit la visite de ce Seigneur, il se fit apporter une tasse [d]e caffé, comme si ç'eût été pour lui-même. A l'instant un hom[m]e qui avoit le mot, fut introduit, & présenta une Requête. [L]e Bacha feignant d'être fort occupé à lire ce papier, pria ce [S]eigneur de prendre le caffé en sa place ; & celui-ci qui ne [p]ouvoit raisonnablement se défier d'un piége tendu si finement, [o]béit sans balancer. Il expira le même jour.

Qui croiroit que les Eunuques eussent eux-mêmes des Sé- *Sérails des* [ser]ails ? Rien n'est cependant plus certain, & je puis même ajou- *Eunuques.* [t]er qu'ils ont ordinairement les plus belles femmes. Elles sont [l]ibres à la mort de leur patron & s'indemnisent alors de leur [m]ieux du triste esclavage de leur prison précedente. Ces Eunuques ont de grands privileges dans ce pays-ci, & il s'y en trouve d'extrêmement riches.

Je ne dois pas oublier de vous faire souvenir d'une ancienne coutume, qui a encore rapport à la matiere que je traite, & dont il est parlé dans Hérodote. Cet auteur assure que de son tems les femmes faisoient le commerce en Egypte. Les historiens Arabes nous apprennent plus précisément en quoi consistoit ce commerce. Selon eux il étoit borné à l'achat & à la vente des étoffes de soye, d'or & d'argent, de soie pure, de cotton, de cotton mêlé de fil, ou de simples toiles, soit qu'elles se fabriquassent dans le pays, ou qu'elles vinssent du dehors. Les femmes étoient préposées de même à vendre en détail dans les boutiques des fruits, & mille autres denrées semblables, qui sont d'un usage journalier dans la vie civile. A l'égard du commerce, qui se faisoit de l'Egypte aux pays étrangers, & des pays étrangers en Egypte; du commerce en gros du bled, de l'orge, du ris, & des autres grains, ou légumes, que la terre produit dans cette région, il étoit réservé aux hommes seuls. Ainsi les femmes partageoient avec leurs maris, & les maris avec leurs femmes, l'occupation la plus ordinaire & la plus utile des peuples de ces anciens tems. Aujourd'hui les femmes Arabes, qui habitent dans les montagnes & à la campagne, partagent encore avec leurs maris le même commerce, & l'ancien usage s'est conservé parmi elles jusqu'à nos jours; mais il est absolument aboli parmi toutes les autres femmes de ce pays, & on ne les voit plus se mêler du commerce, c'est-à-dire vendre dans les boutiques, & tenir des Bazars, ou marchés considerables. Il ne se trouve que quelques pauvres femmes, qui pressées par la misére, vont elles-mêmes porter au marché, ou dans les ruës du fil, du coton filé, & d'autres semblables bagatelles de leur façon, pour subvenir à leur necessité.

De l'attachement des Egyptiens pour leur pays.

Enfin pour vous donner une idée parfaite du génie des Egyptiens, je dois vous avertir, qu'ils ont si peu de curiosité pour le pays étranger, & tant d'attachement pour le leur, qu'il n'est pas possible de les en tirer. L'avanture, qui m'est arrivée à moi-même à ce sujet, vous en fera convenir.

Au mois de Septembre 1699. je reçus ordre du Roi de choisir trois enfans Coptes pour envoier en France, afin de les y faire élever de la même maniere qu'on y en éleve de quelques autres nations Orientales. La Cour souhaitoit que ces enfans fussent d'honnête famille, & appartinssent à des parens aisés. Pour me mettre en état d'obéir plus sûrement, je consultai d'abord les Peres Jésuites, & nous convinmes que personne n'étoit plus à portée de m'aider à remplir les intentions de S. M. que les Peres de Terre Sainte, ou les Péres Capucins, qui depuis long-tems exercent la mission en Egypte, où ils ont même des écoles publiques. J'envoiai chercher aussi-tôt les Superieurs de ces missions qui me promirent tous de travailler avec zele au succés de cette négociation. Pour y mieux réussir, nous résolumes qu'on ne découvriroit point la véritable destination de ces enfans, & qu'on diroit seulement que c'étoit pour enseigner l'Arabe au fils d'une de mes sœurs, qui m'avoit prié de lui procurer cette satisfaction. Que d'ailleurs on promettroit de les renvoyer dans trois ans, & de leur faire apprendre pendant ce tems-là telle profession que les péres & méres auroient plus agréable.

Toutes choses ainsi concertées, ces bons Religieux n'oublierent rien de ce qui pouvoit servir à les acquitter de leur promesse; mais ce fut fort inutilement. Bien loin de réussir à déterminer des gens aisés à donner de leurs enfans, ils n'en purent même obtenir des plus accablés de misére, quelque nombreuses que fussent leurs familles. Les choses allerent même jusqu'à une espece d'émotion. On vit la plupart des péres & des méres dans la crainte qu'on ne leur enlevât leurs enfans malgré eux, les retirer des écoles des Missionnaires, & renoncer volontairement aux aumônes qu'ils en recevoient, quoi qu'ils en eussent un besoin extrême. Les religieux Italiens de la Propagande, qui sont au Caire, & qui ont d'étroites liaisons avec le Patriarche, aussi-bien qu'avec un grand nombre de familles Coptes, ne réussirent pas mieux dans l'execution des ordres qu'ils avoient reçus de la Congrégation d'envoyer cinq ou six enfans à Rome, pour y être élevés. Jusqu'aprésent ils n'ont encore pu en obtenir aucun.

Plusieurs raisons peuvent porter les Coptes à empêcher le passage de leurs enfans en Europe. La tendresse excessive qu'ils ont pour eux, la facilité extrême qu'ils trouvent à les nourrir, & à les entretenir dans un pays, où un sol, ou dix-huit deniers de pain par jour, avec une chemise pour tout le cours d'une année, suffit pour la nourriture & le vêtement de chacun, la coutume qui ne permet point qu'on expose les enfans à passer au-delà des mers, enfin ce qui est encore plus fort que tout le reste, l'espoir qu'ils ont de trouver un jour dans le travail de ces mêmes enfans des secours contre la nécessité & la misére, dont leur vieillesse n'est que trop ordinairement environnée, sont autant de motifs généraux, qui leur sont également communs, comme à tous les autres peuples de la terre, & qui les engagent à ne pas souffrir que leurs enfans sortent de leurs familles. Mais on peut ajouter que cette conduite est fondée incontestablement sur une raison plus puissante encore, & qui leur est particuliére ; c'est l'estime & l'attachement infini qu'ils ont pour leur patrie. Rien n'est dans leur esprit comparable à l'Egypte, & ils n'ont pas absolument tort. Pourroit-on les blamer d'aimer un pays, qui, comme je l'ai dit ailleurs, passe même chez les étrangers pour le paradis de ce monde?

Sur cette courte relation vous pouvez juger, Monsieur, de la vérité de ce qu'on a osé avancer dans la relation historique d'Ethiopie du P. de Lobo, que le Patriarche des Coptes avoit permis aux Péres Missionnaires Italiens d'emmener avec eux à Rome des enfans Coptes, qu'on avoit dessein d'y faire élever, afin de les instruire de bonne heure de la Religion Catholique.

Des presens.

Il n'y a point de nation au monde, où les présens soient plus en usage, que parmi celle-ci, surtout dans les occasions de mort, ou de mariage. Comme une personne affligée de la mort d'un de ses parens est censée n'être point en état de se préparer, ou de se faire préparer à manger, ses domestiques participans eux-mêmes à la douleur de leur maître, sa maison pendant huit à neuf jours ne manque jamais d'être fournie de toutes sortes de vivres. Ces provisions servent en même tems à nourrir ceux, qui viennent tenir compagnie à l'affligé, & pleurer avec lui la perte qu'il a faite. Le même usage s'observe dans les mariages des Chrétiens du pays comme des Mahométans, dans les pélerinages qu'ils font à Jerusalem, où à la Mecque, & sur-tout au retour de ces voyages On le pratique encore dans le batême des Chrétiens & dans la circoncision des Turcs, qui sont les principales cérémonies des deux religions. Il est vrai que dans ces differentes occasions il n'y a point de deshonneur à recevoir de ces présens, parce qu'ils ne manquent jamais d'être
rendus

rendus en pareille rencontre. Enfin cette coutume s'obferve principalement dans les vifites fréquentes qu'on fe fait les uns aux autres pendant le cours de l'année, & qui font toujours précédées de préfens de poules, de moutons, de ris, de caffé, & d'autres provifions femblables de différente efpece.

Ces vifites que les parens & les amis fe rendent régulièrement les uns aux autres, étoient déja en ufage chez les anciens Egyptiens; & quoiqu'elles fe faffent fouvent fans fortir d'une même ville, elles ne manquent guéres de durer trois & quatre jours, quelquefois même jufqu'à huit. On méne alors toute fa famille avec foi, fi on en a; & l'ufage eft, comme je viens de le dire, de fe faire précéder par des préfens proportionnés au rang que l'on tient, & à la fuite dont on eft accompagné. Le premier repas & le dernier font des feftins de cérémonie; on y donne le parfum, & on y obferve toutes les autres pratiques, qui dans ces occafions font en ufage dans le Levant. Le refte du tems fe paffe dans la plus grande liberté. Les hommes couchent avec les hommes, les femmes avec les femmes. Les Divans fervent à cet ufage. Ils n'ont pas, à la vérité, la propreté de nos lits; mais ils font commodes, foit pour être affis, foit pour fe coucher, foit enfin pour manger à fon aife; car ils font également communs à ces trois chofes. C'eft un déshonneur pour une honnête femme de chanter dans ces occafions. La converfation roule principalement fur les habillemens, fur les bains, & fur les connoiffances. On peut rêver & dormir même dans ces vifites, fans craindre de paffer pour incivil & pour impoli.

Des vifites.

La manière de fe faluer, telle qu'elle fe pratique par les Egyptiens d'aujourd'hui, n'eft pas moins ancienne. La coutume ordinaire lorfqu'on ne s'aborde point, eft encore, comme autrefois, d'abaiffer la main jufqu'aux genoux, & de la porter enfuite fur la poitrine. C'eft ainfi qu'on marque fon dévouement envers la perfonne que l'on falue par l'abaiffement de la main, comme en la relevant & la portant fur le cœur, on lui témoigne fon affection. Lorfqu'on s'aborde enfuite, on fe prend les mains l'un à l'autre en figne d'amitié. Ce qu'il y a de fort plaifant, c'eft de voir les gens de la campagne fe frapper réciproquement de grands coups dans la main, vingt ou trente fois de fuite en s'abordant, fans fe dire autre chofe que *Salamat aiche halcom*; c'eft-à-dire, *comment te portes-tu ? je te fouhaite une bonne*

De la manière de fe faluer.

S

santé. Il faut avouer que si cette formule de compliment est simple, elle est en même-tems bien affectueuse. Peut-être marque-t'elle mieux la bonne disposition du cœur, que toutes les frases étudiées dont on se sert parmi nous, & que la politesse emploie presque toujours aux dépens de la sincérité. Après ce premier compliment on se fait plusieurs interrogations d'amitié, d'abord sur la santé de la famille, en nommant chacun des enfans, dont les noms sont connus. On s'informe ensuite comment se porte la mére de ces enfans, sans jamais la nommer elle-même. Ce seroit ici une impolitesse de demander à un homme des nouvelles de la santé de sa femme. On y fait plus de façons ; on demande comment se porte la mére de Muftapha, par exemple, ou de Mehemet, qui sont leurs enfans communs. On se fait ensuite plusieurs questions sur l'état des chameaux, des bœufs, des moutons, des grains ; s'ils sont prêts à couper, si la recolte est faite, & si elle a été abondante ? Si la conversation s'allonge, après avoir parlé d'autres matiéres, on en revient de part & d'autre aux mêmes interrogations, comme s'il n'en eût point encore été question. Cette répétition paroîtra sans doute ridicule. Cependant peut-on s'empêcher de reconnoître que le même défaut ne régne pas moins parmi nous, puisqu'il nous arrive souvent dans des conversations pareilles, de répéter plusieurs fois les assurances de très-humble serviteur ? L'habitude seule met de la différence entre les maniéres des diverses nations. Du reste, il y auroit de la témérité à vouloir condamner les unes plutôt que les autres, puisque toutes sont également consacrées, & autorisées par l'usage.

De l'usage de la Médecine parmi ces peuples.

L'attachement que les hommes ont pour la vie, rend la Médecine recommandable dans tous les pays du monde ; mais on peut dire qu'elle n'est nulle part ailleurs plus estimée qu'en Egypte. Un Médecin, pour peu qu'il soit habile, y est fort recherché, & gagne beaucoup. Mais ici comme par-tout ailleurs, il est fort rare d'en trouver de cette espéce. Ils ne sçavent ordinairement que quelques recettes qu'ils ont apprises dans les Livres. Ils se les rendent ensuite familiéres par la pratique, & elles réussissent plus ou moins heureusement, selon la complaisance de la nature à s'y prêter. Une provision si légere de connoissances les oblige à ne s'attacher qu'à une espece de maladies. Ainsi on peut dire assez exactement, qu'encore aujourd'hui, comme chez les anciens Egyptiens, il y a ici un Médecin particulier pour chaque infirmité, ou plutôt quelqu'un qui fait profeſſion d'y remedier. C'eſt ainſi qu'on voit parmi nous des Médecins d'une plus grande réputation que d'autres, dans les maladies des yeux, dans celles des oreilles, dans les deſcentes, dans l'hydropiſie, dans les petites verolles ; quoiqu'en effet il n'y en ait aucun qui ne ſe croïe en état de traiter toutes ſortes de maux, & que bien des gens ſe le perſuadent de même. Car il n'y a point de matiéres où les hommes s'en faſſent plus accroire, & où les autres deviennent plus aiſément leurs dupes, que dans celles où il eſt le plus de leur intérêt de ne ſe point laiſſer tromper.

Il eſt donc certain que dans ce pays-ci, comme en Europe, on trouve des Médecins qui ſe piquent de guérir toutes les maladies. Mais la confiance de ceux-ci, comme celle de ceux-là, eſt la ſeule choſe ſur laquelle on puiſſe compter raiſonnablement. Ceux qui ſe mêlent de traiter le mal des yeux, ſont les plus occupés, parce qu'il eſt ici très-fréquent, comme je l'ai dit en parlant du climat de l'Egypte en général. La plûpart des gens y ſont borgnes, aveugles, ou du moins fort incommodés de la vûe.

A l'égard des drogues, qu'on emploie ici à purger, elles ſont en grand nombre, & toutes inconnües aux Européans. L'uſage des vomitifs étoit autrefois très-commun chez les Egyptiens ; & les Arabes qui ont le plus retenu des anciennes coutumes, & qui ont le plus écrit ſur la médecine, obſervent encore de ſe purger avec des herbes, qui excitent au vomiſſement. Quoiqu'il en ſoit, il y a beaucoup d'apparence que les drogues dont on ſe ſert ici dans les remedes, ſont très-deſagréables, quoique les habitans du pays les prennent ſans aucune répugnance, puiſque nos médecines les plus dégoutantes, ſont pour eux un vrai régal, & un breuvage délicieux qu'ils ſavourent voluptueuſement.

Je finis, Monſieur, par une réflexion bien naturelle, & que vous aurez déja faite, ſans doute, à la lecture de cette lettre & de la précédente ; c'eſt que ſi quelques anciens uſages ſe ſont inſenſiblement abolis en Égypte, il s'en eſt cependant conſervé encore un très-grand nombre, malgré les Puiſſances différentes, & les diverſes religions qui ſe ſont ſuccédées les unes aux autres dans ce pays. On reconnoît ſur-tout, que ces ſortes de pratiques que la dévotion des peuples y avoit introduites, n'ont presque reçu aucune altération. L'Egypte qui a toujours porté des hommes enclins à la joie & aux plaisirs, a sçu corriger avec le tems l'austére gravité & l'indolence naturelle des Turcs, & a triomphé de ces fiers Conquérans, en leur inspirant l'amour des fêtes & des spectacles, pour lesquels ils n'avoient aucun gout. Ces processions, ces pélerinages, ces voiages de plaisir, ces illuminations, ces fêtes continuelles, & cent autres pratiques propres aux premiers habitans de ce charmant pays, sont encore ici en usage, & nous parlent encore vivement de ces peuples fameux, dont le souvenir ne périra jamais dans l'histoire.

Ces inclinations des premiers siécles que je regarde comme une espéce d'histoire de la nature dans le sujet le plus parfait, qui est l'homme; ces inclinations qui n'ont point changé en lui, se trouvent encore dans les animaux de ce pays, telles qu'elles étoient alors, comme vous avez pû le remarquer dans la suite de mes lettres. Ainsi on voit encore le noble Ibis opposé aux serpens, comme il l'étoit il y a trois à quatre mille ans; l'Hippopotame est toujours très-dangereux, & l'Ichneumon ne fait pas moins vivement qu'autrefois une guerre déclarée au Crocodile. Tant il est vrai, comme je l'ai avancé d'abord, qu'à peu de chose près l'Egypte est encore aujourd'hui la même qu'elle étoit dans les tems les plus reculés. S'il est arrivé quelques changemens dans ses usages, ce n'est, comme je l'ai dit, que du plus au moins. Elle en a toujours conservé des traces que tout l'effort du tems n'a pas été capable d'effacer. Jusques dans sa caducité elle produit encore dans tous les êtres vivans qui l'habitent, à peu près le même génie, les mêmes inclinations, & le même caractére.

De la poste aux Pigeons.

Cette pensée me fait souvenir d'un usage qui s'observoit du tems des anciens Rois d'Egypte. Il n'est pas même encore absolument aboli dans l'Orient, & il mérite sans doute que je finisse par là cette lettre. Je parle de la poste aux Pigeons, dont nous trouvons tant de vestiges dans les historiens anciens & modernes. On ne peut certainement trop loüer la sage prévoiance des Princes de l'Europe, qui par le moien des différentes postes établies dans l'étendüe de leurs Etats, facilitent à leurs sujets le commerce & l'union qui sert à l'entretien de la société civile, & se procurent à eux-mêmes une voie sûre pour être promptement informés de tout ce qui les intéresse dans leur empire. Cependant il faut avouer que cet établissement si utile & si avantageux n'est pas comparable à celui qu'avoient imaginé ces anciens Souverains, à la puissance desquels l'Egypte rendra à jamais témoignage, puisque dans un espace de tems infiniment plus court, ils pouvoient être instruits par le moien des pigeons de tout ce qui se passoit dans les parties différentes de leur vaste domination.

Voici de quelle manière ces postes étoient établies. On avoit bâti des Tours de douze lieües en douze lieües depuis le Château du Caire jusqu'à Diarbekir, passant par Damas, par Jérusalem, & par Alep. Le lieu où ces tours étoient construites, s'appelloit *Berid*, mot Arabe qui a la même signification que le terme de *Poste* en notre langue; & il est bon d'observer que quoique la poste partît du Caire, il n'y avoit point de ces Tours depuis cette ville jusqu'à Rosette, à Alexandrie, & à Damiette; les pigeons faisoient ce trajet d'un seul vol. Des hommes gagés pour cela étoient postés jour & nuit au haut de ces tours, pour recevoir les lettres qui étoient apportées par ces pigeons; car ces oiseaux voyageoient nuit & jour, & les gardes s'en appercevoient dans l'obscurité, aux cris de joie qu'ils poussoient à leur arrivée. Lorsqu'on vouloit donner un prompt avis de quelque affaire importante, soit des Provinces à la Cour, ou de la Cour dans les différentes Provinces du Royaume, on prenoit un de ces couriers qu'on avoit apporté du *Berid* le plus voisin de la ville d'où partoit l'avis; ensuite après lui avoir attaché au col avec un lacet une petite boëtte d'or, qui étoit aussi mince que du papier, & dans laquelle on mettoit la lettre qu'on vouloit envoier, on lui donnoit l'essor. Cette boëtte d'or large d'un pouce & longue d'un pouce & demi s'appelloit en Arabe *Pataca*, d'où est venu, selon toute apparence, notre terme de paquet. On marquoit sur la dépêche l'heure où le courier avoit été expedié, & successivement à chaque *Berid*, celle à laquelle il étoit arrivé. On avoit la même attention pour un *duplicata* du même paquet, qu'on ne manquoit jamais de faire partir deux heures après pour plus grande sûreté.

Ces pigeons ne s'expédioient que pour le Roi, & lui seul avoit droit d'ouvrir les paquets dont ils étoient chargés. Ainsi lorsqu'il en arrivoit quelqu'un, si le Prince reposoit, ou qu'il fût à la chasse, on étoit obligé d'attendre son réveil, ou son retour au Palais, pour faire l'ouverture de la boëte. L'histoire des Croisades nous apprend que ce fut par un de ces pigeons, qui fut tué en passant à Saint Jean d'Acre, que l'armée Chrétienne, qui faisoit le siége de cette place, fut instruite du secours que les Infidéles préparoient, & du jour qu'il devoit arriver; ce qui donna lieu à la victoire mémorable que les Croisés, qui avoient eu le tems de se disposer à recevoir leurs ennemis, remporterent en cette occasion. Nous lisons de même dans l'histoire d'Egypte, que la ville d'Aléxandrie s'étant révoltée contre son Gouverneur, la nouvelle en fut mandée au Roi, qui faisoit alors sa résidence au Caire, au moment même. Ce qui paroîtra incroiable, c'est que le secours, qui en conséquence de cet avis fut commandé pour aller réprimer cette sédition, arriva, ajoute-t'on, vingt quatre heures après qu'elle eut commencé. Enfin tout le monde sçait qu'il n'y a pas encore long-tems qu'on nourrissoit à Aléxandrette de ces sortes de pigeons, dont on se servoit pour donner avis à Alep de l'arrivée des vaisseaux marchands. On prétend même qu'un Négociant ayant tué par hasard un de ces messagers à la chasse, fit sa fortune, & gagna dix mille écus, en profitant de l'avis qu'on donnoit par ce pigeon d'acheter des noix de gales, dont on se sert pour la teinture, & qui, disoit-on, étoient devenuës fort chéres en Angleterre. Je suis persuadé qu'on parviendroit par cette voie à faire passer promptement des nouvelles jusqu'aux extrémités du monde, si on prenoit les soins nécessaires pour y réüssir. On accoutumeroit d'abord les pigeons à faire ces courses de proche en proche, & même à traverser quelque bras de mer, tel que le pas de Calais, & on réüssiroit ensuite insensiblement à les faire retourner à leur colombier des lieux-mêmes les plus éloignés.

J'ai trouvé dans les historiens Arabes quatre vers dignes d'Anacréon, adressés par une Dame à un de ces pigeons, qu'elle avoit chargé d'une lettre pour son amant. Quoique la langue Arabe ne soit pas fort connuë, je suis bien aise de vous les envoier. Ils vous apprendront du moins que les Arabes emploient comme nous la rime dans leur poësie; & la traduction de cette petite piéce vous forcera peut-être de convenir, que la galanterie n'est pas propre à la nation Françoise à l'exclusion de toutes les autres.

Kod ia tair del Ketab monni rouh ouaddi
Ef od genahak alei men tel la iedi
Ana oüanik ia tair Lemma touffel el ouadé
Bous oua cabbel aiedi cabl teddi.

TRADUCTION.

Recevez ce billet; allez, beau meſſager,
A mon amant abſent porter de mes nouvelles;
Et ſur ce cher dépôt étendez bien vos aîles,
Pour que l'humidité ne puiſſe le gâter.
Quand vous ſerez devant cet objet qui m'enchante,
Careſſez-lui les mains de ce bec amoureux,
Et puis d'une façon & gentille & galante,
Vous lui préſenterez ce gage de mes feux.

Au reſte ces courriers n'étoient pas exempts d'erreur. Ils ſe méprenoient quelquefois de lieu, & paſſoient celui de leur deſtination. On voit à dix ou douze lieues au-delà d'Alep, un Château dont la figure & la ſituation approchent fort de celle du Château même de cette ville, & pluſieurs pigeons expédiés d'Alexandrette y ont été trompés. Dix lieues de plus pour un pigeon qui eſt en route, ne le retardent pas d'une demie heure. Pour ſe convaincre de cette vérité, il s'agit ſeulement de faire attention à un fait, dont j'ai moi-même été pluſieurs fois témoin dans ce pays-ci; c'eſt qu'un milan très-élevé dans l'air joint & attrape un rat paſſant d'une ouverture de la terre à une autre, qui ſouvent ne ſera pas diſtante de dix pieds de la première; en ſorte que ce milan chargé de beaucoup de plumes, qui diminuent la rapidité de ſon vol, fait cependant une route de trois à quatre cens pieds, tandis qu'un rat allant fort vite ne peut en faire une de dix.

On raconte à cette occaſion une hiſtoire qui paſſe pour conſtante à Alep. Un marchand de cette ville qui croyoit avoir le pigeon du monde le plus ſûr & le plus vite, gagea, dit-on, un jour une ſomme conſidérable contre un autre commerçant, qui en avoit auſſi un, que ſon pigeon arriveroit à Alexandrette de quinze minutes plutôt que le ſien. Mais ce malheureux pigeon s'étant tellement élevé dans l'air, qu'il apperçut la mer de Balfora, la prit pour la Méditerranée. Il dirigea donc sa course de ce côté-là, & ne trouvant point Alexandrette qu'il cherchoit inutilement dans ce pays, il passa jusqu'aux Indes, d'où il ne revint à Alep qu'au bout de trois jours. Son maître outré de la perte qu'il lui avoit causée lui donna à son arrivée un coup dont il le tua. On l'ouvrit ensuite & on trouva dans son jabot des clous de gérofle tout verds qu'il ne pouvoit avoir mangés qu'aux Indes. On ajoute que ce marchand fut si touché de cette découverte par laquelle il étoit prouvé que cet oiseau avoit fait trois mille lieues en trois jours, puisqu'on en compte autant d'Alep à l'Isle de Ceilan, qui est le premier endroit des Indes ou croisse le clou de gérofle, qu'il mourut lui-même de douleur d'avoir tué cet animal.

Outre ces preuves incontestables de la vitesse & de la rapidité du vol de ces pigeons, on sçait que tous les oiseaux, jusqu'aux plus petits, traversent la mer Méditerranée d'Europe en Afrique pendant l'Automne ; & d'Afrique en Europe dans le Printéms. Or ce trajet doit se faire dans un jour, autrement ils seroient obligés de dormir à la Mer, ce qui même ne prolongeroit leur course que d'une nuit, puisque leurs forces ne leur permettroient pas de la continuer plus long-tems. Ne lisons-nous pas d'ailleurs dans notre histoire, qu'un jour un faucon s'étant perdu aux environs de Paris dans une chasse d'un de nos Rois, il fut pris à Malthe le même jour à deux heures après midi ; & qu'après avoir été reconnu, il fut renvoié à Paris avec un certificat du jour auquel on l'avoit pris ? Enfin nous sçavons qu'en Amérique, & du côté du Canada, il se trouve un oiseau qui vient faire sa chasse & déjeuner à cent lieues en mer, retourne ensuite à terre, & revient vers le midi pêcher au même endroit ; ce qu'il réitere encore vers les trois heures après midi. Ce fait est si constant, que lorsqu'on découvre cet oiseau en allant au Canada, on sçait sûrement qu'on est à cent lieues de terre. Or personne n'ignore aujourd'hui qu'il ne se repose point sur la mer, comme beaucoup d'autres oiseaux ; d'où il faut conclure que chaque jour il fait au moins six cens lieues pour vivre. Delà on peut comprendre que le pigeon parti d'Alep a pu aisément se rendre dans le jour même à l'Isle de Ceilan, y rester le lendemain pour se reposer d'une si longue course, & retourner le jour suivant à Alep. A une certaine hauteur de la terre, l'air est dé-
pouillé

DE L'EGYPTE.

pouillé de la pesanteur & de la grossiereté de celui dont nous sommes environnés, & n'apporte point aux oiseaux qui font route, l'obstacle qu'ils rencontrent dans une région plus basse.

Adieu, Monsieur, je suis las de vous entretenir de merveilles & de faits, que quelques-uns pourroient regarder comme incroiables. Je finis donc par un compliment très-commun, & que vous trouverez sûrement moins extraordinaire, puisqu'il s'agit seulement de vous assurer que je suis, &c.

Au Caire, ce . . .

LETTRE DOUZIÉME.

*QUI TRAITE DU GOUVERNEMENT DE L'EGYPTE,
& des différens Corps de Milices préposés
à la garde de ce roiaume.*

APRES avoir connu l'Egypte avec ses habitans, leur religion & leurs coutumes, leurs usages & leur génie, peut-être attendez-vous, Monsieur, que je vous donne aussi une idée du gouvernement de ces peuples. Rien ne seroit en effet plus naturel, puisque rien ne sert davantage à fixer le caractére de chaque nation, que de sçavoir sous quelle forme est réunie la societé, qui la compose, & quelles sont les loix par lesquelles elle se gouverne. Que de matiéres toutes interessantes sont renfermées dans un sujet si important ! Les richesses, les forces, & la puissance du Souverain par qui un Etat est gouverné, la splendeur de sa Cour, le nombre & la qualité des troupes qu'il entretient, celui des armées qu'il peut mettre sur pied, leur maniére de faire la guerre, soit qu'il faille attaquer ou se défendre, leurs armes, la discipline qu'elles observent, enfin l'état des finances du Prince & de ses revenus, les loix & les tribunaux à l'abri desquels la justice & l'innocence sont à couvert de la violence & de la véxation, tout cela est compris sous cette idée générale de gouvernement, dont vous vous flattez que je vais vous faire une analyse, en entrant dans un détail exact de ce qui concerne chacun de ces articles par rapport au sujet que je traite. Vous allez donc être fort surpris, Monsieur, d'apprendre que mon dessein n'est nullement d'entrer dans cette discussion, & que tout ce que j'ai à vous dire sur le gouvernement de l'Egypte se réduit à quelques réflexions peu nombreuses & assez courtes.

DE L'EGYPTE. 147

En effet vous n'efperez pas fans doute, que je vous faſſe ci une hiſtoire entiere de l'Egypte; que je vous donne une ſuite de ces anciens Rois qui depuis la plus reculée de ſes Dynaſties, juſqu'à la conquête qu'en firent les Turcs, gouvernerent ce floriſ- ſant Etat, & que je vous inſtruiſe de leurs exploits & de toutes les actions memorables, qui peuvent les rendre célébres. L'hiſtoire chargée par ſon caractére de conſerver aux ſiécles avenir la mé- moire des grands évenemens ne permet point à une ſimple rela- tion de s'élever juſqu'à des matiéres ſi importantes. Ainſi vous de- vez déja me regarder comme quitte à votre égard de tout ce qui concerne l'ancien gouvernement de l'Egypte. A l'égard du gou- vernement preſent & de la forme qu'elle a priſe depuis que le Sultan Selim la ſoumit à ſon empire, il ſeroit inutile de m'amu- ſer beaucoup à vous en entretenir. Tant d'hiſtoires, tant de rela- tions ont parlé du gouvernement des Turcs, qu'il ſuffit de dire que l'Egypte gémit aujourd'hui ſous le joug de ces fiers conqué- rans, pour qu'on conçoive d'abord la nature de ſon eſclavage, & la maniére dont elle eſt adminiſtrée par ces maîtres durs & impitoyables. L'Egypte, ce roiaume autrefois ſi redoutable & ſi puiſſant eſt aujourd'hui une ſimple Province tributaire des ſuper- bes Sultans de Conſtantinople. Cette ſeule connoiſſance ſuffit pour vous donner d'abord une idée parfaite de tout ce qui la concerne par rapport au ſujet que je traite. La puiſſance Ottoma- ne a abſorbé cette ancienne monarchie. La police des Turcs a pris la place des loix reſpectables, qui rendirent autrefois ce roiau- me ſi floriſſant; leur politique a englouti ſes forces & ſes armées. A ces connoiſſances joignons quelques réfléxions ſur le pouvoir & le revenu des Bachas, qui gouvernent ce charmant pays, ſur les Corps différens de milices que le Grand-Seigneur y entretient; & vous aurez une idée parfaite de ſon gouvernement. Peut-être ne permettrez-vous quelques écarts ſur la magnificence de ſes anciens Rois, & ſur le caractére des différens Gouverneurs que j'y ai connus pendant la longue réſidence que j'y ai faite. Je puis vous promettre d'avance, que du moins ces traits ſeront neufs; & qu'ils ne vous paroitront, ni des moins curieux, ni des moins inſtructifs de cette lettre.

L'empire de l'Egypte ne fut pas toujours réuni ſous la domina- tion d'un ſeul ſouverain. Si nous en croions les Hiſtoriens Arabes, divers Seigneurs, ou Princes en partageoient d'abord entre eux

Du gou- vernement ancien de l'Egypte.

T ij

le gouvernement. Les plus foibles étoient alors unis ensemble contre les plus puissans, & subsisterent pendant plusieurs siécles à la faveur de cette politique. Ce fut dans ces tems éloignés, qu'à l'exemple les uns des autres, ils commencerent à élever dans l'étenduë de leur petite domination des temples & d'autres monumens; afin d'y attirer les peuples des Etats voisins, & le commerce avec eux, par des pratiques religieuses, des fêtes, des spectacles réjouissans, des foires interessantes par les marchandises, dont on y trafiquoit. Ce concours des peuples faisoit valoir les revenus de ces différens petits Princes, enrichissoit leurs sujets, & leur procuroit avec ces richesses les commodités & les agrémens de la vie. Dans la suite l'Egypte entiére se vit réunie sous le gouvernement d'un seul Monarque; mais ces dévotions, ces fêtes, & ces foires ne laisserent pas de subsister. Les Princes, qui auparavant régnoient en propre dans les diverses provinces de cet Empire, devinrent les officiers de cette souveraine puissance, & augmenterent la splendeur de sa Cour. Soutenuë de toutes ces forces réunies, l'Egypte devint une Monarchie florissante, célébre par ses richesses, sa puissance, & le nombre de ses habitans. C'est-là ce qu'on peut regarder comme le siécle d'or de cette région fortunée.

Des révolutions qui y sont arrivées.
Telle fut pendant un grand nombre de siécles la situation de cette Monarchie. Elle devint depuis la proie des Persans. Les Macédoniens regnerent ensuite sur ce charmant pays pendant plus de trois cens ans. Les Romains leur succéderent pendant plusieurs siécles. Ils furent enfin chassés par les Arabes. Ce fut en l'année 21 ou 23 de l'Hegire, qu'Amrou fils d'Aas fit la conquête de l'Egypte. Cette couronne passa depuis à ses descendans, qui la conserverent jusqu'à l'an de l'Hegire * 358 que Giauher Général des armées du Calife *Meez lédin allah* qui régnoit en Afrique, & faisoit sa résidence à Trémecen, ville située à deux ou trois journées au dessus d'Oran du côté du Midi, soumit ce roiaume à l'empire de son maître. Dès que ce Prince fut informé de cette conquête, il fit fondre tout son or en lingots, & emportant avec lui ce qu'il avoit de plus précieux, surtout les corps de ses Ancêtres auprès desquels il vouloit être inhumé, il quitta l'Afrique, pour aller faire sa résidence en Egypte. Meez lédin étoit le quatriéme de sa race, qui régnoit en Afrique sous le titre de Calife. Outre ce roiaume, ces Princes possédoient encore la Sicile & la Sardaigne, dont ils s'étoient emparés. Ce Calife quitta Tréme-

* De l'Ere Chrétienne 970.

en l'an * 362 de l'Hegire, & vint établir le siége de son Califat en Egypte; où lui & sa postérité régnerent jusqu'en l'année de l'Hegire ** 590, au nombre de onze Princes.

Je n'entreprendrai point, conme je l'ai déclaré d'abord, de donner ici l'histoire de ces différens Souverains. On peut, si on en est curieux, consulter divers Historiens, qui ont travaillé à les faire connoître. Je me contenterai seulement de rapporter un beau mot de *Méez lédin allah*. Ce Calife étant un jour à cheval à la tête de son armée, un homme eut la témérité de lui demander quelle étoit son origine & sa famille. A cette question ce Prince aussi sage que brave, mais qui étoit sans extraction, portant la main à son cimeterre, voilà mon origine, lui dit-il, & montrant ensuite son armée, & voilà, ajouta-t-il, quelle est ma famille. Son petit fils, nommé *El hakem beaner allah*, fut aussi fol, que son ayeul étoit sage. Il voulut passer pour l'associé de Dieu, & il avoit fait dresser une liste de six mille personnes, qui le reconnoissoient en cette qualité. Entr'autres folies, il avoit défendu aux femmes de sortir jamais en public, & par conséquent aux Cordonniers de leur faire des souliers. Il avoit ordonné aux Juifs de porter au col la figure d'un veau, à cause de celui qu'ils avoient adoré dans le desert, & aux Chrétiens une grande Croix, parce qu'il s'imaginoit que c'étoit là l'objet de leur culte. Il ordonna aussi que toutes les maisons & boutiques du Caire fussent ouvertes & éclairées toutes les nuits. Il fit bruler la moitié de cette ville, & piller l'autre par ses soldats. Il fit de même démolir à Jérusalem l'Eglise de la Resurrection, & celle du Calvaire; après quoi il les fit rebatir. Il eut des opinions, dans sa propre religion des plus extravagantes qu'on puisse imaginer. Enfin comme ses folies augmentoient chaque jour, sa sœur le fit assassiner un matin avant le lever du Soleil sur la montagne du Mokatan; où il ne manquoit pas de se rendre presque tous les jours, pour persuader à ses sujets qu'il avoit dans ce lieu des entretiens secrets avec la divinité. Il ne fut jamais possible de découvrir ce que son corps étoit devenu après cet assassinat. Le peu de monde qui l'avoit accompagné, disparut de même, & on publia par dérision, que les hommes n'étant pas dignes de posséder un si saint Roi, Dieu le leur avoit enlevé pour en jouir lui-même.

Le dernier de ces onze Princes descendans de *Méez lédin allah* dont j'ai parlé, se nommoit *Adhed*, & fut déposé par Sala-

Particularités du régne des Arabes dans ce pays.

* De l'Ere Chrétienne 974.   ** De l'Ere Chrétienne 1202.

din, qui se rendit maître de l'Egypte. Ce Conquérant n'osa cependant s'en déclarer le Souverain, parce que Nouredin, qui régnoit à Damas, & dont il commandoit les armées, vivoit encore. Mais il fit déclarer *Adhed* déchû du Califat & du roiaume à cause de ses vices, & remit l'Egypte sous la domination des Abassides ; c'est-à-dire qu'il laissa au Calife de Bagdad le titre de Souverain de l'Egypte, dont il conserva toute la puissance pour lui-même. Il fit enfermer Adhed avec ses enfans & tous les Princes de la maison des Fatimiens dans un palais, où on leur fournissoit abondamment par son ordre tout ce qui pouvoit les consoler de leur triste sort. Ce fut-là qu'ils moururent tous jusqu'au dernier.

De leur Magnificence.

Les Historiens Arabes ne tarissent point, lorsqu'ils nous font la description des magnificences, dont brilloit la Cour d'Egypte du tems de ces anciens Rois de leur nation. Lorsque ces Princes avoient remporté personnellement quelque avantage sur leurs ennemis, lorsqu'ils retournoient de Damas, ou d'Alep, dans le tems que ces villes étoient soumises à leur domination, ou qu'ils visitoient les provinces éloignées du siége de leur empire, qui étoit alors le Caire, leur coutume étoit de ne rentrer jamais dans cette ville qu'avec le plus de pompe & d'éclat. Tous les Grands du roiaume sortoient à leur rencontre, & alloient les joindre sous des tentes magnifiques, où ces Princes passoient trois jours avant que de faire leur entrée dans leur Capitale. Ces tentes étoient dressées dans une vaste plaine, située du côté de la Matarée, au Levant du Caire. Rien n'étoit plus brillant que la marche du Prince, lorsqu'il abandonnoit la campagne pour reprendre le chemin du Chateau, où le Palais étoit situé. Le nombre prodigieux des Grands du pays, tous habillés superbement, & montés ainsi que leur suite, tous les Officiers de la maison du Roi, & le Roi lui-même sur les plus beaux chevaux de l'Egypte couverts de housses magnifiques & de harnois d'argent doré, souvent même garnis de pierreries, faisoient un spectacle également digne d'admiration & de surprise. Le Prince portoit à côté de son turban une aigrette attachée avec une rose de diamans d'un prix inestimable. Cent chevaux de main le precedoient, sans parler de ceux dont on lui avoit fait present, & étoient encore plus magnifiquement parés que tous les autres A ses côtés marchoient à pied cent Pages tous habillés d'étoffes d'or, ou d'argent. Les ruës bordées d'une double haye de soldats depuis l'entrée du Caire jusqu'au Chateau, étoient jonchées de fleurs, & couvertes d'étoffes très riches, sur lesquelles on marchoit, tandis que des fenêtres de la ville toutes ornées de superbes tapis mille parfums & une infinité d'eaux odoriférentes répanduës sur cette magnifique cavalcade embaumoient l'air des environs. Avant que de se rendre au Palais, le Roi avec toute sa suite alloit d'abord mettre pied à terre à la principale Mosquée, pour y faire sa prière, & rendre grace à Dieu de son heureux retour. Delà il étoit conduit avec la même cérémonie au lieu où reposoient les corps de ses Ancêtres, & qui souvent devoit lui servir à lui-même de tombeau. C'est ainsi qu'au milieu des grandeurs, dans le sein des honneurs & de la magnificence, on avoit soin de faire souvenir ces Princes, que ce monde n'est qu'une ombre qui passe, & que tout ce vain éclat, qui l'environne, doit enfin comme eux être enseveli dans ces sombres demeures, qui servent de retraite à la poussière & à la mort. L'habitude avoit sans doute fait de cet usage une simple cérémonie; mais on ne peut disconvenir d'ailleurs qu'il n'eût été établi dans une vûe extrêmement sage, & qui mérite de grands éloges. En effet qu'y-a-t-il de plus propre à moderer la fougue de nos passions, & à nous détacher de ce vuide pompeux du monde, dont nous sommes presque toujours tyrannisés, que la consideration du néant dans lequel chaque instant peut nous réduire ?

Ces occasions n'étoient pas les seules, où les Rois d'Egypte se fissent voir en public dans tout l'éclat de leur magnificence. Elle n'éclatoit pas moins lorsque ces Souverains tenoient leur Divan, & que dans ces vastes salles, dont j'ai parlé ailleurs, capables de contenir toute leur Cour, ils donnoient audience à leurs sujets avec une grandeur & une majesté presque aussi difficiles à imaginer qu'à décrire. Ces appartemens qui étoient toujours le lieu le plus orné des Palais des Rois, ne le cédoient point à nos Eglises pour l'élévation, ni pour l'étenduë. Leur figure étoit de même ordinairement celle d'une croix, dont le milieu portoit un dôme ouvert du côté du Nord, & tout revêtu de marbre précieux. Précisément sous ce dôme étoit un large bassin, d'où s'élevoient plusieurs jets d'eau, qui entretenoient une fraîcheur continuelle dans toute l'étenduë de ces salles, & servoient encore à arroser les orangers, les citronniers, & les autres plantes odoriférentes que contenoient les vases de marbre, ou de bronze doré, dont ce baſſin étoit environné.

Les quatre nefs qui répondoient au dôme, n'étoient pas moins ornées que les murs, ou les colomnes qui les ſoutenoient. Dans celle de ces nefs qui ſervoit d'entrée, on voioit rangés debout, & les mains croiſées modeſtement ſur la poitrine, les Officiers du Roi, attendant dans un reſpectueux ſilence les ordres de leur maître. Ce Prince étoit aſſis au fond de la nef oppoſée à celle-ci ſur de magnifiques couſſins brodés d'or, & relevés de perles, ſouvent auſſi enrichis de pierreries, poſés ſur un ſuperbe tapis de Perſe tiſſu d'or, de la longueur & de la largeur de toute la ſalle. A quelque diſtance du Prince ſon Viſir, ou premier Miniſtre, & après lui tous les grands Officiers de la Couronne ſe tenoient debout, & les bras croiſés. En certains jours marqués on voioit parmi eux le chef de la Juſtice, qui la rendoit aux peuples en préſence même du Souverain. Les deux autres nefs étoient auſſi meublées de tapis de Perſe tiſſus d'or, moins beaux & moins riches cependant, que ceux qui paroient la nef où étoit le Roi. Des matelats de trois doigts d'épaiſſeur, & d'environ quatre pieds de large, ſuivoient les murs à l'endroit où ſe terminoient les tapis, & ſoutenoient de longs couſſins de brocard d'or & d'argent. C'étoit-là que le reſte des Grands ſe tenoit. Comme la vûe du Prince ne pouvoit porter juſques dans ces nefs de traverſe, ceux-là n'étoient point obligés de reſter debout, & ils avoient la liberté de s'aſſeoir.

Lorſque le Souverain appelloit quelques-uns de ces Seigneurs en ſa préſence, ils s'avançoient plus ou moins vers lui, ſuivant leur naiſſance, leur dignité, ou le degré de faveur dans lequel ils étoient. A l'égard des particuliers qui venoient demander juſtice, ils ne paſſoient point l'entrée de la nef du Roi, & s'arrêtoient à une baluſtrade qui la fermoit. Ils préſentoient de là leur requête à un Officier, qui la recevoit, & la remettoit enſuite au Viſir, ou au chef de la Juſtice, lorſqu'il étoit préſent. Ce Miniſtre étoit aſſis aux pieds du Roi à trois pas de diſtance, & lui faiſoit la lecture des requêtes, au bas deſquelles il écrivoit lui-même l'arrêt qui avoit été prononcé; après quoi il y appoſoit le ſceau du Souverain, qui pour marquer qu'il l'approuvoit, y mettoit enſuite de ſa propre main une lettre, qui ſignifioit *Bon*, ou *Vû*. Le ſeul Moufti, ou Cadileſker chef de la Juſtice,

avoit

avoit le privilége d'être assis en présence du Roi dans le Divan, lorsqu'il ne s'agissoit que de juger les affaires des particuliers. Mais lorsqu'il étoit question de traiter des intérets de l'Etat, alors le Prince permettoit à son Visir & aux autres Seigneurs, qui avoient l'honneur d'entrer dans son Conseil, de s'asseoir autour de son Divan, tant à cause de la longueur des séances, qu'afin qu'étant plus à leur aise, ils fussent mieux en état de penser à donner de bons avis.

Malgré leur fierté, les Rois d'Egypte ne laissoient pas de se communiquer quelquefois, & de descendre du faîte de cette grandeur incommode qu'ils affectoient avec tant de soin, pour se raprocher de leurs sujets. Il y avoit certains jours marqués dans l'année où ils mangeoient en public avec leur Visir & les autres Grands du Roïaume, qui les accompagnoient ensuite aux Mosquées, où ils alloient faire leurs priéres. Rien n'étoit plus magnifique & plus pompeux que ces sortes de marches. Les principales se faisoient aux fêtes du grand & du petit Beïram. Après la priére publique, ces Princes entendoient un discours moral, prononcé par l'Orateur qui avoit le plus de réputation. Ces sermons sont appellés en Arabe *Avertissement*, ou *Conseils sur les moiens de faire son salut*, & c'est presque toujours un texte de l'Alcoran qui en fournit la matiére. Les Prédicateurs Mahométans, non plus que les Orateurs Chrétiens, ne manquent jamais lorsqu'ils prêchent devant les Princes, de les complimenter & de faire leur éloge. Celui qui prêcha à Damas en présence du Sultan Selim, lorsqu'après la conquête de l'Egypte, ce Prince passoit par cette ville pour retourner à Constantinople, après avoir fait l'énumération de tous les titres fastueux dont aiment à se parer les Empereurs Ottomans : Tous ces titres ensemble, quelque éclatans qu'ils soient, Grand Empereur, continua-t'il en lui adressant la parole, n'aprochent pas de celui dont vous tirez votre plus solide gloire; & c'est d'être de tous vos sujets le serviteur le plus dévoué aux deux lieux saints, pour lesquels vous avez un respect si profond, & un zéle si religieux. Ces deux lieux saints sont la Mecque & Médine, que les Mahométans nomment ainsi par excellence, comme nous appellons absolument les saints lieux, les endroits qui ont été honorés de la présence du Sauveur, & où les mystéres de notre rédemption se sont opérés. Cette louange fut si agréable au Sultan, que lorsque le Prédicateur eut fini son discours, & descendit de chaire, ce Prince se leva pour lui faire honneur, & déclara hautement qu'il acceptoit à jamais ce nouveau titre pour lui & pour ses successeurs, qui en effet l'ont toujours porté depuis. En même-tems il ôta la magnifique pélisse qu'il portoit ce jour-là, & en revêtit sur le champ le Prédicateur, auquel il assigna pour le reste de sa vie une pension considérable.

Dans ces festins publics, où les Rois d'Egypte admettoient à leur table les grands Officiers de leur Cour, les plus considérables de ces Seigneurs étoient assis autour du Prince & sur son propre Sofa. Ceux d'un ordre inférieur étoient placés plus bas; les uns aux environs du bassin, qui occupoit le milieu de la salle, & les autres dans les nefs qui y répondoient, chacun selon le rang qu'il tenoit auprès du Prince par ses emplois, ou par son mérite.

La description de ces festins n'a point été oubliée par les Auteurs Arabes. Ce qu'on lit dans leurs ouvrages de *Mohamed Ebn Toulon*, c'est-à-dire, fils de Toulon, auquel il avoit succedé, & qui à cet égard, a surpassé tous les autres Rois d'Egypte, a quelque chose de surprenant. Ce Prince faisoit servir un si grand nombre de tables dans son Palais, que ce qui en sortoit suffisoit à nourrir chaque jour quatorze mille personnes, qui étoient au service des différens Officiers de sa maison. Le nombre des quintaux de farine, de beurre, de sucre, qu'on employoit par jour pour la seule patisserie, & dont ces historiens donnent une liste exacte, paroît incroïable. Il en est de même de la quantité de moutons, de poulets, de pigeons, & d'épiceries diverses, qui se consommoient tous les jours dans les cuisines. A l'égard des bœufs, il n'en est point parlé, parce que comme je l'ai dit ailleurs, la chair de cet animal ne paroît jamais ici sur la table des gens de condition. Aussi quand j'en ai invité quelques-uns à manger chez moi, ils m'ont toujours témoigné qu'ils étoient surpris de voir servir une viande si grossière, chez le représentant d'un Prince aussi grand que le Roi de France.

Ces quatorze mille personnes qui vivoient du superflu des tables de *Mohamed Ebn Toulon*, étoient logées autour de son Palais, situé au pied de la montagne, sur laquelle le Château du Caire fut ensuite bâti. Ce quartier habité par ces bas Officiers, fut appellé le quartier des domestiques d'*Ebn Toulon*, & conſerve encore aujourd'hui le nom qui lui fut donné alors, quoiqu'il n'en reſte plus que quelques méchantes maſures, & quatre ou cinq puits extrêmement profonds taillés dans le roc à la pointe du marteau. Il eſt certain que les tables des Turcs ne ſont pas délicates. Je l'ai déja dit dans ma lettre précédente ; & rien n'eſt plus conſtant. Ils ne mangent que pour le beſoin, & nullement pour la volupté, qu'ils font conſiſter en toute autre choſe que dans les plaiſirs de la table, & qui au fond ne perd rien avec eux. A la délicateſſe, ils ont ſoin de ſubſtituer l'abondance; & il eſt ordinaire qu'une table ſervie pour un Seigneur & huit ou dix perſonnes de ſa maiſon, ſuffiſe à en nourrir cent autres, qui s'y placent ſucceſſivement aſſiſes à terre, & les jambes croiſées comme nos Tailleurs. Ainſi avec une douzaine de ces tables dreſſées en divers endroits du même logis, & ſervies preſque en même-tems, il eſt facile de nourrir mille ou douze cens perſonnes, qu'un Bey, ou autre grand Seigneur du pays, entretient ordinairement à ſa ſuite.

Le Macriſi rapporte au ſujet d'un de ces anciens Rois des Mammelucs, un fait digne de votre attention. Il arriva un jour, dit cet Auteur, que ce Prince eut envie d'aller manger des Ceriſes à Damas; car il faut obſerver que ce fruit ne croît point en Egypte. Cependant comme il n'oſoit déclarer à ſon Viſir le ſujet d'un voiage dont le motif lui paroiſſoit à lui-même aſſez biſarre, il ſe contenta de lui commander de préparer toutes choſes pour le départ. En vain ce Miniſtre repreſenta à ce Prince qu'il n'avoit aucune affaire qui demandât ſa préſence à Damas ; en vain mit-il tout en uſage pour l'engager à épargner à ſon tréſor la dépenſe d'un voiage qui paroiſſoit abſolument inutile, & qui couteroit des ſommes conſidérables. Car les Rois d'Egypte, comme on peut le remarquer en paſſant, ne voiageoient jamais qu'ils ne ſe fiſſent ſuivre d'une partie de leur armée. Malgré ces remontrances & ces avis, le Roi perſiſta dans ſon deſſein, & ſans s'expliquer davantage, il répondit ſeulement, qu'il étoit inutile de vouloir le détourner de ce voiage, & qu'il avoit réſolu de le faire. Le Viſir étoit ſage & pénétrant. Cet entêtement du Prince joint à quelques paroles qu'il laiſſa échapper, lui donna d'abord quelque ſoupçon de la vérité. Il chercha à l'approfondir, & apprit enfin que ces grands préparatifs, dont on le chargeoit, n'étoient ordonnés que pour aller manger

DESCRIPTION

des cerises. On peut juger de la joie que lui caufa une découverte de cette importance. Sur le champ il alla affurer le Roi que dans un certain tems tout feroit prêt pour le départ. Cependant dès le lendemain il fit publier au Caire une ordonnance, par laquelle il étoit enjoint à tous ceux qui avoient des pigeons dans cette capitale, de porter à ce Miniftre le mâle ou la femelle, avec promeffe de les paier, au cas que dans trois femaines ils ne fuffent pas remis aux propriétaires.

Cet ordre fut promptement exécuté ; en forte que dès le jour même le Vifir fe vit le maître d'un nombre de pigeons très-confidérable. Alors il les fit mettre dans deux cens grandes cages découvertes avec du grain pour quinze jours ; & après avoir fait charger ces cages fur deux cens chameaux, il ordonna aux conducteurs de prendre la route de Damas. Cette petite caravanne, qui ne marchoit que pendant le jour, arriva le dixiéme de fon départ au lieu de fa deftination, avec ordre au Gouverneur de Damas, de faire choifir toutes les plus belles cerifes doubles, qu'il feroit poffible de trouver dans les environs ; d'attacher enfuite au col de chaque pigeon une de ces queues à deux cerifes, & de leur donner la liberté. Ceux qui fçavent avec quel refpect les ordres des Rois de l'Orient font reçus de leurs Miniftres, comprendront fans peine que celui-ci fut exécuté avec toute la diligence poffible. Après avoir donné à chacun de ces oifeaux la charge prefcrite par l'ordre du Vifir, on leur fit prendre l'effor dès le grand matin ; & tous, à la réferve d'un très-petit nombre, arriverent au Caire le même jour. On avoit cependant publié dans cette ville un commandement à tous ceux qui avoient des pigeons, d'apporter au Vifir au moment même de leur arrivée, toutes les cerifes dont ils feroient chargés, avec promeffe de les paier cinq fols la piéce ; enforte qu'au retour de ces oifeaux, ce Miniftre compofa quatre grands baffins de ce fruit, qu'il couvrit de riches étoffes, & qu'il alla préfenter au Roi, auffi-tôt qu'il fut affis dans fon Divan. Ce Prince fut fi charmé du plaifir qu'il imagina à pouvoir fe contenter de cerifes, & de l'efprit de fon Vifir qui le lui procuroit, que fur le champ il fit un préfent confidérable à ce Miniftre. Du refte il mangea tant de cerifes pendant deux ou trois jours, qu'il perdit abfolument l'envie de faire le voiage de Damas, comme le Vifir l'avoit efpéré.

DE L'EGYPTE. 157

L'Egypte accoutumée à changer de maître ne resta pas plus *Du gou-* long-tems sous la domination des Arabes, que sous celle des *vernement* autres nations, qui tour à tour l'avoient auparavant possédée. *l'Egypte.* Après plusieurs années d'un gouvernement assez paisible, elle se vit engloutie par ce torrent impétueux, qui après avoir inondé la Palestine, l'Asie mineure, & même une partie de l'Europe, alla porter ses ravages jusqu'en Afrique. Je parle des Princes Ottomans, qui enleverent enfin aux descendans de Saladin ce grand & florissant roïaume. Vous sçavez de quelle maniére le Sultan Sélim en fit la conquête. Cette époque fut le dernier terme de la gloire de l'Egypte. Depuis ce tems-là elle a perdu ses Rois ; ses Princes sont devenus les esclaves de la Porte ; ses peuples gémissans sous un joug barbare, ne peuvent pas même compter la vie au nombre des biens qui leur sont restés ; & ce païs autrefois si célébre, après avoir donné à l'Orient les plus grands & les plus puissans Monarques, dont il soit fait mention dans l'histoire, est enfin devenu une Province tributaire de l'Empire Ottoman.

L'Egypte est donc aujourd'hui gouvernée par un Bacha, que *Du Bacha* le Grand Seigneur y envoie. Ses provisions ne sont jamais que *d'Egypte.* pour un an ; cependant il est ordinairement continué jusqu'à trois années. Il y a même eu des Bachas qui l'ont été jusqu'à quatre. Il est vrai que d'autres n'ont joui qu'un an ou deux de ce Pachaly. Ce gouvernement est un des plus considérables de l'Empire ; aussi ne s'obtient-il qu'à force d'argent. Il faut qu'un Bacha, qui vient en Egypte, compte sur une dépense de quatre à cinq cens mille écus, avant que d'arriver au Caire, lieu ordinaire de sa résidence. Il n'y a point d'année de continuation, qu'il n'achete outre cela par des présens de plus de cent mille écus.

Les charges de ce gouvernement sont de même très-considérables. Un Bacha est obligé de paier tous les ans six cens mille écus au Grand Seigneur. Ce trésor qu'on nomme *Hasna*, est conduit à Constantinople par terre aux dépens du Bacha, & coute infiniment à voiturer. Il faut aussi qu'il envoie chaque année au serail, des provisions de sucre, de caffé, de sorbet, de ris, & de beaucoup d'autres denrées, qui ne sçauroient de même lui couter beaucoup moins de six cens mille écus & qu'il paie toujours en argent. Enfin il doit encore faire la dépense du pavillon que le Grand Seigneur envoie tous les ans à la Mecque, & fournir outre cela cent mille écus pour le même lieu, & cent mille autre pour Damas, où ils sont envoiés tous les ans, pour fournir aux frais de la Caravanne qui part de cette ville pour l'Arabie.

Ses revenus.

Au moien de toutes ces dépenses, & du payement des troupes, que la Porte entretient dans ce pays, le Bacha jouit de tous les revenus du Grand Seigneur en Egypte, qui sont infiniment considérables. Ils pourroient outre l'entretien des troupes rapporter encore plus de douze millions, s'ils étoient ménagés avec œconomie. Delà il est aisé de concevoir que le gouvernement de l'Egypte vaut souvent plus au Bacha, qu'il ne produit au Grand Seigneur, surtout lorsqu'il arrive une peste. Alors en trois ou quatre mois que la contagion a accoutumé de durer, le Gouverneur amasse des richesses immenses. Un seul jour peut lui valoir deux à trois cens mille écus par le décès de ceux qui possèdent des villages. Comme par les loix de l'Etat ces fonds retournent en ces occasions au Grand Seigneur, le Bacha, qui en profite en son nom, en tire des sommes prodigieuses. Il y a des semaines, où il vend trois ou quatre fois le même bien, qui lui revient ainsi rapidement par la mort successive de ceux qui l'ont acheté.

Son Divan.

Quoique l'Egypte ait perdu ses Rois, on peut dire cependant qu'elle conserve encore dans ces Bachas une légère idée de cette ancienne grandeur, qui accompagnoit ces Monarques. Lorsque le Bacha tient grand Divan, ce qui arrive deux fois la semaine, le Dimanche & le Mardi, la Cour qui précède la sale du Conseil, & qui est pour le moins égale à la moitié du jardin des Thuilleries, se trouve remplie des chevaux des Beys & des autres Officiers de considération, qui cependant ne menent alors avec eux que trois ou quatre de leurs esclaves. Je puis assurer, pour l'avoir vû plus d'une fois, que l'assemblage de tous ces chevaux couverts de riches harnois, & de housses magnifiques, produit un spéctacle qui étonne, & qui éblouit par l'éclat de tant d'or & d'argent, souvent même de pierreries exposées aux raions du Soleil, qui s'offrent alors à la vüe de toutes parts. On assure que le Divan même du Grand Seigneur à Constantinople n'a rien qui approche de celui du Bacha du Caire. Ce fut, ajoute-t'on, par cette raison même, que le Sultan Selim ayant tenu le sien dans la superbe sale du Chateau de cette ville, où les anciens rois avoient

DE L'EGYPTE. 159 *

accoutumé d'assembler leur conseil, & s'appercevant de cette différence, défendit expressément au Gouverneur qu'il laissa en ce pays, & à ceux qui lui succederoient, de tenir leur Divan dans cet appartement magnifique. Il appréhenda qu'à la vûe de tant de splendeur & d'opulence soumises à leur commandement il ne prît envie à ces Bachas de s'en rendre les maîtres absolus, & que placés sur le trône même des Rois d'Egypte, accompagnés de tous les Officiers de ces anciens Princes, dont les emplois subsistent encore aujourd'hui, & qui par-là sont devenus les leurs propres, ils ne s'imaginassent en avoir toute l'autorité.

Ce qu'il y a de certain, c'est que la sale, où les Bachas assemblent leur Conseil & tiennent leur Cour, n'est point celle des Rois d'Egypte. Elle est à la vérité fort longue & fort large, régnant tout le long de cette vaste cour, dont je viens de parler; mais elle est d'ailleurs sans aucun ornement. Tout ce qu'on y voit de remarquable, ce sont sept planches épaisses chacune d'un demi-pouce, dont la première est de sapin, & que le Sultan Selim perça d'une flêche, qui les tient attachées les unes aux autres. On les a suspendües proche de l'endroit même où se place le Bacha, comme un monument célèbre de la force prodigieuse de ce Prince. On rapporte que le plus robuste de ceux, qui eurent l'honneur de tirer au blanc avec lui ce jour-là, n'en put percer que trois, quoiqu'il passât pour avoir un bras d'une force extraordinaire. La merveille n'est peut-être pas si grande que pensent les Turcs, & celui qui laissa à son Souverain la gloire d'un si beau coup, pouvoit bien avoir préféré sagement la faveur de son maître au dangereux honneur de paroître plus fort que lui.

C'est dans cette sale, que j'ai vu une fois un Divan extraordinaire, ce qui arrive rarement à un Consul. J'y avois été appellé au sujet d'un commandement du Grand Seigneur expédié contre le Bacha même, qui nous avoit fait enlever dix-sept balles de draps à la doüanne d'Alexandrie. Il y parut en suppliant aussi bien que moi, devant le Cadilesker nommé pour decider de cette affaire. Il y avoit dans cette sale plus de quatre mille personnes, au nombre desquelles on comptoit tous les chefs des Mosquées. J'avoue que je n'ai jamais rien vu de plus terrible, que lorsqu'après la lecture du commandement du Grand Seigneur, & la justification du Bacha, cette nombreuse assemblée, où se trouvoient tous les Grands du pays, s'écria tout d'une voix, qu'on en avoit imposé à S. H. & qu'ils vouloient lui faire des repréfentations à ce fujet. Mes Drogmans & les marchands, qui m'accompagnoient, frémirent à ces cris redoublés, & fe crurent perdus. Mais le Bacha avec qui j'avois tout concerté avant l'affemblée, & dont le but étoit uniquement de juftifier fa conduite à la Porte, n'avoit garde de permettre qu'on nous fît aucune violence. Il fe feroit attiré par-là une affaire infiniment plus mauvaife, que celle dont il cherchoit à fortir. On accomoda notre différend, de maniére que toutes les parties furent fatisfaites.

Des différens Corps de milices, qui font en Égypte.
Les milices font une partie effentielle du gouvernement. Sans elles les Souverains ne pourroient, ni fe faire refpecter des Puiffances voifines, ni fe faire obéir par leurs fujets. Ainfi après avoir parlé du Bacha, qui gouverne l'Égypte, il eft naturel que je dife un mot des troupes deftinées à défendre ce roiaume, & y entretenir l'ordre & la tranquilité. Ces forces confiftent en cinq Corps.

Des Muftapharagas.
La premiére & la plus noble de ces milices, mais en même tems la moins eftimée & la plus inutile, eft celle des *Muftapharagas*, qui ont le Bacha à leur tête. C'eft une efpéce de Nobleffe à cheval, dont le nombre peut aller à mille, ou deux mille hommes, tout au plus. Ce Corps eft compofé des Boys, d'une partie de la maifon du Bacha, de quelques riches Marchands, qui font fous fa protection, & de gens que la crainte, ou d'autres raifons, ont engagés à fe retirer des autres Corps. Mais on ne peut faire aucun fond fur cette troupe, parce que la plûpart de ceux qui la forment ignorent la guerre, & n'ont jamais fervi.

Des Afaphs.
Le Corps des Afaphs eft à pied, & fe gouverne à peu près comme les Janiffaires, excepté que les Kiaïas, qui font à fa tête, reftent en charge trois ou quatre années. Le nombre des effectifs peut être de trois à quatre mille ; celui des fauffes payes n'eft pas moins confidérable. Le Bacha n'a aucun pouvoir fur ce Corps, non plus que fur les Janiffaires. Au refte ces deux troupes font toujours oppofées entr'elles, & nourriffent une haine irréconfiliable l'une pour l'autre.

Des Spahis.
Les Spahis, ou Cavaliers, compofent la troifiéme efpéce de milice. Ils font au nombre de trois mille hommes toujours complets, & indépendans du Bacha, comme les Afaphs. Leur Kiaïa a peu de pouvoir. Ce Corps eft divifé en trois troupes fous trois banniéres différentes, la verte, la jaune, & la rouge. Toutes les trois n'ont pas moins d'averfion pour les Janiffaires, que pour les Afaphs,

Il

Il y a une quatriéme milice, dont les soldats s'appellent *Ba-* *chaouch*. C'est une espéce d'infanterie. Ils ne sont pas plus de cinq cens, & ils se gouvernent comme les Janissaires & les Asaphs. On peut regarder encore comme faisant partie de ce même corps deux autres petites troupes à peu près de même nombre, dans lesquelles sont comprises les femmes, dont les maris sont morts au service.

Des Ba- chaouchs.

Enfin les Janissaires forment la cinquiéme espéce de troupes, & doivent être regardés comme le Corps le plus redoutable & le plus puissant, que la Porte entretienne en Egypte. Les effectifs peuvent monter à six ou huit mille. Le surplus, qui n'est pas moins considérable, n'est composé que de gens du pays, de riches marchands, par exemple, ou d'artisans, qui ne s'enrôlent dans ce Corps que pour obtenir sa protection, & jouir des priviléges qui y sont attachés. Mais leur paie est ordinairement mangée, comme ils disent, par les véritables Janissaires, & quand il s'agit d'aller à la guerre, ou lorsqu'ils meurent, les effectifs en tirent des sommes considérables qu'ils repartissent entre eux.

Des Janis- saires.

Les Janissaires ne dépendent en aucune sorte du Bacha. Ils ont dans le Château du Caire leur quartier séparé du sien, où ils sont commandés par un Kiaïa ou Lieutenant général, qu'ils font & qu'ils déposent eux-mêmes quand bon leur semble, sans la participation du Bacha. Ce Corps est si considérable & si indépendant, que le Grand Seigneur lui-même n'a pas le pouvoir de faire mourir un Janissaire, si le Kiaïa & les autres Officiers refusent d'y consentir. Autrefois ces Kiaïas se conservoient plusieurs années dans cette charge; mais depuis quelque tems ils font beaucoup, quand ils peuvent s'y maintenir seulement un an. Lorsqu'ils sont déposés, ils conservent toujours la qualité de Kiaïas, & composent le Conseil de ce Corps, avec le Commandant qui entre en charge. Les Janissaires ont leur Avocat pour assister au Divan du Bacha, & empêcher qu'il n'y soit fait aucun tort à ceux qui sont sous leur protection.

Leur gou- vernement.

Ce Corps possede de très-grands revenus en Egypte; & pour s'enrichir encore chaque jour, il n'y a point de moïens qu'il n'imagine, & ne mette en usage. Depuis peu ces Janissaires ont trouvé le secret d'entrer dans les différends des Cheics, ou Princes Arabes, qui habitent la haute Egypte, & ils en tirent tous

Leur puis- sance.

X

les ans des sommes considérables, sous prétexte de protection. Ils s'emparent aussi sous la même couleur de tout leur bien, ou du moins de la plus grande partie, lorsqu'ils viennent à mourir. C'est de cette sorte qu'ils en usent envers tout ce qu'il y a de riches marchands en Égypte. Ils trouvent le moïen de les épuiser pendant leur vie, en les enrôlant dans leur Corps, & de s'emparer à leur mort du reste de leur succession. Une des loix de cette espéce de milice, est à peu près semblable à celle qui s'observe dans l'Ordre de Malthe. Les biens des sujets décédés retournent toujours au Corps, & le Corps se réduit sans faute aux principaux, qui partagent ces biens entr'eux, sans s'embarrasser des autres. Lorsqu'un homme riche, quelqu'il soit, vient à mourir, & qu'il ne paroît pas visiblement avoir été dans aucune des milices que le Grand Seigneur entretient dans le pays, ils ne manquent jamais de faire voir par des actes supposés, dont ils ont une pratique fréquente, que ce particulier étoit Janissaire. Si le Bacha, que l'affaire intéresse, paroît vouloir s'opposer à cette usurpation, ils s'accommodent, & partagent la succession avec lui. Ce n'est pas que la plus grande partie des biens ne soit ordinairement conservée aux enfans ou aux esclaves du mort, selon la destination qu'il en a faite ; mais ce qu'il y a de plus liquide devient toujours le partage des Janissaires, qui souvent même donnent une certaine somme aux enfans, & se mettent en possession de tout. Delà il est aisé de conclure que ce Corps possedera un jour infailliblement tous les biens & tous les revenus de l'Egypte. En effet, ils sont sans cesse occupés à sucer le peuple ; les biens de ceux qui meurent parmi eux se repartissent entre les vivans, & rien de ce qu'ils ont une fois acquis ne rentre jamais dans le commerce ; ainsi ils ne peuvent manquer de se voir dans la suite les maîtres de tout.

Il n'étoit pas permis autrefois aux Janissaires de posséder dans le pays aucunes terres, ni aucun village. Cette loi si sage établie dès le tems des anciens Rois d'Egypte pour toutes les milices du roïaume, avoit passé à leurs successeurs, & le Sultan Selim l'avoit conservée & même confirmée de nouveau. Ces Princes n'avoient pas jugé qu'il fût de leur intérêt de mettre les gens de guerre en possession des terres de l'Etat, chargées envers eux de redevances, qu'il seroit difficile à leurs fermiers d'exiger de

DE L'EGYPTE.

gens, qui pourroient leur en difputer le payement les armes à la main. Mais depuis environ vingt ans, un réglement fi falutaire au public, eft abfolument aboli. Delà on voit naître tous les jours une infinité de conteftations entre le corps des Janiffaires & les Bachas, qui ne peuvent les obliger à païer les droits appartenans au Grand Seigneur, fur les terres dont ils font en poffeffion. La Porte n'ignore pas ces défordres; mais elle ne peut y remédier que dans une profonde paix; encore faudroit-il, pour y réuffir, qu'un Sultan fe tranfportât lui-même en Egypte. Les autres Corps balancent la puiffance des Janiffaires, & exercent beaucoup moins de tyrannies. Cependant on peut dire qu'ils ne font fans ceffe occupés comme eux, que du foin de s'enrichir des biens des particuliers. On y tient tous les jours Divan, ou Confeil fur les moïens d'y réuffir; & il n'y en a aucun qui échappe à la vivacité de leur paffion. Chez les Janiffaires, fur-tout, on tient un rôle exact de tout ce qu'il y a d'états, de proffions, de perfonnes riches, ou pauvres dans le Caire, & même dans toute l'Egypte. Le tems & la maniére, dont on en a déja tiré des préfens, y eft marqué fidellement, avec la qualité de ce qu'on en a reçu. Si les mêmes voies manquent lorfque leur tour revient après un certain intervalle de tranquillité qu'on leur a laiffé, on en invente de nouvelles. On leur fufcite fous main quelque affaire. Quelques-uns des foldats du Corps, ou de fes Officiers, ont ordre de les infulter. Ces malheureux portent d'abord leurs plaintes aux Chefs, qui les rebutent, & leur difent qu'ils ne fe fouviennent d'eux que dans les occafions preffantes où ils ont befoin de leur protection. Cependant on ne paroît jamais les mains vuides devant ces premiers Officiers. Enfin après quelque feinte réfiftance, ils promettent de châtier les coupables; & ce châtiment imaginaire eft encore paié par de nouveaux préfens, proportionnés à l'état des perfonnes qui fe plaignent. On fait femblant d'emprifonner les auteurs de l'infulte; on feint de leur avoir fait donner la baftonnade, ou de les avoir exilés; cependant ils s'abfentent & difparoiffent pour quelques jours, & on reçoit des fommes très-réelles pour ces punitions apparentes.

Les Officiers de ce Corps ont de même plufieurs moïens dont ils fe fervent alternativement, lorfqu'ils fouhaitent tirer quelque préfent des François. Ils les attaquent d'abord fur leur habille-

X ij

ment, qu'ils difent être conforme au leur, en quoi ils ne fe trompent que d'un filet de foie, dont la fefte eft traverfée. Ils prétendent que par la loi Mahométane il leur eft défendu de s'en fervir, & font publier en conféquence des commandemens, qu'on ne rend inutiles qu'à force d'argent. Ou bien ils les font menacer par quelqu'un d'entr'eux de les obliger à defcendre de leur monture, lorfqu'ils fe rencontreront dans la rüe. Quelquefois auffi ils leur font entendre qu'on épiera les femmes qui vont la nuit dans leur quartier. Ils fçavent que ce font là les endroits fenfibles d'une Nation fiére & glorieufe, naturellement tendre pour le beau fexe, & à qui l'infulte eft plus infupportable, que la perte de tous les biens du monde. Auffi par ces pratiques étoient-ils venus à bout de tirer une efpéce de tribut de nos François. Ce n'eft que depuis les ordres que la Cour informée de ces prétextes, qu'on prenoit pour les vexer, a donné de renoncer à l'ufage des habillemens conformes aux leurs, & depuis que les Négocians eux-mêmes ont jugé à propos de renoncer au commerce avec les Dames du pays, qu'on eft délivré de ces avanies fouvent ruineufes, & toujours fort défagréables.

Au refte il faut avoüer qu'on ne trouve nulle part ailleurs de voleurs plus traitables, ni de meilleure compofition. Tout eft bien reçu d'eux dès que c'eft un préfent, ne fût-ce qu'une livre de caffé; & l'on peut s'affurer qu'ils n'ont jamais les mains fermées que pour donner. Ils ont un proverbe à ce fujet, qui exprime parfaitement leur caractére intéreffé. Ils prétendent que ce n'eft pas la conféquence du préfent que l'on confidére, mais le tems auquel il eft fait, & le cœur dont on l'offre. *L'œuf du jour*, difent-ils, *vaut mieux que le poulet du lendemain*. Ils veulent être careffés fouvent, & à propos ; mais on n'en eft pas quitte pour des careffes, lorfqu'il furvient quelque affaire. Alors on paie encore bien chérement les plaifirs qu'ils font, & même ceux qu'ils témoignent s'empreffer de faire. Rien au refte ne leur eft plus avantageux, que d'entrer dans tous les différends qui viennent à leur connoiffance, puifque c'eft le moïen de tirer des préfens des deux parties. L'un donne pour obtenir ce qu'il demande ; & l'autre pour ne point paier. Entre ces deux prétentions oppofées, ils fçavent toujours fe ménager avec tant d'adreffe, que les uns & les autres reftent également perfuadés qu'ils ont obtenu leur faveur.

Si on insulte quelqu'un qui soit sous leur protection, il a d'a- *Avanture arrivée à un Marchand d'Alger.*
bord recours à eux. Un riche marchand d'Alger, qui est de ce
nombre, eut un jour un différend avec mes Janissaires sur certains petits droits qu'ils touchent des marchandises qui se levent
dans la contrée de France. Il ne s'agissoit que de dix à douze
sols, & mes Janissaires avoient raison. Aussi maltraiterent-ils
fort cet homme, mais de paroles seulement. Il vint à moi fort
échauffé me demander de les chasser. Je lui promis de les punir.
Je fis plus ; je les envoiay prendre sur le champ ; je les grondai ;
je condamnai leur conduite, & je les menaçai de les congédier,
si jamais pareille chose leur arrivoit. Mais ce marchand plein
de ressentiment & de colere, ne se contenta pas de cette réparation. Il s'imagina que je n'en faisois pas assez, & sortant de
chez moi brusquement, il alla à la Porte des Janissaires, où
trouvant le Kiaïa, qui étoit fort de mes amis, il lui fit sa plain-
te. Cet Officier feignit de s'emporter contre mes Janissaires,
désaprouva mon procédé, & dit qu'il vouloit faire mourir ces
insolens sous le bâton. En effet il les envoia prendre sur le champ,
& on les emprisonna en présence de cet homme. Il se retira
alors fort content ; mais à peine étoit-il sorti, qu'on les remit
en liberté, & qu'on me les renvoia. Le lendemain le Kiaïa fit
sçavoir au marchand qu'il les avoit fait rouer de coups, malgré
l'amitié qui étoit entre nous ; que cependant il n'avoit pas voulu
les ôter de ma porte, pour ne pas paroître pousser les choses à
l'extrêmité. L'Algérien vint aussi-tôt trouver le Kiaïa avec une
farde de caffé, qui vaut ici 200 livres, & lui fit de grands remer-
cimens, qui furent reçus comme si on les eût bien mérités. Je
ris beaucoup avec cet Officier d'une avanture qui lui avoit été si
utile, & il me pria fort de lui en procurer souvent de pareilles.
C'est ainsi qu'en mille maniéres ce Corps travaille sans cesse à
son avantage, sous prétexte de ne point souffrir qu'il se fasse
d'injustices dans les pays du Grand Seigneur.

Peut-être seriez-vous bien aise de sçavoir à quoi monte l'en- *Entretien de ces troupes.*
tretien de ces différens Corps de troupes. Je vous assure, Mon-
sieur, que sans le sçavoir, il ne vous seroit pas même possible de
l'imaginer, puisque toutes les idées que vous pouvez avoir là-
dessus, ne conviennent nullement à ce qui se pratique en Europe à ce sujet. Toutes les troupes sont paiées de trois mois en trois
mois par leur Trésorier, qui va recevoir la paie au Château, &

qui la distribue ensuite aux soldats. Mais il faut observer qu'ici cette distribution ne se fait pas également comme en France. Un soldat ne peut pas avoir en Egypte moins de trois sols de paie par jour; mais il est libre à chacun de l'augmenter & de la faire croître d'un sol, en donnant une certaine somme, de deux en donnant le double, & ainsi tant que l'on veut. De cette sorte tel aura cent sols par jour, tandis qu'on n'en donne que quatre ou cinq à son camarade. Un maître veut-il établir son esclave ? Il lui achete une paie de vingt, trente, quarante, ou cinquante sols par jour. Si cet esclave a outre cela amassé quelque argent, il peut encore grossir sa paie, & se faire un petit revenu à la faveur duquel, & d'un peu de conduite, il monte insensiblement aux charges, & arrive enfin à son tour à la tête de son Corps.

Il n'y a au reste aucune proportion entre le principal qu'on doit paier pour ces sortes de pensions, & l'intérêt qu'on en retire. En donnant par exemple 3000 livres, on augmente sa paie de mille livres par an, & on retire ainsi le capital en trois années. Le Bacha reçoit la somme par précaution, & souvent son successeur en paie l'intérêt. Un autre abus considérable, qui se commet en cette matière, c'est que lorsqu'il meurt un soldat dont la paie est forte, on substitue à son nom celui d'un de ses camarades qui n'a qu'une paie médiocre, & qui n'en retire cependant pas davantage; ensorte que la haute paie se continue toujours au profit de tout le corps. Delà on peut juger du mauvais ordre qui régne en Turquie, & de l'impossibilité qu'il y a que le Grand Seigneur tire des pays de son obéissance les secours qu'il en pourroit espérer, s'ils étoient mieux administrés.

Les femmes ont ici leur paie, comme les hommes, & il est permis à tout mari engagé dans le service d'acheter trois sols & demi de paie par jour pour sa femme. Cette somme se paie tous les mois sur un billet, qui non seulement se renouvelle autant de fois qu'il en est besoin, mais qui peut aussi se vendre; ensorte qu'une même paie passe quelquefois à la cinquiéme & sixiéme génération, & ne s'éteint presque jamais. Ainsi les charges de ce roiaume, bien loin de diminuer, augmentent au contraire chaque jour.

Du gouvernement de la Campagne. A l'égard du gouvernement de la campagne, il est partagé entre plusieurs Beys, ou Princes, dont le nombre est fixé à vingt-

DE L'EGYPTE.

quatre, mais qui est rarement complet. Ces Beys sont nommés par le Grand Seigneur, & ont en cette qualité cinq cens écus de gages par mois. Lorsqu'ils vont à la guerre ils ont le double, & quoiqu'elle finisse, leur paie reste sur le même pied pendant leur vie. Le pouvoir que le Bacha a sur eux est si absolu, qu'il peut les faire mourir, & le fait réellement quelquefois sur le moindre prétexte ; afin de profiter de leur dépouille. Ces Beys ne sont, à parler proprement, que les fermiers des droits, que paient les territoires commis à leurs soins, & dont le Bacha tire tous les ans une certaine somme. Ils sont obligés outre cela de défendre leur gouvernement contre les Arabes, qui de tems en tems font des courses dans ce pays à dessein de le piller. Dans ces occasions les Beys assemblent leurs milices. Ce sont à la verité, de fort mauvaises troupes ; cependant elles suffisent ordinairement à dissiper les troupes vagabondes de cette nation, qui quoiqu'elle puisse mettre sur pied des dix à douze mille hommes sous un seul Cheic, n'est à craindre que par son impétuosité, & dont l'ardeur se rallentit à la moindre résistance.

C'est une chose étonnante, que la splendeur avec laquelle vivent en Egypte ces petits Souverains. J'ai vû le Bey chef, ou Prince de la Caravane de la Mecque, entretenir quatre cens personnes, qui lui appartenoient, & qui vivoient à ses dépens. Il pouvoit sortir les jours de cérémonie suivi de trois cens Cavaliers, tous ses esclaves, montés sur des chevaux de prix tirés de ses écuries, & couverts de harnois de vermeil doré avec des housses brodées d'or & d'argent traînantes jusqu'à terre. Les moindres de ces harnois coutent deux cens écus avec la housse ; il y en a même plusieurs qui en valent au moins cinq cens.

Il est vrai que c'est en esclaves, en chevaux, & en harnois, que les Turcs affectent le plus d'étaler leur faste & leur grandeur. Les meubles de leurs logis sont peu considérables, excepté ceux de l'appartement des femmes, qui ordinairement sont assez beaux. Cette magnificence extérieure, dont l'éclat éblouit les yeux du peuple qui régle toujours son respect & sa vénération sur le brillant des apparences, n'est point inutile à ceux qui peuvent la mettre en usage. Quoique ces Seigneurs ayent de grands revenus en bled, en orge, & en cent autres effets semblables, & que les gages que leur donne le Grand Seigneur soient, comme on l'a vû, très considérables, les présens qu'ils reçoivent continuellement de ceux, qui en mille occasions différentes ont recours à leur protection leur produisent des sommes, qui égalent, & même surpassent souvent tout ce qu'ils peuvent tirer d'ailleurs. Il y a un grand nombre de ces Grands au Caire, & il s'en trouve peu, qui ne sortent au moins le Mercredi & le Samedi, jours destinés à la promenade. On n'en voit point alors qui ne soient accompagnés de huit ou dix esclaves, quelquefois même de vingt-cinq, ou trente. Ces diverses troupes qui parcourent les environs du Caire jusqu'à cinq heures du soir, ou environ, qu'elles rentrent dans la ville, font un effet si beau & si singulier dans cette campagne, que les étrangers ne peuvent s'empêcher d'en être frappés, & de l'admirer. A parler naturellement & sans prévention, quoique le train des Grands en Europe soit quelquefois assez considérable, il s'en faut beaucoup qu'il soit comparable à celui d'un Bey dans les sorties ordinaires. Pour s'en convaincre, qu'on se représente ce Bey à cheval, superbement vêtu, & suivi de trente ou quarante jeunes gens bien faits, habillés eux-mêmes comme des Seigneurs, & montés sur des chevaux aussi beaux que magnifiquement parés. Qu'on juge si un carosse, quelque bien doré qu'il soit, avec deux ou trois laquais derrière, feroit une aussi forte impression, & captiveroit de même l'attention du peuple.

Lorsqu'un Bey a sujet de craindre pour sa vie, il ne manque pas de se mettre sous la protection, soit des Janissaires, soit des Asaphs, ou enfin des Spahis, souvent même sous celle de ces trois Corps ensemble. Rien n'est plus facile que de l'obtenir, pourvû qu'on soit en état d'en faire la dépense. Car il ne faut pas s'imaginer que les chefs de ces différens Corps se piquent d'accorder leur crédit gratuitement, & dans la seule vûe d'arrêter la violence & l'injustice. Alors le Bacha qui n'a nulle authorité sur ces milices, & qui au contraire a tout à craindre d'elles, se trouve les mains liées, & n'ose passer plus avant. Cependant lorsqu'un Gouverneur sçait profiter habilement de la division qui regne entre ces divers Corps, & qu'il est attentif à profiter de toutes les occasions qui se presentent de l'augmenter, il peut exécuter beaucoup de choses au delà de son pouvoir ordinaire.

Toute l'adresse d'un Bacha consiste donc à maintenir la mesintelligence & la jalousie entre ces différentes milices, sur lesquelles

quelles il n'a aucun pouvoir. Comme c'est la seule puissance capable de balancer son authorité, son principal intérêt est de travailler à l'affoiblir, en mettant la division entre les différends Corps qui la composent. Il lui est d'autant plus aisé d'y réussir, que depuis environ trois cens ans toute l'Egypte se trouve divisée elle-même en deux factions, comme le fut autrefois l'Italie par celles des Guelfes & des Gibelins. L'un de ces partis se nomme *Sada*, c'est-à-dire *Grace*; l'autre s'appelle *Haram*, qui signifie *Péché*. Leur origine est aussi incertaine que la haine qu'ils se portent l'un à l'autre est irréconciliable & héréditaire. Elle ne manque jamais de passer du pére aux enfans, & même des maîtres aux esclaves. C'est en ménageant adroitement cet esprit d'opposition, qui se rencontre entre les peuples qui composent cette nation, qu'un Bacha peut réussir à se rendre maître également des uns & des autres. Il est vrai qu'en cherchant à mettre à profit cette disposition générale, il doit extrêmement mesurer sa conduite, & prendre garde en voulant affoiblir une faction l'une par l'autre, à ne pas pousser les choses trop loin. Alors les deux partis ne tardent guéres à se réunir pour leur commune sureté, & faisant tréve pour quelque temps à l'animosité qui les partage, ils tournent infailliblement toute leur aversion contre le Bacha même. C'est ce que j'ai vû arriver en 1697. à Ismaël Bacha, un des plus honnêtes hommes & des meilleures têtes de l'Empire Ottoman. Les milices que sa conduite, quoique sage, avoit allarmées, l'obligerent honteusement à quitter le Pachaly, & établirent un Lieutenant à sa place, en attendant que la Porte eût disposé de ce gouvernement.

    Les bontés que ce Seigneur a toujours eües pour moi, & l'amitié constante dont il m'a honoré, m'obligent par reconnoissance, autant que par équité, à faire ici le portrait de sa personne, de son caractére, & de sa fortune. Je dirai aussi un mot à cette occasion de quelques Bachas qui lui ont succédé. J'espére que cette digression ne paroîtra pas absolument étrangére à mon sujet. D'ailleurs elle servira à faire voir que les Turcs ne sont pas tous de l'humeur dont on se les figure parmi nous. On apprendra par là que la nature, qui ne distingue pas plus le climat que la condition, produit en Turquie, comme ailleurs, des ames élevées, sur lesquelles les préjugés de l'éducation, &

même ceux de la religion, qui sont les plus forts, n'exercent pas toujours la tyrannie de leur empire.

Caractére d'Ismaël Bacha.

Ismaël Bacha fait Gouverneur d'Egypte à l'âge de cinquante ans, est originaire de Macédoine, & a toute la magnificence & la valeur de ces anciens Rois, qui posséderent autrefois cet Etat célébre. Il étoit déja Bacha à deux queuës, lorsque les Allemans assiégerent & prirent * la ville de Bude. Il s'y trouva enfermé avec les troupes qu'il commandoit, & contribua beaucoup à la belle défense que fit cette place. A la prise de cette ville, il devint avec son fils prisonnier de M. l'Electeur de Baviere, & son bonheur voulut qu'un Chirurgien François empêcha qu'on ne lui coupât le bras droit, qu'il avoit eu fracassé en cette occasion d'un coup de mousquet. Il se trouva depuis en diverses batailles, où il donna toujours des marques de sa valeur & de son intrépidité. Il fut Janissaire Aga, qui est la seconde charge de l'Empire. Il remplit depuis le Pachaly de Scio, ensuite celui de Seyde, & enfin celui de Damas, d'où il est venu commander en Egypte. Ce fut à Seyde qu'il eut la douleur de perdre son fils aîné, dont je viens de parler, qui fut malheureusement tué d'un coup de géride par un de ses esclaves qu'il avoit forcé de joüer avec lui. Ismaël qui l'aimoit nonseulement comme son fils, & comme un Seigneur d'une grande espérance, mais encore comme le compagnon de son esclavage, lui fit élever un superbe tombeau, qu'il accompagna de plusieurs fondations. Sa générosité ne parut pas moins à Damas, où il fit de très-beaux bâtimens. Il en a fait aussi de magnifiques ici, à la différence de ses prédécesseurs.

Ce Seigneur m'a souvent dit qu'il étoit fort pauvre, lorsqu'il retourna d'Allemagne; que depuis il n'a pas songé un moment à amasser, & que cependant il n'a jamais manqué de rien. Le Grand Seigneur lui fit pendant qu'il étoit encore en charge beaucoup de demandes, ausquelles il satisfit avec dignité, en disant, qu'il n'avoit rien qui n'appartînt à S. H. & qu'il étoit seulement mortifié de la maniére dont on en usoit, pour extorquer de l'argent de lui. Celui qu'il a gagné en Egypte est une pure libéralité de la fortune, qui semble avoir pris plaisir à lui réserver les biens d'un grand nombre de riches vieillards, qui

* Ce fut en 1686. que les Impériaux commandés par le Duc Charles de Lorraine, se rendirent maîtres de cette Ville.

font morts dans la premiére année de fon gouvernement. Les Bachas d'Egypte héritent, comme je l'ai déja dit, au nom du Grand Seigneur, de tous ceux qui meurent fans enfans, ou qui n'ont pas difpofé avant leur mort des biens infcrits en leur nom, dans les regiftres des revenus de S. H. Toutes les terres d'Egypte & les pays des mines, font de cette nature. Un homme peut les vendre ou les réfigner à un autre, pourvû qu'il vive quarante jours après en avoir difpofé. C'eft de ces fortes de biens qu'Ifmaël a profité. Cependant il ne lui en eft jamais tombé aucun, qu'il n'en ait fait part généreufement à ceux qui lui en ont donné la nouvelle, ou qui auroient eu quelque droit à ces héritages, fi les propriétaires en euffent difpofé. Auffi peut-on dire que malgré ces avantages, il n'a fait rien moins que s'enrichir dans fon gouvernement. Depuis fa dépofition il eft refté au Caire redevable de huit cens cinquante mille écus, qu'il n'eft pas en état de paier. Il n'a rien a craindre pour fa vie; mais il aura beaucoup à fouffrir; après quoi on lui rendra un Pachaly, afin de le mettre en état de paier fes dettes. La Porte a fes ufages, & ils ne font pas auffi barbares qu'on pourroit l'imaginer.

Ifmaël Bacha, à qui le gouvernement de l'Egypte a donné pour le refte de fa vie le titre de Vifir, eft bon Mahométan, fans être ni fuperftitieux, ni ennemi des Chrétiens. Pendant fa réfidence à Damas, il eut ordre de la Porte de dépoffeder le Roi de la Mecque, & d'en établir un autre en fa place. Il ne craignit point d'affiéger cette ville fi refpectée par les fectateurs de l'Alcoran, & de faire tirer le canon fur elle. Il eft vrai que cette action fut regardée par les zélés comme un crime impardonnable; pour lui, il le crut beaucoup moindre que celui de la défobéiffance, & ne s'en mit nullement en peine.

Au refte, ce Seigneur eft de grande taille, & de très-bonne mine. Il a l'efprit fubtil & toujours préfent; un tempéramment vif le rend quelquefois fujet à la colere; hors de là c'eft le meilleur Seigneur de tout l'Empire. Il aime l'éclat & la magnificence, moins par oftentation, que par inclination naturelle. Sa valeur l'a fait également craindre & refpecter des Grands, qui ne l'ont pas vû fans jaloufie dans le tems de fon élévation, comme il s'eft fait alors adorer du peuple par fes manières humaines & libérales. Ce qu'il y a de certain, c'eft que fa mémoire ne

172 * DESCRIPTION

mourra jamais en Egypte, & qu'elle ne sera point avantageuse à ceux qui lui succederont dans ce gouvernement.

Caractére de Ramy Mehemet.
Celui que la Porte nomma pour le remplacer, sans avoir son mérite, ne manquoit cependant pas de plusieurs belles qualités. Ce fut le fameux Ramy Mehemet qui étoit Grand Visir, lorsqu'arriva la révolution, qui couta le trône au Sultan * Mustapha. On croit avec assez de vrai-semblance, que ce soulevement fut pratiqué par Ramy lui-même, dans la vûe de perdre le Moufti, sans prétendre passer plus avant. Mais l'obstination du Sultan à ne point sacrifier ce chef de la religion, conduisit les choses à un point, que le Visir ne s'en voiant plus le maître, fut obligé lui-même, pour mériter sa grace, d'abandonner ce Prince au moment qu'il eût dû combattre pour sa défense. Un de ses Officiers me vanta fort un jour cette démarche de son maître, qui par sa sagesse avoit alors épargné, disoit-il, le sang d'un nombre considerable de fidelles. Je ne sçai trop ce que l'on pensera de cette espece de mérite; pour moi, je suis bien informé qu'il n'y a pas un Turc qui aime son Seigneur. C'est une vilaine nation par cet endroit. Ils n'ont, ou ne paroissent avoir d'attachement que pour leur religion.

Ramy Bacha se rendit donc au Caire par des avantures, qui seroient longues à raconter. Ce fut lui, qui fit la paix avec les Princes Chrétiens. Il est grand politique, & passe pour la meilleure tête de l'Empire, fort fier, peu magnifique, & n'aïant jamais eu pendant le tems de son gouvernement qu'une suite très médiocre. Il aime les sciences, & en parle volontiers, même de Médecine, de Philosophie, & de Religion. Aussi aimoit-il à disputer de ces matiéres avec un medecin Ragusois, qui étoit à son service, & pour lequel il avoit de la considération. Je n'ai pas eu avec ce Bacha les mêmes liaisons qu'avec son prédécesseur; mais je le connois assez pour pouvoir assurer qu'il y a peu de Turcs, qui sçachent autant que lui. Ramy Mehemet ne fut pas plus heureux qu'Ismaël. Au mois de Septembre 1707, un revers l'obligea

* Ce Prince étoit fils de Mahomet III. & frére d'Achmet, & fut détrôné pour la premiére fois en 1617. deux mois après être monté sur le trône. Sa prison ne fut pas de longue durée. Il en fut retiré en 1622. & remis sur le trône par les Janissaires. Le jour suivant il fit mourir Osman son neveu. Enfin après seize mois de régne, il fut détrôné pour la seconde fois en 1623. & confiné dans une prison perpetuelle. C'est de cette derniére révolution, dont il est parlé ici. Amurat neveu de Mustapha, & frére d'Osman, lui succeda à l'Empire.

de céder son gouvernement à un autre, & pour surcroît de mortification, il eut le désagrément de voir monter à sa place le plus grand de ses ennemis.

Ce successeur fut Aly Bacha de Temeswar. La fortune de ce Seigneur est singuliere, comme celle de la plûpart des Turcs. Il servoit dans un bain de Constantinople, où le hazard conduisit le Grand Doüannier. Ce garçon, qui étoit beau & bien fait, lui plut. Il le tira de cette vile condition, le prit chez lui, & l'avança jusqu'à le faire Doüannier de Smyrne & d'Alep. Il devint ensuite lui-même Grand Doüannier de Constantinople. Dans le cours de cette fortune il eut le bonheur de plaire à une fort riche héritiére qu'il épousa, & qui lui apporta de grands biens. De Grand Doüannier il fut fait Kiaïa du fameux Hussein Grand-Visir, auquel Altaban succéda. Altaban eut pour successeur Ramy Mehemet, dont je viens de parler, qui choisit aussi Aly pour son Kiaïa; mais dans la suite en ayant pris quelque ombrage, il le fit Aga des Janissaires. Dans ce nouvel emploi Aly devint encore suspect à Ramy par une liberalité qu'il fit à tout le corps des Janissaires, & par les correspondances qu'il entretenoit avec le Mousti & son parti. Pour se délivrer d'un homme, dont il redoutoit les desseins, & l'éloigner de la Cour, le Visir lui donna le gouvernement de Temeswar, & le fit partir pour cet emploi avec tant de diligence, qu'il perdit sa femme dans la route. C'est cet Aly que le Grand Visir ennemi de Ramy choisit préférablement à tout autre pour lui succéder dans le Pachaly du Caire, persuadé que c'étoit-là la plus grande mortification qu'il pût donner à ce Gouverneur.

Aly Bacha n'avoit pas plus de quarante-cinq ans, lorsqu'il fut nommé au gouvernement de l'Egypte. C'est un homme de bonne mine, qui a beaucoup d'ambition & de vanité. Il arriva en Egypte avec une suite de plus de douze cens personnes, & y fit une entrée superbe. Mais outre qu'il a trouvé dans les adversaires de son prédécesseur des gens également disposés à lui tenir tête & à abaisser son orgueil, le Pachali du Caire est aujourd'hui si surchargé de dépenses, qu'il est difficile à un Bacha de s'y enrichir. Il ne produit que huit cens bourses de fixe & de certain, & un Bacha est obligé d'en dépenser plus de seize cens, sans parler du revenu du Grand Seigneur, pour lequel toutes les charges du roiaume acquittées, il doit encore païer, comme je l'ai dit, douze cens bourses.

Caractére d'Aly Bacha.

De tout ce que j'ai dit il est facile de conclure, que malgré l'éloignement où est l'Egypte de Constantinople, l'aversion des peuples qui l'habitent pour le gouvernement present, le défaut de troupes & de places de défense (car je compte pour rien le Chateau du Caire, puisqu'il tombe en ruines, & est hors d'état de résister au canon,) il n'y a cependant peut-être pas de province dans toute l'étendüe des Etats du Grand Seigneur, dont la possession tranquile lui soit plus assurée. En effet il n'y a rien à appréhender de la part des Bachas, dont le pouvoir est trop balancé par celui des milices, pour qu'ils osent rien entreprendre. Le danger n'est pas plus à craindre de la part des Puissances étrangéres. La mer d'une part, & des deserts affreux partout ailleurs, mettent l'Egypte à couvert de toute surprise. Enfin à l'égard de l'intérieur du pays, la sureté n'est certainement pas moins grande. Comment des troupes divisées entr'elles, & nourissant une haine mortelle les unes pour les autres, éclairées sans cesse par un Gouverneur, qui les craint autant qu'il en est redouté, pourroient-elles se réunir pour conjurer contre leur Souverain ? Comment un peuple réduit à l'esclavage le plus affreux & tellement occupé de ses dissentions domestiques, que les habitans d'un même village se font souvent les uns aux autres une guerre continuelle, pourroit-il jamais penser à la révolte ? S'il osoit par hazard en former le projet, comment s'y prendroit-il pour l'éxécuter ?

Mon dessein étoit de finir ici ma lettre, & quoiqu'elle ne soit pas d'une longueur aussi considérable que quelques autres, je suis persuadé, Monsieur, que vous m'auriez sçu gré du peu de remarques que je vous ai fait faire sur le gouvernement present de l'Egypte, & des éclaircissemens que je vous ai donnés à ce sujet. Cependant en vous entretenant de ce charmant pays, je vous ai si souvent parlé des esclaves, des bontés que leurs maîtres ont pour eux, des soins qu'ils prennent de leur établissement & de leur fortune, que je suis bien aise puisque le tems me le permet, d'entrer ici dans un plus grand détail sur cette matière. En lisant cet article, vous avouerez que je ne m'écarte pas trop de mon sujet, & peut-être y trouverez-vous des particularités, dont votre curiosité sera satisfaite.

Des Esclaves.

Ce n'est point un déshonneur parmi les Turcs d'avoir été esclave. La profession de la loi qu'ils ont embrassée efface avantageusement, selon eux, les idées de la servitude. C'est également une grande marque de richesse & de magnificence parmi les perfonnes élevées, que d'avoir grand nombre d'esclaves. Il y a telle maison, qui en possede des deux sexes pour la valeur de vingt & trente mille écus; & lorsqu'une peste en emporte la plus grande partie, comme il arrive assez souvent, ce n'est qu'avec beaucoup de dépense que cette perte se répare. Chaque personne de considération a son cimetiére séparé pour elles & pour ses domestiques. La sépulture des hommes y est toujours distinguée de celle des femmes par certains signes particuliers. Un Seigneur qui vivra long-tems, ce qui n'est pas extraordinaire, puisque généralement parlant il arrive en Turquie, que les maîtres sont moins attaqués du mal contagieux, que les gens de leur maison, un Seigneur, dis-je, dont la vie sera longue, verra souvent des trois à quatre cens esclaves l'avoir précédé dans le tombeau. Les esclaves Abyssins de l'un & de l'autre sexe ne sont pas moins estimés ici que les blancs. Les Ethiopiens ne sont pas absolument noirs, comme je l'ai dit; ils ont plutôt le teint de couleur de bronze. Ils n'ont point les levres grosses. Leurs yeux sont admirables, & tous les traits de leur visage sont parfaits. Ils ont même cet avantage par dessus les blancs, que leur beauté ne se fanne pas si aisément dans les pays chauds. C'est pour cette raison que les femmes Abyssines sont infiniment estimées ici & à la Mecque. On assure aussi qu'elles n'ont pas la bizarrerie & la ridicule malignité des noires, qui quelquefois se laissent mourir de faim, pour faire de la peine à leurs maîtres. Il est permis aux Chrétiens, & même aux Juifs, d'avoir des noirs pour esclaves; mais on ne permet point qu'ils les fassent sortir du roïaume, de peur qu'ils ne les obligent à changer de religion. Cependant la plupart des noirs, qui appartiennent aux Juifs, suivent la religion de leurs maîtres. Il est vrai que ce n'est qu'en secret.

Un des présens des plus agréables qu'on puisse faire aux Grands, c'est de leur offrir des esclaves de l'un ou de l'autre sexe. Ainsi on envoie à un Bacha quelques jeunes garçons bien faits & bien vêtus, si l'on remarque que sa maison ne soit pas nombreuse, ou qu'il se plaise à avoir de beau monde, ce qui ne manque guéres de lui donner du crédit, ou d'augmenter la considération qu'on a déja pour lui. Quand on voit à l'audience d'un Bacha cent ou deux cens esclaves plus beaux les uns que les autres, & tous couverts de longues vestes de satin, ou lorsqu'ils sortent avec lui à la campagne montés sur des chevaux de prix, dont les harnois répondent à la richesse de leur habillement, cette suite a certainement un air de grandeur, dont on ne peut s'empêcher d'être frappé. On enverra aussi quelquefois à un Gouverneur une fille bien faite avec quelques autres esclaves pour la servir. Ce cortege est toujours habillé à proportion des richesses de celui qui fait le présent, & des services qu'il peut attendre du Bacha.

Bonté des maîtres à leur égard. Il est difficile d'exprimer les bontés que les Turcs ont pour leurs esclaves, sur-tout lorsqu'ils les ont élevés, & qu'ils ont renoncé au Christianisme. Chaque maison a un maître gagé pour les instruire. On leur apprend à lire, à écrire, à faire leurs exercices ; en général on leur enseigne tout ce qui est capable de les former. Les maîtres ne manquent jamais de penser ensuite à leur établissement. Ils achetent des terres en leur nom, quelfois des villages entiers. Il les marient & les gardent cependant chez eux, où s'ils en sont mécontens, ils ne les congédient qu'en leur laissant les revenus qu'ils leur ont achetés. Ils en placent quelques-uns dans le Corps des Janissaires, d'autres dans celui des Asaphs, & leur achetent toujours une paie proportionnée à l'amitié qu'ils ont pour eux. Ils les poussent ensuite dans ces mêmes Corps : ensorte qu'un maître aura souvent deux ou trois esclaves, qui se trouveront tous à la tête de ces milices. Les Turcs ne se piquent de rien davantage que d'élever & d'agrandir ainsi leurs esclaves. Il y a ici un Eunuque, qui a fait trois Beys de sa maison, c'est-à-dire trois Princes du pays, & il se trouve tel homme au Caire, de la maison duquel sont sorties cinq ou six des premiéres Puissances du roiaume.

Belle réponse d'un Bey à ce sujet. Je ne puis m'empêcher de rapporter à cette occasion une belle réponse d'un de ces Beys à un autre Seigneur de la même qualité auquel il étoit allé rendre visite. Ce dernier faisoit alors batir une maison superbe, quoiqu'il en eût déja deux ou trois, dont il retiroit un revenu considérable. Le premier au contraire étoit très-mal logé, n'avoit aucun goût pour les batimens, & n'avoit jamais travaillé qu'à l'avancement de ses domestiques. Il avoit alors cinq ou six de ses esclaves tous Beys comme lui, ou Chefs des Janissaires & des Spahis. La conversation étant tombée sur les batimens, comme il étoit assez naturel, son ami lui demanda, pourquoi étant fort riche & très-mal logé, il n'élevoit point comme lui quelque palais, qui lui fît honneur ? J'ai beaucoup bati,

bati, répondit ce Bey, & les batimens, auxquels j'ai travaillé, me font beaucoup plus de plaisir & d'honneur, que ne vous en feront jamais ceux à la construction desquels vous vous occupez. Aussi ne sont-ils pas sujets de même à l'injure du tems. Ce sont, ajouta-t'il, tels & tels qu'il lui nomma. Voila quels sont ces édifices superbes à l'élévation desquels j'ai travaillé toute ma vie. Je les ai tirés de l'esclavage; & ils se voient aujourd'hui les plus Grands Seigneurs de l'Egypte. Avouez que mes batimens sont bien plus dignes que les vôtres de l'ambition d'un honnête homme. Que pensez-vous de ces sentimens, Monsieur ? Sont-ils d'un Barbare, ou d'un Turc, que nous comptons au nombre des Barbares ? Pouvez-vous disconvenir qu'ils ne fissent honneur aux Nations les plus civilisées & les plus polies ?

Lorsqu'un esclave vient à s'élever & sort d'une maison, il est toujours surnommé fils de son patron. Ainsi on dit Mustapha fils d'Aly, ou de la maison d'Aly. On dit aussi une telle maison a fait tant de Beys, tant de Kiaïas ; il en est sorti tant de personnes de considération. Rien ne fait plus d'honneur aux Turcs, que d'avoir ainsi élevé un grand nombre de leurs esclaves aux premiéres dignités de l'Empire. Ce qu'il y a d'extrêmement louable en ces jeunes gens, que la fortune éleve ainsi souvent à des charges même plus honorables que celles de leurs patrons, c'est que la prosperité ne les porte jamais à s'oublier. On les voit encore dans le faste & la magnificence se faire un honneur d'aller durant le cours de l'année, surtout aux grandes fêtes, rendre à leurs maîtres les hommages de leurs anciennes servitudes avec une soumission, qui n'a rien de différent de celle qu'ils avoient en leur préfence du tems de leur esclavage. De même lorsqu'il leur arrive de rencontrer dans les ruës leurs patrons, qui souvent font beaucoup moins qu'eux, ils ne manquent jamais de mettre pied à terre, & d'aller leur baiser la main, ou la veste. Il est certain que jamais reconnoissance ne mérita mieux de servir d'exemple aux nations, qui se croient fort supérieures à celle-ci en matiére de sentimens.

Cette conduite des Turcs envers leurs Esclaves en faisant le bonheur de ceux-ci, est cause en même tems que les maîtres sont toujours bien servis par leurs domestiques. D'ailleurs quelques respects qu'ils éxigent d'eux, il les font toujours manger à leurs tables. Les Turcs croient que le manger est une chose com-

Z

mune, comme l'air. Auſſi n'en refuſent-ils à perſonne. Lorſqu'un étranger ſe trouve chez eux dans le tems de leur repas, ils
ne manquent jamais de lui dire *Beſmellé*, terme qui ſignifie *volontiers*, & ce n'eſt point un compliment comme en Europe ; ils
le penſent comme ils le diſent, & on ne peut leur faire de plus
grand plaiſir, que de reſter.

 Telle eſt, Monſieur, l'idée que vous devez vous former de la
ſituation des eſclaves en Egypte. Comme c'eſt de ces eſclaves,
que ſont preſque tous compoſés les différens Corps de milices que
la Porte entretient dans ce pays, l'obligation que je m'étois im-
poſée de vous entretenir du gouvernement de l'Egypte m'a conduit naturellement à vous parler de cette matiére. Par ce que je
vous en ai dit il vous ſera aiſé de comprendre, comment ces différens corps, où l'on ne reçoit perſonne du pays qu'à titre de protection, ſe maintiennent & ſe conſervent de façon, que ſans
être obligé de faire paſſer des Turcs dans ce pays-ci, le
Grand Seigneur y a toujours des troupes complettes telles qu'il
les deſire, & que la bonne politique le demande. Je ſuis, &c.

 Au Caire ce . . . . .

LETTRE TREIZIÉME.

DE L'ETAT PRÉSENT DES ARTS ET DU COMMERCE EN EGYPTE;

Avec un projet pour la jonction du Commerce de l'Europe avec celui d'Asie, par le moïen de la Mer Rouge.

Es paralelles sont de mon goût, Monsieur. Vous devez vous en être apperçu par toutes mes Lettres précédentes ; & j'ai trop bonne opinion de votre discernement, pour ne pas penser que vous en connoissez tous les avantages. L'esprit de comparaison est, selon moi, l'esprit de réflexion. Peut-être en dis-je trop peu, & l'on pourroit ajouter sans doute que c'est l'esprit universel, puisque toutes nos connoissances viennent de là, & que nous n'avons de véritable idée des choses, qu'autant que nous sçavons les rapprocher les unes des autres.

Permettez-moi donc, Monsieur, dans la matiére que j'entreprens de traiter aujourd'hui, de suivre encore la même méthode. Mon dessein est de vous entretenir dans cette lettre du Commerce de l'Egypte. C'est en effet par le commerce que fleurissent les Etats ; c'est le commerce qui fait leur force & leur puissance, comme il fait la richesse du Prince, & le bonheur de ses sujets. De-là il est aisé de conclure qu'on ne peut avoir d'un pays qu'une connoissance fort imparfaite, si on ignore quels sont les ressorts qui comme autant de véhicules y portent l'abondance & la prospérité, & que pour connoître parfaitement l'Egypte, il faut avoir une idée de l'état présent de son commerce. Mais comme les Sciences & les Arts en font une partie essentielle, sans laquelle l'autre ne pourroit subsister, trouvez bon aussi, Monsieur, que je commence d'abord par vous instruire de la situation où les unes & les autres se trouvent aujourd'hui dans ce pays-ci, & que reprenant les choses d'un peu loin, je vous conduise pas à pas, & comme insensiblement, à la connoissance de ce que vous désirez sçavoir. Je remonterai jusqu'à la naissance de l'Égypte, puisque c'est ce que je puis présenter à vos regards de plus intéressant & de plus curieux ; passant ensuite à l'état présent où elle est réduite, je vous ferai voir les ronces croître au milieu des fleurs, & du sein de la nation la plus éclairée & la plus polie de l'univers, naître l'ignorance & la barbarie.

Origine des Sciences & des Arts chez les Egyptiens.

Si les Egyptiens ne sont point les premiers peuples du monde, comme ils l'ont prétendu contre les Ethiopiens, qui se vantoient également d'avoir été produits du limon même de leur pays ; si ces prétentions n'ont rien de réel ; si ce sont de pures chimères, comme nous devons le croire malgré tant d'histoires, où ces faits sont attestés, ces peuples sont au moins les premiers inventeurs des Sciences & des Arts ; c'est incontestablement chez eux que les Grecs allerent les puiser, comme elles ont passé de la Gréce à toutes les autres parties du monde. Cette nation, de quelque endroit qu'elle fût venüe en Egypte, resta long-tems renfermée dans son propre pays, séparée de toute autre, ou par des déserts impénétrables, au moins à des armées capables de la subjuguer, ou par des mers que l'ignorance de la navigation rendoit alors impraticables. La mer couvroit encore alors tout le terrain qui paroît aujourd'hui entre la mer Rouge & la Méditerrannée, & n'en faisoit qu'une seule ; ce qui rendoit l'Afrique isolée, tandis que l'Egypte se trouvoit d'ailleurs séparée du reste de l'Afrique par des déserts & des montagnes insurmontables aux autres peuples qui l'habitoient.

C'est dans ces tems si reculés & si éloignés de ceux-ci que la nation Egyptienne ignorée du reste du monde, & ignorant également elle-même tous les autres peuples de l'univers, n'étoit occupée qu'à se prévaloir des dispositions heureuses pour l'invention des Sciences & des Arts, que le climat & une terre également favorables à sa félicité, avoient mis dans le génie des peuples qui habitoient alors ce pays enchanté. Ce fut cette nation qui la premiere trouva l'art de cultiver la terre, des fruits de laquelle elle avoit besoin pour sa subsistance. Elle se multiplia cependant au point que ce qu'il y avoit de terres cultivables sur le bord du Nil, n'avoit plus assez d'étendüe pour fournir au grand nombre de peuples dont elle étoit composée, ce qui étoit nécessaire à sa nourriture, sur-tout dans les années où la nature étoit dérangée de ses productions ordinaires par une trop grande ou trop foible augmentation des eaux du Nil. Elle trouva le moïen de remédier à ce défaut, & d'étendre même la fertilité de cette contrée au de-là des bornes naturelles des terrains cultivables, qui jusqu'alors avoient été attachés au seul cours de cet admirable fleuve. Ce fut donc la nécessité qui lui fit inventer l'Architecture pour la construction des ponts, qui pendant que les inondations duroient devoient servir à la communication. Elle lui enseigna l'art de bâtir ces ouvrages immortels, dont tout l'effort des tems n'a pu encore abolir la mémoire. Cette même maîtresse des arts apprit encore à ces peuples à faire des bateaux, pour passer d'un côté du Nil à l'autre. Les inondations de ce fleuve, qui confondoient tous les héritages, leur firent imaginer de même la Géométrie, pour faire la séparation des biens, lorsque les eaux étoient retirées, & rendre à chacun ce qui lui appartenoit. Ce fut d'abord par quelques essais foibles & imparfaits, que les principaux arts prirent naissance parmi eux. Dans la suite chacun profita des idées de ceux qui l'avoient précédé, & les descendans de ces premiers inventeurs des arts ajoutant leurs propres lumiéres aux connoissances qu'ils avoient déja, les porterent à ce point de perfection, qui rendra les Sages de l'Egypte si fameux dans tous les siécles.

Comme une science conduit naturellement à une autre, après avoir pourvû à ses besoins les plus pressans, cette nation s'occupa ensuite à se procurer l'agréable. Elle songea d'abord à s'habiller plus magnifiquement qu'elle ne l'avoit été jusques-là ; à se bâtir des maisons plus commodes & plus saines que les cabanes qu'elle habitoit ; à se former des jardins où les arbres cultivés pussent fournir un ombrage frais, & des fruits doux & agréables ; à enclore plusieurs habitations de murs, qui servissent de sureté à leurs biens & à leurs personnes. Et comme chaque particulier ne pouvoit sçavoir & pratiquer seul ce qui lui étoit nécessaire pour réussir dans ces ouvrages différens, que les matériaux, ou les marchandises qui y entroient, aussi-bien que l'art de les arranger & de les mettre en œuvre, étoient divisés entre plusieurs sujets, un voisin prêtoit à un autre particulier ce dont le dernier avoit besoin, & empruntoit de lui à son tour les choses dont il manquoit lui-même. Un artisan fournissoit son industrie à un autre d'une profession différente, & celui-ci reconnoissoit le service qu'il avoit reçu du premier, en travaillant pour lui dans son art, lorsque l'occasion s'en présentoit. Il est vrai-semblable que ce fut d'abord par ces prêts, ou échanges réciproques, soit d'effets, soit d'industrie, que les premiers Egyptiens travaillerent à se procurer leurs commodités. On doit croire que le bled, la chose du monde la plus nécessaire à l'homme civilisé, fut ensuite la première monnoye dont ils se servirent, pour suppléer dans le besoin réciproque qu'ils avoient les uns des autres à ces sortes d'échanges, dont je viens de parler, & dont la pratique n'étoit pas toujours aisée, ni même possible. On substitua ensuite au bled une autre espece moins périssable, & dont on pût dans le besoin faire un amas, qui ne fût pas sujet à la corruption. Ce furent sans doute d'abord des pièces de cuivre qui servirent à cet usage; on en vit paroître ensuite d'or & d'argent dans le commerce; on y fit entrer même jusqu'aux émeraudes, dont on trouvoit alors des mines abondantes en Egypte. Ce fut de ces différentes matiéres dont on se servit, pour païer à proportion de leur poids, & l'industrie de ses concitoïens, & les effets dont ils vouloient bien se défaire, en faveur de ceux à qui ils étoient utiles, ou nécessaires.

Cependant comme l'excédent de ces matiéres durables formoit souvent un superflu inutile à la subsistance & même à l'agrément de la vie, pour ceux qui le possédoient, les hommes toujours zélés pour perpétuer leur mémoire, & s'acquérir une espéce de superiorité sur leurs semblables, crurent pouvoir y réussir en se bâtissant des demeures capables de frapper le peuple & de l'éblouir. De-là on vit des particuliers, oubliant la première simplicité de leurs péres, chercher à se distinguer par les palais superbes qu'ils firent élever, & par l'or & l'argent qu'ils y emploierent. Cette vanité des particuliers augmenta les efforts de ceux qui étoient emploiés à ces bâtimens. Les Arts s'accrurent & se perfectionnerent en Egypte à mesure que l'ambition s'empara des peuples qui l'habitoient, & que l'or & l'argent s'y multiplierent. On vit s'élever de toutes parts des édifices magnifiques, où brilloient l'or & l'argent, que la prodigalité des particuliers & l'induſtrie de l'artiſan y avoient entaſſés. Les ouvriers emploiés, ſoit à élever, ſoit à décorer ces bâtimens, s'enrichirent aux dépens de la folie de la nation, & l'envie qu'ils conçurent eux-mêmes ou de ſe diſtinguer, ou de ſe mettre plus à leur aiſe, les rendit de jour en jour plus excellens & plus habiles en tout genre. N'eſt-ce pas ce que de nos jours nous avons vû arriver en France, & ſur-tout à Paris ? N'eſt-ce pas de même ce que nous admirons en Angleterre, & principalement à Londres ? Les arts ne fleuriſſent dans un Etat, qu'à proportion que l'or & l'argent qui y entrent, y font régner le luxe & l'abondance.

De cette paſſion de ſe faire des demeures magnifiques, des palais ſomptueux, les Egyptiens paſſerent bientôt à une autre, qui depuis leur a toujours été propre, & qui commence auſſi, ce me ſemble, à s'emparer du cœur de la nation Françoiſe ; ce fut de ſe bâtir des tombeaux ſuperbes, à la faveur deſquels ils s'imaginerent pouvoir vivre au moins dans la mémoire des hommes, après qu'ils auroient diſparu de leurs yeux. Comme il ſe trouve dans tout pays des hommes plus ſubtils & plus habiles que les autres, il s'en rencontra de même parmi une nation auſſi rafinée que le fut bientôt l'Egyptienne ; & ceux-ci ne manquerent pas de mettre à profit le déſir univerſel qu'ils remarquerent dans leurs concitoïens, d'immortaliſer leur mémoire. Tels furent les Prêtres Egyptiens. Ces politiques habiles, qui compoſoient le Conſeil des Rois, comprirent parfaitement que l'autorité du Souverain ne ſubſiſte que par l'obéïſſance des ſujets ; qu'un peuple oiſif ſe porte aiſément au murmure & à la révolte ; qu'eux-mêmes ne pouvoient eſpérer de ſe ſoutenir, qu'autant qu'en flattant les paſſions favorites de leur nation, ils trouveroient par là un moien ſûr & facile de vivre & de s'enrichir à ſes dépens. C'eſt dans ce point de vûe, que pour occuper les Egyptiens, & favoriſer en même-tems le déſir général de l'immortalité, dont ce peuple étoit prévenu, ils lui compoſerent, comme je l'ai dit ailleurs, une religion flatteuſe qui lui aſſuroit l'eſpérance d'y parvenir. De-là tant de monumens, qui n'étoient pas moins utiles à ces Prêtres que glorieux à l'Etat, tant de temples, tant de tombeaux, tant de colomnes, tant de figures coloſſales. De-là ces admirables Pyramides, ce fameux

Labyrinthe, & tant d'autres monumens qui en nous apprenant quelle fut autrefois la grandeur & la puissance des anciens Egyptiens, nous instruisent en même-tems du dégré de perfection où de leur tems les arts étoient parvenus.

Pour meubler ces palais superbes, dont j'ai parlé, pour orner ces temples, pour soutenir la splendeur d'une Cour brillante, qui avoit pour exemple la magnificence de ses Rois, pour entretenir enfin le luxe d'une nation à qui ses richesses avoient donné du goût pour tout ce qui brille, & qui a quelque éclat; Combien d'ouvriers étoient continuellement occupés! Combien de personnes sans cesse attachées, ou à inventer de nouveaux arts, ou à perfectionner les anciens! Que de manufactures, d'où l'on voïoit sortir chaque jour des ouvrages plus superbes & plus finis les uns que les autres! Remontons seulement à cinq ou six cens ans; nous trouverons encore dans ce pays l'art de faire ces précieuses étoffes de soie & or si riches, qu'une veste seule sans coutures, tissüe vrai-semblablement au métier, coutoit jusqu'à mille écus. On y voïoit écrits le nom du Roi régnant, le nombre des années de son gouvernement, & le nom même de l'ouvrier. Il n'y avoit qu'un seul endroit en Egypte, où ces sortes d'étoffes se fabriquassent. Comme dans ces anciens temps les Rois avoient de grands revenus, l'argent étoit fort commun dans le pays. Alors il n'étoit pas rare de trouver cinq cens mille sequins après la mort d'un particulier parmi les effets de sa succession. Cette richesse générale faisoit fleurir les sciences & les arts, & ceux qui s'y appliquoient étoient encouragés à mieux faire, par la certitude qu'ils avoient d'être libéralement récompensés de leurs travaux. Il est certain, comme je l'ai avancé plus haut, que les arts ne réussissent que dans l'opulence. Le luxe les anime & les soutient. S'il tombe, ils ne tardent guères à tomber de même. Tant que Rome jouit des dépouilles de l'univers entier, ses citoïens excellerent dans l'éloquence, dans la poësie, dans l'architecture, la peinture, la sculpture, en un mot dans toutes les sciences & dans tous les arts de goût. Mais dès que la misere publique commença à s'y faire sentir, la grossiéreté & la barbarie prirent insensiblement la place de l'adresse & du sçavoir. Les fureurs d'un gouvernement militaire introduit par les Cesars, & soutenu depuis par leurs successeurs, commencerent la décadence du bon goût dans cette

Capitale

Capitale du monde. La translation du siége impérial à Constantinople, acheva le reste. En enlevant à Rome ses Monarques, qui y entretenoient encore la magnificence & la splendeur, on lui enleva le glorieux privilége, qu'elle avoit ravi à la Gréce, d'être la mére nourrice des Sciences & des Arts, & on ne les y a vû depuis renaître de tems en tems, qu'autant qu'on a vû monter sur le premier trône de la religion des Souverains, qui par leur génie magnifique & libéral, ont sçu les ranimer & les faire fleurir.

Du Commerce intérieur, de l'Egypte dans les anciens tems.

Je ne vous parlerai point, Monsieur, de l'état, où dans ces tems heureux se trouvoit le commerce intérieur de l'Egypte. Ces foires continuelles, dont je vous ai parlé ailleurs, & qui pendant toute l'année se tenoient souvent plusieurs à la fois, dans différentes provinces du roïaume, en donnent la plus grande idée. Là tout le peuple de l'Egypte se rendoit en foule, pour se fournir des denrées & des marchandises qui lui manquoient, ou se défaire de celles dont le superflu lui étoit inutile. Là chaque canton particulier mettant dans le commerce les marchandises que l'art ou la nature lui avoient rendües particuliéres, contribuoit de sa part à cette communication réciproque, & à la circulation générale qui se faisoit sans cesse dans tout le corps de l'Etat. On peut juger par ce que j'ai dit ailleurs de la fertilité de l'Egypte, par ce que je viens de rapporter de la magnificence qui y régnoit du tems de ses anciens Souverains, & de la perfection où elle avoit porté les sciences & les arts, du concours prodigieux qui se faisoit de toutes parts à ces assemblées si fréquentes, & des richesses immenses qu'elles produisoient à tout le pays.

Du Commerce extérieur de ce pays.

A l'égard du commerce extérieur du roïaume, il ne fut pas tout d'un coup florissant, & comme il dut sa naissance aux besoins des étrangers plutôt qu'à celui des Egyptiens mêmes, ce ne fut que par dégrés qu'il se perfectionna, & devint enfin extrêmement considérable. L'Egypte, comme je l'ai dit d'abord, renfermée long-tems en elle-même, & tellement séparée des autres nations, que la nature elle-même sembloit avoir concouru à la tenir cachée au reste de la terre, n'avoit au commencement aucune communication avec tous les autres peuples du monde. De longs & pénibles déserts l'environnoient du côté du Levant & du Couchant, où elle a sa plus grande étendüe.

A a

Des montagnes affreufes & impraticables la bornoient à fon Midi, & lui fermoient le paffage de la Nubie. Enfin la mer Méditerranée à fon Septentrion, fembloit ne lui permettre aucun commerce de ce côté-là, tandis que la navigation feroit auffi peu connüe qu'elle le fut long-tems dans ces fiécles réculés. L'Egypte contente de fes propres biens étoit donc alors auffi inutile qu'inconnüe au refte de l'univers, de qui elle ne tira de fon côté aucun avantage, jufqu'à ce que les Grecs fe hafardant enfin de traverfer en Afrique, découvrirent dans ce pays fi long-tems ignoré, une nation déja polie & amatrice du commerce. Perfonne n'ignore comme ils fçurent mettre cette découverte à profit, & les liaifons d'efprit auffi bien que de négoce qu'ils firent avec les Egyptiens. L'Egypte devint en peu de tems non-feulement le magafin de la Gréce, mais encore l'école de tous fes Sages. Alors les avantages que les Egyptiens eux-mêmes retirerent de ce commerce, leur firent tourner leurs vûes & leurs foins vers la mer, & les engagerent à étendre leurs ouvrages de ce côté-là. Ce fut dans ces circonftances, & fous l'empire de Meris, qui régnoit en Egypte il y a environ trois mille ans, que fut creufé le Lac qui porte encore aujourd'hui fon nom, & qui eft à la fuite de celui du Faoumé. De ce lac Meris, on tira un canal jufqu'à un autre qu'on creufa en même-tems fur les bords de la mer, & proche un des ports d'Alexandrie. Celui-ci fut appellé le lac Maréotis. Outre la communication par les déferts de ces deux Lacs l'un avec l'autre, on avoit encore tiré deux ou trois canaux venant directement du Nil, & aboutiffant au lac Maréotis ou au port même de cette ville, à qui Alexandre donna fon nom. Par ces différens ouvrages le commerce de la haute Egypte par le lac Meris, & celui de la baffe par le lac Maréotis, refta tellement affuré avec le port d'Alexandrie, qu'il n'étoit point fujet alors, comme il l'eft aujourd'hui, au caprice des tems, & aux périls de la mer, par laquelle on eft obligé de faire paffer à préfent d'Alexandrie à Rofette, & de Rofette à Alexandrie, les marchandifes que l'on tire d'Egypte, & celles qu'on y apporte. On fe trouve par là dans la néceffité de traverfer la barre dangereufe, qui, comme je l'ai dit ailleurs, fe trouve à l'embouchure du Nil, & on eft quelquefois foixante, ou même quatre vingt jours à attendre pour cela une occafion favorable.

DE L'EGYPTE

Cependant les soins que prirent les différens Princes, par qui l'Egypte fut gouvernée, pour faciliter le commerce, ne s'en tinrent pas seulement à ces ouvrages. Tout le monde sçait ce qui a été débité sur l'impossibilité, ou du moins sur les inconvéniens de joindre la mer Rouge à la Méditerranée; mais on ne sçait peut-être pas que cette impossibilité n'est qu'une pure chimere, & que cette jonction a été tentée déja, & même conduite à sa perfection de deux côtés différens, sans que pour cela l'Egypte ait été inondée, ou rendue stérile. L'histoire de ce païs m'a appris, qu'immédiatement après la conquête qu'en firent les Arabes, & sous le gouvernement d'*Omar Ebn Ellaas*, on creusa dans le roc un canal, qui d'un bout donnoit dans le Nil proche du Caire, & de l'autre, entroit dans la mer Rouge au Suez. Ce canal, qu'on nommoit le canal du Prince des Croians, servoit à transporter à la Mecque toutes les marchandises & les provisions que lui fournissoit l'Egypte. On en voit encore aujourd'hui quelques traces, malgré les sables qui l'ont comblé, & peut-être ne seroit il pas si difficile de le rétablir qu'on pourroit bien se l'imaginer. Voilà donc déja incontestablement une jonction des deux mers exécutée par le moïen du Nil. L'autre qui coupoit l'Isthme en droiture, n'est pas moins réelle, quoique l'histoire n'en parle point. En effet, en allant de Suez directement à la Méditerranée, on découvre de même des vestiges d'un canal creusé dans le roc, qui partant de ce Bourg, & traversant les déserts, se terminoit à la Méditerranée, & isoloit parfaitement l'Afrique.

Jonction de la mer Rouge avec la Méditerranée.

On conçoit sans peine qu'il seroit impossible sans un travail immense, de rétablir l'un ou l'autre de ces canaux. Pour cela on seroit obligé, non-seulement de le vuider, mais même de rendre son lit plus profond, parce que la mer a baissé de superficie. Cette difficulté n'est cependant peut-être pas la plus forte des raisons, qui ont détourné les possesseurs de l'Egypte d'entreprendre cet ouvrage. La politique semble y avoir eu la meilleure part. Si un Prince étranger venoit à se rendre maître de la tête de celui de ces canaux qu'on auroit rendu naviguable, & qu'il s'y fortifiât, l'Egypte perdroit sans ressource un commerce considérable, qui fait l'essentiel de sa richesse. Après tout, quand il n'y auroit rien à craindre de ce côté-là, je ne vois nul avantage pour le païs, dans le rétablissement de cette communica-

A a ij

tion. Deux remarques vont rendre ma proposition sensible. Si l'on faisoit ce canal assez large & assez profond, pour porter de grands vaisseaux, il est certain qu'il en couteroit des sommes immenses, que les profits de plusieurs siécles, quelque considérables qu'on les suppose, auroient beaucoup de peine à égaler. En effet, du Bourg de Suez à la Méditerranée, on compte en ligne droite trois jours de chemin de distance ; du même lieu au Caire, il y a au moins deux journées. De-là on peut juger de la dépense nécessaire pour nétoier & entretenir un de ces canaux. Que si on vouloit s'en tenir à l'ancienne capacité de ce canal, il ne pourroit servir alors qu'à porter de petites barques. On retomberoit donc dans l'inconvénient des déchargemens & des rechargemens. Les vaisseaux qui viendroient des Indes par la mer Rouge, & ceux qui arriveroient d'Europe par la Méditerranée, ne seroient-ils pas obligés de s'arrêter à l'embouchure dans l'une & l'autre de ces mers, & d'y débarquer par conséquent leurs marchandises ? Je ne parle point du danger qu'ils auroient à craindre des Corsaires, sur-tout dans la Méditerranée, si le canal alloit s'y terminer immédiatement. Ce qu'il y a de constant, c'est que la dépense de ces débarquemens, quelque médiocre qu'on la suppose, égaleroit presque le prix des voitures, qu'on fait actuellement par chameaux du Suez au Caire, quoiqu'elle pût être encore beaucoup moindre qu'elle ne l'est, si l'ordre étoit mieux observé dans ce pays-ci. Ainsi on peut dire qu'en général le public tireroit peu d'avantage de ce projet, tandis que les particuliers y perdroient infailliblement beaucoup, puisqu'une infinité de gens qui ne gagnent leur vie qu'à conduire ces voitures, ne sçauroient plus que devenir, & resteroient sans occupation. Je passe légèrement sur cette matière que j'aurai occasion de traiter plus au long dans la suite de cette lettre, & je reviens à mon sujet.

Telle fut en général la situation des Arts & du Commerce en Egypte, tant qu'elle fut gouvernée par des Rois, dont la magnificence & le bon goût y entretinrent l'amour des Sciences, & animerent l'émulation entre les différens sujets qui s'y appliquerent. On peut dire même qu'elles s'y soutinrent plus long-tems que parmi toutes les autres nations de la terre. La Gréce auparavant célébrée comme la mére des Sciences & des beaux Arts, perdit toute sa réputation à cet égard, dès qu'elle vit sa liberté foumife à une Puiffance étrangére. Rome, cette Capitale du monde, fi éclairée & fi polie, devint groffiére & barbare dès qu'elle eut perdu de vûe fes Empereurs. Les Sciences & les Arts fe foutinrent au contraire en Egypte encore long-tems après les révolutions différentes, qui l'affervirent tour à tour aux divers Conquérans qui la foumirent. Elles y furvêcurent même à fa gloire, & le terme de fa grandeur paffée ne fut pas l'époque de leur décadence dans ce pays. Après avoir paffé fucceffivement par les mains de tant de peuples, qui les fubjuguerent tour à tour, devenus la conquête des Arabes, les Egyptiens trouverent encore dans les Princes de cette nation, des amateurs des fciences & des arts, capables de les confoler des ravages que l'ignorance commençoit à faire parmi eux. On parlera à jamais de la fameufe Bibliotheque que les Rois de la famille des Fatimiens, avoient raffemblée en Egypte. Ces Princes avoient amaffé en Afrique grand nombre de livres précieux, la plûpart Grecs, ou Latins, qu'ils avoient trouvés à Carthage, à Cirène, & dans les autres grandes villes de cette contrée, en Sardaigne, en Sicile, en Efpagne, & dans les nombreux monaftéres Chrétiens de tous ces pays. Ces monumens refpectables & fi dignes d'être recherchés faifoient partie du tréfor de ces Monarques. *Méeflédin allah* avoit fait transporter tous ces livres en Egypte, & il en avoit encore augmenté le nombre, lui & fes fucceffeurs, de tous ceux qu'ils avoient pû recueillir dans toute l'étendüe de ce pays, dans la Syrie, & dans l'Arabie qui étoient alors fertiles en gens doctes. La plûpart de ces livres étoient écrits en lettres d'or, comme les Turcs & les Arabes le pratiquent encore de nos jours pour les titres de leurs livres. Auffi ces Princes récompenfoient magnifiquement quiconque leur apportoit quelqu'un de ces ouvrages, & ils n'épargnoient rien pour augmenter un tréfor fi eftimable. On fçait que le Calife Aaron fit paffer à Conftantinople plufieurs Arabes fçavans dans les langues Grecque & Latine, avec les plumes les plus habiles qu'il put trouver dans fes Etats, pour tranfcrire, ou traduire tout ce qu'il y auroit de meilleurs Livres dans la bibliothéque des Empereurs d'Orient, de qui il en avoit obtenu l'agrément. Ces manufcrits précieux furent enfuite portés en Egypte, & fervirent encore à groffir le nombre des fçavans ouvrages qu'on y avoit déja raffemblés. Le Macrifi affure que

De la décadence des Sciences en Egypte.

cette bibliothéque étoit composée de plus de cent mille volumes. Ce fut sous la domination des Mammelucs, que ce précieux trésor fut dissipé. Saladin les introduisit en Egypte, & fut aussi le premier qui y introduisit la barbarie. Ce Prince étoit brave & fort zélé pour sa religion, mais d'ailleurs extrêmement grossier & fort ignorant. Dès qu'il se vit paisible possesseur de sa conquête, le barbare Saladin ordonna qu'on jettât au feu ce grand nombre de manuscrits, ouvrages de tant de veilles, & qui avoient couté tant de dépenses aux Princes, qui avoient pris soin de les rassembler. Il ne reserva par cet Arrêt cruel que ceux de ces livres, qui traiteroient de la religion & des conquêtes des Princes Mahométans, & il commit un des chefs de sa religion pour en faire l'examen. L'auteur Arabe que j'ai déja cité ajoute, que ce Ministre faisoit jetter dans le bassin d'une grande sale, ceux de ces ouvrages, qui par leur écriture & par les ornemens, dont ils étoient enrichis, lui paroissoient les plus capables d'être bien vendus. C'étoit par ce seul endroit, que ce barbare jugeoit de leur prix & de leur mérite. Grand nombre de ces livres furent ainsi sauvés de cet incendie, & devinrent le partage de plusieurs Seigneurs de la Cour, qui en enrichirent les différentes bibliothéques des Mosquées qu'ils avoient fait batir ; Car il y avoit alors peu de Grands, qui n'eussent leurs Mosquées particuliéres.

Tel fut le premier pas par où la barbarie & l'ignorance commencerent à s'introduire insensiblement en Egypte. Alors il se trouvoit encore dans ces bibliothéques particuliéres un nombre de manuscrits très considérable. Les Cadis & les gens de Loi préposés à leur garde aussi grossiers qu'interessés les vendirent successivement, & ces livres qu'on ne se donnoit plus la peine de copier, ou parce qu'ils n'étoient pas entendus, ou parce qu'ils traitoient de matiéres auxquelles souvent on n'entendoit rien, perirent insensiblement aussi bien que ceux, qui avoient été brulés par l'ordre de Saladin. Depuis ce tems-là une ignorance crasse s'empara des esprits dans toute l'étendüe de l'Egypte. Vous sçavez combien les Turcs ont peu de goût pour les sciences ; je vous ai déja parlé aussi de l'ignorance & de la grossiereté des Coptes. Il ne s'en trouve pas un seul aujourd'hui, qui entende même sa langue naturelle. Qu'on juge par-là de l'état pitoyable, où les sciences sont reduites dans ce pays-ci. Et comment y trouveroit-on un sçavant ? A peine y peut-on rencontrer un seul livre. A l'exception de ceux qui traitent de la religion & de l'histoire des Princes Mahométans, il n'y en a presque plus ici, ni même dans toute la Syrie. Tous les autres ont été transportés à Constantinople par les Bachas, les Cadis, & autres Officiers que la Porte envoie en Asie & en Affrique, & qui depuis deux cens ans n'ont cessé d'enlever ce qu'il y avoit de meilleur en Egypte en ce genre. Il ne seroit pas possible d'y trouver une seule Bible écrite en langue Copte, ou même en Arabe. Tout ce qu'on y a des livres de l'Ecriture ne consiste qu'en quelques traductions Franques si pitoiables, que les Chrétiens du pays eux-mêmes en sont surpris. Il est vrai qu'il y a quelques années que deux ou trois Chrétiens Maronites mirent le Nouveau Testament en Arabe. C'etoit, dit-on, un ouvrage admirable, clair, chatié. Ils allerent à Rome le présenter, & prier qu'on l'imprimât ; mais on ne jugea point à propos de leur en accorder la permission, de peur d'occasionner par cette traduction quelque interprétation différente de la notre. A l'égard des autres livres, ils sont ici en si petit nombre, que cela ne vaut pas la peine d'en parler. Le tems & le peu de soin de ces gens-ci, leur peu d'application à la lecture de toute autre chose que de leur Loi, jointe à la suppression des Monarchies Arabes, qui entretenoient les sciences dans ce pays par les récompenses, dont elles couronnoient toujours infailliblement le mérite, ont, comme je l'ai dit, donné occasion à la dissipation de tous les livres. Je suis persuadé qu'il se trouve plus de manuscrits Arabes à Paris, que dans l'Egypte & l'Arabie entiéres.

La perfection des arts dépend de l'amour des sciences, & depuis que les unes sont tombées en Egypte, il n'est pas surprenant que ceux-là ayent eu à leur tour le même sort. La diminution de la fertilité de ce charmant pays, celle du nombre de ses habitans, la misére extrême où ces peuples se trouvent réduits sous des maîtres impitoiables, sont des raisons plus que suffisantes de leur décadence. Cependant j'ose avancer hardiment qu'on n'imagineroit jamais jusqu'où va sur ce point la grossiéreté d'une nation autrefois si industrieuse. Le détail dans lequel je vais entrer justifiera cette vérité. *De l'état présent des Arts dans ce pays.*

Les Egyptiens d'aujourd'hui sont mal adroits en tout. Les Peintres de ce pays ne sont que de misérables barbouilleurs, dont les couleurs, soit à l'huile, soit en détrempe, ne résistent point à l'air, & passent en moins de rien. Ils dorent encore ; *De la Peinture.*

mais leur dorure est infiniment au dessous de celles des Anciens, qui paroit toujours aussi vive & aussi brillante, que si elle venoit d'être appliquée. D'ailleurs ils ignorent l'art de brunir l'or ; ensorte que tout ce qu'ils font en ce genre est toujours mat & sans éclat. Il est vrai qu'ils ont en récompense conservé celui de rendre l'or liquide comme de l'encre. J'ai vû quelques uns de leurs livres écrits avec cet or ; & j'avoüe qu'ils sont d'une grande beauté. Du reste les Peintres sont plus occupés ici pour la décoration du dedans des maisons particuliéres, où les tapisseries ne sont point en usage, que pour les édifices publics, qui sont tous d'une très grande simplicité.

De l'Architecture. Les Architectes, si on peut leur donner ce nom, ne sont pas communément plus habiles ici, que les Peintres. Il faut cependant convenir, que malgré leur ignorance, ils n'entendent pas encore trop mal la voute & le pontage. Aussi apperçoit-on encore dans ce qu'ils font aujourd'hui de cette nature quelques légéres traces de la perfection, où leurs Ancêtres avoient porté ces sortes d'ouvrages. Le grand nombre de canaux, qui coupent toute l'étendüe de l'Egypte, les avoit exercés dans la construction des ponts. La nécessité de conserver pendant la plus grande partie de l'année les eaux, que le Nil leur prodigue seulement dans sa croissance, les avoit instruits de même à perfectionner les voutes. Ils avoient l'art de bâtir pour cet usage des citernes si solides & si bien étanchées par le moïen du bitume, qui faisoit le lien des pierres, qu'encore de nos jours elles soutiennent, sans se démentir, les maisons dont elles sont chargées, & ne laissent aucune issüe à l'eau qu'elles contiennent. Leurs successeurs entendent & pratiquent encore assez-bien les escaliers, mais ils les font droits. Les appartemens des femmes en demandent beaucoup. J'en ai expliqué la raison. Ces Architectes se servent ici de deux sortes de plâtre. Pour le rendre plus blanc & plus durable, ils le mêlent avec de la chaux, & cette composition, outre qu'elle séche promptement, devient plus dure que les pierres même dont elle fait la liaison. Il est certain qu'on pourroit en faire de très-beaux ouvrages, si d'habiles Artistes se mêloient de l'emploier. Avec cette espéce de ciment, les Egyptiens sans l'aide d'aucun échaffaud, peuvent élever un escalier sur le dehors d'une tour ronde, en attachant pierre sur pierre, & les joignant à la tour par ce plâtre. Aussi-tôt qu'ils ont placé un dé-

gré

gré, ils montent dessus & posent l'autre, ce qu'ils continuent jusqu'à ce que leur ouvrage soit achevé. Ceci paroîtra sans doute un conte fait à plaisir. Cependant je puis assurer que rien n'est plus vrai, ni plus ordinaire dans ce pays.

La menuiserie est ici très-grossiére ; Et comment ne le seroit-elle pas ? Les menuisiers ne se servent que d'un mauvais petit rabot, & de quelques autres instrûmens qui ne valent pas mieux. Ils travaillent assis, & leurs pieds font l'office de valet, pour contenir l'ouvrage. Du reste, ils ne sçavent point se prévaloir du Tour, qu'ils ne connoissent seulement pas. Après cette description que je garantis fidéle, il est aisé de juger quel doit être le mérite de leur travail. *De la Menuiserie.*

La clincaillerie qui se fait en Egypte, est de même fort peu de chose, ou pour mieux dire, ce n'est rien. A la réserve des ciseaux & de quelques rasoirs, tout le reste vient de France & d'Allemagne par Venise. Il faut cependant en excepter les cadenats, qu'on apporte de Constantinople. *De la clincaillerie.*

Ce n'est pas que ce pays n'ait conservé des manufactures assez considérables. Il s'y fabrique encore aujourd'hui des toiles en quantité, & de toutes les sortes, des étoffes de soie & coton, de soie & or, & même jusqu'à du velours. Mais je dois avoüer qu'il s'y en trouve très-peu de parfaitement beau, & qu'il s'en faut beaucoup que ces différentes étoffes approchent de la richesse & de la perfection de celles qu'on tiroit autrefois de l'Egypte. *Des Manufactures de toiles & d'étoffes.*

On y voioit encore alors des manufactures de verre, & on trouve dans le Macrisi que les anciens Egyptiens en faisoient un fort grand usage. Ils usoient sur-tout beaucoup de verre coloré & transparent dans leurs édifices, principalement dans la construction des tombeaux, ou plutôt des palais souterrains, où ils déposoient leurs morts & leurs richesses. J'ai une bouteille de cet ancien verre, qui doit avoir plus de mille ans d'antiquité. On fait encore ici du verre ; mais ce n'est gueres que pour des lampes & de méchantes bouteilles à eau de vie. Il est vrai que de la maniére dont on s'y prend, c'est bien tout ce que l'on peut faire. Le feu dont on se sert dans ces manufactures est si foible, qu'il n'est pas même capable de fondre le verre d'Europe : aussi n'est-il que de paille ; ce qui sans doute, ne paroitra pas croiable. La matiére nécessaire pour faire de beau verre ne manque *Des Manufactures de verre.*

B b

dépendant point en Egypte ; mais la plus grande partie se transporte à Venise, d'où elle revient mise en œuvre. Mais on ne doit pas s'imaginer que ce soit dans la même quantité. Aussi ne se fait-il pas dans ce pays-ci une grande consommation de cette marchandise. Les Turcs ne boivent point dans des verres ; des pots de terre fort propres, ou des vases de porcelaine leur servent à cet usage. Leurs miroirs sont d'ailleurs très-petits, & les vitres ne sont pas beaucoup à la mode parmi eux. Ce qui a donc le plus de débit ici, ce sont les chapelets de verre de toutes couleurs, qu'on tire aussi de Venise. On les transporte ensuite dans les Indes & par toute l'Afrique, où les femmes se parent de cette verroterie, comme on voit celles d'Europe s'orner de perles & de diamans.

De l'Arquebuserie. L'arquebuserie est de tous les arts celui qui s'est le mieux soutenu en Egypte. Ceux qui en font ici profession, sont toujours fort occupés. Pour dresser les bois sur lesquels ils montent leurs fusils, ils se servent de rabots, dont le dessous épais de deux doigts est d'acier trempé. Cet outil, que j'ai eu dessein d'envoier en France, me paroît avoir deux avantages qu'on ne trouve point dans le rabot ordinaire. Par son poids il mord facilement, sans que l'ouvrier soit obligé d'appuier beaucoup la main, & outre cela par sa dureté, il polit l'ouvrage à mesure qu'il le façonne. Je ne doute point que les Egyptiens d'aujourd'hui n'aient hérité cet instrument de leurs ancêtres.

De l'état présent du Commerce.
Du Commerce de la mer Rouge.
Cependant quoique les Sciences & les Arts soient tellement tombés en Egypte, qu'à peine est-il possible d'y en reconnoître encore quelques traces, il ne laisse pas de s'y faire toujours un commerce très-considérable de l'Afrique, de l'Asie, & même des Indes & de l'Europe. Aussi faut-il avouer que jamais situation ne fut plus favorable pour le négoce, que celle de ce charmant pays. Le Caire, qui en est la capitale, est situé à deux journées de la mer Rouge, par où l'Egypte reçoit tout ce que les Indes produisent de plus précieux. Quoique ce commerce soit fort diminué de nos jours, & que les nations de l'Europe tirent presque toujours aujourd'hui en droiture toutes leurs marchandises des Indes par la Perse & la Turquie, ou plus souvent encore par la grande Mer, il est certain cependant qu'il n'est point absolument aboli dans ce pays. C'est là en effet que toute la Turquie & la Barbarie vont se fournir, par la navigation des

vaisseaux Turcs de Surate à Moka, d'étoffes, de mousselines, & d'autres toileries des Indes; & il faut convenir que nous-mêmes nous ne laissons pas d'en recevoir par la même voie.

Le commerce d'Egypte est encore plus considérable du côté de l'Asie, d'où il arrive ici continuellement des caravanes chargées de richesses, qui sont ensuite conduites au Caire par ce bras du Nil qui va se jetter dans la Méditerranée proche de Damiette. Je n'entreprendrai point de faire le détail de toutes les denrées & marchandises que l'Arabie, la Syrie, la Palestine, tirent d'Egypte par cette voie, ou de celles qu'elles y apportent. Je remarquerai seulement en passant que c'est de l'Arabie, & des environs de la Mecque, que vient ici le baume blanc, dont les Dames font un si grand usage pour conserver leur teint; & je suis bien aise d'avertir qu'il y en a très-peu qui ne soit falsifié. J'observerai aussi que presque tout le savon, dont on use en Egypte, vient de la Palestine, où l'on en fait de fort bon. Il est rare qu'on y en apporte d'ailleurs. Celui de France est cependant beaucoup meilleur. Il se fait ici une grande consommation de cette marchandise, parce qu'on n'y a pas l'usage des lessives. C'est un abus de croire que le linge serré, tel que celui dont nous usons, dure plus, & est meilleur que le clair. L'expérience m'en a détrompé, en me faisant toucher au doigt la vérité du contraire. En effet on ne se sert dans ce pays-ci que de toile fort claire, & j'ai reconnu que celle-ci, outre qu'elle dure au moins autant que celle qui est plus serrée, se nétoie & se blanchit mille fois plus aisément que l'autre, qui devient un cuir dès qu'elle a mouillé.

Du Commerce de l'Asie.

On peut dire que l'autre bras du Nil, à l'embouchure duquel Rosette est située, n'est pas moins avantageux aux peuples de l'Egypte, puisqu'il sert à leur apporter toutes les marchandises de l'Europe. En effet, sans parler de celles que la France, l'Allemagne, & différens autres pays y font passer chaque année, il s'y fait un commerce très-considérable de Constantinople & de Satalie, en esclaves blancs qu'on apporte de ces deux villes, & en noirs au contraire qu'on y envoie de ce pays-ci. Tout ce qu'il y a d'Eunuques dans le sérail du Grand Seigneur & dans ceux des particuliers, tous les autres noirs, hommes & femmes, que l'on voit dans le reste de la Turquie, y sont la plûpart trans-

Du Commerce de l'Europe.

portés de l'Egypte, où l'on amene en échange une infinité de jeunes personnes blanches de l'un & de l'autre sexe. Les esclaves blancs sont fort chers ici, lorsqu'ils sont bien faits. Les moindres y valent deux cens écus, & l'on a vû de jeunes filles s'y vendre jusqu'à huit & neuf mille livres.

Du Commerce de l'intérieur de l'Afrique.

Les différentes contrées de l'Afrique ne contribuent pas moins que le reste du monde à enrichir le commerce de l'Egypte. Il ne se passe point d'année qu'il n'y vienne des caravanes de Tunis, d'Alger, de Tripoli, & même des provinces les plus reculées de cette partie de la terre ; ensorte qu'on y avoit un abord continuel de marchandises, qui y arrivent de tout l'univers. Entre ces marchands étrangers, qu'on voit se rendre ici de tous les lieux habités de l'Afrique, j'en ai remarqué sur-tout de deux espéces, dont je ne dois pas oublier de parler. Les premiers qu'on nomme *Croys*, habitent proche de l'Isle des Faisans, sur les bords de la mer Océane, & viennent à Fez, à Maroc, & de là au Caire, au travers des déserts immenses qu'ils ont à passer pour y arriver. Cette caravane, qui est sept à huit mois en chemin, touche aussi à Tripoli de Barbarie. Ce qu'il y a de singulier, c'est que ces peuples vivent apparemment dans un air si pur, que celui du Caire leur paroît d'une puanteur insupportable. C'est un spectacle assez plaisant de les voir courir au travers des rües de cette ville, se bouchant le nés de toute leur force, comme s'ils étoient au milieu de la peste. Il est vrai qu'on ne sent pas trop bon au Caire, sur-tout dans les marchés, & dans les rües fort fréquentées, parce que sur toutes les boutiques on fait la cuisine avec de l'huile de très-mauvaise odeur. Ces gens là apportent ici de la poudre d'or ; mais ils n'ont garde de la vendre contre de l'or. Ils croiroient avoir commis un très-grand péché. Ils la vendent contre de l'argent, avec lequel ils achetent du cuivre, de la coutellerie. C'est-là ce qu'ils remportent chez eux, avec une certaine espéce de coquilles, qui servent de monnoie courante dans leur pays.

La seconde espéce de marchands dont j'ai parlé, & qui sont noirs de même que les premiers, est au moins aussi singuliére. Ils ont une façon de faire le commerce si particuliére, qu'ils sont, je crois, uniques en ce genre. En vain leur donneroit-on de leurs marchandises le double de leur valeur ; si on ne joint aux offres qu'on leur fait, le nerf d'Eléphant, c'eſt-à-dire, ſi on ne les frotte d'importance, on ne conclura aucun marché avec eux. Auſſi les couretiers du pays accoutumés à la maniére de ces Meſſieurs, ne manquent pas de les ſervir à leur mode, & commencent toujours par leur diſpenſer libéralement les coups, afin de terminer plus vite le différent. Après ce préliminaire, qui vraiſemblablement paroîtroit fort incivil à tout autre, nos Négres ſont les plus contens du monde, & il n'y a rien qu'on ne puiſſe attendre de leur belle humeur. Pour moi, lorſque je ſuis par haſard témoin de ces ſortes de cérémonies, je ne puis m'empêcher de me ſouvenir de ces femmes Moſcovites, qui meſurent l'amitié de leurs maris au nombre des coups qu'elles en reçoivent.

Enfin le Nil voiture en Egypte tout ce que l'Ethiopie renferme de plus utile & de plus précieux. Il eſt vrai que ce ne ſont pas les Ethiopiens eux-mêmes, qui font ce négoce. Ces peuples commercent rarement loin de leur pays; & je ne ſçache pas en avoir vû au Caire qu'une ſeule fois. Ils vendent donc leurs marchandiſes aux habitans de la Nubie, que l'on nomme Barbarins, & ces peuples traverſant les montagnes affreuſes qui les ſéparent de ce pays-ci, y viennent apporter ces précieux effets. Il n'y a point d'année qu'il ne parte de Sannar une caravane pour ce voiage. Quoiqu'elle ne ſoit compoſée que de marchands tout délabrés & preſque nuds, qui manquent ſouvent de toute ſorte de commodités dans la pénible & dangereuſe route qu'ils ont à faire, on ne ſçauroit croire combien elle renferme de richeſſes. De divers endroits de l'Afrique elle apporte ici de la poudre d'or, des dents d'éléphant, de l'ébenne, du muſc, de la civette, de l'ambre-gris, des plumes d'autruches, diverſes gommes, & une infinité d'autres marchandiſes de prix. Mais ſon commerce le plus conſidérable conſiſte en deux ou trois mille Noirs, qu'elle amene vendre en Egypte, & dont l'un portant l'autre, il n'y en a aucun qui ne vaille deux cens livres à ſon maître. Il eſt aiſé de concevoir par là quelles ſommes prodigieuſes cette caravane doit remporter tous les ans à ſon retour dans ſon pays, en eſpéces ou en marchandiſes. J'avois propoſé à quelques-uns de ces marchands, qui viennent ici par ces caravanes, d'engager leurs conducteurs à ſe ſervir de la bouſſolle pour diriger leur route, ce qui les préſerveroit du danger de s'égarer dans les déſerts;

Du Commerce d'Ethiopie.

mais comme ces gens-là se reposent absolument de leur vie & de leur fortune sur la providence, dont ils sont persuadés que toutes les précautions humaines ne peuvent changer les décrets, ma proposition n'a été suivie ni goutée.

J'ai dit que par cette caravane il venoit en Egypte de la poudre d'or, de l'ivoire, & de l'ébene. On doit remarquer à cette occasion, que l'or qu'on apporte d'Afrique ne vient point des mines, & qu'il se trouve dans les sables des rivières, où l'on va le ramasser après que leurs inondations ont cessé. Ce sont sans doute des grains d'or, qui ont été détachés des miniéres, & entrainés par les pluies. Le bois d'ébene est celui d'un arbre qui croît dans les pays méridionnaux de l'Afrique, où il pleut presque continuellement. A l'égard des éléphants, on en trouve beaucoup du côté de l'Océan, & vers le Cap de Bonne-Espérance. Il est vrai qu'ils sont plus petits dans cette partie du monde, que dans les Indes. Leurs dents sont aussi plus creuses. C'est pour cette raison qu'elles sont les moins estimées de celles qu'on transporte en Europe.

Le commerce de la mer Rouge se fait par le moien des vaisseaux du Grand Seigneur, & de quelques Princes particuliers, qui sont sans ponts, & n'ont aucune artillerie. Ainsi rien ne seroit plus facile que de les enlever. Une barque garnie seulement de quatre canons, pourroit faire un butin immense sur cette mer. Ces vaisseaux vont prendre les marchandises à Moka & à Gedda, & les transportent de là au Suez, d'où elles sont conduites au Caire, qui n'en est séparé que par une plaine de sable ferme très-commode pour les voitures. Mais lorsque les vents contraires les empêchent d'arriver à ce port, le parti qu'ils prennent est de traverser la mer Rouge, & d'aller hiverner à celui du Cossir, dont j'ai parlé ailleurs. Pendant que ces vaisseaux y sont à l'ancre, on envoie de la haute Egypte prendre leur charge, & on leur porte des provisions & des marchandises. La route du Cossir au Nil, est plus longue de deux journées que celle du Suez au Caire. Cependant la dépense n'en est pas beaucoup plus considérable, parce que le loüage des chameaux coute moins dans la haute Egypte que dans la basse, & que le reste du transport se faisant par eau, on en est quitte presque pour rien.

Richesse On conçoit aisément qu'un commerce si considérable doit endre des sommes immenses, & faire de l'Egypte un des plus riches pays du monde. Cette contrée ne produit, à la vérité, ni or, ni argent, ni pierreries; cependant il n'y en a peut-être pas sur la terre, où ces productions de la nature que le luxe & la cupidité des hommes ont renduës si précieuses & si estimables, soient moins rares & plus communes. Les lins dont on fabrique une quantité prodigieuse de toiles, qui de là se répandent dans toutes les autres parties du monde; les cotons qu'on y recueille en abondance, & qu'on met en œuvre; les bleds, le ris, les légumes, le sucre, le caffé, le sorbet, les cuirs, les maroquins, toutes sortes de drogues & d'aromates; cette espéce de terre nommée *Hanne*, si estimée, & dont il se fait un si grand débit dans tout le Levant, où elle sert aux femmes & aux hommes même, pour se peindre les pieds & les mains; tout cela lui attire des sommes immenses de l'Asie, de l'Europe, & de l'Afrique. Il n'y a point d'année qu'il n'y passe de France & d'Italie plus de quatre à cinq cens mille piastres. On y apporte d'Afrique mille ou douze cens quintaux de poudre d'or, & de Constantinople & de l'Asie, il y vient plus d'un million d'écus, tant pour l'achat du ris & du caffé, que pour les différentes toiles qu'on en tire. Il est vrai que ce que le Bacha paie tous les ans au Grand Seigneur; ce qu'il envoie aux Ministres de la Porte, pour obtenir d'être continué; ce qu'il emporte, lui ou ses gens, lorsqu'il sort de ce gouvernement; ce que tirent les Agas, que les Sultans envoient de tems en tems dans ce pays; ce qui va à Damas, & tout ce qui passe à la Mecque, peut monter par an à plusieurs millions. Cependant il est sûr qu'il en reste encore à peu près autant, & si les originaires, ou même les Turcs, qui appréhendent sans cesse qu'on ne les dépouille, n'avoient pas la manie d'enterrer leur argent, par où non-seulement il devient inutile au commerce, mais il se trouve souvent absolument perdu, il est certain qu'il y auroit peu de roïaumes au monde plus riches que l'Egypte. Si avec cela les Turcs prenoient quelque soin du commerce de la mer Rouge, qu'ils entretinssent une flotte, qu'ils prissent les mesures nécessaires pour faire passer sûrement leurs vaisseaux dans les Indes, le Caire deviendroit l'entrepôt & le magasin général de toutes les marchandises de ce pays, qu'on ne transporte en Europe par la voie de l'Océan qu'avec des risques infinis, & l'Egypte profite-

Projet pour la jonction du commerce des Indes avec celui d'Europe, par la mer Rouge.

roit de la ruine du commerce des Anglois & des Hollandois, qui tomberoit infailliblement.

Pour comprendre la différence qu'il y a entre l'une & l'autre route, il suffit de faire attention, que le passage des vaisseaux de Marseille à Alexandrie, n'est ordinairement que de quinze ou vingt jours ; que les effets dont ces vaisseaux sont chargés, viennent assez souvent en trois ou quatre jours au Caire ; que du Caire au Suez, il n'y a que trois journées de distance, & que presque en tout tems, sur-tout dans la saison des moussons, on peut se rendre en trente ou trente cinq jours du Suez à Surate. Ainsi il ne seroit pas impossible par cette voie de faire passer en cinquante jours, une lettre de Paris à Surate. C'est ce dont j'ai fait convenir diverses personnes éclairées, & qui étoient au fait de ces matières. A l'égard des difficultés qui se rencontrent dans la navigation de la mer Rouge, on doit observer qu'elles ne regardent point les vaisseaux qui vont aux Indes, ou pour m'expliquer en termes de marine, qui passent du Couchant au Levant. Du Suez à Surate, les vents ne sont jamais contraires ; & comme le milieu de la mer Rouge est net, & que les vents qui y regnent sont toujours droits, on en sort avec facilité. Il est vrai qu'il n'en est pas de même au retour, parce qu'excepté dans l'Automne & dans le Printems, on trouve toujours les vents contraires à son entrée. Aussi les Turcs ne risquent-ils jamais de s'y exposer dans toute autre saison, parce que cette mer est étroite, que ses côtes sont embarrassées d'écueils, & que jusqu'ici ils n'ont pas osé y louvoier, peut-être par le peu de connoissance qu'ils ont de cette mer, & de l'art de la navigation. Mais outre que depuis l'entrée de la mer Rouge jusqu'au Suez, on trouve une largeur de trente à quarante milles toujours nette, je ne crois pas cet obstacle insurmontable à quiconque voudroit établir un commerce sur cette mer ; & j'espére qu'on en conviendra par la suite de cette lettre.

Il est vrai qu'il n'est pas aussi facile qu'on pourroit le penser, de s'introduire dans la mer Rouge. La Cour dans le dessein de lier les Indes à l'Egypte, & d'ouvrir un jour aux sujets du Roi le commerce de cette mer, avoit pensé autrefois * à faire passer par là les marchandises que la Compagnie des Indes en

* Ce fut sous le ministére de M. Colbert.

tire aujourd'hui par l'Océan. Ces marchandises débarquées au Suez, qui est le port le plus voisin du Nil, devoient être conduites de là à Alexandrie, & ensuite transportées à Marseille. Tant il est vrai qu'on étoit alors convaincu des avantages qui pouvoient revenir au commerce du roïaume, si on prenoit cette route. On dit que le Consul, qui étoit alors en Egypte, avoit été chargé de négocier cette affaire avec le Bacha, & de lui offrir par une espéce de transit, deux pour cent, de tous les effets qu'on feroit passer du Suez à Alexandrie. Il avoit ordre de lui représenter la conséquence de ces deux pour cent, par la richesse des chargemens qui viendroient au Suez, & on s'engageoit, au cas que le Bacha agréât ce traité, de demander à la Porte les ordres nécessaires pour l'exécution. On ajoute qu'ils furent demandés en effet, & que le Grand Seigneur offrit d'accorder la liberté qu'on souhaitoit ; mais que ses Ministres firent entendre en même-temps, que cette permission feroit inutile, si le Roi de la Mecque, qu'elle intéressoit plus que personne, & que la Porte ne pouvoit obliger à la même complaisance, n'y donnoit les mains. Quoiqu'il en soit, ce projet si favorable à la France trouva des difficultés, comme en trouveront toujours toutes les entreprises extraordinaires, qu'on voudra conduire trop promptement à leur fin. Les sommes les plus considérables, les Catéchérifs les plus absolus, n'auront aucun effet pour introduire des nouveautés dans ce pays, & l'on n'en viendra à bout que par adresse & par industrie.

Voilà ce qui s'est débité sur ce projet ; & j'avoue que dans l'essentiel cette relation ne me paroît pas vraisemblable. En effet est-il croïable qu'un Bacha eût osé traiter de la permission qu'on demandoit, ou que même la Porte l'eût accordée, tandis qu'on sçait que la Loi des Turcs leur défend de favoriser le passage des vaisseaux Chrétiens par la mer Rouge, de peur de leur donner connoissance du pays où reposent les cendres de leur Prophéte, qui confine à cette mer du côté de Gedda ? Du reste, il faut avouer que dans ce récit on touche un des principaux obstacles qu'on auroit à vaincre, pour s'établir sur cette mer. Je parle de l'opposition qu'on y rencontreroit infailliblement dans le Roi de la Mecque.

En effet, quand pour l'exécution de ce dessein, on auroit lieu de se promettre du côté de la Porte, une protection telle *Obstacles qui s'oppo-*

sent à ce dessein. qu'on pourroit la désirer, il resteroit à surmonter, comme je l'ai déja fait voir, de grandes difficultés dans la navigation de la mer Rouge. Cette mer est, comme l'on sçait, bordée d'écueils & de rochers; un vent de Nord qui y régne constamment à la réserve du Printems & de l'Automne, que les Méridionnaux & ceux de l'Est s'y font sentir avec assez de violence, repousse les vaisseaux qui veulent y entrer, & ne leur permet pas d'aborder facilement au Suez. On est donc contraint de mouiller presque tous les soirs sur les côtes d'Arabie, dont la plus grande partie est de la dépendance des Rois de la Mecque. Les Arabes sont maîtres des eaux, & il ne seroit pas possible d'en avoir, s'il leur étoit défendu d'en apporter. Le Roi de la Mecque tire dix ou douze pour cent de toutes les marchandises, qui passent de Suez à Gedda, & de Gedda aux Indes; encore est-on fort heureux, quand à ce prix on peut se mettre à couvert de toute avanie. Or ce Prince n'estimeroit-il pas qu'on lui voleroit les droits de toutes les marchandises, qui passeroient à la vûe de ses terres sans paier ? Sur ce pied-là, que n'auroit-on pas à appréhender de son ressentiment, si quelques-uns de nos vaisseaux tomboient dans la suite entre les mains de ses sujets ? Il ne manqueroit pas aussi de se plaindre à la Porte de la diminution des douannes de Gedda, dont la moitié lui appartient, tandis que l'autre est appliquée par la libéralité des Empereurs Ottomans, à divers usages pieux qui regardent la Mecque. Ainsi quoique l'on pût représenter au contraire, il est probable que le zéle de maintenir les fondations faites en faveur de ce lieu, & la crainte de fortifier les Chrétiens dans une mer qui en est si voisine, prévaudroit auprès des Ministres de la Porte.

Mais n'eût-on rien à craindre de ce côté-là, on rencontreroit des obstacles insurmontables du côté de l'Egypte même. En effet, on doit observer que sa plus grande richesse vient du commerce de la mer Rouge. Ainsi dès qu'on parleroit d'y permettre un établissement pour les Marchands Chrétiens, les principaux négocians du pays qui sont presque tous Asaphs, ou Janissaires, ou du moins sous la protection de ces différens Corps, dont ils achetent l'appui d'une partie des profits qu'ils font à ce commerce, ne manqueroient pas de s'opposer fortement à ce dessein. Un Bacha auroit beau le favoriser. J'ai déja fait voir ailleurs qu'un Bacha du Caire ne peut rien que du consentement des différens Corps de milices, qui dans ce pays-ci sont sans cesse occupés des vûes de leurs intérets. Il ne faut pas penser d'ailleurs qn'on pût si aifément gagner la protection d'un Bacha, en lui représentant les avantages qui lui viendroient de deux ou trois pour cent, qu'il tireroit sur toutes les marchandises qu'on feroit passer par l'Egypte. J'ai déja averti que les Turcs aiment mieux l'œuf du jour que le poulet du lendemain. Ordinairement ils comptent peu sur l'avenir, & les Bachas moins que tout autre, parce que d'un jour à l'autre, ils sont exposés à se voir déposés de leur emploi. Il faudroit donc leur parler de comptant, & laisser la considération des avantages à venir, qui grossiroient les revenus du Grand Seigneur, à la modération des Ministres de S. H. Que si après avoir gagné un Bacha, on vouloit encore s'assurer de toutes les Puissances de l'Egypte, qui naturellement, & par leur propre intérêt, seroient indisposées contre un pareil projet, il faudroit compter sur des sommes très-considérables. Enfin après une infinité de dépenses, ce projet seroit encore exposé à être renversé par la moindre émotion qu'il seroit facile d'exciter ici, ou au Suez. Les prétextes ne manqueroient pas. La religion en fourniroit de plausibles. On répandroit le bruit que nous cherchons à nous rendre maîtres de la mer Rouge, pour nous emparer de la Mecque; & tout ce qui suit d'une pareille opinion. Les motifs du bien public viendroient après; la ruine des douannes du Grand Seigneur; tout le commerce entre nos mains. Envain protesterions-nous, que nous n'apporterions aucunes marchandises pour l'Egypte; la crainte que cela n'arrivât, rendroit le mal déja présent. On devroit s'attendre de même à des avanies fréquentes, & cela sur le moindre prétexte; d'où il est naturel de conclure, que du côté de l'Egypte même, il seroit presque impossible de réussir dans cette entreprise.

J'avoûe que si l'on pouvoit parer à ces plaintes, il ne seroit pas si difficile de remédier aux difficultés qu'on rencontreroit, comme je viens de le dire, dans la navigation de la mer Rouge. Elle n'est pas en effet aussi étroite qu'on nous la décrit. Ainsi avec quelque pratique qu'on acquereroit insensiblement, on pourroit tenir la mer la nuit comme le jour, naviger à vent contraire, ce que les Turcs ne font pas, & enfin choisissant une

Moïens d'y réussir.

conjonéture favorable, passer des derniéres terres de l'Hyémen au dessus de Gedda, jusqu'à celles qui dépendent directement du Grand Seigneur, sans avoir besoin de faire de l'eau. Ce trajet n'est pas de deux cens cinquante milles. On peut d'ailleurs mouiller par-tout en sureté, n'y ayant aucunes forteresses sur les côtes, & le fond étant bon par-tout. La mer Rouge est aussi fort douce, & n'est point sujette à aucune tempête violente. S'il s'y trouve des courants qui ramenent vers son embouchure, il y en a d'autres qui portent au contraire. La terre outre cela jette des vents dont il est aisé de profiter. Enfin on pourroit encore cotoïer le rivage de l'Ethiopie, aussi-bien que celui d'Arabie, & étudier par la pratique les avantages, ou désavantages des lieux & des saisons.

La possibilité de ce projet s'est justifiée par l'arrivée d'un vaisseau Indien, qu'on vit il y a quelque tems, aborder en droiture au Suez, sans avoir touché à Gedda. Il fut accueilli ici plus que favorablement, & pour l'engager à un second voiage, & exciter les autres à tenter la même entreprise, il n'y eut sorte de bons traitemens qu'il ne reçût de la part des Puissances. Un Bacha trouve son compte avec ces étrangers, & les marchands du païs y rencontrent aussi leur avantage; mais ce ne seroit pas la même chose avec nous, à moins que nous ne payassions les droits entiers, & que nous ne nous défissions de nos marchandises sur le païs même. En ce cas, tout changeroit de face du côté de l'Egypte. Les Bachas profiteroient considérablement de ce commerce par la dixme des effets qui leur reviendroit, & qui cependant, suivant l'estime ancienne, se réduiroit à cinq ou six pour cent. D'un autre côté, les négocians d'Egypte au lieu d'aller acheter les marchandises des Indes à la Mecque, & de les transporter ici par terre, comme ils font, pour s'exempter de païer la doüanne, parce qu'on ne leve aucuns droits sur tout ce qui vient par la caravane de la Mecque, acheteroient bien plus volontiers ces mêmes marchandises au Suez, ou au Caire, si l'on aimoit mieux les y vendre en gros, que de les débiter en détail. Ce n'est en effet que dans ce dernier cas que la jalousie subsisteroit toute entiére, parce que par là on leur enleveroit un commerce qu'ils regardent comme leur étant absolument propre.

Il est donc clair que comme dans l'exécution de ce projet,

qui tend à lier les Indes à l'Europe par le moïen de la mer Rouge, il ne seroit pas impossible de lever les obstacles qu'on y rencontreroit, eu égard à la difficulté de la navigation sur cette mer ; ceux qui s'y opposeroient du côté de l'Egypte ne seroient pas non plus insurmontables. Une ouverture que me fit le Kiaïa du Bacha, donneroit encore jour à les applanir. Dans une visite que je lui rendois, cet Officier me proposa de faire venir des bâtimens François au Suez ; & sur ce que je lui répondis, que cette démarche donneroit de l'ombrage & de la jalousie aux marchands du pays, il m'assura qu'il se chargeroit lui-même d'applanir ces difficultés, & que pour l'entiére sureté de ces vaisseaux, non-seulement il engageroit ces marchands à me donner caution qu'il ne leur seroit fait aucun tort, ni aucune avanie, mais me feroit même obtenir tous les commandemens nécessaires. Je repartis qu'il ne m'étoit pas possible de m'engager à ce qu'il souhaitoit de moi ; que ce commerce convenoit peu à la nation ; qu'au reste comme nous avions un établissement considérable dans les Indes, & que nous étions obligés de faire venir les marchandises que nous en tirions par la grande mer, dont la navigation n'étoit pas sure en certaines saisons de l'année, nous ne serions pas fâchés d'avoir au Suez une petite Tartane d'avis, pour faire passer surement à Surate & ailleurs des nouvelles, qu'on ne pouvoit y envoier en tout tems par l'Océan. Le Kiaïa accepta ma proposition. Il me dit de faire venir la Tartane, & qu'il en répondoit sur sa tête. Le Bacha à qui je rendis visite quelques jours après, & que cet Officier avoit d'abord instruit de toute notre conversation, comme d'une affaire qui pouvoit dans la suite leur rapporter des profits considérables, me dit en le quittant, qu'il avoit été informé du projet, dont j'avois parlé à son Kiaïa, & qu'il seroit bien aise de s'en entretenir avec moi.

Quoique je n'aye pas cru devoir suivre davantage cette affaire dans l'incertitude où j'étois, si la Cour donneroit dans ce projet, je ne doute pas cependant que ce petit essai ne pût dans la suite ouvrir la route à de plus grands desseins, & assurer enfin aux sujets du Roi, le commerce de la mer Rouge. Pour y réussir, je crois qu'il seroit d'abord nécessaire d'établir un François à Gedda, sous prétexte seulement de veiller à la sureté des lettres qu'on envoie à Surate, ou qui viennent de ce pays-là. Gedda, quoiqu'il y ait dans ce port un Bacha nommé par la Porte, ne laisse cependant pas d'être soumis aux ordres du Gouverneur d'Egypte. Les différens Corps de milices que le Grand Seigneur entretient dans ce pays-ci, y ont leurs Officiers, & y envoient une garnison qui se releve tous les ans. De-là on peut raisonnablement conclure, qu'un Consul du Caire seroit en état de protéger un homme qu'il auroit établi dans ce lieu. On pourroit joindre à cet homme deux ou trois Religieux qui exerceroient la médecine. Par là ils ne manqueroient pas de se faire considérer, & la nécessité que les habitans auroient de leur secours, affermiroit d'abord ce petit établissement. Cependant rien ne seroit plus naturel dans ces circonstances que de mettre une Felouque sur la mer Rouge, sous prétexte de tirer d'Egypte les provisions nécessaires pour l'entretien de ce peu de François; & de cette felouque qui périroit dès qu'on le jugeroit à propos, naîtroit un bâtiment plus considérable capable de faire le voiage de Surate. Il ne s'agit point en pareil cas d'avoir égard aux risques que pourroit courir ce petit vaisseau sur les côtes de l'Arabie, ou à ce qu'il en couteroit pour soutenir l'établissement qu'on se proposeroit de faire à Gedda. Quoiqu'il arrivât la dépense médiocre qu'on sacrifieroit pendant quelque tems à l'entretien de deux ou trois personnes sur cette côte, ne seroit pas inutile selon toutes les apparences. Quand elle ne rendroit pas dans la suite avec usure l'argent qu'on y auroit emploié, la somme ne seroit pas assez considérable pour ne point vouloir risquer de s'éclaircir à ce prix de ce qu'il y auroit à faire de ce côté là pour le commerce. Par là du moins on accoutumeroit les Turcs à voir nos bâtimens sur la mer Rouge.

D'ailleurs, pourquoi ce projet ne réussiroit-il pas? Les Anglois vont à Moka, & même à Gedda; ils y sont bien reçus. Il y a toutes les apparences du monde que les vaisseaux François n'y seroient pas regardés plus indifféremment. Un Consul établi à Gedda les favoriseroit, sans qu'il parût destiné à les protéger, & trouveroit ensuite le moien de les faire passer jusqu'au Suez. Pour qu'on ne s'effarouchât plus d'eux, il suffiroit qu'un Bacha, qu'on auroit gagné, le voulût de la sorte, & parût les y forcer. On pourroit encore arriver au même but par le moien des milices établies à Gedda, qui n'ayant pas toujours des bâtimens pour faire le voiage du Suez, demanderoient l'usage de nos vaisseaux, lorsque l'occasion s'en présenteroit. Pour écarter tout soupçon & toute espéce de jalousie, on auroit soin de mettre les canons à terre, comme le pratiquent les vaisseaux Turcs, lorsqu'ils sont entrés dans la mer Rouge. Rien ne gagne & n'apprivoise tant les hommes, que l'attention que l'on a à se conformer à leurs maniéres. D'ailleurs on n'auroit qu'un équipage peu nombreux ; s'il étoit même nécessaire, on perdroit sur les nolis * ; on éviteroit avec soin de se trouver en concurrence avec les Turcs, dans toutes les entreprises qu'on feroit ; enfin on travailleroit à se rendre préférables à tous ceux qui navigent sur cette mer, afin d'abolir insensiblement l'habitude de se servir de leurs bâtimens.

En se conformant exactement à ces regles, de quoi ne viendroit-on pas à bout ? Les Turcs entretiennent sur la mer Rouge environ vingt vaisseaux, presque tous vieux & usés, qui tous les ans font le voiage du Suez à Gedda, & de Gedda au Suez. Ces bâtimens, comme je l'ai déja dit, sont sans ponts, sans canons, & sans défense. Combien d'accidens ne peuvent pas arriver à une flotte si pitoiablement équippée, & qui pendant la plus grande partie de l'année n'a pas plus de sept à huit matelots à bord de chaque vaisseau ? Le moindre Corsaire, à qui il prendroit fantaisie d'entrer dans la mer Rouge, conduit par un pilote de quelque peu d'expérience, l'iroit bruler jusques dans le port de Suez, où elle est à l'ancre pendant les mois de Janvier & de Février. Indépendamment même de cet accident, il est impossible qu'elle subsiste encore long-tems, & qu'elle ne périsse enfin de vieillesse. Or si ces bâtimens, qui sont les restes d'une flotte beaucoup plus considérable, devenoient une fois inutiles, je mets en fait que rien ne seroit capable de les rétablir, tant à cause des dépenses immenses que demande la construction des vaisseaux sur cette mer, que des longueurs extrêmes qu'elle entraîne nécessairement avec elle. Que si dans une circonstance si favorable nous avions des vaisseaux de ce côté-là, qui doute que les Turcs ne se portassent d'eux-mêmes à y avoir recours ? Pour moi je suis persuadé que dans une pareille conjoncture on pourroit les engager à nous accorder même des magasins au Suez. Pourroient-ils remettre en de meilleures mains, un commerce qui leur seroit échappé sans ressource ?

* Droit de passage sur un vaisseau.

Quel avantage ne trouveroient-ils pas d'ailleurs dans cet établissement, puisque par le moïen de nos vaisseaux ils pourroient passer commodément à la Mecque, & s'épargner les dangers & les fatigues de quatre-vingt jours de marche qu'ils sont obligés de faire au travers des deserts brûlans, où ils manqueroient des choses même les plus nécessaires à la vie, s'ils ne les portoient avec eux. C'est ainsi que la France pourroit réussir à se rendre maîtresse du commerce de la mer Rouge, par le moïen de laquelle on pourroit recevoir en Europe les marchandises des Indes avec autant de sureté que de promptitude, & faire passer aux Indes presque sans risque & sans frais tout ce qu'on y porte par l'Océan avec tant de peril & de dépense.

Je l'ai déja dit, les sommes les plus considérables, les Catéchérifs les plus absolus ne produiront jamais aucun effet, lorsqu'il s'agira d'introduire des nouveautés dans ce pays-ci ; aulieu qu'on peut esperer d'y réussir dans tout ce qu'on entreprendra, dès qu'on sera assez habile pour feindre beaucoup d'indifference pour les choses mêmes qu'on desirera le plus. Il n'y a rien dont on ne vienne à bout avec les Turcs, lorsqu'on sçait joindre habilement la patience avec la libéralité. Mais comme ils sont fort attachés aux coutumes établies parmi eux, il faut user de beaucoup d'adresse pour détruire celles qu'on trouve contraires à ses desseins, & pour en insinuer d'autres, qui y soient conformes. Pour réussir avec cette nation, il faut toujours s'y prendre d'une manière imperceptible. Par cette conduite du premier pas on arrive infailliblement au second, & le second ne manque guéres de mener plus loin. Qui, par exemple, auroit jamais pensé il y a vingt ans, lorsque le peuple d'Alexandrie se souleva à la premiére balle de Caffé qu'on y embarqua pour Marseille, qu'on y verroit un jour sans le moindre murmure charger des vaisseaux entiers de cette marchandise ? Rien n'est cependant plus commun aujourd'hui. Enfin puisque les Chrétiens d'Egypte trafiquent librement à Gedda, pourquoi avec le tems les François ne pourroient-ils pas en faire de même, surtout si l'entreprise étoit conduite avec prudence, & que dans les commencemens principalement on évitât avec soin de donner aucun sujet de jalousie aux Marchands Mores ?

Difficulté de tirer des chevaux d'Egypte.

Cette idée me fait penser, que peut-être ne seroit-il pas non plus impossible de faire sortir des chevaux d'Egypte. Cependant on

DE L'EGYPTE.

on doit être persuadé que ce n'est pas une entreprise aussi facile, qu'on pourroit le penser, & que si on tentoit d'en venir à bout ouvertement, il n'y a point d'obstacles auxquels on ne dût s'attendre de la part de la nation. Les Turcs, comme je l'ai déja dit, sont ennemis des nouveautés plus qu'aucun autre peuple du monde. Il suffit qu'une coutume ne soit point en usage parmi eux ; c'en est assez pour que sous main ils mettent tout en œuvre pour traverser les desseins de ceux qui travailleroient à l'introduire. C'est ce que j'ai éprouvé moi-même au sujet de quelques chevaux que j'avois dessein de faire passer en France. J'ai parlé ailleurs des liaisons intimes que j'avois avec Ismaël Bacha du Caire. Je lui fis demander un commandement pour embarquer seulement deux chevaux ; mais malgré l'amitié dont il m'honoroit, mes Drogmans, que j'avois chargés de cette commission, n'en purent tirer d'autre reponse, sinon qu'il me l'accorderoit volontiers pour un nombre beaucoup plus considérable ; si l'usage du pays pouvoit le permettre. Achmet Aga Kiaia des Janissaires ne put de même obtenir d'ordre pour en faire embarquer un, dont il avoit dessein de faire présent à la Cour. Enfin lorsque j'ai fait pressentir sur le même sujet le Bacha, qui gouverne aujourd'hui l'Egypte, il n'a jamais donné que des réponses générales, qu'il étoit de mes amis, & qu'il me serviroit dans l'occasion.

On voit par-là que sans un Catéchérif de la Porte il n'y a aucun lieu d'espérer de pouvoir jamais tirer ouvertement des chevaux de l'Egypte. Il ne reste donc plus pour y réussir, que d'user d'adresse, & de prendre des voies indirectes. S'il ne s'agissoit, par exemple, que d'un cheval, ou de deux, on en viendroit peut-être à bout, lorsque les vaisseaux du Roi mouillent au Biquier. Avec trente ou quarante piastres on gagneroit l'Aga, qui commande dans cette petite forteresse ; & la nuit on se rendroit au rivage avec la chaloupe, dans laquelle on embarqueroit les chevaux qu'on voudroit faire passer en France. Cependant comme il seroit nécessaire de les faire venir de Rosette jusques-là, je ne vois pas que cette voie soit praticable. Il faudroit pour cela trouver à les remettre à Rosette, sans donner aux Turcs aucun sujet de soupçon ; & cette seule précaution me paroît aussi difficile que tout le reste.

J'avoue que tous les ans on pourroit embarquer ouvertement trois ou quatre chevaux au Biquier, lorsqu'il s'y trouve des vais-

Voies différentes d'y parvenir.

D d

seaux François en charge pour Tunis, ou pour Alger. Rien ne seroit alors plus facile que de faire paroître un Turc, qui les feroit passer sous son nom, sous pretexte de les conduire au Bey, ou au Roi de ces différentes places. Le Kiaïa des Janissaires s'est offert lui + même à me rendre ce service, lorsque l'occasion s'en presenteroit. La difficulté consisteroit à gagner le Capitaine François, & je ne sçai si on en viendroit aisément à bout. Ce qu'il y a de certain, c'est qu'il ne s'exposeroit pas légèrement aux risques qu'il croiroit courir en embarquant ces chevaux, & qu'il ne les embarqueroit même qu'avec peine, à cause de la quantité d'eau, dont il seroit obligé de faire provision pour eux sur un bord, où il auroit d'ailleurs grand nombre de passagers Turcs.

Cela supposé, il me semble que la voie la plus sûre & la plus facile, pour tirer des chevaux de ce pays, seroit d'en charger une barque entiére à Aléxandrie, ou à Damiette. Il ne se passe point d'année, qu'il ne se trouve ici plusieurs personnes de considération, qui nolisent des vaisseaux François pour les transporter à Constantinople. Souvent ils embarquent des chevaux sur le même vaisseau, qui les porte ; Quelque fois aussi, lorsqu'ils en ont un nombre considerable, ils loüent des barques particuliéres pour les passer en même tems. Or il n'y a aucun de ces Seigneurs, qui pour avoir un vaisseau à meilleur marché, & obliger le Capitaine, ne se prétât volontiers à couvrir l'embarquement de quinze ou vingt chevaux. On les mettroit sur une barque particuliére, & ce Seigneur paroîtroit la noliser sous son nom comme le vaisseau. Peut-être aussi le Bacha accorderoit-il son commandement pour embarquer des chevaux, si on lui faisoit entendre qu'ils fussent destinés pour l'Ambassadeur de Sa Majesté à Constantinople. Quoiqu'il en soit, quand toutes ces voies manqueroient, on pourroit toujours avoir recours à la Caravane, qui tous les ans retourne par terre à Tripoli. Par-là il seroit aisé de faire sortir d'ici tel nombre de chevaux qu'on voudroit, sans donner aucun ombrage, en les confiant, comme cela s'est autrefois pratiqué, à des Arabes, dont on auroit soin de prendre auparavant toutes les assurances possibles.

Les chevaux ne coutent ici que sept à huit sols par jour de nourriture ; ce qui en faciliteroit l'emplette, au cas qu'on voulût en faire passer un grand nombre en France. En effet pour cacher ce dessein à la nation, il seroit necessaire d'user d'une grande précaution, & de ne les acheter que l'un après l'autre. Une emplette nombreuse faite toute à la fois ne pourroit guéres manquer d'effaroucher les esprits; pour les endormir & s'épargner les risques de voir échoüer son projet, il seroit à propos de le conduire sans bruit & insensiblement. Lorsqu'on se seroit fourni d'un nombre de chevaux un peu considérable, je pourrois en prendre une partie sous mon nom, & quelqu'un de mes amis se chargeroit du reste. En tout cas, si le nombre faisoit ombrage, on en seroit quitte pour dire qu'on les achete par ordre de l'Ambassadeur de France. Au reste je ne dois pas oublier d'avertir, que si on vouloit des chevaux de ce pays-ci, il seroit bon d'y envoyer des mords de France. Ceux dont on se sert ici sont trop rudes, & ne ramenent point la tête des chevaux.

Telles sont, Monsieur, les idées qu'un long séjour dans ce pays, joint à un peu d'experience du génie & de la façon de penser & d'agir des peuples qui l'habitent, m'a données sur le commerce qui se fait en Egypte, & sur l'utilité que les sujets de Sa Majesté pourroient en tirer pour l'avantage du roïaume. Je ne chercherai point à me justifier de vous avoir entretenu si longtems d'une matiére que tout autre jugeroit peut-être peu interessante. Votre curiosité embrasse tout, aussi bien que votre génie. Je suis, &c.

Au Caire ce . . . . .

LETTRE DERNIÉRE.

DESCRIPTION DES CARAVANES,

Et en particulier de celle qui part tous les ans de l'Egypte pour le pélerinage de la Mecque;

Avec des remarques sur cette ville & sur celle de Médine, sur le tombeau de Mahomet, sur la maison d'Abraham, &c.

'E t o r s au bout de ma carriére, lorsque vous m'avez obligé, Monsieur, de remettre encore une fois la main à la plume. Ce que je vous ai dit dans ma Lettre précédente de ces Caravanes nombreuses, qui de différentes parties de l'Asie & de l'Afrique viennent tous les ans faire le commerce en Egypte, vous a fait naître la curiosité de connoître plus particuliérement ce que c'est que ces associations différentes, les diverses routes qu'elles tiennent pour se rendre dans ce pays, les dangers qu'elles ont à courir dans ces longs & pénibles voiages, & les secours qu'elles trouvent dans leur nombre, ou dans leur industrie. Avouez, Monsieur, qu'en exigeant de moi que j'entre dans un semblable détail, vous cherchez peu à ménager ma complaisance. En effet tant de relations ont parlé des Caravanes, qu'il semble inutile de retoucher cette matiére. Combien de voiageurs ont traité de l'ordre de leur marche & de leurs campemens, des régles qui s'observent dans ces compagnies, & des avantages réciproques que tirent les unes des autres les différentes personnes qui les composent? Il est vrai qu'à ces descriptions générales il y en a peu, je pense, qui ayent joint un détail particulier de ce que vous désirez sçavoir. C'est des Caravanes particuliéres

DE L'EGYPTE. 213 *

qui viennent en Egypte, que vous fouhaitez d'être inftruit ; & peut-être regardez-vous ce fujet comme faifant partie de l'obligation que je me fuis impofée de vous fatisfaire fur tout ce qui a quelque rapport avec un pays fi célébre. Il eft jufte, Monfieur, de remplir mes engagemens. Cette matiére me fournira peut-être encore l'occafion de vous entretenir de certaines particularités, que vous trouverez curieufes & affez nouvelles.

Les Caravanes ne font autre chofe que des affociations de plufieurs perfonnes, marchands, ou voiageurs, qui voulant tous arriver au même terme, fe réuniffent pour faire enfemble la même route. Sur cette feule idée, on conçoit d'abord que l'agrément a été le premier principe de ces fortes d'affociations. Il y a peu de perfonnes en Europe, qui n'ayent quelquefois éprouvé l'ennui que l'on trouve à voiager feul, & le plaifir que l'on goute au contraire, lorfque dans une longue route, on a le bonheur de rencontrer compagnie. Que feroit-ce, fi ces fortes de perfonnes avoient jamais été obligées de voiager en Afie, ou en Afrique ? En Europe les routes font diverfifiées, & toujours bordées de prairies, ou de campagnes cultivées, de collines fertiles, de villages & de hameaux très peuplés. Tant d'objets divers diffipent l'efprit, & amufent du moins un moment. On peut même fe flatter qu'au bout de deux ou trois jours de marche, on rencontrera quelque ville. Enfin je pourrois ajouter qu'on n'y voiage prefque jamais abfolument feul, fur-tout dans les grandes routes. En Orient au contraire, rien ne diffipe les regards, rien ne réjouit l'imagination. Jamais pays ne fut plus propre à favorifer la plus légére difpofition qu'on pourroit avoir à la méditation, c'eft-à-dire, à la mélancholie. Ce ne font de toutes parts que montagnes arides, que plaines ftériles & à perte de vûe, que campagnes inhabitées. A peine au bout de plufieurs journées de chemin peut-on fe flatter de rencontrer quelque miférable cabane. Conçoit-on bien l'ennui mortel, auquel fe livreroit un voiageur, qui au milieu de ces vaftes déferts pourroit avec quelque fondement fe regarder comme le feul Etre vivant qui fût fur la terre ?

Cependant on peut dire que l'agrément n'eft pas la plus forte raifon qui engage les voiageurs à fe réunir, pour traverfer de compagnie ces pays incultes & inhabités. Comme il s'en trouve

Des avantages que l'on trouve dans les Caravanes.

peu parmi eux d'assez puissans pour se procurer par eux-mêmes les secours dont ils peuvent avoir besoin dans ces solitudes, la nécessité de s'aider réciproquement les uns les autres dans les dangers extraordinaires auxquels ils peuvent être exposés, tels que sont ceux de manquer d'eau, ou de vivres, est sans doute le principal motif qui les oblige à s'associer de la sorte. En effet, comme ils ne manquent jamais de se fournir dans les caravanes, de clefs, & d'autres instrumens propres à creuser des puits dans les sables, il est évident que des hommes nombreux qui travaillent de concert pour repousser le danger éminent que le manquement d'eau produit, y réussissent bien plutôt que deux ou trois particuliers, qui souvent ne pourroient en venir à bout dans un tems assez court pour se soustraire à la mort. Quelque mauvaise que soit l'eau de ces puits, dans ces extrémités elle ne laisse pas de suppléer à la bonne. Il est de même très-naturel que dans une caravane nombreuse il se rencontre toujours quelque particulier qui fasse plus de provisions qu'il n'est nécessaire pour arriver sans besoin aux lieux où l'on peut recouvrer des vivres, soit par une précaution surabondante, ou même dans la vûe d'en retirer quelque profit, en les revendant à ceux qui pourroient en manquer.

Enfin outre ces avantages, on en trouve encore un très-considérable dans les caravanes; c'est d'être en état de se défendre des entreprises des voleurs. On sçait que dans l'Orient les voiageurs ne sont point exposés à de plus grand danger que celui d'être attaqués par les Arabes. Ces peuples vagabonds courent sans cesse la campagne & les déserts, & font rarement quartier à quiconque ne se trouve pas en état de leur faire tête. Combien de voiageurs & de marchands ont perdu par leurs mains les biens & la vie! Or on conçoit facilement quel avantage on a dans les caravanes, pour se délivrer de ces périls. Comme on est en grand nombre, on peut plus aisément veiller sur les démarches de ces troupes de brigands qui ne manquent guéres de voltiger sur les grandes routes, & d'éviter leurs surprises. Si malgré cela on est attaqué, on se trouve du moins disposé à les recevoir, & à les repousser avec moins de peine. Dans ces occasions le désir de défendre ses biens & sa vie, joint à l'espérance d'avoir le dessus, donne du cœur aux plus timides. On s'anime, on s'encourage les uns les autres; & si dans une compagnie de trois ou quatre cens marchands la plus grande partie est sans armes, il s'y en trouve toujours beaucoup qui en sont fournis, sur-tout de sabres & de mousquets. Il n'en faut pas davantage pour faire tête aux Arabes, qui eux-mêmes ne sont pas mieux armés.

Tels sont les avantages qui depuis un certain tems ont rendu l'usage des caravanes si fréquent dans tout l'Orient. Mon dessein est uniquement de vous entretenir de celles qui ont quelque rapport à l'Egypte. Je commence par la caravane de Nubie.

De la caravane de Nubie.

J'ai déja parlé ailleurs des radeaux, à la faveur desquels les peuples de la Nubie franchissant ces cascades épouventables que le Nil forme dans son cours, se rendent en Egypte en suivant toujours le cours de ce fleuve. Il se trouve même quelques Nubiens, qui indépendamment de ces radeaux viennent ici à pied, en cotoïant toujours les rivages du Nil, sans jamais s'en écarter. On s'étonnera sans doute que ces malheureux ayent assez de courage pour supporter les fatigues d'un voïage aussi pénible, que doit l'être celui-là. Cependant j'espere qu'on ne sera pas moins surpris d'apprendre la route qu'on tenoit autrefois, pour passer d'Egypte en Nubie & de Nubie en Egypte, avant qu'on eût trouvé la voie des caravanes. Alors depuis Dongola jusqu'ici on descendoit, & on remontoit le Nil en batteau malgré ces cataractes affreuses, dont j'ai parlé en traitant du cours de ce fleuve. Pour y réussir on avançoit les bateaux le plus proche des cataractes qu'il étoit possible. Là on les déchargeoit de toutes les marchandises, qui y étoient embarquées, & plusieurs hommes prenant sur leurs épaules ces batteaux qu'on faisoit exprès fort petits & fort légers, les transportoient de la sorte jusqu'au dessus de la cataracte, tandis que d'autres se chargeoient des marchandises qu'ils rendoient au même endroit. On rechargeoit ensuite les batteaux ; on les remettoit sur le Nil, & on passoit ainsi de cataracte en cataracte, jusqu'à ce qu'on fût parvenu à les franchir toutes. La même chose se pratiquoit à l'égard des batteaux, qui descendoient en Egypte. C'est ainsi que les Sauvages de l'Amérique navigent sur le fleuve S. Laurent, dont le cours, ainsi que celui du Nil, est embarassé de sauts fréquens & très dangereux. On conçoit sans peine qu'outre les longueurs & les fatigues inséparables de cette route, elle emportoit nécessairement une dépense très considérable.

Aujourd'hui on a trouvé un chemin beaucoup plus court, en faisant passer par les deserts de Nubie en Egypte, & réciproquement d'Egypte en Nubie les marchandises sur des chameaux. La caravane de Nubie vient deux fois par an en Egypte, & part de Gary, lieu situé sur la rive gauche du Nil à trois ou quatre journées en deça de Dongola. C'est-là que les Marchands de Sannar capitale du Fungi, ceux de Gondar capitale de l'Ethiopie, & plusieurs autres de divers endroits de l'Afrique, s'assemblent dans un certain tems qu'ils sçavent convenir à leur marche.

A son départ de Gary la caravane quittant les bords du Nil, & s'enfonçant dans les deserts de la Libye, qu'elle traverse, arrive en treize journées de marche à une vallée d'environ trente lieües d'étendüe. Cette vallée, qui va presque du Nord au Sud, est couverte de palmiers & très bien cultivée, parce qu'on y trouve de bonne eau, en creusant seulement un pied dans la terre. C'est une espéce de prodige que de rencontrer cette langue de terrain fertile au milieu des sables & des deserts arides, qui l'environnent. Après quelques jours de repos dans cet agréable séjour, la caravane passe un jour entier entre des montagnes escarpées, & dans un chemin uni & fort étroit. Delà elle arrive à une gorge de montagne, par où traversant cette chaine, dont j'ai parlé, qui régne le long du Nil du côté de la Libye, elle se rend enfin à Manfelout ville de la haute Egypte, où les droits du Prince se payent en esclaves noirs, & où la caravane rejoint le Nil pour la première fois depuis son départ de Gary.

Comme depuis leur départ de cet endroit de la Nubie ces caravanes sont obligées de marcher sept jours entiers dans des deserts si arides, qu'il n'est pas possible d'y trouver seulement une goute d'eau, il faut nécessairement que les chameaux qu'elle a à sa suite passent tout ce tems là sans boire. Ce n'est pas qu'on ne fasse provision d'eau avant que de se mettre en marche ; mais le peu dont on s'est chargé est réservé pour l'usage des hommes & de quelques mules, qu'il faut abreuver de tems en tems, si ne veut pas qu'elles périssent.

Manière d'accoutumer les chameaux à endurer la soif.

Il est aisé de s'imaginer combien doivent souffrir alors ces animaux, qui outre le poids qu'ils portent, sont continuellement exposés à un Soleil ardent, qui redouble leur soif, & ne marchent que dans des sables brulans, dont la châleur est insupportable. Aussi après une si pénible route sont-ils dans un état à faire

faire pitié. La maniére dont on s'y prend pour leur rendre cette soif supportable est curieuse & singuliére. Comme la vie des chameaux est très longue, & dure ordinairement jusqu'à cinquante ans, quelquefois même jusqu'à soixante, les peuples de l'Orient à qui ces animaux sont très utiles pour le transport des marchandises, commencent de bonne heure à les dresser de maniére qu'ils puissent aisément supporter dans la suite les plus grandes fatigues. Dans cette vüe ils ne les font jamais boire qu'une fois par jour, dans les endroits même où ils auroient la commodité de le faire plus souvent, afin de les accoutumer dès leur naissance à être sobres à cet égard. Mais lorsqu'il s'agit d'un voïage, où l'on sçait qu'on ne trouvera point d'eau pendant une certaine quantité de jours, comme dans celui dont il est ici question, on les y prépare long-tems avant le départ par une abstinence encore plus grande. On commence d'abord par ne les faire boire que tous les deux jours ; on pousse ensuite cette abstinence jusqu'à trois, à quatre, à cinq, & à six jours, enfin jusqu'à sept ; & lorsqu'on est venu à bout d'accoutumer ces animaux à supporter la soif jusqu'à ce terme, la caravane se met en marche. Il est certain que sans cette ressource, il ne seroit pas possible de voïager en Afrique, surtout du côté par où cette partie du monde confine à l'Asie, dont elle est séparée par des deserts affreux & de vastes solitudes toujours arides. Enfin au bout de sept jours la caravane arrive dans un endroit, où en creusant un peu dans le sable, on trouve une eau assez mauvaise, & d'un goût aigrelet. Cependant quelque mauvaise qu'elle soit, on ne laisse pas d'en donner aux chameaux. Les hommes même sont obligés d'en boire faute d'en avoir de meilleure, & d'en faire même provision pour trois autres jours qu'ils ont encore à passer dans des deserts, où l'eau n'est pas moins rare.

Les incommodités d'une route si pénible sont sans doute assez grandes, pour engager à plaindre ceux que leur état oblige de s'y exposer. Cependant ce n'est encore rien en comparaison des dangers qu'ils ont à courir à chaque instant. Ils sont tels, que souvent ils ont fait périr des caravanes entiéres. Le premier de ces dangers est, que les caravanes étant obligées de traverser des plaines immenses de sable, où il n'est pas possible de remarquer aucune trace de chemin, si leurs conducteurs, que les Arabes appellent *Experts*, viennent à s'égarer dans ces routes inconnües,

Dangers de cette caravane.

il est impossible que la provision d'eau nécessaire pour les conduire en droiture au terme où elles devoient en trouver de nouvelle, suffise pour ce retardement, qui les éloigne souvent de plusieurs journées. On voit donc d'abord les mules, les mulets, & les chevaux, privés du rafraichissement qui leur est nécessaire plusieurs fois le jour, expirer dans ces déserts brulans de soif & de lassitude. Les chameaux même malgré leur sobrieté ont bientôt après le même sort, & les hommes errans dans ces solitudes affreuses périssent souvent jusqu'au dernier, avant que d'avoir pû trouver une goutte d'eau pour appaiser leur soif, & éloigner la mort qui les enleve les uns après les autres.

Le danger est encore infiniment plus grand, lorsque le vent de Midi vient à s'élever dans ces déserts. Le moindre mal qu'il puisse faire, c'est de dessécher les outres, ou peaux de bouc remplies d'eau, dont on a soin de faire provision dans ces voiages, & de priver ainsi les hommes & les animaux de l'unique réssource qu'ils puissent avoir contre ses ardeurs brulantes. Ce vent, que les Arabes appellent empoisonné, va même jusqu'à étouffer sur le champ ceux qui ont le malheur de le respirer ; ensorte que pour se garantir des pernicieux effets de ce vent de feu, on est alors obligé de se jetter promptement contre terre, le visage attaché sur ces sables brulans, dont on est environné, & de se couvrir la tête de quelques linges, ou de tapis, de peur d'avaler par la respiration, la mort certaine qu'il porte partout avec lui. Encore est-on trop heureux lorsque ce vent, toujours d'ailleurs très-violent, n'éleve point de ces tourbillons de sables, qui obscurcissant l'air, ôtent aux conducteurs la connoissance de leur véritable route. Il s'est trouvé quelquefois des caravanes entiéres ensévelies sous le poids des sables, dont ce vent est souvent chargé ; & on n'a découvert les cadavres de tant d'hommes & d'animaux engloutis par ces déluges de poussiére, que lorsqu'après plusieurs années un vent opposé avoit repoussé les sables d'un autre côté. Ce qu'il y a d'admirable, c'est que ces corps qui dans les ardeurs de ces sables s'étoient toujours conservés aussi entiers qu'au moment qu'ils avoient péri, avoient d'ailleurs acquis une légéreté qui permettoit à un homme d'enlever d'une main le corps d'un chameau, dont le poids est ordinairement de trois à quatre cens livres, & qui n'en pesoit pas alors une vingtaine. Tant de dangers ne sont-ils pas capables de faire frémir ? Les mêmes fatigues, les mêmes perils se rencontrent dans le retour Est-il possible qu'il se trouve des hommes assez hardis pour braver ainsi mille morts? Est-il possible que l'amour du gain & l'interêt trouvent des hommes assez disposés à se laisser aveugler par la passion de s'enrichir, pour s'aller jetter eux-mêmes au milieu de tant de précipices dans l'espérance de la satisfaire?

La caravane de Nubie n'est pas la seule, qui de l'intérieur de l'Afrique vienne faire le commerce en Egypte. Plusieurs autres y abordent, comme je l'ai dit, par le côté des pyramides & du Faoumé, & apportent ici les mêmes marchandises. Tous les ans on en voit arriver une très nombreuse du roïaume de Tripoli, à laquelle se joignent les marchands d'Alger, de Tunis, & de Maroc, aussi bien que ceux qui veulent faire le pélerinage de la Mecque. Comme par le moïen des Lunes ils sçavent le tems précis auquel la caravane du Caire doit partir pour ce voïage, ils ne manquent pas de sortir de leurs pays plutôt, ou plus tard, selon la longueur de la route qu'ils ont à faire. Cette caravane se trouve beaucoup affoiblie au retour, parce que la plus grande partie des Marchands de Maroc, de Tunis, d'Alger, & de Tripoli, qui étoient venus par terre avec de l'argent seulement, ou des marchandises très fines, ayant employé leurs effets à la Mecque en marchandises des Indes, qui sont de volume, s'embarquent à Aléxandrie, & retournent par mer à Alger. *Des autres caravanes de l'Afrique.*

Il vient aussi tous les ans en Egypte plusieurs caravanes de la Syrie. Celles-ci n'ont rien de certain ni de fixe, soit pour le tems du départ, soit pour celui de leur arrivée. Du reste le voïage n'est pour elles, ni si pénible, ni si dangereux que pour les autres caravanes, parce que les déserts qui séparent ces deux régions, n'ont pas plus de trois journées de traverse, & que l'eau n'y est pas rare. On rencontre même sur cette route plusieurs caravanseras avec des fondations, pour fournir gratuitement aux voïageurs le pain & la viande qui leur sont nécessaires, & aux bêtes de charge, ou de monture, l'orge & la paille, dont elles ont besoin. *Des caravanes de Syrie.*

On trouve de semblables marques de la charité des Turcs dans toute l'étendüe de leur empire; & l'on peut dire à la loüange de cette nation, que de tous les peuples de la terre, il n'y en a point qui remplissent mieux les devoirs sacrés de l'hospitalité. L'Empereur Mahomet IV. avoit fait bâtir de ces ca-

Ee ij

ravanferas de diſtance en diſtance, depuis Conſtantinople juſ-qu'à Damas, & leur avoit aſſigné à tous pour leur entretien des revenus conſidérables. Là tout voiageur, Chrétien, Juif, ou Mahométan, eſt également bien reçu. On y trouve tout ce qui eſt néceſſaire non-ſeulement aux beſoins, mais encore à l'agré-ment de la vie. Pluſieurs de ces logemens publics ſont même accompagnés de bains, dont il y en a quelques-uns où l'eau eſt amenée par des acqueducs de trois & quatre lieües de longueur. Cette inclination au reſte n'eſt point particuliére en Turquie aux ſeuls Souverains. Les Grands de l'Empire, les gens riches, de ſimples particuliers ſe font une loi d'emploier une partie con-ſidérable de leur bien à des fondations pareilles. Si par le mal-heur de la naiſſance la religion ne trouve pas là ſon compte, l'humanité du moins a lieu d'être bien ſatisfaite. De tels exem-ples devroient nous faire ſouvenir, que quoiqu'il s'en faille in-finiment que nous n'en faſſions autant, notre profeſſion nous oblige à beaucoup plus.

On conçoit par là que les voiages qui ſe font par ces derniè-res caravanes, ne ſe reſſentent en rien des fatigues & des in-commodités inſéparables de celles dont j'ai parlé d'abord. Ils ont même tous les agrémens qu'on peut ſouhaiter, ſur-tout pour les perſonnes riches. Les chameaux qui portent quatre ou cinq cens peſans, ſont d'une très-petite dépenſe. Ainſi à la fa-veur de cinq ou ſix de ces bêtes de charge, les gens aiſés peu-vent ſans riſquer beaucoup faire porter des tentes, où ils ont des chambres pour eux, d'autres pour les domeſtiques, un lieu particulier pour faire la cuiſine, un autre endroit qui ſert de Divan, & où l'on reçoit les viſites, des lits, ou ſofas pour re-poſer, en un mot tout ce qui peut contribuer aux aiſes & aux commodités de la vie. Il faut avoüer au reſte qu'elles ont des bornes fort limitées chez les Turcs, qui dans leurs voiages ſur-tout, de quelque condition qu'ils ſoient, vivent d'une maniére très-frugale. En effet du biſcuit qui leur tient lieu de pain, du ris avec de la graiſſe de mouton pour l'aſſaiſonner, du bœuf qu'ils gardent dans des pots, & une taſſe de caffé à la fin du repas, ſuffiſent aux plus délicats pour faire bonne chére. Ce-pendant lorſqu'ils trouvent des moutons, ou des poules à ache-ter, ce qui n'eſt pas rare dans la Syrie, & dans toute la Tur-quie en général, ils en augmentent volontiers leur ordinaire.

DE L'EGYPTE.

On porte aussi pour les besoins pressans, de la chair de buffle & de chameau séchée au Soleil, sur-tout lorsqu'on fait le voiage de la Mecque. Cette chair, dont j'ai gouté, & dont les troupes du Grand Seigneur usent dans les marches & dans les campemens, n'est point désagréable. Elle vaut certainement beaucoup mieux que les viandes salées qu'on donne à nos équipages, qui gâtent le sang, & produisent le scorbut.

Telles sont, Monsieur, les plus fameuses caravanes qui passent en Egypte pour y faire le commerce. Ce sont ces associations nombreuses de marchands étrangers, qui par les effets précieux qu'ils apportent dans ce pays, en font, comme je l'ai dit ailleurs, un des roïaumes des plus riches & des plus florissants du monde. Je ne m'arrêterai point à vous faire le détail des différentes marchandises qui entrent en Egypte par chacune de ces caravanes. Je vous en ai déja entretenu dans ma lettre précédente, & il n'est pas, je crois, nécessaire que je m'étende davantage sur cet article. Je viens à une matiére plus intéressante, & qui sans doute satisfera davantage votre curiosité. Je parle de cette célébre caravane, qui part tous les ans de l'Egypte pour la Mecque. Personne n'ignore la vénération profonde que toutes les nations soumises à la Loi de Mahomet ont pour cette ville. On sçait que les vœux les plus ardens de tous ces peuples sont d'en faire le pélerinage; que l'Alcoran leur en a fait même un précepte; que dans la vûe d'accomplir ce commandement formel de leur Prophéte, & de satisfaire à leur dévotion particuliére, on voit partir chaque année de l'Asie & de la Turquie Européenne, des troupes nombreuses de pélerins qui s'estiment trop heureux d'exposer leur vie aux dangers des routes les plus périlleuses, pour pouvoir joüir une fois avant la fin de leurs jours, de la vûe d'un lieu que la superstition Mahométane a rendu si respectable; qu'enfin ceux qui ont le bonheur d'en revenir, sont dans la suite regardés par tous leurs compatriotes comme des saints. Les Turcs en Afrique, & en Egypte particuliérement, ne sont pas moins zélés qu'ailleurs pour ce fameux pélerinage. Tous les ans on voit arriver au Caire de Fez, de Maroc, de Tunis, d'Alger, de Tripoly, & des autres régions les plus reculées de la Barbarie, des peuples nombreux, qui ne traversent des pays immenses que dans le désir de faire ce voiage. A ces pélerins se joignent ceux que fournit l'Egypte, dont le nom-

De la Caravane de la Mecque.

bre n'eſt pas moins conſidérable. C'eſt de ces peuples différens réunis pour ce voiage fameux, que j'entreprends de vous entretenir. Avouez, Monſieur, que cette matiére mérite que j'entre dans un plus grand détail, puiſqu'elle ne peut manquer de me fournir quelques particularités aſſez curieuſes.

De la route qu'elle tient.

Quoique le pélerinage de la Mecque ait pour objet principal l'exécution d'un précepte abſolu impoſé à tous les peuples Mahométans, l'intérêt ne laiſſe pas d'y avoir auſſi quelque part. Comme les négocians trouvent de grands avantages à ſe charger des marchandiſes des Indes, dont la foire, qui ſe tient tous les ans dans cette ville à la fête du petit Beiram, eſt toujours abondamment fournie, il n'y en a aucun qui n'entreprenne volontiers un voiage, dont il eſpère retirer une utilité conſidérable. La dévotion ſert de voile à ce motif intéreſſé, ou ſi l'on veut, l'amour du gain ſert à réchauffer la dévotion, & le commerce ainſi que la pieté, trouvent également leur compte à cette alliance.

Quoiqu'il en ſoit, il eſt bon d'obſerver que la route par où la fameuſe caravane du Caire ſe rend tous les ans à la Mecque, eſt préciſément la même que les Muſulmans d'Afrique ſuivoient autrefois pour arriver à cette ville, & pour repaſſer en Egypte, mais qu'elle n'a pas toujours été fréquentée. Des partis puiſſans & oppoſés aux Rois qui poſſédoient la Mecque, s'étant rendus maîtres de ces paſſages, interrompirent long-tems toute communication de ce côté-là entre l'Egypte & cette ville. Alors le déſir de ſatisfaire à l'obligation du pélerinage joint à l'amour du gain, qui eſt la paſſion favorite des Mahométans, obligea de chercher une route différente. On entreprit donc de remonter le Nil juſqu'aux extrémités de la haute Egypte, vers Aſſouan, & de-là traverſant de biais la montagne de Mokatan, on vint à bout de ſe rendre ſur les bords de la mer Rouge au petit port d'Aïdab, par une marche de dix ſept journées. Là des vaiſſeaux de tranſport partis à propos du port de Gedda, ſitué de l'autre côté du Golphe, & éloigné ſeulement de deux journées de diſtance, venoient prendre la caravane, & la paſſoient en Arabie.

Telle fut la route qu'on tint pendant long-tems pour ſe rendre d'Egypte à la Mecque. Depuis le Nil juſqu'au port d'Aïdab on avoit creuſé de diſtance en diſtance des puits au pied des mon-

DE L'EGYPTE.

agnes ; & quoique l'eau en fût assez mauvaise, comme elle est ordinairement dans les déserts, le besoin la rendoit très-utile, non-seulement aux animaux de la caravane, mais aux hommes même. La célèbre mine d'émeraudes, dont j'ai parlé, & dont la connoissance est aujourd'hui perdue, se trouvoit sur cette route. Enfin les divisions cessérent entre ceux qui prétendoient être les légitimes successeurs de Mahomet, par l'extinction des Alides, des Ommiades, & des Abassides, familles qui se succéderent toutes au Califat, en se détronant tour à tour les unes les autres. Alors on quitta cette dernière route, & on reprit l'ancienne, qui comme je l'ai dit, est la même que l'on suit aujourd'hui. Il est vrai qu'après la conquête de l'Egypte par les Califes, Otoman qui fut le troisième, & fit sa résidence à la Mecque, écrivit à *Amrou Ebn Ellaas* son Lieutenant dans ce roïaume, de faire creuser un canal depuis le Caire jusqu'au Suez, pour voiturer par eau les denrées, & les marchandises d'Egypte, qu'on avoit coutume d'envoier à la Mecque. Ce canal fut exécuté, comme je l'ai observé dans ma lettre précédente, & subsista pendant quelque tems ; mais faute d'être néttoié du limon que le Nil y déposoit chaque année, & des sables que le vent y portoit continuellement, il devint enfin inutile. On abandonna le projet de se rendre par mer à la Mecque, & la caravane reprit la route de terre.

Cette caravane emploie précisément cent jours à ce voiage. Mais comme l'année des Turcs est plus courte d'onze jours que la nôtre, & n'est composée que de douze Lunes, il arrive que dans l'espace de trente trois de leurs ans, qui n'en font que trente deux des nôtres, le départ de la caravane qui est fixé à un certain jour, tombe dans toutes les saisons. Elle est toujours divisée au reste en deux campemens. Les pélerins du Caire, ceux de Constantinople & de divers autres endroits, d'où on se rend en Egypte pour faire ce voiage, forment le premier corps. L'autre est composé de tous les Barbaresques depuis Maroc jusqu'à Tripoly. Ces derniers ne partent du Caire qu'un jour après les autres, & forment à la première caravane une espèce d'arrière garde, qui tous les soirs occupe le même camp, d'où l'autre est partie le matin. Au contraire dans le retour la caravane des Barbaresques fait l'avant garde, & devance toujours d'une journée ce qu'on appelle la grande caravane. Il arrive de là que les

Du tems auquel elle s'assemble.

Barbaresques emploient dans ce voiage deux jours de moins que les pelerins du Caire & de la Turquie. On prétend que cette pratique des Turcs d'arriver à la Mecque un jour avant ces Barbaresques, & de n'en sortir qu'un jour après leur départ, est fondée en raison, & que c'est une précaution qu'ils prennent, pour empêcher ces peuples de se rendre maîtres de cette ville. Il est certain que parmi les Mahométans on cite diverses prophéties, qui semblent promettre la conquête de cette place aux Occidentaux, désignés par le nom de *Maugarbins*, qui en Arabe signifie *peuples du Couchant*. Elles portent qu'ils doivent se rendre maîtres, non-seulement de la Mecque, mais encore de l'Egypte. C'est une tradition dont il n'est pas permis de douter ; & quoique nous soions Occidentaux, comme ces peuples ne nous font pas l'honneur de nous croire en état de remplir cette prophétie, leur défiance tombe toute entiere sur les Mores, qui étant de leur religion, peuvent y avoir le plus d'intérêt. Les Barbaresques se servent d'escorte à eux-mêmes. Ils sont tous armés avantageusement, ne traînent après eux que peu d'équipages, & ne se chargent que de ce qui est absolument nécessaire pour une si longue & si pénible route. Aussi leur camp présente-t'il une image de guerre que l'on ne remarque point dans l'autre. Les Arabes ont osé autrefois les attaquer ; mais ils y ont si peu trouvé leur compte, qu'aujourd'ui ils les laissent aller & revenir, sans en exiger les présens qu'ils tirent régulièrement de la grande caravane, & qu'on pourroit avec raison appeler un honnête tribut.

De l'Emir-hage ou Prince des Pélerins.
Ce n'est pas que cette caravane n'ait une escorte considérable, que lui fournit le Grand Seigneur. Chaque année il se fait pour l'accompagner un détachement de toutes les troupes que S. H. entretient en Egypte. Il est commandé par un Bey que l'on nomme *Emir-hage*, ou *Prince des Pélerins*, qui outre cela a encore à sa suite quatre ou cinq cens cavaliers au moins, de ses propres gens, qu'il entretient à ses frais. Le Grand Seigneur lui donne cent mille sequins pour cette dépense ; mais il en retire encore beaucoup davantage, soit des provisions de bouche qu'il fait suivre dans la route sur un nombre infini de chameaux qu'on recharge au retour d'autres denrées semblables qu'il a fait d'avance transporter par mer à la Mecque, soit du loüage de ces mêmes chameaux, dont les négocians se servent

pour

pour porter leurs marchandises. Il a outre cela tous les biens de ceux qui meurent dans la route sans laisser d'héritiers, & la dixiéme partie de ce que possédent ceux qui en laissent. Ce revenu seul monte souvent à des sommes très-considérables, car il y a des années si rudes, qu'il meurt quelquefois jusqu'à dix mille personnes dans le voiage. Ajoutez à cela qu'il n'y a pas de marchands ni de pélerins tant soit peu aisés dans la caravane, qui ne lui fassent des présens. C'est à la faveur de toutes ces ressources qu'il fournit aux dépenses prodigieuses qu'il est obligé de faire pour ses équipages, pour l'entretien d'environ mille personnes & trois mille chameaux, qui sont à sa suite, & pour contenter l'avidité des Arabes.

Cette charge d'Emir-hage est conférée par la Porte, qui l'accorde ordinairement à vie. Cependant elle ne laisse pas d'en renouveller de tems en tems les provisions, dont elle charge des sujets qu'elle veut récompenser. L'Emir-hage ne manque jamais d'acheter cette espéce de faveur par de grands présens qu'il fait au porteur de cette commission. S'il agissoit autrement, c'en seroit assez pour le faire révoquer. Au reste cet Officier a tout le pouvoir d'un Bacha, dès qu'il a mis le pied hors des murs du Caire, jusqu'à ce qu'il y soit rentré; ensorte qu'il a droit de vie & de mort sur toutes les personnes qui composent la caravane, sans être sujet à rendre compte de sa conduite. C'est ce que les Turcs appellent l'épée franche. Il n'est point obligé de même de donner aucun état des sommes qu'il reçoit, ni de l'emploi qu'il en a pu faire.

Quelques jours avant le départ de la caravane, l'Emir-hage sort de son logis, & se rend au Château suivi d'un nombreux cortege. Outre tous ses parens & amis, il est encore accompagné par tout ce qu'il y a de Beys & d'autres grands Seigneurs au Caire, & a pour escorte, non-seulement toute sa maison qui est toujours fort nombreuse, mais même les troupes qui doivent faire le voiage avec lui. Il est reçu dans le grand Divan par le Bacha, au milieu de tous ceux qui ont droit d'assister à cette cérémonie, dont le nombre ne monte guéres à moins de trois mille personnes. Après que chacun a pris place dans cette salle, on commence d'abord par faire à haute voix la lecture du Catéchérif, ou commandement du Grand Seigneur, par lequel l'Officier présent a été établi Emir-hage. On lit de même l'or-

F f

dre du Bacha donné en conséquence de ce commandement, & enfin un troisiéme acte, qui fait foi que ce Gouverneur a remis à l'Emir-hage dans le Divan même le pavillon de la Mecque, le nombre des bourses que S. H. envoie à cette ville, & celles qui sont accordées à cet Officier, tant pour les frais du voiage, que pour l'entretien des troupes qui doivent escorter le trésor, le pavillon, & les pélerins. Le Bacha se fait apporter ensuite une veste de drap doublée de samour qu'il lui présente; après quoi il en distribue plusieurs autres de moindre valeur aux Officiers de la maison de ce Seigneur, & aux chefs des troupes destinées à faire le voiage. Outre ces présens qui sont de droit, & dont le Grand Seigneur fait lui-même la dépense, le Bacha ne manque jamais d'en faire un en son particulier à l'Emir. Il consiste en provisions de bouche, tels que sont des moutons, des poules, du ris, du sucre, du caffé, & autres choses semblables, dont la valeur monte environ à deux mille écus. Mais cette libéralité, pour la bien définir, n'est au fond qu'un commerce usuraire, & l'Emir ne manque point à son retour de faire au Bacha par reconnoissance, ou plutôt par politique, en étoffes d'or, ou d'argent, ou en d'autres marchandises précieuses des Indes; un présent qui ne vaut pas moins de trente mille livres. Comme il n'est donc composé que de choses qui peuvent être à l'usage du Bacha même, de ses femmes, & de ses domestiques, cela ne laisse pas de faire à ce Seigneur une épargne considérable, lorsqu'à la fête du grand Beïram, qui a beaucoup de rapport à notre Pâque, il est obligé, suivant la coutume pratiquée en Turquie, d'habiller toute sa maison de neuf.

Dès que la cérémonie, dont je viens de parler, est terminée, l'Emir-hage sort du Chateau avec la même suite qui l'y avoit accompagné; mais alors on porte devant lui le riche pavillon, qui vient de lui être consigné, & qu'il doit conduire à la Mecque. Il traverse ainsi tout le Caire revêtu de la pélisse de samour, dont le Bacha lui a fait présent, & suivi de tous les Officiers des troupes qui doivent l'escorter dans le voiage, de tous ses amis, & de la plûpart des Grands, qui cherchent à lui faire honneur. De là il va se rendre à trois lieües, ou environ de la ville, dans une plaine où la caravane est campée, autour d'un petit Lac que forme le Nil dans ses inondations. Là aussi-tôt qu'il est arrivé sous ses tentes, sur la principale desquelles le pavillon d'Emir-hage eft fur le champ arboré, il donne un grand repas aux Seigneurs qui l'ont fuivi, & fur le foir il retourne au Caire fans aucune cérémonie, pour y refter jufqu'à la veille du départ de la caravane, qu'il va la joindre vers la fin du jour, & coucher fous fes tentes. Pendant le féjour qu'il fait dans cette ville avant fon départ, il n'y a aucun de fes amis, aucune même des perfonnes riches, ou qualifiées du Caire, qui ne lui faffe un préfent de chofes comeftibles, ou qui puiffent lui être utiles dans le voiage ; en forte qu'il a peu de dépenfe à faire pour fe précautionner fur fes befoins pendant la route. Au refte ce ne font là que des avances, dont il a foin de tenir compte à fon retour. Auffi pour n'être pas la dupe d'une générofité intereffée, il garde un regiftre exact de tous les préfens qu'on lui fait, afin d'en rendre la valeur précife, & rien davantage, à ceux de qui il les a reçus.

Il faut cependant avoüer qu'en général les Turcs & les Arabes font fort libéraux dans ces occafions, & qu'elles leur infpirent une maniére d'agir noble & généreufe, qui ne fe reffent en aucune façon de l'intérêt fordide qu'on leur reproche avec affez de juftice à tout autre égard. Il fuffit d'être feulement voifin de quelqu'un qui va faire le pélerinage de la Mecque, pour lui envoier un préfent, dès qu'on en a appris la nouvelle. Il eft vrai auffi que ce préfent ne manque point d'être rendu par quelqu'autre équivalent, fi la perfonne retourne de ce voiage, & que fes facultés le lui permettent. Que fi elle ne fe trouvoit point en état de le faire, la moindre bagatelle qu'elle pourroit offrir, ne valût-elle pas cinq fols, feroit reçüe avec plaifir, & l'on fe trouveroit très-fatisfait par ce léger témoignage de fa reconnoiffance & de fon fouvenir.

Tous ceux qui entreprennent le voiage de la Mecque, fe trouvent au rendez-vous général au plus tard le vingt-fix de la Lune, qui fuit celle du Ramadan, accompagnés de tous leurs amis & de tous leurs parens, qui paffent au moins cette derniére nuit avec eux. Ceux qui n'ont ni parens, ni amis dans la caravane, ce qui eft fort rare au Caire, y font conduits par le plaifir, ou par la curiofité. Ce jour eft très-favorable aux Dames, car elles ont la liberté d'y accompagner leurs maris, & de profiter des fêtes continuelles dans lefquelles on paffe cette journée, & toute la nuit fuivante. Ce ne font en effet que feftins, que

Tems du départ de la caravane.

F f ij

concerts de voix & d'inſtrumens, que libéralités & profuſions de vivres, qu'illuminations, & feux de joie. A voir ces vaſtes plaines couvertes au moins de cent mille tentes, toutes diverſifiées d'une infinité de couleurs pendant le jour, & brillantes de lumiére au milieu des ténébres de la nuit, un monde preſque entier répandu dans les longues ruës que l'on a formées de ces maiſons portatives, à entendre les cris d'allégreſſe, dont l'air retentit de toutes parts, on croit avoir ſous les yeux ces ſuperbes armées Aſiatiques, que les Rois de Perſe traînoient autrefois aprés eux. Il eſt certain que cette caravane ainſi campée, eſt un des plus grands & des plus magnifiques ſpectacles que l'univers puiſſe fournir. On prétend que le lendemain de cette fête il rentre au Caire plus de cinquante mille cavaliers, outre les gens de pied, & ceux qui ſont montés ſur des ânes, dont le nombre eſt encore plus conſidérable. Auſſi dit-on qu'aprés le départ de la caravane il revient plus de cent cinquante mille perſonnes dans cette ville; mais à dire naturellement ce que j'en penſe, je crois qu'on en peut hardiment rabattre la moitié.

Quant aux perſonnes qui compoſent la caravane, le nombre en eſt plus ou moins grand, ſelon les années & les diſpoſitions de la Mecque. Il n'y en avoit point eu depuis vingt ans de ſi conſidérable que celle de l'année 1697. La cherté des vivres, les ravages que la contagion avoit cauſés, l'interruption du commerce des Indes, avoient dans les années précédentes ſuſpendu beaucoup de projets de dévotion ou de négoce, qui s'exécuterent dans celle-là. On veut que cette caravane fût compoſée de plus de cent mille ames, & de pareil nombre de chameaux. Mais nous ſommes dans un pays où l'exagération eſt fort à la mode, & je crois qu'en réduiſant les choſes à la moitié, on approcheroit davantage de la vérité.

Au reſte pour concevoir les dépenſes immenſes que tant de perſonnes ſont obligées de faire dans ce voiage, il ſuffit d'obſerver que pendant la marche on trouve à peine de l'eau une fois en trois ou quatre jours; qu'il n'y a aucune ville ſur la route, excepté Médine, par laquelle on ne paſſe que dans le retour; qu'on n'y rencontre que ſept ou huit méchans hameaux; & que tout le ſecours qu'on tire des Arabes, qui accourent aux campemens, ne conſiſte qu'en quelques chevres, quelques moutons, & un peu d'eau, qu'ils vendent ſi chérement, que la charge d'un chameau coute souvent trois à quatre livres. Il est donc nécessaire de tout porter du Caire, jusqu'à du bois pour faire la cuisine, & cela par l'espace de trente huit à quarante journées de marche. Il en est de même pour le retour, mais avec cette différence, que les provisions qu'il faut renouveller à la Mecque, coutent au moins le triple de ce qu'on les a païées au Caire, d'où on est obligé de les y transporter par mer. Cette caravane traîne à sa suite grand nombre de vivandiers, & d'autres personnes de cette espéce, pourvûs de mille petites bagatelles dont on peut avoir besoin dans une si longue route, & qu'ils vendent fort cher, comme le font par-tout ces sortes de gens. Ils étalent chaque soir leurs denrées & leurs marchandises dans un quartier de la caravane qui leur est assigné. Les pauvres seuls sont forcés d'avoir recours à eux ; à l'égard des personnes aisées elles sçavent se prémunir d'avance de tout ce qui peut leur être nécessaire.

Le voiage de la Mecque est, comme je l'ai déja dit, un devoir de religion, que la Loi des Mahométans leur ordonne indispensablement de remplir une fois dans le cours de leur vie. Les péres & les méres prévenus de l'obligation de ce précepte, l'inspirent à leurs enfans dès l'âge le plus tendre. On ne leur parle d'autre chose, & on leur exagére sans cesse les avantages de ceux qui sont assez heureux pour accomplir un si saint pélerinage, ou pour finir leurs jours dans une entreprise si salutaire. Ils s'estiment d'ailleurs si honorés de l'avoir fait, qu'aussi-tôt après leur retour ils prennent d'abord la qualité d'*Agys*, c'est-à-dire de *Pélerins*, qu'ils ne manquent pas de joindre à leur nom propre. Ainsi on dit Agy Mehemet, Agy Mustapha. C'est dans la vûe de mériter l'estime publique & le prétendu bonheur attaché à ce voiage, qu'ils travaillent sans cesse pour se mettre en état de l'entreprendre ; & ils l'entreprennent aussi-tôt qu'ils ont amassé de quoi le faire avec distinction, ne craignant point de sacrifier les épargnes de plusieurs années à une action dont les récompenses sont si éclatantes. Chacun veut faire ce pélerinage, non-seulement avec commodité, mais souvent même avec plus de faste que ne demande sa condition. Il n'y a personne qui dans cette occasion ne se pique de répandre ses libéralités sur une troupe de gens absolument malheureux, qui suivent cette caravane dans l'espérance de vivre aux dépens des autres.

C'eſt cette vanité ridicule qui produit l'abondance dans la ſtérilité des déſerts, & qui fait que cinquante à ſoixante mille perſonnes traverſent commodément des ſolitudes affreuſes, où l'on ne découvre même d'oiſeaux que dans le tems de ce paſſage. Tant il eſt vrai qu'il n'y a rien que les hommes n'entreprennent & dont ils ne viennent à bout, lorſqu'ils ſont vivement animés du zéle de la religion, ſur-tout ſi d'ailleurs l'argent ne manque point!

Les perſonnes aiſées ménent leurs femmes avec eux dans ce voiage. Quelques femmes l'entreprennent même ſans être accompagnées de leurs maris, la dévotion n'étant pas moins propre au beau ſexe en Turquie, que dans les pays de la Chrétienté. La principale femme de Méſomorto Captan Bacha, ou Général de la Mer, eſt morte dans ſon retour d'un de ces pélerinages. C'étoit une Eſpagnole de qualité, qui avoit été priſe avec ſon frere, en paſſant d'Eſpagne en Sardaigne. Elle fut depuis miſe à rançon pour dix mille écus. Déja ſon frere avoit obtenu la liberté, & il envoioit cette ſomme à Alger, pour retirer ſa ſœur de l'eſclavage, lorſqu'elle ſe trouva enceinte. Cet accident étoit le fruit d'un commerce amoureux qu'elle avoit eu avec ſon patron. La crainte qu'elle eut de retourner dans ſa famille dans cet état de confuſion, l'obligea de refuſer la liberté, & la détermina vrai-ſemblablement enſuite à embraſſer la religion Mahométane, dans laquelle elle eſt morte. Les Dames de quelque conſidération ont des litiéres; d'autres ſont aſſiſes dans des chaiſes faites en forme de cages couvertes, ſuſpendües aux deux côtés du chameau qui les porte. A l'égard des femmes du commun, elles ſont ſimplement montées ſur des chameaux à la façon des femmes Arabes, & ſe défendent comme elles peuvent à la faveur de leur voile des regards des hommes, & des ardeurs du Soleil. Les chaleurs & les pluies ſont également incommodes aux caravanes. Les gens de ce pays-ci ne ſont pas ſur-tout accoutumés aux derniéres, & les chameaux principalement s'en trouvent extrêmement fatigués.

Lorſqu'une perſonne tombe malade dans la caravane, & qu'elle n'a pas de litiére qui lui appartienne en propre, on la met dans une des cent fondées par la libéralité des Sultans. Mais cette fondation, & une infinité d'autres auſſi utiles & auſſi dignes de ses Princes, ne s'exécutent guéres bien. Ceux à qui le foin en est remis s'approprient la plus grande partie des fommes, qui y font destinées, & se mettent peu en peine du reste. Il en est de même de cette quantité immense de provisions, qui doivent être envoiées chaque année à la Mecque, des greniers, & aux dépens du Grand Seigneur. Il entretient pour cela plusieurs vaisseaux sur la mer Rouge, & on y fait passer à la verité une partie de ces denrées; mais comme je l'ai dit ailleurs, la plus considérable tourne au profit de ceux qui ont l'authorité entre les mains; en-sorte que S. H. fait toujours veritablement la dépense, quoique ceux en faveur de qui elle est faite n'en reçoivent que très peu de soulagement. A l'égard des legs particuliers, on peut dire qu'ils comprennent plus de la moitié de l'Egypte. De vingt maisons du Caire, il y en a dix-huit qui appartiennent à la Mecque. Il en est de même de tous les autres biens; mais les Administrateurs, qui sont, ou des noirs venus du ferail,* ou des Imans des Janissaires, ou enfin certain nombre des gens de Loi, en absorbent plus des trois quarts. Ils trouvent même le secret de vendre ces legs pieux en faisant paroître en justice qu'ils ne rapportent plus qu'une bagatelle, dont ces fonds restent seulement chargés entre les mains de ceux, qui les achétent. Je l'ai déja dit ailleurs; si la grande Mosquée du Caire tiroit entiérement le revenu de tous les biens, qui lui ont été donnés depuis plus de neuf cens ans qu'elle subsiste, outre les quatorze ou quinze cens personnes qu'elle entretient aujourd'hui, après en avoir entretenu il n'y a pas si long-tems quatorze à quinze mille, elle pourroit en nourrir encore quatre fois autant. Mais il en est à peu près de ces revenus comme des legs qu'on a fait à la Mecque. Les biens consacrés au soulagement des malheureux ne sont que trop souvent détournés de leur véritable usage.

Je reviens à la caravane. Elle passe du Caire à la Mecque en trente-huit journées de route. Les campemens en sont certains, & déterminés d'avance, & sans une raison très forte, telle que pourroit être celle d'un combat avec les Arabes, elle ne retarde ni ne précipite jamais sa marche. On y porte sur six chameaux autant de petits canons, qui ne servent qu'à donner le signal pour décamper, & quelque fois aussi à épouvanter les Arabes,

De sa marche.

* Prêtres de la Loi Mahometane.

lorsqu'ils approchent la caravane de trop près. Elle décampe ordinairement quatre ou cinq heures avant le jour, & marche jusqu'à deux heures après midi. Souvent aussi lorsque les chaleurs sont excessives, elle part une heure avant le coucher du Soleil, & marche jusqu'au lendemain deux heures après son lever.

Tant que dure l'Eté, il régne dans ce climat pendant tout le jour un vent de Nord assez frais, qui tempére beaucoup la chaleur. Pour en profiter, on exhausse extrémement le coté des tentes, qui est exposé à ce vent, & beaucoup moins celui qui lui est opposé, ensorte que venant à s'y engouffrer, & y passant avec vitesse, il rafraichit non-seulement les personnes, qui y reposent, mais encore certains vases suspendus dans ces tentes, & remplis d'eau, qui en un instant contracte ainsi une fraicheur agréable. Mais si ce vent de Nord vient à manquer, & que celui du Midi lui succéde, ce qui cependant est assez rare, alors toute la caravane est si remplie de maladies & d'abbatement, qu'il y périt communement par jour jusqu'à trois & quatre cens personnes. On en a même vû mourir jusqu'à quinze cens, dont la plûpart étoient étouffés sur le champ d'un air de feu & de poussiére dont ce vent funeste semble être composé. J'ai parlé au commencement de cette Lettre des effets empoisonnés de ce terrible fleau, & du seul reméde qu'on puisse mettre en usage pour s'en préserver. Ce qu'il y a de commode, comme je l'ai dit alors, c'est que ce vent lui-même prend soin d'ensevelir les corps de ceux qu'il a tués, en poussant sur eux assez de sable, pour les couvrir. Ils se dessèchent ensuite par l'ardeur du Soleil, & deviennent si légers avec le tems, qu'il arrive assez souvent dans les années suivantes, lorsque les caravanes font la même route, que si quelqu'un marche sur le bout du pied d'un de ces cadavres, il s'éléve d'abord contre lui, & vient lui donner dans le visage. Une telle rencontre pourroit sans doute effraier beaucoup, & seroit capable de causer des accidens, si on n'y étoit préparé d'ailleurs par mille exemples.

De son séjour à la Mecque. Les caravanes séjournent à la Mecque huit ou neuf jours, afin de s'attendre les unes les autres, & de se réunir ensemble. Car il en vient par terre de Damas, de Bagdad, ou Babylone, de Balsora, & de quelques autres endroits de l'Asie. A l'égard des pélérins des Indes, ils font le voiage plus commodément, & arrivent toujours par mer.

Pendant

DE L'EGYPTE.

Pendant le séjour que ces différentes caravanes font à la Mecque, il y a un jour désigné pour aller sacrifier sur une montagne éloignée de huit lieues de cette ville. C'est, disent-ils, dans ce lieu-là même, qu'Abraham voulut sacrifier son fils Isaac. Toutes les caravanes arrivent précisément un jour ou deux avant celui-ci, afin que les pélerins puissent le solemniser en ce lieu, comme il se célébre dans tous les pays, où régne le Mahométisme. C'est la fête du petit Beiram, infiniment plus considérable parmi ces peuples, que celle du grand, qui arrive à la fin de leur Ramadan. Les pélerins sacrifient sur cette montagne, ou du moins au pied, pendant trois jours consécutifs que dure cette fête, un bœuf, un mouton, une chévre, une poule, ou un pigeon, chacun selon ses facultés, ou la ferveur de son zéle, après quoi les victimes sont distribuées aux pauvres ; & comme la même cérémonie se pratique par tous les Mahometans du monde, on peut dire que pendant ces trois jours il se fait dans l'univers un massacre épouventable. Après ce préliminaire, les pélerins parfaitement lavés, & n'ayant la plûpart qu'un linge pour se couvrir, d'autres même n'ayant rien du tout, font leurs prieres dans ce même lieu, d'où ils retournent à la Mecque visiter la maison du même Abraham. C'est en effet uniquement en cela que consiste la devotion des Mahométans pour cette ville. Du reste ce n'est qu'à leur retour, & seulement par occasion, qu'ils visitent le tombeau de leur Prophete à Médine distante de la Mecque de dix journées.

De la fête du petit Beiram.

Cette maison d'Abraham, que les Turcs disent aussi avoir été celle d'Adam, & le lieu où il fut formé, est appellée par excellence *Beït-allah*, c'est-à-dire *la maison de Dieu*. Elle n'est composée que d'une petite chambre d'environ douze à quinze pieds en quarré élevée à proportion, & dont les dedans & les dehors sont également revêtus de marbre. L'entrée n'en est pas à raz de terre; elle est élevée de cinq à six pieds au dessus du sol ; ensorte que pour y monter, il est necessaire d'en approcher une espéce d'escalier de bois porté sur des roulettes. La porte, qui n'est pas grande est d'argent; la couverture de la maison est aussi du même métal, & la goutiére qui est fort large & fort longue, est de pur or. Cette chambre est absolument vuide, & les seules personnes de consideration y entrent pour faire leurs prières. Au haut de cette chambrette & en dehors, on voit de gros anneaux aux

De la maison d'Abraham ou Beït-allah.

G g

quels eſt attaché ce magnifique pavillon qu'on travaille au Caire pendant une année entière, & que l'on change auſſi-tôt que la caravane eſt arrivée. L'ancien doit être envoié au Grand Seigneur ; mais ordinairement il eſt mis en piéces par la dévotion des pélerins qui s'eſtiment très heureux, lorſqu'ils en obtiennent la moindre parcelle. Cette maiſonnette quarrée eſt environnée à douze ou quinze pieds de diſtance d'une eſpéce de baluſtrade faite de canons plantés dans terre, & auxquels ſont attachées des chaines de fer, où pendent une infinité de lampes, qui brulent jour & nuit. On prétend que ces canons viennent des Portugais, ſur leſquels ils furent conquis à la deſcente que firent ces peuples commandés par Albuquerque au port de Gedda, dont ils avoient deſſein de ſe rendre maîtres. A quelque diſtance de cette eſpéce de baluſtrade on apperçoit quelques chaires de pierre deſtinées aux Prédicateurs des diverſes ſectes Mahométanes. Tout proche eſt un puits couvert, où l'on deſcend par pluſieurs eſcaliers. Les Turcs aſſurent que c'eſt le même qui fut montré par un Ange à Agar, lorſque ſon fils étoit près de mourir de ſoif. Il eſt aiſé par cette ſeule circonſtance de convaincre ces traditions de fauſſeté, puiſque ce puits n'eſt pas éloigné de plus de ſoixante pas de la maiſon qu'ils diſent avoir été habitée par Abraham ; ce qui eſt formellement contraire au récit que fait l'Ecriture en parlant de cet évenement.

La maiſon, la baluſtrade, les chaires, & le puits, ſont environnés d'une ſuperbe gallerie, ou d'un vaſte cloître, qui compoſe l'enceinte de la Moſquée. Tout autour régnent divers petits dômes égaux, dont cette gallerie ſoutenue en dedans par des colomnes, & revêtue de belles pierres au dehors, ſe trouve couverte & embellie. On entre dans cette gallerie par trente neuf portes, l'une des quatre façades n'en aïant que neuf, & les trois autres en aïant dix chacune. A l'extrémité du mur de celle de ces façades qui regarde l'Occident, on voit deux grandes pierres, & vis-à-vis deux élévations, ou butes élevées, diſent les Mahométans, en mémoire de la douleur que reſſentit Agar, dans l'extrémité où ſe trouva ſon fils Iſmaël. L'une de ces pierres & la bute qui y répond s'appellent *Conſolation* ; l'autre eſt nommée *Déſeſpoir*. Ils diſent qu'Agar dans ſon affliction ſe promenoit à grands pas entre ces deux élévations ; qu'elle alloit fort vite lorſqu'elle approchoit de la pierre qu'ils nomment

DE L'EGYPTE.

déſeſpoir ; qu'au contraire elle marchoit très-lentement, lorſqu'elle retournoit vers celle qu'ils appellent conſolation, &
qu'elle reſſentoit en effet ces affections oppoſées à meſure qu'elle
arrivoit à l'un ou à l'autre de ces deux termes.

C'eſt-là tout ce que la religion Mahométane a conſacré à la Mecque, qui du reſte eſt une ville d'aſſez médiocre grandeur. Elle eſt ſituée entre deux montagnes très hautes, & environnée de tout côtés par d'autres collines moins élevées, qui la plûpart ſont de pierre noire, ou de marbre de cette couleur, parmi lequel on trouve auſſi quelques veines de marbre blanc. C'eſt de cette eſpéce de pierre, ou de marbre noir, que toute la ville eſt batie. Les maiſons hautes communément de quatre ou cinq étages y ſont fort étendües, & ont preſque toutes de vaſtes magaſins pour renfermer le grand nombre de marchandiſes qu'on y apporte dans cette ſaiſon. Les rües, ſuivant l'uſage des pays chauds, y ſont fort étroites, afin d'y mieux conſerver la fraicheur toujours précieuſe dans un climat auſſi brulant que celui ſous lequel elle eſt placée. Les logemens y ſont infiniment chers dans le tems des caravanes, & une chambre fort petite s'y loüe juſqu'à un demi-louis par jour. Il ne faut cependant pas croire qu'elle puiſſe contenir ce nombre prodigieux de pélerins qui y abordent en même-tems. Ces caravanes reſtent aux environs de cette ville pour leur propre commodité, & pour celle des marchands, dont elles ſont compoſées ; & pendant neuf à dix jours qu'elles paſſent dans ce lieu, il s'y fait un commerce prodigieux. C'eſt peut-être la plus riche foire du monde, puiſque pendant ce court eſpace de tems il s'y débite pour pluſieurs millions des marchandiſes des Indes les plus rares & les plus précieuſes, outre le caffé, la myrrhe, l'encens, & les autres productions du pays. Ce qu'il y a d'admirable dans ce commerce, c'eſt la facilité extraordinaire & le ſilence ſurprenant avec lequel il ſe fait.

*De la vil-
de la Mec-
que.*

Les marchandiſes, qui ſe payent preſque toujours comptant, ſe rapportent avec la caravane, ou s'envoient à Gedda, port diſtant de la Mecque d'environ quinze ou ſeize lieües, pour être de-là tranſportées par mer au Suez ſur les vaiſſeaux qui font ce trajet. Gedda eſt un port de l'Arabie, ſitué ſur les côtes de la mer Rouge. Le Grand Seigneur y tient garniſon. C'eſt le magaſin de la Mecque, l'entrepôt par où elle tire les bleds & les

Gg ij

légumes d'Egypte, les marchandises des Indes, les caffés de Moka, & les esclaves noirs de l'Ethiopie. Le lieu est assez mal sain, & manque de bonnes eaux. Ce port est fort sûr; mais l'entrée en est difficile, à cause des écueils dont elle est embarrassée. De-là jusqu'à la Mecque la route est fort battue. On marche à travers des montagnes, où de distance en distance on rencontre des lieux à boire le caffé, ou à se rafraîchir avec d'autres liqueurs. On part ordinairement de Gedda trois ou quatre heures avant le coucher du Soleil, & on arrive le lendemain à huit heures du matin à la Mecque. Il n'est pas permis aux Chrétiens résidens à Gedda de passer la porte par où l'on va à cette ville. Les troupes du Caire, qui accompagnent la caravane, restent en grande partie dans ce port, & sont remplacées l'année suivante par d'autres qui les relevent de même.

Les environs de la Mecque sont fort stériles. Cependant à quatre ou cinq lieües de cette ville, en s'enfonçant dans le pays, on trouve une vallée abondante en toutes sortes de fruits, & sur-tout en raisins, qu'on dit être les meilleurs du monde. Cette vallée est arrosée d'une infinité de fontaines que l'on a réunies dans un seul canal, pour en amener les eaux à la Mecque. Cette espéce d'acqueduc est vouté dans toute sa longueur, afin que le Soleil ne le desséche point, & que l'eau qui y passe conserve toujours sa fraicheur. Mais comme cette voute n'est pas trop bien entretenüe, il s'y fait de tems en tems des trous par où les serpens vont se désaltérer, & reposer à la fraicheur des eaux. On dit qu'il s'y en trouve d'une grosseur & d'une longueur prodigieuses. Il est vrai que comme dans tous les pays chauds, ils ont très-peu de venin & de férocité, on les prend & on les manie avec une facilité & une sureté étonnantes.

De la ville de Médine. La caravane de la Mecque passe à son retour par Médine, grande & belle ville, située dans une plaine admirable arrosée de divers canaux & ombragée d'une verdure d'autant plus agréable, qu'elle est de toutes parts environnée d'affreux déserts de sable. Le peuple n'y est pas moins beau ni moins gracieux que le pays, & tous ceux qui en reviennent, avoüent qu'il ne se peut rien ajouter aux graces & à la politesse des Dames de cette ville. Tout est noir, sec, brulé, & rebutant à la Mecque; à Médine au contraire la peau est d'un blanc admirable, les traits du visage charmants, & les maniéres aussi engageantes que polies.

On prétend qu'il n'y a rien dans toute la Turquie de comparable au fang de Médine, comme on assure qu'il n'est guéres au monde de séjour plus délicieux, ni de ville mieux bâtie que celle-là.

C'est dans ce lieu qu'au coin d'une grande Mosquée, & sous un dôme assez vaste, on voit un dôme plus petit, sous lequel reposent les cendres de Mahomet, justement à l'endroit où étoit située, dit-on, la maison dans laquelle ce fameux imposteur mourut d'un poison lent, qui lui avoit été donné plusieurs années avant sa mort. On ajoute que ce poison lui avoit tellement enflammé le sang, que pour en modérer l'ardeur, il étoit obligé de tenir ses mains dans l'eau froide pendant la plus grande partie de la journée. Ce petit dôme bati de marbre précieux n'a qu'une porte fort étroite, & des fenêtres qui le sont encore davantage. Ces fenêtres sont garnies de trois ou quatre grilles les unes sur les autres, ensorte que la vûe la plus perçante ne peut pénétrer au dedans, où d'ailleurs on ne tient jamais de lumière. Outre cela ce dôme est enveloppé d'une tapisserie, ou pavillon superbe que le Grand Seigneur y envoie à son avénement à l'Empire, & qu'on ne change qu'en cette occasion. Il y fait aussi présent d'un tapis magnifique dont on couvre la tombe du prétendu Propheté, qui n'est élevée de terre que de deux ou trois pieds, & non point suspendüe en l'air, comme quelques Auteurs l'ont écrit fabuleusement. Les seuls Kiflers-Agazys, ou chefs des Eunuques noirs, ont le privilége d'entrer dans ce lieu, dont la garde est commise à quarante de ces Eunuques. Par là il est aisé de voir combien sont ridicules les contes que tant de gens ont débités au sujet de ce tombeau.

Du tombeau de Mahomet.

Tous les tombeaux en général sont chez les Turcs des monumens sacrés, peut-être encore plus que parmi nous. C'est un crime & un sacrilége impardonnable que d'oser seulement y toucher. Si ces peuples ont tant de vénération pour la sépulture des particuliers, quel doit être leur respect pour celle d'un homme qu'ils regardent comme le plus grand des Saints ! Cependant on lit dans les annales de ce tombeau, que certains étrangers, qui s'étoient établis à Médine, projetterent un jour d'enlever le corps de Mahomet ; que dans cette vûe ils se logerent assez proche de la Mosquée où il repose, & que pour réussir dans leur dessein, ils avoient ménagé secretement un conduit souterrain, qui de leur maison alloit répondre précisément au petit dôme dont le tombeau est couvert. Déja ils étoient prêts d'exécuter leur entreprise, lorsque ceux à qui la garde de ce dépôt est confiée, s'apperçurent de leur projet ; ensorte que pour éviter à l'avenir de semblables surprises, on prit le parti d'environner de toutes parts ce tombeau de grosses grilles de fer, profondément enfoncées dans la terre. Je ne m'aviserois pas de conclure de la démarche de ces étrangers, qu'ils voulussent simplement par là violer le droit sacré des sépultures. Je croirois plus volontiers, persuadé par mille exemples semblables que ce n'étoit qu'un excès de dévotion, qui les avoit portés à entreprendre ce pieux larcin. Quoiqu'il en soit, il est surprenant qu'aucun Auteur Chrétien, au moins que je connoisse, n'ait fait mention de cet évenement, dont parlent tous les Historiens Arabes qui ont écrit de la ville de Médine. Tous les présens, les richesses immenses, dont le respect, ou la libéralité de tant de Rois & d'Empereurs ont orné ce tombeau, sont ou suspendus sous le grand dôme qui sert de couverture au petit, ou renfermés aux environs dans des lieux dont ces Eunuques ont les clefs. La caravane de Damas passe par Médine en allant à la Mecque, comme lorsqu'elle en revient ; à l'égard de celle du Caire, elle n'y passe que dans le retour.

Médine, qui en Arabe signifie ville, est éloignée de la mer Rouge de six journées. Yambouc en est le port le plus voisin. L'entrée en est difficile, comme celle du port de Gedda ; mais les vaisseaux peuvent y rester sans ancres, lorsqu'ils sont une fois parvenus à y mouiller. Toute la côte de la mer Rouge, sur-tout du côté de l'Asie, est bordée de pareils ports, qui tous sont de difficile accès, à cause des écueils fréquens dont elle est semée. C'est pour cette raison que les vaisseaux Turcs, qui reviennent de Gedda au Suez, ne navigent jamais que le jour, & ont toujours deux hommes, l'un à la proüe, & l'autre au haut du mât pour observer la mer. Ils mouillent dès que le Soleil s'abaisse, & ne lévent l'ancre que lorsque le vent est droit. C'est par là qu'ils emploient jusqu'à deux & trois mois à une navigation de cinq ou six jours au plus. Il est vrai qu'ils hasardent davantage en allant, & qu'ils osent s'élargir à la mer. Aussi leur passage n'est-il que de sept à huit jours. Diverses personnes se servent de cette voie pour se rendre à la Mecque,

DE L'EGYPTE.

afin de s'épargner les fatigues & la dépense inséparables de la route de terre.

Dès que la caravane est en chemin pour revenir, on dépêche divers convois à sa rencontre pour tâcher de la soulager. Il en part un du Caire le jour même qu'elle sort de la Mecque ; on lui en envoie un second quinze jours après ; un troisiéme ensuite au bout de vingt deux jours ; enfin un quatriéme lorsqu'elle n'est plus qu'à dix journées du Caire, après quoi il en sort tous les jours jusqu'à son arrivée. Rien sur-tout ne fait tant de plaisir aux pélerins que la bonne eau du Nil. Il faut l'entendre vanter à ceux qui retournent de ces terribles déserts, pour comprendre les délices qu'ils y trouvent. On va recevoir ses amis & ses parens au même endroit où l'on est allé prendre congé d'eux. C'est encore le même concours de peuple, & la même abondance ; mais les cris de réjouissance, dont le camp retentit de toutes parts, sont alors mêlés des pleurs & des gémissemens de ceux qui ne retrouvent plus les personnes qui leur étoient chéres. L'entrée des maisons de ceux qui ont fait heureusement le voiage, est parée & embellie de mille ornemens différens. Celle des autres au contraire n'a rien que de triste & de lugubre. Il est d'usage lorsque les premiers rentrent chez eux, de faire un second sacrifice. On coupe la gorge à un bœuf, ou à un mouton ; on tâche de faire rejaillir quelques gouttes de ce sang sur les nouveaux venus, à mesure qu'ils mettent pied à terre, & on distribue ensuite aux pauvres la chair de ces animaux. Les Chrétiens du pays en usent de même à l'égard de leurs parens, à leur retour du voiage de Jérusalem.

Voilà, Monsieur, un léger crayon de ce qui se passe depuis la sortie de la caravane jusqu'à son retour de la Mecque. On doit ajouter que les pélerins sont à peine reconnoissables lorsqu'ils rentrent chez eux, tant ils sont défigurés par la fatigue du voiage, & brulés des ardeurs du Soleil. Il en est de même des animaux de la caravane ; ils n'ont d'apparence que par les richesses dont ils sont chargés. Les chameaux qui ont eu l'honneur de porter & de rapporter les pavillons saints, ne sont plus obligés à aucun service le reste de leurs jours ; & ils n'ont plus d'autre occupation que celle de repaître tranquilement dans le lieu que la libéralité des Empereurs leur a bati & fondé, avec des personnes pour les servir. Il est vrai qu'ils ne jouissent pas long-

Retour de la caravane.

tems d'une vie si douce. Les Bachas qui sont chargés de leur entretien, & qui n'osent ni les donner, ni les vendre, les font empoisonner secrettement, afin de s'épargner la dépense de les nourrir. Sans cet expédient ces animaux pourroient leur couter considérablement. Un chameau vit jusqu'à cinquante ans; ensorte qu'il pourroit s'en trouver facilement une quarantaine ensemble.

Tels sont à peu près ces deux endroits fameux que les Mahométans vont visiter des trois parties de l'univers, pour lesquels ils ont tant d'estime & de vénération, & où ils croient que Dieu est si particuliérement présent, qu'en quelque lieu du monde qu'ils fassent leurs priéres, ils sont toujours tournés vers cette prétendüe chambre d'Abraham. C'est pour cela que non-seulement dans toutes leurs Mosquées, mais même dans toutes leurs maisons, il se trouve des niches qui désignent la situation de ce temple à leur égard. Des gens mal instruits ont osé assurer que c'est par le respect qu'ils portent au tombeau de leur Prophéte. Peut-être l'ont-ils cru de la sorte, parce que Médine est sur la route de la Mecque à l'égard des Etats du Grand Seigneur; mais ils se trompent lourdement, puisqu'il est certain que tout ce qu'il y a de Mahométans entre ce tombeau & la Mecque, ou pour parler plus juste, le *Beït-allah*, ou maison de Dieu, tournent le dos au tombeau dans leurs priéres. C'est l'usage qu'observent toutes les caravanes, lorsque pendant l'espace de dix journées de route elles se trouvent entre ces deux fameux endroits.

Les histoires Arabes ne sont qu'un tissu perpétuel des magnificences que divers Califes résidens à Bagdad, & plusieurs Rois de Damas, ou d'Egypte, ont fait paroître dans leurs pélerinages de la Mecque. Elles vantent beaucoup les libéralités qu'ils ont exercées sur la route, à l'égard de ceux qui avoient le bonheur de faire le voiage dans le même-tems, & les riches présens dont ils ont comblé les Mosquées des deux villes saintes. Un de ces Califes entr'autres fit construire autant de palais de charpente, qu'il y a de journées de Bagdad à la Mecque. Des chameaux en grand nombre chargés de ces palais ambulans, & pliés en fagot, précédoient le Prince, & leur marche étoit si bien concertée, que tous les soirs un de ces palais se trouvoit monté, dans l'endroit où la Cour devoit s'arrêter, afin que le

Calife

Calife y pût paſſer commodément la nuit avec ſes femmes.

Ce que fit un Roi d'Egypte dans une occaſion pareille n'eſt ni moins grand, ni moins ſingulier. Pour ſe dédommager de l'aridité des déſerts qu'il ne pouvoit éviter de traverſer, ce Prince fit conſtruire de petits jardins, ou pour parler plus juſte, de grandes caiſſes remplies de terre, dont deux étoient portées par un chameau, & dans leſquelles on avoit ſemé de la ſalade, des melons, & d'autres légumes ſemblables; enſorte qu'il avoit le plaiſir de manger tous les jours de nouveaux fruits & des herbes fraiches dans des lieux auxquels la nature a refuſé juſqu'aux ronces & aux épines. L'arroſement de ces jardins qui devoit être fréquent, eſt ce qu'il y a de plus étonnant dans l'exécution de cette entrepriſe. L'eau, comme je l'ai dit, eſt extrêmement rare ſur cette route; & lorſqu'on a le bonheur d'en trouver, quelque mauvaiſe qu'elle ſoit, on en charge pluſieurs chameaux deſtinés uniquement à cet uſage. Souvent même ce léger ſecours ne ſuffit pas aux beſoins des caravanes juſqu'à ce qu'on puiſſe en rencontrer d'autre. On peut juger de là combien de bêtes de charge étoient emploiées, tant à porter ces jardins qui étoient au nombre de cent, qu'à voiturer l'eau néceſſaire pour les arroſer dans un climat brulant, dont l'air toujours enflammé diſſipe en un moment l'humidité la plus conſidérable. Les Auteurs Arabes en font monter le nombre à plus de cinq cens chameaux, uniquement occupés à porter les jardins & l'eau néceſſaire pour les arroſages. Ainſi en fixant l'entretien de chacun de ces animaux ſeulement à cent écus pour le voiage & le retour, il en couta plus de cent cinquante mille livres à ce Prince, pour quelques ſalades & quelques melons qu'il vit croître ſous ſes yeux dans des ſolitudes arides, où ce prodige n'avoit jamais paru, & où perſonne n'a eu depuis la folie de le faire paroître. Ce n'étoit là cependant qu'une dépenſe de ſurérogation. Quelle devoit être celle qu'exigeoit la coutume qu'avoient les Rois d'Egypte, de ne voiager jamais ſans être accompagnés de leurs femmes, d'une groſſe Cour qu'ils défraïoient, & d'une grande partie de leur armée!

Je finis, Monſieur, par une réflexion qui toute biſarre qu'elle eſt, ne m'en paroît pas moins naturelle. L'expérience de ce qui eſt arrivé à pluſieurs perſonnes de mérite, qui avant moi ont entrepris de donner au Public ou à leurs amis, une relation des régions éloignées qu'elles avoient parcourües, m'autorife du moins à croire qu'elle n'eft pas fans fondement. Depuis que fur vos inftances réitérées je me fuis déterminé à vous communiquer le peu de lumiéres que j'avois fur l'état préfent de l'Egypte, je me fuis appliqué à faire paffer en revüe fous vos yeux tout ce que ce pays fameux renferme de plus remarquable & de plus célébre. Je vous ai donné d'abord une idée générale de fa forme & de fa fituation, de fes bornes & de fon étendüe. Entrant enfuite dans un plus grand détail, je vous ai fait remarquer par parties ce que fes différentes provinces, fes villes les plus fameufes, fes monumens les plus anciens & les plus vantés contiennent de plus digne de notre curiofité & de nos recherches. Je vous ai parlé des productions diverfes dont la nature a enrichi cette région charmante & délicieufe, des animaux qu'elle renferme, des peuples qui l'habitent, & de ce qu'ils ont de plus fingulier, de leur religion & de leurs cérémonies, de leur génie & de leurs ufages, de leur gouvernement & de leur commerce. Après vous avoir fait part des découvertes les plus neuves & les plus exactes qu'il m'ait été poffible de faire fur chacune de ces matiéres, ne ferez-vous point tenté, Monfieur, de me regarder comme un de ces charlatans, qui à la faveur d'un verre deftiné à groffir les moindres objets, font paffer de petites figures de carton pour des géans & des coloffes ? La tentation fans doute eft délicate ; & j'avoue que fi on ne confultoit que l'autorité du proverbe, il feroit difficile de n'y pas fuccomber. Cependant vous avez, je penfe, trop bonne opinion de ma fincérité & de mon exactitude, pour me croire capable d'une pareille fupercherie. Je ne me flatte point, il eft vrai, de pénétrer jamais jufqu'à ces cabinets fameux que les Mufes ont choifi pour y faire leur plus délicieux féjour, & où vous femblez me promettre un accès facile & aifé. Ce feroit un deftin trop glorieux pour quelques lettres enfantées à la hâte au milieu des occupations d'un emploi important & pénible, tel que le mien. Du moins ofai-je efpérer que ma complaifance obtiendra quelque place dans votre fouvenir, & que vous me tiendrez compte de quelques heures de loifir emploiées à fatisfaire l'envie de fçavoir, qui vous eft fi naturelle. Je fuis, &c.

Au Caire ce . . . . .

F I N.

TABLE DES MATIERES

Contenuës dans ce Volume.

A

Beilles. Maniére de les nourrir particuliere aux Egyptiens, 24 *.
Ablutions. De l'ufage des Ablutions chez les Mahometans, 200. Du même ufage chez les Egyptiens anciens & modernes, 60 *.
Adhed dernier Roi de la famille des Fatimiens en Egypte, 149 *.
Agobille, oifeau vorace particulier à l'Egypte, 25 *.
Aïdab, Port de la mer Rouge, 324.
Alexandrie. Defcription de cette Ville, 118. Origine de l'ancienne Alexandrie, 120. De fa fituation & de fon étendue, 122. Du nombre de fes habitans, 123. De fon climat; *Ibid.* Du port *Cibotus*, 129. De l'ifle *Anthirodus*; *Ibid.* Des autres ports d'Alexandrie, 130. Du Phare & du Pharillon, 131. De la ville même, 133. Du fauxbourg de Necropolis, 135. Du fauxbourg de Nicopolis, 136. Du quartier appellé Rhacotis; *Ibid.* Du fauxbourg Bucolis, & du bourg d'Eleufine, 137. Des fauxbourgs nommés Schedis & Tapofiris,

& du temple de Venus Arfinoë; *Ibid.* Origine de l'Alexandrie moderne, 138. De fes murs & de fes Tours; *Ibid.* De fes antiquités, 140. De fes citernes, 143. De l'état prefent de cette ville, 149.
Alger. Avanture arrivée à un Marchand d'Alger, 165 *.
Aly Bacha d'Egypte. Ses avantures & fon caraĉtere, 173 *.
Anes d'Egypte, 29 *.
Antoine. Du fameux monaftere de S. Antoine, 321.
Apis. Du Dieu Apis & de fon culte, 270.
Aquéducs conftruits par les anciens Rois d'Egypte, 45.
Arabes. Caraĉtere de ces peuples, 2. Leur idée par rapport aux Européens; *Ibid.* Leur maniere de vivre, 24. Du peu de difpofition des Arabes à croire aux miracles, 206. Ufage de ces peuples dans les funerailles, 89 *. De leur fobrieté, 108 *. Particularités du régne des Arabes en Egypte, 149 *. De la magnificence de leurs Princes, 150 *. Trait remarquable d'un Vifir qui vivoit fous un de ces Rois, 155 *.

Hh ij

TABLE

Armeniens. Cérémonies que ces peuples obfervent en Egypte dans leurs mariages, 83 *.

Arrofage. Maniere d'arofer les Jardins pratiquée en Egypte, 6 *.

Arfinoë. De l'ancienne ville de ce nom, 298.

Afaphs, efpece de milice, 160 *.

Auteur. Départ de l'Auteur pour l'Egypte, 4. fon entrée à Alexandrie, 5. Ordre du G. S. pour fon inftalation dans la Charge de Conful de France au Caire, 32.

B

Babilon. Du lieu qui portoit ce nom du tems des Romains, 194.

Bacha d'Egypte, 157 *. Ses revenus, 158 *. Son Divan; *Ibid.* fes intérêts, 169 *.

Bachaquchs, efpece d'infanterie Turque, 161 *.

Beaume d'Egypte, 111. 25 *.

Beiram. De la fête du petit Beiram, 233 *.

Bêtes fauves fort rares en Egypte, 30 *.

Beys. De leur nombre, de leur rang, & de la fplendeur avec laquelle ils vivent en Egypte, 167 *. Beau mot d'un de ces Beys, au fujet de fes Efclaves, 176 *.

Bogas; ce que c'eft, 91.

Bœufs d'Egypte, 27 *.

Boulti, poiffon particulier à l'Egypte, 25 *.

Bourfe. Signification de ce terme chez les Turcs, 79 *.

Bouza, efpece de breuvage enivrant anciennement appellé *Lithus*, 111. *.

Bude. Prife de cette ville par les Allemans, 170 *.

Buffles d'Egypte, 27 *.

C

Caffé. Le Caffé ne réuffit pas en Egypte, 15 *.

Caire. Defcription de cette ville, 153. De fon origine, 154. Origine du nom du Caire, 186. De fa fituation; *Ibid.* De fon climat, 187. Du nombre de fes habitans, 189. De fon Château; *Ibid.* De quelques antiquités de cette ville, 195. De fes Mofquées, 196. De fon Hopital, 202. De fes tombeaux, 204. Des Caravanferas, 207. Des bains publics; *Ibid.* Des lacs, 208. Des portes du Caire, 209. De quelques puits du vieux Caire, 213.

Calaffe, arbre d'Egypte, 14 *.

Canaux, ou Caliges, 60. Ouverture des canaux, 71. Cérémonies obfervées en cette occafion, 72. leur ufage, 97. 5 *.

Canope. Situation de l'ancien Canope, 98.

Capres d'Egypte, 16 *.

Caravanes. Des avantages qu'on trouve dans les Caravanes, 213 *. Des Caravanes de Syrie, 219 *.

Cas, efpece de laitue fauvage, 10 *.

Chafaï. Avanture finguliere au fujet du tombeau d'un Docteur Mahometan de ce nom, 204.

Chameaux. Manière d'accoutumer ces animaux à fupporter la foif, 216 *.

Chapon de Pharaon; V. *Ibis.*

Chats d'Egypte, 29 *.

Chevaux d'Egypte, 27 *. Difficulté d'en tirer de ce pays, 208 *.

DES MATIERES.

voies differentes d'y parvenir, 209 *.
Chevres d'Egypte, 27 *.
Chicorée d'Egypte, 12 *.
Chiens peu aimés en Egypte, 30*.
Cicus ; ce que c'eft que le *Cicus* des Anciens, 10 *.
Cirika, efpece de racine ; fon ufage, 10. *.
Citrons communs en Egypte, 17 *.
Clement. Relation de l'Apoftafie & du Martyre du Pere Clement Récollet, Curé de la nation Françoife au Caire, 93 *.
Cléopatre. Aiguilles de Cléopatre, 142.
Colocaffe. Defcription de cette plante, 18 *.
Colzim port de la mer Rouge, 323.
Commerce. Du commerce interieur de l'Egypte dans les anciens tems, 185 *. De fon commerce exterieur ; *Ibid.* Jonction de la mer Rouge avec la Mediteranée, 187 *. De l'état préfent du commerce en Egypte, 194 *. Du commerce de la mer Rouge. *Ibid.* Du commerce de l'Afie, 195 *. Du commerce de l'Europe ; *Ibid.* Du commerce de l'interieur de l'Afrique, 196 *. Du commerce d'Ethiopie, 197*. Richeffe de ce commerce, 198 *. Projet pour la jonction du commerce des Indes Orientales avec celui d'Europe par la mer Rouge, 200 *. Obftacles qui s'oppofent à ce deffein, 201 * Moiens d'y réuflir, 203 *
Concombres d'Egypte, 12 *.
Coptaim, ville de la haute Egypte, 323.
Coptes, 23. Artifices des prêtres de cette nation au fujet de l'ac-
croiffement des eaux du Nil, 63. Ignorance de ces peuples, & leur obftination dans l'erreur, 64 *. De leur maniere de fe confeffer, 68 *. De leurs Jeunes; *Ibid.* De leur ufage par rapport au batême des enfans, 70 *. Ufage de la répudiation fort commun chez les Coptes, 81 *. De leurs fiançailles; *Ibid.* Cérémonies qu'ils obfervent dans les époufailles, 83 *.
Coffir. Du port de ce nom, 323.
Coufins ; V. *Moucherons.*
Crocodile. Du culte que les anciens Egyptiens rendoient à cet animal, 298. Defcription de ce monftre, 31 *. Maniere de le prendre, 32 *. De fa force extraordinaire, 33 *. Crocodile de terre, 36 *.

D

Damiette. Situation de cette ville, 101.
Dattiers d'Egypte, 16 *.
Delta. Des côtes du Delta, 90. De fon origine, 92. De fon terrain, 96.
Dinocrates Architecte de l'ancienne ville d'Alexandrie, 121.
Divan. Magnificence des anciens Rois d'Egypte dans leurs Divans, 151 *.
Dongola. Ufage des habitans de Dongola dans les funérailles, 89 *.
Dourra, efpece de Bled, 18 *.

E

EAu blanche, Eau noire ; ce que c'eft, 6. Eau Rofe, 14 *. Eau de Calaffe; *Ibid.*
Efrim, place de la haute Egypte, 44. 304.

H h iij

Egypte. Difficulté de s'inftruire de ce qu'il y a de rare & de remarquable en Egypte, 1. Arrivée de l'Auteur dans ce pays, 5. Sa fituation, fes bornes, & fon étendue, 11. Son climat, 14. Bonté de fon air ; *Ibid.* Pluies rares en Egypte, 16. Du nombre de fes villes, 20. De celui de fes habitans, 27. Raifon de leur diminution, 29. Si les vents de Midi foufflent en Egypte, 57. Vûe de ce pays dans le tems de l'inondation du Nil, 70. Sa divifion., 86. De la baffe Egypte, ou du Delta, 90. De la haute Egypte, 291. De fon étendue & de fon climat, 293. Du Saïdi, 297. De fes antiquités, 298. De fes villes, 303. De fes montagnes, 305. Fertilité de l'Egypte, 2 *. Origine de cette fécondité, 3 *. Maniere d'enfemencer les terres dans ce pays, 6 *. Maniere dont s'y fait la moiffon, 7 *. Maniere dont on y fait le pain, 8 *. Abondance des légumes en Egypte, 11 *. Grande confommation qui s'y fait de ces denrées, 13 *. Fleurs qu'elle produit, 14 *. Des fruits qu'on y recueille 15 *. Des animaux qui s'y rencontrent, 20 *. De l'état prefent de la Religion dans ce pays, 63 *. Du gouvernement ancien de ce Royaume, 147 *. Des révolutions qui y font arrivées, 148 *. Du gouvernement prefent, 157 *. Des differens Corps de milices que la Porte y entretient, 160 *. Entretien de ces troupes, 165 *. Du gouvernement de la campagne, 166 *. Origine des Sciences & des Arts en Egypte, 180 *. Leur décadence, 190 *. De la Peinture, 191 *. De l'Architecture, 192 *. De la Menuiferie, 193 *. De la Clincaillerie ; *Ibid.* Des manufactures de toilles & d'étoffes ; *Ibid.* Des manufactures de verre ; *Ibid.* De l'Arquebuferie, 194 *.

Egyptiens. Leur origine, 22. De la Religion des anciens Egyptiens, 45 *. Leur opinion fur l'immortalité de l'ame ; *Ibid.* Difference de la Métempfycofe des Grecs & de celle de ces peuples, 48 *. De leurs temples, 52 *. De leur culte, 54 *. De leurs facrifices, 56 *. De la paffion des Egyptiens pour les proceffions, 59 *. Ufage des vœux parmi eux, 60 *. De leurs mariages, 80 *. De leurs mœurs, 105 *. De leur paffion pour les plaifirs, 107 *. De leur fobrieté, 108 *. De leur nourriture & de leurs repas, 109 *. De leur boiffon, 111 *. De leur propreté, 112 *. De leur attachement pour leur pays, 134 *. Ufage des prefens chez ces peuples, 136 *. Des vifites qu'ils fe rendent, 137 *. De leur maniere de fe faluer ; *Ibid.* De l'ufage qu'ils font de la Médecine, 138 *. De la divifion qui regne entre eux, 169 *.

Ekas, efpéce de Chicorée fauvage, 10 *.

El hakem beaner allah Prince Arabe ; fes folies & fa mort ,149 *.

Elouah. De la vallée des Elouah, 303.

Efclaves, 174 *. Bonté des maîtres à leur égard, 176 *.

Effené, Capitale de la haute Egypte, 303.

Ethiopie. Difficulté de s'introduire à la Cour d'Ethiopie, 325.

Moiens d'y réussir, 326.
Eunuques. De leurs Sérails, 133 *.

F

Faoumé. De la petite Province de ce nom, 293.
Felaque; signification de ce terme, 25.
Femmes. Habillement des femmes d'Egypte, 112 *. De leur beauté, 114 *. De leur penchant pour la galanterie, 115 *. 132 *. De la jalousie qui regne entre elles; Ibid. De leur maniere de faire le commerce, 134 *.
Feves fort communes en Egypte, 13 *. Leur usage; Ibid.
Figues d'Egypte, 16 *. Figues de Pharaon; Ibid. Figuier d'Adam, V. Papyrus.
Fontaine des amoureux, 195.
Fostat, al. Fustato. Situation de cette ville, & son origine, 107.
Foua. Situation de cette ville, 105. Privilege singulier attaché à un de ses fauxbourgs, 106.
Funerailles. Coutumes observées en Egypte dans les funerailles, 87 *.

G

Gazelle, espece de Chevreuil, 30 *.
Gedda, port de l'Arabie, 235 *.
Goutte. Tradition des Egyptiens au sujet de la Goutte, 58.
Grecs. Cérémonies observées en Egypte par les Chrétiens Grecs dans leurs mariages, 84 *. Etat de l'Eglise Grecque en ce pays, 92 *.

H

Hanne, espece de terre, 199 *.
Harang; où il se pêche en Egypte, 25 *.
Hassan. Histoire de Hassan & de Fatime, 117 *.
Heliopolis. Ruines de l'ancienne Héliopolis, 107.
Héracleotide. De l'ancienne ville de ce nom, 299.
Hippopotame. Description de cet animal, & des ravages qu'il fait en Egypte, 31 *.

I

Janissaires, que la Porte entretient en Egypte, 161 *. Leur gouvernement; Ibid. Leur puissance en ce pays; Ibid.
Ibis. Ce que c'est que l'Ibis des Anciens, 22 *.
Ichneumon, al. Rat de Pharaon, 33 *. Forme de cet animal, 34 *. Guerre qu'il fait au Crocodile; Ibid.
Jésuites. Sentiment des Jesuites Portugais au sujet de l'origine du Nil, 39. Etablissement des Jesuites au Caire, 93 *.
Joseph. Tradition des Coptes au sujet du Delta desseché par ce Patriarche, 91. Des greniers de Joseph, 211. Du puits qui porte son nom; Ibid.
Ismael, Bacha d'Egypte. Description des cérémonies observées à la circoncision d'Ibrahim Bey son fils, 72 *. Caractere de ce Gouverneur, 170 *.
Juifs, haïs en Egypte, 27.
Jupiter. Du temple de Jupiter Ammon, 296.

TABLE

L.

Labyrinthe. Description du labyrinthe de Memphis, 271. Du labyrinthe de la plaine des Momies, 285.
Laitues pommées rares en Egypte, 12 *. Laitues Romaines ; Ibid.
Latins. Etat de l'Eglise Latine en Egypte, 92 *.
Lesard. Espece de lésard singuliere, 35 *. Lésard nommé Crocodile de terre, V. Crocodile.
Lotus. Ce que c'est que le Lotus des Anciens, 18 *.

M

MAcaire. Du desert de S. Macaire, 295.
Magicien. Avanture d'un Magicien pretendu, 62 *.
Mahomet. De son tombeau, 237 *.
Marbre d'Egypte, 39 *. Si le marbre granite est une pierre factice, ou fondue ; Ibid.
Mareotis. Du lac qui porte ce nom, 124.
Masr, nom Arabe commun à l'Egypte & à l'ancienne ville du Caire, 11. 155.
Massoure. Situation de cette ville, 106. Origine de son nom ; Ibid.
Matarée. Origine du nom de la Matarée, 110. Tradition des Egyptiens au sujet de ce lieu ; Ibid. Aiguille de la Matarée, 112.
Mecque. Description de la Caravane de la Mecque, 221 *. De la route qu'elle tient, 222 *. Du tems auquel elle s'assemble, 223 *. De l'Emir-hage, ou Prince des pélerins, 224 *. Tems du départ de la Caravane, 227 *.

Du nombre des personnes dont elle est composée, 228 *. De sa marche, 231 *. De son séjour à la Mecque, 232 *. De la maison d'Abraham, ou Beit-Allah, 233 *. De la ville de la Mecque, 235 *. Retour de la Caravane, 239 *.
Médailles qu'on trouve en Egypte, 38 *.
Médine. De la ville de ce nom, 236 *.
Meezledin Allah. Histoire de la conquête de l'Egypte par ce Calife, 155. Beau mot de ce Prince, 149 *.
Melons. Differentes especes de Melons qui croissent en Egypte, 11 *. Melons nommés Abdelarins, 12 *.
Melonchée ; ce que c'est, 14 *.
Memnon. De la fameuse statue de Memnon, 300.
Memphis. Origine de cette ville & de son nom, 262. De sa situation, 264. Du nombre de ses habitans, 268. De ses magnificences, 269. De ses ruines, 274.
Meris. Du lac qui portoit ce nom, 266.
Messoua, place de la haute Egypte, 324.
Mikias ; ce que c'est, 65.
Mohamed ebn Toulon. Tradition des Arabes au sujet de ce Prince, 112. Son caractere, 113. Mort funeste du Prince son fils ; Ibid. Magnificence de sa table, 154 *.
Momies. Situation de la plaine des Momies, 275. Des Sépultures qu'elle renferme, 276. Des Momies mêmes, 277. De la difficulté d'en découvrir, 282.
Montagnes. Des montagnes de Libye, 306. Des montagnes de la

Mer

DES MATIERES.

mer Rouge; *Ibid*. De leur étendue, 318. Origine des Montagnes, 41 *.
Mosquées. De la Mosquée d'Amrou fils d'Aas, 196. De la Mosquée d'Ashar, 197. Des minarets & de leur usage; *Ibid*. Forme des Mosquées, 199. De leur dômes, 200. Serment qu'on exige des Officiers préposés dans les Mosquées pour appeller le peuple à la priére, 38 * Raison de cet usage; *Ibid*.
Moucherons, ou Cousins, fort communs en Egypte, 37 *. Maniere de s'en préserver; *Ibid*.
Moutons d'Egypte, 26 *.
Mulei-Hassein. Histoire de ce Prince Arabe, 307.
Mustapha Empereur des Turcs. Ses avantures, 172 *.
Mustapharagas, espece de milice que la Porte entretient en Egypte, 160 *.

N

NAissance. Cérémonie qui se pratique dans l'Orient immédiatement après la naissance des enfans, 69 *.
Nici, V. Foua.
Nil. Excellence de l'eau du Nil, 15. Source de ce fleuve, 38. De ses cataractes, 42. De son cours, 43. Vents sur le Nil, 48. De ses embouchures, 49. Origine de sa fertilité; *Ibid*. Origine de ses accroissemens, 51. Tems de cette augmentation du Nil, 56. Hauteur de l'accroissement, 59. Pronostics de l'accroissement futur, 61. Maniere de mesurer la hauteur actuelle de ce fleuve, 65. Publication de l'accroissement,

67. Voiages & pelerinages sur le Nil, 75.
Nubiens. Manière dont ces peuples franchissent les cataractes du Nil, 43. De leur commerce en Egypte, 197 *. De la Caravane qui vient de Nubie en Egypte, 215 *. Dangers qu'elle a à essuier, 217 *.

O

OIgnons d'Egypte, 13 *.
Oiseaux d'Egypte, 21 *. Oiseaux aquatiques; *Ibid*. Oiseaux de proie, 22 *.
Oliviers d'Egypte, 16 *.
Orangers communs en Egypte, 17 *.

P

PApyrus. Du Papyrus des Anciens, 19 *.
Pêches d'Egypte, 15 *.
Pharaon. Différentes significations de ce nom, 34 *.
Picus des Anciens; ce que c'est, 10 *.
Pierres gravées qu'on trouve en Egypte, 38 *.
Pigeons. De la poste aux pigeons, 140 *. Histoire à ce sujet, 143 *.
Poissons d'Egypte, 25 *. Poisson d'une espece singuliere, 26 *.
Pommes à noyau, 16 *.
Pompée. Colomne de Pompée, 144. Projet de l'Auteur au sujet de ce monument, 147. Tradition des Arabes sur son origine, 148.
Pourpier commun en Egypte, 12 *.
Pyramides. Description des fameuses Pyramides d'Egypte, 215. Du dessein des Pyramides, 216. De leur Auteur, 217. De leur situation, 219. D'une digue qui conduisoit à la seconde des trois grandes Pyramides, 220. De deux anciens temples bâtis en

I

TABLE

face des deux premiéres, 223.
De la 3ᵉ. Pyramide. 224. De la seconde; Ibid. De la grande Pyramide, 226. De son exterieur; Ibid. De son intérieur, 229. De ses canaux, 230. De sa gallerie, 234. De la premiere sale de la Pyramide, 236. De la chambre royale, 240. Du secret de la gallerie, 243. Du puits de la Pyramide, 249. Par qui, & comment elle a été ouverte, 251. Des petites Pyramides, 286.

R

RAmy Mehemet Bacha d'Egypte. Son caractere, 172*.
Rat. Port du Rat sur la mer Rouge, V. Cossir. Rat de Pharaon, V. Ichneumon.
Riviere blanche, al. Baharabiad, 40. 41.
Rosette. Situation de cette Ville, 99. Son origine; Ibid. De son commerce, 100. De ses environs; Ibid.

S

SAer, espece de faucon, 22*. Saffranon, 19*.
Saïdi. De cette partie de l'Egypte, 297.
Saïque, espece de Vaisseau Turc, 92.
Saladin. Paroles remarquables de ce Prince à son frere Siracoë, 106.* Il introduit l'ignorance & la barbarie en Egypte. 190*.
Salamandre, 35*.
Saturne. Temples consacrés à ce Dieu par les anciens Egyptiens, 57*.
Scellery rare en Egypte, 12*.
Selim I. Empereur des Turcs. Ac-tion barbare de ce Sultan, 210. Conquête de l'Egypte par ce Prince, 105*. Compliment qui lui fut fait par un Prédicateur Mahometan, 153* Force prodigieuse de cet Empereur, 159*.
Sené, 17*.
Sener, arbre de l'Egypte superieure, 17*.
Sennasiée; ce que c'est, 10*.
Serpens fort communs & peu dangereux en Egypte, 35*. Serpens volans, 36*. Mangeurs de serpens; Ibid.
Sirbon. Du Lac Sirbon, 103
Souakem, Isle de la mer Rouge, 324.
Spahis, Cavalerie Turque, 160*
Sphinx trouvé dans les ruines de l'ancienne ville d'Héliopolis, 108. Du Sphinx des Pyramides, 221. De sa destination, 222.
Suez, Port de la mer Rouge, 322.
Sycomore. Tradition des Egyptiens au sujet d'un Sycomore qui se voit à la Matarée, 111. Proprieté du bois de Sycomore, 10*.

T

TEmples. Forme des anciens temples de l'Egypte, 109.
Terre. Tremblemens de terre rares en Egypte, 18.
Thébes. De l'ancienne ville de ce nom, 300. Des deserts de la Thebaïde, 319.
Thonis. Situation de l'ancienne ville de Thonis, 137.
Turcs. Industrie des Turcs pour se préserver de la chaleur, 209. De leurs jeûnes, 69*. De leur circoncion, 72* Usage de ces peuples dans leurs mariages, 80*. Cérémonies qu'ils observent en cette occasion, 85*. De leur

DES MATIERES.

bonté à l'égard de leurs Esclaves, 176*. De leur charité, 219*.

V

VEaux d'Egypte, 27*.
Venus. Des sacrifices que les anciens Egyptiens offroient à cette Déesse, 57*.
Vigne, arbre commun en Egypte, 17*. Qualité de son fruit ; *Ibid.*

Maniére de manger ses feuilles, 14*.
Vipere peu dangereuse en Egypte, 35*.
Volaille commune en Egypte, 22*.
Vulcain. Du temple que ce Dieu avoit à Memphis, 270.

Y.

YAmbouc, Port de l'Arabie, 238*.

ERRATA.

PAge 12. *l.* 18. Nubie, *lis.* Libye. *p.* 58. *l.* 1. le Calendrier des Coptes, *lis.* notre maniére de compter. *l.* 2. notre maniére de compter, *lis.* le Calendrier des Coptes. *p.* 67. *l.* 38. le Jour, *lis.* le Soir. *p.* 90. *l.* 23. les Biquiers, *lis.* Damiette. *p.* 97. *l.* 13. avoit, *lis.* a. *p.* 166. *l.* 22. ils est, *lis.* il est. *p.* 209. *l.* 1. avoit, *lis.* voit. *p.* 212. *l.* 34. en donnant, *lis.* & donnant. *p.* 307. *l.* 9. que les pélerins, *lis.* les pélerins. *p.* 318. *l.* 25. n'égalent, *lis.* égalent. *p.* 324. *l.* 21. les plus, *lis.* le plus. *p.* 33*. *l.* 37. Cocrodile, *lis.* Crocodile. *p.* 89*. *l.* 33. une *lis.* un. *p.* 94.* *l.* 6. ligieux, *lis.* Religieux. *p.* 196*. *l.* 10. avoit. *lis.* voit.

APPROBATION.

J'AI lû par l'ordre de Monseigneur le Garde des Sceaux *la Description de l'Egypte*, par M. Maillet, & je n'y ai rien trouvé qui pût en empêcher l'impression. Fait à Paris ce 10 de Mars 1735.
  DE LA BARRE.

PRIVILEGE DU ROI.

LOUIS par la grace de Dieu, Roi de France & de Navarre: A nos amez & féaux Conseillers, les Gens tenans nos Cours de Parlement, Maîtres des Requêtes ordinaires de notre Hôtel, Grand Conseil, Prevôt de Paris, Baillifs, Sénéchaux, leurs Lieutenans Civils, & autres nos Justiciers qu'il appartiendra: SALUT. Notre bien amé JACQUES ROLLIN fils, Libraire à Paris, Nous ayant fait supplier de lui accorder nos Lettres de Permission pour l'impression d'un Livre qui a pour titre *Description de l'Egypte, par le sieur Mallet, Consul au Caire*, qu'il souhaiteroit faire imprimer & donner au Public; offrant pour cet effet de l'imprimer ou faire imprimer en bon papier & beaux caracteres, suivant la feüille imprimée & attachée pour modele sous le contre-scel des Présentes: Nous lui avons permis & permettons par ces Présentes d'imprimer ou faire imprimer ledit Livre ci-dessus spécifié, conjointement ou séparement, & autant de fois que bon lui semblera, & de le vendre, faire vendre & débiter par tout notre Royaume pendant le tems de trois années consecutives, à compter du jour de la date desdites Présentes. Faisons défenses à tous Imprimeurs, Libraires, & autres personnes, de quelque qualité & condition qu'elles soient, d'en introduire d'impression étrangere dans aucun lieu de notre obéïssance; A la charge que ces Présentes seront enregistrées tout au long sur le registre de la Communauté des Imprimeurs & Libraires de Paris, dans trois mois de la date d'icelles; que l'impression de ce Livre sera faite dans notre Royaume, & non ailleurs; & que l'Impetrant se conformera en tout aux Reglemens de la Librairie, & notamment à celui du dix Avril 1725; & qu'avant que de l'exposer en vente, le Manuscrit ou Imprimé qui aura servi de Copie à l'impression dudit Livre, sera remis dans le même état où l'Approbation y aura été donnée, ès mains de notre très-cher & feal Chevalier Garde des Sceaux de France, le sieur Chauvelin; & qu'il en sera ensuite remis deux Exemplaires dans notre Bibliotheque publique, un dans celle de notre Château du Louvre, & un dans celle de notredit très-cher & feal Chevalier Garde des Sceaux de France le Sieur Chauvelin; le tout à peine de nullité des Présentes; du contenu desquelles vous mandons & enjoignons de faire jouir l'Exposant ou ses ayans cause, pleinement & paisiblement sans souffrir qu'il leur soit fait aucun trouble ou empêchement. Voulons qu'à la copie desdites Présentes, qui sera imprimée tout au long au commencement ou à la fin dudit Livre, foi soit ajoûtée comme à l'original. Commandons au premier notre Huissier ou Sergent, de faire pour l'execution d'icelles tous Actes requis & necessaires, sans demander autre permission, & nonobstant clameur de Haro, Chartre Normande & Lettres à ce contraires: Car tel est notre plaisir. DONNE' à Paris le vingt-unième jour de May l'an de grace mil sept cens trente-cinq, & de notre regne le vingtiéme. Par le Roi en son Conseil.
  SAINSON.

Registré sur le Registre IX. de la Chambre Royale des Libraires & Imprimeurs de Paris, N. 120. fol. 102. conformément aux anciens Reglemens confirmés par celui du 28. Février 1723. A Paris, le 23. May 1735. Signé, G. MARTIN, Syndic.

www.ingramcontent.com/pod-product-compliance
Lightning Source LLC
Chambersburg PA
CBHW060411230426
43663CB00008B/1449